JN425339

心堂 法學論集 Ⅲ

Selected Works of
Professor Sang-Hyun Song

宋 相 現 著

傳 英 社

停年退任의 辯

사람은 누구나 살아가는 동안 몇 차례 결산해야 할 시점을 맞이하게 됩니다. 제가 서울대학교 법과대학을 정년으로 물러나는 2007년 2월 28일에도 그러한 의미를 부여할 수 있을 것입니다. 저는 1959년 모교에 입학한 이래 병역과 유학기간을 제외하면 司法官試補의 훈련마저도 서울대학교 司法大學院(사법연수원 전신)에서 받았으니 총 48년간을 동숭동과 관악산에서 학생으로서 그리고 교수로서 중단 없이 교육과 연구에 매진한 셈입니다. 앞만 보고 전진하다가 물러가는 마당에서 이제 대과없이 임무를 마쳤다고 하여 염치없이 축하를 받는 입장에 서고 보니 몇 가지 소회가 없을 수 없습니다.

우선 제가 그동안 큰 무리없이 강단에 서고 학문활동을 원없이 할 수 있었던 것은 모두 동료 선생님들, 선후배 동문들, 꾸준히 전통을 이어가는 졸업생들 그리고 학교직원 여러분 등 우리 서울대학교 식구들의 지도와 협력에 힘입은 것이므로 깊은 감사의 말씀을 드리고자 합니다. 또한 돌이켜보면 법조실무계와 학계의 틈새에서 선택과 진출에 고민을 하다가 학교를 택한 후 모교에서 여러분들과 함께 한평생을 행복하고 보람있고 기쁘게 보냈음을 고백합니다. 다시 인생을 살면서 선택을 하라고 하더라도 저는 지금까지 지나온 학자의 길을 다시 걸어갈 것입니다.

학자의 길에 첫발을 내디딜 때 저는 세 가지 커다란 야심이 있었습니다. 첫째는 해방 후에도 오랜 세월 동안 일본법학에 의존하는 繼受法學을 지양하고 구미유학 제 1 세대로서 서양의 원전을 직접 이해하면서 한국 고유의 법학체계를 건설하고 싶었던 것이고, 둘째는 제가 전공한 법분야 중에서 한국이 3면이 바다인 점에 주목하여 바다에 관한 모든 법률관계인 私法분야의 海商法과 公法분야인 國際海洋法을 아우르고, 公私法구분을 초월하는 거대하고도 보편적인 법체계를 구축하고 싶었습니다. 마지막으로는 한국법의 세계화와 선진국 및 국제사회의 규범을 한국화하려는 욕심이었습니다. 이러한 저의 꿈은 실현되기만 하면 학문적으로는 물론 국익에도 아주 도움이 되는 일이기 때문이었습니다. 그러나 저의 능력이 미흡하고 학문의 깊이가 없어 이제는 물러가면서 후배들에게 당부하는 과제가 되고 말았습니다.

제가 회갑 때에 받은 과분한 대접에 대한 감사의 마음이 채 가시기도 전에 정년기념행사를 준비한다는 후학들의 말씀에 적잖이 당황하였습니다. 성의는 고마우나 학문세계에 크게 기여한 바 없는 저에게 지나친 대접이 되기에 강경하게 사양한 바 있습니다. 적어도 바쁘신 동료나 후배들에게 옥고를 청탁하여 기념논문집을 다시 만드는 일은 그만두자고 주장했습니다. 결국 옛사람들이 자기의 글을 모아 문집을 만들듯이 제가 지난 35여 년간 현역으로 활동하면서 집필한 글과 발자취를 모아서 모두 3권으로 된 著作集을 간행하기로 합의하였습니다. 2권은 변변치 아니하나 전공분야에서 집필했던 글들을 편집한 것이지만 또 한 권은 전공과 관계 없는 칼럼이나 언론기사 등을 모은 것이어서 간행을 몹시 주저했었습니다. 이제 전 3권의 저작집이 모습을 드러내고 보니 이것이 아마 학계의 현역을 떠나면서 한 매듭을 지은 결과물이 된 것이 아닌가 생각됩니다. 저는 또 한번 제자와 후학들이 베풀어 주신 특별한 후의에 깊이 감사드리면서 이 저작집이 하나의 기록으로서 후배들에게 다소나마 참고자료가 된다면 다행이겠습니다.

과거는 명암이 있더라도 지나고 보면 대부분 아름다운 추억으로 색칠이 되지만, 언제까지나 회고적인 입장에만 머물러 있을 수는 없다고 생각합니다. 저는 지난 세월 동안 서울대학교의 둥지 속에서 곰삭은 여러 가지 슬기와 경험을 토대로 나머지 생애를 學問的, 社會的, 國際的 奉仕를 위하여 모두 바치고자 합니다. 당분간은 헤이그에 있는 國際刑事裁判所에서 국제법을 창설해 가는 첨단일꾼으로서 학계에서 몸바쳐 온 것과 크게 다르지 아니하게 열심히 그리고 바쁘게 살아갈 것입니다.

저의 모교인 동시에 평생직장이었던 서울대학교가 아무쪼록 세계적으로 우뚝 서고, 여러 동료 선생님들과 후학들께서 무궁한 발전을 하시기 바랍니다. 그리고 어려운 작업을 계획하고 진두지휘하여 준 金建植 교수를 비롯하여 서울시립대 박훈 교수, 강원대 최문희 교수, 아주대 한지영 교수 그리고 권성우군, 김종우군, 문병순군, 조광현군, 진협섭군, 한상훈군, 형상철군 등 교정을 맡아준 여러분에게 특별한 감사를 드리고, 끝으로 지난 30여 년간 쓴 모든 글을 그동안 발굴, 보관 및 정리해 준 나의 오래도록 성실한 비서 趙貞嬉씨의 기초작업이 없었더라면 저작집 발간은 엄두를 내기 어려웠을 것이므로 고마운 말씀을 전합니다.

2007년 2월 28일

宋 相 現

跋　文

心堂 宋相現 선생님께서 벌써 정년을 맞으셨습니다. 비록 지난 몇 해 동안 우리 옆을 떠나 멀리 헤이그에 계셨지만 아주 떠나신 것이 아니라서 늘 우리 곁에 계시다고 믿어 왔는데, 이제 막상 선생님의 停年을 앞두고 보니 이제 정말로 선생님께서 떠나시는 건가 망연해집니다. 물론 선생님께서는 그동안 빛나는 삶을 살아오셨고, 지금도 연부역강하셔서 활발한 사회활동과 국제적 명성을 누리고 계시기 때문에 정년이라는 것이 큰 의미가 없을 수도 있습니다.

몇 주 전에 제가 인도 북부를 다녀왔습니다. 아무리 둘러봐도 산이라고는 눈에 띄지 않는 광대한 벌판에 드문드문 아름드리 거목이 서 있었습니다. 아마도 보리수거나 망고나무인 것 같았습니다. 햇볕이 내리쬐는 넓은 벌판에서 일하던 어른과 아이들이 그 나무 아래서 쉬며 낮잠도 자는 인도다운 평화로운 모습을 보았습니다. 그런 모습은 꼭 인도에서만 볼 수 있는 것은 아닙니다. 우리나라도 시골 동네에 서 있는 아름드리 느티나무 한 그루는 땀 흘려 일하는 농부와 할아버지, 아이들의 훌륭한 쉼터가 됩니다.

이제 선생님께서 학교를 떠나신다고 하니 그 보리수 한 그루, 느티나무 한 그루가 다른 곳으로 옮겨가는 것 같습니다. 그동안 때로는 그 나무가 있는 것을 느끼지도 못한 채 그 뿌리를 베고 누웠고, 때로는 그 나무가 햇볕을 가린다고 철없는 투정을 부린 적도 있었습니다. 그러나 정작 저희는 이제 어디서 피로한 몸과 마음을 쉬어야 할지를 알지 못하게 되었습니다. 그나마 아쉬운 대로 선생님께서 그동안 쓰신 學術論文을 비롯한 여러 글을 모아 책을 내게 되어 얼마나 다행인지 모릅니다. 이 책에는 선생님께서 이제까지 생각하고 고민하신 모든 것이 담겨 있습니다. 말하자면 선생님의 分身입니다. 이제 저희는 이 책을 베개 삼아 몸과 마음을 쉬어야 할까 봅니다.

물론 停年은 인생의 새로운 단락의 시작입니다. 선생님께서 다른 곳으로 옮겨 가시더라도 더욱 기운을 크게 뻗치시어 많은 사람들에게 그늘을 만들어 주시고 나아가 그 우람한 그늘을 저희에게도 드리워 주시기를 부탁드립니다. 저희가 모두 선생님의 분신을 하나씩 나누어 가지더라도 그것으로는 모자랍니다.

아무쪼록 선생님께서 사모님과 함께 늘 건강하시고 댁내에 만복이 가득하기를, 그리고 커다란 업적을 계속 쌓으시기를 기원합니다.

2007년 2월

서울大學校 法大學長 胡 文 赫

心堂 宋相現 교수 年譜

1941.12.21	京畿道 楊州郡 蘆海面 倉洞里 281(현 서울 도봉구 창동)에서 父 故 宋英洙, 母 金賢洙의 장남으로 출생하여 서울에서 성장하다.
1971.11. 4	父 故 金相浹, 母 金仁淑의 장녀 金明信과 혼인하여 장남 在爀, 장녀 有鎭을 두다.
2006. 7. 8	장녀 유진, 부 李昌範, 모 朴鍾玉의 차남 李載明과 혼인하다.

Ⅰ. 학　　력

1959. 2	경기고등학교 졸업
1963. 2	서울대학교 법과대학 졸업
1962.10	제14회 高等考試 行政科 합격
1963. 2	제16회 高等考試 司法科 합격
1964. 9	서울대학교 사법대학원 수료
1964.12	육군 중위임관(법무장교 복무)
1966. 8	서울대학교 법학석사
1968. 5	미국 Tulane대 법학석사
1969. 6	영국 Cambridge대 Diploma
1970.12	미국 Cornell대 법학박사
1974.10	독일 Hamburg대 법대 Humboldt 방문연구원(1년간)

Ⅱ. 경 력

1. 서울대학교 활동

1972.9.5-2007.2.28	서울대학교 법과대학 조교수, 부교수 및 교수
1980.6-1981.4	서울대학교 법과대학 학생학장보
1978.3-1979.3	서울대학교 기획위원회 위원
1980.2-1986.5	서울대학교 연구위원회 위원
1993.10-1995.10	서울대학교 발전기금조성 추진위원
1996.6.3-1998.6.3	서울대학교 법과대학 학장
2000.4.1-2003.5.28	서울대학교 BK 21세기 세계 속의 한국법의 발전교육연구단장
2000.4.20-2001.11.21	서울대학교 인문대학 부설 인지과학연구소 자문위원
2002.3.1-2004.2.28	서울대학교 법과대학 인사위원
2001.4.18-현재	서울대학교 어린이병원 후원회 이사

2. 국제활동

1970.10-1971	미국 뉴욕 Haight, Gardner, Poor & Havens 법률사무소 근무
1986.9-현재	세계은행 (World Bank) ICSID 중재인
1989.10 이래	미국 Florida대 법대(Gainesville,1989); The University of Washington 대 법대(Seattle, 1990, 1994); 호주 Melbourne 법대 (1990, 1992, 1994); 미국 Harvard Law School(1991, 1993, 1995, 1999, 2003); Wellington대 법대(New Zealand, 1994); 미국 Columbia 법대 (New York, 1996) 등에서 각각 1학기씩 교수로 임명되어 강의
1994.2.12	미국 New York대 법대 碩座敎授 (Inge Rennert Distinguished Professor of Law of New York University) 임명
1994.10-현재	세계지적소유권기구(WIPO) 중재위원회 자문위원
1995-2000	Member of the International Advisory Board for Pacific Rim Law & Policy Journal (University of Washington)
1999-2004	Member of the Inaugural International Advisory Committee for The Australian Journal of Asian Law (University of Melbourne)
1999.1-현재	International Adviser to The American Law Institute
2003.3.11	국제형사재판소(ICC) 초대 재판관 취임

2003.7-현재　코넬대 평의회 회원(Cornell University Council Member)
2006.1.26　국제형사재판소(ICC) 재판관 재선임

3. 학회 활동

1975-1984　Law and Society Group of Korea 대표
1986.1-1996.12　사단법인 한국지적소유권학회 초대 회장
1990.8-2004.12　민사판례연구회 제 2 대 회장
1990.11.17-1994.11　국제거래법학회 초대 회장
1998.10.22　대한민국 건국 50주년 기념 제 1 회 한국법학자대회 조직위원장 겸 대회장
1999.5.14-2005.12.21　사단법인 한국법학교수회 회장
2001.4.6-2003.2.28　사단법인 한국디지털재산법학회 초대 회장

4. 공공기관 봉사활동

1979.6-2003.3　대법원 訟務制度改善委員會 위원
1981.7-2003.12　법무부정책 및 법무자문위원
1981.2-1982.8　재무부 정책자문위원(稅制)
1983.4-1989.4　손해보험분쟁심의위원회 위원
1987.12-1993.6　문화공보부 저작권심의조정위원
1987.12-1993.2　과학기술처 컴퓨터프로그램 심의조정위원
1988.5-1994.4　한국증권거래소 이사
1988.8-1990.12　상공부 반도체칩보호법 제정위원회 위원장
1989.8-1993.2　국무총리 司正政策諮問團 자문위원
1990.7-1999.5　한국법제연구원 이사
1990.9-1993.2　정보통신부 정보통신정책협의회 위원
1991.11.25-1994.11　해운산업연구원 이사
1993.6.26-1999.6.21　한국소비자보호원 소비자분쟁 조정위원
1993.11.1-1994.2　대법원 사법제도발전위원회 제 3 분과 위원장
1994.2.15-1996.2.14　특허청 반도체배치설계심의조정위원회 위원장
1995.7.1-2001.6.30　한국발명진흥회 특허기술정보센터 운영위원
1996.6.20-1998.2　교육부 법학교육위원회 위원장
1997.1.21-1999.1.20　특허청 특허행정 정책자문위원회 위원장

1998.1.5-2000.1.4	법무부 기업정리관련법률(회사정리법, 파산법, 화의법) 개정특별분과위원회 위원장
1998.7.7-2006.7.31	외교통상부 지적재산권부문 통상교섭 민간자문그룹 자문위원
2001.7.5-2003.12	법무부 사법시험관리위원회 부위원장
2001.7.5-2005.4	국무총리 청소년보호위원회 위원
2001.8.17-현재	산업자원부 전자거래분쟁조정위원회 위원장
2002.2.7-2003.7.31	법무부 검찰인사위원
2003.7-2005.6	민주평화통일 자문위원회 자문위원
2005.1-2006.12	사법제도개혁추진대통령위원회 위원
2005.12-현재	산업자원부 무역위원회 위원장

5. 사회봉사활동

1984.5-현재	사단법인 한국문예학술저작권협회 이사
1991.10.24-현재	재단법인 한미교육문화재단(Fulbright) 감사
1992.4.1-1996.3.29	한국 대학골프연맹 회장
1989.4.18-2006.12.12	재단법인 에스콰이어문화재단(한국사회과학도서관 및 이인표어린이도서관) 이사
1992.2.23-현재	서울한강로타리클럽 회원 및 Paul Harris Fellow
1992.12-1994.12	미국 Cornell대학교 한국 총동창회장
1992-현재	사단법인 정해복지 회장・명예이사장
1994.2.4-1996.1.31	사단법인 대한골프협회(KGA) 이사
1994.12.30-현재	재단법인 古下宋鎭禹선생 기념사업회(이사장 권이혁) 이사
1996.3.22-2002.3	주식회사 데이콤 비상임이사
1999.1.27-현재	아주대학교 학교법인 이사
1999.3-현재	재단법인 한국백혈병어린이재단 제 3 대 이사장
1999.3-현재	하나은행 사외이사
1999.3.15-2001.3.14	유네스코 한국위원회 제23대 사회과학분과위원
1999.5.10-현재	IUCN(세계자연보전연맹) 한국위원회 이사
1999.12-현재	법률구조법인 대한가정법률복지상담원 이사
2000.1-현재	아름다운재단 이사
2000.4-현재	UNICEF 한국위원회 부회장
2000.5-2002.4	대한변호사협회 21세기변호사위원회 위원

2001.2.28-현재	재단법인 한빛문화재단(화정박물관) 이사
2003.1-2004.1	한국풀브라이트동문회 제 8 대 회장
2003.11-현재	재단법인 한국의학교육평가원 이사

Ⅲ. 상 훈

1994.1.8	美國 Cornell 대학교(총장 Frank H.T. Rhodes)로부터 최우수동문 표창 및 메달 수상
1997.5.1	제34회 법의 날 기념 국민훈장 모란장 수상
1998.8.10	제30회 한국법률문화상 수상(대한변호사협회)
2002.1	Professorial Fellow with title of Professor of Faculty of Law, The University of Melbourne, Australia
2003.1.13	자랑스러운 京畿人상 수상
2006.5.16	제14회 자랑스러운 서울법대인 수상
2007.2.28	서울대학교 정년퇴임 교육인적자원부장관 표창

Ⅳ. 주요 저서 및 논문

1. 저 서

1976	判例教材 民事訴訟法, 법문사(제 2 全訂版 1982)
1979	民事訴訟法, 경문사(新訂 4 版, 박영사, 2004)
1983	Introduction to the Law and Legal System of Korea(영문), 경문사
1985	民事訴訟法, 한국방송통신대학교 출판부(全訂版 1994, 제 3 개정판 2003)
1989	컴퓨터프로그램保護法 逐條研究(共著: 金文煥·梁彰洙), 서울대학교 출판부
1996	Korean Law in the Global Economy(박영사, 영문)
1999	海商法原論(共著: 金炫, 제 3 판 2005), 박영사

2. 번 역 서

1980.9 西洋法에 있어서의 正統性과 權利中心의 法學(Lawrence M. Friedman 著), 제 8 회 學術院 국제 심포지엄 '東西法思想의 比較', 학술원

1983 株式會社法理의 새로운 傾向(M.A. Eisenberg 著)(共譯: 金建植), 경문사

1984 法經濟學入門(M. Polinsky 著)(共譯: 丁相朝), 경문사

3. 논 문

1966.8 株式會社 監査制度에 關한 比較法的 考察, 서울대 司法大學院 석사학위논문

1968.5 Limitation of Shipowner's Liability, 튤레인대 석사학위논문

1970.9 A Comparative Study on Maritime Cargo Carrier's Liability in Anglo-American and French Laws, 코넬대 박사학위논문, UMI

1972.3 컴퓨터 기술의 활용이 法學 각 분야에 미치는 영향에 관한 小考, 法學 제13권 1호, 35-68면, 서울대학교 법학연구소

1972.12 宗敎的 信念에 의한 치료거부와 관련된 法的 諸問題, 法學 제13권 2호, 123-134면, 서울대학교 법학연구소

1972.12 海水油濁規制에 관한 先進國의 動向, 저스티스 제10권 1호, 207-217면, 한국법학원

1973.9 1972년도 民事訴訟法 判例의 동향, 法學 判例回顧 제 1 호, 137-172면, 서울대학교 법학연구소

1973.11 法과 社會發展, Fides 18(2), 29-31면, 서울대학교 법과대학

1973.12 株式會社 理事의 忠實義務論－英美法을 중심으로－, 法學 제14권 2호, 119-140면, 서울대학교 법학연구소

1974.5.20 保證債務金 등, 서울고법 72나2582(1974.5.8 판결) 판례에 대한 評論, 법률신문 제1061호

1974.8 民事訴訟法에 관한 1973년도 大法院判例의 동향, 法學 判例回顧 제 2 호, 서울대학교 법학연구소

1974.10 自由心證主義에 관한 判例硏究, 法學 제15권 2호, 49-90면, 서울대학교 법학연구소

1976.8	訴訟救助의 思想的 背景과 現代的 意義, 法學 제17권 2호, 69-100면, 서울대학교 법학연구소
1976.11	海上企業主体의 責任制限制度 再考, 法曹 제25권 11호, 87-108면, 법무부
1977.3.7	선박임대차와 제삼자에 대한 책임문제, 大判 1975.3.31 77다847 判決에 대한 批判, 법률신문 제1194호, 12면
1977.4	海商法 二題(船舶國籍 取得要件과 船舶優先特權), 辯護士(Ⅷ), 214-222면, 서울제일변호사회
1977.6	民事訴訟과 非訟事件, 法學 제18권 1호, 139-154면, 서울대학교 법학연구소
1977.6.27	堪航能力注意義務와 그 違反의 效果, 법률신문 제1209호, 8면; 또한 民事判例研究(Ⅰ), 민사판례연구회편, 202-209면, 박영사, 1979.4
1977.8	A Few Notes on Korean Admiralty – With Particular References to Ship's Nationality and Maritime Liens –, Korean Journal of Comparative Law, Vol. 5, pp.114-122, Korean Research Institute of Comparative Law
1978.2	商事法의 動向(Interest Group Report), Law Asia Seoul 大會 報告書, 日本 Law Asia 協會(日譯)
1979.2	Legal Aid in Korea, Perspectives on Legal Aid, Frances Pinters, London
1979.9	國際去來法 序說 – 國際商法의 擴大定立을 위한 試圖 –, 商法論集(仁山 鄭熙喆 선생 回甲기념), 337-410면, 경문사
1980.4-1982.2	Snapshots of Korean Business Law, East Asian Executive Reports, Vol. 2, Nos.4-12, Vol. 3, Nos.2, 4, 7-10, Vol. 4, Nos.1-2
1980.5	船舶優先特權 있는 債權에 관한 一考察 – 英美法과 관련하여 –, 民事判例研究(Ⅲ), 민사판례연구회편, 박영사; 또한 法學 제20권 2호, 264-273면, 서울대학교 법학연구소
1980.11	Legal and Administrative Environment for Transnational Corporations in Korea, 社會科學과 政策研究 제 2 권 1호, 91-133면, 서울대학교 사회과학연구소
1980.12	美國 Class Action의 再考, 法學 제21권 1호, 103-114면, 서울대

학교 법학연구소

1980.12 民事訴訟法 1979년도 判例回顧, 法學 判例回顧 제 8 호, 101-121면, 서울대학교 법학연구소

1981.6 第 2 金融圈 規制法規 및 기타 關係法規의 整備에 關한 硏究, 經濟發展과 金融産業(한국투자금융(주)) 창립 10주년 기념 논문집, 277-294면

1981.6 環境法 세미나 第三分科討論要旨, 法學 제22권 2호, 서울대학교 법학연구소, (日本 Law Asia 協會 日譯 報告書)

1981.8 船舶優先特權의 消滅에 關하여, 韓國海法學會誌 제 3 권 1호, (사)한국해법학회; 또한 民事判例硏究(Ⅳ), 민사판례연구회편, 158-171면, 박영사, 1982.5

1981.9 商法改正의 論點(株式會社 機關編), 商法改正의 論點, 삼영사

1982.2 國際航空運送人의 損害賠償責任에 관한 몇 가지 問題點, 法律實務硏究 제 3 집, 89-100면, 서울통합변호사회

1982.2 大法院의 機能과 訴訟促進 등에 관한 特例法上의 問題點, 대한변호사협회지, 通卷 제74호, 11-17면, 대한변호사협회; 또한 司法行政 通卷 제254호, 한국사법행정학회, 1982.2

1982.3 法曹實務敎育制度再論, 法學 제23권 1호, 125-131면, 서울대학교 법학연구소

1982.3 콘테이너 貨物運送人의 責任에 관한 英美法上의 法理와 그 應用 可能性, 法學 제23권 1호, 187-211면, 서울대학교 법학연구소

1982.6 手票의 善意取得에 關한 消極的 要件－大法院 1981.6.23. 91다167 判決과 관련하여－, 法學 제23권 2호, 96-103면, 서울대학교 법학연구소

1983.5 美國의 上告制度, 民事判例硏究(Ⅴ), 민사판례연구회편, 251-258면, 박영사

1983.9 國際商事仲裁規範에 관한 一考察, 法學 제24권 2·3호, 164-187면, 서울대학교 법학연구소

1984.4 外國에 대한 國內民事裁判權의 行使와 그 限界－主權免責理論(Sovereign Immunity)에 관한 比較法的 考察을 中心으로－, 民事法의 諸問題(溫山 方順元 선생 古稀기념), 박영사

1984	國際去來上의 몇 가지 約款에 관한 小考, 法과 約款, 한국법학교수회편, 216-239면, 삼영사
1984.4	商法改正案과 監事의 地位論, 民事判例研究(Ⅵ), 민사판례연구회편, 296-312면, 박영사
1984.8	韓國의 獨占禁止에 관한 公正去來法(澤田壽夫 교수 譯), 日本國際商事法務
1984.9	新商法의 主要內容과 問題點, 월간 財經春秋 창간호, 129-134면
1984.10	會社法 改正이 合作投資會社의 活動에 미치는 영향, 法學 제25권 2·3호, 95-110면, 서울대학교 법학연구소
1984	Family Court in Korea(The National and General Reports for the 7th International Congress on Procedural Law, Würzburg), pp. 207-213, Hikaku Minjiho Kenkyusho, Tokyo; 또한 "韓国の家庭法院", 世界の家庭事件裁判制度(小松良正 교수 譯), 早稻田比較民事法研究所, 1985.11
1985.2	商法 第5編 海商法 改正意見, 韓國海法學會誌 제7권 1호, (사)한국해법학회; 또한 民事判例研究(Ⅷ), 민사판례연구회편, 407-430면, 박영사, 1986.5
1985.3	컴퓨터 소프트웨어의 法的 保護(上)(下), 大韓辯護士協會誌, 通卷 제105호, 제106호, 대한변호사협회; 또한 컴퓨터 소프트웨어의 法的 保護, 民法學論叢(厚岩 郭潤直 선생 화갑기념), 846-874면, 박영사, 1985.12
1985.3	保險金支給義務와 不法行爲損害賠償義務와의 관계, 商法論叢(仁山 鄭熙喆 선생 정년기념), 275-286면, 박영사
1985.5	Long-term Contract and the Commercial Arbitration, International Conference on the Commercial Arbitration in the Pacific Basin, American Arbitration Association, San Francisco
1985.10	保證信用狀의 獨立性에 관한 小考, 法學 제26권 2·3호, 174-185면, 서울대학교 법학연구소
1985.11	International Trade & Investment with Korean Legal Perspectives, 저스티스 제18호, 147-165면, 한국법학원
1985.12	Commercial Arbitration: A Dimensional Concept of Mediation – Korean Experience –(Ⅰ), 法學 제26권 4호, 69-80면, 서울대학교 법학연

구소

1986.1 社會正義와 法學敎育의 役割(Legal Education and Social Justice), 延世 100주년 기념 국제학술회의, 미래세계의 대학, 321-333면, 연세대학교 출판부

1986.4 Commercial Arbitration: A Dimensional Concept of Mediation －Korean Experience－(Ⅱ), 法學 제27권 1호, 101-116면, 서울대학교 법학연구소

1986.7 Report of the Conference on the International Legal Protection of Computer Software: Past Practice and Future Policy, Stanford Law School, pp.45-46

1986.8 雙方過失로 인한 船舶衝突上의 몇 가지 問題點, 韓國海法學會誌 제 8 권 1호, 57-68면, (사)한국해법학회

1986.9 條件附어음保證行爲의 效力, 法學 제27권 2·3호, 153-157면, 서울대학교 법학연구소

1986.10 Experience and Practice on Technology Transfer in the Republic of Korea, Intellectual Property in Asia and the Pacific, WIPO, pp.58-66; 또한 Technology Transfer: Korean Experience with Particular Reference to Remuneration and Government Regulations, 저스티스 제20권 1호, 303-306면, 한국법학원, 1987.12

1986 法律救助의 理念과 將來, 法曹春秋 제134호, 97-102면, 서울지방변호사회

1986.12 法律救助制度의 세계적 추세와 우리의 方向, 저스티스 제19권 1호, 한국법학원

1986.12 Experimenting With Copyright Protection of Computer Software in the Republic of Korea, 法學 제27권 4호, 41-55면, 서울대학교 법학연구소

1987.3 Commercial Arbitration Procedures in the Republic of Korea, 現代比較法의 諸問題(宇玄 金辰선생 화갑기념), 262-280면, 대원출판사

1987.3 컴퓨터프로그램보호법에 관한 管見, 大韓辯協 정기연수회 발표 및 대한변호사협회지 通卷 제127호, 10-24면, 대한변호사협회

1987.4 Protection of Computer Software in the Republic of Korea, Intellectual Property in ASIA and the PACIFIC, WIPO, pp.81-98

1987.11 Intellectual Property Law Teaching and Research in Korea, Regional Symposium on Intellectual Property Law Teaching and Research in Asia and the Pacific, WIPO & Peking University, Beijing, pp.295-297

1987.12 컴퓨터 소프트웨어의 開發者와 利用者 간의 法律關係, 法學 제28권 3·4호, 서울대학교 법학연구소; 또한 지적소유권법연구, 창간호 13-40면, 한국지적소유권학회, 1991.11

1988.3 商法上 船舶所有者責任制限에 관한 規定이 不法行爲損害賠償請求에도 적용되는지 여부, 民事判例硏究(Ⅹ), 민사판례연구회편, 258-263면, 박영사

1988.5 새 著作權法과 몇 가지 새로운 制度, 季刊 著作權 1(1), 24-27면, 저작권심의조정위원회

1988.4.16 民事調停制度의 理念的 背景과 各國의 實態, 民事調停制度發展 學術세미나 발표, 79-142면, 민사조정제도발전 학술세미나준비위원회 주최, 충남대학교 법률행정연구소·아시아재단 후원

1988.9 Recent Trends in Commercial Arbitration in Korea, International Arbitration Report 3(9)

1988.11 컴퓨터프로그램保護法의 運營實務에 관한 몇 가지 문제점, 現代商事法의 諸問題(雪城 李允榮 선생 停年紀念), 799-804면, 법지사

1988.12 法律救助事業의 世界的 推移와 韓國의 現況, 法學敎育과 司法制度改革, 서울대학교 법학연구소편, 477-492면, 서울대출판부

1989.3 美國聯邦證券去來法上 去來秩序確立을 위한 諸規定의 相互關係, 法曹 제390호, 11-34면, 법무부

1989.6 저작권분쟁조정제도, 著作權 제 6 호

1989.7.4-5 The Role of Arbitration in Korean Foreign Trade, 기조연설 at the Conference on International Commercial Arbitration, The Regional Centre for Commercial Arbitration in Malaysia

1989.10 集積回路에 관한 知的所有權條約 管見, 정보사회연구 제 1 권 1호, 42-65면, 통신개발연구원; 또한 集積回路의 知的所有權에 관한 條約草案에 대한 一考, 法學 제30권 3·4호, 65-79면, 서울대학교 법학연구소, 1989.12

1990.8	蘇聯聯邦商事仲裁 및 海事仲裁에 관한 規程, 法學 제31권 1・2호, 228-246면, 서울대학교 법학연구소
1990.12	審級制度에 관한 試論 —美國制度를 중심으로—, 法學 제31권 3・4호, 86-93면, 서울대학교 법학연구소
1991.1	海上運送人과 海上運送契約, 企業法의 行方(鄭熙喆 외), 425-437면, 박영사
1991.6	韓國에 있어서의 裁判外 紛爭處理 節次 概觀, 司法行政 通卷 제366호, 30-34면, 한국사법행정학회
1991	The Legal Framework of U.S.-Korea Trade Relations under Korean Law Dynamics of US.-Korea Trade Relations, Korean-American Studies Bulletin, Vol. 4, Nos.1/2, Spring/Summer, pp.35-38
1991.8	電子式船荷證券에 관한 국제적 동향-CMI의 1990年 草案을 중심으로-, 法學 제32권 1・2호, 1-10면, 서울대학교 법학연구소
1991.9	South Korean Law and Legal Institutions in Action, Korea Briefing, The Asia Society, pp.125-146
1991.10.15	韓国における裁判外紛争解決方式の概観, ジュリスト No.988, 40-42면
1991.11	컴퓨터 소프트웨어의 開發者와 利用者間의 法律關係, 지적소유권법연구, 창간호, 13-40면, 한국지적소유권학회
1992.5	會社企業內 顧問辯護士의 法律上 地位序論-企業法의 現代的 課題-, 행솔 李泰魯 선생 화갑기념논문집, 169-180면, 조세통람사
1992.5.4	UR과 지적소유권문제, 서울대학교 법학연구소 사법발전연구과정 제7기 강의
1992.5	訴訟에 갈음하는 紛爭解決方案(ADR)의 理念과 展望, 民事判例研究(XIV), 민사판례연구회편, 411-441면, 박영사
1992.8	National Report on Korean Law-An Overview on ADR in Korea-, The International Symposium on Civil Justice in Era of Globalization, The Editorial Board of the ISCJ, pp.596-607
1992.8.18	동북아 환태평양지역에서의 분쟁해결 메커니즘 구축 (Establishment of Dispute Settlement Mechanisms in Northeast Pacific Rim Region), "동북아환태평양 지역의 해운발전"을 위한 국제심포지엄

1992.12	商去來의 國際化와 商法의 過去, 現在, 未來, 海仁 裵炳泰 박사 화갑기념, 韓國海法學會誌 제14권 1호, (사)한국해법학회
1993.5	美國辯護士制度 槪觀, 人權과 正義 제201호, 20-24면, 대한변호사협회
1993.6	國際商事仲裁에 적용될 節次法에 관한 一考 - Uncitral Model Law의 규정과 관련하여 -, 竹堂 金祥源 선생, 公于 尹一泳 선생 華甲紀念 - 民事裁判의 諸問題 -, 민사실무연구회
1993.8	國際化時代에서의 韓國法學敎育, 法學 제34권 2호, 22-27면, 서울대학교 법학연구소
1993.8	北美自由貿易協定(NAFTA)의 知的所有權 관련규정에 관한 考察(共著:丁相朝), 法學 제34권 2호, 59-94면, 서울대학교 법학연구소
1993.12	通商問題로서의 知的所有權, 법제연구 通卷 제5호, 8-28면, 한국법제연구원
1994.5	"國家的 知的財産權 紛爭의 解決에 관한 條約(案)"에 관한 硏究, 法學 제35권 1호, 112-145면, 서울대학교 법학연구소
1994.6.15	법률구조이론 및 법률구조법, 법률상담 전문요원을 위한 교육프로그램 자료집, 한국가정법률상담소 특강
1994.7	判決에 의하지 아니한 紛爭解決方法의 理念과 展望, 人權과 正義 제215호, 대한변호사협회
1994.9.8	국제통상제도와 지적재산권, 연세대학교 법무대학원 특강
1994.10	어린이의 法的 權利保護에 관한 문제점, 法學 제35권 2호, 155-167면, 서울대학교 법학연구소
1994.가을	The Impact of Multilateral Trade Negotiations on Intellectual Property Laws in Korea, 13 UCLA Pacific Basin Law Journal No.1, pp.118-139 (co-writer: Seong Ki Kim)
1994.11.15	國際化時代에 있어서의 法學徒의 進路 - 법학공부는 세계평화와 번영을 위하여 하는 것이다 -, 건국대학교 법대 강연
1995.7	Law and Policy of Securities Regulation in Korea, 4 Pacific Rim Law and Policy Journal, No.3, pp.757-782
1995.10.20	知的所有權에 관한 제도적 연구, 제주대학교 행정대학원 최고경영자과정 특강

1995.12	컴퓨터 소프트웨어의 法的 保護에 관한 새로운 경향, 民法學論叢 제2, 厚巖 郭潤直 선생 古稀紀念, 704-715면, 박영사
1996.1학기	Trade and Intellectual Property, 고려대학교 특수법무대학원 특강
1996.8.6	세계화시대의 국제거래와 법률, 서울대학교 경영대학원 특강
1996.11	船荷證券上 免責約款의 效力이 不法行爲責任에도 미치는지 여부, 商事判例硏究 Ⅱ[保險·海商(1946-1996)], 如松 崔基元 敎授 화갑·서울대학교 재직 30年 紀念논문집, 369-375면, 박영사
1996.12	전통문화의 세계화를 위한 시론, 可石 洪一植선생 回甲紀念論文集－21세기와 한국문화－, 나남출판
1997.1.9	Glogalization and Legal Education, at the Annual Metting of the American Association of Law Schools
1997.9.5	社會變動과 法律救助의 새로운 方向, 대한법률구조공단 창설 10주년기념－21世紀를 향한 法律救助制度의 發展方向－에 관한 세미나, 13-29면
1997.9.29	소송외 분쟁해결방식-국제상사중재에 관한 경험사례와 분석, 사법연수원 강연
1998.1.9	Thinking and Teaching About Law in a Global Context As an Exercise in Common Enterprise, at the Annual Meeting of The American Association of Law Schools, San Francisco
1998.2.18	세계화시대에 있어서의 대학생의 나아갈 길, 숙명여자대학교 정법대 및 이과대 신입생 오리엔테이션 강연
1998.3.23	Legal Reforms to Deal with the Financial Crisis in Korea, 뉴욕외교협회(Council on Foreign Relations) 초청연설
1998.5.12	세계화시대에 있어서의 법학도의 진로－법률가는 세계평화와 인류번영을 위하여 필요하다－, 한국외국어대학교 법과대학 특강
1998.6.12	The APEC(Asia-Pacific Economic Cooperation) as a Regional Cooperative Arrangement: its Meaning and Role in the Multilateral Process, at Harvard Law School Worldwide Alumni Congress in Rome
1998.8.5	유엔과 인권, '98 세계교육자료 초·중등교원 세계교육 일반연수, 125-131면, 유니세프한국위원회; 또한 인권과 국제아동권리협약에 관한 고찰, '99 세계교육자료 초·중등교원세계교육 일

	반연수, 유니세프한국위원회, 1999.8.10
1998.8.28	국제계약 분쟁발생시 처리방안, 현대경제연구원(인재개발원) 국제계약기본과정 3기 강의
1998.12.11-14	The Education and Training of the Legal Profession in Korea: Problems and Prospects for Reform, at The Conference on the Legal Profession in Asia, Harvard Law School, 2002년 일부 보완
1999.2.11	The Impact of Confucianism on Law in Korea, A Lecture at New York University Law School
1999.6.21	Globalization of Legal Education: Korean Experience
1999.9	韓国司法改革の現狀と展望－弁護士と法曹養成を中心として－, 神戸法学雑誌(Kobe Law Journal) 제49권 2호, 119-151면, 宮澤節生 교수 번역
1999.10	Characteristics of Alternative Dispute Resolution in Korea, 헝가리 부다페스트, 오스트리아 비엔나 제19차 세계법률가대회 참석 발표, The World Jurist Association
1999.10.21	새천년을 열어갈 세계인은 누구인가, 전주 우석대학교 특강
1999.12.1	知的所有權과 食品外食產業, 서울대학교 보건대학원 후기 식품·외식산업 최고경영자과정 특강; 또한 2000년도 전기·후기 과정 특강
1999.12	多國籍民事訴訟法假案에 대한 일반적 고찰, 法學 제40권 3호, 1-49면, 서울대학교 법학연구소
2000.3	Korean Students In U.S. Law Schools and Foreign Students at Seoul National University Law School, Dickinson Journal of International Law, Vol. 18, No.3, pp.467-471, The Pennsylvania State University, 2000
2000.7.5	우리나라 知的財產權法制에 관하여, 동국대학교 언론정보대학원, 21세기 인쇄문화산업의 발전전략 프로그램 특강
2000.8	Korea: The Story of Developing Intellectual Property Protection, Intellectual Property Protection in Asia (2nd ed.) ed., Arthur Wineburg, pp.(6A-1～6A-12), Butterworth
2000.9	법과대학과 법률가 윤리 및 책임－법률가의 윤리와 책임－, 서울대학교 법과대학편, 424-431면, 박영사

2000.11.2	知的財產權과 企業經營, 순천대학교 경영행정대학원, 2000년도 후기 관리자과정 특강
2001.2	글로벌 文明의 탄생과 21세기 法學의 將來, 민사판례연구(XXⅢ), 민사판례연구회편, 1-15면, 박영사
2001.3.24-4.1	Doing Business in Korea: Managing the Legal Risks, Seminars on Doing Business in Korea, Asia 2000 Foundation of New Zealand
2001.4.6	국제상거래분쟁해결을 위한 仲裁, 국제법률경영대학원 최고위 경영자과정 특강
2001.5.3	정보기술과 지적재산권, 서울대학교 공과대학 최고산업전략과정 세미나 특강
2001.9	Legal Education in Korea and the Asian Region, Journal of Legal Education, Vol. 51, No.3, pp.398-402, Association of American Law Schools
2001.10.24	Interview with Prof. Rokumoto
2002.5.14	남북통일에 따른 私法의 발전방향, 숙명여대 통일문제연구소 북한법 강의
2002.12.5	Legal Aid in Korea, at the Salzburg Seminar
2002.12.10	A Note on Property Rights and Economic Development, at the Salzburg Seminar
2003.1	국제인권법의 발전과 국제형사재판소의 출범 — 국제적 인권신장을 기대하며 — 원자력문화 신년특집호, 3면(울림이 있는 글), 한국원자력문화재단
2003.7.9	Enforcing the International Criminal Court's Mandate in its Infancy: Challenges and Opportunities, Keynote Speech to the Asian Experts' Study Session on ICC Implementation, Bangkok
2003.7.24	로마조약과 국제형사재판소의 임무, "국제형사재판소(ICC)와 동북아시아"(International Criminal Court and East Asia: Challenges and Opportunities), 민주사회를 위한 변호사모임, 아시아법률지원센터(ALRC) 주최 국제회의 기조연설
2003.9	로마조약(The Rome Statute)과 國際刑事裁判所(ICC)에 관한 小考, 法學 제44권 3호, 239-278면, 서울대학교 법학연구소
2003.10.9	국제형사재판소의 출범과 세계평화, 회현로타리클럽 주최 강연

2003.10.9	로마조약(The Rome Statute)과 國際刑事裁判所(ICC)에 관한 小考, 서울대학교 경영대학 KT-MBA 과정 특강
2003.10.11	The International Criminal Court for Globalized Justice: Adjudication of War Crimes?, IAKL in Seoul(세계한인변호사회) 강연
2003.10.23-25	Overview of Development of the Current Korean Court System, The Second Roundtable Discussion on International Comparative Judicial Conference: The East Asian Experiences, Zhejiang University and New York University, Hangzhou, China
2003.10.27	The International Criminal Court for Globalized Justice and World Peace, 고려대학교 국제대학원 특강
2003.11.4	국제형사재판소와 인권보호, 고려대학교 정책대학원 제33기 최고위정책과정 강의
2004.6	세계적 관점에서 본 법학교육의 추세와 법학전문대학원 – 나라의 장래에 법학이 담당해야 할 역할 –, 法學 제45권 2호, 8-20면, 서울대학교 법학연구소
2004.10.9	국제형사재판소와 인권옹호, 서울대학교 법과대학 최고지도자과정(ALP) 강의
2004.10.21	인권 · 세계평화 · 국제형사재판소, 전남대학교 행정대학원 특강
2004.12.16	현행 국제형사법상 피해자보호의 법리 – 어린이와 여성보호를 중심으로 –, 대한가정법률복지상담원 창립 5주년 기념 특강
2005.5.4	21세기의 국제형사법상의 정의 – 국제형사재판소의 역할 –, 서울대학교 국제대학원 특강
2005.5.10	국제화시대의 법률가의 역할과 책임, 동아대학교 법학연구소 초청강연회; 또한 전남대학교 법과대학 초청강연회, 2005.5.11
2005.9	국제형사재판소와 21세기의 국제형사법의 발전방향, 아세아여성법학 제8호, 인권과 법 Ⅰ, 9-40면, 아세아여성법학연구소
2005.10.17	세계 속의 법의 지배와 국제형사재판소의 위상, KOSPE 초청강연
2005.10.28	韓國法과 世界化, 2005년 국제심포지엄 한국법과 세계화 기조강연, 1-9면, 서울대학교 BK 21세기 세계 속의 한국법의 발전 교육연구단
2005.11.2	세계화와 국제형사재판소의 출범, 사법연수원 특강

2005.11 The International Criminal Court: International Criminal Justice for Asia and the World, Keynote speech to the First Southeast Asia Conference of Journalists on the International Criminal Court, Quezon City/Philippines, November 17-18, 2005 in Asia-Pacific Yearbook of International Humanitarian Law, Vol. Ⅰ(2005), published by University of the Philippines Law Center, Institute of International Legal Studies, pp.1-10.

2006.4.12 법학 각 분야의 세계화 경향과 우리의 대응, 고려대학교 법과대학 특강

2006.5.10 International Criminal Justice in the 21st Century, 경희대학교 평화복지대학원 수요포럼 특강

2006.5.12 법학 각 분야의 세계화 경향과 우리의 대응, 세계화 시대의 대학생과 학문, 아주대학교 법과대학 특별초청 강연

2006.6.22 한국법의 세계화에 관한 서론, 한국법학원 창립 50주년기념 학술대회 기조연설 1-8면, 한국법학원

2006.8 韓國法과 世界化, 법과 세계화 제 1 권 - 한국법과 세계 -, 3-12면, 법문사

心堂 宋相現 교수 著作論文目錄

Ⅰ. 언론 매체에 기고한 칼럼

1. 법의 세계
   (1) 최고의 투자유인은 사법부의 건전성, 동아일보 시론, 1999. 2. 9.
   (2) 떡값 판검사 문제삼는 국제환경, 동아일보 시론, 1999. 3. 12.
   (3) 통곡하는 법치주의, 중앙일보, 1997. 3. 3.
   (4) 법치주의와 준법정신, EBS TV 제헌절특집 일요초청 강좌, 1997. 7. 13. 방영
   (5) 구조조정과 실종된 법치주의
   (6) 법률개혁의 핵심
   (7) 우리社會에서 요구되는 法과 法曹人, 대전일보, 1992
   (8) 제도개혁과 외국모방, 1995. 10.
   (9) 입법과정의 각종 문제점, 문화일보 포럼, 1996. 7. 25.
   (10) 法과 法意識과 現實과의 괴리
   (11) 좀더 법적 추궁을 집요하게, 중앙일보 중앙시평 1997. 2. 10.
   (12) 미국에서의 소송의 위협 – 미국 Morrison & Foerster의 워크샵 연설, 1991. 11. 14.
   (13) 미국의 배심원제도 – 미국 Morrison & Foerster의 워크샵 연설, 1991. 11. 14.
   (14) 商法改正有感, KMDI Bulletin 5(46), 1-2, 5쪽, 한국경영연구원, 1981. 10. 26.
   (15) 商法改正試案 지상공청회, 한국경제신문 5822호 6면, 1982. 6. 20.
   (16) 會社法에 치우친 商法개정안, 조선일보 時論, 18832호 5면, 1982. 6. 20.
   (17) 컴퓨터 소프트웨어의 法的 保護, KMDI Bulletin 9(10), 1-2, 5쪽, 1985. 10. 30.
   (18) 著作權과 컴퓨터 소프트웨어의 保護, 월간 發明特許 통권122호, 40-43쪽, 1986. 4.
   (19) 情報社會와 法的 裝置, 미래사회와 정보통신의 역할, 통신정책연구소 한국미래학회 세미나, 61-75쪽, 1987. 5.
   (20) 新著作權法과 우리의 課題, 대학신문 1214호, 1987. 5. 25.

2. 대학과 교육
   (1) 대학의 기능과 현상, 1992.
   (2) 대학의 교실붕괴, 이슈투데이, 2000. 7. 17.
   (3) '떠나고 보자'는 조기유학, 문화일보 오피니언 포럼, 제2911호 6면, 2001. 5. 10.
   (4) 국립대교수의 특허권 문제, 대학신문 1552호 관악시평, 2001. 5. 28.
   (5) 제 1 회 한국법학자대회 기조연설, 1998. 10. 22.
   (6) Korean Students in U.S. Law Schools and Foreign Students at Seoul National University Law School, Dickinson Journal of International Law, Vol. 18, No. 3, pp. 467-471, The Pennsylvania State University's, The Dickinson School of Law, 2000. 3.

3. 정치와 행정
   (1) 待望의 90년대
   (2) 北方으로 가는 길, (재)한국해사문제연구소, 월간 해양한국 통권 198호, 49쪽, 1990. 3.
   (3) 便宜行政의 문제점, (재)한국해사문제연구소, 월간 해양한국 통권 199호, 65쪽, 1990. 4.
   (4) 技術立國의 課題, 대전일보, 1992
   (5) 비뚤어진 과거 청산에 부쳐, 대전일보 금요칼럼, 1996. 2. 9.
   (6) 세계화와 지방정부의 합일, 대전일보 금요칼럼, 1996. 3. 8.
   (7) 허리가 휘는 규제와 부과, 대전일보 금요칼럼, 1996. 4. 26.
   (8) 부패를 뿌리뽑기 위하여, 대전일보, 1996. 5. 31
   (9) 큰 정부는 미래가 없다, 동아일보 동아시론, 1996. 9. 12.
   (10) 빅뱅은 남북관계에도 필요하다, 중앙일보 중앙시평, 1997. 1. 20.
   (11) 5조원의 수업료를 물었건만, 중앙일보, 1997. 4. 14.
   (12) A Lesson That Cost Five Trillion Won, 국제교류재단 Korea Focus지, Vol. 5, No. 2, 1997.
   (13) 錢山人海식 정치구조를 고치려면, 중앙일보 중앙시평, 1997. 5. 12.
   (14) 對美通商外交를 위한 교두보
   (15) 마지막 정면돌파를, 중앙일보 중앙시평, 1997. 6. 2.
   (16) 정치와 법치, 중앙일보 중앙시평, 1997. 6. 23.
   (17) 정부조직개편에 문제있다, 동아일보, 동아일보 시론, 1998. 1. 20.

4. 경제와 사회
   (1) 外國人 抵當權者 有感, KMDI Bulletin 5(29), 1-2쪽, 한국경영연구원, 1980. 4. 15.
   (2) 21세기의 張保皐, (재)한국해사문제연구소, 월간 해양한국 통권 201호, 45쪽, 1990. 6.
   (3) 大企業의 '業務用 不動產', (재)한국해사문제연구소, 월간 해양한국 통권 202호, 88-89쪽, 1990. 7.
   (4) 投資諮問業 有感, 세계일보, 1990.
   (5) 걱정되는 經濟力의 過度集中
   (6) 不動產投機抑制策 有感
   (7) 각종 국민부담제도의 합리화, 문화일보, 1996. 8. 23.
   (8) 나라살림이 너무나 걱정이다
   (9) 輸入天國에서의 產業被害救濟制度의 운영, 1992. 7. 10.
   (10) 北韓의 窮乏을 미끼로 核폐기물 덤핑하는 臺灣, 민족정론 통권46호, 한국정책연구회, 66-71쪽, 1997. 5.

5. 한국 사회를 바라보며
   (1) 都市交通의 滯症과 교통사고 관계, 월간 도로교통 제1권 3호, 8-11쪽, 1980. 11.
   (2) 기초질서와 경쟁력, 매일경제 분석과 전망(테마진단), 2001. 4. 8.
   (3) 여성의 자기개발과 행동윤리, (재)한국해사문제연구소, 월간 해양한국 통권 200

호, 37쪽, 1990. 5.

(4) 머리와 가슴이 텅빈 社會

(5) 諮問會議運營의 虛實

(6) 다양한 가치가 통하는 합리적인 사회를 기다리며, 대전일보, 1996. 6. 28.

(7) 조직화를 통한 사회통제의 후유증, 문화일보, 1996. 9. 25.

(8) 획일주의와 하향평준화, 문화일보사설/의견 OPINION, 1996. 10. 29.

(9) 노블레스 오블리제와 왕자병, 중앙일보 중앙시평, 1997. 3. 24.

(10) 4월이 오면, 경기동창회보 제79호, 2000. 6. 10.

6. 문화와 전통

(1) 전통문화와 세계화를 위한 시론-21세기와 한국문화-, (可石 洪一植 총장 회갑 논문), 65-82쪽, 나남출판, 1996. 12. 2

(2) 文化間接資本의 育成, 季刊 著作權 제 9 호(봄호) 권두언, 저작권심의조정위원회, 2-3쪽.

(3) 지적재산권과 국민의식, 월간 지적재산 권두언, 제58호, 한빛지적소유권센터, 1993. 4.

(4) CISAC 아시아 지역회의 참가기, 저작인 소식 제 3 호, 한국저작인협회, 1985. 11. 30.

(5) 대담: 독서와 인생, MBC 라디오 대담, 1994. 3. 30.

(6) 福券人生, 대학신문 교수수필, 1973. 3. 12

(7) 流星, 京畿 창간호, 경기고등학교, 174-175쪽, 1958. 10.

7. 세계를 향하여

(1) George W. Bush 대통령 취임식 참관기(요약)-제 1 회 Fulbright 동문회 조찬 포럼 (2001. 5. 18. 조선호텔)

(2) 국제화시대와 전문가의 활용, 대전일보, 1992.

(3) 世界化는 法治의 실현으로부터, 대전일보 금요칼럼, 1996. 1. 12.

(4) 세계화는 법의 지배를 뜻한다, 문화일보 포럼, 1996. 8. 8.

(5) 인류에 새 과제 던진 美테러, 동아일보 금요포럼, 2001. 9. 28.

(6) 국제인권법의 발전과 국제형사재판소의 출범 국제적 인권신장을 기대하며-, 원자력문화 신년특집호 3쪽(울림이 있는 글), 한국원자력문화재단, 2003. 1.

(7) 유럽의 빅뱅과 인권외교(인권외교로 거대 EU와 손잡자), 동아일보 여론마당, 2004. 6. 22.

8. 하버드 단상

(1) 하버드대학의 의미, 한국일보, 1991. 2. 19.

(2) 전통의 하우스제도, 한국일보, 1991. 2. 26.

(3) 「20년總長」의 퇴임, 한국일보, 1991. 3. 5.

(4) 교과과정의 改革, 한국일보, 1991. 3. 12.

(5) 法大生들의 소송, 한국일보, 1991. 3. 19.

(6) 교육현장 연례점검, 한국일보, 1991. 3. 26.

(7) 신입생 선발심사, 한국일보, 1991. 4. 2.

(8) 루딘스타인 신임총장, 한국일보, 1991. 4. 9.

(9) 기부금 관리 원칙, 한국일보, 1991. 4. 16.

(10) 총장의 연례보고서, 한국일보, 1991. 4. 23.
(11) 어느 추도식, 한국일보, 1991. 5. 3.
(12) 연구비 지출내역, 한국일보, 1991. 5. 10.
(13) 이라크 가는 學生들, 한국일보, 1991. 5. 17.
(14) 美대학 돈줄 한국인, 한국일보, 1991. 5. 24.
(15) 제재받는 大學의 담합, 한국일보, 1991. 5. 31.
(16) 장학금 · 연구비 豊年, 한국일보, 1991. 6. 7.
(17) 제310회 졸업식, 한국일보, 1991. 6. 14.
(18) 유니버시티 프로페서, 한국일보, 1991. 6. 21.
(19) 모금행사 참관, 한국일보, 1991. 6. 28.
(20) 한국系 학생들의 고민, 한국일보, 1991. 7. 5.
(21) 공무원 해외연수, 한국일보, 1991. 7. 19.
(22) 활발한 토론 · 강연, 한국일보, 1991. 7. 26.
(23) 옌칭도서관, 한국일보, 1991. 8. 2.
(24) 敎授의 대우, 한국일보, 1991. 8. 9.
(25) 강의와 시험, 한국일보, 1991. 8. 16.
(26) 교수강의 평가제, 한국일보, 1991. 8. 23.
(27) 예산절감, 한국일보, 1991. 8. 30.
(28) 볼룸댄스 熱氣, 한국일보, 1991. 9. 6.
(29) 교수초빙 조건, 한국일보, 1991. 9. 13.
(30) 캠퍼스 防犯, 한국일보, 1991. 10. 4.
(31) 각종 교수수당, 한국일보
(32) 티칭 펠로우, 한국일보
(33) 韓國學의 寶庫(Eastern Intellectual Establishment for Koreanology)여! 영원하라, 하버드 옌칭도서관 한국섹션 50주년 기념 기고(2000. 12. 21.)

Ⅱ. 좌담 및 대담

1. 매경포럼: 개방시대의 국가경영 – 개방시대의 법, 제도 그리고 의식 – , 매일경제신문, 1, 5면, 1994. 12. 12.(1994. 12. 9. 10:00, 孫鶴圭 국회의원, 李載厚 김 · 장 변호사, 宋相現 교수)

2. 조선일보 좌담: 大學 – 대학교육④ 개혁토론(교수들의 자기진단-처방), 1993. 11. 25. (이기준 교수(서울대), 안병영 교수(연세대), 김광웅 교수(서울대), 송상현 교수(서울대))

3. 年頭座談: 司法試驗制度를 생각한다, 고시계 347호, 16-32쪽, 1986. 1. (1985. 12. 12. 10:00, 고시계회의실, 宋相現 교수, 李尙圭 변호사, 朴承緖 서울지방변호사회 회장, 李源達 중앙일보 논설위원, 金尙哲 변호사)

4. 좌담: 法院組織法 改正法律과 訴訟促進 등에 관한 特例法을 본다, 司法行政 243호, 4-14쪽, 한국사법행정학회, 1981. 3. (1981. 2. 10. 서울통합변호사회 회의실, 宋相現 교수, 李在性 변호사, 崔光律 변호사, 사회 金驗洙 변호사)

5. 宋相現교수와 中山信弘 동경대 지적재산권법교수의 대담, 1994. 8. 12.

6. 지적재산권 동향에 관한 특별좌담, 월간 지적재산 통권 제76호, 6-16쪽, 1994. 10.

7. EBS TV 대담 취지 요약(작가 김복선)(1996. 3. 30. 10:00) 위성통신사업과 관련된 국제협약 및 정보시대의 윤리관 등과 관련하여

8. "먼저 「私生活보호」 대책을"(宋相現 교수 「컴퓨터와 프라이버시…」 보고서), 1989. 1. 19.

Ⅲ. 서평 및 서문

1. 書評 徐憲濟 著, 通商問題와 法, 774면, 율곡출판사, 1994.
2. 書評 지적재산권 민형사판례집 전 3 권, 대한변리사회(1997년 2학기)
3. 評 로버트 올리버 著, 朴日泳 譯 "대한민국 건국의 내막(上 · 下)," 계명사, 1998. 5. 20.
4. 추천사, 정치개혁 이렇게 한다. – 미국의 정치개혁 리포트 – (박태석, 정상환, 황철규, 민만기 공저), 넥서스, 1999. 12.
5. 書評 동아대 김재원교수 저서, A Critical Discourse on Korean Law and Economy(편저), 한글그라픽스, 2002. 3.
6. 추천의 글, 이충범 著, 나는야, 자랑스런 앵벌이 대장, 190-191쪽, Ewincom, 2003.
7. 10년 후 세상을 희망하며, 함께 나누는 좋은 세상, 2003 우정사업본부 사회공헌활동 백서, 우정사업본부, 18-19쪽.
8. 判例教材 民事訴訟法 序文 (서울대 법학연구소 判例教材 시리즈 Ⅵ), 법문사, 1976. 1. 5.
9. 지적소유권법전 서문, 법경출판사, 1988. 11.
10. 民事訴訟法 序文, 박영사, 1990.
11. 民事訴訟法 全訂版 序文, 박영사, 1993. 9. 1.
12. 民事訴訟法 再全訂版 序文, 박영사, 1995. 2. 20.
13. 民事訴訟法 新訂3版 序文, 박영사, 2002. 2.
14. 海商法 原論 머리말, 박영사, 1993. 9.
15. 해상분쟁 판례 종합 해상법원론 3판 출간, 내일신문, 2005. 7. 15.
16. 선박 편의국적제 도입 바다경제 크게 키울 것, 매일경제, 2004. 5. 6.
17. 국제거래법학회 상공부연구용역보고서 序文, 1992. 4.

18. Korean Law in the Global Economy, Preface, 박영사, 1996. 1.

19. Fides 제38호, 학장 권두언, 1997. 10. 6.

20. 서울법대 50년(1946-1996) 발간사, 서울대학교 법과대학, 1997. 10.

21. 추천사 손창호 저, 미국 로스쿨, 로펌에 도전하라!, 럭스미디어, 2007. 2. 5.

Ⅳ. 기념 식사 및 인사말

1. 국제세미나 韓·中 經濟交流의 實際와 展望 기조연설(환영사), 法制處, 7-10쪽, 1989. 2.
2. 국제특허연수원 설립 축사, 특허청, 1987. 4.
3. 월간 工業所有權, 창간호(제26호) 축사, 6면, 1989. 1.
4. 한국소비자보호원 제조물책임 세미나 사회자 인사, 1994. 6. 27.
5. 장일남 교수 오케스트라 창단 축사, 1995.
6. 한국정보법학회 세미나 환영사, 1997. 6. 20.
7. 인터넷 法律 창간호 축사, 법무부, 2000. 7.
8. 프로그램심의조정위원회 'IT법제연구' 정간물 창간 축사, 2002. 12.
9. 대한가정법률복지상담원 개원 축사, 1999. 8. 26.
10. 法務法人 忠正의 일곱번째 돌을 축하하면서, 2000. 5. 1.
11. 대한변협신문 창간 1주년 축사-대한변협신문에 바란다, 2001. 4. 2.
12. 대한변호사협회 창립 50주년 축사, 2002. 8. 19.
13. 신기남 국회의원 후원회 회장 환영사, 1997. 9. 23.
14. 박진 국회의원 후원회장 인사말씀, 2002. 10. 9.
15. 풀브라이트 정기총회 동문회장 인사말씀, 2003. 12. 3.
16. "2000년도 UNDP 인간개발보고서－인권과 인간개발," 한국어판 출판기념 학술회의 인사말, 2000. 12. 22.

Ⅴ. 바치는 글

1. 나의 장인, 그 잊을 수 없는 久遠의 인간상, 堂山나무의 큰 그늘이여-南齋 金相浹 선생추모문집 408-414쪽, 나남, 1998. 4. 20.
2. 권이혁 선생님의 8순을 축하드리오며, 2001
3. 이병붕 박사 퇴임기념 회고사, 2003. 11. 14.

4. 仁山 鄭熙喆 선생 停年紀念 商法論叢 跋文, 박영사, 1985. 3.

5. 李泰魯 교수님 정년 기념 논문봉정식 학장 축사, 1997. 9. 27.

6. 如松 崔基元 敎授 華甲·서울대학교 재직 三十年紀念, 商事判例研究 Ⅰ, Ⅱ, Ⅲ, 간행사, 박영사, 1996. 11. 30.

7. 閑道 鄭煥淡 선생의 華甲을 축하하며, 2000. 4.

8. 金明信 변리사 화갑기념 축사, 2004. 1. 30.

9. 인터뷰: 이회창 후보의 법관시절, 2002. 12. 19.

10. 姜求眞 교수 추모사, 대학신문, 1984. 4. 16.

11. 故 姜求眞교수 20주기 추모 남북협력법제학술회의 인사말씀, 북한법연구 제 7 집－姜求眞 敎授 20주기 추모 논문집 9-10쪽, 북한법연구회, 2004.

12. 법치의 대명사, '현암법전'의 창시자 현암 조상원선생 추모사, 2001. 4.

Ⅵ. 학술봉사활동

1. 민사판례연구회
   (1) 민사판례연구회 송년모임 인사말, 1990. 12. 7.
   (2) 민사판례연구회 제14회 연례심포지엄 인사말, 1991. 7.
   (3) 민사판례연구회 송년모임 인사말, 1997. 12. 4.
   (4) 민사판례연구회 송년모임 인사말, 1999. 12. 3.
   (5) 민사판례연구회 창립 20주년 기념사, 1997. 2. 17.

2. 한국지적소유권학회
   (1) 韓國知的所有權學會소식 창간호, 1986. 3. 31.
   (2) 대한교육연합회, 월간 새교육(학회탐방-韓國知的所有權學會), 통권 396호, 187-190쪽, 1987. 10
   (3) 사단법인 한국지적소유권학회 기업비밀보호방안에 관한 세미나 회장 개회 인사, 1993. 9. 15.
   (4) －전자정보통신학계를 움직이는 사람들 <7> 저작권－, 전자신문 6면, 기획, 2001. 3. 7.

3. 국제거래법학회
   (1) 國際去來法學會 創立 一周年 記念 세미나 개회사－貿易紛爭의 解決－, 국제거래법연구 창간호, 국제거래법학회, 415-416쪽, 1992. 4.
   (2) 貿易 紛爭의 解決, 국제거래법연구 창간호 창간사, 국제거래법학회, 3-4쪽, 1992. 4.
   (3) 국제거래법학회 창립기념 제 2 회 국제학술회의 개회사, 1992. 10. 7
   (4) 國際去來와 法, 國際去來法研究 제 2 집 발간사, 국제거래법학회, 3-4쪽, 1993. 6.
   (5) 제 3 회 국제거래법학회 국제세미나 개회사, 1993. 11. 5.
   (6) 國際去來와 國內法의 域外適用, 國際去來法研究 제 3 집 발간사, 국제거래법학

회, 1994. 4.
(7) 제 4 회 국제거래법학회 국제심포지엄 모시는 말씀, 1994. 10. 5.

4. 한국디지털재산법학회
(1) 한국디지털재산법학회 창립세미나 회장 인사말, 2000. 10.
(2) －디지털재산법학회 송상현 교수 "디지털경제에 맞게 법제 개선할 것"－, 디지털타임스, 2001. 4. 7.
(3) 매일경제 인터뷰－디지털재산보호 새법 필요－, 2001. 5. 1.
(4) 디지털재산 보호 법제정 시급, 동아일보, 2001. 10. 13.
(5) 사단법인 디지털재산법학회 창간호 간행사, 2001. 11. 30.

5. 한국법학교수회
(1) 한국법학교수회장 신임 인사의 말씀, 1999. 5. 14.
(2) 헌법제정 50주년기념 제 1 회 한국법학자대회 대회장 인사말씀, 1998. 8.
(3) 사단법인 한국법학교수회 정기총회 고문 추대 오찬모임 회장 인사말씀, 2000. 6. 22.
(4) 論文作成 및 文獻引用에 관한 標準 간행사, 사단법인 한국법학교수회, 2000. 11. 27.
(5) －성희롱 기준에서 저작권 문제까지 교수들 '행동 지침서' 만든다－, 동아일보 A29면, 2001. 2. 23.
(6) 한국법학교수회 2003년 회장 신년사, 2002. 12. 23.
(7) 제 4 회 한국법률가대회 회장 기조연설, 2004. 10. 22.
(8) 2005년도 한국법학교수회 회장 신년사, 2005.
(9) 한국법학교수회 뉴스레터 회장 인사말, 2005. 3. 28.

6. 법과 환경정책연구소
(1) 법과 환경정책연구소 인사말, 1994. 11. 22.
(2) 인터뷰: '법과 환경정책연구소' 창립 주도한 송상현 서울대교수, 세계와 나, 298-301쪽, 1995. 1.

7. 미래포럼
(1) 미래포럼 창립총회 공동대표 인사말씀, 2002. 7. 8.
(2) 8일 창립하는 미래포럼 송상현 공동대표, 조선일보 오피니언/인물 23면, 2002. 7. 5.
(3) '한국의 헤리티지재단' 표방 미래포럼 출범, 연합뉴스, 2002. 7. 8.

Ⅶ. 공공봉사활동

1. 전자거래분쟁조정위원회
(1) 전자거래분쟁조정위 새 위원장에 송상현 교수, 연합뉴스, 2001. 8. 17.
(2) 인터뷰: 전자거래분쟁조정위원회 위원장선임, 2001. 9월호
(3) 전자거래분쟁조정위원회 사례집 위원장 머리말, 2002. 1.
(4) 전자거래분쟁조정위원회 창립 제2주년 기념행사 위원장 인사말, 2002. 4. 12.
(5) 전자상거래분쟁조정위 활성화 위한 워크샵, 전자신문, 2002. 11. 21.
(6) 전자거래분쟁조정위원회 창립 4주년 기념세미나 위원장 개회사, 2004. 4. 30.

(7) 전자거래분쟁조정위원회 2004 워크샵 위원장 인사말, 2004. 12. 21.
(8) 2005년 전자거래분쟁조정위원회 창립 5주년 기념 세미나 개회사, 2005. 4. 9.
(9) 2006년 전자거래분쟁조정위원회 연례회의 개회사, 2006. 9. 19.

2. 대법관제청자문위원회
(1) 대법관 제청자문위 12일 첫 개최 (한국일보) 2003. 8. 10 17:48]
(2) 양승태 이공현 이홍훈씨 신임 대법관 후보 선정, 동아닷컴, 2004. 1. 17.
(3) '신임 대법관후보 추천' 내달 1~9일 접수, 연합뉴스, 2004. 6. 29.
(4) 법원노조-시민단체 추천 대법관 후보 10여명 확정, 동아일보, 2006. 5. 17.

3. 사법개혁추진대통령위원회
(1) 사개추委 18일 출범…'사법개혁 로드맵' 마련, KBS, 2005. 1. 11.

4. 무역위원회
(1) 송상현 서울대 교수 산자부 무역위원장 위촉, 디지털타임스, 2005. 12. 12.
(2) 무역위원회 홈페이지 위원장 인사말, 2006.

Ⅷ. 국제봉사활동

1. 한국법의 세계화
(1) 한국법으로 세계 법시장 공략해야 한다, (중앙일보(연합)), 2006. 6. 22.
(2) 중앙일보 하와이판 <사람과 사람들>, -UH 로스쿨서 한국법 강의하는 송상현 서울대 교수-, 2001. 9. 4.
(3) '세계화시대 法문화' 학술토론, 동아일보, 2002. 10. 25.
(4) Harvard Law Bulletin, p. 10, 1991. 10
(5) The University of Melbourne, Faculty of Law, Graduate Studies and Continuing Education, p. 44, 1995

2. 국제형사재판소
(1) KBS 뉴스광장, 2002. 12. 28.
(2) 국제형사재판소 재판관 출마한 서울대 송상현 교수, 동아일보, 2003. 1. 3)
(3) 한국인 국제기구 진출현황, 문화일보, 2003. 1. 29.
(4) MBC 저녁뉴스, 2003. 2. 5.
(5) KBS 뉴스 9, 2003. 2. 5.
(6) 金大中대통령 宋相現 재판관 면담, 연합뉴스, 2003. 2. 13.
(7) 盧武鉉대통령당선자 宋相現 ICC재판관 면담, 연합뉴스, 2003. 2. 15.
(8) 盧武鉉대통령, 宋相現 국제형사재판소 재판관 접견, KBS, 2005. 1. 7.
(9) 최초의 전범재판소 출범, YTN, 2003. 3. 12.
(10) -송상현 교수, ICC 초대 재판관 피선-, 디지틀조선일보 사회, 2003. 2. 5.
(11) 송상현 ICC 초대재판관 일문일답, 연합뉴스, 2003. 2. 5.
(12) "한국 국력·외교력 신장 실감," 한겨레, 2003. 2. 6.
(13) "국제사회 양심-인권 파수꾼 돼야죠," 동아일보오피니언/인물 23면, 2003. 2. 6.
(14) -국제형사재판소 초대 재판관된 송상현 교수-, 조선일보 오피니언/인물 A22면,

2003. 2. 6.

(15) LOWLAW Vol. 41, Law & People (The First), 30-31쪽, “ICC 출범은 인류의 숙원… 항구적 세계평화 위해 기여하겠습니다,” 2003. 3.

(16) [뉴스 메이커] “反인류 범죄 끝낸다”(한국일보) 2003. 3. 12.

(17) 인터뷰: 동문을 찾아서, 서울대동창회보 제300호 8면 – 국제형사재판소(ICC) 宋相現재판관 “개인의 반인륜 범죄 묵과 않을 것” –, 2003. 3. 15.

(18) 인터뷰: 이사람, 로타리코리아, 344호, 57쪽, 국제형사재판소 재판관 송상현 교수(3650 · 서울한강RC), “로타리 인도주의 경험으로 세계 인권보호에 앞장,” 2003. 4.

(19) 글로벌 코리안! 송상현 국제형사재판소 초대재판관, CBS 뉴스레이다 4부, 2004. 1. 22.

(20) 집중조명 국제재판소의 한국인들 – ‘세계의 정의’를 심판하는 한국인 재판관 –, 주간조선 1881호, 48쪽, 2005. 11. 28.

(21) 송상현 교수 특별세미나(정의의 종, Vol. 4, 21-22쪽, 서울대학교 법과대학), 2005. 6.

(22) 국제형사재판관 9년 임기 재선 송상현 교수, 동아일보, 2006. 1. 28.

(23) 낙산회보 제80호 8면, 2006. 4. 3.

(24) 정의의 종, Vol. 6, 57쪽, 서울대학교 법과대학, 2006.

(25) 외국어보다 전문 지식이 중요 한국인 국제기구 진출 늘어야, 중앙일보, 2006. 8. 5.

(26) 송상현 국제형사재판소 재판관 단독인터뷰… “고시제도, 준비없는 로스쿨 모두 문제,” “교육 질보다 정원싸움 변질,” 문화일보 29면, 2006. 10. 19.

(27) 송상현 재판관 경향신문 인터뷰: “공판중심주의는 시대의 흐름,” 경향신문 사람과 사람들 23면, 2006. 10. 24.

(28) 세계일보 인터뷰: “법관에겐 도덕성이 최고 덕목” 국제형사재판소 유일한 한국인 판사 송상현 재판관, 세계일보 사람들, 2006. 10. 24. 26면

(29) – 송상현 국제형사재판소 재판관 –, 법률저널, 최재천 변호사의 법률산책(80회), 2003. 2. 18.

(30) 법률신문, 2006. 7. 3.

(31) 국제형사재판소장 내일 방한, YTN, 2006. 10. 13.

(32) “집단살해죄·전쟁범죄 등 공소시효 배제,” 서울신문, 2006. 10. 17.

(33) 국제형사재판소 재판소장 및 재판관 접견 결과, 연합뉴스 보도자료, 2006. 10. 18

(34) <2006 한국을 빛낸 인물> (5) 송상현 ICC재판관 재선, 문화일보, 2006. 12. 15.

Ⅸ. 사회봉사활동

1. 정해복지

(1) 송상현 교수님을 찾아뵙고, 정해복지, 사단법인 정해복지연구회 – 탐방 –, 1991. 4.

(2) 正海會誌 제 1 호 격려사, 창립1주년을 맞으며, 사단법인 정해복지연구회, 1989. 5.

(3) 정해복지 격려사, 사단법인 정해복지연구회, 1990. 11.

(4) 정해복지 신년사, 사단법인 정해복지연구회, 1992. 1.

(5) 정해복지(정해칼럼), 사단법인 정해복지연구회, 1992. 7.

(6) 정해복지 신년사, 사단법인 정해복지연구회, 1992. 12.
(7) 정해의 법인화 2주년 격려사, 1992.
(8) "젊음의 빛이여! 그대 이름은 正海이다" 정해칼럼
(9) 정해복지 1994년 신년사, 사단법인 정해복지연구회
(10) 한·베트남 문화예술제 한국 홍보사절단 선발대회 축사, 1994. 11. 13.
(11) 베트남 한인 2세를 위한 기술학교 운영기금마련 자선 디너쇼 축사, 1997. 12. 8.
(12) 정해복지 발자취, 정해복지 설립 15주년 기념 격려사, 사단법인 정해복지, 2001. 12.
(13) 베트남 정해기술학교 돕기 자선행사, 동아일보, 2001. 12. 13.
(14) 사단법인 정해복지의 후원 자선디너쇼 및 '02 송년의 밤 행사 격려사, 2002. 12. 11.
(15) 이충범, 나는야, 자랑스런 앵벌이 대장, Ewincom, 2003.

2. 한국백혈병어린이재단
(1) [단신] 백혈병어린이재단 출범, 한국경제신문, 2001. 1. 11.
(2) －백혈병어린이돕기 성금 21,664,000원 전달－, 경기동창회보 제79호, 2000. 6. 10.
(3) 경기동창회보 제84호－새롭게 태어나는 인연－, 2001. 4. 10.
(4) －박세리 1억원 쾌척(백혈병어린이 수술비 소년소녀가장 돕기에)－, 한겨레신문, 2002. 1. 4.
(5) 경기동창회보(2002. 4. 28. 경기걷기 대회)
(6) 서울대동창회보 Noblesse Oblige, 제295호 5면, 2002. 10. 15.
(7) 웰라코리아 백혈병어린이 성금, 2002. 11. 29.
(8) Korea 2002, Alternative Hair Show, WELLA, 2002. 11.
(9) 우체국 한 사랑의집 개소, 한국경제, 2003. 1. 20.
(10) 100% 완치와 건강한 복귀, 사랑이 있는 푸른 우리마을, 2003 봄호(36), 한국백혈병어린이재단, 2003. 봄
(11) 독자들 사랑이 소아암 투병에 희망, 중앙일보, 2006. 07. 26.

3. 유니세프
(1) Welcoming Remarks for Roger Moore, a UNICEF Goodwill Ambassador, 2001. 4. 18
(2) 스타룸 운영 소년소녀가장 도와요, 국민일보, 2002. 7. 15.
(3) 한류스타 이병헌이 난민촌 어린이를 돕는데 앞장섰다, 마이데일리, 2005. 12. 13.

4. 아름다운재단
(1) [미담] 기부문화 확산 '아름다운 재단' 22일 창립, 동아일보 2000. 8. 17

5. 어린이도서관 및 한국사회과학도서관
(1) 행복배달부, 원자력문화 9면, 인표어린이도서관 이인표회장, 석현호 이사장 인터뷰내용, 2006. 5.
(2) 한국사회과학도서관 10주년 기념 국제회의 기조연설, 1993. 4. 1.

6. 古下 宋鎭禹선생기념사업회
(1) 古下 宋鎭禹선생 추모·기념재단 설립식, 한국일보, 1994. 12. 31.

(2) 고하 송진우선생 탄생 110주년 추모식 열려, 동아일보, 2000. 5. 8.
(3) 의협신보 제3720호, 又岡雜文 31, 권이혁<성균관대 이사장>, 2003. 6. 2.

7. 대학골프연맹
(1) 한국대학골프연맹회장 就任 人事말씀, 1992. 4.
(2) 인터뷰: 주간 골프신문 48면, 1992. 4. 24.
(3) 이사람, 신임 한국대학골프연맹 회장 서울대 법학과 송상현 교수, 골프매거진, 64쪽, 1992. 5.
(4) 인터뷰: 골프와 인생, 골프매거진, 1992. 10.
(5) 한국대학골프연맹의 운영방향, Golf 제8호(92(1호)), 대한골프협회, 1992. 8
(6) 지·덕·체 고루 갖춘 골퍼 만들기 10년, 월간 Golf Focus 휴먼포커스, SBS골프뉴스자매지, 90-91쪽, 1994. 5
(7) 한국대학골프연맹 창립 10주년 기념사, 한국대학골프연맹 10년사, 한국대학골프연맹, 1쪽, 1994.
(8) 한국 골프학회회장 취임사, 1993. 6. 1.
(9) 한국골프학회 세미나 회장 인사, 1994. 11. 5.
(10) 한국골프학회 창립과 발전방향, 한국대학골프연맹 10년사, 한국대학골프연맹, 104쪽, 1994.

X. 감사한 마음으로

1. 서울법대 이모저모
(1) 근대법학교육 100주년 기념관 준공식 학장 식사, 1996. 12. 18.
(2) 제50회 서울법대 후기 졸업식사, 1996. 8. 30.
(3) 1997학년도 신입생 환영사 및 개강사, 법대신문, 1997. 3. 3.
(4) 신입생 및 학부모 오리엔테이션 포인트, 1997. 3. 3.
(5) 제51회 서울법대 후기 졸업식 학장 식사, 1997. 8. 28.
(6) 서울법대 송년모임 학장 인사: 1996. 12. 18.
(7) 서울법대 동창회 신년인사회 학장 인사, 1997. 1. 27.
(8) －97년도 新年人事會－, 낙산회보, 1997. 4. 22.
(9) 서울법대동창회 정기총회 학장 축사, 1998. 5. 14.
(10) 서울법대 30회 졸업생 모교방문 환영사, 1997. 10. 11.
(11) 사법학회 제29회 민사모의재판 학장 격려사, 1996. 9. 2.
(12) 삶과 더불어 정의와 더불어 60년, 서울대법대 87동창회원 회갑기념문집 축사, 삶과 꿈, 4면, 1996. 12.
(13) 낙산회보 축쇄판 발간 학장 축사, 1997. 6. 30.
(14) 서울법대 24회 동문회지 제3호 발간 학장 축사, 1997
(15) [로스쿨을 향해 뛰는 대학들] 서울대－폭넓은 교수진… 다양한 커리큘럼 운용, 법률신문, 2006. 3. 10.
(16) －노벨평화상 수상 에스끼벨 26일 방한－, 한국일보 26면, 2000. 6. 23.
(17) 21세기 세계속의 한국법의 발전 교육단, 뉴스레터 단장 간행사, Vol. 1, No. 1, 3

쪽, 2001 상반기

(18) －두뇌한국21 법학연구단 첫 영문저널 출간－, 대학신문 13면, 2001. 5. 21.

(19) 서울대학교 법학연구소 전문분야연구과정 제 1 기 공정거래법 코스 수료식 학장 축사, 1996. 7. 6.

(20) 서울대학교 법학연구소 전문분야연구과정 제 2 기 지적재산권법 코스 입학식 학장 축사, 1996. 8. 26.

(21) 서울대학교 법학연구소 전문분야연구과정 제 2 기 지적재산권법 코스 수료식 학장 축사, 1996. 12. 21. 5)

2. 뉴욕대 석좌교수

(1) 한국인, 오늘의 초상-송상현 뉴욕대 석좌교수 주간조선 제1297호, 조선일보사, 74-76쪽, 1994. 3.

(2) 서울대 동창회보 기사, 송상현 뉴욕대 석좌교수 1994.

(3) 뉴욕대 법대 석좌교수추대 축하연 答辭, 1994. 4. 14.

(4) －北, 98년부터 자본주의法 공부－, 동아일보 A25면, 2000. 6. 19.

3. 상훈관계

(1) －제34회 법의 날－기념식, 경향신문 15면, 1997. 5. 2.

(2) 30회 한국법률문화상 수상 서울대 법대 송상현 교수, 동아일보 사람들 A8면, 1998. 8. 4.

(3) '한국법률문화상' 수상 송상현 서울대 법대 교수, 국민일보 People-오늘의 얼굴, 1998. 8. 12.

(4) 대한변호사협회 제30회 한국법률문화상 수상자 인사말, 1998. 8. 10.

4. 회 갑 연

(1) －송상현 서울대 법대 교수 회갑기념 논문봉정식－, 동아일보, 2002. 1. 15.

(2) 민사판례연구 제24집, 心堂 宋相現會長華甲記念號, 心堂 宋相現 先生님의 華甲紀念號에 붙여, 2002. 1.

(3) 화갑논문 봉정식 답사, 2002. 1. 14

(4) The Weekly Economist (People), No. 622, p. 30, 2002. 1. 29.

(5) 서울법대 송상현 교수 회갑축의금 3000만원 20여 학회-재단에 '아름다운 기부', 동아일보 A23면, 2002. 3. 6.

目 次

停年退任의 辯 ········· I
跋 文 ········· iii
心堂 宋相現 교수 年譜 ········· v
心堂 宋相現 교수 著作論文目錄 ········· xxiii

Ⅰ. 언론 매체에 기고한 칼럼

1. 법의 세계 ········· 1
(1) 최고의 투자유인은 사법부의 건전성 ········· 1
(2) 떡값 판검사 문제삼는 국제환경 ········· 3
(3) 통곡하는 법치주의 ········· 5
(4) 법치주의와 준법정신 ········· 6
(5) 구조조정과 실종된 법치주의 ········· 14
(6) 법률개혁의 핵심 ········· 16
(7) 우리社會에서 요구되는 法과 法曹人 ········· 18
(8) 제도개혁과 외국모방 ········· 20
(9) 입법과정의 각종 문제점 ········· 22
(10) 法과 法意識과 現實과의 괴리 ········· 24
(11) 좀더 법적 추궁을 집요하게 ········· 26
(12) 미국에서의 소송의 위협 ········· 28
(13) 미국의 배심원제도 ········· 30
(14) 商法改正有感 ········· 33
(15) 商法改正試案 지상공청회 ········· 36
(16) 會社法에 치우친 商法개정안 ········· 38
(17) 컴퓨터 소프트웨어의 法的 保護 ········· 40
(18) 著作權과 컴퓨터 소프트웨어의 保護 ········· 44
(19) 情報社會와 法的 裝置 ········· 50
(20) 新著作權法과 우리의 課題 ········· 58

2. 대학과 교육 ········· 62
(1) 대학의 기능과 현상 ········· 62
(2) 대학의 교실붕괴 ········· 64
(3) '떠나고 보자'는 조기유학 ········· 66
(4) 국립대교수의 특허권 문제 ········· 68
(5) 제 1 회 한국법학자대회 기조연설 ········· 70
(6) Korean Students in U.S. Law Schools and Foreign Students at Seoul

National University Law School ······ 77

3. 정치와 행정 ······ 82
(1) 待望의 90년대 ······ 82
(2) 北方으로 가는 길 ······ 84
(3) 便宜行政의 문제점 ······ 86
(4) 技術立國의 課題 ······ 87
(5) 비뚤어진 과거 청산에 부쳐 ······ 89
(6) 세계화와 지방정부의 합일 ······ 91
(7) 허리가 휘는 규제와 부과 ······ 93
(8) 부패를 뿌리뽑기 위하여 ······ 95
(9) 큰 정부는 미래가 없다 ······ 97
(10) 빅뱅은 남북관계에도 필요하다 ······ 99
(11) 5조 원의 수업료를 물었건만 ······ 100
(12) A Lesson That Cost Five Trillion Won ······ 102
(13) 錢山人海식 정치구조를 고치려면 ······ 104
(14) 對美通商外交를 위한 교두보 ······ 106
(15) 마지막 정면돌파를 ······ 108
(16) 정치와 법치 ······ 110
(17) 정부조직개편에 문제 있다 ······ 112

4. 경제와 사회 ······ 113
(1) 外國人 抵當權者 有感 ······ 113
(2) 21세기의 張保皐 ······ 116
(3) 大企業의 '業務用 不動産' ······ 118
(4) 投資諮問業 有感 ······ 120
(5) 걱정되는 經濟力의 過度集中 ······ 122
(6) 不動産投機抑制策 有感 ······ 124
(7) 각종 국민부담제도의 합리화 ······ 127
(8) 나라살림이 너무나 걱정이다 ······ 129
(9) 輸入天國에서의 産業被害救濟制度의 운영 ······ 131
(10) 北韓의 窮乏을 미끼로 核폐기물 덤핑하는 臺灣 ······ 133

5. 한국 사회를 바라보며 ······ 137
(1) 都市交通의 滯症과 교통사고 관계 ······ 137
(2) 기초질서와 경쟁력, 매일경제 분석과 전망 ······ 143
(3) 여성의 자기개발과 행동윤리 ······ 145
(4) 머리와 가슴이 텅빈 社會 ······ 146
(5) 諮問會議運營의 虛實 ······ 148
(6) 다양한 가치가 통하는 합리적인 사회를 기다리며 ······ 150
(7) 조직화를 통한 사회통제의 후유증 ······ 153
(8) 획일주의와 하향평준화 ······ 155

(9) 노블레스 오블리제와 왕자병 ··· 157
(10) 4월이 오면 ··· 158

6. 문화와 전통 ··· 160
(1) 전통문화와 세계화를 위한 시론 - 21세기와 한국문화 - ··· 160
(2) 文化間接資本의 育成 ··· 173
(3) 지적재산권과 국민의식 ··· 174
(4) CISAC 아시아 지역회의 참가기 ··· 175
(5) 대담: 독서와 인생 ··· 177
(6) 福券人生 ··· 177
(7) 流 星 ··· 178

7. 세계를 향하여 ··· 180
(1) George W. Bush 대통령 취임식 참관기(요약) - 제 1 회 Fulbright 동문회 조찬 포럼 ··· 180
(2) 국제화시대와 전문가의 활용 ··· 183
(3) 世界化는 法治의 실현으로부터 ··· 185
(4) 세계화는 법의 지배를 뜻한다 ··· 187
(5) 인류에 새 과제 던진 美테러 ··· 189
(6) 국제인권법의 발전과 국제형사재판소의 출범 - 국제적 인권 신장을 기대하며 - ··· 191
(7) 유럽의 빅뱅과 인권외교(인권외교로 거대 EU와 손잡자) ··· 193

8. 하버드 단상 ··· 194
(1) 하버드대학의 의미 ··· 194
(2) 전통의 하우스제도 ··· 195
(3) 「20년總長」의 퇴임 ··· 196
(4) 교과과정의 改革 ··· 196
(5) 法大生들의 소송 ··· 197
(6) 교육현장 연례점검 ··· 198
(7) 신입생 선발심사 ··· 199
(8) 루딘스타인 신임총장 ··· 200
(9) 기부금 관리 원칙 ··· 201
(10) 총장의 연례보고서 ··· 203
(11) 어느 추도식 ··· 204
(12) 연구비 지출내역 ··· 205
(13) 이라크 가는 學生들 ··· 206
(14) 美대학 돈줄 한국인 ··· 207
(15) 제제받는 大學의 담합 ··· 208
(16) 장학금 · 연구비 豊年 ··· 209
(17) 제310회 졸업식 ··· 210
(18) 유니버시티 프로페서 ··· 211

(19) 모금행사 참관 ······ 212
(20) 한국系 학생들의 고민 ······ 213
(21) 공무원 해외연수 ······ 214
(22) 활발한 토론 · 강연 ······ 215
(23) 옌칭도서관 ······ 216
(24) 教授의 대우 ······ 217
(25) 강의와 시험 ······ 218
(26) 교수강의 평가제 ······ 219
(27) 예산절감 ······ 220
(28) 볼룸댄스 熱氣 ······ 221
(29) 교수초빙 조건 ······ 222
(30) 캠퍼스 防犯 ······ 223
(31) 각종 교수수당 ······ 224
(32) 티칭 펠로우 ······ 225
(33) 韓國學의 寶庫(Eastern Intellectual Establishment for Koreanology)여! 영원하라, 하버드 옌칭도서관 한국섹션 50주년 기념 기고 ······ 226

Ⅱ. 좌담 및 대담

1.매경포럼: 개방시대의 국가경영 – 개방시대의 법, 제도 그리고 의식 – ······ 229

2.조선일보 좌담: 大學-대학교육④ 개혁토론(교수들의 자기진단-처방) ······ 236

3.年頭座談: 司法試驗制度를 생각한다(고시계 347호, 16-32면, 1986. 1.) ······ 241
(1) 선발인원수의 문제 ······ 241
(2) 시험과목에 있어서의 문제 ······ 251
(3) 시험방법에 있어서의 문제 ······ 255
(4) 주관기관과 시험위원에 관한 문제 ······ 257

4. 좌담: 法院組織法 改正法律과 訴訟促進 등에 관한 特例法을 본다(司法行政 243호, 4-14면), 한국사법행정학회 ······ 260
□法院組織法改正案의 特色 ······ 260
□訴訟促進 特別法의 特色 ······ 266

5. 宋相現교수와 中山信弘 동경대 지적재산권법교수의 대담(서울, 1994. 8. 12.) ······ 276

6. 지적재산권 동향에 관한 특별좌담(월간 지적재산 통권 제76호, 6-16면, 1994. 10.) ···· 284

7. EBS TV 대담 취지 요약 ······ 287
(1) 위성통신사업과 관련된 국제협약 및 국제관계법 ······ 287
(2) 정보시대의 윤리관 ······ 288

8. "먼저「私生活보호」대책을" ······ 289

Ⅲ. 서평 및 서문

1. 書評 徐憲濟 著, 通商問題와 法 ··· 291
2. 書評 지적재산권 민형사판례집 전 3 권, 대한변리사회 ··· 292
3. 評 로버트 올리버 著, 朴日泳 譯, 대한민국 건국의 내막(上·下) ··· 294
4. 추천사, 정치개혁 이렇게 한다. - 미국의 정치개혁 리포트 - (박태석, 정상환, 황철규, 민만기 공저) ··· 295
5. 書評 동아대 김재원교수 저서, A Critical Discourse on Korean Law and Economy(편저) ··· 297
6. 추천의 글, 이충범 著, 나는야, 자랑스런 앵벌이 대장 ··· 297
7. 10년 후 세상을 희망하며(한국백혈병어린이재단 이사장) ··· 298
8. 判例教材 民事訴訟法 序文 ··· 300
9. 지적소유권법전 서문 ··· 303
10. 民事訴訟法 序文 ··· 304
11. 民事訴訟法 全訂版 序文 ··· 305
12. 民事訴訟法 再全訂版 序文 ··· 306
13. 民事訴訟法 新訂 3 版 序文 ··· 308
14. 海商法 原論 머리말 ··· 310
15. 해상분쟁 판례 종합 해상법원론 제 3 판 출간 ··· 313
16. 선박 편의국적제 도입 바다경제 크게 키울 것 ··· 314
17. 국제거래법학회 상공부연구용역보고서 序文 ··· 315
18. Korean Law in the Global Economy, Preface ··· 316
19. Fides 제38호, 학장 권두언 ··· 318
20. 서울법대 50년(1946 - 1996) 발간사 ··· 320
21. 추천사, 손창호 저, 미국 로스쿨, 로펌에 도전하라! ··· 320

Ⅳ. 기념 식사 및 인사말

1. 국제세미나 韓·中 經濟交流의 實際와 展望 기조연설(환영사) ··· 323
2. 국제특허연수원 설립 축사, 특허청 ··· 326
3. 월간 工業所有權, 창간호(제26호) 축사, 6면 ··· 328

4. 한국소비자보호원 제조물책임 세미나 사회자 인사 …… 329
5. 장일남 교수 오케스트라 창단 축사 …… 331
6. 한국정보법학회 세미나 환영사 …… 332
7. '인터넷法律' 창간호 축사 …… 333
8. 프로그램심의조정위원회 'IT법제연구' 정간물 창간 축사 …… 334
9. 대한가정법률복지상담원 개원 축사 …… 336
10. 法務法人 忠正의 일곱번째 돌을 축하하면서 …… 337
11. 대한변협신문 창간 1주년 축사 – 대한변협신문에 바란다 …… 339
12. 대한변호사협회 창립 50주년 축사 …… 340
13. 신기남 국회의원 후원회 회장 환영사 …… 341
14. 박진 국회의원 후원회장 인사말씀 …… 342
15. 풀브라이트 정기총회 동문회장 인사말씀 …… 344
16. "2000년도 UNDP 인간개발보고서 – 인권과 인간개발" 한국어판 출판기념 학술회의 인사말 …… 345

Ⅴ. 바치는 글

1. 나의 장인, 그 잊을 수 없는 久遠의 인간상 …… 347
2. 권이혁 선생님의 8순을 축하드리오며 …… 352
3. 이병붕 박사 퇴임기념 회고사 …… 354
4. 仁山 鄭熙喆 선생 停年紀念 商法論叢 跋文 …… 356
5. 李泰魯 교수님 정년 기념 논문봉정식 학장 축사 …… 358
6. 如松 崔基元 敎授 華甲·서울대학교 재직 三十年紀念, 商事判例研究 Ⅰ, Ⅱ, Ⅲ 간행사 …… 359
7. 閑道 鄭煥淡 선생의 華甲을 축하하며 …… 361
8. 金明信 변리사 화갑기념 축사 …… 362
9. 인터뷰: 이회창 후보의 법관시절 …… 363
10. 姜求眞 교수 추모사 …… 366
11. 故 姜求眞교수 20주기 추모 남북협력법제학술회의 인사말씀 …… 368
12. 법치의 대명사, '현암법전'의 창시자 현암 조상원 선생 추모사 …… 369

VI. 학술봉사활동

1. 민사판례연구회 ········ 373
(1) 민사판례연구회 송년모임 인사말 ········ 373
(2) 민사판례연구회 제14회 연례심포지엄 인사말 ········ 374
(3) 민사판례연구회 송년모임 인사말 ········ 375
(4) 민사판례연구회 송년모임 인사말 ········ 376
(5) 민사판례연구회 창립 20주년 기념사 ········ 377

2. 한국지적소유권학회 ········ 378
(1) 韓國知的所有權學會소식 창간호 ········ 381
(2) 대한교육연합회, 월간 새교육 ········ 384
(3) 사단법인 한국지적소유권학회 기업비밀보호방안에 관한 세미나 회장 개회 인사 ········ 384
(4) －전자정보통신학계를 움직이는 사람들 <7> 저작권－ ········ 385

3. 국제거래법학회 ········ 386
(1) 國際去來法學會 創立 一周年 記念 세미나 개회사－貿易紛爭의 解決－ ········ 386
(2) 貿易 紛爭의 解決 ········ 390
(3) 국제거래법학회 창립기념 제 2 회 국제학술회의 개회사 ········ 391
(4) 國際去來와 法 ········ 392
(5) 제 3 회 국제거래법학회 국제세미나 개회사 ········ 393
(6) 國際去來와 國內法의 域外適用 ········ 395
(7) 제 4 회 국제거래법학회 국제심포지엄 모시는 말씀 ········ 396

4. 한국디지털재산법학회 ········ 397
(1) 한국디지털재산법학회 창립세미나 회장 인사말 ········ 397
(2) 디지털재산법학회 송상현 교수 "디지털경제에 맞게 법제 개선할 것" ········ 398
(3) 매일경제 인터뷰: 디지털재산보호 새법 필요 ········ 398
(4) 디지털재산 보호 법제정 시급 ········ 400
(5) 사단법인 한국디지털재산법학회 창간호 간행사 ········ 400

5. 한국법학교수회 ········ 401
(1) 한국법학교수회장 신임 인사의 말씀 ········ 401
(2) 헌법제정 50주년기념 제 1 회 한국법학자대회 대회장 인사말씀 ········ 403
(3) 사단법인 한국법학교수회 정기총회 고문 추대 오찬모임 회장 인사말씀 ········ 404
(4) 論文作成 및 文獻引用에 관한 標準 간행사 ········ 405
(5) 성희롱 기준에서 저작권 문제까지 교수들 '행동 지침서' 만든다 ········ 406
(6) 한국법학교수회 2003년 회장 신년사 ········ 407
(7) 제 4 회 한국법률가대회 회장 기조연설 ········ 410
(8) 2005년도 한국법학교수회 회장 신년사 ········ 415
(9) 한국법학교수회 뉴스레터 회장 인사말 ········ 417

6. 법과 환경정책연구소 ······ 418
(1) 법과 환경정책연구소 인사말 ······ 418
(2) 인터뷰: '법과 환경정책연구소' 창립 주도한 송상현 서울대교수 ······ 420

7. 미래포럼 ······ 423
(1) 미래포럼 창립총회 공동대표 인사말씀 ······ 423
(2) 8일 창립하는 미래포럼 송상현 공동대표 ······ 425
(3) '한국의 헤리티지재단' 표방 미래포럼 출범 ······ 426

Ⅶ. 공공봉사활동

1. 전자거래분쟁조정위원회 ······ 427
(1) 전자거래분쟁조정위 새 위원장에 송상현 교수 ······ 427
(2) 인터뷰: 전자거래분쟁조정위원회 위원장선임 ······ 427
(3) 전자거래분쟁조정위원회 사례집 위원장 머리말 ······ 429
(4) 전자거래분쟁조정위원회 창립 제 2 주년 기념행사 위원장 인사말 ······ 430
(5) 전자상거래분쟁조정위 활성화 위한 워크샵 ······ 431
(6) 전자거래분쟁조정위원회 창립 4주년 기념세미나 위원장 개회사 ······ 431
(7) 전자거래분쟁조정위원회 2004 워크샵 위원장 인사말 ······ 432
(8) 2005년 전자거래분쟁조정위원회 창립5주년 기념 세미나 위원장 개회사 ······ 433
(9) 2006년 전자거래분쟁조정위원회 연례회의 위원장 개회사 ······ 434

2. 대법관제청자문위원회 ······ 435
(1) 대법관 제청자문위 12일 첫 개최 ······ 435
(2) 양승태, 이공현, 이홍훈씨 신임 대법관 후보 선정 ······ 436
(3) '신임 대법관후보 추천' 내달 1~9일 접수 ······ 436
(4) 법원노조-시민단체 추천 대법관 후보 10여명 확정 ······ 437

3. 사법개혁추진대통령위원회 ······ 438
(1) 사개추委 18일 출범… '사법개혁 로드맵' 마련 ······ 438

4. 무역위원회 ······ 439
(1) 송상현 서울대 교수 산자부 무역위원장 위촉 ······ 439
(2) 무역위원회 홈페이지 위원장 인사말 ······ 439

Ⅷ. 국제봉사활동

1. 한국법의 세계화 ······ 441
(1) 한국법으로 세계 법시장 공략해야 한다 ······ 441
(2) UH 로스쿨서 한국법 강의하는 송상현 서울대 교수 ······ 442
(3) '세계화시대 法문화' 학술토론 ······ 444
(4) Harvard Law Bulletin, p. 10 ······ 444
(5) The University of Melbourne, Faculty of Law, Graduate Studies and Continuing

Education, p.44, 1995 ······ 445

2. 국제형사재판소 ······ 446
(1) KBS 뉴스광장 ······ 446
(2) 국제형사재판소 재판관 출마한 서울대 송상현 교수 ······ 447
(3) 한국인 국제기구 진출현황 ······ 448
(4) MBC 저녁뉴스 ······ 449
(5) KBS 뉴스 9 ······ 450
(6) 金大中대통령 宋相現 재판관 면담 ······ 451
(7) 盧武鉉대통령당선자 宋相現 ICC재판관 면담 ······ 452
(8) 盧武鉉대통령, 宋相現 국제형사재판소 재판관 접견 ······ 452
(9) 최초의 전범재판소 출범 ······ 452
(10) 송상현 교수, ICC 초대 재판관 피선 ······ 453
(11) 송상현 ICC 초대재판관 일문일답 ······ 454
(12) "한국 국력 · 외교력 신장 실감" ······ 456
(13) "국제사회 양심 – 인권 파수꾼 돼야죠" ······ 457
(14) 국제형사재판소 초대 재판관된 송상현 교수 ······ 458
(15) LOWLAW Vol. 41 ······ 459
(16) [뉴스 메이커] "反인류 범죄 끝낸다" ······ 462
(17) 인터뷰: 동문을 찾아서 ······ 463
(18) 인터뷰: 이사람 ······ 464
(19) 글로벌 코리안! 송상현 국제형사재판소 초대재판관 ······ 466
(20) 집중조명 국제재판소의 한국인들 – '세계의 정의'를 심판하는 한국인 재판관 – ······ 467
(21) 송상현 교수 특별세미나 ······ 468
(22) 국제형사재판관 9년 임기 재선 송상현 교수 ······ 468
(23) 낙산회보 제80호 8면 ······ 469
(24) 정의의 종, Vol.6, 서울대학교 법과대학, 57면 ······ 470
(25) 외국어보다 전문 지식이 중요 한국인 국제기구 진출 늘어야 ······ 470
(26) 송상현 국제형사재판소 재판관 단독인터뷰… "고시제도, 준비없는 로스쿨 모두 문제," "교육 질보다 정원싸움 변질" ······ 471
(27) 송상현 재판관 경향신문 인터뷰: "공판중심주의는 시대의 흐름" ······ 473
(28) 세계일보 인터뷰: "법관에겐 도덕성이 최고 덕목" 국제형사재판소 유일한 한국인 판사 송상현 재판관 ······ 475
(29) 송상현 국제형사재판소 재판관 ······ 477
(30) 법률신문 ······ 478
(31) 국제형사재판소장 내일 방한 ······ 479
(32) "집단살해죄 · 전쟁범죄 등 공소시효 배제" ······ 479
(33) 국제형사재판소 재판소장 및 재판관 접견 결과 ······ 480
(34) <2006 한국을 빛낸 인물> (5) 송상현 ICC재판관 재선 ······ 480

Ⅸ. 사회봉사활동

1. 정해복지 ………… 483
   (1) 正海會誌 제 1 호 격려사, 창립1주년을 맞으며, 사단법인 정해복지연구회 ………… 483
   (2) 정해복지 격려사, 사단법인 정해복지연구회 ………… 484
   (3) 송상현 교수님을 찾아뵙고, 정해복지, 사단법인 정해복지연구회－탐방－ ………… 485
   (4) 정해복지 신년사, 사단법인 정해복지연구회 ………… 487
   (5) 정해복지(정해칼럼), 사단법인 정해복지연구회 ………… 488
   (6) 정해복지 신년사, 사단법인 정해복지연구회 ………… 490
   (7) 정해의 법인화 2주년 격려사 ………… 493
   (8) "젊음의 빛이여! 그대 이름은 正海이다," 정해칼럼 ………… 494
   (9) 정해복지 1994년 신년사, 사단법인 정해복지연구회 ………… 495
   (10) 한・베트남 문화예술제 한국 홍보사절단 선발대회 축사 ………… 497
   (11) 베트남 한인 2세를 위한 기술학교 운영기금마련 자선 디너쇼 축사 ………… 498
   (12) 정해복지 발자취, 정해복지 설립 15주년 기념 격려사, 사단법인 정해복지 ………… 499
   (13) 베트남 정해기술학교 돕기 자선행사(동아일보) ………… 500
   (14) 사단법인 정해복지의 후원 자선디너쇼 및 '02 송년의 밤 행사 격려사 ………… 501
   (15) 이충범, 나는야, 자랑스런 앵벌이 대장, Ewincom, 2003. ………… 502
2. 한국백혈병어린이재단 ………… 504
   (1) [단신] 백혈병어린이재단 출범 ………… 504
   (2) －백혈병어린이돕기 성금 21,664,000원 전달－ ………… 505
   (3) 경기동창회보 제84호－새롭게 태어나는 인연－ ………… 505
   (4) －박세리 1억 원 쾌척(백혈병어린이 수술비 소년소녀가장 돕기에)－ ………… 506
   (5) 경기동창회보(2002. 4. 28. 경기걷기 대회) ………… 507
   (6) 서울대동창회보 Noblesse Oblige ………… 508
   (7) 웰라코리아 백혈병어린이 성금 ………… 511
   (8) Korea 2002, Alternative Hair Show, WELLA ………… 511
   (9) 우체국 한 사랑의집 개소 ………… 512
   (10) 100% 완치와 건강한 복귀(사랑이 있는 푸른 우리마을, 한국백혈병 어린이재단) ………… 513
   (11) 독자들 사랑이 소아암 투병에 희망 ………… 514
3. 유니세프 ………… 515
   (1) Welcoming Remarks for Roger Moore, a UNICEF Goodwill Ambassador ………… 515
   (2) 스타룸 운영 소년소녀가장 도와요 ………… 516
   (3) 한류스타 이병헌이 난민촌 어린이를 돕는데 앞장섰다. ………… 517
4. 아름다운재단 ………… 518
   (1) [미담] 기부문화 확산 '아름다운 재단' 22일 창립 ………… 518
5. 어린이도서관 및 한국사회과학도서관 ………… 518
   (1) 행복배달부, 원자력문화 9면 ………… 518

(2) 한국사회과학도서관 10주년 기념 국제회의 기조연설 ······ 519

6. 古下 宋鎭禹선생기념사업회 ······ 525
(1) 古下 宋鎭禹선생 추모·기념재단 설립식 ······ 525
(2) 고하 송진우선생 탄생 110주년 추모식 열려 ······ 525
(3) 의협신보 제3720호, 又岡雜文 31, 권이혁<성균관대 이사장> ······ 526

7. 대학골프연맹 ······ 528
(1) 한국대학골프연맹회장 就任 人事말씀 ······ 528
(2) 인터뷰: 주간 골프신문, 48면 ······ 528
(3) 이사람, 신임 한국대학골프연맹 회장 서울대 법학과 송상현 교수 ······ 529
(4) 인터뷰: 골프와 인생 ······ 530
(5) 한국대학골프연맹의 운영방향 ······ 532
(6) 지·덕·체 고루 갖춘 골퍼 만들기 10년 ······ 533
(7) 한국대학골프연맹 창립 10주년 기념사 ······ 535
(8) 한국 골프학회회장 취임사 ······ 536
(9) 한국골프학회 세미나 회장 인사 ······ 537
(10) 한국골프학회 창립과 발전방향 ······ 538

X. 감사한 마음으로

1. 서울법대 이모저모 ······ 541
(1) 근대법학교육 100주년 기념관 준공식 학장 식사 ······ 541
(2) 第50회 서울법대 후기 졸업식사 ······ 542
(3) 1997학년도 신입생 환영사 및 개강사 ······ 544
(4) 신입생 및 학부모 오리엔테이션 포인트 ······ 546
(5) 제51회 서울법대 후기 졸업식 학장 식사 ······ 549
(6) 서울법대 송년모임 학장 인사 ······ 550
(7) 서울법대 동창회 신년인사회 학장 인사 ······ 551
(8) 97년도 新年人事會 ······ 552
(9) 서울법대동창회 정기총회 학장 축사 ······ 554
(10) 서울법대 30회 졸업생 모교방문 환영사 ······ 555
(11) 사법학회 제29회 민사모의재판 학장 격려사 ······ 556
(12) 삶과 더불어 정의와 더불어 60년 ······ 557
(13) 낙산회보 축쇄판 발간 학장 축사 ······ 558
(14) 서울법대 24회 동문회지 제 3 호 발간 학장 축사 ······ 559
(15) [로스쿨을 향해 뛰는 대학들] 서울대－폭넓은 교수진… 다양한 커리큘럼 운용 ······ 561
(16) 노벨평화상 수상 에스끼벨 26일 방한 ······ 563
(17) 21세기 세계속의 한국법의 발전 교육단, 뉴스레터 단장 간행사 ······ 564
(18) 두뇌한국21 법학연구단 첫 영문저널 출간 ······ 565

(19) 서울대학교 법학연구소 전문분야연구과정 제 1 기 공정거래법 코스 수료식 학장 축사 ······ 566
(20) 서울대학교 법학연구소 전문분야연구과정 제 2 기 지적재산권법 코스 입학식 학장 축사 ······ 567
(21) 서울대학교 법학연구소 전문분야연구과정 제 2 기 지적재산권법 코스 수료식 학장 축사 ······ 568

2. 뉴욕대 석좌교수 ······ 570
(1) 한국인, 오늘의 초상 – 송상현 뉴욕대 석좌교수 ······ 570
(2) 서울대 동창회보 기사 – 송상현 뉴욕대 석좌교수 ······ 575
(3) 뉴욕대 법대 석좌교수추대 축하연 答辭 ······ 576
(4) 北, 98년부터 자본주의法 공부 ······ 577

3. 상훈관계 ······ 578
(1) 제34회 법의 날 기념식 ······ 578
(2) 30회 한국법률문화상 수상 서울대 법대 송상현 교수 ······ 578
(3) '한국법률문화상' 수상 송상현 서울대 법대 교수 ······ 579
(4) 대한변호사협회 제30회 한국법률문화상 수상자 인사말 ······ 580

4. 회 갑 연 ······ 583
(1) 송상현 서울대 법대 교수 회갑기념 논문봉정식 ······ 583
(2) 민사판례연구 제24집, 心堂 宋相現會長 華甲記念號 ······ 584
(3) 화갑논문 봉정식 답사 ······ 585
(4) The Weekly Economist (People), No. 622, p. 30. ······ 588
(5) 서울법대 송상현 교수 회갑축의금 3000만 원 20여 학회 · 재단에 '아름다운 기부' ······ 589

제Ⅰ권 目 次

停年退任의 辯 ······ i
跋 文 ······ iii
心堂 宋相現 교수 年譜 ······ v
心堂 宋相現 교수 著作論文目錄 ······ xxiii

제 1 부 상법일반

商去來의 國際化와 商法의 過去, 現在, 未來 ······ 3
國際契約과 辯護士 活用에 관한 고찰 ······ 16
新商法의 主要內容과 問題點 ······ 29
第2金融圈 規制法規 및 기타 관계법규의 整備에 관한 硏究 ······ 39
韓國의 獨占禁止에 관한 公正去來法 ······ 58
Legal Reforms to Deal with the Financial Crisis in Korea ······ 68
A Note on Property Rights and Economic Development ······ 81
Doing Business in Korea: Managing the Legal Risks, Seminars on Doing Business in Korea ······ 89
Snapshots of Korean Business Law, East Asian Executive Reports ······ 113

제 2 부 회 사 법

株式會社 理事의 忠實義務論－英美法을 중심으로－ ······ 185
商法改正案과 監事의 地位論 ······ 211
保證債務金 등, 서울고법 72나2582(1974.5.8 판결)에 대한 評論 ······ 227
會社法 改正이 合作投資會社의 活動에 미치는 영향 ······ 233
Legal and Administrative Environment for Transnational Corporations in Korea ······ 252
會社企業內 顧問辯護士의 法律上 地位序論－企業法의 現代的 課題－ ······ 291
美國聯邦證券去來法上 去來秩序確立을 위한 諸規定의 相互關係 ······ 303
Law and Policy of Securities Regulation in Korea ······ 325

제 3 부 유가증권법

手票의 善意取得에 관한 消極的 要件 ······ 355
條件附어음保證行爲의 效力 ······ 365

제 4 부 해상법 · 보험법

海水油濁規制에 관한 先進國의 動向 ··· 373

海上企業主体의 責任制限制度 再考 ··· 389

선박임대차와 제삼자에 대한 책임문제 ··· 408

海商法 二題(船舶國籍 取得要件과 船舶優先特權) ··· 414

A Few Notes on Korean Admiralty - With Particular References to Ship's Nationality and Maritime Liens - ··· 422

堪航能力注意義務와 그 違反의 效果 ··· 433

船舶優先特權 있는 債權에 관한 一考察 - 英美法과 관련하여 - ··· 439

船舶優先特權의 消滅에 관하여 ··· 451

國際航空運送人의 損害賠償責任에 관한 몇가지 問題點 ··· 464

콘테이너 貨物運送人의 責任에 관한 英美法上의 法理와 그 應用可能性 ··· 475

商法 第5編 海商法 改正意見 ··· 504

雙方過失로 인한 船舶衝突上의 몇 가지 問題點 ··· 526

商法上 船舶所有者責任制限에 관한 規定이 不法行爲損害賠償請求에도 적용되는지 여부 ··· 537

海上運送人과 海上運送契約 ··· 543

船荷證券上의 免責約款의 效力이 不法行爲責任에도 미치는지 여부 ··· 555

電子式 船荷證券에 관한 국제적 동향 - CMI의 1990年 草案을 중심으로 - ··· 561

保險金支給義務와 不法行爲損害賠償義務와의 관계 ··· 573

제 5 부 민사소송법

自由心證主義에 관한 判例硏究 ··· 589

民事訴訟과 非訟事件 ··· 648

大法院의 機能과 訴訟促進 등에 관한 特例法上의 問題點 ··· 667

外國에 대한 國內民事裁判權의 行使와 그 限界 - 主權免責理論 (Sovereign Immunity)에 관한 比較法的 考察을 中心으로 - ··· 676

國際商事仲裁에 적용될 節次法에 관한 一考 - Uncitral Model Law의 규정과 관련하여 - ··· 698

審級制度에 관한 試論 - 美國制度를 중심으로 - ··· 711

美國 Class Action의 再考 ··· 721

美國의 上告制度 ··· 737

美國辯護士制度 概觀 ··· 745

多國籍民事訴訟法假案에 대한 일반적 고찰 ··· 754

訴訟救助의 思想的 背景과 現代的 意義 ··· 810

法律救助事業의 世界的 推移와 韓國의 現況 ······ 848
民事調停制度의 理念的 背景과 各國의 實態 ······ 862
社會變動과 法律救助의 새로운 方向 ······ 915
Legal Aid in Korea, A Lecture at the Salzburg Seminar ······ 826
National Report on Korean Law – An Overview on ADR in Korea – ······ 832
韓国における裁判外紛争解決方式の概観 ······ 968
Family Court in Korea, (The National and General Reports for the 7th International Congress on Procedural Law, Würzburg) ······ 975

제Ⅱ권 目 次

停年退任의 辯 ······ i
跋 文 ······ iii
心堂 宋相現 교수 年譜 ······ v
心堂 宋相現 교수 著作論文目錄 ······ xxiii

제 1 부 지적재산권법

知的財産 – 첨단기술확보를 위한 국제특허분쟁의 실상과 대응 ······ 3
知的財産權法의 기능과 역할 ······ 8
컴퓨터 소프트웨어의 法的 保護 ······ 12
컴퓨터프로그램보호법에 관한 管見 ······ 41
컴퓨터 소프트웨어의 開發者와 利用者 간의 法律關係 ······ 66
컴퓨터프로그램保護法의 運營實務에 관한 몇 가지 문제점 ······ 94
컴퓨터 소프트웨어의 法的 保護에 관한 새로운 경향 ······ 102
集積回路에 관한 知的所有權條約 管見 ······ 113
北美自由貿易協定(NAFTA)의 知的所有權 관련규정에 관한 考察 ······ 139
通商問題로서의 知的所有權 ······ 183
"國家的 知的財産權 紛爭의 解決에 관한 條約(案)"에 관한 研究 ······ 201
Experimenting With Copyright Protection of Computer Software in the Republic of Korea ······ 242
새 著作權法과 몇 가지 새로운 制度 ······ 258
情報化時代와 知的財産權, – 知的財産權에 관한 제도적 연구 – ······ 264
효율적인 특허소송요령 ······ 290
Experience and Practice on Technology Transfer in the Republic of Korea ······ 296
Protection of Computer Software in the Republic of Korea ······ 309
Intellectual Property Law Teaching and Research in Korea ······ 335
Korea: The Story of Developing Intellectual Property Protection ······ 340

제 2 부 국제거래 및 상사중재법

國際去來法 序說 ······ 361
國際去來上의 몇 가지 約款에 관한 小考 ······ 391

保證信用狀의 獨立性에 관한 小考 ······ 413
International Trade & Investment with Korean Legal Perspectives ······ 427
The Impact of Multilateral Trade Negotiations on Intellectual Property Laws in Korea ······ 452
The Legal Framework of U.S.－Korea Trade Relations under Korean Law Dynamics of US.－Korea Trade Relations ······ 477
The APEC(Asia－Pacific Economic Cooperation) as a Regional Cooperative Arrangement: its Meaning and Role in the Multilateral Process ······ 483
The Role of Arbitration in Korean Foreign Trade, Keynote Speech at the Conference on International Commercial Arbitration ······ 489
國際商事仲裁規範에 관한 一考察 ······ 511
Commercial Arbitration: A Dimensional Concept of Mediation－Korean Experience－ (Ⅰ) ······ 541
Commercial Arbitration: A Dimensional Concept of Mediation－Korean Experience－ (Ⅱ) ······ 552

제 3 부 법학교육

社會正義와 法學教育의 役割(Legal Education and Social Justice) ······ 571
國際化時代에서의 韓國法學教育 ······ 587
Legal Education in Korea and the Asian Region ······ 595
The Education and Training of the Legal Profession in Korea: Problems and Prospects for Reform ······ 602
韓国司法改革の現状と展望－弁護士と法曹養成を中心として－ ······ 644
法曹實務教育制度再論 ······ 674
Thinking and Teaching About Law in a Global Context As an Exercise in Common Enterprise ······ 683
세계화시대에 있어서의 법학도의 진로－법률가는 세계평화와 인류번영을 위하여 필요하다－ ······ 690
Globalization of Legal Education: Korean Experience ······ 699
세계적 관점에서 본 법학교육의 추세와 법학전문대학원－나라의 장래에 법학이 담당해야 할 역할－ ······ 713

제 4 부 법학일반

글로벌 文明의 탄생과 21세기 法學의 將來 ······ 727
컴퓨터 기술의 활용이 法學 각 분야에 미치는 영향에 관한 小考 ······ 740
宗教的 信念에 의한 치료거부와 관련된 法的 諸問題 ······ 779
法과 社會發展 ······ 793
South Korean Law and Legal Institutions in Action, Korea Briefing ······ 797
The Impact of Confucianism on Law in Korea ······ 826
Interview with Professor Rokumoto ······ 832
법과대학과 법률가 윤리 및 책임－법률가의 윤리와 책임－ ······ 836

韓國法과 世界化 ······ 844

한국법의 세계화에 관한 서론 ······ 854

제 5 부 국제형사재판소와 인권

어린이의 法的 權利保護에 관한 문제점 ······ 867

인권과 국제아동권리협약에 관한 고찰 ······ 882

Overview of Development of Current Korean Court System ······ 897

Enforcing the International Criminal Court's Mandate in its Infancy: Challenges and Opportunities ······ 914

로마조약(The Rome Statute)과 國際刑事裁判所(ICC)에 관한 小考 ······ 919

국제형사재판소와 21세기의 국제형사법의 발전방향 ······ 960

The International Criminal Court: International Criminal Justice for Asia and the World, keynote speech to the First Southeast Asia Conference of Journalists on the International Criminal Court ······ 986

Ⅰ. 언론 매체에 기고한 칼럼

1. 법의 세계

(1) 최고의 투자유인은 사법부의 건전성

얼마 전 뉴요크에 있는 미국외교협회(Council on Foreign Relations)에서 연설을 할 기회가 있었다. 그때 질의응답과정에서 그곳에 참석한 미국의 거물 금융인과 기업인, 그리고 많은 법률가들이 서로 공감한 논점들이 있었다. 우선 한국이 경제위기를 헤쳐 나가기 위하여서는 국제사회에서 신뢰를 구축하는 것이 기본이므로 무엇보다도 IMF 등 국제기관과의 약속을 꼭 준수해야 한다. 이와 관련하여 정부당국자의 확약과 성실한 이행이 필요하지만 정부와 그 당국자들은 항상 교체되는 것이므로 그들의 의지표명만으로는 장기적 신뢰구축에 부족하다는 것이다. 따라서 진정한 근본대책은 국내 법 제도를 투명하고 누구나 쉽게 접근가능하도록 개혁하고, 이를 人治가 아니라 法治主義 원칙에 입각하여 윤리적으로 건전하게 운영하는 것이 장기적으로 지름길이라는 데에 동의하였다. 이러한 논의는 작년에 클린튼 대통령이 중국방문시 법률개혁을 유난히 강조한 것과도 일맥상통한다. 그 이유는 외국과 거래 또는 투자하고자 할 때에는 그 나라의 부패한 집권층과 적당히 흥정하여 단기에 한 건 성사시키려는 의도가 아니라면 그 나라의 관계 법령과 제도가 어떻게 되어있고 건전하게 운영되고 있는지, 법원, 검찰, 경찰, 행정부 공무원 등 법 집행기관이 부패하지 아니하였는지, 법이나 계약이 제대로 이행되는지, 그리고 분쟁이 발생하는 경우 그 해결과정이 공정하고 투명한지가 최대의 관심사일 수밖에 없기 때문이다. 따라서 정치적으로 무리하게 법을 개폐 또는 해석하거나, 정부가 높은 사람의 분부대로 법에 분명한 근거도 없는 행위를 계속하거나, 관리들이 지나친 사대주의 아니면 불필요한 국수주의적 태도를 보이면서 경거망동하면 국제거래의 기본인 신뢰가 무너지고 경제활동의 안정성과 예측가능성을 해치고 만다. 또한 분쟁해결이 윤리적으로 건전한 판사, 검사, 변호사에 의하여 공정하고 투명한 절차에 의하여 이루어지지 아니하면 투자액을 손해보고라도 철수해 버리고자 하는 것이 외국투자가의 생리인 것이다. 따라서 외국 기업인들은 반드시 먼저 상대 국가의 제도, 법률환경 및 사법부의 현황을 조사하여 과연 이 나라가 높은 분의 말 한마디에 울고 웃는 나라가 아니고 얼마나 법의 지배가 통용되어 안심할 수 있는지 가늠해 본다. 또한 그들은 그 나라에서의 법의 역할과 법률가의 활용에 가장 관심을 표시한다.

그런데 국민의 정부는 국가적 불행을 벗어나고자 밤낮으로 노력하여 가시적 성과를 올렸으나 그 행태와 과정이 외국투자가를 안심시킬만큼 항상 법치적이지는 못하였다. IMF 관리를 벗어나기 위한 정부의 수많은 개혁조치들은 특히 사전 사후에 근거법규에 합치하는지 꼼꼼한 법률검토를 바탕으로 투명하게 취해졌다고 보기 어렵다. 정치인과 관료로만 구성된 외채협상대표단은 월스트리트로 달려가서 국제금융을 아는 우리 법률전문가의 자문을 받기보다는 미국변호사를 선임하여 거액의 보수금과 훈장을 줌으로써, 결국 국내외 법률가들을 차별하였을 뿐만 아니라 단기외채의 변제기를 연장받았을 뿐 원금의 일부를 탕감받지도 못한 채 이율만 올려주고 돌아왔다. 결국 정부 스스로가 법치와 계약과 국제협상에 대한 인식이 부족하고 법률전문가의 올바른 활용을 모른다는 것을 보여준 예라고 할 수 있다. 또한 금융개혁, 재벌개혁, 교육개혁 등 각 분야의 구조조정과 개혁을 신속하게 완수해야 하는 과업도 이해당사자들의 합의를 토대로 정치적 의사결정이 이루어지면 면밀한 법률검토가 선행되어야 한다. 책임자의 무분별한 발언보다는 개혁조치를 뒷받침하는 관계 법령의 제정이나 개정에 세심한 주의를 기울여야 하고 절차상 흠결 없는 조치를 내려야 한다. 전두환 정부 초기에 여러가지 개혁과 통폐합을 단행하고도 오늘날 그 상당한 부분이 법적 도전을 받고 있음은 타산지석이 될 것이다. 중요한 정책결정과정에서 법률검토는 배제되고 간혹 개업 변호사가 외롭게 무슨 위원회에 장식품으로 위촉되어 있거나, 안면을 통하여 간단히 공짜로 법률검토를 해 달라고 로펌을 귀찮게 하는 관리들의 법률가 활용은 지양되어야 한다.

의정부를 거쳐 대전으로 파급된 사법부 오욕사건은 외국에서 즉각 질문의 초점이 되고 보니 창피하다거나 소수의 법률가 집단의 독점과 자만과 시대정신의 망각을 비난하는데 그치는 것이 아니다. 물론 과감한 법조개혁이 필요하지만 우선 이 같은 스캔들의 국제적 파장은 참으로 크고 오래 간다는 것을 강조하고 싶다. 외국투자가의 입장에서는 다른 후진국도 모두 제공하는 단기적인 조세감면 등의 혜택보다는 윤리적으로 건전하고 공정한 사법부와 법률가 집단의 기능이 장기적으로는 더 매력있는 투자 유인이 된다는 어느 미국 법대 학장의 강조는 지금껏 자괴감과 함께 머리 속에 남아있다.(동아일보 시론, 1999. 2. 9.)

⑵ 떡값 판검사 문제삼는 국제환경

세계 국가들이 무역자유화와 공정한 국제거래환경 확보를 위해 꾸준히 노력하는 것은 자유롭고 공정한 무역을 통해 전체적인 부를 증진시킬 수 있는 그야말로 '윈윈 게임'이기 때문이다. 이러한 노력의 결실이 세계무역기구(WTO)나 북미자유무역협정(NAFTA)으로 나타났다고 하겠다.

▼ 법조계 윤리성 도마에 ▼

이 같은 협정에는 내국민대우조항과 최혜국대우조항이 들어 있다. 관세나 기타 각종 무역장벽을 철폐하고 상대국 상품에 대한 규제와 차별을 없애 동일 또는 동종의 국내 생산품과 똑같이 취급하자는 취지의 규정이다. 또한 한 나라가 상대국의 생산품에 어떤 특혜를 줄 때는 그러한 특혜를 다른 협정국의 같은 상품에도 부여해야만 한다.

이와 같은 규정은 국내법에도 있다. 예컨대 '외국인 투자 및 외자 도입에 관한 법률'에도 평등대우에 관한 조항이 있다. 외국인 투자자와 그들의 국내영업에 대해 한국인들과 동등한 대우를 함으로써 내외국인간의 차별을 없애겠으니 마음놓고 많은 투자를 해달라는 의미를 담고 있다. 세계화 시대에 내외국인간의 차별 철폐는 자유로운 무역과 투자를 위한 보편적이고 기본적인 조건이 되어 버렸다.

다른 한편으로는 공정한 국제 거래 환경의 확보를 위해 남의 나라 공무원에게 뇌물을 주면 처벌하는 부패방지협약이 성립됐다. 한국도 이를 비준한 바 있다.

이에 그치지 않고 국가간 차별 철폐를 목적으로 하는 평등대우조항을 근거로 삼아 점차 협정국가의 법 제도의 합리성과 법원의 건전성까지 문제삼는 논의가 시도되고 있음은 놀랄 만한 일이다.

미국의 재판에서 배심원들은 비합리적이라고 할 정도로 피해자에게 무조건 동정적이다. 더욱이 다른 나라에는 없는 '징벌적 손해배상'까지 합해 엄청난 고액배상을 선고한다.

징벌적 손해배상은 잘못한 자에게 그가 발생시킨 실제 손해 외에 징벌적으로 거액의 배상금을 따로 더 부과할 수 있는 미국 특유의 배상제도이다.

한국에서는 배심제도나 징벌적 손해배상 제도가 없고 법관이 실제 손해액의 범위 내에서 재량껏 선고한다. 이처럼 재량권의 범위가 큰 법관이 당사자나 대리인으로부터 떡값을 받는 불건전한 관행은 내외국민간 차별 철폐 내지 평등대우 정신에 어긋난다는 주장이 새롭게 제기되고 있다.

실제로 자국 법원보다 엄청난 손해배상을 선고한 미국법원의 판결에 화가 난 어느 외국회사가 미국법원에 다시 소송을 제기한 일도 있다. 그 같이 엄청난 손해배상액을 선고한 것은 내외국민 차별금지조항에 어긋나는 불공평한 것이므로 미국 정부가 손해배상을 하라는 취지의 청구였다.

▼ 잘못된 관행 개혁절실 ▼

오늘날은 미국이 자유무역을 통한 세계화를 앞세워 무역, 통상, 금융, 투자 등 거의 모든 분야에서 거침없이 세계를 휘젓는 그야말로 팍스 아메리카나 시대이다.

미국은 심지어 법률분야까지도 스스럼없이 자신들의 제도를 도입하도록 압력을 가하기도 한다. 따라서 미국이 무절제한 배심제도나 징벌적 손해배상제도를 포기 또는 수정하기보다는 다른 국가들이 이러한 제도를 도입할 가능성이 많다.

일본이 배심원제도 도입을 저울질하고 있고 대만은 징벌적 손해배상제도를 검토하고 있다. 한국이 미국 로스쿨 제도 도입을 논의 중인 것도 그러한 맥락이라고 보아야 한다. 논의의 초점이 흐려질 우려가 있어 로스쿨 제도 도입문제는 여기서 접어두겠다.

한국에서 영업하는 외국인 투자자가 전관예우나 떡값관행 등 한국법원 검찰 기타 법집행 공무원의 윤리성을 문제삼아 다른 협정국가의 건전한 법원과 비교하면서 내국민대우나 평등대우조항 위반이라고 들고 나오면 어떻게 될까. 외국인 투자자의 상대방인 한국인 당사자의 변호사가 떡값 등을 법관, 검사 또는 행정부 관리에게 주는 것은 부패방지협약 위반이 아니라 관행이라고 국제사회에 외칠 수가 있을까.

법원이나 검찰 그리고 변호사가 국내외에 투명하고 윤리적으로 건전하게 기능하도록 과감한 개혁을 해야 하는 이유는 국외에서 볼 때 더욱 절실하다.(동아일보 시론, 1999. 3. 12.)

(3) 통곡하는 법치주의

법이란 성격상 국경을 초월하여 보편적으로 적용될 수 없는 규범으로 이해되어 왔으나 오늘날 급속한 세계화가 진행되면서부터는 많은 분야에서 점차 합리성에 바탕을 둔 초국경적인 만민법이 생성되고 있는 듯한 느낌을 받게 된다. 세계화로 인하여 형성되는 지구촌 한마당에서는 마치 운동선수들에게 경기규칙이 필요하듯이 새로운 활동무대에서 이루어지는 인간활동의 준칙과 공정한 경쟁원칙이 가장 필요하게 되는데 이것이 바로 법이다. 따라서 세계화는 바로 계약사회의 바탕 위에 법치주의의 확립을 의미한다.

그러나 눈을 국내로 돌려서 우리나라의 법치주의 현황을 보면 국민들이 아직도 가지고 있는 농경시대적 법 의식과 정치권력에 눌려서 상처투성이가 된 법 현실이 우리를 통곡하게 만든다. 법이 없고 인권이 탄압받던 군사독재시절 법학자로서 별로 할 일도 없을 뿐만 아니라 법이 정권유지의 도구로 필요할 때만 강조되는 꼴을 보기 싫어서 선진국에 한국법을 전파하는 작업에 골몰한 일이 있다.

우선 헌법은 건국 이후 무려 아홉 번이나 뜯어고쳐 누더기 신세를 면치 못하고 있고 역대 통치자가 헌법을 제대로 준수한 경우가 드물다. 아직도 정치적 위기나 교착 상태가 발생하면 마치 모든 원인이 헌법에서 비롯된다는 듯이 권력구조개편을 위한 개헌을 운운하고 있으니 이런 발상도 역시 헌법이란 당대 통치자의 몸집에 맞추어 편리하게 재단할 수 있는 옷쯤으로 생각하는 데에서 오는 것이다.

형법은 어떠한가. 죄를 져도 형법의 적용을 안 받는 치외법권층이 있는가 하면, 정권유지상 단죄해야 할 때에는 확대 해석을 해서라도 유죄로 법 적용을 하기도 하고 수많은 형사특별법을 제정하여 법 체계를 혼란시키고 있다. 형사소송법은 범죄수사와 형사재판을 위한 가장 중요한 기본절차법으로서 인권보호의 보루임에도 불구하고 구속수사를 원칙으로 해온 수십년의 관행이 말하듯 정권유지와 인권탄압의 효율적 도구로 봉사해왔다.

특히 검찰의 부끄러운 수사행태와 너무나도 재량을 일탈한 기소여부 결정은 사실 대부분의 소박한 국민에게 이 나라에는 법이 없다고 외치게 하는 직접적 원인을 제공하고 있다. 행정법은 어쩌면 그렇게도 규제 일변도로 국민을 시시콜콜하게 얽어매어 못살게 굴고 당대 정권의 무리한 정책집행을 합리화하는 수단이 되어버렸을까. 행정법 체계의 난맥상을 보여주는 白眉는 세법이다. 세법이 너무 어렵고 불편한 것은 말할 것도 없고 조세감면규제법이 규정한 세금감면혜택의 명분과 대상은 당대의 강자나 정권유착기업이나 재벌들의 농간 또는 비호의 결과일 뿐이다.

노동법과 환경법은 과거 군화에 짓밟혀서 숨도 못쉬었고 가장 기피대상이어서 전문가를 제대로 양성하지 못한 분야이다. 노동법은 건국 초창기 우리의 경제현실과 동떨어진 입법을 하여 노사간에 아무도 이를 지키지 않다가 경제성장제일주의의 미명하에 혹독한 수난을 겪었다. 박정권은 외국인투자기업에는 노조를 일체 금지한다는 내용의 특별법을 제정하고는 이를 외국기업의 투자유인으로 널리 선전하기도 하였다. 오늘날 노동법개정과 관련하여 정부여당이 좌왕우왕하는 것은 그동안 이 분야를 철저히 탄압하여 전문가를 양성하지 아니한 데에도 遠因이 있다. 환경법도 온갖 천대를 받다가 공다투기 좋아하는 공무원들이 경쟁적으로 선진국의 앞선 제도를 모방하여 고도 수준의 입법을 해 놓고는 법의식이 따라가지 못하여 지켜지지 않는 대표적 분야이다. 쾌적한 환경에서 강한 경제가 나옴에도 불구하고 생명가치와 경제가치의 대립 속에서 경제성장만 앞세우는 정부의 무정견과 국민의 인식부족으로 인하여 환경법은 제대로 집행되지도 못하였고, 마침내 후손에게 쾌적한 환경을 물려줄 수도 없을까 두렵다.

법은 국민에게 예측가능성과 안정성을 주어 편안한 삶을 가능하게 하는 규범인 동시에 국제적으로도 공정한 경쟁원칙을 담보하는 수단임을 정부가 깊이 인식하여 편의행정을 버리고 투명한 입법과 합리적이고 일관적인 법적용을 통한 법치행정을 펴나가야만 적자생존의 세계화 시대에 낙오하지 아니할 것이다. (중앙일보, 1997. 3. 3.)

(4) 법치주의와 준법정신

며칠 후 맞이하게 되는 제49회 제헌절에 앞서서 법치주의의 뜻을 다시 한번 음미해보고 이것이 준법정신의 확립에 보탬이 됐으면 하는 바램으로 이 자리에 섰습니다. 말씀드릴 순서로서 저는 현재 우리나라의 비뚤어진 법현실과 국민의 전근대적 법의식을 반성한 다음 그 원인을 분석하고, 법치주의의 참뜻과 법치주의를 확립하지 않으면 안되게 하는 국내외 여건변화를 짚어보고, 법치와 준법의 필요성 내지 유용성에 대한 말씀을 드릴까 합니다.

우리는 예부터 단일민족임을 자랑으로 여기면서 오늘날까지도 인간신뢰에 의한 人本社會를 유지하고 있습니다. 한다리 건너면 사돈네 팔촌쯤은 되고 씨족적 개념을 완전히 극복하지도 못한 상태에서 학연이나 지연까지 동원하여 배타적 집단을 구성하고는 분쟁이 생기거나 잘못을 저질러도 법대로 해결하기 보다는 여러가지 인연의 줄을 통하여 인간적으로 해결하고자 하는 경향이 있습니다. 논에 물을 대다가 이웃끼리 분쟁이 생기면 동네 최연장자인 어른께 여쭈어서 해결을 했었고, 직장에서 동료끼리 다툰 경우에는 상사께 주선을 부탁하여 화해술을 마시기도 합니다. 이러한 생활방식이나 분쟁해결이 물론 나쁜 것은 아닙니다. 문제는 이 같은 해결방식이 무원칙한 온정주의 내지 지나친 연고주의나 이기주의로 발전하여 새로운 문제를 발생시키는 경우입니다. 뿐만 아니라 앞으로 국경이 점점 무의미해지면서 모두들 세계무대에서 경쟁해야 하므로 이 같은 해결방법은 합리적이지도 않고 실효성도 없습니다. 따라서 불가피하게 계약사회로 점차 이행하게 되고 법의 지배가 국가통치나 정부행정은 물론 기업경영의 중심원칙으로서 자리잡게 되는 까닭이 여기에 있습니다. 법의 지배를 말하면 미국을 연상하는 수가 많습니다. 미국은 복합민족국가로 탄생했으므로 처음부터 법과 계약에 의존하지 아니할 수 없었습니다. 가령 이태리 이민그룹이 가진 윤리의식이 독일 이민집단 내에서 통용되는 도덕기준과 다르고 중국 이민그룹의 관습이 프랑스 이민들의 그것과 안맞고 보니 이러한 상황에서 사회질서와 평화를 유지하고 상충하는 이해관계를 조정하는 방법은 결국 법에 의존할 수밖에 없었기 때문에 미국은 일찍부터 계약사회로 이행하고 법치주의가 확립되었던 것입니다. 우리 못지않게 오랜 역사와 전통을 지니고 있는 유럽국가들은 근대사회가 형성되는 과정에서 계몽사상을 통하여 人智를 계발하고 합리주의적 사고를 하도록 훈련과정을 겪으면서 신분사회에서 계약사회로 알차게 이행하였으며 그 결과 혈연, 지연, 학연 등의 전근대적 기준은 그들의 판단과 행동을 지배하지 못하게 되었습니다. 반면에 우리나라는 아무리 경제규모가 세계 11위라고 하더라도 그에 걸맞는 의식구조와 행동양식을 배우거나 서양사회가 거쳤던 여러가지 사상적 성숙과정을 경험한 바가 없었습니다.

그러고 보니 우리 사회에서의 법현실과 일반적으로 통용되는 법의식은 아직도 비합리적이고 전근대적인 데가 많습니다. 우선 법은 억압적이고 규제적인 데가 법집행기관이 귀걸이 코걸이식으로 법을 적용하므로 아예 처음부터 법에 의존하기보다 회피할수록 좋고, 무슨 문제가 생기면 이를 법적으로 해결하려고 하기보다는 법률 외적으로 해결하려고 온갖 짓을 다해보며, 일이 극도로 악화되어서 이럴 수도 저럴 수도 없을 정도가 되어야 비로소 법을 따지고 법이 나를 보호해주지 않는다고 목청을 높이는 것이 우리의 현실이라고 한다면 과장일까요? 잠깐 한국과 일본의 통계를 비교해봅시다. 일본에서는 인구 10만명당 약 8명 정도가 형사고소를 당함에 비하여 우리는 10만명당 1000명 이상 고소를 당하여 무려 125배의 고소율을 보입니다. 특히 남을 무고하는 고소는 일본의 경우 10만명당 1건임에 비하여 우리는 100건 정도의 비율입니다. 법을 싫어하고 멀리 하고자 하면서도 다른 한편 법을 남용 내지 오용하는 비뚤어진 국민의 법의식을 엿볼 수 있습니다. 물론 국민들이 이 같은 인식을 갖게 된 배경은 이해할만 합니다. 식민지시대에 일제가 강압적 통치수단으로 법을 악용했던 쓰라린 경험을 우리는 가지고 있습니다. 또한 군사독재시절에는 법치주의란 명함을 내밀기도 어려웠습니다. 법제정과정을 보면 민주적 의견수렴 없이 정부의 일방적 정책방향을 반영하거나 정권유지를 위한 입법을 계속하였으므로 국민과 괴리가 너무 컸고, 정통성이 없는 정부의 법집행과정은 법을 국민을 얽어매는 통치수단으로 보는 공무원에 의하여 자의적, 형식적, 편의적으로 운영되어 왔습니다. 정부가 입법을 하는 경우에도 이를 효율적으로 집행할 수 있는 능력이 있는지 여부는 꼼꼼하게 검토하지 아니한 채 주로 여론이나 정치논리에 밀려서 높은 수준의 입법을 하는 경우가 많아서 결국 정부도 이를 감당할 수 없고 보니 법이 死文化되거나 아니면 여론이 나쁠 때 단편적 즉흥적 단속만을 되풀이하게 됩니다. 단속에 걸린 사람은 자기의 위법을 반성하고 부끄럽게 생각하기보다는 나만 재수가 없어서 또는 정치권에 밉게 보여서 걸려들었다고 생각하게 됩니다. 규제를 완화하기 위하여 法文을 고쳐보았자 공무원이 기득권을 포기할 리 없고 무슨 사고라도 한번 나면 오히려 강경론이 우세해져서 도로 원상회복을 하거나 규제를 더 강화하는 반작용을 가져옵니다. 요컨대 그동안 너무나 오랜 세월동안 정부가 국민의 의사를 수렴한 입법이나 법적용을 해본 일이 없으므로 국민은 법이 우리의 일상생활과 직결되어 있다는 생각을 안가지고 있고, 정부의 통치 내지 규제수단으로서의 법만 있어 왔기에 법이 국가사회와 경제발전에 도움이 된다고 생각하기보다는 방해가 된다고 여겨왔습니다.

따라서 문민정부가 들어섰을 때 최우선 순위는 당연히 이 같은 왜곡된 법현실과 국민의식을 바로잡고 진정한 법치주의의 확립이었어야 함에도 통치권자는 법에 의하여 법대로 다스리는 대신 人治중심의 국정을 운영했고, 정부기관들이 법을 제멋대로 집행하는 태도는 여전하여 국민을 깊이 실망과 혼란에 빠지게 하였습니다. 또한 법으로 다스릴 문제와 정치력을 발휘하여 해결할 문제를 구별 못하고 통치권력의 핵심부에 연결되는 중대사안이 터질 때마다 법치와 정치를 거꾸로 적용해가면서 정권안보를 도모해온 군사독재시대의 수법이 아직도 답습되는 것은 극히 유감스러운 일입니다. 법적 사고와 정치적 사고가 뒤바뀌면 법이 이루어내야 할 정의는 정치적 흥정의 대상으로 전락해버리고, 정치적으로 달성해야 할 유연성은 법적 사고의 질곡 속에서 굳어질 수밖에 없습니다. 전직 대통령들에 대한 수사와 처벌 그리고 한보 게이트와 김현철 게이트의 국정조사 등 사건처리과정을 보면 법치와 정치의 역할이 뒤바뀐 경우임을 알 수 있습니다. 역대정권마다 검찰은 정치를 하고 국회는 수사적 성격의 조사를 하는 역할 바꾸기를 통하여 검찰은 정치적 곤경을 모면하고 정치권은 검찰의 칼날을 피할 수 있어서 정권과 함께 편리하게 더불어 살아왔습니다. 그러는 동안 법의 무시, 왜곡 또는 편의적 집행에 익숙한 국민들은 사법당국을 불신하고 정치권의 무능을 지탄하면서 법이란 골치 아프고 딱딱하며 얽어매는 것으로 이해하여 불신을 넘어 적대감까지 가지게 되었습니다. 또한 지난 한 세대 동안 우리 국가발전의 원동력이 되었던 물질적 성장에 걸맞게 사회 각계의 정신적 지도관리의 틀과 제도가 성숙되지 못한 결과 정당, 법조, 언론 등이 몹시 낙후되어 있어 법에 대한 불신감을 부채질한 것도 사실입니다. 지금까지는 일반국민, 특히 정치권이나 관료 그리고 기업들도 법의 중요성과 필요성을 인식하지 못하였을 뿐만 아니라 법률가를 어떻게 활용하여야 할지도 모르고 있는 형편입니다. 또한 법률가도 시대적 변화에 뒤떨어져서 항상 분쟁이 발생한 뒤에야 사후구제적으로 뒤치다꺼리만 해왔을 뿐 발전해가는 사회에서 전진적 예방적 창의적 선도적 기능을 담당해 볼 기회나 능력도 별로 없었습니다. 정계 및 재계 지도자들의 법경시생각과 국민의 원시적인 감정대응, 지나친 국수주의 및 미숙한 법의식은 심각합니다. 국가정책수립과 기업경영과정에서 법의 우선순위가 철저히 배제되어 있습니다. 기업도 초기부터 법률가를 장단기 계획수립에 참여시켜서 국내외의 법적 환경에 따른 대비를 미리부터 해야만 안정적이고 예측가능한 사업경영을 할 수 있음에도 불구하고 일이 아주 잘못된 다음에야 급하게 변호사를 찾아 그로부터 마술사다운 해결을 기대하는 형편입니다. 예컨대 해외시장조사를 할 때 마케팅을 전공한 사원을 파견하는 기업은 흔하나 법률가도 참여시켜 그 나라의 법적 환경까지 조사해보는 기업은 별로 없습니다. 이 경우에 복잡한 남의 나라의 법과 제도를 모두 조사 연구할 수는 없더라도 우선 자기네 수출상품과 관련하여 혹시 특허나 상표침해에 관한 문제점이 없는가, 그 수출상품으로 인하여 사고가 발생한 경우에 손해배상제도는 어떠하고 이를 대비하기 위한 책임보험제도는 어떻게 되어 있는지, 그리고 재판이나 중재 등 분쟁해결을 위한 메카니즘이 어떻게 운영되고 있는지 여부 등 몇 가지 기초조사를 병행하여 전략을 세워야만 그 기업의 진출전략은 비로소 건실하게 현실적 의미를 갖는 것입니다. 법률가를 어떻게 활용할 것인지를 정부나 기업이 앞으로 좀더 심각하게 고려하여야 합니다.

민주국가에서 법은 그 제정과정에서부터 비록 시간이 걸리더라도 여러 이해관계를 충분히 절충하여 국민적 합의를 토대로 제정되는 것이지 집권자의 정치적 필요나 담당공무원의 탁상공론이나 일부 목소리 큰 사람들이 여론을 선도하여 일방적으로 국회통과라는 요식행위를 거쳐서 제정되어서는 안됩니다. 그런데 우선 국회의 입법과정을 보면 진지하고 충분한 토론과 타협, 이해관계의 합리적 조정, 국민의 의사수렴 등의 과정이 대부분 결여되어서 그처럼 제정된 법이 국민의 피부에 와닿는 경우가 드뭅니다. 이제는 법률안이 담당부처에서 법률소양도 없는 공무원에 의하여 초안된 다음 아무 법적 근거도 없는 당정협의를 거쳐서 국회에서 다수당인 여당의 거수로 통과하는 행태는 지양되어야 합니다. 둘째, 국회의 법률제정은 국가정책의 시행근거를 마련하고 정책집행부처에게 일정한 범위의 권한을 부여하기 위한 것입니다. 그런데 법률을 잘 들여다보면 법에는 입법취지나 각종 용어정리, 아니면 선언적 규정이나 잔뜩 늘어놓고는 막상 중요한 핵심적 요건들은 하위법규로 미루어 버리는 지나친 위임입법이 일반화되어 있습니다. 따라서 담당부처가 대통령령 등 하위규범에다가 국민의 권리나 일상생활에 직접 관계되는 중요사항을 마음대로 규정하는 경우가 많습니다. 조세법규나 행정규제법규에서 이러한 것이 특히 많이 발견되는데 이는 국회 입법권의 침해 내지 포기인 동시에 행정편의주의일 뿐입니다. 국회는 법제정시에 법률 자체에서 좀더 자세한 규정을 두어 행정권의 남용을 견제해야 합니다. 셋째, 금방 통과시킨 법률을 한 해에 두세 번씩 개정하는 것이 다반사인데 이것은 그야말로 조령모개식 입법행태입니다. 이런 일은 법률에 관한 지식이나 교육이나 경험이 없는 담당부처 공무원이 일본의 유사입법을 베껴서 만든 정부안을 국회에 제출하면 행정부 내에서나 국회에서 전문가에 의한 깊이 있는 검토를 거치지 아니하고 통과시키기 때문에 발생합니다. 그러고 보니 시행된 지 수개월 만에 개정안을 제출하거나, 공포후 시행도 되기 전에 황급히 다시 개정하는 수도 있습니다. 이러한 현실에서는 법적 안정성을 도모할 수 없습니다. 이런 행태는 마치 집을 지을 때 우선 되는대로 공사해놓고 준공한 다음날부터 날마다 하자보수를 계속하는 것과 유사합니다. 이제는 우선 무작정 저질러놓고 사후에 대강 땜질하는 의식구조를 불식해야 할 때도 되었습니다. 법제정만이라도 이러한 후진성을 탈피해야 하겠습니다.

헌법은 건국이후 무려 아홉 번이나 뜯어고쳐 누더기 신세를 면치 못하고 있고 역대 통치자가 헌법을 제대로 준수한 경우가 드뭅니다. 아직도 정치적 위기나 교착상태가 발생하면 마치 모든 원인이 헌법에서 비롯된다는듯이 권력구조 개편을 위한 개헌을 운운하고 있으니 이런 발상도 역시 헌법이란 당대 통치자의 몸집에 맞추어 편리하게 재단할 수 있는 옷쯤으로 생각하는 데에서 오는 것입니다. 형법은 어떠한가요. 죄를 져도 형법의 적용을 안받는 치외법권층이 있는가 하면, 정권유지상 단죄해야 할 때에는 확대해석을 해서라도 유죄로 법적용을 하기도 하고 수많은 형사특별법을 제정하여 법체계를 혼란시켜 왔습니다. 형사소송법은 범죄수사와 형사재판을 위한 가장 중요한 기본절차법으로서 인권보호의 보루임에도 불구하고 구속수사를 원칙으로 해온 수십년의 관행이 말하듯 정권유지와 인권탄압의 효율적 도구로 봉사해왔습니다. 행정법은 어쩌면 그렇게도 규제일변도로 국민을 시시콜콜하게 얽어매어 못살게 굴고 당대 정권의 무리한 정책집행을 합리화하는 수단이 되어버렸을까요. 행정법체계의 난맥상을 보여주는 白眉는 세법입니다. 세법이 너무 어려운 것은 말할 것도 없고, 조세감면규제법이 규정한 세금감면혜택의 명분과 대상은 당대의 강자나 정권유착기업이나 재벌들의 농간 또는 비호의 결과일 뿐입니다. 노동법과 환경법은 과거 군화에 짓밟혀서 숨도 못쉬었고 가장 기피대상이어서 전문가를 제대로 양성하지 못한 분야입니다. 노동법은 건국초창기 우리의 경제현실과 동떨어진 입법을 하여 노사간에 아무도 이를 지키지 않다가 경제성장제일주의의 미명하에 혹독한 수난을 겪었습니다. 박정희정권은 외국인투자기업에는 노조를 일체 금지한다는 내용의 특별법을 제정하고는 이를 외국기업의 투자유인으로 널리 선전하기도 하였습니다. 오늘날 노동법 개정과 관련하여 정부여당이 좌왕우왕하는 것은 그동안 이 분야를 철저히 탄압하여 전문가를 양성하지 아니한 데에도 遠因이 있습니다. 환경법도 온갖 천대를 받다가 공 다투기 좋아하는 공무원들이 경쟁적으로 선진국의 앞선 제도를 모방하여 고도수준의 입법을 해놓고는 법의식이 따라가지 못하여 지켜지지 않는 대표적 분야입니다. 쾌적한 환경에서 강한 경제가 나옴에도 불구하고 생명가치와 경제가치의 대립속에서 경제성장만 앞세우는 정부의 무정견과 국민의 인식부족으로 인하여 환경법은 제대로 집행되지도 못하였고, 마침내 후손에게 쾌적한 환경을 물려줄 수도 없을까 두렵습니다.

이제 WTO 체제하에서 나라마다 관세장벽 및 비관세장벽을 점차 완화하고 보니 무역거래는 대폭 증가하고 아울러 해외투자나 경제협력을 위한 자본과 인력의 이동은 상상하기 힘들 정도로 자유로워져서 국경은 거의 그 의미가 없어졌습니다. 이와 함께 통신 및 정보기술의 급속한 발달로 인하여 시간과 거리의 간격은 물론 지역적 차이점과 한계를 극복할 수 있는 地球村化 현상이 본격적으로 진행되고 있습니다. 법도 이러한 경향에 발맞추어 세계화 및 통일화의 방향으로 변화해가고 있고 어떤 의미에서는 법이 오히려 세계화를 선도하고 있습니다. WTO는 세계화된 통상규범의 좋은 예이고, 국제무대에서 이루어지는 각종거래에 적용되는 계약이나 법규범들도 거래의 신속정확한 체결과 차질없는 이행을 위한 필요성과 편의성과 합리성을 토대로 점차 정형화와 보편화의 길로 가고 있어서 국경을 지날 때마다 또는 거래마다 법이 달라지는 경우는 점차 감소되고 있다고 하겠습니다. 따라서 세계경제는 자유무역체제하에서 보편적이고 안정적인 규범을 틀로 삼아 급속한 발전을 거듭하고 있다고 하겠습니다.

세계화의 근본바탕과 출발점은 이처럼 법치주의의 확립에 달려 있습니다. 법이란 국민들이 여러가지 정치적, 경제적, 사회적 활동을 할 수 있는 기본 틀을 제공하고 그러한 틀속에서 그들이 자유로 벌일 수 있는 활동의 범위와 기준과 절차를 미리 명확하고 알기 쉽게 제시하는 규범인 것입니다. 그러므로 국민의 입장에서는 관련되는 법규에 따라서 사업도 하고 정치활동을 하면 소기의 목적을 달성할 수 있거나 성과를 예측하고 기대할 수 있어야 합니다. 법의 이러한 기능은 외국과 접촉하고 교류하는 경우에도 마찬가지이므로 법은 내외국인을 차별함이 없이 적용되어야 합니다. 그러려면 우리 손으로 제정한 국내법이 지구촌에 있는 다른 상대국가의 법과 가급적 호혜평등을 유지하여 공정성과 객관성을 높이고 절차적으로도 투명하여야만 우리 국민이 외국에 가서 그나라의 법의 적용을 받는 경우에나 외국인이 우리나라에 와서 우리법의 적용을 받는 경우에도 아무런 불평이 없고 수긍할 수 있게 됩니다. 국제사회에서 법 이외에 무엇을 기본틀로 삼아 상호거래를 하고 상대방을 납득시키고 신뢰를 얻을 수 있겠습니까. 다가오는 21세기에 우리 민족이 생존을 건 경쟁을 해야 하는 세계무대에는 혈연도, 학연도, 지연도, 뇌물도, 정부의 특혜도 없고 오로지 법에 의한 지배만 있을 뿐입니다.

다른 한편으로는 아직도 아프리카에서는 살육이 행해지고, 중동평화도 요원하며, 곳곳에서 테러와 폭탄투척이 빈번하여 세계의 평화는 크게 위협받고 있습니다. 진정한 세계평화의 달성은 전인류의 희망일진대 어떻게 하면 이를 달성할 수 있을까요? 힘센 자가 무력으로 평정을 하면 될까요? 장기적으로 보면 아무리 약한 듯하고 성에 안차게 느낄지라도 결국 법 이외에는 세계평화를 유지할 수단이 없습니다. 국내적으로도 법이 없거나 법을 경시하면 한 나라의 정치와 경제가 발전할 수 없고 사회질서도 무너집니다. 아무리 한 나라가 자본주의 이념과 시장경제체제를 채택했다고 하더라도 합리적인 법이 지배하는 일정한 활동의 틀이 있어야 하고, 그러한 틀 속에서 국민들로 하여금 마음놓고 창의적으로 활동할 수 있게 하는 競技規則이 있어야 하는 것입니다. 법은 이처럼 개인의 활동을 위한 운동장과 競技規則을 제공함으로써 豫測可能性과 安定性을 보장해주기 때문에 단순한 질서유지와 平和維持기능에서 한 걸음 더 나아가서 國家經濟와 社會의 發展을 위한 促進劑가 되는 것입니다. 따라서 법은 국내에서나 국제사회에 있어서나 꼭 필요한 平和유지수단인 동시에 繁榮의 기본요소임을 강조하고자 합니다.

혹시 위대한 정치지도자가 나와서 비전을 제시할 수 있다면 다행한 일이긴 하나 그는 수년 내에 사라집니다. 후진국의 급속한 경제발전을 위하여 우수한 기술관료가 어느 단계까지는 국민을 선도하고 앞장서서 끌어갈 수 있으나 그들은 한계가 있을 뿐만 아니라 우리나라는 그러한 단계를 이미 지났습니다. 그간의 관주도적, 행정편의적으로 국민의 뜻과 무관하게 만들어진 모든 법령과 제도를 고치기 위하여서는 다소 더디고 지루하더라고 국민의 參與와 이해집단의 妥協을 통하여 그들의 의사를 정확하게 수렴하는 과정을 거친 다음 이를 토대로 민의가 반영된 참다운 법의 제정이 급선무입니다. 또한 무조건 엄단 일변도 또는 규제 일변도가 아니라 費用效果分析을 통하여 법적 제도의 도입과 운영의 효용성을 검토하고 動機부여에 따른 민간창의조장을 토대로 하는 間接規制方式으로의 일대전환이 필요합니다. 즉 어떤 법이나 제도를 도입 운영하려고 할 때 이를 운영하는데 드는 비용과 이를 운영함으로써 국민이 얻은 효과나 편익을 계산해보고 비용보다 편익이 더 큰 경우에만 이를 도입하여 엄정한 운영을 한다는 뜻입니다. 그래야만 국민들이 법에 대한 신뢰와 애착을 느끼게 되고, 법을 지키면 편하다는 인식이 형성되고, 법이 자기의 일상생활에 직결된다는 생각을 갖고 따르면서 법이 보장해준 틀 속에서 법에 정한 투명한 절차에 따라 법이 자기에게 공평하게 부여해 준 기회를 활용하여 민주화와 경제발전 그리고 통일을 위한 국내외적 노력에 다같이 힘을 합칠 것입니다. 이것이 民主主義와 法治主義의 요체인 동시에 강점입니다. 법치주의의 확립없이 민주주의를 할 수 없다는 의미도 됩니다. 이렇게 되어야만 국제사회에서 우리의 힘이 강해지고 법은 진실로 우리의 성장과 발전을 촉진하는 실효성있는 수단이 될 것입니다. 이럴 경우에만 법률가의 우수한 두뇌를 국가사회가 필요로 하게 되고 법률가의 사회적 역할도 비로소 중요해집니다.

원래 고전적 법치주의는 군주의 전제정치를 제한하려는 데에서 출발하였으므로 개인의 자유와 권리를 보장하는 한편 법률로서 행정을 규제하여 방만하고 자의적 정부운영을 통제함이 그 목적입니다. 물론 우리는 이 같은 뜻의 법치주의를 확립하는 한편 좀 더 적극적 의미의 법치주의도 모색하여야 합니다. 앞에서 말씀드린 바와 같이 세계화시대에는 주로 민간주도로 국경을 넘나들며 무한대의 경쟁을 해야 하므로 법은 이들의 활동무대를 틀지어주고 그 무대에서 경쟁하는 자들을 위한 공정한 경기규칙을 제공하게 됩니다. WTO시대에는 정치적 편법이 통하지 아니하므로 법과 계약에 의존할 수밖에 없고, 결국 법치주의만이 더디고 성에 안차는 것 같아도 고효율, 저비용 및 선택권의 확대를 보장하는 궁극적 국가운영원칙임을 깨달아야 할 것입니다. 그리하여 법을 통해서만이 인류의 번영과 세계평화가 항구적으로 달성될 수 있는 것입니다.(EBS TV 제헌절특집 일요초청 강좌, 1997. 7. 13. 방영)

(5) 구조조정과 실종된 법치주의

구조조정은 비단 민간기업이나 금융기관에 그치지 아니하고 정부조직, 공기업, 정부출연기관, 교육기관 등 그동안 무책임하게 탄생되어 방만하게 운영되어온 각종 조직을 일대 개혁하는 김대중 정부의 최대과제이다. 새 정부의 구조조정에 호응하는 국민도 정부 여당권에서 저마다 한마디씩 무책임한 발언을 하여 국민을 혼란시키고 관계기관의 허술한 준비작업과 무모한 절차생략이 엉뚱한 부작용을 초래하여 새 정부의 일배우기치고는 너무 큰 대가를 치루고 있음을 염려하고 있다. 새 정부 출범 전부터 착수했던 정부조직개편 등은 분명 실패작이지만 아직 미진한 부분을 계속 추진중이라고 하니 기다려보기로 하더라도 동일한 실수를 방지하기 위하여 기업 및 금융기관의 구조조정작업을 법률적 관점에서 분석하여 보자. 역대 정부가 모두 취임시에 개혁을 약속하고도 이를 집권초기에 신속하게 관철하지 못한 채 결국 관료와 기득권층의 반대로 泰山鳴動鼠一匹로 끝난 과거의 예를 우리는 수없이 보아왔다. 뿐만 아니라 개혁의 이름아래 이루어졌던 통폐합 등도 얼마 후에는 당사자의 소송이나 기타 소급입법 등을 통하여 원상복구된 경우도 많다. 그 당시 나름대로 국민의 호응을 얻었고 명분과 일리가 있던 개혁조치들이 왜 결국 도루묵이 되었을까. 그것은 한마디로 사전에 법률검토를 꼼꼼하게 하여 법절차에 맞게 추진한 개혁이 아니라 정치권력이 명분을 내세워서 일방적으로 강요한 개혁이어서 합법성 내지 정통성을 인정할 수 없었기 때문이다. 얼마전에 상당한 희생을 무릅쓰고 단행된 기업과 금융기관의 구조조정도 똑같은 전철을 밟는 것 같아서 안타깝다. 우선 이같은 구조조정이 근거가 없다는 비난을 방지하기 위하여 금융산업의 구조개선에 관한 법률 제정 등 몇 가지 입법조치를 하였음은 그나마 다행한 일이다. 그러나 주식회사인 금융기관이나 기업의 합병, 청산, 자본감소 등은 원래 상법상 절차에 따라 주주 등 당사자들의 자유로운 의사합치에 의하여 그 틀을 정하도록 해야 하는 것인데 정부가 일방적으로 비상처분을 내리고 이를 주주총회나 이사회의 결의에 갈음하는 것으로 규정한 것은 후일 소수주주 등 투자자들에게 보장된 상법이나 증권거래법상의 각종 권리의 절차적 보장을 흠결한 것으로 도전받을 가능성이 농후하다. 요컨대 IMF 관리하에서 통과된 각종 개혁관계법령은 모두 구조조정을 담당할 기관들이 단행할 인가, 통폐합, 계약이전 등 각종 행정처분의 법적 근거를 마련하여 위법성 도전을 방지하기 위한 규범일 뿐, 사법적 측면에서 거래고객이나 투자자인 주주 또는 채권자들의 재산권을 합리적으로 보호하기 위한 절차적 보장은 중대하게 결여되어있다. 아무래도 이해관계인들의 자유의사를 행정처분에 의해서 갈음할 수는 없는 것이 아닌가. 전격적으로 비상처분을 내려놓고는 계속 발생하는 문제들은 높은 분들의 말씀 몇 마디로 윽박지르고자 하는 행태는 법치주의의 실종이요 국내외의 이해관계인에게 불신만 초래할 뿐이다. 전담 법률가가 언론과 만나 법률적 문제점을 조목조목 알기 쉽게 설명하는 모습은 언제나 볼 수 있을까. 또한 퇴출되는 금융기관의 근로자의 처리문제도 마찬가지이다. 합병(M&A)에 의한 포괄승계가 아니고 자산인수(P&A) 방식에 의한 특정승계이므로 근로자를 승계하지 않는다고 하는 논리는 옳지만 과연 퇴출은행의 근로자의 근로기준법상의 지위는 현재 어떠한가. 이들이 천재지변 기타 사업계속이 불가능하여 해고제한규정이나 해고예고절차 규정을 무릅쓰고 정식 해고된 근로자인지는 법리상 의문이 있다.

사실 평소부터 관계법령을 조용히 그리고 충실히 적용해왔더라면 새 정부가 추진하는 개혁입법이나 개혁조치의 많은 부분은 불필요하였을지도 모를 일이다. 즉 문제의 금융기관이나 기업들은 기본적으로 상법상 영리를 추구하는 주식회사이므로 투자자인 주주와 이해관계인들이 법에 따라 회사의 조직, 경영, 회계 등을 엄밀히 감시하고 책임을 추궁하는 일방, 사업계속이 어려우면 매각, 합병, 파산, 청산 등 스스로 기업의 운명을 결정하게 하면 그만이었을 것이다. 그 과정에서 게을리 한 투자자 등은 손해를 보게 하고 법률상의 감독권 행사를 잘못하여 이 지경을 만든 관료는 응분의 책임을 지게 했어야 옳았다. 그러나 어느 경우에도 경영과 감독이 법대로 이루어진 사례가 없었고 오늘날 처참한 사태의 원인이 되었다. 그럼에도 불구하고 구조조정을 지휘하는 기관의 법절차 무시태도가 여전할 뿐만 아니라 규제혁파를 부르짖는 김대중 정부의 출범과 함께 마련된 개혁법령도 전과 다름없이 기업이나 금융의 진입, 경영 및 퇴출의 모든 면에서 숨막히도록 규제가 완비되어 있음은 참으로 아이로니칼하다. 게다가 청탁과 압력구조가 그대로 존재하고, 영리를 추구해온 정치인과 감독공무원, 그리고 정치적 특혜를 추구하는 경영 마인드를 가진 기업인과 사익을 추구하는 금융인들간의 먹이사슬이 가동되고 있는 한 개혁은 성공하기 어렵다. 성공적인 후속개혁을 위하여서는 잘못을 저지른 관료와 경영인을 책임추궁하여 철저히 배제시키고 사람을 제대로 바꾸는 동시에 사전에 법리검토를 면밀하게 하여 법절차에 합치하는 개혁을 추진하기를 촉구한다.(게재지 미확인)

(6) 법률개혁의 핵심

세계화는 거슬릴 수 없는 추세이다. 세계화는 법의 지배를 뜻한다. 전연 배경이 다른 지구상의 인종들이 한마당에서 접촉하고 거래를 하는 데에는 무엇보다도 공정한 경기규칙이 필요하기 때문이다. 이제는 연고나 정치적 힘으로 목적을 달성하기 어렵고 계약이나 기타 공정한 룰에 따라 움직일 수밖에 없다. 과거에 국내에서 정치적으로 해결하든 문제가 이제는 급속히 법률적 쟁점으로 정상화되는 경우를 많이 보게 된다. 이 같은 “사람의 지배”에서 “법의 지배”로 옮아가는 현상에 대비하여 나라마다 법률제도의 정비와 법적 기구들의 활성화를 위하여 힘을 기울이고 있다. 우리정부가 법률개혁에 대한 의지를 표명한 것은 다른 나라의 그러한 준비태세와 일치하는 것으로서 참으로 다행한 일이다. 문제는 누가 무엇을 어떻게 개혁할 것인가이다. 누가 개혁의 기치를 올릴 것인가. 국민에게 봉사하는 사법이라면 재조 및 재야 법조인들이 누구보다도 개혁의 필요성을 느끼고 시기 등을 잘 선택하여 진작 개혁에 착수했어야 했다. 몇 년전 대법원이 전직 총리를 위원장으로 한 사법발전위원회를 구성하여 몇 가지 사법부 현안에 대한 개혁을 하고 이를 실천에 옮긴 경우가 그 예라고 할 수 있다. 그러나 그후 청와대에서 로스쿨 도입 등 법조개혁을 들고 나오자 법조계는 이를 반대만 하는 통에 반개혁적 이기집단으로 몰리기도 하였다. 당시 청와대 주도의 개혁을 보고 미국인들은 미국의 법률개혁이 백악관의 주도로 시작된 경우에 비유하면서 왜 정작 당사자인 법조계는 능동적으로 대처하지 못하는가라고 반문하였다. 법학교육의 개혁이 필요하면 이를 현장에서 가장 예민하게 느낄 사람은 법학교수들일텐데 대통령이 언급하고 교육부가 일을 진행시켜도 반응이 별로 없다. 모든 것을 대통령이 지시해야 성사되는 나라라고 한다면 할 말은 없다. 이번에도 대통령이 법률개혁의 의지를 천명하고 담당각료에게 지시하여 언제까지 안을 완성하라고 했으니 법률가의 일인으로서 부끄러움마저 느낀다. 그러나 이렇게 시작되는 개혁은 법조개혁이건 로스쿨 도입이건 결국 겉치레 한건주의로 결론이 나면서 기득권을 저해하지 않는 방향에서 정치적으로 실시되고 만다. 예컨대 소수의 로스쿨을 도입한다고 결론을 내도 정치적 압력에 못이겨서 결국은 수많은 로스쿨이 생겨나는 낭비를 막을 수 없다. 로스쿨 도입여부와 사법시험 등 다른 관련제도와의 관계를 논의함에 있어서도 무엇을 누가 어떻게 가르쳐야 21세기에 대비할 법조인을 양성할 것인가를 논의해야 한다. 미국은 지금 대통령도, 교육부도 법무부도 법조계도 아니고 법과대학들이 스스로 자신의 개혁에 몰두하고 있다. 하버드법대는 작년에 이미 교수와 직원과 학생으로 구성된 5개의 분과위원회와 전체총괄위원회를 구성하여 개혁과 장기전략수립에 들어갔다. 무엇을 개혁할 것인가도 역시 법조인 자신들이 스스로 개혁항목을 선정함과 동시에 소비자를 비롯한 다른 부문의 요구사항을 받아들여야 한다. 그런데 우리는 대개 회의를 주관하는 사무부서에서 유인물화하여 제시한 것을 놓고 후닥닥 토론을 마친다. 하버드법대의 경우에는 위원회에서 아이디어를 모으고 토론항목을 정하는데 5개월이 걸렸고 이를 모아 중간보고를 냈다. 기한을 정해놓고 몰아붙이거나 작업이 진행되는 동안 냉담하다가 나중에

좀더 널리 연구해야 한다고 딴지거는 일이 없다.(게재지 미확인)

(7) 우리社會에서 요구되는 法과 法曹人

최근 갑자기 대한변호사협회가 法官의 非理를 大法院에 진정하여 문제를 삼다가 얼마 후에 흐지부지 넘어간 일이 있었다. 원래부터 뿌리가 같은 두 기관이 서로 상대방을 비난하는 것은 내밀들어 남보이기 格이라 황급히 수습하여 덮어버린 듯한 감이 역력하다. 그 사건에 대하여 비록 구체적 진상이 밝혀진 것은 없으나 이 사건은 우리사회에서 요구되는 법의 기능이 무엇이고 법조인의 역할은 과연 무엇인지에 관하여 우리에게 많은 것을 생각하게 한다.

첫째, 현재의 일원화된 법조인 양성제도의 산물인 판검사 및 변호사는 사실상 강한 단체의식과 인간적 유대를 共有하는 友愛組合的 전문가 그룹을 형성하고 있기 때문에 법조윤리적 측면에서 일어나는 갖가지 문제점에 대한 인식도가 항상 현저하게 낮게 마련이다. 한국에 와서 법조실무를 돕다가 귀국하는 외국인 변호사들은 한국의 변호사가 판검사의 방을 드나들거나 접대를 하고, 판검사가 변호사 사무실에 찾아오거나 잦은 연락을 하며 어울려 다니는 사실에 경악을 하지만 우리 법조인들은 문화적, 역사적 핑계를 내세워 의심스러운 접촉과 실무관계를 합리화하기가 일쑤이다. 이와 같은 의식구조는 법집행자의 가장 중요한 덕목인 불편부당성을 말살하는 것이다. 이 같은 문제점을 지적하는 것은 우리의 사법부가 입법부나 행정부 그리고 다른 나라의 사법부와 비교해서 부패하였다는 뜻이 아니라 사소한 의심점이라도 사법부가 이에 대하여 불가피하다거나 그러려니 하는 태도를 취하면 다른 고위공무원이나 일반국민에게 보편적인 법적용 기준을 지키라고 요구할 수 없다는 걱정에서이다.

둘째, 법은 급격하게 변동하는 국가사회에서 예측가능성과 안정성을 제공하는 경기규칙인 동시에 개혁을 선도해 나가는 규범적 수단이지 지배의 도구이거나 수직적 계층사회의 單線的 權威를 떠받드는 수단이 아니다. 그럼에도 불구하고 해석법학에 입각한 법학교육과 난해한 법적 도그마를 마스타한 것을 토대로 하여 소수의 엘리트 그룹을 재생산하는 사법시험제도와 획일적이고 소송실무의 형식성에 초점을 맞추는 사법연수원 훈련과정의 3박자가 서로 어우러져서 우리사회에서 법의 기능과 법조인의 역할을 많이 왜곡시키고 말았다. 그런데도 교육·시험 및 훈련제도의 개혁에 관한 논의는 별 합리적 근거도 없이 법조계 내부에서의 집단이기주의적 발상에 따라 말만 무성한 감이 있다.

셋째, 우리나라의 법률제도는 그 근본을 따지자면 애당초부터 일본과 프러시아의 法과 國家에 관한 일반이론에 의하여 그 모양새가 형성되었기 때문에 영미국가의 法의 支配理想과는 상당히 다른 것이었다. 日帝植民統治者는 물론 우리나라의 역대정권은 급속한 산업화의 목표를 달성하기 위하여 국민을 일사불란하게 동원해야 할 필요가 있었기 때문에 프러시아식 국가주의 내지 반공을 앞내세운 중앙집권적이고 권위주의적인 법률질서를 부과하게 되었는데, 이것이 본질적으로는 수직관계에서의 충성심을 강조하는 전통적 유교사상과도 잘 어울려서 우리나라 法律文化의 기본적 틀을 형성하였다. 그러한 틀 속에서 모든 법조인의 역할은 관료화의 길을 걷거나 우월한(?) 이웃나라의 법률문화의 정신적 외판원으로 전락한 감이 있다면 지나친 관찰일까.

넷째, 우리 법조계는 너무나 오랫동안 소송실무위주의 훈련을 받아서 자격을 취득한 후에는 주로 소송실무에 초점을 맞춤으로서 법원이나 국가관료조직 이외의 세상에 대한 이해를 넓힐 필요없이 상대적으로 폐쇄된 사회속에서 철저한 합리성을 요구하는 외부압력도 개의치 아니한 채 권위주의에 기초해서 문제를 해결하였던 배타적 엘리트 집단으로 安住해온 감이 없지 아니하다.

다섯째, 제6공화국 이후의 민주화과정에서 국민이 모두 추구하는 목표를 인권보장, 부패와 범죄의 근절, 지방자치체의 도입, 언론의 자유, 대학의 자치, 선거절차의 공정성 확보 등이라고 할 때 가장 우수한 단일 인력집단으로서 각계각층의 선망의 대상인 법조인들이 과연 이 같은 숭고한 목표의 민주적 가치를 통찰하여 그 달성에 얼마나 헌신적으로 기여했는지 반성해 볼 일이다. 법조직업을 일신상의 영달이나 생계안정의 수단이라기보다는 법을 통하여 공공봉사에 헌신하는 하나의 직종으로 보는 관념과 법조인이 국민에 대하여 지는 責任이 막중함을 좀더 확고하게 인식할 필요가 있다고 하겠다.

필자도 법조인의 한사람으로서 이와 같은 몇 가지 단편적 진단을 함에 깊은 고뇌가 없을 수 없었고, 따라서 법원과 변호사협회 간에 잠시 논란되었던 문제는 단순히 법조계의 중요한 兩軸간의 사소한 불편에 그치는 것이 아니라 우리나라 전체의 법의 해석과 집행, 법조인의 훈련과 양성 및 나아가서는 법학교육과 시험제도 전반에 걸쳐서 깊이있는 검토를 요구하는 중대사라고 생각한다. 물론 어느 나라에서든지 법조인의 정치적·사회적 역할과 책임에 대한 논의는 계속적으로 있어왔고, 비록 이 같은 논의가 잠정적으로 합의에 도달하는 경우에도 법조인들에게 맡겨진 제도적 임무를 이행함에 있어서 기술적 재능과 효율성을 중시하는 입장과 법조인의 윤리적 자율성을 강조하면서 정의와 형평의 기본적 가치를 내세우는 입장이 대립되어 있다. 또한 우리나라의 현실을 보면 1960년대 이후 급속한 경제발전을 토대로 국제화, 자유화, 민주화의 사회변동으로 인하여 국내외적으로 법의 기능에 대한 인식이 바뀌고 과거에는 알지도 못하던 법률서비스의 수요공급의 창출로 인하여 느리게나마 법조계 전체가 새롭게 변화하고 있다.

문제는 일부 소수의 비리를 덮어버리는 것이 염려되는 것이 아니라 이 경우를 계기로 삼아 문제의 본질과 광범위한 파급효과를 똑바로 인식하여 법조인 양성과 활용을 위한 관련제도의 종합적 개혁에 지금 곧 착수하지 않는다면 그것이 바로 법치주의의 올바른 확립을 위한 백년대계의 수립을 저버리는 결과가 되는 것이다.(대전일보, 1992.)

(8) 제도개혁과 외국모방

아무리 좋은 옷이라도 몸에 맞지 않으면 보기 싫을 뿐이다. 제도 또한 겉으로는 그럴싸해도 현실과 조화되지 않으면 역작용만 가져온다. 최근 법조 학제를 둘러싼 논의가 미국식 로스쿨에 대한 막연한 환상에 이끌리는 것 같은데, 미국의 유수한 로스쿨에서 교수를 하면서 그 운영의 깊숙한 면에까지 관여한 경험이 있는 자로서 걱정되는 바가 많다.

원래 미국에서는 대학에서 법학을 가르치지 않았고 변호사는 상업학교(Trade School)에서 기능인을 위한 단기훈련의 방식으로 양성되었다. 순수한 학문의 전당인 대학에 이와 같은 법조인 단기양성교육과정을 편입해 달라는 요구를 마지못해 도제식 직업교육의 형태로 수용한 것이 바로 미국의 로스쿨이다. 따라서 로스쿨의 탄생은 심오한 논리나 숙고된 법조양성계획의 소산이 아니라 미국 나름의 특수한 역사적 현실을 반영한 것에 불과하다. 백여 년의 시행착오를 거쳐서 오늘날 대학원 수준의 3년제 로스쿨이 된 것은 오히려 최근이다. 따라서 지금 논의되는 로스쿨은 미국에서만 기능할 수 있는 제도이며 미국 내에서도 로스쿨은 단기간에 깊은 법리적 토대없이 단지 법적 기술만을 교육하는 기관이라는 비판도 있다.

반면에 우리나라는 일찍이 법과대학이 대학의 중심에 확고히 자리잡아 왔다. 법대의 주된 관심은 아무래도 법학 학문연구에 있어 왔고, 직업인으로서의 법조인 양성교육은 처음부터 다른 길로 분화되어 있다. 이는 우리의 모체가 된

유럽의 법과대학 체제는 물론 미국을 제외한 전세계에 공통된 현상이다. 미국의 로스쿨제도를 모방한 카나다 일부 주와 인도 및 필리핀에서는 큰 혼란을 겪고 있다.

미국의 로스쿨은 그 설립과 운영, 즉 인적·물적 시설은 물론 학사운영 및 행정의 세밀한 점까지 변호사협회에 7년마다 보고서를 제출하여 엄격한 감독을 받는다. 교수는 거의 변호사이고, 교수 1인당 학생 수는 아무리 많아도 20명 미만이며 도서관·모의법정 등 각종 교육 시설을 갖추고 있다. 큰 로스쿨 하나의 예산은 우리나라 일류대학의 전체예산보다 많지만 학비는 연간 3만 달러에 달할 정도로 비싼데다가 장학금 등의 혜택은 거의 없어 학생들이 졸업할 무렵에는 거액의 빚을 지는 것이 예사이다. 그러나 이처럼 천문학적 투자를 하는 미국의 로스쿨은 법조인 양성의 첫 단계에 불과할 뿐이고 이를 졸업한 후에 유수한 법률회사에 취직하여 능력을 배양하지 않으면 도태되어 악덕법률상인으로 전락하는 일도 많다. 로스쿨의 졸업이 예컨대 국제통상이나 지적 재산권문제를 다루는 전문가 양성의 완결판이라고 생각하면 큰 오산이다.

우리나라 법과대학의 현실은 어떤가. 학생 수에 비하여 교수가 턱없이 모자라고 시설이래야 강의실과 흑판이 전부이며, 도서관 한 가지만 비교해 보아도 부끄럽기 짝이 없다. 계속 교육의 역할을 할 법률회사의 조직 역시 아직 걸음마 단계에 있다. 이러한 바탕 위에 로스쿨을 세운다는 것은 환상이요 또 하나의 자원낭비에 불과하다.

사실 우리도 로스쿨을 실험한 적이 있었다. 그러나 결과는 실패였다. 60년대초 서울대학교 산하의 사법대학원은 로스쿨 제도를 도입하자는 지금과 똑같은 논리로 세워졌고 필자도 이곳을 졸업했다. 이는 종래의 흩어져 있는 실무수습제도를 하나로 통합한 법조인양성프로그램과 대학원의 성격을 겸한 교육기관이었으나 학생들은 대학원임에도 불구하고 학문연구를 제대로 할 수 없다고 항의했고, 실무계에서는 실무교육과 훈련이 제대로 실시되지 못한다고 불만이었다. 그리하여 불과 몇 년만에 법조인양성임무는 다시 대학에서 법조실무계로 넘겨졌던 것이다.

하버드 로스쿨의 윌리엄 알포드 교수는 금년 봄 취재차 그곳을 방문한 한국 기자들에게 로스쿨 제도는 미국의 역사적 산물로서 다른 나라, 심지어는 역사적 뿌리와 언어가 같은 영국에도 이식하기 어려운 독특한 제도임을 강조한 바 있다. 그는 중국 정부의 법률자문을 하는 동안 로스쿨의 도입을 검토한 중국 정부에 대하여 제도적 기초와 토양이 다르므로 오히려 한국이나 일본의 제도를 견학하고 참고하여 개혁의 길을 모색함이 좋을 것이라고 충고하여 로스쿨 도입 논의를 중단하도록 한 바 있다고 덧붙였다.

지금 로스쿨의 개념 내용은 말하는 사람마다 달라서 매우 혼란스러운데다가 로스쿨이 우리 풍토에 들어맞지 아니함을 느낀 때문인지 그 대안으로 법대 학부를 그대로 존치한 채 전문법과대학원을 세우자는 제안도 나오는 것 같다. 좀더 구체적 내용을 검토해 보아야 하지만 이러한 제도 역시 대학원 교육을 왜곡시킬 위험이 커 보인다.

물론 현재 우리나라의 법조인 선발·교육·훈련제도에 문제점이 많고 이를 개혁해야 할 필요성은 필자도 절실히 느끼고 있다. 그렇다고 하여 로스쿨을 도입하여 그동안의 시험제도와 교육제도를 갈음하려는 것은 정답이 못된다. 그 역사성을 일시에 무너뜨리고 문화적 풍토, 국민의식, 경제적 현실에 맞지도 않는 외국제도를 주변 여건의 정비도 없이 도입한다는 것은 소뿔을 빼려다가 소를 죽이는 짓일 뿐이다.

법조학제개혁문제는 정치적 쟁점으로 변질되어서도 안되고, 세몰이를 통한 감정적 대응의 대상일 수도 없다. 뿐만 아니라 언제까지나 우리 것은 항상 낡고 결점 투성이라는 전제하에 제도타령을 하면서 미국의 것은 깊은 내용도 모른 채 모방의 대상으로 삼아서도 안될 것이다.(게재지 미확인, 1995. 10.)

(9) 입법과정의 각종 문제점

우리나라에는 현재 약 5,000개 정도의 법률이 있다. 법률은 처음 제정되거나 개정되는 경우마다 각각 일련번호를 붙여가므로 이들을 모두 합치면 그만큼 된다는 뜻이다. 얼핏 보면 복잡한 나라살림을 꾸려가는데 그리 많은 숫자는 아닌듯 싶으나 만 개가 훨씬 넘는 시행령이나 기타 하위규범까지 거론하면 법망의 그물코는 촘촘하기 이를 데 없다. 그러나 유감스럽게도 입법과정을 보면 우려되는 바가 많다. 첫째, 국회의 입법과정은 진지하고 충분한 토론과 타협을 거치거나 이해관계 있는 국민의 의사를 민주적으로 수렴하는 과정이 대부분 결여되어서 국민의 피부에 와 닿는 경우가 드물다. 이제는 법률의 개폐가 담당행정부처에서 법률소양도 없는 공무원에 의하여 초안된 다음 아무 헌법적 또는 법률적 근거도 없는 당정협의를 거쳐서 국회에서 다수당인 여당의 거수로 통과하는 형식적 행태는 지양되어야 한다. 둘째, 국회의 법률제정은 국가정책의 시행

근거를 마련하고 정책집행부처에게 일정한 범위의 권한을 부여하기 위한 것이다. 그런데 법률을 잘 들여다보면 입법취지나 각종 용어의 정의, 아니면 선언적 규정이나 잔뜩 늘어놓고는 막상 중요한 핵심적 요건 중 많은 것을 하위법규로 미루는 지나친 위임입법이 일반화되어 있다. 입법행태가 이지경이고 보니 담당부처가 대통령령 등 하위 규범에다가 국민의 권리나 일상생활에 직접 관계되는 중요사항을 마음대로 규정한 경우가 많다. 조세법규나 행정규제법규에 이런 것이 발견되는데 이는 국회의 입법권의 침해 내지 포기인 동시에 행정편의를 위한 위법이다. 국회는 입법심의시에 상위규범에서 좀더 자세한 규정을 두어 행정권의 남용을 견제해야 한다. 셋째, 한 해에 한 법률이 두세 번씩 개정되는 것은 다반사이고 무려 네 번씩이나 개정된 경우도 있다. 이것은 현대판 조령모개식 입법행태이다. 법률에 관한 지식이나 교육이나 경험이 없는 행정부처 공무원이 일본의 유사입법이나 베껴서 만든 것을 정부안이라고 국회에 제출하면 행정부내에서나 국회에서나 전문가에 의한 깊이있는 검토를 거치는 과정과 장치가 너무나도 미흡하다. 그러고 보니 시행된지 수개월만에 개정안을 제출하고, 공포하였으나 아직 시행도 되기 전에 황급히 다시 개정을 한다. 이런 현실에서 법적 안정성은 어찌 도모할 것인가. 입법실명제를 하여 이러한 공무원은 책임을 추궁해야 하지 않을까. 이런 행태는 마치 건설공사를 할 때 백년대계를 보는 대신 우선 되는대로 공사해놓고 준공한 다음날부터 날마다 하자보수를 계속하는 것과 유사하다. 이제는 우선 무작정 저질러놓고 사후에 땜질하는 의식구조를 불식해야 할 때도 되었거늘 입법행태마저 이처럼 비전문적이고 미봉적이라는 것은 참으로 한심한 일이다. 넷째, 각종 지원법률들의 실태도 가관이다. 우리나라에는 육성법, 지원법, 촉진법, 진흥법 등의 이름이 붙은 각종 법률이 약 80여 개 있다. 물론 우선순위를 부여하여 지원해 줄 만한 분야나 사업이 없을 수 없으나 과거에 있었던 철도건널목개량촉진법이나 초가지붕개량촉진법등은 입법적 코메디라고 아니할 수 없다. 이러한 법률들은 그 내용도 천편일률적이다. 우선 입법목적과 용어의 정의 다음에는 정부의 우선적 지원, 국무총리나 해당장관을 위원장으로 하는 자문위원회 설치, 국유재산의 무상대부, 조세감면의 특혜와 예산회계법상의 특례 등 똑같은 타령을 하고 있다. 의원입법의 형식으로 이 같은 지원법을 통과시킨 국회의원은 이를 큰 업적이라고 선전하지만 이 법이 다른 법과의 형평에 맞는지, 법률상의 지원책이 과연 마련되어 시행되고 있는지 살펴볼 일이다. 더군다나 이제는 개방화와 세계화의 과정에서 선불리 무슨 지원법 하나 잘못 통과시켰다가는 무역마찰이나 일으켜서 망신만 할 가능성도 없지 않다. 다섯째, 조세법령의 난맥상은 기네스북에 오를 만큼 복잡하고 전문가도 이해하기 어렵다. 우선 용어나 표현의 복잡함과 애매모호함은 금메달감이다. 또 자주 개정되어서 과거 수년간의 많은 경과규정 중 어느 것에 해당하는지, 또는 그 많은 목적세 중의 어느 것이 부가세로 부과되어야 하는지 세무서조차 모르는 경우가 있다. 뿐만 아니라 조세감면규제법은 우리나라의 재벌과 정권유지적 단체들의 총체적 힘겨루기의 결과이거나 아니면 정부의 총애대상자 리스트를 극명하게 보여주는 좋은 예라고 할 것이다. 알기 쉬운 세법과 투명한 세정은 그림의 떡일까.(문화일보 포럼, 1996. 7. 25.)

(10) 法과 法意識과 現實과의 괴리

요즈음 법의 권위가 땅에 떨어졌다고 한탄하는 사람이 많다. 자기 손으로 계약서를 작성하고 도장을 찍고 나서도 이를 안지키는가 하면 실정법 위반을 다스리기 위하여 공권력을 행사하는 경우에 심한 저항을 받기가 예사이고 법정 내외에서 일어나는 항의소동과 소란은 사법제도 전체의 기능마비를 가져올까 두렵다. 한편에서는 있는 법도 짓밟고 무시하면서도 걸핏하면 법이 잘못되었다거나 아예 근거법규가 없어서 일을 그릇쳤다는 비난도 비일비재하다. 제6공화국에 들어서서 정부와 국회는 악법개폐를 위하여 노력하겠다고 몇 번씩 다짐해 놓고도 그 실적은 보잘 것 없다. 법원과 검찰 그리고 신설된 헌법재판소 등은 많은 여건상의 제약에도 불구하고 새로운 마음가짐으로 공정한 법집행을 하고자 노력한다고 볼 수 있겠으나 이해관계인이나 정당 언론 등으로부터 십자포화를 맞는 경우가 많다. 식자들 중에는 미국과 같이 법원의 권위나 法의 支配가 이루어지지 아니함을 개탄하는 소리도 들린다. 그러나 역설적이긴 하나 이 모든 현상은 우리나라에서도 이제 민주화 국제화 개방화 과정에서 법만이 다양해진 이 사회의 최종적 행동기준이고 사회규범임을 서서히 인식해가는 과도기적 진통이 아닌가 생각한다.

미국은 세계 각국으로부터 모여 든 다수의 인종과 이민집단이 새로 건설한 나라이기 때문에 보편적 윤리도덕규범이나 관습이 있을 수 없고 어느 한 이민집단의 가치기준이나 규범의식을 다른 이민집단에게 강요할 수 없는 만큼 오직 법만이 이같은 복합이민사회의 갈등을 해소하고 평화를 유지하는 수단이 되며 이것이 공통된 행동양식으로 발전하며 존중된다. 미국과 같은 신세계가 아니고 수천년간 내려온 서구 전통사회에서는 법이란 국가사회를 유지해 나가기 위하여 그 구성원들이 지켜야할 최소한의 약속으로서 그 국민들이 오랫동안 발전시켜온 관습과 전통을 토대로 하는 가운데 그들의 일상 생활 의식 속에 무리없이 자리를 잡을 수 있다. 이러한 예와는 달리 한국사회에서는 서구선진국 못지않게 오랜 역사와 전통을 가지고 있음에도 불구하고 우리나라 고래의 전통규범이 근대화과정에서 단절되어버리고 식민지권력에 의하여 갑자기 서구의 법체계로 이행하게 되는 과정을 경험한다. 이러한 경우에는 원형대로 도입한 서양법체계가 우리나라 재래의 문화적 환경에 의하여 여러가지로 영향을 받게 될 뿐만 아니라 도입법제가 취급하는 국법질서는 우리사회의 조그마한 일부임에 반하여 이것과는 이질적인 전통규범이 우리사회의 대부분을 규제하는 복잡한 이중적 법적용구조를 갖게 된다.

서구라파의 경우에는 원래 200년 전 프랑스 민법전이 예정했던 전형적 사회와 그 법이 실제로 적용되던 당대 사회 사이에 큰 차이가 없었으므로 법조문의 문리적 해석에만 치중하더라도 실제와의 괴리가 별로 있을 수 없었다. 그러나 근대 서구법제를 계수한 우리사회는 그 같은 법제가 전제하던 근대사회와 너무나 동떨어져 있고 따라서 계수법과 전통규범은 우리의 법의식구조 속에서 충돌하고 있는 것이 보통이다. 우리사회는 권리와 의무와 책임이라는 계수법상의 개념을 잘 알지 못한 채 이를 받아들였고 이의 시행에는 19세기의 프랑스와 같이 도입법의 조문의 의미를 기계적으로 해석하는데 열중하고 보니 우리의 법현실과 관계없는 해석과 적용을 반복하게 되었다. 법원의 판결도 법조문의 기계적 해석에 터잡아 도달한 결론에 논리적 이유를 장만해서 부치는 작업인 경우가 대부분이어서 국민을 납득시키기가 어렵게 된다.

또 다른 한편으로 우리는 자본주의를 경제적 필요보다 정치적 고려에 의하여 도입하였으며 그 과정에서 자본주의에 필수적인 자유주의정신이나 자유경쟁원칙은 전혀 존중된 바 없이 모든 새로운 산업들이 정부주도하에 억지로 일으켜졌고 따라서 한국의 산업자본가는 결국 정부의 힘으로 양성된 인위적 독점체에 지나지 않게 된다. 이렇게 보면 한국의 자본가들은 절대적 정부권력의 총아로서 그들의 의식 속에는 막스 웨버의 자본주의정신과는 달리 자유주의나 자유경쟁의식이 전혀 존재하지 아니하고 국가가 소위 사회계약에 의하여 창설된 것이나 마찬가지라고 보는 참 뜻을 전혀 이해하지도 못한다. 아무리 서구의 근대법이나 자본주의가 도입되었어도 정부는 국가를 영광스럽고 신비스러운 역사에 바탕을 둔 수직적 질서가 작용하는 대가족적 구성체인 것으로 이념화하면서 정부가 주도해 온 자본주의경제체제의 수혜자인 기득권층의 지지를 얻어 이 같은 입장에 반대하는 움직임을 억압하는데 법을 이용하곤 한다. 이처럼 서구법이 원래 기초로 삼았던 사회구조와 법의식은 한국에서 법계수후에 전개된 환경과 너무나 큰 괴리가 있다. 근대법의 정신적 기둥이라고 할 수 있는 합리주의 자유주의 자유경쟁이란 한국인에게는 신비한 感傷主義에 젖은 전통적 심리상태를 감추어 주기 위하여 빌려온 비단옷일 뿐이라 하겠다.

이제 새삼스럽게 법의 기능이나 권위에 대하여 다시 생각하고 비판하는 것은 오늘날과 같이 흑백논리에 입각한 사고방식이 지배적이고 자기에게 불리한 것은 다 나쁜 것인 것처럼 외치는 큰 목소리속에서는 공정한 법집행이나 법에의 복종이란 기대하기 어렵고 또 다소 감정적인 우리나라 사람들이 법적 논리나 합리주의에 적응하기가 대단히 어려울지 모르나 그럼에도 불구하고 궁극적으로는 자기들이 비난하는 그 법이 자신들의 개인적 자유와 존엄을 보장해 주는데 꼭 필요한 메카니즘이라는 것을 깨닫는 날이 반드시 올 것이라고 믿기 때문이다.(게재지 미확인)

(11) 좀더 법적 추궁을 집요하게

노동법의 날치기 통과와 그 후속대응과정이 우리를 슬프게 한다. 한보비리에서 언급되는 화폐단위와 갈팡질팡하는 정부태도가 우리를 경악하게 한다. 이 강산 곳곳에서 한숨과 한탄의 소리가 들려온다. 한숨을 쉬는 이유는 사람마다 조금씩 다를 수 있으나 법을 가르치는 필자의 입장에서는 사태의 종국적 해결책은 법적, 제도적인 것이언만 의례 정치적 미봉책으로 끝내기를 하는 정부의 태도가 또 다른 한탄과 실망을 자아낸다.

노동법의 경우 입법의 의무가 있는 국회가 조속히 각 정파와 이해관계집단의 주장을 수렴하여 우리 몸에 맞는 새옷을 만들어내야 하거늘 서로 모이지 조차 못하고 있으니 이를 어디에 쓸 것인가. 또한 관계부처, 국회의원들, 심지어 언론기관에 이르기까지 지금까지도 문제의 노동법 조문을 꼼꼼히 검토해 본 사람이 과연 몇이나 될까. 노동법개정은 전형적인 입법작용이므로 입법자와 법률전문가가 해결의 주역이 되어야 함에도 불구하고 시종일관 정치논리와 경제논리에 압도되었을 뿐, 국민에게 아무 책임도 안지고 성격조차 모호한 노개위 말고는 국회나 정부 어느 곳에서도 법리적, 제도적으로 충분히 논의된 일이 없다.

한보비리의 경우에도 성급하게 공기업화 운운하던 사람치고 實査를 했거나 제철소의 자금, 기술, 시장성 등 사건의 내용을 세밀하게 파악이나 해보았는지 의심스럽다. 이 사건의 경우 경제적으로 한보부도가 국가부도로 이어지지 않도록 따로 대책을 마련해야 하지만, 법률적으로 수뢰나 외압으로 일을 그르친 은행원, 공무원, 정치인들을 단죄해야 한다. 수서사건때 엄한 형사소추를 하고 재발방지를 위한 법적 장치와 제도적 개선책을 확립하였던들 일개부동산업자인 鄭某가 재기하여 이 같은 분탕질을 못했을 것 아닌가. 그러므로 대통령은 최고의 법집행자로서 한보비리가 저질러진 과거시점에 조금이라도 관련되었거나 관련된 자리에 있었거나 이를 발견하고도 저지하지 못하였든 실무자와 고위감독자인 관계공무원들의 법적, 행정적 책임을 집요하게 추궁해야 한다. 매립 및 공장인허가는 물론 사업성을 검토하여 추천 또는 허가해 준 실물경제부처의 공무원, 몇 조의 돈벼락을 내려주는 동안 엉터리 신용평가를 하고 자금을 주물렀든 은행은 물론 이를 지휘 감독한다는 은행감독원과 재경원의 공무원, 그리고 이러한 기관을 감사 또는 통제한다면서 비리를 발견 못했거나 어물어물 주의촉구로 끝냈거나 무책임한 발언을 해대는 감사원이나 청와대의 공무원들을 문책하여야 한다. 수뢰 수사는 물론 직무유기 등의 관점에서도 엄한 징계 등이 필요하다. 과거의 검찰수사가 번번이 힘 없는 은행장 몇 명을 희생양으로 삼고 끝난 것에 대한 국민의 불신과 불만이 얼마나 큰지 알기나 하는가. 이번 사태의 심각성 때문에 수사범위를 넓혀서 은행장 외에 사이좋게 여야 정치인 한 명씩을 수사한다고 하면 국민들이 이번에는 상부기관과 사전 상의하여 한 짜맞추기 수사가 아니라 검찰이 소신껏 파헤친 것이라고 수긍하겠는가. 이 정도의 구태의연한 수사결과를 토대로 당정개편 등 정치적 쇼를 해보았자 특단의 돌발사태가 생겨나지 않는 한 노동법 파동과 한보비리는 침몰하는 경제와 함께 연말선거까지 쟁점으로 타오를 것이다. 정치적 사태수습이 불필요하다거나 책임을 지우지 말자는 뜻이 아니라 과거에 정부가 사태를 정치적 방향으로만 끌고 간 나머지 원인규명, 재발방지 및 법적, 제도적 개선책 수립에는 소홀히 한 것이 무려 몇 번인가. 1인에게 모든 권력이 집중되어 있는 대통령제하에서 별 권력도 영향력도 없는 총리나 당대표를 자꾸만 경질해봐도 큰 의미가 없고, 여야정치인을 다 잡아넣고 정계개편을 한들 정당이 국민 속에 뿌리를 못내리고 있는 정치현실에서 새로운 이합집산이 국민에게 희망을 줄 리 만무하며, 한보의 사정권을 못벗어나는 정치인들의 진흙탕 싸움만 치열해질 뿐 누구하나 반성할 리도 없는데 온나라와 국민이 너무 정치에만 휩쓸려 돌아가다가 사태의 법적, 제도적 개선책 마련은 뒷전으로 밀려 마침내 급변하는 국제사회에서 생존기회마저 상실할까 몹시 두려운 것이다.(중앙일보 중앙시평, 1997. 2. 10.)

(12) 미국에서의 소송의 위협

미국은 종종 세계에서 소송이 가장 많은 나라라고 일컬어진다. 이는 상당히 일리가 있는 말이다. 지난 한 해만 해도 대략 1800만 건의 소송이 미국에서 새로 제기되었다. 현재 거의 80만 명의 변호사가 미국에서 실무에 종사하고 있는데 이는 전세계 변호사 수의 2/3가 넘는 숫자이다. 캘리포니아 주에만도 125,000명의 변호사가 있다. 우리나라의 경우 작년 1년간 접수된 新件은 약 45만 건이고 변호사의 숫자는 3천명 미만이므로 인구를 감안하더라도 미국이 소송천국인 것은 틀림없다.

이와 같이 소송의 나라요 법률가의 나라인 미국과 관련된 거래를 하는 한국의 기업들은 미국의 소송이 어떻게 이루어지는지에 대한 기본적인 이해를 갖는 것이 중요하다. 미국시장과 직접적인 관련을 맺고 있지 아니한 회사일지라도 미국 내에서의 소송에 휘말리게 되는 수도 있다. 예컨대 미국에서 판매되는 물건의 부품을 한국에서 생산하는 회사는 생산품을 직접 미국으로 선적하지 않았더라도 지적재산권의 침해나 제조물의 하자로 인한 손해 발생을 이유로 제소당할 위험이 있다. 이와 유사하게, 미국과 관련된 계약이나 거래를 하는 회사는 거래의 대부분이 미국 외에서 이루어지는 경우에도 미국법원에 제소당할 수가 있다. 미국 내에 설비나 자회사를 갖고 있는 회사의 위험은 더욱 크다. 미국은 예컨대 피용자가 사용자를 제소할 수 있는 고용 및 노동관련 법규를 비롯하여 복잡한 환경법과 독점금지법 등을 가지고 있어서 회사가 고의 없이도 단지 법에 익숙하지 못하다는 사정 때문에 법을 위반할 여지가 많다. 더구나 한국회사의 자회사가 미국에서 제소된 경우에는, 소송이 자회사의 활동에만 관련된 것일지라도 한국의 모회사까지 한꺼번에 제소당할 가능성이 있다.

이와 같은 이유로 말미암아 미국에서 소송이 실제로 어떠한 방식으로 이루어지는가를 이해하는 것이 승소에 결정적인 요인이 된다. 미국의 소송절차는 한국과 매우 다르고 전세계의 다른 대부분의 국가와도 큰 차이가 있다. 소송의 본안에 대해 완벽하게 방어할 수 있는 항변 등을 가지고 있는 회사라고 할지라도 단지 미국의 소송절차를 제대로 이해하지 못했기 때문에 엄청나게 불리한 배심원의 평결을 받게 될 수도 있다.

결국 미국과 한국의 민사소송절차를 비교할 때 가장 큰 차이점은 공판전 사실발견절차(Pretrial discovery)와 배심(jury)이다.

다 아시는 바와 같이 우리 민사소송절차에서는 소장이 제출되고 그 부본이 송달되면 제1회 변론기일이 지정된다. 최초로 원고의 소장진술과 피고 답변이 있은 후에는 여러차례의 변론기일을 거듭함에 따라 당사자들의 주장과 입증을 통하여 점진적으로 실체적 진실의 발견에 접근해간다. 비유적으로 말하면 치과의사에게 정기적으로 통원하면서 치료를 받는 모습과 비슷하다. 그러나 미국의 민사소송절차는 소송이 계속되면 양당사자들의 주도하에 증인신문, 문서제출, 감정 등의 방법을 통하여 사실발견을 위한 소송활동을 전개해 나간다. 이 같은 자치적인 사실발견과정을 거치고 나면 Pre-trial conference를 개최하여 쟁점을 정리한 다음 공판기일을 지정받는다. 그 기일에는 이를 토대로 배심재판을 통하여 사실인정과 법률적용에 관한 결론이 내려진다. 즉 당사자들이 주도하는 discovery 과정을 거친 다음 집중심리를 통하여 공판기일에 그 사건에 관한 심판을 완결하는 방식이다. 이는 마치 외과병원에 입원하여 수술을 받음으로서 질환을 치유하는 경우에 비유할 수 있다.

미국의 소송절차에서 가장 중요하고도 특이한 사실발견절차(discovery)에서는 각 당사자가 서로 상대방에게 정보를 요구할 수 있는 권리가 있다. 이 절차는 매우 강제적이고 광범위하게 간섭적이다. 예를 들어 일방당사자는 타방당사자에게 그가 가지고 있는 수백 심지어는 수천 가지의 서류를 開示할 것을 요구할 수 있는가 하면 아무리 많은 시간이 걸리더라도 그의 피용자를 공식적으로 신문을 할 수 있도록 해 줄 것을 요구할 수 있다. 이러한 경우에 비록 사실발견절차에 한계가 있기는 하지만 회사는 대외비로 취급되는 내부정보도 공시해야 하는 경우가 종종 있다. 그러므로 많은 소송이 사실발견절차를 거치는 동안 승패를 대체로 점칠 수 있다. 판결선고 전에 당사자의 입장차이가 뚜렷이 드러나므로 각종 협상이나 화해·취하 등의 가능성도 높아진다. 따라서 미국에서 활동하는 기업이라면 사실발견 절차란 어떤 것이며, 그것을 어떻게 이용하고, 어떻게 방어할 것인가를 확실하게 알아두는 것이 필수적이다.

미국 소송의 또 다른 점은 배심재판제도이다. 배심원은 형사재판에서만 이용되는 것이 아니고 민사재판에서도 자주 이용된다. 예컨대 수주일 혹은 수개월씩 걸리는 복잡한 지적재산권상의 재판이나 독점금지법상의 재판도 지역사회에서 선정된 비법률가인 배심원들에 의해 결정되어 버리고 만다. 배심원은 피고에게 책임이 있는지 여부만을 결정하는 것이 아니라 손해배상액도 결정한다. 배심재판은 전문적인 법관 앞에서의 재판과는 근본적으로 다르다. 당사자들은 복잡하고 극도로 기술적인 주제를 법적 훈련을 전혀 받지않은 사람들이 납득하게 설명해야 한다. 따라서 명확성과 간결성이 필수적이다. 어떻게 케이스가 주장되었는가가 무엇이 주장되었는가와 마찬가지로 중요하다. 따라서 미국법과대학에서는 사실심 변호기술을 가르치고 있고 사실심 재판전문 변호사도 다수 양성되며 이들의 명성은 배심원을 잘 설득할 수 있는 정리능력과 언변에 좌우되기도 한다. 배심원은 심지어 증인의 용모나 말하는 태도가 마음에 들지 않는다는 이유만으로도 그의 증언을 배척하기로 결정할 수 있다. 그러므로 미국에서 제소된 외국기업은 배심원이 갖고 있는 외국회사에 대한 편견으로 말미암아 영향을 받을지도 모를 위험을 최소화하기 위한 조치를 취해야 한다. 예를 들면, 로스앤젤레스에서 있었던 최근의 재판에서 원고의 변호사가 배심원을 상대로 한국기업들이 미국에 오면 "미국의 방식"으로 영업해야한다는 "교훈을 줄 것"을 호소하자 3천만 달러의 손해배상 평결이 내려졌다. 사실심 법관이 그 평결을 번복했으나 현재 상소가 제기되어 있으므로 경우에 따라서는 그 평결이 다시 복원될 가능성도 있다.

최근 한국기업의 미국진출과 거래가 급증하는 추세에 발맞추어 우리는 미국시장의 경제적 타당성을 조사하는데 그치지 말고 한 걸음 더 나아가서 그들의 법률환경, 특히 소송절차에 대한 기본적 차이점을 파악하여야 함은 아무리 강조해도 부족하다고 할 것이다.(미국 Morrison & Foerster의 워크샵 연설, 1991. 11. 14.)

(13) 미국의 배심원제도

미국의 민사소송절차는 우리의 것과 너무 달라서 비교하기가 어려우나 그 중에서도 공판전 사실발견절차와 배심재판이야말로 가장 큰 다른점이다. 오늘 미국에서 배심재판이 어떻게 이루어지는지를 실연과 논평을 통하여 보기에 앞서서 간단히 배심제도의 연혁과 취지를 고찰하고자 한다. 배심제도가 영국에서 처음 생겨났을 때에는 독재자나 지배층의 억압으로부터 일반시민을 보호한다는 취지가 있었고 지역주민 다수의 건전하고 상식적인 판단에 근거하여 공정하고 합리적인 재판을 도모하자는 것이 그 요체였다. 재판을 법관에게만 一任하면 쉽게 강력한 통치자의 영향을 받아 공정한 재판을 기대하기 어려워질 우려가 있다는 점에서 도입되었다. 오늘날에는 강자로부터 약자를 보호하는 안전장치 역할을 하기보다 소수자에 대응하는 다수자의 횡포수단으로 변질될 우려도 있고, 교통통신수단이 발달되어 배심원이 완전히 뉴스의 오염으로부터 해방될 수도 없어서 예단과 편견을 갖지 아니한 배심원을 선정하는 것도 쉽지 않다. 영국은 배심제도를 축소운영하는 노력을 하고 있음에 비하여 미국은 배심재판을 받을 권리가 헌법문제여서 함부로 개헌을 하여 배심제도를 없애거나 축소할 수도 없으므로 계속 확대운영의 길을 걷고 있다. 그러므로 미국에서 영업활동을 하는 한국회사는 미국의 배심재판제도가 회사의 법률적인 전략이나 심지어는 사업판단에까지 어떻게 영향을 미칠 수 있는가를 알아야 한다. 따라서 배심제도는 미국에서는 기업생활의 한 요소이다. 당사자나 당사자가 될 가능성이 있는 사람들은 모르는 것에 대한 두려움 때문에 부당하게 비용이 많이 드는 법정에서의 해결을 피하기 위해서도 배심제도를 이해하는 것이 중요하다. 한국기업뿐 아니라 미국 이외의 국가의 기업들은 대부분 미국에서의 배심재판을 피하기 위해서는 무엇이든지 하려고 하는 것이 보통이었다. 그러나 많은 한국회사들은 미국의 제도에 익숙해짐에 따라 소송이란 사업을 해나가는데 있어서 하나의 비용이라는 것을 깨닫게 되었다. 가장 경험많은 회사는 전체적인 사업전략의 일환으로서 소송을 적극적으로 이용하는 법을 알게 되고 그 자신이 소송을 제기하기도 한다.

또한 배심원들은 그 사회의 다수가 공통적으로 가지고 있는 일반적 감정, 생활태도, 문화적 감각을 토대로 평결을 하므로 배심은 외국기업에게는 대단히 생소한 제도이고 종종 그들의 평결을 수긍하지 못하는 경우도 많다.

미국의 법제도에 처음 접하는 사람들은 특허, 엔지니어링, 독점금지경제학이 관련되는 고도로 복잡한 분쟁도 지역사회에서 선정된 6인 또는 12인의 시민들의 회의체인 배심에 의해 자주 결정된다는 것을 알고는 놀라곤 한다. 예를 들어 지난 달 버지니아주의 배심원들은 일본회사인 NEC와 도시바 및 그들의 미국 자회사가 Wang연구소가 보유하는 특허권을 침해하였다고 평결하였다. 즉 퍼스널컴퓨터에 사용되는 인쇄된 회로기판 위에 메모리칩 팩키지를 배치하는 기술을 침해했다는 것이다. 그 사건에서 배심원들은 전기기술자도 아니었고 그들중 일부는 컴퓨터를 써 보지도 못한 사람들이었다.

그러나 미국의 배심제도를 가장 정확하게 관찰해 온 사람들은 배심원들이 일반적으로 대략적인 정의는 이루어 낸다고 얘기한다. 전문가들이 취했을 경로와는 차이가 있지만 배심원들은 상식과 실제적인 논리를 적용함으로써 공정한 결론에 이르게 된다.

미국의 배심원들은 피고에게 책임이 있는가 만을 결정하는 것이 아니라 책임이 있다면 손해배상액이 얼마인가까지도 결정한다. 많은 사건에서 배심원은 塡補賠償(compensatory damages)(원고를 원상으로 회복시키기 위한 것)을 부여할 것인가와 아울러 중대한 위반행위에 대해서는 피고를 처벌하기 위해 사용되는 징벌적 손해배상도 허용할 것인가를 결정해야 한다.

그러나 배심원의 재량에 제한이 없는 것은 아니다. 사실심법관은 배심원들이 심리할 수 있는 증거를 결정하고, 변론이 종결된 후 배심원의 평의가 시작되기 전에 적용법에 관해 설시한다. 평결 후라도 제한된 경우에는 사실심법관은 책임이나 배상액에 대한 배심원의 결정을 수정하거나 무효로 할 수 있다. 또한 패소한 당사자는 1심판결에 대해 상급심에 상소할 수 있다. 예를 들어 대한항공이 올해 초에 이러한 상소권을 성공적으로 이용하였다. 대한항공은 1983년 9월에 발생한 소련의 KAL 007편 격추사건에서 대한항공에게 5천만 달러의 징벌적 손해배상을 할 것을 결정한 배심원의 평결을 Washington, D. C. 연방항소법원에 가서 번복하는데 성공하였다.

배심원들은 전문가는 아니지만 그 임무를 진지하고 주의깊게 수행한다. 훌륭한 소송변호사들은 과시하는 것처럼 보이지 않으면서도 어떻게 하면 복잡한 사건을 단순하고 명확하게 배심원에게 설명할 것인가를 알고 있다. 증거를 제시할 때 또는 주장을 할 때에 시청각자료를 사용하는 것이 점점 결정적인 역할을 한다. 특히 오랜기간에 걸친 복잡한 사건에서 그러하다. 배심원의 주의를 끌기 위해서 변호사들은 챠트, 도표, 사진, 비디오테이프, 컴퓨터 시뮬레이션, 실물적 증거방법 등에 의존한다. 한 연구결과에 의하면 배심원들은 듣는 것뿐 아니라 볼 때에 더 잘 설득되고 논점을 기억하는 경향이 있다고 한다.

배심재판은 배심원의 선정으로부터 시작되는데 우선 법관이나 변호사가 그들에게 그들의 배경이나 성향에 대해 질문을 하게 된다. 그리고 나서 변호사는 배심원후보자를 "이유를 붙여서(for cause)" 기피하거나 아니면 일정한 수까지는 이유불요기피(peremptory challenge)를 하여 어떠한 이유를 가지고도(또는 아무 이유없이) 거부할 수 있다. 양측 변호사가 배심원에게 모두 진술(opening statement)을 한 후, 원고측이 증인의 증언(증인은 후에 피고측 변호사의 반대심문을 받게 된다)과 입증자료의 제출을 통하여 청구내용을 주장한다. 방어시에는 반대편의 주장을 번복하는 주장을 할 수도 있다. 그러고 난 다음에 양측 변호사는 최후진술(closing argument)을 한다. 최후진술은 증거를 요약할 뿐 아니라 증거가 각 당사자의 청구를 어떻게 뒷받침하는가도 보여준다. 그 다음에 판사는 배심원들에게 당사자들이 제출한 서로 모순되는 증거들로부터 사실을 인정하고, 결정된 사실에 판사가 설명하는 관련법을 적용하라고 설시한다. 배심원들은 비밀로 평의(deliberation)를 시작한다. 평의는 법정에 부속된 배심원실에서 행해진다. 배심원은 증거물(exhibits)을 배심원실로 보내거나 특정한 증언의 기록을 다시 들려줄 것을 요구할 수 있다. 평의가 완료되면 배심원들은 평결을 내리기 위해 다시 법정으로 돌아온다.

신중한 회사는 재판에서 종종 나타나는 전부 아니면 전무라는 결과를 피하기 위해 화해를 하기로 결정할 수 있지만, 미국의 배심제도에 대해 모른다는 것이 사업결정에 빗나가는 영향을 미쳐서는 안된다. 배심제도와 기타 미국 법제도에 대해서는 법률신문과 함께 미국 Morrison & Foerster 변호사 사무실의 후원으로 1991년 11월 14일에 서울에서 열리는 워크숍에서 설명하겠다.(미국 Morrison & Foerster의 워크샵 연설, 1991. 11. 14.)

(14) 商法改正有感

정부는 각종 성장 발전 저해요인을 적출하여 이를 개선하는 작업을 하는 과정에서 재산법의 기초가 되는 민법과 상법도 개정할 필요가 있다는 결론에 이르렀다. 특히 상법은 총칙·商行爲·회사·보험·해상 등 우리의 경제생활을 망라적으로 규율하는 기본법임에도 불구하고 제정된지 20년동안 한번도 손을 대지 아니한 결과 급속하게 발전된 기업활동과 경제현실에 비추어 규범과 현실간에 엄청난 괴리현상을 초래하고 말았다. 만시지탄이 있으나 이 기회에 衆智를 모아서 개정하여야 됨은 두말할 필요도 없을 것이다. 많은 의견이 학계와 실업계 또는 업계에서 쏟아져 나오고 있음은 상법이 그만큼 중요하다는 것을 입증한다고 하겠다. 그러나 제시되는 의견들은 그 하나하나가 일리가 있고 귀중한 것임에도 불구하고 몹시도 단편적이고 산발적인 감이 不無하다. 구슬이 서말이라도 꿰어야 보배이기 때문이다. 더군다나 신문의 보도는 개정주장의 핵심을 커버하지 못하고 있기 때문에 아마도 일반대중에게는 상법 규정이 불충분해서 부실기업이 많이 생겨났고, 그 대책으로는 예컨대 주식회사의 최저자본금을 높게 法定하면 회사채권자가 보호되리라는 정도의 인식만이 전달되었을 염려가 없지 아니하다.

무릇 법을 제정하거나 개정할 때에는 그에 대한 목표가 뚜렷하게 정립되고 그 목표하에서 엄격하게 설정한 우선순위에 따라 개정할 쟁점을 확정하여야 한다. 그러함에도 불구하고 이번 개정논의에서는 방향정립에 대한 관심이 적고, 어느 한 일면만을 부각시킨 주장을 하거나 현실감각이 부족한 개정의견도 많이 제시되는 감이 있다.

이 기회에 상법 개정의 기본방향에 대한 일반적 의견을 개진하고자 한다.

첫째, 상법이 기업법인만큼 기업의 조직과 활동에 관하여 시대에 맞지 아니하는 부분을 제거하여야 하는 일방 지금부터 서서히 기업의 거래 상대방인 다른 소규모 기업이나 일반 소비자를 보호하는 제도적 장치를 상법 자체 내에서 강구하도록 하여야 한다. 상법총칙 및 상행위법에서 보통계약약관을 법제화하자는 제안도 예컨대 독일에서 최근에 제정된 AGB법을 무비판적으로 계수하기보다는 소비자 보호의 측면에서 우리 실정에 맞게 받아들여야 할 것이다. 뿐만 아니라 商事賣買에 관한 소수의 條文(상법 제67조 내지 71조)들만 보더라도 매도인의 보호에만 치중되어 있으므로 이제는 매수인도 보호될 수 있는 방향으로 개정을 검토하여야 할 것이다. 요컨대, 상법 전편을 통하여 기업거래의 당사자들간에 상치되는 이해관계를 현재의 경제발전단계에 맞추어서 새로 조정하여야 한다고 생각된다.

둘째, 부실기업은 억제하고 건전기업은 육성하는 방향으로 상법을 개정할 필요가 있다. 이 점은 상법상 주된 경제활동을 하는 주체가 기업이므로 기업이 부실화하여 국가적으로나 사회경제적으로 폐해를 초래함을 방지하여야 한다는 견지에서 여러번 제기된 바 있는 타당한 논점이다. 그러나 부실기업은 여러 의견이 제시하는 바와 같이 단순히 주식회사의 최저자본금을 법정하거나 휴면회사를 획일적으로 解散措置한다고 해서 근절되지 아니한다. 더군다나 기업활동을 여러 가지로 제약하는 개정을 해서 矯角殺牛의 결과를 초래하여서도 안된다. 부실기업의 억제와 건전기업의 육성은 상법 독자적으로 조문을 보강함으로써 달성되는 것이 아니라 다른 법규와의 합일된 노력을 통하여 이루어지는 것이므로 무리한 욕심을 내지 말고 상법분야에서 기여할 수 있는 논점만 좀더 실제적인 근거를 토대로 검토하여야 할 것이다. 예컨대 주식회사의 최저자본금에 관하여서는 3천만원설, 5천만원설 내지 1억원설까지 있으나 어느 의견도 왜 그 액수가 타당한지는 이유를 제시하지 못하고 있다. 우리는 좀 더 진지한 태도로 근거있는 액수를 제시함으로써 국회를 납득시킬 수 있어야 한다고 생각한다. 예컨대 현재 등록된 주식회사들의 자본금합계를 산술평균한 숫자나 등록세 징수액에서 역산하여 실무적 근거를 제시할 수 있을 것이다.

셋째, 상법은 자본주의 경제질서에서 가장 핵심적 기능을 담당하는 주식회사가 가장 합리적으로 활동할 수 있는 터전을 제공하여야 하며 그러한 터전은 현재 우리나라의 경제현실과 경제발전단계에 맞추어서 베풀어져야 한다고 본다. 아직도 지속적인 경제성장이 우리에게 필요하다고 할진대 그러한 경제활동의 中軸的 존재인 주식회사는 능률적이며 신속하게 운영될 수 있도록 법이 뒷받침하여야 한다. 즉 국내외적 기업여건에 신속하게 대처할 수 있도록 이사회중심의 능률적 운영의 길을 터주는 것이 그것이다. 따라서 이사회의 권한을 강화한다거나 필요한 경우에는 주주총회 및 이사회의 소집절차를 생략하거나 서면결의의 방법을 도입하여야 된다는 논의는 이러한 맥락에서 이해될 수 있다. 그러나 아무리 주주총회의 최고기관성이 이제는 신성불가침이 아니고, 또한 주주들이 회사경영에는 관심이 없고 이익배당에만 관심이 있어서 마치 채권자적 지위로 변질되었다고 하더라도 주식회사 각 기관간의 새로운 권한분배가 주식회사의 민주화를 희생시켜서는 안된다. 따라서 능률적 운영을 위하여 회사기관으로서의 주주총회의 권한은 어느 정도 축소가 불가피한 경우에도 회사경영에 관심있는 개별주주의 관여 기회는 여전히 보장되어야 하고 오히려 확대강화되어야 할 것이다. 이사선출시 누적투표제를 채택하여야 된다든가 소수주주권 행사의 요건을 다소 완화해야 한다는 등의 의견은 이러한 견지에서 신중히 고려하여 할 필요가 있을 것이다. 요컨대 주식회사의 기관에 대하여 손질이 필요하다면 그 기본방향은 회사운영의 능률화와 민주화를 동시에 달성할 수 있는 선에서 세심한 배려를 하여야 한다고 생각한다.

넷째, 이번에 시도하는 상법개정, 그중에서 특히 회사법의 개정은 모순, 상치 및 혼란이 겉잡을 수 없는 주변관련 법규와의 관계를 명료하게 정리할 수 있는 좋은 기회라고 생각한다. 조세법규상의 터무니없는 강제조항들 때문에 회사가 깨끗이 해산 및 청산을 완료하기 어려운 점, 회사정리법이 부실기업인의 도피구로 악용되는 점, 실물 경제의 확대에 상응하여 회사의 자금조달이 다양화·기술화되어야 할 것임에도 불구하고 상법상의 전세기적 조항에서 오는 제약은 물론 증권거래법규와의 상호모순에서 오는 불일치점, 외자도입법상의 현실과 상법상의 괴리점, 독점규제 법규가 상법상의 기업결합에 미치는 영향 또는 새로 개정된 무역거래법이 상법상의 외국회사에 끼치는 영향 그리고 비송사건절차법상의 미비점 등은 오직 몇 가지 현저한 예에 불과하다. 상법의 개정은 이처럼 각종 관련법규간의 갈등과 간극을 제거하는 연관작업도 병행함으로써 그 개정의 효과가 제고될 수 있을 것이다.

다섯째, 상법이 규율하는 기업활동의 국제화 경향에 비추어 개정작업도 다소 그에 대비할 필요가 있고 그러한 필요성은 보험·해상편의 경우에 두드러진다고 하겠다. 우리는 국제적으로 성립된 통일조약이나 약관 그리고 선진국의 운영을 외면할 수 없기 때문이다. 그리고 이러한 경우에는 우리의 경제현실에 비추어서 영미법으로 조금 더 접근하는 노력이 요청된다고 하겠다. 왜냐하면 우선 보험법과 해상법의 경우에 세계적으로 영미법 원리에 의하여 지배되고 있음은 주지의 사실이고, 무역, 차관, 자본도입 기타 그 이외의 거래의 경우에도 거래당사자로서 영미제국의 중요성, 대부분의 국제계약이 영어로서 작성되는 결과 불가피하게 영미법적 개념과 분쟁해결방식에 의존할 수밖에 없는 점, 그리고 앞으로도 더욱 문호를 개방하여 미국 등으로부터 자본 및 기술을 도입할 필요성 등에 비추어보면 우리의 법체계가 허용하는 한 영미규범을 수용하는 노력을 하여야 하기 때문이다.

대체로 이상과 같은 개정방향에 따라 우리의 경제현실에 관한 정확한 인식을 기초로 하여 충분한 시일을 가지고 정성을 다하여야 할 것이다.(KMDI Bulletin 5(46), 1-2, 5면, 한국경영연구원, 1981. 10. 26.)

(15) 商法改正試案 지상공청회

주식회사의 기관에 관한 상법규정을 개정하는 경우에는 각 기관간의 권한분배의 민주화와 함께 회사운영의 능률화를 동시에 달성하는 방향으로 손질하여야 한다. 즉 주주총회, 대표이사 및 이사회 그리고 감사간에 견제와 균형의 원리에 입각하여 민주적으로 권한을 분배함에 힘쓰면서도 급변하는 경제현실에 효과적으로 대처할 수 있는 운영체제를 갖추도록 하는 것이다.

법무부가 발표한 상법개정시안 중 주식회사의 기관과 관련된 규정을 보면 첫째, 이사회의 업무집행에 관한 결의 및 감독권한을 명문화하고, 정관의 반대규정이 없는 한 轉換社債發行權과 준비금의 자본전입권 등의 권한을 주주총회로부터 이사회에 넘겨줌으로써 이사회의 권한을 강화하는 조치를 취하였으나 이에 대응할만한 주주의 지위강화책은 하등 마련된 바 없다. 그러므로 오로지 감사에게 부여된 각종 권한이 적절하게 행사되어야만 권한이 한층 강화된 이사회의 권한남용을 견제할 수 있을 것이나 이는 의문이다.

이러한 경우에는 차라리 현실적으로 막강한 권한을 휘두르는 대표이사와 새로 권한이 강화된 이사회간에 여러 가지 견제장치를 설치하는 것이 더 효과적일 것이다.

둘째, 시안은 감사의 지위강화에 역점을 둔 것으로 보인다. 대표이사 또는 각 이사들은 그 직무집행에 관하여 이사회의 감독을 받을 뿐만 아니라 업무감사권 및 회계감사권을 부여받은 감사의 감사·조사·보고 및 의견진술의 대상으로 되어 있다.

그러나 이로써 종래 무용지물에 가깝게 전락한 감사기관의 활성화가 이루어지리라고 보기는 어렵지 아니할까 싶다. 우리나라의 회사법적 질서나 현실이 변함이 없을 뿐만 아니라 개정작업과정에서도 미국 회사법상 기관간의 균형있는 권한분배에 관한 단체법적 기반을 깊이 연구함이 없이 일본상법을 대체로 모방하였기 때문이다. 주식회사는 자본주의 경제질서의 지주로서 어떤 의미에서는 전국민의 재산의 수탁자라고 하여도 과언이 아니므로 주식회사의 감사기능이 제대로 발휘되어 기업의 건전성을 확보하는 것은 전국가적 명제라고 할 수 있다.

그런데 주식회사의 기관으로서의 감사가 제도적 성공을 거두기 위하여서는 감사지위의 독립성과 전문성의 확보에 있다. 회사집행부로부터의 독립을 유지하면서도 회사의 업무와 회계에 대한 전문적 지식이 있는 사람이 선임되어서 법률상의 권한을 충실히 행사할 수 있어야 한다. 따라서 감사가 될 수 있는 자의 자격을 이런 취지에 맞게 제한함도 한 방법이다.

주식회사의 외부감사에 관한 법률이나 증권거래법은 회사내부 감사의 실패를 웅변하는 것이고 그나마 이 법률은 약 2만3백여 개의 주식회사 중 약 1천5백여 개의 공개·상장회사 또는 일정 규모 이상의 대회사에게 적용이 있을 뿐이다.

요컨대 개정시안은 획기적인 감사권한의 강화에도 불구하고 독립성과 전문성을 겸비한 감사가 선임되기 위한 제도적 장치로서는 미흡하다고 하겠다.

셋째, 회사가 주주의 권리행위에 관하여 재산상 이익을 제공하지 못하도록 하는 조문을 일본법에서 도입하였다.

이것은 주총의 원만한 진행과 관련하여 총회꾼의 부조리를 방지하기 위한 것이나 한걸음 더 나아가면 장래에는 경영진이 회사지배를 계속하기 위한 주주의 위임장확보경쟁에서 회사의 비용을 쓰는 경우까지도 막을 수 있는 안전판이 될 수 있다.(한국경제신문 제5822호 6면, 1982. 6. 20.)

(16) 會社法에 치우친 商法개정안

국민의 일상생활과 경제질서를 규율하는 기본법치고 상법처럼 지난 20년 동안 한번도 손질을 하지 아니한 경우가 또 있을까. 그동안 商事規範과 그것이 지배하는 경제현실 간에는 엄청난 괴리를 나타냈고, 정 할 수 없는 경우에는 자본시장육성에관한법률 등과 같은 특별법을 간간이 만들어서 누더기식 입법으로 그때그때의 필요에 대처해왔다. 이제 법무부에서 상법을 전반적으로 개정하기 위한 大役事를 마무리짓고 시안을 공표하였으니 만시지탄은 있으되 조속한 시일 내에 국회에서 옥동자를 탄생시켜 주기를 바라는 마음 간절하다.

상법개정시안을 전반적으로 살펴보면 몇 가지 느낌이 없을 수 없다. 첫째, 시안은 상법전의 제 1 편 총칙, 제 2 편 상행위, 제 3 편 회사, 제 4 편 보험 및 제 5 편 해상 중에서 오직 보험과 해상을 제외한 前三編에 관하여서만 손질을 하였으며 그나마 총칙 및 상행위편에서 개정하기로 한 부분은 별로 중요한 것이 아니어서 결국 이번의 시안은 회사법의 개정에 집중되었고, 특히 회사 중에서도 주식회사법의 대폭 손질만을 위한 개정시안이라고 하여도 과언이 아니다. 그러나 주식회사법의 개정에 못지 않게 중요하고 긴급한 개정이 요구되는 분야가 보험 및 해상편이다.

수출입국을 통하여 한국의 국제거래상의 지위가 급신장하는 과정에서 해상법과 보험법의 뒷받침이 절대적임에도 불구하고 시대착오적이거나 비현실적 규정으로 가득찬 보험해상법을 당장 고치지 아니한다면 고도의 국제성과 섭외성을 띤 이 분야에서 우리상법은 국제적 통일법적 경향도 외면한 채 고아가 되고 말 것이다. 그런 뜻에서 現試案은 상법이라는 이름의 소아복을 윗저고리만 고쳐서 갈아입히고 바지나 외투는 품이 작은대로 그냥 놔둔 셈이 아닐까.

둘째, 주식회사법 중심의 개정시안을 작성함에 있어서도 가장 어려운 점중의 하나는 도대체 회사 이해관계자 중에서 누구를 더 두텁게 보호할 것이며 천차만별의 주식회사 중에서 주로 어떤 타입의 회사를 염두에 두면서 시안을 작성하여야 되느냐의 문제라고 생각한다.

또한 우리나라의 약 2만3백여 개의 주식회사 중에서 회사법은 공개회사나 상장회사, 합작투자회사 또는 일정규모 이상의 대회사에 주로 초점을 맞추어 규정할 것인지, 아니면 소규모 폐쇄회사, 가족회사를 위한 규정을 많이 베풀 것인지 판단하기 어렵고, 따라서 시안에는 전자 위주의 규정과 후자를 위한 규정이 불가피하게 혼재하고 있어서 조직법상의 일반원리에서 보아 다소의 간극이 있을 수 있다.

이번 개정시안에는 투자자 보호를 위하여 배당금 지급시기 명시를 비롯한 몇 가지 개정과 그 외의 불합리하고 비현실적으로 느껴졌던 각 규정을 고친 것이 있으나 그 골자를 요약하면 첫째, 회사운영의 효율화를 위하여 주식회사의 이사회와 감사를 중심으로 이러한 기관의 권한을 강화한 점과, 둘째, 회사자금 조달을 좀더 신속하고 용이하게 하기 위한 몇 가지 조치, 그리고 셋째, 주식회사제도의 남용을 방지하기 위한 규정을 신설한 것이라고 할 수 있다.

주식회사의 기관에 관한 규정을 손질하는 경우에는 주주총회, 대표이사 및 이사회 그리고 감사간에 견제와 균형의 원리에 입각하여 민주적으로 권한을 분배하면서도 급변하는 경제현실 속에서 회사운영의 능률화를 동시에 달성하여야 한다. 시안 중 주식회사의 기관에 관한 규정을 보면 우선 이사회의 권한강화가 특색이다. 20년전 상법제정시에는 미국 회사법 원리를 도입하여 주주총회의 의결사항의 일부를 이사회에 넘김으로써 이사회의 지위를 강화하는 대신, 이에 맞설만한 주주지위강화책으로서 留止請求 및 代表訟訴제도를 신설한 바 있다.

그런데 이번 試案에서는 이사회의 업무집행에 대한 결의 및 감독권한을 명문화하고 원칙적으로 전환사채발행권과 준비금의 자본전입권을 주주총회에서 이사회에 이관함으로써 또 한번 이사회의 권한을 강화하는 조치를 취하였으나 이에 대응하는 다른 견제나 감독수단은 마련된 바 없다. 그러므로 오직 감사에게 부여된 각종 권한이 적절하게 행사되어야만 지위가 한층 강화된 이사회의 권한남용을 견제할 수 있을 것이나 이는 의문이다.

이런 경우에는 차라리 현실적으로 강대한 권한을 행사하는 대표이사와 새로 권한이 강화된 이사회간에 여러 가지 견제장치를 두는 것이 효과적일 수 있다. 또한 시안을 보면 대표이사나 각 이사들은 그 직무집행에 관하여 이사회의 감독을 받는 외에 업무 및 회계감사권을 갖는 감사의 감사, 조사 보고 및 의견진술의 대상으로 되며, 일정한 범위의 회사일 경우에는 다시 외부인사의 감사를 받아야하므로, 이러한 감사에 관한 제 규정이 제대로 지켜진다면 속된 말로 회사중역을 해먹기 어렵다는 비명이 나올법하다.

그러나 이처럼 강화된 감사의 권한이 제대로 발휘될 수 있을까. 주식회사는 자본주의경제질서의 支柱로서 전국민의 재산의 수탁자라고 하여도 과언이 아니므로 주식회사의 감사기능이 제대로 발휘되어 기업의 건전성을 확보함은 전국가적 명제이다. 주식회사 기관으로서의 감사가 제도적 성공을 거두려면 감사지위의 독립성과 전문성이 보장되어야 한다. 주식회사 외부감사에 관한 법률이나 증권거래법은 외부인사의 감사를 받으므로 독립성은 잘 보장되지만 회사운영에 관한 내부적 지식이 부족하거나 업무감사를 효과적으로 해내기 어려운 점에서 전문성은 다소 약하다고 할 수 있다. 감사로 선임될 수 있는 자의 자격을 제한하는 것도 한 방법이나 시안은 독립성과 전문성을 겸비한 감사가 선출되기 위한 제도적 장치로서는 미흡하다고 할 것이다.

다음으로 기업자금조달과 관련하여 그 의사결정을 기동성있게 할 수 있도록 이사회에 일임하였고, 한꺼번에 대폭 증자함이 가능하도록 授權資本의 비율을 2배에서 4배로 확대하였으며, 사채의 발행제한도 크게 완화하였다. 종래 우리나라의 현실은 은행 등 제도금융으로부터의 융자나 사채로서 기업자금을 조달해왔고 이 때문에 회사법차원에서 주식이나 사채시장을 통한 자금조달기술은 몹시 낙후되어 있다.

시안이 채택한 新株引受權附 社債는 새로운 기업자금조달방법을 제시한 것이므로 앞으로 활발한 기업자금조달을 위하여 더욱 다양한 상품이 개발되기를 기대한다. 마지막으로 시안은 성장발전 저해요인 제거의 차원에서 주식회사 최저자본금을 法定하고 휴면회사를 정리하는 규정을 두었다. 모두 주식회사제도의 남용에서 오는 폐단을 줄여보자는 의도이므로, 최저자본액을 얼마로 할 것인가는 현존 주식회사총수의 자본금을 산술평균하여 이를 기초로 정책적인 선을 그어야 할 것이고, 휴면회사의 강제정리가 실효를 거두려면 非訟事件節次法 등의 개정을 통하여 절차상의 문제점을 세밀히 보완하여야 될 것이다.(조선일보 時論, 제18832호 5면, 1982. 6. 20.)

(17) 컴퓨터 소프트웨어의 法的 保護

컴퓨터 소프트웨어는, 주지하다시피 각종 기기에 따라오는 사용설명서 또는 요리책(cook book)에 비유될 수 있는 '컴퓨터활용 아이디어의 표현'이다. 이러한 소프트웨어의 선택은 기업의 경영과 밀접한 관련을 가지고 있다. 첫째로, 컴퓨터를 활용한 경영에 있어서 어떠한 종류와 어떠한 성능의 소프트웨어를 선택함으로써 경영의 합리화와 효율화를 기할 수 있는가하는 문제가 있으며, 둘째로, 부가가치가 높은 소프트웨어를 개발·판매하는 기업이 경영전략의 일환으로서 자신의 소프트웨어를 어떻게 보호할 것인가 하는 문제가 제기된다.

본고에서는 둘째 문제인 소프트웨어의 법적보호에 대하여 간단히 알아본다.

소프트웨어는 첨단기술의 하나로서, 사업정보, 기타의 정보를 신속하게 제공해주고 업무처리의 속도를 높여줌으로써 생산성을 향상시켜주고 나아가 경제 전반의 성장을 촉진시키는 역할을 한다. 특히 소프트웨어 사업은 외국자본에 크게 의존하지 아니하고서도 국내의 우수한 인력을 잘 활용하면 발전할 수 있는 기술집약적 산업에 해당되므로, 우리나라에 아주 적합하고 산업정책적 차원에서 반드시 발전시켜야 할 산업인 것이다. 사실 이제까지 컴퓨터산업이라고 하면 흔히 하드웨어산업만을 생각해왔고, 그것도 대부분의 소재들을 선진국으로부터 수입하여 국내에서는 조립·가공만을 한 후 저렴한 가격으로 수출하는 것으로 만족해 왔다. 그러나 소프트웨어 없는 하드웨어는 고철덩어리에 불과하며 소프트웨어의 현실적인 부가가치가 하드웨어의 그것보다 훨씬 높다는 점을 생각하면 소프트웨어산업의 보호·육성에 보다 많은 관심이 기울어져야 할 것이다.

이와 같은 소프트웨어산업의 보호·육성은 금융세제에 있어서 혜택을 줌으로써도 가능하겠지만, 경쟁적인 시장구조 하에서는 소프트웨어 자체의 법적보호가 선행되어야 할 것이다. 즉, 소프트웨어를 개발한 자나 소프트웨어 개발업자는 자신이 개발한 소프트웨어를 지적재산 또는 무체재산으로서 스스로 사용하거나 양도처분 하거나 사용허락(license)할 수 있고 제 3 자의 불법적인 침해로부터 보호받을 수 있어야 안심하고 의욕적으로 보다 유수한 성능의 소프트웨어 개발을 위해 연구 또는 투자를 하게 될 것이다. 소프트웨어의 개발에는 막대한 시간과 인력과 비용이 소요되지만 그의 복제는 손쉽게 이루어질 수 있기 때문에, 소프트웨어가 지적재산으로서 충분히 보호되지 못한다고 하면, 대부분의 사람들은 소프트웨어를 스스로 개발하려고 하기보다는 이미 개발되어 있는 타인의 소프트웨어를 무단복제 하려고만 할 것이고, 따라서 전체적으로 소프트웨어 산업도 발전되지 못하게 될 것이다.

그러면 소프트웨어의 법적보호를 위한 구체적 방법은 무엇인가? 우선 소프트웨어는 컴퓨터 이용기술에 해당되므로, 새로이 개발한 소프트웨어가 기술적 사상으로서 신규성과 진보성을 갖추고 있으면 개발업자는 특허청으로부터 특허권을 부여받을 수 있다. 우리나라 특허청도 소프트웨어의 특허법적 보호를 위해 1984. 11. 21에 「컴퓨터 관련발명의 심사기준」을 공표한 바 있다. 특허청이 심사기준을 발표하였으므로 소프트웨어가 특허법에 의해 보호받을 수 있는 가능성이 있다는 점은 확실해졌으나, 특허법상의 신규성과 진보성이라는 요건을 충족하는 소프트웨어가 과연 얼마나 있을 것인지 의문이고 특히 특허출원 절차가 번잡하고 비용이 많이 소요되며 출원과정에서 소프트웨어가 공개될 위험이 있어서 특허법에 의한 소프트웨어보호에는 뚜렷한 한계가 있는 것이다. 다음으로, 소프트웨어를 기업비밀로서 보호하거나 상표법·부정경쟁방지법에 의해 보호하는 방법을 생각해볼 수 있다. 그러나 당사자가 철저한 계약을 체결한다고 하더라도 기업비밀 또는 영업비밀로서의 보호를 우리나라 법원이 인정해 줄 것인지는 아직 불명확할 뿐만 아니라 특정 소프트웨어가 여러 사람의 수중에 들어가 널리 이용되는 단계에 이르면 비밀성을 상실하므로 더 이상 기업비밀로서 보호받을 수는 없게 될 것이다. 한편 상표법이나 부정경쟁방지법은 특정 소프트웨어가 대량판매되고 상표나 기타의 상품표식이 부착되어 있는 경우에만 적용될 수 있을 뿐이라는 한계가 있을 뿐만 아니라 소프트웨어 자체가 직접 보호되는 것이 아니라 오직 부당한 경쟁을 방지함으로써 간접적으로 소프트웨어가 보호될 수 있을 뿐인 것이다. 위와 같은 단점이니 한계에 부딪치지 않고 비교적 효율적으로 소프트웨어를 보호할 수 있는 방법은 저작권법적 차원에서의 보호일 것이다. 즉, 소프트웨어는 컴퓨터 활용을 위한 아이디어의 창작적 표현으로서 소위 저작물에 해당되므로, 대부분의 소프트웨어는 특별한 절차를 밟지 않고서도 쉽게 저작권법에 의해 보호될 수 있는 것이다. 저작권법에 의한 소프트웨어의 보호는 표현매체가 무엇인가에 관계없이 인정되는 것이므로, 특정 소프트웨어의 Source Code 뿐만 아니라 Object Code도 똑같이 보호되며 ROM 형태의 소프트웨어도 보호된다. 또한 저작권법은 창작적 표현 그 자체를 보호하는 것이므로 특정 저작물의 목적이나 기능이 무엇인가에 따라 보호여부가 좌우되는 것은 아니다. 따라서 컴퓨터 응용프로그램(Application Program) 뿐만 아니라 컴퓨터의 내부작동만을 통제하는 소위 작동 프로그램(Operating System Program)도 마찬가지로 저작권법에 의해 보호될 수 있는 것이다. 저작권법에 의한 소프트웨어 보호는 소프트웨어의 종류나 형태에 따라 제한되지 아니할 뿐만 아니라 보호요건도 간단하다. 즉 소프트웨어가 저작권법에 의해 보호받기 위해서는 시간과 비용을 소모하는 특별한 심사절차를 거쳐야 할 필요도 없고, 오직 당해 소프트웨어가 작성된 후 판매되거나 배포되기만 하면 저작물로서 보호받을 수 있는 것이다. 요컨대, 저작권법에 의한 소프트웨어 보호는 가장 손쉽고 효율적이며 널리 이용될 수 있는 보호방법의 하나인 것이다.

그리하여 선진 각국도 저작권법적 보호체계를 채택하고 있지만, 우리나라의 현행 저작권법은 소프트웨어의 저작물성을 전혀 고려하지 아니한 채 1957년에 제정된 것이므로, 소프트웨어가 어느 정도로 어떻게 보호될 것인지를 명확히 하기 위해서는 현행 저작권법을 개정해야 할 필요가 있다. 우선 현행 저작권법은 저작물로서 문서, 회화, 음반, 사진, 녹음필름, 영화 등을 열거하고 있는데 컴퓨터프로그램 또는 컴퓨터소프트웨어도 위의 저작물의 하나로서 명시적으로 열거하고, 나아가 가능하다면 프로그램이나 소프트웨어에 대한 정의규정을 두어 적용범위를 명백히 해야 할 것이다. 둘째, 직무상 개발 작성한 프로그램의 저작물이 법인 기타의 사용인에게 귀속되는가 아니면 개발 작성당사자인 피용인에게 귀속되는가에 관한 명문의 규정을 둠으로써 프로그램저작물의 저작권이 누구의 것인지에 관한 다툼의 여지를 없애야 할 것이다. 즉 소프트웨어개발업을 영위하는 법인 기타의 사용인이 다수의 프로그램 기술자를 고용하여 컴퓨터프로그램을 개발·판매하는 경우에 피용인인 프로그램 기술자가 개발 작성한 프로그램은 언제나 당연히 당해 법인 기타의 사용인에게 귀속되는 것인지 그리고 근로계약이나 취업규칙 등에 프로그램 저작물의 저작권이 누구에게 귀속되는가를 규정하고 있다면 그 규정의 효력은 어떠한가에 관하여 저작권법이 명문의 규정을 두어야 할 것이다. 셋째, 현행 저작권법은 저작권의 인격권적 특성, 즉 저작물은 저작권자에게 절대적으로 전속되어 있는 것이라는 점을 고려하여, 저작권자에게 원상유지권을 부여하여 제3자가 저작권자의 동의없이 저작물을 변경할 수 없도록 규정하고 있다. 프로그램의 성질상 특정의 컴퓨터에 그대로 이용될 수 없으면 이는 당해 컴퓨터에 맞게 변경되어야 하거나 특정 프로그램을 컴퓨터에 보다 효율적으로 이용될 수 있게 하기 위해서 당해 프로그램을 변경해야 할 필요가 있는바, 이러한 특성에 적합한 정도의 프로그램 변경권이 신설되거나 원상 유지권이 적절한 한도로 제한될 수 있음을 규정해야 할 것이다. 프로그램 저작물은 다른 저작물과는 달리 프로그램 이용자가 특정 프로그램에 변경을 가해야 할 필요가 있고 프로그램 저작권자도 그러한 변경을 예상하고 있기 때문인 것이다. 위에서 언급한 3가지 이외에도 프로그램 이용자의 복제권이라거나 프로그램 저작물의 등록의 문제 또는 등록과 비밀성유지와의 관계라든가 또는 프로그램저작권 침해행위의 유형이나 침해금지명령 등의 많은 문제들에 관하여 저작권법 개정이 이루어져야 할 것이다. 다만 저작권법의 개정을 논의함에 있어서는 소프트웨어 개발업자, 소프트웨어 이용자, 주무부처의 담당자, 그리고 법률가 등의 의견이 충분히 반영·검토되어야 할 것이고 특히 개발업자의 이익과 이용자들의 이익이 합리적으로 조화되어야 할 것이다. 또한 소프트웨어를 저작권법의 차원에서 보호한다고 할 때 아직까지 이를 관장할 부처가 불명확한 것도 문제이다.

선진 각국도 소프트웨어보호에 관하여 저작권법적 보호체계를 채택하고 있고 특히 미국과 일본은 보다 명확한 보호를 위해 저작권법을 개정하였는바, 우리나라도 이러한 입법례를 참조하여 저작권법을 속히 개정하여 소프트웨어라는 지적재산을 보호하고 결과적으로 우리나라의 소프트웨어산업을 보호 육성할 필요가 절실하다. 저작권법개정을 통해서 우리나라의 첨단기술 산업의 하나인 소프트웨어산업을 보호하는 것에 대하여 반론을 제기할 사람은 별로 없을 것이지만 중대하고 심각한 문제는 외국인의 소프트웨어의 보호일 것이다. 현행 저작권법에 의하더라도 외국인이 우리나라에 직접 투자하여 소프트웨어를 개발·판매하면 우리나라의 개발업자와 똑같이 보호되는 것은 명백한데, 문제는 우리나라가 아직 세계저작권협약(Universal Copyright Convention)이나 베른협약(Berne Convention)에 가입하지 않고 있어서 외국인이 자국에서 개발 판매한다고 해서 당연히 우리나라에서도 당해 외국인의 저작물이 보호되지는 못한다는 점이다. 외국인의 소프트웨어 저작물보호의 문제는 특히 미국이 자국의 수지적자를 해소하기 위한 방편으로 한국에 대한 시장개방의 압력과 함께 지적소유권의 보호를 주장하여 온 것이라는 점에서 더욱 심각하고 복잡한 통상문제가 되었다. 우리로서는 최소한 어떤 방식으로 얼마만큼 외국인 소프트웨어를 보호하는 것이 우리나라에 이익이 될 것인가를 살펴보는 소위 "경제적 비용·효과분석"을 하여 이를 토대로 한 보호의 입법을 속히 해야 할 것이다.(KMDI Bulletin 9(10), 1-2, 5면, 1985. 10. 30.)

(18) 著作權과 컴퓨터 소프트웨어의 保護

1) 소프트웨어의 개념

소프트웨어의 개념을 확정시키는 것은 보호입법의 전제가 된다. 왜냐하면 이것이 확정되어야만 입법의 적용범위 즉 보호대상을 확실히 할 수 있기 때문이다.

일반적으로 프로그램이라고 하면 어떤 특정한 결과를 가져오게 하기 위하여 컴퓨터 내에서 사용되는 일련의 지시를 뜻하며 소프트웨어라고 하면 이러한 기계가 읽을 수 있는 프로그램은 물론 이것을 인간이 읽을 수 있도록 바꾼 프로그램·관련문서·사용설명서 그리고 프로그래밍 시스템이나 공학적 보조서비스까지 포함하는 광범위한 개념인데 명쾌한 정의가 없이 양자가 혼용되고 있다.

소프트웨어를 보호입법을 위한 관점에서 분석해 보면

첫째, 프로우차트(Flowchart)·기능명세서 등 프로그램 기술서를 포함하는 기본연구자료(Source Material)

둘째, 기본연구자료를 사용하여 FORTRAN 등 컴퓨터언어로써 작성한 지시체계라고 할 수 있는 원시코드(Source Code)

셋째, 이에 대한 코멘트나 註釋의 삽입

넷째, 원시코드의 지시체계를 기계어를 사용하여 기호적 표시로서 번역한 목적코드(Object Code)

다섯째, 원시코드나 목적 코드를 기계가 읽을 수 있는 형태로 작성하여 기억장치에 저장한 바이나리 폼(Binary Form)으로 나눌 수 있다.

각국의 입법례에서 프로그램의 정의를 살펴보면 협의와 광의로 나뉜다.

일본저작권법 제 2 조, 대만저작권법 제 3 조 19호, 우리의 전자계산조직 프로그램 보호법안 제 2 조 1호 등은 대체로 미국법의 바탕을 모방하여 좁게 『프로그램이라 함은 어떤 특정한 결과를 가져오게 하기 위하여 컴퓨터 내에서 직접 또는 간접으로 사용되는 일련의 진술 또는 지시』라고 하고 있다.

이에 대하여 WIPO 표준조항 제 1 조는 프로그램에 관한 정의 자체를 상기 입법례와 유사하게 규정하였으면서도 이 같은 프로그램은 물론 프로그램 기술서와 보조자료를 합쳐서 소프트웨어라고 정의하고 이 전체를 보호대상으로 삼고 있다.

그런데 일본법과 우리법안은 법의 보호대상이 되는 프로그램 속에는 이를 작성하기 위하여 쓰인 프로그램언어 규약 및 해법이 포함되지 아니함을 밝히고 있다. 그 입법의도는 프로그램의 특정한 논리와 디자인만을 보호하고 그 외의 것들은 보호할 필요가 없거나, 아니면 저작권 일반 이론, 아니면 영업비밀 침해 구제법리에 의하여 보호될 수 있다는 법이론적 이유와 너무 보호대상을 넓혀서 배타적 권리를 인정하면 알고리즘의 이용이 선점되어 후속개발에 지장이 있다는 정책적 이유에서 이처럼 규정한 것으로 보이며 그러한 방향은 타당하다고 생각된다.

2) 소프트웨어의 특성과 그 보호법리에 관한 논의

소프트웨어는 이중적 성격을 가지고 있다.

즉, 소프트웨어는 산업적 또는 공학적 소산인 동시에 학술적 저작물성도 있으며 무형적이기도 하지만 유형적인 경우도 있다.

대부분 기호나 부호에 의한 표현일 수도 있으나 기계적 설계이기도 하고 수학적 법칙의 표현인 경우도 있겠으나 기술적 사상을 이용한 것이라는 측면도 있다.

소프트웨어는 이처럼 양면적 성격과 요소를 복합적으로 지니고 있는데 시장에 유통되는 것은 유형적 소프트웨어이므로 소프트웨어가 經濟財로서 독립한 거래의 대상이 된다는 논의는 이러한 측면을 가리키는 것이다.

무형적 프로그램은 저작권법에 의한 보호가 가능하되 그 사상과 기능성은 특허법에 따라 보호할 수 있는 경우도 있겠는데 선진 각국은 지금까지 인간의 창작활동을 보호하는 커다란 두 줄기의 법체계인 저작권법과 특허법 중 어느 법리에 의하여 보호할 것인가에 대하여 논란을 벌여왔다. 왜냐하면 소프트웨어의 상기한 이중적 성격 때문에 어느 한 법체계에 의하여 만족할만큼 보호되지도 못하며 이론적으로도 들어맞지 않기 때문이다.

특허법에 따라서 소프트웨어를 보호하자는 논의도 많고 일본이나 한국의 특허청은 일정한 기준에 맞는 소프트웨어의 특허성을 인정하려는 취지의 심사기준을 공표한 바도 있다.

사실 소프트웨어는 산업상 이용가능한 기술적 사상으로 자연법칙을 응용한 기술적 사상이라고 볼 수 있는 측면도 있다. 그러므로 이것이 신규성이나 진보성의 요건에 해당하고 알고리즘의 이용을 완전 선점하는 것이 아니며 특정한 방법 발명이면 특허를 받을 수 있을 것이다.

그러나 이와 같은 요건을 모두 충족하는 소프트웨어는 희소할 것이고 설사 특허를 받은 경우에도 특허에 의한 독점적 보호범위가 너무 넓어서 이용선점의 문제에 자주 부딪치게 될 것이며 사실 심사의 곤란성으로 인하여 독일·영국의 특허법, 유럽특허조약 등은 컴퓨터 프로그램을 특허대상에서 제외하였다.

소프트웨어가 문화적이기보다 산업적 소산이기는 하나 한편 작성자의 독자적인 학술적 사상의 창작적 표현인 점도 부인할 수 없다. 그렇다면 저작물성을 인정할 수 있을 것이며 프로그램의 표현이 저작권법에 의하여 보호될 수 있다.

소프트웨어를 왜 저작권법에 의하여 보호해야 하는지에 관한 많은 논의는 생략하더라도 美·英·佛·獨·日·加·濠·臺灣 등 선진국의 주류가 소프트웨어의 저작물성을 인정하는 법을 가지고 있다.

저작권법리에 입각하여 고찰해 보면 우선 프로우차트는 개념이나 사상에 해당하므로 보호대상에서 제외되고 사용설명서 등은 문예저작물로서 일반저작권의 보호대상이 되거나 영업비밀보호법리에 의한 보호를 받을 수 있게 된다.

원시코드가 저작물성이 있음은 대체로 이론이 없다. 목적코드는 원시코드를 기계어로 번역한 형태이므로 인간이 감지할 수 없다는 점에서 저작물성을 부정하는 견해도 있다.

그러나 Decompiler나 Disassembler 등의 도움으로 번역 또는 치환이 가능하고 목적코드는 원시코드와 동일 프로그램의 표현으로서 동일논리와 디자인을 가지고 있으므로 훌륭하게 저작물성이 있다. 다만 목적코드는 원시코드를 번역한 이차적 저작물인가 아니면 이 양 코드 간에는 창작성의 여지가 전혀 없고 결국 동일한 표현이라는 점에서 단순한 복제물인가에 관하여는 나라마다 논란이 있다. 복제라는 입장이 다수인 듯 하나 정립된 견해라고는 보기 어렵다.

운영체제(OS)는 기계의 일부로서 기계를 명령하기 위한 지시체계로서 인간이 읽을 수 없는데 프로그램의 저작물성을 인정하는 학자들도 운영체제는 저작권법의 보호대상이 될 수 없다고 주장하는 경우가 있다.

사실 소프트웨어 중에서 고도의 발명에 해당되는 한도에서 특허가 가능한 것은 운영체제라고 할 수 있다. 그러나 저작권법은 운영체제의 그러한 기능을 보호하는 것이 아니고 표현을 보호하는 것인데 운영체제도 의사전달적 측면이 있으므로 그 표현이 보호되어야 할 필요는 있다.

왜냐하면 동일한 기능을 수행하는 운영체제도 그것이 다른 논리와 디자인으로 쓰여져서 표현방법이 각기 달라질 수 있기 때문이다. 따라서 운영체제도 저작권법에 의한 보호가 가능하다.

이러한 논리와 전제하에서는 읽기 전용 메모리(ROM)도 저작권법에 따라서 보호될 수 있다.

즉 소프트웨어의 특정논리와 디자인 즉 프로그램 자체는 그것이 어떠한 기능을 가지고 있는가에 관계없이 또한 어떠한 모체에 고정되는가에 관계없이 창작적 표현이면 저작권법리에 의한 보호가 가능한 것이다.

영업비밀(Trade Secret)의 침해구제법리는 미국에서 자치적으로 그리고 법원 판례에 의하여 발달된 이론이고 계약에 대한 관념이 적은 일본이나 우리나라의 경우에는 알려지지도 아니하고 발달도 되지 아니한 상태에 있다. 그러나 우리나라에서도 당사자간 예컨대 프로그램의 개발자와 이용자간·고용주와 근로자간·발주처와 개발자간·저작자와 저작권자간에 계약을 철저히 작성한다는 것을 전제로 하여 그 계약상의 의무이행을 담보하기 위한 채무불이행 및 불법행위의 민법이론과 형사법적 제재를 무기로 실효성 있는 보호를 어느 정도 쟁취할 수 있다. 다만 이와 같은 보호는 개인적 보호일 뿐 산업전체적인 직접보호가 되지 못한다.

부정경쟁방지법에 의한 보호도 가능하지만 미국법과 우리나라 부정경쟁방지법은 서로 다른 점이 많아서 미국에서 보는 바와 같은 보호는 기대하기 어렵다. 또한 이 법에 의한 보호는 프로그램 자체의 직접보호가 아니고 식별기능을 갖는 상품표시가 가능한 경우에만 간접적으로 보호된다는 한계가 있다.

결론적으로 말하면

첫째, 저작권법리에 의하여 프로그램을 보호하는 입법을 해야 하고

둘째, 법이 제정되었다고 해서 안심하지 말고 당사자간에 반드시 상세한 기술적인 계약을 체결하여 영업비밀침해구제법리에 따른 보호도 받을 수 있는 바탕을 마련하며

셋째, 개발자들이 필요한 자구조치를 강구하여야 한다.

예컨대, 확인자료를 만들어서 등록이나 기탁시에도 대비한다든지 금방 복사할 수 있는 원시코드 대신에 복사가 거의 불가능한 목적코드를 배포하는 것 등이 그것이다.

3) 국내입법의 방향

소프트웨어는 컴퓨터 이용기술로서 과학기술의 진보와 산업경제의 발전에 핵심적 기능을 담당할 것이다.

소프트웨어는 개발에 막대한 비용과 시간이 소요됨에 반하여 수명이 비교적 짧고 복제가 쉬운 특성이 있다. 이러한 점을 감안하면 소프트웨어 개발자에게 독점적 보호를 부여하여 무단복제를 방지하고 소프트웨어 개발에 투자한 비용의 회수기회를 보장하여야 한다. 그러한 법적 보호를 받아야만 효율적 개발

을 촉진할 수 있기 때문이다.

모든 지적소유권의 생성과정은 창작자에게 부여된 독점적 보호가 점차 무너지는 역사라고 말할 수 있듯이 소프트웨어 개발자를 너무 배타적으로 보호하면 개발된 소프트웨어가 잘 이용되지 못하여 원활한 유통을 기할 수 없을 뿐만 아니라 필요한 자도 이미 개발된 프로그램과 동일한 것의 개발에 다시 투자하게 되는 중복투자가 일어나게 된다. 이는 분명히 국가경제상의 낭비이다. 따라서 보호입법의 방향은 강력하게 개발자를 보호하여 효율적 개발을 유도하면서도 또 동시에 개발자의 권익을 희생시키지 아니한 채 개발된 소프트웨어를 적절히 이용하여 산업기술 향상에 이바지할 수 있도록 조화로운 입법을 해야 한다.

또한 분쟁해결에 관한 메카니즘을 정교하게 규정하여 신속하고 전문적인 분쟁해결을 보장하는 것이 무엇보다도 중요하다. 그 줄거리는

첫째로 각종 침해를 예방 또는 금지하는 조치를 취함과 동시에 손해발생입증과 손해액산정을 아주 쉽게 할 수 있는 제도적 장치를 하는 것이다.

둘째로는 프로그램의 사용허락과 관련하여 사용료 산정을 둘러싼 분쟁을 전문가에 의하여 손쉽게 해결해 주는 절차를 도입한다.

셋째로는 각종 침해에 대하여 엄한 처벌을 규정하여 상기 민사상 구제제도의 운영을 간접적으로 지원하는 것이다.

보호입법에는 적어도 이러한 분쟁처리에 관한 제도적 규정이 포함되어야 그 실효성을 확보할 수 있다.

또한 소프트웨어를 저작권법리에 의하여 보호한다고 하더라도 기존 저작권법에 흡수하여 보호하기 보다는 별도의 입법을 하는 것이 바람직하다. 왜냐하면 산업기술발전에 관한 주무부처인 과학기술처가 정책수립과 법집행의 양자를 통일적으로 수행할 수 있어야하기 때문이다. 뿐만 아니라 장차 반도체칩의 보호에 관한 관련입법을 해야 할 경우를 생각하면 더욱 그러하다.

마지막으로 첨언할 것은 항간에서 이같은 보호입법의 제정과 관련하여 일부 오해가 있지 않나 하는 점이다.

즉 소프트웨어 보호입법을 하면 곧 바로 국내 소프트웨어는 물론 외국 소프트웨어도 보호되어 영세한 우리 소프트웨어 업계에 치명적 타격이 오리라는 우려이다. 국내입법은 우리가 개발한 소프트웨어를 보호하고 활용하기 위한 법일 뿐이다. 그리고 국내입법의 의의는 국제조약 가입을 위하여 그 준비단계로서 국내의 법적 환경의 조성을 하는 것이지 이 법이 제정되면 국내외 소프트웨

어가 모두 즉시 보호되는 것은 아니다.

외국의 소프트웨어는 국내입법을 한 뒤에 정부가 국제조약에 가입하면 그 때 가서야 우리나라에서도 보호를 받게 될 것이다.(월간 發明特許 통권122호, 40-43면, 1986. 4.)

(19) 情報社會와 法的 裝置

1) 머 리 말

미래사회는 정보사회가 될 것이라는 전제를 의심하는 사람은 아무도 없다. 왜냐하면 이미 현대사회도 통신기술의 혁신과 정보산업의 눈부신 발전으로 말미암아 급속하게 정보사회(Information society)로 줄달음치고 있기 때문이다. 이처럼 산업사회로부터 정보사회로의 이행은 사람마다 견해차가 있겠으나 Megatrends의 저자 John Naisbitt에 의하면 1957년 소련이 스퍼트니크(Sputnik)를 발사한 때로부터 시작되었다고 한다. 물론 스퍼트니크호와 그 후 미국이 쏘아올린 콜럼비아호는 인류의 관심을 지구밖으로 돌려서 우주개척시대를 열었으나 동시에 동일기술을 바탕으로 한 인공위성의 시대를 열어 마침내 지구 전체를 마샬 맥루한이 말하는 이른바 지구촌(Global village)으로 변형시키는 계기를 마련하였다고도 볼 수 있다. 다만 맥루한은 TV를 지구촌을 이룩하게 할 수단으로 생각했었으나 오늘날에 와서는 그 수단이 TV보다도 통신위성임을 아무도 부인할 수 없게 되었다. 또한 Daniell Bell이 명명한 후기산업사회도 새로 생성된 정보산업을 주축으로 한 정보사회와 맞떨어지는 개념이라고 볼 수 있지 않을까 싶다. 그리하여 산업사회에서는 주된 전략적 자원이 자본이었고 자연을 이용한 생산 위주의 사회였지만 정보사회의 주된 기본적 자원은 정보와 지식이며 인간과 자연과의 교섭 내지 투쟁이 아니라 사람과 사람간의 상호작용이나 커뮤니케이션을 기저로 삼는 사회라고 할 수 있다. 그렇다면 미래사회에서는 인간들간의 상호접촉이나 교통이 증가함에 따라 마찰과 분쟁도 불가피하게 늘어나서 결국 법률가의 임무와 職域이 확대될 것이다.

인공위성을 쏘아올림으로써 시작된 정보사회의 기술발전은 첫째, 그 기반으로서 컴퓨터를 빼놓고는 생각할 수 없고, 둘째, 통신위성으로 말미암아 가능해진 위성중계방송 및 케이블 TV 및 방송산업을 주목해야 하며, 셋째, 이러한 통신기술과 전파매체에 의하여 대량생산되고 전달되는 온갖 정보의 처리가 국가산업의 거대한 일부분을 이루면서 우리의 일상생활에 前代未聞의 영향을 끼치게 된다. 적절한 분류가 되지 못할지 모르나 과학기술처가 발간한 과학기술연감에 의하면 정보처리산업을 독립시켜서 이를 소프트웨어업, 정보처리 서비스업(예컨대 受託計算 또는 데이터입력 등) 및 정보제공서비스업(즉 데이터베이스 서비스)으로 나누고 있다.

미래정보사회에로의 진입을 가능케 하는 정보통신기술은 어떠한 법적 장치나 틀에 의해서 보호되어야만 그 개발이 촉진됨과 동시에 효율적 활용을 확보하여 궁극적으로 정보사회를 사는 인간의 삶의 질을 높일 수 있는가를 검토하고자 한다.

2) 정보사회에 있어서의 지적소유권과 컴퓨터

지적소유권(Intellectual property)이란 문학, 예술 또는 과학적 저작물, 實演家의 공연, 음반 및 방송, 발명(invention), 실용신안(petty invention), 노우하우, 의장(design), 상표(trade-mark), 서비스마크, 원산지표시, 상호 및 기타 명칭, 부정경쟁으로부터 보호받을 권리, 그리고 산업기술, 문학 또는 예술분야의 지적활동에서 발생하는 기타의 모든 권리를 통털어서 일컫는 말이다.

이 권리는 저작권과 공업소유권으로 나눌 수도 있는데 저작권에는 저작재산권과 저작인격권 외에 각종 저작인접권이 포함되며 공업소유권에는 특허권, 실용신안권(utility model), 意匠權, 상표권과 그 외에 원산지표시, 상호, 서비스마크 등의 보호권이 포함된다. 이같은 지적소유권은 18세기 초부터 발달되어 지식, 정보, 사상, 오락물 등을 사람들간에 교환 및 전파해 주는 각종 지적 창조물을 보호하는 재산권체계이다. 산업사회에서도 그 기술적 기반이 되는 각종 새로운 아이디어나 창작들이 지적 소유권체계에 의하여 두텁게 보호되어 왔으나 그 대체적 경향을 보면 발명이나 기타 기술적 혁신은 특허법이나 실용신안법에 의하여 보호하고 그 외에 학문 및 예술적 창작물은 저작권법에 의하여 보호하여 왔다. 그런데 정보사회는 지식집약적 사회이므로 온갖 무형적 정보나 지식이 전보다 훨씬 더 중요해지고 그 재산권적 성격이 강화될 것으로 보인다. 따라서 지적소유권은 정보사회에서 가장 중요한 法的 裝置 내지 制度로서 새로운 각광을 받을 것이고 동시에 전에 없던 도전에 직면할 것으로 생각된다. 그 새로운 도전은 우선 정보통신기술의 핵심적 요소가 되는 컴퓨터 특히 컴퓨터 소프트웨어에 의하여 제기된다. 컴퓨터 프로그램은 특정한 결과를 얻기 위하여 컴퓨터 등 정보처리능력을 가진 장치 내에서 직접 또는 간접으로 사용되는 일련의 지시·명령으로 표현된 것인데 이처럼 원하는 결과를 얻도록 컴퓨터의 하드웨어에 지시하기 위하여 개발된 프로그램은 그 개발에 투입된 자본을 회수할 수 있도록 개발자에게 일정 기간 동안 독점적으로 향유할 수 있는 권리를 부여하여 보호해주어야 할 이치이다. 이 경우에 프로그램은 알고리즘(Algorithm)을 기초로 한 기술적 사상으로서 자연법칙을 이용한 발명으로 보아 특허법에 의하여 보호해줄 가능성을 생각할 수 있다. 그러나 오늘날 선진국의 주류는 이를 특허법으로 보호할 경우에 이것이 발명특허의 요건인 新規性(Novelty)과 進步性(Non-obviousness)을 충족하지 못할 경우가 대부분이고 설사 이러한 요건에 맞는 프로그램이 있다고 하여 특허에 의하여 보호할 경우에는 그 독점범위가 너무 넓어서 후속기술개발을 저해할 가능성이 높다는 이유로 대부분 著作權法理에 의하여 보호하는 입법을 하고 있다. 저작권법에 의한 소프트웨어의 보호는 소프트웨어의 종류나 형태에 따라 제한되지 아니할 뿐 아니라 그 보호요건도 간단하여서 특별한 심사절차를 거쳐야 할 필요도 없고 오직 당해 소프트웨어가 작성된 후 판매 또는 배포되기만 하면 프로그램저작물로서 보호될 수 있는 것이다. 즉 저작권은 사상이 아니라 표현을 보호하는 것인 만큼 저작물 또는 프로그램이 최초로 발행되면 배타적 권리를 갖게 되는 것이며 국내법에서 그것의 등록 및 寄託을 요구하는 경우에도 이는 提訴要件으로 될 뿐이거나 입증상 유리한 입장에 서게 되거나 제 3 자 대항요건으로 될 뿐이다.

한국도 세계적 추세에 따라서 소프트웨어를 순수한 저작권법리에 의하여 보호하도록 하였다. 다만 입법형식은 기존 저작권법을 개정하지 아니하고 과학기술처를 주무부처로 하여 컴퓨터프로그램 보호법을 單行法으로 제정하였다. 이법은 1987년 7월 1일에 발효될 것이고 금년 하반기에 한국이 가입하는 만국저작권협약(Universal Copyright Convention)과 함께 앞으로 소프트웨어의 개발촉진과 효율적 이용을 위한 우리나라의 기본규범이 될 것이다.

그런데 저작권법은 본래 문화적 소산을 보호하기 위한 법체계이므로 산업기술적 창작물인 소프트웨어가 과연 저작권법리에 의하여 언제나 적절하게 보호될 수 있는가 하는 근본적 의문이 완전히 가셔지는 것은 아니다. 저작권법이 모든 종류와 형태의 소프트웨어를 전부 보호해 줄 수 있는지 즉 응용소프트웨어나 O/S 그리고 프로그램언어와 각종 칩(chip) 등의 시스템 소프트웨어까지 모두 다 획일적으로 보호할 수 있는지는 항상 다투어지고 있는 실정이다. 이들 각종 소프트웨어 중에는 통상의 저작물과 상이한 성질의 것도 있기 때문이다.

사실 컴퓨터 소프트웨어라고 하는 새로운 기술적 작품을 완벽하게 보호할 수 있는 법체계가 아직 발전된 바 없기 때문에 저작권에 의한 보호가 가장 무리없는 임시적 해결책이라는 것 뿐이지 성질상의 차이를 무시하고 획일적으로 저작권법에 의하여 보호한다면 결국 저작권법체계를 왜곡시킬 위험이 있다.

이와 같은 이유로 인하여 미국은 마침내 1984년 10월 반도체칩 보호법(Semiconductor chip Protection Act)을 따로 제정하게 되었다. 이 법은 analog chip, microprocessor나 gate array와 같은 논리기능칩, 그리고 Ram이나 Rom과 같은 기억칩 속에 고정되어 있는 마스크(mask) 작품 즉 일련의 회로배치이미지를 보호하기 위한 특별법이다. 컴퓨터 프로그램을 일반적으로 저작권법에 의해서 보호하되 그 중에서 집적회로(Integrated circuits)를 만드는데 쓰이는 반도체칩에 고정된 마스크 작품의 경우만 별도로 떼어내어 저작권과 특허권이 혼합된 새로운 지적소유권체계에 의해서 보호하는 입법은 미국이 처음이고 1985년에 일본이 뒤따랐다. 논리적 순서로 보면 컴퓨터 프로그램 보호법 제정 후 한국이 할 일은 미국이나 일본과 같은 특별법을 제정할 필요가 있는지 산업경제, 과학기술 및 국제통상적 견지에서 빈틈없는 연구와 정책수립이 필요하다. 반도체칩의 디자인 및 제조는 정보산업에 필수적인 하이테크 산업의 기저를 이루는 자본 및 기술집약적 정보산업이기 때문이다.

3) 위성방송과 유선방송

음성만의 전달로부터 시작된 방송은 금세기 초부터 대규모로 대중에게 봉사하기 시작했고 BBC의 경우 1922년에 정규방송이 개시되었다. 그리하여 오늘날까지 수십년 동안 방송은 적당한 수신기에 의하여 수신될 때 사람이 듣거나 볼 수 있도록 음성과 화면으로 전환될 수 있는 전자파 부호를 무선으로 전달하는 서비스업으로 성장하여왔다. 그러나 금세기 중반에 들어서면서 두 가지 새로운 발전이 나타났다. 첫 번째의 것은 방송국이 방출한 전자파 부호가 어떠한 인공매개체를 거치지 아니하고 직접 수신자에게 전달되는 대신에 지표로부터 22,500마일 상공의 소위 geostationery 궤도에 위치하면서 지구에 대해서는 항상 일정한 위치에 고정될 수 있는 속도와 방향을 유지하는 인공위성에 먼저 수신되는 것이다. 그리하여 위성에 의하여 수신된 부호가 다시 지구상으로 전달되고, 초기에는 기술상 제약으로 말미암아 지상방송국만이 이 부호를 수신할 수 있었던 것이 이제는 개인 소유 수신기에 의해서도 수신이 가능하게 되었다. 두 번째의 것은 인공위성의 사용과 함께 케이블TV 등 유선방송의 발전이다. 유선방송기술은 원래 산악지형 때문에 가정의 라디오나 TV 수상기만으로는 방송프로그램을 직접 수신할 수 없었던 미국 일부 지역에서 시작되었다. 이것은 수신상태가 양호한 인근 높은 곳에 거대한 지역 공동 안테나를 세우고 그로부터 수신된 신호를 케이블을 통하여 가입자에게 전달해 주는 이웃간의 협력체제였다. 유선방송기술의 발달은 이같은 지역적 협력체제로부터 歐美에서 거대한 영리기업으로 발전하였다. 유선방송회사는 국내방송뿐만 아니라 인공위성을 통하여 많은 다른 나라의 프로그램을 수신할 수 있는 지상방송국을 세우고 다양한 국내외 프로그램을 60여 개 이상의 채널을 통한 통신과 방송형태의 등장은 법률적으로 많은 문제점을 새로이 제기한다.

첫째, 국경을 넘어서 교환되는 각종 정보, 자료 또는 방송프로그램 등은 소위 transnational data flow로서 공법상 우선 주권 침해의 문제를 일으킬 수 있다. 문화적 전통이 상이한 다른 나라의 방송 프로그램이나 기타 사상과 정보가 국내인의 안방에까지 침투되어서 일어날 수 있는 문화적, 사회적 충격은 고사하고라도 배타적 영토주권의 의미가 약화되고 변질될 것만은 틀림없다. 또한 국가안보적 요청과 헌법상 보장되어 있는 각종 시민의 자유간에 일어날 수 있는 相衝으로 인하여 이에 대처하는 새로운 기준의 정립이 필요하고 이처럼 새로이 설정된 법적 기준은 앞으로 국민의 공사법적 생활관계에 심대한 영향을 끼칠 것으로 보인다.

둘째, 위성방송과 관련하여 지적소유권 그 중에서도 특히 저작권에 관한 다음과 같은 문제가 현실적으로 등장한다. 경우를 나누어서 먼저 방송국이 인공위성을 통하더라도 일반대중에게 직접 프로그램을 전달하는 경우에는 기존 저작권체계상 별 문제가 없다. 즉 방송사업자가 저작자의 승낙을 얻어서 저작물을 방송하면 되기 때문이다. 그러나 이와는 달리 인공위성을 통한 프로그램의 방송이 다른 지상방송국에 의해서 수신되어 그대로 유선방송가입자에게 전달된다는 경우에는 저작권법상 새로운 문제가 발생한다. 유선방송사업자가 원래의 방송사업자로부터 인공위성을 통하여 저작물이 담긴 프로그램을 받아서 송출하는 것은 국내법에 의하여 보호되는 저작물의 배타적 권리를 행사하는 것이 되고 따라서 이 저작물의 사용승인을 얻어서 방송해야 한다. 그러나 실제로는 유선방송사업자가 원래의 방송프로그램에 포함되어 있는 저작물의 저작권자가 누구인지를 알아내어 미리 승낙을 얻거나 협정을 맺는다는 것은 거의 불가능하다.

따라서 유선방송사업자는 모든 관계저작권자집단을 대표하는 로얄티 징수기구가 작성하여 제시하는 포괄적 사용허가기준(blanket license plan)에 맞추어 방송승낙 및 사용료지급 문제를 매듭지을 수밖에 없다. 현재 선진국의 대부분은 이와 같은 새로운 메카니즘을 고안하여 운영하고 있으나 후진국의 경우에는 프로그램의 무단복사 내지 방송의 문제는 別論으로 하더라도 유선방송 사업자의 저작권자에 대한 의무를 개념적으로 인정하지 아니하거나 국내법 규정 전체가 미비된 경우가 허다하다. 우리나라의 경우에도 작년 말 유선방송관리법이 제정되었으나 이는 주로 사업허가 및 그 활동규제에 관한 초보적 행정법규일 뿐이고 개정 저작권법도 이러한 경우에 대한 언급이 없다.

이 같은 경우에 저작권자에게 프로그램 속에 자기의 저작물을 포함시켜 이를 위성을 통해서 다른 나라의 지상방송국으로 하여금 대가를 받고 수신하게 하는 원래의 방송사업자의 행위는 저작권자의 지배범위 내에 들어오는 방송사업행위로 간주할 수 있도록 법적 장치를 마련해 주어야 한다. 왜냐하면 원래의 방송사업자는 저작자의 저작물을 이용하여 방송하여 수입을 얻고 또한 다른 나라의 지상방송국에 다시 이를 대가를 받고 송신하는 만큼 이와 같은 방송사업자의 수익은 로얄티 약정에 적정하게 반영되는 것이 정의에 합치한다고 보기 때문이다. 이것은 기술 발달로 인하여 가능하게 된 새로운 형태의 정보 활용은 분명히 인류사회에 유익한 것이므로 저작권자는 자신의 지식이나 정보가 새로운 형태나 다양한 기술 수단에 의하여 널리 사용됨에 대하여 적당한 보상을 충분히 누릴 수 있도록 지적소유권 체계를 새로운 각도에서 변용시켜야 함을 뜻하는 것이다.

4) 데이터베이스 보호와 법적 의미

데이터베이스라 함은 정보자료를 컴퓨터를 이용하여 찾을 수 있게 하기 위하여 체계적으로 조직한 명제, 수식, 圖畵, 기타 정보 자료의 집합물이라고 할 수 있다. 무가치한 단편적인 정보가 일정한 기준에 따라서 취합되면 갑자기 보호할 값어치가 있는 상품이 되는데 데이터베이스가 생산, 이용되기 시작한 초기에는 이를 단순히 기존 저작권법상의 편집저작물에 준하여 보호하면 된다는 생각이 지배적이었다. 그러나 오늘날에는 컴퓨터 활용으로 인하여 아무리 복잡한 정보라 할지라도 수집, 분류, 선택에서 창작성을 가지는 데이터베이스를 만들 수 있고, 또한 거대한 양의 정보를 저장할 수 있으며, 무가치하게 산재한 단편적 정보라도 데이터베이스의 일부를 이루면 이것을 컴퓨터 기억장치 속에서 훔치는 것은 저작권침해를 구성하므로 데이터베이스를 하나의 독립된 저작물로서 취급한다. 데이터베이스가 저작물이라는 선진국들의 입법적 선언은 고도의 정보화사회의 진전에 중요한 기여를 하였다.

그러나 데이터베이스로 상징되는 바와 같이 컴퓨터에 의한 정보의 조직화 및 유통은 프라이버시의 침해로 대표되는 각종의 새로운 문제를 일으킨다. 모든 국민은 언론, 출판 및 표현의 자유가 있으며 이와 함께 알 권리와 정보에의 자유로운 접근 및 통제를 내용으로 하는 정보의 자유가 있다. 이와 같은 헌법상의 권리는 개인의 신상이나 신용정보에 관한 데이터베이스를 무분별하게 작성 및 이용하는 경우에 결정적으로 위협을 받게 된다. personal data라 함은 개인의 교육, 병역, 재정상태, 건강상태, 병력, 직장관계, 가족관계, 교우관계, 前科, 종교, 인종, 정치성향, 신용상태, 성품, 世評 등에 관한 정보라고 할 수 있다. 데이터베이스를 구성하는 이 같은 각종 정보는 침범되거나 가로채이거나 오용되거나 또는 잘못 집합될 수 있으며 이에 대한 확인이나 시정은 커녕 접근조차 어려운 형편이다. 물론 개인적 정보의 주체가 받는 고통은 여기에서 그치지 아니한다. 이에 대응하여 공개성을 확보한 가운데 개인의 접근과 참여를 보장하고, 정보의 수집, 이용 및 공표에 관한 제한적 기준을 설정하여 정보관리에 만전을 기하고 강력한 구제책을 부여하는 입법들이 제정되는 추세에 있다. 미국에서 1970년대 이후 지금까지 계속 제정된 각종 privacy 보호에 관한 일련의 입법, 영국에서 최근 입법하여 1987. 11에 발효될 데이터보호법 또는 자동데이터처리에 관한 유럽조약 등은 문제의 심각성에 대한 고뇌에 찬 입법적 대응책이다. 간단한 예로서 데이터 주체의 성명, 주소, 전화번호, 생년월일 및 직업과 같은 기초적 정보가 컴퓨터에 입력되어 다른 데이터 사용자(data user)에게 비싼 값으로 판매되는데 반해서 데이터 주체(data subject)는 계속 여러 가지 형태로 부당하게 고통을 받는 경우를 흔히 경험한다. 따라서 최소한 컴퓨터에 저장된 개인적 정보의 남용 및 오용으로부터 국민을 보호하고 그러한 정보의 유통에 관한 엄격한 통제 기준이 확립되어야 한다.

첫째, 데이터는 공정하고 합법적으로 취득되어야 하고, 둘째, 데이터는 그 사용자가 미리 선언한 목적에 따라서만 보유, 사용 및 공표될 수 있고, 셋째, 데이터베이스에는 상당성과 관련성이 있는 정보만 포함되어야 하고 추측이나 소문과 같은 지나친 것은 배제되어야 하고, 넷째, 데이터는 정확하고 up-to-date 해야 하고, 다섯째, 데이터는 원래의 목적에 필요한 경우보다 장기적으로 보유하면 안되고, 여섯째, 데이터 주체가 정당하게 요구할 때에는 관련 정보를 제시하여 시정 또는 개정할 수 있게 해야 하며, 일곱째, 컴퓨터 파일의 亡失 또는 정당한 권한이 없는 자에게 공개됨을 방지하기 위하여 적절한 보안조치가 항상 강구되어야 한다. 이러한 기준이 지켜지도록 하기 위하여 남의 개인적 정보를 컴퓨터 기억장치 속에 보유하고 있는 일정한 범위의 데이터 이용자들을 등록시켜 국가가 행정적으로 지도 감독하고 국민에게는 사법적 구제책을 부여할 것이 필요하다. 사법적 구제책은 자신에 관하여 입력된 정보를 알 권리, 그 정보가 틀린 경우에 시정 또는 지적할 수 있는 권리, 그리고 그 정보가 상실 또는 누출되었을 경우의 손해배상청구권을 줄거리로 하게 될 것이다.

개인의 신상정보에 관한 데이터베이스는 정부의 각 기관이 가장 큰 작성 및 이용자로서 국민의 사생활의 구석구석을 환히 들여다보게 되면 남용의 경우에는 시민의 자유로운 생활영위에 가공할 만한 제약요인이 된다. 따라서 이들의 정보관리에 관해서는 국가안보나 범죄예방의 측면을 고려하여 특별법을 제정할 필요가 있다. 또한 우리사회에서 가장 취약한 데이터사용자이거나 데이터 주체인 층은 각종 자발적 단체(예컨대 자선단체, 동창회, 학회 등), 판매기업, 각급 학교, 환자, 소비자, 주택임차인, 노조, 정당, 민형사소송당사자 등이므로 이들에 대한 행동 기준도 마련되어야 한다.

5) 결 어

현재 세계적으로 아무리 가난하거나 격리된 상태에 있는 사람이라고 하더라도 그의 생활이 컴퓨터와 직접 또는 간접적으로 관련되지 아니한 사람은 없을 것이다. 이러한 경향은 가속되어 컴퓨터는 미래의 정보사회에 더욱 큰 충격을 줄 것으로 보인다. 지난 세기의 산업혁명이 당대의 법체계 거의 전부를 재정립하게 만든 것처럼 컴퓨터 혁명은 앞으로 다시 한번 미래 정보사회를 규율하는 법체계의 재편을 강요할 것이다. 이 글에서도 정보사회에 등장한 몇 가지 한정된 현상에 대한 법적 장치를 고찰했을 뿐 예컨대 증거법이나 독점금지법, 은행법 기타 심각한 영향을 받게 될 또 다른 법영역에 관한 것은 정보사회의 진전과 직접 관련이 적어서 생략하였다. 다만 마지막으로 강조할 점은 정보사회의 개막을 가능하게 해 준 것은 대량의 복잡한 정보의 신속한 처리를 가능하게 해 준 컴퓨터의 등장이므로 컴퓨터 자체의 남용으로 인한 신종 컴퓨터범죄의 방지대책이 새로운 법적 장치를 마련하는 근본 출발점이 된다는 것이다. 컴퓨터 남용의 일반적 형태는 대체로 네 가지가 있다. 첫째, 컴퓨터 자체가 공격이나 남용행위의 대상이 되는데 이 같은 하드웨어나 소프트웨어의 파괴행위는 대체로 기존 민형사법의 규정에 의해서 처리될 수 있다. 둘째, 컴퓨터는 남용을 위한 특수한 환경을 조성하거나 특이한 유형의 재산적 쏘스를 형성한다. 따라서 기억장치 속의 파일이나 데이터베이스를 말소, 파괴 또는 기업비밀을 훔치는 일이 생겨난다. 셋째, 컴퓨터 자체가 범죄의 도구로 되는 경우이다. 컴퓨터에 연결된 생명연장장치를 고장내어 살인하거나 컴퓨터 시간을 절도하는 예가 그것이다. 넷째, 컴퓨터가 사기, 협박, 기타 각종 불법적 행위를 하는데 이용되는 수단 내지 심볼이 되는 경우이다. 예컨대, 컴퓨터의 정보처리능력을 과대선전을 통하여 誤信시켜서 주식가격을 정확하게 예측한다는 등의 광고를 하는 것을 볼 수 있다. 새로운 법적 장치를 고찰할 필요성이 큰 경우는 두 번째와 세 번째 유형일 것으로 생각되지만 어떤 컴퓨터 범죄의 경우에도 형사소추가 기술적으로 어렵고 점점 보편화되는 컴퓨터에의 의존이 정보사회를 사는 우리의 시민생활에 장애를 가져와서는 안 될 것이므로 컴퓨터 시스템 보호법리에 대한 깊은 연구가 당장 시작되기를 간절히 바란다.(미래사회와 정보통신의 역할, 통신정책연구소 한국미래학회 세미나, 61-75면, 1987. 5.)

(20) 新著作權法과 우리의 課題

우리는 작년 12월 종래의 저작권법체계를 새로 개정하게 되었고 금년 7월 1일부터 발효할 예정으로 있다. 그 내용을 보면 첫째, 30년만에 묵은 저작권법을 대폭 개정하였고 둘째, 컴퓨터프로그램 저작물의 경우에는 컴퓨터프로그램 보호법을 별도로 제정하여 보호하게 되었으며 셋째, 저작권에 관한 이 두 가지 기본법이 7월 1일부터 효력을 발생하고 나면 금년 가을에는 만국저작권협약과 제네바 음반조약에 가입함으로써 국제저작권보호규범의 적용도 받게 된다. 이 같은 일련의 입법조치의 의미는 우선 국내법을 정비함으로써 저작권보호에 관한 우리의 국내법적 환경을 우리와 통상관계가 있는 주요 선진국의 그것과 동일하게 조성하고 다음으로는 세계조약에 가입함으로써 범세계적으로 국내저작권을 외국에서도 보호받고 또한 이와 동등하게 외국저작물도 우리나라에서 보호해주게 된다는 것을 뜻한다.

법개정의 충격파는 지금도 서서히 다가오고 있지만 특히 조약가입 후에는 더욱 절실하게 피부로 느끼게 될 것으로 보인다. 개정된 저작권법은 그 탄생된 배경이 잘 알려져 있다시피 미국의 국내시장개방 압력의 일환으로 문제가 제기되어 美通商法(19 U.S.C. 2411) 제301조에 의한 미국정부의 각종 제재조치를 막기 위한 정부간 협상결과를 반영하고 있으며 그동안 문제된 미비점과 애매한 점을 정리하는 동시에 저작권 보호를 확대 강화하고 있다고 하겠다. 우선 외국인저작물은 우리나라가 가입한 조약에 따라 보호하되 상호주의원칙에 입각하여 우리나라 저작물을 보호하지 아니하는 국가의 저작물에 대하여서는 그에 상응하게 제한할 수 있게 하는 한편 개정법시행 전에 종전의 규정에 의하여 보호받지 못한 외국저작물에 대해서는 개정법을 적용하지 아니하도록 함으로써 遡及效를 인정하지 아니하였다.

또한 저작재산권을 공공적 이용(fair use)의 측면에서 10여 가지 경우에 제한할 수 있도록 하는 한편 저작재산권의 보호기간을 저작자의 사후 50년까지로 연장하였다. 뿐만 아니라 저작재산권자를 알 수 없는 경우나 또는 공표된 저작물의 이용이 불가피함에도 불구하고 저작재산권자와의 협의가 성립되지 아니하는 경우에는 문공부장관의 승인을 얻고 정해진 보상금을 공탁한 후 저작권을 이용할 수 있는 강제사용허락의 규정도 마련되었다. 개정법은 저작인접권을 신설하여 실연자에게는 녹음/녹화 및 방송권을, 음반제작자에게는 복제/배포권을, 그리고 방송사업자에게는 복제권과 동시중계방송권을 20년간 인정하고 있다.

영상저작물에 대하여는 종합예술로서의 특성을 살리고 그 원활한 이용을 위하여 저작재산권자가 영상화를 허락한 경우에는 영화저작물의 복제/배포/공개상영권 등까지 포함하여 허락한 것으로 보며 영화저작물제작에 참여한 자의 저작물 이용권이 영화제작자에게 양도된 것으로 본다.

법인/단체 등의 사용자의 기획하에 그 업무에 종사하는 자가 업무상 작성하는 저작물로서 법인 등의 명의로 공표된 저작물은 계약이나 근무규칙에 다른 정함이 없는 한 그 법인 등이 되도록 하였다. 저작자의 권리를 대리/중개 또는 신탁관리하는 저작권 위탁관리업은 문공부장관의 허가사항으로 규정하였다.

그 외에 저작권자 등 각종 권리자는 그 권리침해자 또는 그럴 우려가 있는 자에 대하여 침해의 정지 또는 예방과 손해배상을 청구할 수 있고 침해자를 고소하여 처벌받게 하였으며 이와 관련하여 저작재산권자의 허락없이 저작물을 복제한 때에는 그 부정복제물의 부수를 산정하기 어려운 경우 출판물은 5천부

음반은 1만판으로 추정하게 되어 있다. 기타 저작권에 관한 여러가지 분쟁은 저작권심의조정위원회를 두어서 처리하도록 하였다. 이처럼 개정저작권법은 선진국의 입법례와 국제조약 등을 참고하여 30년만에 그 모습을 일신하였고 우리나라의 學藝術의 발전과 문화창달을 위한 기본법으로서 창조적 활동을 하는 자의 정신적 勞作을 두텁게 보호하는 일방 그러한 저작물의 공정한 이용을 촉진하여야 하는 一見 상치하는 듯한 두 가지 목표를 조화있게 달성해야할 임무가 주어져 있다.

그럼에도 불구하고 이 법에 대한 찬반의 논의가 무성한 이유는 무엇일까? 첫째, 본 법의 초안이 완성되었을 때 먼저 저작인과 출판인간에서 저서에 대한 印紙 貼付問題가 논의되었다. 출판인들은 세계에서 아직도 우리만 가지고 있는 낙후된 印紙 貼付制度는 이 기회에 폐지해야 한다는 주장이었고, 저작인들은 외국에서는 印紙 貼付대신 저작자에 대한 출판인의 정기적 회계보고와 조세처리측면에서 모든 것이 파악되지만 상황이 그렇지 못한 한국에서는 그나마 없어지면 저작자의 감시기능 기타 권리보호가 유명무실해진다는 견해를 내세웠다. 이 문제는 결국 법에서는 삭제하고 시행령에서 인지 첨부를 규정하는 것으로 낙착된 바 있다.

둘째, 광범위한 波及效를 염려하여 지금까지 더 많은 논란과 반대가 계속되고 있는 문제로서는 외국저작물을 국내저작물과 동일하게 보호하게 되는 데에서 오는 우리의 경제적 문화적 충격 내지 손실의 가능성이다. 이 점과 관련하여서는 일반론으로서 어렵게 번 외화가 로얄티 등의 명목으로 거액해외유출이 됨을 걱정하거나 기반이 취약한 국내 학술/예술/문화계에 외국저작물이 마구 밀려와서 결국 문화적 식민지가 될 것이라는 비판 등이 있다. 또한 구체적 현실론으로서 대부분 출판인쇄업 또는 음반이나 영화 제작업자가 영세한 실정에 비추어 이들이 일자리를 잃는다거나, 복제업자나 녹음/녹화업자 등이 轉業을 해야 한다거나 그 결과 外書 중심의 교재 등의 값이 상승하여 당장 학생들에게 부담을 준다는 등의 걱정이 있다.

개정법 부칙에서 소급효를 인정하지 아니하였음에도 불구하고 이와같은 우려가 점증하는 것은 한미 양정부의 양해각서에서 행정지도를 통하여 미국저작물(컴퓨터프로그램 포함)로서 1977. 7. 1. 이후에 발행된 것은 금년 7월 1일부터 허가없이 국내에서 복제 출판 및 배포할 수 없고 음반, 비디오, 영화 등의 경우에도 정당한 사용허락계약이 없이 이를 수입 복제 출판 배포하지 못하게 할 것으로 합의한 바 있기 때문으로 보인다. 이러한 일련의 비판과 우려는 나름대로 일리가 있고 특히 직접적 영향을 받는 사람에게는 중대한 이해관계가 걸려 있다고 볼 수 있다. 그러나 이러한 이해관계인들이 주장하는 문제점들은 정부 또는 주무부처와 관련업자가 공동으로 개정법시행에 앞선 여러 가지 준비작업을 하는 과정에서 충분히 수렴되었어야 한다.

물론 정부도 별다른 사전연구 없이 한미통상 문제의 차원에서 저작권 문제가 갑자기 대두되는 바람에 시간이 없었으나 앞으로도 계속 합작투자나 인쇄주문의 확보/알선/번역권 획득이나 각종 라이센스 교섭의 통로개설, 중소기업지원의 맥락에서 새로운 업무와 기술 및 자금지원, 유통구조의 질서개선, 법률상담과 정보교환센터의 운영, 기타 교육과 홍보활동 등 다각도로 직접 이해관계인들의 자구노력을 도와야 한다. 또한 정부는 저작권에 관한 올바른 이해를 촉진하기 위하여 학교 교육과정에서 가르치고 출판인 · 도서관 · 판매상 · 기타 일반 관계인을 상대로 한 교육활동을 적극적으로 주도하며, 법 집행 기관들을 전문적으로 훈련하여 각종 침해행위의 단속에 힘쓰도록 해야 할 것이다.

뿐만 아니라 국제적으로는 해적국의 인상을 씻는데 노력하는 일방 다른 조약가입국과의 협력체제를 구축하고 국내적으로는 인용의 기준을 제정한다거나, 복사/녹음/녹화기자재의 생산자로부터 무단복제침해에 대한 보상금 징수문제 등 실로 준비작업이 산적해 있다. 아무튼 출판사나 제작자가 힘이 없고, 유능한 편집인이나 예술가를 고용하지 않으면 복사로 향하고 자금력이 없으면 대자본의 투자에 편승하게 되며 저자가 무능하면 盜作에 기대하기 쉽고 자국의 출판업이 번영하지 않으면 외국의 지배가 우세하게 되고 그 결과 문화의 발전은 정체되고 말 것이다.

개정법의 발효를 계기로 우리의 독자적 창작도 정당한 대접을 받게 되는 만큼 이 고비를 참고 슬기롭게 넘기면 우리의 學藝術活動의 所産이 국내에서는 물론 인도나 일본의 영화산업과 같이 외국에도 당당하게 진출하여 정당한 보호를 받게 될 것을 기대한다. 저작권법의 개정은 이처럼 우리들 자신의 인식변화와 함께 당장 수없이 많은 自前의 준비작업을 강요하고 있다.

그러나 좀 더 긴 안목으로 보면 저작권은 학술 및 예술저작물의 보호와 이용에만 관련되는 것이 아니고 현대과학의 핵심요소기술인 컴퓨터프로그램도 저작권에 의하여 보호되는 만큼 앞으로 저작권 법체계는 더욱 확대 발전될 것임을 주목해야 한다. 그리하여 데이터베이스나 반도체칩의 보호 그리고 더 나아가서는 위성중계를 통한 타국의 TV프로그램의 방영이나 케이블 TV에 관련된 문제까지도 커버하는 지적소유권의 핵심체계를 이룩할 것이므로 이 분야에 대한 지속적 연구가 절실히 필요하다.(대학신문 제1214호, 1987. 5. 25.)

2. 대학과 교육

(1) 대학의 기능과 현상

서양의 초기 대학들은 원래 고대 전통문명의 붕괴에 따른 암흑시대로부터 벗어나기 위하여 당시 사람들이 경주하던 노력의 일환으로 생겨난 것이다. 그러므로 그들이 본래 생각한 대학의 기능은 의사, 변호사, 신학자, 행정가 등 전문가의 양성은 부수적이었고 고대의 찬란한 문화업적의 재발견과 그 업적 속에서 더욱 풍부하고 의미있고 세련된 삶을 재창조하려는 것이었다. 이 같은 대학의 목표는 귀족층 자제의 교육과 결부되어 서구의 대학이란 원래 소수 엘리트 교육기관으로서 오랜 세월 운영되어 왔다. 그러나 대학이 신천지 이민 사회인 미국에서는 고등교육에 대한 욕구와 자유평등사상으로 말미암아 대중교육기관으로서 탈바꿈하게 될 수밖에 없었고 그에 따른 질저하 방지대책을 마련한 것이 각종 필수요건이나 시험제도 등이라고 할 수 있다.

시대의 변화에 따라 대학의 성격과 목표도 변하기는 하지만 아직도 일응 구라파적 대학의 전통과 미국의 그것을 구별할 수 있다고 하면 일제시대의 경성제국대학은 구라파적 전통을 답습한 기관이었음에 비하여 해방 후의 우리 대학들은 미국식 대중교육기관으로 자리를 잡았다고 할수 있다. 미국식 대학제도는 대량교육에서 오는 질저하 방지 장치들이 제대로 가동되지 않는 한 한나라의 학문적 기술적 수준을 망쳐버리는 것임에도 불구하고 미국제도를 답습한 우리의 경우에는 해방 후의 교육욕구폭발을 대학이 제대로 소화하지 못한 채 거의 반세기를 끌어오다 보니 이제 우리의 대학은 내재적으로 부실화되고 불신당하면서 입시경쟁과 일류대학 편집증을 야기하고 출세주의와 왜곡된 엘리트주의의 허욕을 채워주는 도구로 전락한 실정이다. 입학만 하면 졸업장은 보장되어 있고, 운동선수는 강의실에 들어가는 일이 없어도 학생처장이 학점을 구걸해주고, 정부의 고위직이나 유명인사는 학적에 등록한 채 출석 한 번 안해도 세월이 가면 박사학위를 받아 하루아침에 학구파 공직자로 칭송을 받는다.

오늘날이나 옛날이나 대학의 기본임무는 문화의 보존과 전수뿐만 아니라 새로운 지식의 발견이다. 따라서 각 학문 분야에서의 연구와 가르침을 대학의 가장 중요한 기본적 기능이라고 파악함에는 별 이론이 없다. 일반적인 경향을 말하자면 미국의 대학은 가르침보다 압도적으로 연구 중심의 대학이고 우리나라의 대학은 개별교수의 우연적 노력의 결과로서 연구 업적이 나오는 경우 외에는 주로 강의 중심으로 운영되고 있다고 하겠다. 우리나라의 경우에는 한정된 국가자원을 대학과 정부출연연구소와 민간연구소들이 갈라 쓰는 형편인데다가 이들을 효과적으로 연관시킬 산학협동체제가 불완전하여 대학을 중심으로 하는 과학기술의 연구체제가 별로 실효성이 없는 실정이다. 현재의 광범위하고 복잡한 지식 체계와 다양한 관심, 분산되어 있는 첨단연구분야 및 상충되는 아이디어들속에서 이를 수렴하고 통일하고 체계화하는 곳은 대학이어야 하는데도 불구하고 대학은 그와 같은 능력을 갖추지 못하고 있다. 인문사회과학분야의 경우에도 외국의 업적을 직수입하여 이용하거나 서구적 연구방법이나 수단을 모방하는 경우가 압도적이어서 우수한 학자와 교수를 우월한 외국학문의 정신적 외판원으로 만들어 버렸다. 삶의 질을 높이고 세계문화와 동시대적 호흡을 같이 하기 위해서는 선진 국가의 이론과 기술을 가능한 한 많이 빨리 수용해야 하나 한국이라는 문화적 맥락과 구체적 삶의 현실 위에서 여과된 산지식이 없이는 우리의 문화적 주체성은 상실되고 만다. 이러한 모순점과 지적 갈등에 고민하는 교수들의 입장은 참으로 애처롭다.

미국의 경우에는 지금까지의 지나친 연구기능 일변도의 경향에 대한 비판과 반성이 서서히 제기되고 소위 핵심 교과목의 강화를 중심으로 하여 학문적 가르침과 도덕적 가르침을 강조하는 주장이 대두되고 있다. 다만 우리의 경우에는 과거의 짧은 전통에 비추어 볼 때 대학의 연구기능이 경시되었던 감이 있고 기초 연구는 대학 밖에는 수행할 곳이 없으므로 대학원 교육을 강화하고 연구중심대학을 육성하겠다는 정부나 각 대학 자체의 목표는 지극히 타당하다. 그러나 대학원 강화는 병역연기 혜택 및 최근의 학력 인플레 현상과 맞떨어져서 그 의미가 학생 수를 늘리는 것으로 퇴색하였고 별다른 재정지원이나 확고한 프로그램도 없이 연구중심대학을 외치는 것은 공염불에 불과하다.

현재 대학은 우리나라에서 그들이 봉사하는 사회의 구성원들로부터 대학의 본질적 성격에 관하여 너무 잘못된 이해와 적은 동정만을 받고 있다. 반대로 대학은 대학이라는 울타리 속에서만 안주하기에 더 높은 차원의 목적에 공헌하지 못하고 있다. 오늘날 다원화된 사회에서 대학에 대한 기대와 요구가 다양하므로 우선순위를 확립해야하는 문제가 있긴 하나 대학은 대학을 탄생시킨 사회의 목적을 위해 봉사하여야 한다. 대학과 사회간의 상호관계가 이러하고 보니 해방 이후 가장 투자를 게을리한 부문이 대학이다. 그 시설은 너무 빈약하고 구식이며 긴급한 수선을 요하는 곳이 수두룩하다. 공공건물 중에 식당과 화장실 앞에서 길게 줄을 서야하고 비가 조금만 오면 새는 빗물을 양동이로 받아내야 하고 협소한 연구실에서 개인용 비품도 여럿이 같이 써야 되는 곳은 대학밖에 없을 것이다.

대학은 국가와 사회의 공인 아래 그 시대의 가장 뚜렷한 자아의식과 창조성을 배양할 수 있는 정신의 성역이므로 대학이 자율성을 상실하고 외압에 위축되거나 시세에 편승하는 경우 한시대를 가름하는 지성의 불꽃은 빛을 잃는다. 그러나 불행히도 학사행정에 대한 체제 안정적 집중통제와 학생들의 반체제적 저항논리와 재정적 위기는 대학을 총체적으로 짓눌렀고 획일적 통제로 거의 말살되었던 비판적 이성과 지적 다양성과 사상의 자유가 민주화의 과정 속에서도 아직 완전히 회복되지 못한 형편이다. 다른 한편 정부의 그릇된 정책적 유도로 말미암아 대학교육은 지나치게 단기적 수단적 효용과 양적 성장에 집착하여 지식의 기능적 전수 외에 인간성, 창의성, 자율성, 이성, 자유, 용기, 관용 등 인간정신의 적극적인 활성화를 표상하는 가치들은 너무나 위축되어버렸다.

이제 이처럼 중병에 걸려 신음하는 대학을 조속히 치료하지 아니하면 21세기의 도약이나 경제와 기술의 한 단계 더 높은 발전은 가망이 없으므로 다가오는 대통령선거에서는 대학을 살릴수있는 敎育大統領을 뽑아야 마땅하지 않을까.(게재지 미확인, 1992)

(2) 대학의 교실붕괴

교육은 국가의 백년대계라는 말을 새삼 들먹이지 않더라도 4500만 국민 중에 자녀교육과 관련없는 사람은 거의 없을 것이다. 정부가 바뀔 때마다 공교육을 강화한다느니 대학입시제도를 개혁한다느니 하며 약방의 감초와 같이 교육문제가 우선적 정책과제로 등장한다. 서울대학교를 목표로 하는 입시경쟁이 입시과열을 부르고 부모의 사교육비 부담을 엄청나게 늘린다고 목청을 높이는 경우도 있고, 아예 조기유학을 위하여 부모의 손을 잡고 미국으로 향하는 긴 행렬도 나타났다. 그러면 학생과 그 부모가 꿈에도 그리던 소위 일류대학에 입학하고 나면 문제는 저절로 모두 해결되는가. 아니다. 최근의 현실을 보면 문제가 더욱 심각해지고 속으로 곪아가고 있는 것이 아닌가 한다. 세간에서는 중고등학교의 교실붕괴는 알지만 대학의 교실붕괴는 잘 모르고 있기 때문이다.

입시전쟁에서 승리한 학생들은 곧바로 전공과 관계없이 사법시험를 비롯한 각종 국가시험에 대비하기 위하여 법과대학의 강의실로 몰려든다. 그들에게 강의실은 학문을 논하는 활발한 배움터가 아니라 고시전쟁에 대비하는 정보와 요령을 터득하는 장소일 뿐이다. 더군다나 대부분의 대학이 국가고시 합격자를 많이 배출하기 위하여 선택된 학생에게 많은 특혜를 주는 고시반을 운영한 지는 아주 오래되었다. 대학이 스스로를 고시준비학원으로 전락시키고 있는 것이다. 급변하는 국내외 환경에 창의적으로 적응할 수 있는 인재를 양성하는 교육과 연구를 수행하는 대학의 기능은 이미 존재하지 아니한다.

그런데 최근에는 학생들이 교문 밖에서 성업중인 각 고시학원으로 줄달음쳐가고 그나마 대학강의실은 황폐일로의 길을 걷고 있다. 얼마 전에 중고등학교에서 교실 붕괴현상이 나타나고 있다고 걱정하는 기사를 읽은 기억이 있는데 마침내 대학에서도 교실붕괴의 조짐이 나타난 것이다. 입학 후 출석도 제대로 안하는 소위 명문대학에 무엇 때문에 입학하기 위하여 천문학적 액수의 과외비를 지출했을까. 대학은 간판을 얻으러 입학했을 뿐이고 공부는 고시학원에서 하겠다는 뜻일까. 대학교수들의 강의가 실망스러워서 그럴까. 세계에서 가장 자식교육열이 높은 우리나라의 야심찬 엄마들은 자식이 아주 어릴 때부터 영어, 수영, 태권도, 웅변, 음악, 미술, 컴퓨터 등 모든 학원에 빈틈없는 시간표를 짜서 데리고 다닌다. 학교에 들어간 후로는 온갖 정보를 동원하여 국영수 등 과외팀을 조직하여 밤낮 아이들을 내몬다. 엄마가 정해놓은 스케줄을 소화하기 위하여 자동차로 모시는 것은 기본이고 봉사활동이나 기타의 것들은 엄마의 차지이다. 그러면 우리가 다 아는 이 같은 법석을 거쳐서 세칭 일류대학에 들어온 학생의 그 후는 어떠한가. 부모는 성취감을, 그리고 자식은 승리감을 만끽하는 동안 교수들은 그 우수한 대학생들이 매사를 스스로 계획을 세워서 추진해 가는 능력과 의지를 상실하였음을 느끼게 된다. 엄마는 세칭 일류대학생이 된 자녀들에게 더 이상 공부하라고 닦달하거나 앞장서서 대신해 줄 수가 없다. 그러나 학생들은 일생 한번도 주도적으로 무엇을 직접 해본 일이 없으므로 고시를 준비하는 경우에도 무엇을 어떻게 해야 하는지 스스로 판단할 수가 없다. 세월이 갈수록 심리적으로 불안감만 커진다. 결국, 그들이 찾은 돌파구는 결국 교문 앞에 즐비한 고시학원이다. 그들은 개별상담과 학습일정 수립은 물론 정기적 테스트를 통해서 중간평가를 해주는 학원이 고맙고 안도감을 주는 것이다. 또한 극도의 개인주의적, 경쟁적, 균질적 환경에서 자라온 학생들에게는 학원에서 동일운명에 처한 여러 종류의 사람들을 접해보는 것도 새로운 경험이 되는 것이다. 그러나 학문의 기초를 공고하게 배양하기도 전에 학원으로 달려가서 요령만을 습득한 이들이 설사 국가시험을 합격한다 해도 국가에 필요한 유능하고 창의적인 인재의 배출이라고 보기는 어렵다. 대학교재는 전문가들에게 필요한 참고서와는 달리 학생들에게 학문의 기초를 제공하고 응용능력을 배양하는 간편한 것이어야 하나, 학교에서 사용하는 교수들의 교과서는 자주 개정되고 그때마다 점점 두꺼워져서 들고 다니기도 어려우리만큼 엄청난 분량의 괴물로 변한다. 법학교육의 기초를 가르치는 교재가 지나치게 방대하고 어려운 것이다. 반면에 일부 학원에서 사용하는 일부 교재들은 이미 출판된 여러 교과서들을 짜깁기한 요약물로서 학문의 발전이나 저작권 등의 보호와는 거리가 멀다. 대학졸업 후 사법연수원에 들어간 합격자들의 실력 저하에 놀라 도대체 대학에서 어떻게 가르쳤느냐고 항의하는 경우도 있고, 대학교육의 부실로 인하여 취업 후 직장에서 다시 가르치지 않으면 실무에 투입하기 어렵다는 불평도 자주 듣는다. 이러한 현실에 대하여 교수와 대학당국, 그리고 정부도 책임이 없는 것은 아니다. 과거에 정부는 인력의 효율적 배분을 위한 계획을 확립하여 시행한 바 없다. 그 결과 교육과 국가고시가 아무런 전문적 연관성도 없이 제멋대로 실시되고 있고, 다수의 사법고시 합격자는 배출했으나 노벨상을 받을 만한 학문적 인재의 양성에는 너무나 소홀하였다. 오랫동안 정부의 규제에 익숙한 대학들은 자율성과 자치능력을 회복하기에 아직도 좀 더 많은 시간이 필요한 듯하다. 대학은 무엇보다도 우선 학문하는 곳이다. 따라서 창의성과 다양성을 존중하면서 강의 자체가 교수와 학생의 공동연구작업이 되어야 하고 비록 고시과목이 아니더라도 교수의 연구성과에 따라 새로운 강의를 개설할 수 있어야 한다. 정녕 교육과 학문의 위기를 극복하고, 급변하는 현실에 대응하여 갈수록 개방되는 현실에서 남들과 어깨를 견줄 수 있는 날이 올 것인가.(이슈투데이, 2000. 7. 17.)

(3) '떠나고 보자'는 조기유학

한국인들은 들쥐 근성을 가졌다는 험담을 들은 일이 있다. 어느 한 사람이 무슨 짓을 하면 맹목적으로 우르르 따라한다는 의미의 비판일 것이다. 이는 아마도 수천년간 동질적인 사회를 유지하면서 이웃의 침략을 견뎌내기에 급급한 동안 다양한 사고와 비판은 사라지고, 비밀과 독점, 그리고 사대주의와 재빠른 자기 몫 챙기기에 길들여진 결과라는 분석도 있다.

해외로부터의 섣부른 유행이나 비판에 너무 약하고 무조건적으로 모방 내지 맹종하는 경우를 자주 본다. 일본에서 몸에 좋은 음식이나 약이 있다고 하면 금방 우리나라에서는 최고 히트상품이 된다. 어린이에게 포경수술이 좋다는 외국의 연구결과가 나왔다고 하면 자녀를 잘 기르겠다는 야심으로 가득찬 엄마들이 방학을 이용하여 병원에 줄을 선다. 우리 학생이 미국의 일류대학을 우수한 성적으로 졸업하였다고 하면 국내언론은 취재에 법석을 떨고 그런 중에 가끔 속아 넘어가기도 한다.

젊은 엄마들은 허위사실조차 아랑곳하지 아니하고 자식의 조기유학을 위한 결심을 더욱 굳힐 뿐이다. 수년 전까지만 해도 미국의 고등학교 과정으로 전학시키더니 이제는 점점 경쟁이 벌어져서 초·중등학생의 34%가 조기유학을 희망한다는 통계도 있다. 빚을 지는 한이 있더라도 학비는 꼬박꼬박 대줄테니 부디 공부만 잘하라는 식의 막연하고 감상적인 유학인 것이다.

때로는 감수성 많은 어린 자녀를 기숙사에 넣고 눈물로 헤어지는 엄마도 있고 아예 학교 옆에 방을 얻어 함께 살림을 하면서 뒷바라지를 하는 경우도 많다. 한국에 홀로 떨어진 아버지는 그래도 유학이 과외공부보다 돈이 덜 들고 학교에서 억울하고 아니꼬운 꼴을 보지 않아서 좋다고 자위하면서 고독을 참는다. 마침내 한국의 교육열 높은 부모는 유대인 부모에 비유되면서 칭찬의 대상이 되기도 한다.

조만간 한국은 선진국에서 좋은 교육을 받은 인재들이 분야별로 두각을 나타내면서 국가발전을 선도하리라는 생각이 든다. 그것이 보내는 쪽의 희망사항이다. 누가 한국부모의 이러한 교육열을 탓할 수 있으랴. 그러나 현지의 받는 쪽에서 보는 현실은 자식이 부모의 희망대로 움직여주는 것도 아니고 미국의 환경과 여건이 너무 다르다는 데 문제가 있다.

얼마 전 뉴욕대학과 하버드대학을 매주 왕복하면서 가르치느라 매우 바쁠 때 많은 한국인 학부모들이 자녀의 장래와 교육을 위하여 상담을 요청해오는 것을 차마 거절하기 어려웠던 기억이 있다. 성공사례로 꼽을 수 있는 경우마저도 그들이 털어놓는 고민과 마음고생은 참으로 나의 가슴을 울렸기 때문이다.

어린 자식을 미국의 친척에게 맡기거나 돌보아주기를 부탁하지만 생활에 쫓기는 미국이민세대는 그럴 여유가 별로 없다. 한국에서 귀엽게만 자란 아이의 씀씀이는 이민 온 친척과 또래의 사촌들을 경악시킨다. 기숙사 방은 썰렁하고 친구도 없으며 부모는 오직 전화로 공부 잘하라는 말만 되풀이한다.

상담시에 보여주는 성적표를 보면 불안정한 심리상태와 취약한 입장을 반영한 탓인지 들쭉날쭉이다. 엄마가 한국에 간 사이에 본 시험성적은 바닥을 치는 경우가 많다. 얼마 후에는 한국인으로서의 정체성도 희미하게 되어 버린 채 대학에 들어가거나 영어라도 건지는 것만이 유학목적의 전부가 되어버린다.

경험자나 전문가와 상의하여 준비를 갖추어 유학온 경우는 의외로 드물다. 내 나라의 교육을 비난하면서 자녀의 손을 잡고 건너온 이국 땅에서 정작 창의적이고 다양한 미국교육의 장점을 활용하거나 학생자신의 의견을 듣고 이해하려고 노력하는 부모는 많지 않다. 사실 우리와 견줄만한 다른 나라에는 이와 같은 경쟁적, 낭비적, 맹목적 조기유학은 없다. 정부는 교육개혁을 한다면서 많은 부작용과 혼란을 초래하고 있을 뿐만 아니라 외국유학정책은 아예 방기상태이니 크게 기대할 것도 없다.

자식의 교육을 생각하면 이민가고 싶다는 학부모들은 외국에서 공부를 잘한 자식과 그 부모를 부러워하거나 그들을 개선장군인양 흥분하여 찬양하는 언론에 부화뇌동하기 전에 좀더 찬찬히 조기유학의 동기와 목적, 학생의 장래, 교육현장에 대한 이해, 그리고 이들을 이끌어주고 장차 활용할 대책을 강구함이 시급하다. 이들은 21세기를 살아갈 주역이기 때문이다.(문화일보 오피니언 포럼 제2911호, 6면, 2001. 5. 10.)

(4) 국립대교수의 특허권 문제

몇년 전 한 미국대학교수가 자기의 발명을 상품화할 것을 학교에 건의하였다가 거절당한 일이 있었다. 그 후 한 음료회사의 투자로 생산된 이 게토레이라는 스포츠음료는 히트상품이 되어 회사와 교수는 큰 돈을 벌었다. 이에 대학은 교수의 발명이 학교의 시설, 자원 및 인력을 사용하여 이루어진 특허는 학교에 귀속되어야 한다면서 교수에게 로열티 지급청구소송을 제기하였다. 이 소송에는 연방정부도 참가하면서 그 교수의 발명이 정부의 연구자금 지원에 의해 이뤄진 것이므로 로열티는 정부가 징수하겠다고 주장했다. 소송은 화해가 되어 정부는 연구비 상당액을 받고 소송을 취하했고, 대학과 교수는 음료의 판매비

율대로 돈이 학교와 교수에게 각각 자동 입금되도록 합의함으로써 지금도 큰 수입을 올리고 있다.

얼마 전 서울대 교수들이 자신의 연구결과 중 상당부분에 대하여 개인명의로 특허를 취득하는 현실과 제도적 문제점을 지적하는 기사를 읽은 바 있다. 기술개발에는 지원을 다 하는 정부가 연구의 결실인 특허를 출원, 활용, 관리함에 있어 제도적 미비와 오해를 방치한다는 것은 사실이다. 따라서 특허출원비용과 절차대행에 관한 지원체제, 특허권의 국유귀속시 정당한 보상체계, 통상실시권이나 전용실시권의 설정 등에 관한 정부와 대학의 확실한 대책이 시급하다. 또한 '직무발명'의 개념에 대한 오해를 바로잡아야 한다. 국립대 교수가 발명한 경우, 그 특허권은 언제나 국유가 되는가? 항상 그런 것은 아니다. 비록 특허법 39조 2항에 '공무원의 직무상 발명은 국유로 한다'는 규정이 있지만 직무발명에 해당하려면 그 발명이 국가의 업무범위에 속하고, 발명행위가 공무원 자신의 직무이어야 하기 때문이다.

특히 국립대학 교수의 경우에는 정부나 대학으로부터 특정한 연구과제와 연구비를 받은 경우에 한하여 그 교수의 발명을 직무발명으로 본다. 따라서 이 요건에 해당하는 발명 특허만이 국유가 될 뿐이다. 특정한 연구과제와 연구비의 지원없이 교수가 단순히 자신의 전공과 관련하여 발명한 경우 이는 '자유발명'으로서 교수 자신이 특허권을 취득하며, 외부기업의 의뢰로 연구비를 받고 발명한 경우에는 교수와 그 기업간에 체결한 계약서에 의해 처리해야 한다. 이러한 계약서에는 기업이 특허권을 소유한다고 규정하는 것이 일반적이나 이를 항상 불공평한 연구계약이라고 단정할 수는 없다. 다만 발명한 대학교수는 후일 자신의 발명을 이용·개량하기 위해서 기업의 특허를 무상으로 이용할 수 있다는 특약을 삽입함이 바람직할 것이다. 나아가 대학교수가 외부기업의 기술고문으로 재직 중 그 분야의 발명을 한 경우에는 교수는 그 기업과의 관계에서 고문으로서 직무에 따라 발명한 것이 된다. 이때에도 국가나 대학과의 관계에서는 직무수행으로 볼 수 없으므로 특허권이 국유로 되지는 않는다.

'정부가 지원하는 특정 과제의 연구'와 '산업체가 지원하는 연구'를 구별하는 것은 특허법상 '직무발명'의 개념에 따를 때 당연한 것이고 이중적 잣대를 적용한다는 비난은 타당하지 않다. 따라서 국립대 교수의 특허취득의 문제는 정부나 대학으로부터 특정 연구과제와 연구비 등을 지원 받은 경우에 한정하여 논의해야 할 것이다.(대학신문 제1552호 관악시평, 2001. 5. 28.)

(5) 제 1 회 한국법학자대회 기조연설

인류역사가 있은 이래 법이 있었고 법을 전수하거나 가르쳤을 것으로 짐작되지만 우리나라에서 근대적 의미의 법학이 도입되어 이를 본격적으로 가르치기 시작한 것은 불과 일세기 남짓한 최근의 일입니다. 지난 세기 우리나라가 서양의 근대문물을 받아들이기 시작한 이래 우리의 법과 제도는 모두 당시 우리나라를 지배하던 일본의 주도 하에 그들의 입맛대로 대륙법을 계수하여 오늘에 이르게 된 사실은 익히 아시는 바입니다. 물론 우리의 선대 왕조들도 법령을 정비하고 법전을 편찬하며 법학교육을 실시했을 것으로 짐작되나 근대법 계수과정에서 단절되어 알 수 없고 오늘날 우리가 조상의 고유한 법적 전통을 이어가지 못하고 있음은 부끄러운 일입니다. 법학교육도 고종황제의 칙령에 의하여 1895년에 설립된 한성법관양성소에서 비로소 근대법 각분야를 교육하기 시작하였으니 법학교육이 고작 100년 남짓이요, 더구나 대한민국의 헌법제정과 정부수립후 50년밖에 되지 아니합니다. 그러나 그동안 한국의 법학은 커다란 발전을 이룩하였고 많은 법학자와 법조인을 배출하였습니다. 법학교육기관은 다수 증가하여 90개에 육박하고 있으나 대부분 그 규모가 정상적인 법학교육을 해낼만큼 스스로 충분하지 못하고, 법학교수의 수가 800명, 그리고 박사학위를 취득한 신진까지 포함해도 불과 1,000명에도 미달하는 구멍가게와 같은 실정임은 잘 아시는 사실입니다. 그러나 법학을 공부하여 후진을 가르치는 법학자들이 이처럼 소수임에도 불구하고 그들은 각자 격동의 세월속에서 연구와 후진양성에 앞만 보고 달려 왔을 뿐 이제야 비로소 역사상 처음으로 이 자리에 이처럼 모두 모이셨습니다. 우리나라 역사상 법학자 모두가 같이 모여서 먹고 마시고 춤추는 향연을 가지거나 모인 기회에 기탄없이 학문과 교육의 과거를 회고하여 우리의 현재의 좌표와 위상을 점검하고 장래를 전망해 본 일이 한 번도 없었습니다. 이틀간 이곳에서 뜻깊은 헌법제정 50주년을 기념하기 위하여 열리는 제 1 회 한국법학자대회라는 학문적 향연의 취지는 바로 여기에 있다고 하겠습니다. 이 대회는 대한민국 수립 50주년을 기념하는 공식행사의 하나로서 개최되는 것임은 물론 김대중 대통령께서도 지난 법의 날에 한국법학교수회 임원들을 접견하신 자리에서 적극적인 지지와 성원을 표하신 의미있는 행사입니다.

잠간 회고컨대 근대 서양법 계수 이후 초기에는 우리에게 서양법을 도입해준 일본의 법제도와 교육을 모방하면서 그야말로 일본법학의 정신적 외판원 노릇을 하였다 할 것입니다. 이 시대의 법학은 창의적 연구는 거의 이루어지지 아니한 채, 일본 법률을 대부분 의용하고, 일본판례에 따라서 재판을 하며 일본 학자들이 주장하는 견해를 경쟁적으로 소개하고 가담하는 형편이었습니다. 그나마 해방이후 일제가 물러가면서 남겨놓은 공백은 너무나도 컸습니다. 그 당시 저의 은사들께서 그 열악한 환경 속에서도 시대적 학문적 공백을 어렵게 메꾸어 가시면서 저희들을 열심히 가르치신 것은 눈물겨운 일이었습니다. 그분들은 나아가 계수법의 원전인 독일법과 미군정 이후 특히 우리의 관심을 끌기 시작한 영미법의 원류를 탐구하기 시작하였으나 일본법 의존과 일본문헌을 통한 서양법 연구를 벗어나지 못하였습니다. 그 후 본고장으로 유학하여 서양법학을 직접 본격적으로 배우고 연구한 세대가 등장하면서 상황은 변화하기 시작하였습니다. 그 중의 하나라고 할 수 있는 저로서는 지금까지 일본을 통한 서양법의 연구를 해온 선배들과는 달리 일본법 중독을 끊고 서양법학을 직접 본고장에서 직수입하여 정확하게 전달하는 작업만은 충분히 할 수 있다고 생각했습니다. 직수입법학을 가르치면서 이를 한국 실정에 맞게 응용하고 개선하여 우리의 후속세대가 장차 우리 고유의 법학체계를 구축하는 토대를 마련해주는 것이 저의 세대의 시대적 사명이라고도 생각했었습니다. 그러나 학문 연구의 도구인 어학실력과 선진국의 문화적 배경에 대한 이해부족 및 법학인접학문분야에 대한 지식기반의 취약함으로 인하여 서양에서 직수입한 법학에 대한 철저한 이해가 부족하고 이제는 일본어의 완벽한 구사자의 수도 줄어서 일본법학에 대한 연구마저 불충분해진 결과 현재 우리 법학의 현 상태는 총량면에서 풍부해졌으나 질과 체계와 온축에 있어서는 오히려 양적 증가와 상응한 발전을 했다고 보기 어렵다고 생각됩니다.

그러면 우리는 모처럼 모인 이 자리에서 무엇을 하여야 할까요? 우선 정신없이 앞만 보고 달려온 50년을 체계적으로 회고하여 반성하고 당면한 문제점을 추출하여 같이 숙고해보아야 할 것 입니다. 그러기 위하여 기본적으로 법학분야의 각종 학회들과 교수님들께서 개별적으로 내주신 주제들을 모아서 여러 개의 분과토의를 조직하였고, 거기에다가 우리 모두의 공통 관심사라고 할 수 있는 여성과 법, 법과 정치 그리고 사법제도와 법학교육 등 세 가지 특별주제를 다루는 분과도 조직하여 관련 법조인들을 초청한 가운데 열린 토론을 갖도록 준비하였습니다. 이 자리에서는 21세기에 접어들면서 한국법학이 격변하는 세계 속에서 향후 50년 어떻게 스스로의 정체성을 확립하면서 세계화 추세에 대응할 수 있을까를 전망하여야 할 것입니다.

첫째 이 대회는 법학의 각 분야별로 철옹성을 쌓은 채 관련 법학분야와의 공동연구 내지 협력과 교류를 거부한 채 각개 약진하는 경향부터 극복하는 계기가 되어야 할 것입니다. 이는 독일과 일본법학의 나쁜 유산입니다마는 독일은 이미 이를 극복하였고 일본도 개선되고 있습니다. 영미법국가의 경우에는 공법과 사법의 구별마저도 무의미하게 생각하고 있습니다. 우리법학이 사회과학으로서 한 수준 높게 발전하기 위하여 우리끼리 할 수 있는 가장 손쉬운 일이 이것이 아닌가 생각합니다.

둘째, 법의 지배를 국가와 기업경영의 근본으로 삼고 국민생활의 구석까지 확산시키는 노력을 계속하여야 할 것입니다. 법의 지배가 확립되어야 부패를 막고 절차적, 배분적 정의를 구현할 수 있으며 국민이 고루 보호될 수 있습니다. 법은 국민의 일상생활을 구속하는 귀찮은 존재가 아니라 예측가능성과 안정성을 주고 평화와 질서를 유지하는 규범입니다. 따라서 우리는 법치의 확산을 위한 생활법학교육을 선도하여야 합니다. 뿐만 아니라 국제적으로도 법의 지배 확립여부는 사법부의 건전성과 함께 IMF의 구제금융부여를 위한 가장 중요한 기준으로 떠올랐습니다. 법의 지배가 확립되어 있는 나라이어야 믿을 수 있고 사법부가 건전하고 독립적으로 기능을 해야 잘못을 올바르게 시정할 수 있겠다는 기대를 가질 수 있기 때문입니다. 따라서 상품과 사람과 자본의 이동을 수반하는 국제거래, 인권과 정의, 부패(OECD 및 WB의 윤리기준참조), 민주주의, 환경보호 등 여러가지 측면에서 사법권의 독립이 요구되고 있습니다.

셋째, 법학을 공부하고 배출되는 법률가들이 어려운 시험준비에 인생의 중요한 시절을 소모하여 관련 인접 분야의 필수불가결한 학문적 지식과 윤리의식이 부족하므로 이를 강화한 토대 위에서 전문성을 갖춘 법률가를 배출할 수 있는 법학교육을 해야 합니다.

넷째, 국경을 넘는 각종 활동의 증가와 세계화에 부응하는 법률가를 양성하기 위하여 법학교육의 다양성과 창의성과 전문성을 제고하여야 합니다. 법률은 국경을 넘을 때마다 달라지므로 초국경적인 행위는 여러 법체계에 대한 이해를 필요로 하게 됩니다. 세계화시대에는 어느 한나라의 법률가라기보다 국경을 넘나드는 법률 해결사가 되는 것이므로 결국 경쟁의 무대가 전세계로 변했고 미스 유니버스 선발대회처럼 법률가를 위한 세계미인선발대회(Global Beauty Contest)가 항상 개최되고 있다고 비유할 수 있을 것입니다. 따라서 법률가를 지망하는 사람은 국내법과 각종 국제규범을 모두 공부해야 합니다. 그리고 세계규범이 점차 형성되고 있음을 주목하고 대비해야 합니다. 우선 어느 분야의 법이나 법체계가 먼저 세계화될 수 있을까를 식별해야 합니다. 예컨대, 계약법의 발전과 조화를 통하여 웬만한 국내외 법리를 수렴하고 대체할 수 있을 것입니다. 이는 구주공동체지침(EU Directives)처럼 인위적 타협을 통하여 달성된 조화(Harmonization)일 수도 있고 또는 여러 법제의 경쟁을 통하여 승자를 중심으로 한 통합일 수도 있습니다. 지금 미국법이 전세계를 휩쓰는 기세로 보아 후자일 가능성도 배제할 수 없습니다. 그러나 어느 경우라도 시장경제에 맞는 전문적인 법체제의 개발이 중요합니다. 현재 고객이 One Stop Shopping을 원한다고 하여 컨설팅회사나 회계법인들이 법률가의 영역을 침투하고 있습니다. 세계화를 위한 전문성의 구비를 위하여 이미 많은 법과대학들이 머리를 짜내고 있습니다. 예를 들면 하버드법대는 3년과정을 둘로 나누어 기초적 국내법에 2년, 그리고 마지막 1년은 국제적 전문화를 위한 교육과정으로 재편할 것을 고려함과 동시에 그동안 주로 외국인을 위한 1년 석사과정은 2년제로 확대할 것을 연구하고 있습니다. 또한 3년간의 JD과정 중 1년은 자국법률공부를 인정하고 2년제 외국인을 위한 JD과정의 개설도 검토하면서 커리큐럼은 학제적, 비교법적 과목을 더 개설한다든가. 범세계적 실무에 종사할 예정자를 위한 코스도 개설하고 그러기 위해서는 교수진도 국제적으로 개방하고 특수연구나 지역연구 또는 세계화 프로그램을 다양하게 제공하여(EALS등) Multilocal lawyer를 양성하여 고객만족의 목표를 달성하겠다는 계획을 검토하고 있습니다. 다른 연관관계를 고려함이 없이 불쑥 국제통상법이나 협상과정을 개설하는 등은 아무것도 안하는 것보다 낫지만 꼼꼼한 소프트웨어가 준비되지 않으면 사이비전문가만 양산하게 됩니다.

다섯째, 우리나라와 같이 정치, 경제, 사회, 문화 등 모든 분야가 강력한 정부주도로 운영되어온 국가가 이제 그 틀을 벗고 규제완화를 외치고 있습니다. 그동안 규제가 실제로 완화된 실적도 미미하고 반대로 규제를 완화시켜도 너무나 오랫동안 규제에 길들여진 국민들이 무엇을 어떻게 스스로 해야 할 것인지 모르는 경우가 많습니다. 그러나 국내규제가 줄어들수록 민간의 창의적 주도로 그 공백을 메꾸어야 합니다. 우리는 법률가를 양성하면서 창의성을 불어넣는 법학교육을 해야 합니다. 미국법률가는 자기네 사회에서 사익의 옹호자로서 적극적 창조적으로 활동하면서 그들의 아이디어를 종종 계약에 반영합니다. 그러한 아이디어가 편리하고 유용함이 인정되면 그것이 경제계의 관례로서 통용되고 법원의 검증을 거쳐 하나의 제도로 자리를 잡습니다. 정부계약이나 국제금융법이나 회사법 분야의 많은 제도들이 그와 같은 과정을 거쳐서 확립된 것입니다. 물론 대륙법계에서는 이미 성문법에 의한 틀이 짜여 있어서 여러가지 한계가 있습니다. 그러나 미국법이 세계를 휩쓸려고 하는 경향에 비추어볼 때 성문법의 해석에 영미법적 사고가 침투하는가 하면 때로는 대륙법의 틀 자체를 환골탈태하는 경우도 있습니다. 영미법계 내에서도 미국법률가는 자신을 법률문제 해결사로 생각하여 적극적으로 고객이나 사회에 접근하지만 영국법률가는 훨씬 겸손하게 현지문화나 분위기를 민감하게 살피면서 접근합니다. 그럼에도 불구하고 왜 미국모델이 확산되고 있을까요? 그들은 법학교육을 개선하는 꾸준한 노력을 통하여 좀더 나은 인간간의 상호작용(Human Interactions)의 중시, 더 많은 학제적 공부, 문화적으로 더 역동적이고 더 나은 조정능력의 양성(복수관할 훈련), 법기능의 독립을 지키면서도 정치와의 교감을 통하여 시대적 과제를 정확하게 인식하고 법률가의 행정, 사법 및 입법과정에서의 참여(FDR)를 권장하는 방향으로 법학교육을 이끌어왔기 때문입니다. 만일 우리가 미국이나 외국의 법을 모방하고 법제를 수입하여 연구하고자 하는 경우에는 그 문화적 근저와 윤리적 기준을 잘 살펴서 함께 다루는 자세가 필요합니다. 그리고 우리의 문화에 응용하여 접목하는 노력도 아울러 필요합니다. 그렇지 아니하면 Wimbledon 효과 때문에 재주는 곰이 넘고 돈은 중국사람이 챙기는 경우가 되지 말라는 법이 없습니다.

이 기회에 세계화시대에 걸맞게 법학교육을 변혁시키기 위한 몇 가지 화두를 구체적으로 제시하고 제 말씀을 끝내겠습니다. 그것은 과학기술의 진보, 경제적 세계화의 역동성, 평화, 정부지배구조변경, 법의 지배와 국제거래, 지역적 문화적 정체성과 세계협동주의, 사회개발과 기업의 책임 등 입니다.

우리가 현재 겪고 있는 여러가지 도전과 기회와 격변은 모두 글로벌한 성격과 규모의 것입니다. 옛날식 사고방식과 제도는 변화의 물결 속에서 사라지든지 변화된 모습으로 갱생하든지 할 것이고, 국경을 초월하여 활동하고 보니 상이한 문화가 만나서 충돌하고, 용해하고, 새로운 모습으로 부상하기도 합니다. 따라서 우리 주위에서 일어나는 일은 최초의 글로벌 문명의 탄생이라고 할 수 있습니다. 세계화는 통일성 및 다양성을 겸유하는 특징이 있는데 법도 예외가 아닙니다. 법률가의 활동무대가 전세계로 확대되므로 법대생이 이처럼 새로운 환경에서 성공할 수 있도록 세계화된 법학교육은 지금부터 개발되어야 하고, 그에 따른 새로운 연구방향의 확립, 새로운 교육방법, 새로운 내용의 교과과정이 마련되어야 합니다. 결국 세계화된 법학교육의 핵심적 사명은 세계무대에서 법률가들이 활동할 수 있는 능력을 길러주고 세계화 과정에서 인간개발에 필요한 새로운 규범, 가치 및 절차의 틀을 모색하는 것입니다. 법학의 세계화는 편협한 인습을 과대평가하는 이 사회의 사상가나 활동가들의 경향을 시정하는 중요한 수단도 됩니다. 그리하여 세계화된 법학교육은 세계화를 통한 다양성시대에 들어서면서 인류가 직면한 큰 쟁점들에 관한 대화의 질을 제고하여야 하고 평화와 인류공동체의 장기적 안녕에 기본적으로 중요한 세계적인 범위의 구체적 활동에 종사하야 하며 세계공동체에게 변화의 비젼을 제공하여야 합니다.

인간개발의 차세대 국면을 모양새 짓는 중심요소는 과학기술의 진보와 경제적 세계화의 역동성이라고 할 수 있습니다. 현대의 과학기술은 법제도와 법학교육에도 결정적 영향을 끼칩니다. 디지탈화한 커뮤니케이션과 기술진보는 국내외 법제도에 대한 충격은 물론이고, 장차 우리가 창조한 힘을 우리 자신이 도덕적으로나 법적으로 감당할 수 있는지의 근본적 과제마저 던져줍니다. 과학기술의 진보와 함께 성숙된 판단을 할 수 있는 인류의 능력의 진보도 병행되어야 하므로 우리의 정신적 뿌리를 심화시키고 민주적 절차에 대한 감시를 유지하여야 합니다. 윤리적 균형없는 기술적용은 우리가 많이 보아왔듯이 파괴적일 수 있기 때문입니다. 그러므로 우리 앞에 가로놓인 도전은 장래의 법률가에게 과학기술의 진보를 수렴하는 새로운 법학교육을 어떻게 시킬 것인가입니다. 우선 생각나는 관점으로는 기술의 발달을 어떻게 이용하고 적응할 수 있을까? 지구촌 경제에서 어떤 사회계약을 만들어야 할까? 법률교육을 받은 자들이 다음 천년동안 국내외 사회에서 어떤 기술이 필요하고 어떤 역할을 하며 어떤 원칙을 지켜야 할까? 등 입니다. 한시대가 가고 다른 시대가 옴에 따라 엄청난 변혁의 소용돌이 속에서 인류는 자신을 재발견하여 개혁할 기회를 놓치면 안되므로 세계화된 법학교육은 그러한 리더쉽과 능동성을 길러주는 내용이어야 할 것입니다.

인류의 생존과 번영은 지속적 평화가 없이는 불가능하므로 법학은 이 문제에 대한 연구를 게을리할 수 없습니다. 따라서 법학교육은 인간의 다양성을 존중하면서도 긴장을 완화시키는 현실적 법적 메카니즘을 창안하고 시행할 수 있어야 합니다. 왜냐하면 법만이 국제사회에서 평화를 유지 보존하는 궁극적 수단이 되기 때문입니다.

세계화 과정에서 지구촌에는 시장경제체제, 기술, 민주주의가 등장하여 새로운 희망을 주었으나 지역문화를 붕괴시키고 각 국가의 정부지배구조의 변경을 강요하고 있습니다. 예전에 국가가 행사하던 권력이 점차 분산되어 위로는 세계화의 전용차선으로 이동하고 있고, 옆으로는 세계적 정보초고속도로로 이주하고 있으며, 밑으로는 현지의 자원봉사적 비공식적 풀뿌리 부문으로 이동하고 있다고 하겠습니다. 동시에 국가안보와 관련해서는 내전, 테러, 마약, 돈세탁, 무기거래, 화생방무기, 독극물 및 핵물질관리가 인류생존에 대한 위협으로 등장했습니다. 어느 국가도 이제는 이런 문제들을 혼자 감당할 수 없으므로 주권개념과 정부의 구조 및 역할을 다시 정의하고 재구성하지 않을 수 없는데 이런 것이 법학교육의 세계화의 주제가 되어야 합니다.

법의 지배는 경제거래의 기초임은 두말할 필요가 없습니다. 법은 국제거래와 투자의 촉진수단이므로 경제거래와 관련하여 국제적으로 바람직한 결과를 촉진하도록 활용되어야 하는데, APEC 투자보호원칙 또는 ISO 9000, 컴퓨터소프트웨어 운영체제표준, 비디오 및 텔레커뮤니케이션의 표준 등 각 국제표준은 그 예라고 할 수 있습니다. 따라서 법학교육의 세계화는 국내외법체제하에서 이용자에게 친절한 분쟁해결절차와 표준계약문서 등 국제상거래의 수레바퀴에 윤활유를 치는 초국경적 법적 표준을 개발하는 데에도 초점을 맞추어야 합니다. 이는 주권문제와 충돌하지만 현재 국제거래 자유화경향의 논리적 귀결일 뿐만 아니라 표준규범은 초국경적 수준에서의 각종 경쟁적 거래를 위하여 예측가능성과 안정성을 제공하기 때문입니다.

법에 대한 관점이나 법의식과 관련하여 문화적 차이가 큽니다. 많은 법적 개념, 예컨대 지적재산권, 계약관계, 고용관계 등은 동양 사회의 법체제에서의 관습적 일반적 법원칙에 잘 맞지 아니합니다. 이러한 관습법은 인기있는 서양 문화와 개념의 도입으로 전통사회에서 점차 깨어지고 맙니다. 결국 세계적 협동주의와 문화적 정체성간의 마찰이 나타나거나 새로운 문화적 규범이 점차 생겨나고 있습니다. 법학교육의 세계화는 지역적 문화적 관점의 균형을 잡기 위하여 이같은 논점들을 깊이 분석하고 토의해야 합니다.

시장경제야말로 광범위한 번영을 위한 가장 효과적인 수단이지만 주된 경제활동의 주체인 기업이 사회적 책임을 인식하면서 모범적 행동을 하고 착취행위를 막는 네트워크에 가담할 수 있는지는 별 문제입니다. 국가의 역할은 특히 다국적기업의 영향으로 인하여 극적으로 변화하고 진화할 것이 예견되므로 법률가들은 이들의 거대기업이 누구에게 책임을 져야 하는지 국제적인 행동규범과 책임규범을 마련해야 할 것입니다. 지금 기업의 인권책임문제가 등장하는 것은 좋은 예이므로 새로운 법학교육은 이 문제도 다루어야 합니다.

앞으로 법학교육은 이론적이고 학제적인 법학연구와 임상적 교육이외에 위에서 잠간 언급한 세계화된 교육을 실시해야 합니다. 이론적 연구는 학설과 판례의 공부가 주류이지만 좀 더 지성적 강인함과 창의성이 요구됩니다. 법은 폐쇄적인 규범체계가 아니라 사회정책과 도덕적 가치의 도구임을 인식하면서 인간의 개별적 또는 집단적 행동을 연구하는 다른 학문의 법에 대한 중요성을 이해하여야 하기 때문입니다. 임상연구는 법이 이론만이 아니라 문제해결의 실무이므로 예리한 분석, 책임 및 에너지가 필요하고, 세계화된 교육은 탐구적이고 민첩한 마음자세와 법과 문화의 교감을 위한 주변적 안목을 요구합니다. 그리하여 법대졸업생들이 새로운 세계환경 속에서 성공할 수 있도록 교육해야 할 것입니다.(1998. 10. 22.)

(6) Korean Students in U.S. Law Schools and Foreign Students at Seoul National University Law School *

In recent years, there has been a strong tendency for Korean law students and professionals to study in the United States, despite the staggering tuition cost. Some scholars still choose to pursue studies in Germany, but they are primarily academics who are interested in teaching about continental law or civil legal systems. Korea is a civil law country, and there will continue to be a demand for legal scholars with expertise in civil legal systems, but the pervasive influence of American law has made studying in the States a more attractive and productive option for most law students and legal professionals. The American influence on corporation law, international trade and investment law, bankruptcy, maritime and insurance law, intellectual property law, banking and securities regulation, and antitrust and competition law has been profound in Korea. Many statutes in these areas have been modeled on the corresponding

* Dickinson Journal of International Law, Vol.18, No.3, pp.467-471, The Pennsylvania State University's, The Dickinson School of Law.

statutes in the United States. This influence on domestic Korean law, combined with the strong U.S. influence on international trade laws, has been both a product of, and an impetus for, the increase in Korean law students studying in the United States.

The Korean government, as well as the private sector, recognizing the importance of American legal concepts in the formation and administration of Korean and international law and legal institutions, sponsor one or two-year expense-paid sabbaticals for study abroad for judges, prosecutors, government bureaucrats, and corporate employees. Competition to study at prestigious American law schools is severe. Many large law firms also offer their associates the opportunity to study for one or two years in the U.S., followed by the practical training at an American law firm. In both cases, the students usually acquire an LL.M. degree from an American law school, and some pass one of the state bar exams, adding the prestige of an American law degree and membership in an American state bar to an already rewarding educational and professional experience. Many young law graduates aspiring to be law professors also tend to choose the United States. The willingness on the part of the government, law firms, corporations, and individuals to spend such large amounts of money on a U.S. legal education, especially at one of the prestigious law schools, indicates just how important a strong knowledge of American law is considered to be in Korea today. It is not exaggerating to say, therefore, that most of the young, ambitious, career-conscious, white collar workers in Korea do want to carry out at least graduate legal studies toward an LL.M. degree in the U.S., even if they never studied law before.

Although most Korean law students studying in the U.S. enroll in a one year LL.M. or MCJ program, a smaller number have even entered three year J.D. programs. Some LL.M. students specialize in fields such as securities regulation, intellectual property law, anti-trust law, tax law or international trade law (indeed, some have been sent by their law firm to specialize in a particular field), but the majority seem to choose a curriculum of general legal studies in order to be introduced to American legal concepts and legal education. Although they have had a course in Anglo-American law as undergraduate law majors, and are constantly comparing Korean laws and legal institutions to their American counterparts, Korean students benefit at American law schools from the more in-depth treatment of these legal topics, conducted in English by an American professor using the Socratic method. They may also benefit from discussions with their American counterparts, both in and out of the classroom environment.

In order to gain admission, Korean law students have to achieve a high score on the TOEFL test, and are able to read most of the material they are assigned, although it is difficult for them initially. They have far more difficulty understanding the lectures, and are especially intimidated by class participation schemes such as the Socratic method. This is mostly due to a general lack of confidence in their spoken English skills, but it may also be due in part to the lecture style classes to which they are accustomed in Korea. Of course, gaining proficiency in spoken English is important if they are planning to deal with foreign clients in the future.

Traditionally, all Korean law students who planned to study law in the States wanted to study at Harvard, and if they felt they had a chance to enter Harvards LL.M. program they would almost always apply. Harvard Law School is certainly one of the best, and many of the best and brightest Korean law students have studied there, since it runs the biggest LL.M. program. The Harvard name is still a big draw, but over the past decade or so Korean law students have begun to recognize that other schools provide an excellent legal education as well. For example, students of tax law or international law will often choose to attend NYU, and those who aspire to be law professors tend to apply to Yale. As students from other major law schools return to Korea and spread the word of their alma maters, more and more Koreans have become aware of the many excellent law schools in the U.S. I try to help this process along by making students aware of the many options they have when choosing the schools to which they will apply, and by making them aware of the characteristics of each school, as I know them. This helps the students to select the law schools that most closely match their interests, goals, and abilities. At any rate it is those Koreans educated at American law schools that have been a locomotive for the recent legal reforms required by the IMF mandates, because they are equipped with a broader and deeper global outlook and technical knowledge.

Because of my experiences studying and teaching at American law schools, almost all of the Seoul National University(SNU) law school graduates come to me seeking advice on choosing the right school, meeting the applications requirements, and succeeding academically in U.S. law schools. The challenge for me is to guide each student to apply to the law schools that are appropriate for his or her goals, and then to assist them with advice and recommendations as they apply to those law schools. The needs of each student are different, so I may recommend different schools to different students.

In addition to Korean law students who wish to study in the United States, I have had a few advisees who were American students studying law under my supervision at SNU. This is part of a recent trend in which an increasing number of foreign students are studying law in Korea. At first, our law school primarily had ethnic Koreans from Japan or China, as well as a few Japanese, Chinese, and other Asian students. Recently, however, we have had a few American, Australian, European and African students studying in our two-year masters degree program. A student from the Ivory Coast even obtained a doctoral degree from us.

Two of my American advisees continued their legal studies in the U.S. after completing their studies at SNU, one at Columbia, and one at NYU. I found myself in the unique position of advising American students about studying law in the U.S. as they came out of our law school. Of course, I have advised many of our Korean students about studying in the U.S., so this is nothing new to me, but it is somewhat different when dealing with American students coming from SNU to an American law school. First, most Korean students are interested in graduate studies, usually an LL.M., while these two American students were applying to the J.D. programs at their respective schools. This affects advising because the standards and criteria for admission are somewhat different. More importantly, the American students are being compared to other American students, and it is up to me to try to show how their experience in a Korean law school should be evaluated in comparison with the educational experiences of more traditional applicants. Certainly an American student who has studied law at SNU in a totally Korean-language environment with other Korean law students has had a unique exposure to our legal system, and this is something which must be explained to admissions officers at U.S. law schools as they seek to evaluate my advisees.

Because of the very small number of foreign students in our law schools (we have no more than ten at SNU at any given time), no special programs have been implemented to support the special needs of foreign students. There are many problems facing foreign students, and it usually falls to me to counsel them and help them address these problems because of my experience in the U.S. and exposure to international legal education, not to mention that I can communicate with them in English.

Among the most daunting problems faced by foreign students is of course the difficulty of the Korean language. This is especially true in the field of law because of the requirement that students learn many technical terms and approximately 1,500 Chinese characters. Very few Western students have the linguistic background required to handle legal texts in Korean, and there is no structured program designed to address this problem. Second, and perhaps related, is that there is no introduction to Korean law course for foreign students, which might be especially helpful to students coming from common law jurisdictions. If we decide to encourage more foreign students to come to study law at SNU, a course introducing Korean legal concepts and legal terminology (and Chinese characters) may be necessary.

Again, due to the small number of foreigners in our law schools, we have no special advising programs to help them to navigate the vagaries of course selection or to clear the administrative hurdles which face all of our students. One student was unable to register for his graduation test because of a miscommunication with the registrars office, for example. In the absence of any program set up to deal with foreign students, I have kept close tabs on them to help them in terms of choosing courses and professors, and have been available to discuss any questions they may have. If the trend continues and we have more foreign students, it may be necessary to implement a more structured advising system. For the time being, I imagine that I will continue to advise the Western students we may have at SNU.

In terms of advising my American students as they apply to American law schools, I have been fortunate to have close ties to some of the best law schools in this country. Therefore, I can offer these American students very good advice on which law schools they should apply to, and what kinds of qualifications such schools are looking for. In some ways, I can treat these students as Koreans, in that I know far more about American law schools than they do, even though they are Americans. And when I recommend these students to my colleagues at American law schools, I can do so without reservation because these students have successfully completed law studies in a very difficult language in classes with some of the best law students in Korea. My hope is that some of them, well equipped with language proficiency and knowledge about Korean law, will someday start a Korean legal studies program at an American law school. Another point is that for too long the educational exchange has been a one-way street, with Koreans studying in the U.S., but very few Americans studying in Korean law schools. I hope in the future we will have a more balanced approach to better understand and interact with each others legal systems.(2000. 3.)

3. 정치와 행정

(1) 待望의 90년대

시간은 어김없이 흘러서 바야흐로 20세기의 마지막 10년을 장식할 1990년대가 열리는 시점에 왔다.

이해가 막 저물어가는 종착점에서 돌이켜 보건대 국내적으로는 독재와 민주, 억압과 자유, 외세와 자주, 진보와 보수, 추종과 자율, 폐쇄와 개방, 독점과 분배, 소외와 참여, 투쟁과 타협, 화합과 갈등, 과격과 온건, 건전과 퇴폐가 어지럽게 교차하는 국내외적 성장과 발산의 시대 10년을 마감한다.

국제적으로 보면 하늘도 무심치 아니하여 천하대세가 대체로 우리에게 유리하게 돌아갔고 그 결과 국가안보와 경제성장을 해마다 굳건하게 다지는데 크게 도움이 된 환경의 연속이었다고 할 수 있다. 더군다나 누가 일흔두살 먹은 마르크스 레닌주의의 종주국 소련이 마침내 금단의 과실을 따먹은 듯이 통제의 사슬을 늦추면서 갑자기 개혁과 개방을 부르짖으리라고 예측했을 것인가. 누가 2차대전 후 점점 단단해져가는 듯이 보이던 철의 장막이 하루아침에 베를린 한 복판에서 무너지고 수백 만의 게르만 대이동이 일어날 줄 알았을 것인가. 출애굽기가 그러했을까. 소련과 중국과 동구권이 모두 도도한 대세를 거역하지 못한 채 마비된 정치체제와 파탄된 경제를 극복하고자 우리에게까지 여러가지로 접근하는 모습은 안쓰럽기까지 하다. 자본주의는 언젠가 붕괴한다는 저들의 신화와는 달리 무너진 것은 공산주의 체제임이 드러났고, 소련 중국 등 이들 국가를 두루 다녀본 필자의 눈으로도 이들이 서방 측의 투자를 받아 민간 주도로 민생 문제를 해결하는 것은 요원한 일로 여겨졌다. 더군다나 자유와 개방의 물결 속에서 끝없는 욕구 분출과 자유에의 갈망은 천안문 사태와 같은 일시적 후퇴를 자초하고 혼란과 폐쇄 속에서 세월을 허송할 가능성마저도 있다. 20세기는 그 초기에 마르크스 레닌주의의 발흥을 목도하였고 금세기가 다 가기 전에 그 쇠퇴를 다시 목격하고 있다.

이렇게 되고 보니 독일과 우리나라의 차이점을 모르는 바는 아니나 어느 순간 갑자기 북한도 분계선을 열어서 수백만 동포가 줄지어 탈출해 올 것만 같은 착각에 빠지기도 한다. 그러나 지금 당장 이러한 일이 한반도에서 일어나기를 바라는 것은 감나무 밑에서 홍시가 떨어지기를 기다리는 것과 마찬가지가 될 것이다. 참으로 최근 세계대세의 도도한 흐름은 일제 식민통치와 분단의 고통을 참고 이겨낸 우리에게 하늘이 정녕 또 한번 기회를 주시는 것으로 알고 지금부터 차분하게 준비를 했다가 몇년 후에 북한 동포들의 타는 목마름을 씻어주고 평양의 봄을 여유있게 즐기도록 하자. 이제는 남과 북의 체제를 비교하여 우리의 우월성을 소리높여 외칠 필요도 없고 이데오로기의 논쟁에 더 이상 끼어들 필요가 없이 판가름이 나버린 셈이다.

내년은 우리 내부적으로 빨리 과거를 청산하고 중지를 모아 국가발전에 다시 한 번 총력을 기울일 수 있는 한 해가 되어야 한다. 아무리 정치지도자들이 지도력이 없고 정파간의 이해관계에 따라 움직인다고 하더라도 6공화국이 출범한지 근 2년이 되도록 5공청산을 제대로 못하고 지금껏 국력을 엉뚱하게 소모하기가 얼마인가. 민주적 헌법의 정신과 민주화의 의지에 맞게 구시대의 악법을 모조리 개폐해야할 가장 시급하고도 기본적인 임무는 야당이 과반수를 점하고 있는 국회에서도 무엇이 이루어졌단 말인가. 얼룩진 과거청산과 민주적 법령정비에 2년씩이나 끌면 언제 앞을 내다보면서 전진하고 국민에게 희망을 주는 정치를 할 것인가.

불로소득자의 천국이라는 오명을 안듣도록 토지공개념 입법을 하고 각종 경제적 집중을 방지하여 사회 정의를 세운다고 누누히 외치던 4당의 주장은 얼마나 국민의 공감을 얻을 수 있도록 매듭지어졌는지 아는 바 없다. 침체되어가는 경제환경이 그나마 고실업 고물가 고임금으로 인하여 침몰되지 아니할까 걱정하는 사람이 많다. 한국은 이미 강한 채찍에 궁둥이를 맞으면서 천리를 달린 역마인가. 과거 약 20년동안 정부의 리더쉽이라는 채찍을 맞으면서 쉬지 않고 천리를 달린 끝에 피곤하여 주저앉아버린 경주마일까. 아니면 장거리를 목표로 꾸준히 달리다가 물을 마시기 위하여 잠깐 쉬는 말일까. 어느 경우든지간에 이 엄청나게 변하고 있는 자금의 정세는 이 천재일우의 기회를 놓쳐서는 안될 우리로 하여금 과소비 속에서 쉬고 먹고 떠들 수 있게 허용하지 아니하며 정부로 하여금 일주일이 멀다 하고 정책을 바꾸고, 정책지표와 계수를 국민학생이 셈본 연습하듯 한 해에도 몇번씩 고치도록 여유를 주지 아니한다.

90년대는 20세기를 잘 결산하여 흑자를 내야하는 10년이다. 따라서 기쁨과 새로운 희망을 듬뿍 안은 채 발산된 욕구를 슬기롭게 수렴하고 어지럽게 흐트러진 혼돈을 정리하며 여기저기 씨뿌리고 땀흘렸던 결과를 종합하고 수확하는 해가 되어야 한다. 이 절호의 기회를 잘 포착하여 우리의 경제와 기술과 문화수준을 한단계 더 높이고 진정한 민주정치체제를 확립하는 21세기의 선진국이 되기 위하여 다시 한번 경주를 시작하여야 한다.(게재지 미확인, 1989. 12. 30)

(2) 北方으로 가는 길

1960년대 말경 뉴욕시에서 변호사를 하던 중에, 당시 미국에서도 드물게 소련 해운회사의 법률문제를 도와 준 경험이 있었다. 이 회사 사람들은 사소한 것까지도 본사의 승인을 받아서 행동을 하기 때문에 모든 일이 지나치게 느리게 돌아갔다. 그 후에 변호사 비용의 지급도 몹시 지연되어서 마치 우리나라에서 대기업에 물건을 납품한 업체가 여러 번 대금 지급을 사정한 끝에 만기가 반년이 넘는 어음 한장을 겨우 받아 쥐는 경우와 비견할 수 있을 것 같았다.

지난 해에 소련을 여러 날 여행하면서 사람들도 만나고 각종 시설도 구경하면서 많은 이야기를 나눌 기회가 있었다. 이때 20여 년 전의 거래에서 왜 소련인들이 그렇게밖에 할 수 없었던지를 이해할 수 있었지만, 세계 초강대국인 소련 사람들의 소비생활 수준과 피부로 느끼는 경제현실을 보고 그 물자부족과 경제혼란에 대단히 큰 충격을 받았다.

우리나라는 北方外交에 힘을 기울인 결과 이제는 소련과 영사관계를 수립할 정도로 되었고, 기업들도 앞을 다투어 큰 뜻을 품은 채 경쟁적으로 진출하고 있으니 참으로 격세지감이 있다. 그러나 이 거대한 나라는 1917년 러시아혁명이 일어난지 70여 년이 지났기 때문에 이제는 자본주의에 대한 초보적 센스도 가지고 있지 못하다. 국가에 의하여 직장이 강제로 지정·배치되는 환경에서 어떻게 민간 주도로 기업을 이끌어 가고 어떻게 動機를 부여할 수 있는지 잘 모르며, 經營管理에 대한 기본적 개념도 없는 듯하다. 거기에다가 外貨가 극도로 귀하고 공정환율과 암시세가 약 30배 이상 차이가 나며, 사회경제적 하부구조가 機能不全症에 걸려있다. 기업활동을 하기 위한 각종 여건의 미흡함은 동유럽제국과 큰 차이가 없겠으나 이들 나라의 경우는 역사적으로 서구문명사회의 중요한 일부로서 자본주의가 발달된 본 고장이기 때문에 40여 년간의 공산독재가 무너지고 나면 아직도 자본주의적 경영의 경험과 기술축적이 있어서 경제재건의 밑거름이 될 수 있음직하다. 이것이 소련과 東歐의 차이점이 아닐까. 이러한 점을 고려한다면 당장 합작투자를 성립시키고 공장을 건설하여 제품을 생산하려는 계획은 저들 정부나 당의 전폭적 지원을 받기만하면 순조롭게 추진될 수 있을 듯이 보이지만, 글라스노스트와 페레스트로이카를 외친 지 수년이 되도록 경제사정이 급속도로 악화되어 이것이 커다란 정치적 불안요인이 되고 있으므로 크게 안심할만한 접근방법은 못될 듯하다. 따라서 소련과의 거래에 있어서는 초보적 단계로서 그들이 극도로 부족한 생활 필수품을 조금씩 수출하고 풍부한 원료를 값싸게 사오는 수밖에 없을 것이다. 이와 같은 거래를 반복하는 동안 이와 병행하여 그들의 언어와 생활습관 등 문화적 측면에서의 연구에 노력해야 하며, 그런 연후에야 우리측의 투자진출이 소기의 성과를 거둘 수 있을 것이다.

다만 정치체제는 물론이고 언어 생활양식 기후 교통 衣食住 기타 생활환경이 너무도 다르고 劣惡한 상황 속에서도 북방개척의 첨병으로 나가서 애쓰는 외교관이나 정부기관 및 각 기업의 주재원에 대하여 그들의 사기진작을 위하여 각별한 배려를 하여야 하겠고 그들의 귀중한 현장경험과 정보를 종합하여 활용할 수 있는 대책이 마련되어야 할 것이다.((재)한국해사문제연구소, 월간 해양한국 통권 198호, 49면, 1990. 3.)

(3) 便宜行政의 문제점

개발도상국에서 관료집단(테크노크래트)이 지닌 임무의 중요성은 누구나 다 잘 안다. 그들은 통치자의 경제사회발전 방침에 맞추어 계획을 짜고 민간부문을 독려해가면서 이를 집행하며 결과를 확인 및 평가해 왔다. 우리나라도 예외가 아니어서 지나온 30년간 관료들의 공로를 높이 평가할만한 점이 있다.

이제 시대가 바뀌어서 국제화, 민주화의 방향으로 나아가다 보니 정부 관료들의 계몽적 역할이나 그들이 앞장서서 무조건 한 방향으로 끌고 나아가는 기능은 후퇴하고 있다. 여론을 수렴하고 민간창의를 북돋아서 민간주도로 발전해 나아가는 것이 올바른 방향임에도 불구하고 최근의 경험을 보면 커다란 발상의 전환이 없어서인지 행정이 제대로 돌아가지 않는 감이 있다. 관료집단이 구태의연하여 책상 위에서 헛공론으로 작성한 지침을 당면 정책이라고 발표하는 경우가 비일비재하다. 김장철에 배추가 풍작이어서 트럭 운반비도 건질 수 없다고 아우성이면 '한 집당 배추 열 포기 더 먹기 운동'을 전개한다고 발표하고, 수도권 인구분산책을 다각도로 수립하는 과정에서 서울의 대학 교수들이 대부분 고등고시 위원으로 임명되는 것도 수도권 인구집중의 원인이 되므로 각종 시험위원은 대부분 지방대학 교수들을 임명해야 된다는 방침을 결정한 것 등은 편의행정의 대표적 예이다. 또한 경제성장률을 비롯한 정부의 각종 경제분석지표를 수차례 고쳐도 아무도 책임을 지는 공무원이 없다. 최근의 경제적 침체와 혼란에서 밤낮 급할 때마다 동원되는 기관은 국세청이다. 걸핏하면 세무사찰로 바람직하지 못한 경제활동을 바로잡겠다는 발상이야말로 편의행정의 白眉라고 할 수 있다. 물론 주택의 절대적 부족과 인프레가 근본적 배경이긴 하나 실태파악이나 현장확인도 없이 공연히 법을 고쳐서 건물 임대차기간을 2년으로 하겠다는 바람에 집세가 폭등했는데도 책임지는 사람이 없고 물가지수 산정에 반영되지도 아니하며, 갑자기 국세청으로 하여금 세무조사를 한다는 것이 올림픽을 성공적으로 치른 나라의 행정의 현주소이다. 뿐만 아니라 국세청이나 동회 등이 신고를 받아서 집주인과 세입자간의 관계를 조정해 준다고 하니 司法業務까지도 하겠다는 뜻인가 보다. 그러나 종래에 있던 借地借家調停

法을 폐지하는 대신 민사조정법이 작년 연말에 통과되었을 뿐만 아니라, 이 법의 통과이전부터도 전국의 각 법원 내에 법관이 주도하면서도 각계각층의 인사로서 위촉, 구성된 조정위원회가 있어서 이와 같은 분쟁을 조정해 주고 있는 것을 아는 사람은 드물다.

또한 경제적으로 어려운 사람들을 위하여 법률구조공단도 전국적 조직을 통하여 이와 같은 서민분쟁에 대한 법률적 지원을 해 주고 있다. 그럼에도 불구하고 급한 김에 국세청으로 하여금 민사분쟁처리에 개입을 시키는 무리를 범하고, 심지어는 토지나 건물의 임대나 전세에 관한 분쟁을 전담하는 기구를 신설해야 된다는 기구신설타령이 등장하기도 한다.

요컨대 立法府와 司法府를 行政府에 사실상 예속시킨 상태에서 行政萬能的 發想으로 국가정책의 수립, 집행, 평가를 독단하기를 30여 년이나 하고 보니 실정도 모르는 공무원의 즉흥적 생각을 붓끝으로 옮기는 편의주의 행정에 너무도 깊숙이 安住하여 버렸고, 이것이 이제 民主化의 正道를 걷고자 하는 시대적 요청에 커다란 장애가 되는 것이다.((재)한국해사문제연구소, 월간 해양한국 통권 199호, 65면, 1990. 4.)

(4) 技術立國의 課題

우리나라가 과거 30년간 외국의 기술을 도입하여 제조한 상품을 밖으로 수출함으로써 현재의 경제성장을 이룩한 점에 대해서는 異論이 없다. 1960년대에 처음 제정한 外資導入法에도 외자도입의 형태를 資本 參與를 통한 合作投資, 借款 및 技術導入의 세 가지로 규정하고 있다. 그러나 초기에는 우선 산업을 일으키는데 절대적으로 모자라는 資本과 施設材를 도입하여야 했으므로 주로 차관과 합작투자 유치에 중점을 두었고 기술도입은 부차적이었다. 우리의 산업정책도 수입대체에서 노동집약산업에의 투자로 이행하면서 외국투자가들은 한국의 질좋고 값싼 노동력을 한껏 활용하기도 하였다. 80년대에 들어서서 무역환경이 악화되고 경쟁이 격심해 지면서 우리의 경제도 高附加價値를 창출하는 두뇌집약산업으로 전환하고 과학기술의 도입과 개발을 통한 기반을 구축하지 아니하면 2천년대로 향하는 길목에서 낙후되어 버릴 위기에 처해 있다. 따라서 그동안 이 같은 인식 아래 정부도 외자도입정책을 기술도입에 중점을 두는 방향으로 유도하면서 과학기술 진흥을 외치기 시작한 바 있다.

지난 30여 년간 기술도입의 실태를 보면 대부분의 경우 국내기업들이 선진국으로부터 낙후된 기술을 도입하여 모방품을 생산·수출하는 一過性 한탕 장사에 치중하였다는 느낌을 지울 수 없다. 따라서 기술도입과 실시과정에서 技術改良이 일어나거나 우리 손에 技術蓄積이 되는 경우가 드물었다. 더구나 도입되는 외국기술을 둘러싸고 국내기업 간에 경쟁이 붙어 지급해야 할 기술사용료(로얄티)만 쓸데 없이 인상시키는 사례도 많았다.

이제 이와 같은 안이하고 고식적인 방법에 따라 二流技術로 생산된 제품은 국제시장에서 경쟁력을 잃게 되었고, 마침내 수출만이 살 길이라는 우리나라가 수출이 벽에 부딪히게 된 것이다. 이제는 선진국에 뛰어가서 첨단기술을 이전받거나 국내에서 스스로 기술개발에 총력을 기울이지 아니하면 안될 필요성을 절감하게 되었다. 그런데 이 두 가지 방법이 모두 쉽지 않은데 문제가 있다.

국내적으로 기술개발을 위한 정부의 진흥책이나 민간부문의 합심된 노력이 아직도 모자라다. 기술투자가 부족하고, 한정된 자원의 효율적 활용과는 거리가 먼데다가 과학기술자를 우대하는 인식이 없고, 주무부처인 과학기술처가 속된 말로 힘이 없다. 理工系統의 교육현장은 오랫동안 기초연구를 소홀히 한 결과 기초가 부실하여 國際化時代에 걸맞게 외국의 대학과 교류하기에는 너무나 부끄럽다. 정부출연연구소는 형식적이고 관료적인 조직과 운영이 해외에서 훈련받고 돌아온 인재들의 연구에 장애요인으로 작용하는 경우가 허다하다.

다른 한편으로 외국으로부터 선진기술을 도입하는 경우를 보자. 일본에 가서 기술 이전을 요구하면 부머랭효과를 염려하여 이리저리 피하고, 미국에 가서 선진기술을 도입하고자 하면 우리나라가 악명높은 기술해적국이라고 야단하면서 知的所有權法을 엄격하게 지키지 않는 한 기술협력을 못하겠다고 거절하기 일쑤이다. 구라파 선진국들도 우리에게 기술이전을 함에는 인색하다. 1987년 우리가 지적소유권법 체계를 획기적으로 근대화하는 개정을 하고 미국과 협상하는 과정에서 미국의 기술을 遡及保護해 주기로 뒷전에서 합의해 준 사실이 드러나자 歐洲共同體 諸國이 차별대우를 항의하는 일이 생겼다. 이에 대하여 EC국가의 기술도 미국의 경우와 같이 소급보호를 해 주기로 타결한 것이 불과 작년 가을의 일이고 보면 구라파에서 기술을 도입하는 것도 시간이 필요하다. 하다못해 科學技術處長官이 옛 소련을 방문하여 기술협력에 합의하고 온 후 소련의 기술 중 우리가 도입하여 활용할 수 있는 선진기술이 무엇이고 몇 개가 되는지 세어보고 있는 형편이다.

요컨대 우리에게 기술을 제공하겠다는 선진국이 그리 많지 않다. 기술도입을 위한 협상을 하려면 우리 자신도 몇 가지 팔아먹을 수 있는 기술이 있거나, 아니면 우리가 대량으로 상품 수입을 하는 선진국을 상대로 공략을 해야만 대등한 조건으로 기술도입을 할 수가 있다. 이런 관점에서 보면 호주가 중요하게 고려할 기술도입처의 하나가 아닌가 한다. 한국은 호주의 세번째로 큰 고객이다. 우리의 철광석, 석탄, 양모, 쇠고기, 알루미늄, 암염, 꿀 등 대부분의 원자재가 그 나라에서 수입되고 있으므로 한국을 대단히 중요시한다. 호주는 많은 선진기술을 개발하여 보유하고 있으면서도 인구가 1700만밖에 되지 않아 시장이 협소하므로 많은 기술이 외국인의 손에 의하여 상업화될 날을 기다리고 있다. 이와 관련하여 우리 정부를 대표하여 外務長官이 濠洲政府와 기술협력에 합의한 바도 있다. 지난달 필자가 호주에 가서 강의를 하는 동안 호주 外交通商部 관리들과 인터뷰를 한 바 있는데 그들은 한결같이 합의서명을 한 지가 상당히 오래되었는데도 우리 관계자들이 시찰 운운하면서 구경만 하고 갔을 뿐 합의사항이 하나도 실천에 옮겨지지 않았음을 이상하게 생각하고 있었다. 시간은 우리의 技術開發을 위하여 기다려주지 않는다.(대전일보, 1992)

(5) 비뚤어진 과거 청산에 부쳐

잘못된 역사를 바로 세우기 위하여 문민정부는 전직 대통령은 물론 관련자들에게 수사의 칼을 들이댐으로써 평소에는 상상조차 하기 어려운 과감한 결단을 내린 바 있다. 다 아는 바와 같이 검찰은 노 전 대통령의 비자금에 대한 수사를 시작으로 하여 권력형 부패를 밝혀내고 나아가서는 12 · 12와 5 · 18 등 권력의 불법 및 부당 행사 과정을 파헤쳐서 관련자들을 기소하였다. 다른 한편 국회는 5 · 18특별법을 제정하여 수사 결과 드러난 범죄를 처단할 수 있는 법률적 근거를 마련한 바 있다.

그런데 이러한 일련의 과거 청산에 관한 행정부 및 입법부의 활동이 몹시 당차고 눈부신 것임에도 불구하고 몇 가지 아쉬운 점이 있음을 부인할 수 없다. 첫째, 검찰의 수사는 과연 정밀하게 사실을 파헤쳐서 역사의 기록으로서의 정확성을 담보할 수 있고 실체적 진실의 발견에 미진한 점은 없는가 하는 점이다. 개별적인 법집행 행위가 간혹 매끄럽지 못했던 점은 차치하고라도 피의자들이 보유하고 있는 객관적 기록, 예컨대 장부나 일지 등 물증의 확보에는 실패하고 시종일관 당사자들의 진술에만 주로 의존하고 있는 것은 아닌지, 또는 범죄 구성 요건으로서의 주관적 의사, 동기, 대가관계 등을 뒷받침하는 좀 더 명확한 증거의 수집은 불가능했는지 걱정되는 바가 없지 아니하다. 둘째, 국회가 5·18특별법을 제정하는 과정을 보면 처음부터 이것이 소급처벌법이므로 위헌의 여지가 있다는 등의 논란이 제기되었음에도 불구하고 국회는 결국 위헌 시비를 완전하게 극복하지 못한 채 이 중요한 법률을 속성으로 제정하고 말았다.

그러나 그런 법리적인 점들은 잠깐 접어놓더라도 많은 국민들이 진심으로 바랐던 것은 이번 기회에 정경유착의 고리를 아주 싹뚝 단절해 버렸으면 하는 것이었다고 본다. 사실 비자금 수사 과정에서 지도적 기업인들이 줄줄이 소환되어 조사받는 모습은 국민들을 한없이 착잡하게 만들었을 뿐만 아니라 기업들의 국제적 명성과 신용을 크게 추락시키고 말았다. 그럼에도 불구하고 한가닥 희망을 가졌었던 것은 수사 초기에 소환되는 인물들이나 수사 범위로 보아 이 사건을 계기로 이 땅에서 정경유착의 뒤틀린 관행을 바로잡아 구조적 부패를 청산할 수 있지 않을까 하는 강한 바람이 있었기 때문이다. 이제 비자금 사건은 오히려 뒷전으로 밀려나고 이보다 나중에 착수된 내란 및 군사반란 행위에 대한 사법처리에 사직당국의 일차적 관심이 집중되어 있는 듯하지만, 사실 우리의 민주의식이 이만큼 성숙한 오늘날 또 누가 똑같은 무리를 반복하여 군사쿠데타를 일으킬 엄두를 내겠는가. 따라서 일부 장교가 권력을 찬탈한 사건은 이번의 사법 처리가 우리 역사상 마지막이 될 것으로 확신한다. 그러나 정치권력과 재계의 유착 그리고 원천적 부패 사건은 정도의 차이는 있을지언정 대부분 자본주의 국가에서 골치를 썩는 문제이고, 우리가 이번 기회에 철저하게 척결하지 아니하면 다시 암세포처럼 자라나서 국가기능을 전반적으로 마비시키고 말게 될 것이다. 투명한 절차와 엄격한 여러 가지 제도적 방치책이 있음에도 불구하고 미국은 물론 유럽이나 일본의 경우에도 심심치 않게 정권주변의 스캔달이 터지고 선거 때가 되면 더욱 후보자들을 둘러싼 각종 의혹이 증폭되고 있음은 우리 모두가 잘 아는 사실이다. 우리나라의 경우도 시대와 경제정책에 따라 악명 높은 정경유착적 부패사건이 있었고 박정권 이후에는 더욱 그 규모나 방법이 대담하고 다양해졌다. 탈세를 눈 감아주고 뇌물을 받는 원시적 방법에서부터 시작하여 정부로부터 특혜를 받는 대가로 집권당에게 정치자금을 제공하는 수준으로 발전하더니 마침내 특혜 제공 유무와 관계없이 집권자가 원할 때마다 마음대로 기업의 돈을 긁어내서 선거자금도 쓰고 당비도 주고 재임중 통치자로서의 생색내기 용돈도 마음대로 썼던 것이며 쓰다 남은 돈은 퇴임 후 가지고 나와서 여전히 개인축재를 하는 단계에까지 이르렀던 것이다. 이러한 최고 권력자의 행태와 분위기는 그 밑에서 일하는 일부 공무원들에게도 그대로 전염되어 그들도 온갖 고단위 부정부패에 물든 나머지 행정이 제대로 운영되지 못하고 있음을 우리는 관청을 접촉해 본 경험을 통해서 알고 있다. 이같은 권력유착적 부패는 그동안 특별법이나 수사를 통하여 이를 단죄하려는 노력도 있었으나 결국 흐지부지되었고, 이번의 수사 결과 드러난 것만 보더라도 우리의 실상은 그동안 점점 병이 깊어진 것을 알 수 있다.

사정이 이러하거늘 정부는 어찌하여 비자금사건을 내란 및 군사반란죄와는 달리 개인적 비리로 취급하여 수뢰죄 등으로 기소하고 손을 씻으려 하는가. 많은 기업인을 소환하고 금전수수를 밝혀낸 것은 결국 전직 대통령들의 파렴치성을 한껏 부각시키기 위한 방편이었고 정경유착의 구조를 단절시킬 의지는 처음부터 없었는가. 정부는 그동안 수사과정에서 밝혀진 자료를 분석하는 한편 금융거래 및 부동산 거래의 실명제는 물론 세제 및 기업 회계감사 등 여러 가지 제도와 감독 수단을 연계 활용하여 이를 원천적으로 봉쇄할 수 있는 방안을 다각도로 마련하고 즉각 실시할 용의는 없는가. 이번처럼 비뚤어진 과거의 청산이라고 하는 대의명분이 있을 때 돈을 한푼도 받지 않겠다고 선언한 대통령이 영도하는 정부가 과거 오랜 기간에 걸쳐 곪아 온 최고 권력자와 기업간의 정경유착적 구조를 완전히 척결할 수 있는 천재일우의 기회를 지나쳐 버린다면 또 언제 우리는 투명하고 정의로운 사회를 일으켜 세울 기회를 맞이할 수 있게 될 것인가.(대전일보 금요칼럼, 1996. 2. 9.)

(6) 세계화와 지방정부의 합일

1984년의 로스앤젤레스 올림픽에서 처음 김치가 선수촌의 공식 메뉴에 포함된 이후 얼마 전에는 금년에 개최되는 아틀란타 올림픽에 일본이 김치를 공식 납품하겠다는 보도가 있었다. 그동안 일본인들은 각종 채소절임을 표준화하여 세계인의 미각에 성공적으로 호소하고 있고, 우리가 간장과 된장을 냄새나는 식품이라고 창피하게 생각하고 감추는 동안 그들은 꾸준히 연구하여 세계적으로 유명한 상표(예컨대 키코만)의 개발과 함께 세계시장을 석권해 버렸다. 김치는 조상전래의 한국 고유식품임에도 불구하고 우리가 스스로 챙기지 않는 동안에 사태가 이 지경이 되어버렸으니 양국 간에 김치전쟁이라도 벌여야 될 것인지 자못 한심하기만 하다. 김치사건은 세계화된 시장에서 우리의 正體性을 지키면서 21세기 경제를 이끌어 가기 위하여 우리가 구체적으로 무엇을 할 수 있는가를 시사해 준다. 세계무대로 진출하여 우리 자신을 알리면서도 살아남을 수 있으려면 결국 우리가 보유한 전래의 고유기술이나 전통문화나 향토예술이나 지역특산품 등을 끊임없이 발굴, 육성하는 한편 이를 세계인의 입맛에 맞게 가공하여 제공하여야 한다. 조상의 지혜가 담긴 우리의 고유한 것들을 세계 사회에 알리고 전수함으로써 경제적으로나 문화적으로도 많은 수확을 거둘 수 있는 것이다. 그렇게 하기 위해서는 바로 世界化 속에서의 鄕土化 내지 地方化(Glocalization)가 성공의 요체가 된다.

그러나 돌이켜보면 경제개발과정에서 형성된 우리의 의식은 대체로 서구의 것은 모두 좋고 현대적인 것이어서 의당 값도 비싸지만 우리의 것은 뒤떨어지고 창피한 것으로 여겨 쉽게 감추거나 없애버리려 하는 자기비하성을 보이거나, 아니면 반대로 우리 것만을 옛모습 그대로 지켜가야 한다는 국수주의적 편파성의 두 가지로 특징 지울 수 있지 않은가 싶다. 뿐만 아니라 국가정책도 모든 면에서 급속한 경제성장에 초점을 맞추어 왔으므로 문화적 역량의 육성과 결집은 등한시하여 왔다. 그러나 이제는 좀더 삶의 질을 중시해야 한다는 차원에서 문화적 측면의 발전에 눈을 돌려야 할 때가 되었다. 뿐만 아니라 가용자원을 좀더 효율적으로 활용하면 경제와 문화를 동시에 발전시키는 것이 불가능하지도 않다. 예컨대 鄕土知的財産의 世界化야말로 경제논리와 문화역량의 결합을 전제로 하므로 경제를 통하여 문화에 활력을 불어넣고 문화를 통하여 경제를 이끄는 새로운 발전모델을 개발할 수 있는 것이다. 더구나 지방자치제의 전폭적 실시로 인하여 향토재산발굴과 그 세계화는 지방정부와 주민에게 천재일우의 호기를 제공해 준 셈이다. 향토지적재산이란 민족고유의 기술과 문화를 바탕으로 전승발전되어 경제적 경쟁력을 갖춘 지적 창작물이므로 이는 조상 대대로 내려온 고유한 전통문화를 배경으로 한 지적재산이고, 특정지역의 주민의 삶 속에 뿌리를 내려서 향토적 냄새가 물씬 나는 무형자산이다. 이처럼 민족고유성, 문화유산성, 향토성 및 경제성을 고루 갖춘 지적재산은 지역특산품일 수도 있고, 전통고유기술이나 비법일 수도 있으며 관광문화상품일 수도 있다. 우선 전통고유기술을 보면 우리의 의식주 생활 속에서 쉽게 발견할 수 있다. 식품분야만 하더라도 전통 발효식품인 김치, 된장, 간장 등을 들 수 있고, 각종 민속음료와 다과 그리고 술도 풍부하다. 의생활 분야도 재료에서 명성을 날리던 韓山모시나 安東布는 아직도 명맥을 유지하고 있고, 천연 염료로서 쪽, 감물 등을 널리 사용한 것은 우리 조상의 탁월한 과학적 지혜이다. 또한 한복은 수천 년의 세월을 따라 그 스타일, 색상, 모습이 변해 왔으면서도 그 우아함이 세계의 주목을 끈다. 주거생활과 관련해서도 우선 온돌 난방, 주거용 장농, 주방용기, 생활도구 등 일일이 세기조차 곤란하다. 의약분야에는 동의보감을 비롯한 전통한방과 침술 그리고 의료기기가 대대로 이어져 왔다. 그 외에도 조상의 멋이 담긴 文房四友, 서화, 도자기, 나전칠기, 민화, 탈, 각종 악세사리 등 공예분야에는 우리 조상들의 무궁무진한 기술과 디자인이 담겨져 있다. 또한 삼천리강산이 아무리 좁아도 고을마다 가문마다 자랑할 수 있는 지역특산물이 굉장히 많다. 관광문화상품도 민속토산품, 전래설화를 토대로 한 스토리상품 그리고 實演 등 여러 차원으로 다양하게 존재한다. 그러나 그동안 경제발전 제일주의의 정책과 그에 따른 고도의 산업화 과정에서 이들은 방치되었거나 천대를 받아서 결국 멸절되었거나 기능 보유자의 수가 급격하게 줄어든 경우가 대부분이다. 설사 전통고유기술을 보존하거나 복구하려고 노력한 경우에도 그 방향이 모두 일차적인 전통보존의 차원에 치중하였을 뿐이다. 그러나 이제는 실용화의 아이디어나 의지를 가지고 장래적 투자에 힘을 쓸 때이다.

다른 한편 향토지적재산은 특정 개인이나 지역주민은 물론 지방자치단체나 국가 등 그 누구도 권리를 주장하지 아니하여 왔으므로 막상 타인에 의한 권리침해가 발생하는 경우에는 속수무책이었다. 그러나 앞으로 이를 상품화를 하기 위해서는 그 전제로서 우선 법률적인 보호가능성을 검토하고 권리화작업이 선행되어야 한다. 우선 농수축산품 등은 개인, 생산자단체, 지방정부 등이 상표등록, 원산지표시 등을 권장하여 법률상 보호를 받게 하는 동시에 제품의 차별성을 확보하여야 한다. 또한 품질인증제도를 도입하여 상품의 질을 높이는 동시에 균등화에도 노력하여 소비자의 신뢰를 얻어야 한다. 세계시장에서의 경쟁력을 위하여 가공기술의 연구·개발에도 신경을 써야 할 것이다. 이러한 일이야말로 세계화시대에 지방정부와 지역주민들이 능동적으로 해낼 수 있는 임무인 동시에 반드시 이루어야 할 의무라고 생각한다.(대전일보 금요칼럼, 1996. 3. 8.)

(7) 허리가 휘는 규제와 부과

정부의 역할과 기능을 축소하고 가급적 민간창의에 맡김으로써 경쟁과 효율을 지향하는 신자유주의적 사조가 각국마다 풍미하고 있음은 다 아는 사실이다. 미국만 해도 정치의 현장에서는 모두 조세삭감과 예산절감 타령 뿐이고 아무도 세금을 많이 거두어서 정부가 주도적으로 구석구석 사회보장적 손길을 뻗치겠다는 정견을 펴지 아니한다. 이는 세금감면을 싫어할 국민이 없으니 유권자에게 영합하기 위하여 소득세삭감을 주장하기도 하지만 사실은 근본적인 통치철학의 차이에서 오는 것이다. 공화당이 지배하는 의회에서는 클린튼 행정부를 상대로 예산삭감투쟁을 하는 가운데 마침내 미국정부기관이 돈이 떨어져서 잠시 문을 닫기도 하였고 그 바람에 서울에 있는 미국 대사관도 작년 겨울 며칠 동안 폐쇄되어서 비자를 신청한 한국인들이 애꿎게 피해를 본 일이 기억에 생생하다.

우리나라는 어떠한가. 현 정부가 들어선 이후 특히 규제완화를 외치고 세계화를 추진하는 것도 정부의 관여를 축소하고 민간주도의 경쟁체제를 구축하려는 뜻이므로 사실은 동일한 철학적 맥락에서 같은 방향으로 나가려는 의지의 표현인 것이다. 따라서 규제완화의 필요성을 역설하는 대통령의 말씀도 여러 번 들었고, 이를 연구하고 실천할 방안을 내기 위하여 흔해 빠진 위원회도 구성했으며, 심지어는 기업활동규제완화에 관한 특별조치법을 제정하기까지도 하였다. 그러나 법제정 이후에 정부의 각종 규제가 눈에 띄게 완화되어 경제활동을 하는 개인이나 기업이 현실적으로 시간과 비용과 낭비를 대폭 절감할 수 있었고 그것이 마침내 경쟁력 강화로 이어져서 특히 우리나라 중소기업의 기초가 튼튼해졌다는 평가는 규제완화를 추진해 온 정부의 입에서도 나온 바 없다. 오히려 무슨 잘못이나 실수를 저지른 사건이 터지면 기다렸다는 듯이 그 원인은 규제를 완화한 결과 정부의 단속에 큰 구멍이 뚫어져서 그렇게 된 것이라고 주장하면서 종전보다 더 강화된 규제를 도입하곤 한다. 사실 정부가 규제를 완화하면 그만큼 공무원의 수가 줄어야 하고 관료 체제의 군살이 빠져야 이치에 맞다. 그러나 현 정부는 초기의 과감한 정부조직 통폐합으로 남아도는 공무원마저도 주체하지 못하여 한시적 기구를 설치하여 파견하거나 해외교육훈련파견으로 인사적체를 해소하더니 이제는 슬금슬금 새로운 정부기구를 만들어 옛날로 돌아가고 있다. 그러면서도 공무원 수는 부족하다고 야단이고 새로운 청이나 부를 신설하거나 기존부서를 격상해야 한다고 한다. 조세행정과 쌍벽을 이루어 난맥상이라고 밖에 표현할 수 없는 각종 부담금의 실태는 어떤가. 공장 등 시설을 가지고 기업을 하는 경우 기본적으로 내야만 하는 부담금이 점점 늘어나서 도저히 감당할 수 없는 지경에 이르렀다. 국민연금부담금, 환경개선부담금, 교통유발부담금, 의료보험부담금, 고용보험부담금, 고용안전사업보험부담금, 직업능력개발사업부담금, 장애인고용부담금 등 이루 셀 수가 없다. 어디 그뿐인

가. 보통 10가지 이상의 각종 강제성 협회비가 또 있다. 소방안전협회비, 직장새마을협회비, 도로교통안전협회비, 환경보전협회비, 청소년지도협회비 등 자기 고유업종의 협회비 외에도 막대한 준조세적 부담에 허리가 휜다. 거기다가 구내식당을 운영하면 조리사를, 위험물을 취급하면 각종 안전관리자를 고용해야 하고, 그 외에도 산업보건의를, 보건관리자를, 계량기사를, 환경관리인을, 에너지관리자 등을 단독 또는 공동으로 고용해야 하며 그 외에도 끝없는 검사와 허가 속에서 신음하고 있다. 기본적으로 규모가 작은 중소기업을 이 모든 부담금 납부 의무와 각종 고용의무와 수많은 허가 및 검사의무의 멍에 속에 묶어 놓은 것이다. 문제는 각종 부담금과 강제협회비가 기업의 영업이나 이윤개척과 직접 관련되는 것이 아님에도 불구하고 해가 갈수록 새롭게 늘어나고 보니 어느 단계에 가면 종업원의 임금은 고사하고 각종 부담금도 못내고 폐업할 수밖에 없게 되는 날도 올 것 같다. 그럼에도 불구하고 정부가 그러한 부담금을 일년치를 미리 전액 징수해 가 버리거나, 정부는 한 푼도 안내도 되도록 법에 정해 놓고 기업에게만 부담시키는 경우가 참으로 많다. 가령 의료보험은 사회보장의 기초로서 이론상 본인인 근로자, 고용주 그리고 이 제도를 실시하는 국가 등 3자가 일정비율로 부담금을 내야 하는 것임에도 불구하고 의료보험을 실시한지 20년이 넘도록 정부는 고용주로서 부담하는 부분 이외에는 한 푼도 안내면서 의료보험조합의 인사만 좌우하고 있는 등 참으로 부당한 처사이며 동시에 염치가 없다고 아니할 수 없다.

이제 우리는 지난 30여 년간 정부의 규제와 주도에 길들여져 있었다가 민간의 자율과 창의에 의한 기업경영으로 전환하는 과정에서 이미 많은 시행착오와 값비싼 대가를 치루고 있고 분야에 따라서는 상당한 혼란마저 겪고 있다. 요컨대 정부는 좀 더 규제완화의 의지를 다지고 국민의 세부담과 중소기업의 부담금을 대폭 줄여 주며 공무원 수의 축소와 예산삭감에 적극적이어야 할 것이다. 또한 민간부문도 정부에 의존하여 조세감면과 보조금 타령을 하던 종래의 타성을 과감하게 버리고 민주적 절차에 따라 자율적으로 의사결정을 하여 추진하는 자치능력을 배양하여야 할 것이다.(대전일보 금요칼럼, 1996. 4. 26.)

(8) 부패를 뿌리뽑기 위하여

작년에 인천에서 세금도둑사건이 적발되었을 때 국민들은 기가 막혔고 분노를 억누르기 힘들었다. 선거도중에 터진 장학로 사건은 국민을 충격과 허탈에 빠지게 하였고 대통령을 측근에서 보좌하는 고위공직자의 부패로서 문민정부의 도덕성에 먹칠을 했을 뿐만 아니라 경제발전으로 세계무대에 발돋움하려는 우리에게 국제적 창피를 안겨준 추문이었다. 왜냐하면 OECD에 가입신청서를 제출하여 선진국대열에 들겠다고 안달하는 나라에서 대통령 측근의 부정한 돈 챙기기가 터졌고 이를 담당한 수사기관은 그 돈의 대부분을 떡값 운운하며 덮어 주어 이중으로 망신을 당했기 때문이다. 검찰은 결국 총계 20여 억 원의 돈을 받았으나 일부는 누구에게서 받았는지를 모르겠다는 등, 일부는 공직취임 전에 받았으니 직무와의 대가관계가 없어서 처벌할 수 없다는 등, 대부분은 소위 떡값에 불과하므로 무관하다는 등 처벌 못할 이유가 그 나름대로 있으므로 일부액에 대해서만, 그것도 기껏해야 알선수뢰죄로 기소하였다는 것이다. 그러나 수사기관이 수억의 거금을 누구에게서 받았는지 몰라서 처벌을 못하겠다고 하거나, 벼슬자리에 오르기 전에 받은 돈은 직무와의 대가관계가 없어서 뇌물죄로 다스리기 어렵다는 주장을 해도 이를 수긍할 국민은 없다고 본다. 가장 기가 막힌 부분은 막대한 액수의 금전수수를 이것이 소위 떡값이기 때문에 처벌할 수 없다고 하는 점이다. 검찰이 의미하는 떡값의 개념이 무엇인지, 그리고 떡값을 인정한 의도가 무엇인지는 알 길이 없다. 구태여 따져 본다면 액수가 미미하여 뇌물이라고 소추할 만한 금액은 아니지만 의례적인 선물의 범위를 다소 초과하는 경우가 아닌가 싶다. 더군다나 그들의 잣대로는 공무원의 직위의 고하에 따라 소위 떡값의 액수가 올라갔다 내려갔다 하는 것 같다. 따라서 감투가 높고 클수록 받아먹은 돈의 액수가 많더라도 떡값이라는 명목으로 무사통과 된다는 희한한 논리에는 아연실색할 뿐이다. 이러한 논리대로라면 현재 기소된 두 전직 대통령의 뇌물성 비자금도 상당부분 떡값에 해당하고 말 것이기 때문이다. 그러나 오히려 지위가 높을수록 무거운 책임이 따르는 것이고, 솔선수범해야 할 고위공직자의 부패는 비록 그것이 적은 액수나 가벼운 식사대접을 받은 경우라도 일벌백계삼아 말단공무원보다 엄격하게 다스려야 할 것이다. 그럼에도 불구하고 대통령 측근이 받은 수억 원의 돈이 떡값으로밖에 처리될 수 없는 이유는 그것이 직무상 대가관계가 성립되지 아니하므로 특정범죄가중처벌등에 관한 법률이나 형법상의 뇌물죄에 해당하지 아니하여 처벌할 수 없다는 것이다. 그러나 어느 국민이 이러한 논리를 수긍하겠는가. 장씨가 아무 힘이 없는 사람이라면 이 세상에 누가 돈이 남아서 그에게 자진 헌납할 것인가. 결국 공직취임 전후를 막론하고 그 사람의 입지나 영향력을 감안하여 앞으로 잘 부탁한답시고 미리 상납을 한 것이라면 이는 결국 후일 그가 베풀어준 호의와 대가관계에 선다고 보아야 마땅하며, 그가 베푼 호의가 없다 하더라도 최소한 이 같은 부패범죄의 씨를 뿌린 예비 내지 음모행위라고 보아 정의의 칼은 이 단계에서부터 단죄를 해야 할 것이다. 그런데 이를 구체적 직무상의 대가관계가 없으니 처벌할 수 없다고 함은 부패에 대한 사정당국의 불감증을 드러낸 것에 불과하다. 물론 엄격한 죄형법정주의하에서는 현행처벌법규에 해당하지 아니하는 데도 근거규정을 확대 해석하는 것은 제일의 금기사항이다. 그렇다고 하더라도 장 전비서관의 경우 전체 받아 챙긴 액수의 작은 일부만 기소하면서 그것을 뇌물죄가 아닌 알선수뢰죄로 법적용을 청구한 것은 엄정한 법집행이라고 보기 어렵다. 검찰이 말하는 소위 떡값을 소득으로 신고한 바 없을 것이므로 적어도 탈세로 소추하는 것이 마땅하다고 본다.

정부는 공직자의 청렴이 없이는 경제발전을 효과적으로 이룩할 수 없다고 생각한 나머지 1966년에 특정범죄가중처벌등에 관한 법률을 제정하였다. 공직사회의 부정부패를 척결하는 기본적인 법적 장치인 이법은 지난 30년 동안 무려 12차례나 개정을 거듭하였음에도 불구하고, 검찰의 주장대로 이 법을 적용하여 장학로사건을 단죄할 수 없다면 이는 대대로 역대정부가 부정부패에 대한 왜곡된 인식을 가졌음을 들어내는 것이다. 정부의 의지가 이런 정도이니 공무원들이 떡값을 받아먹는 것을 당연시한다는 한 여론조사 결과가 최근에 보도된 것도 놀랄 일은 아닌 것 같다.

그러나 이제는 옛날과는 달라서 실명제, 공영제 등 여러가지 여건이 크게 변화하였다. 뿐만 아니라 시장이 활짝 개방된 오늘날 특히 세계무역과 국제거래에서는 거래에 앞서 뇌물이나 사례를 주는 것이 불공정행위로 지목되어 미국 등의 강력한 항의와 제재를 초래하는 세상이 되었다. 따라서 우리도 다시는 떡값 등의 용어가 등장할 수 없도록 뇌물의 개념에 대한 코페르니쿠스적 전환이 있어야 할 것이고 그에 따른 관련법규의 개정과 엄중한 법집행이 있어야 할 것이다.(대전일보, 1996. 5. 31.)

(9) 큰 정부는 미래가 없다

요즈음 우리나라에서는 세계화, 국제경쟁력, 삶의 질 이 세 단어가 인기있는 유행어인 듯하다. 특히 세계화의 추세 속에서 국제경쟁력 강화는 民官이 합심하여 달성해야 할 목표임에 틀림없다. 기업도 군살을 빼고 있고 심지어 은행도 곧 통폐합될 수밖에 없다고 한다. 시장경제체제하에서는 민간부문 뿐만 아니라 공공부문도 효율성을 제고하기 위하여 내부 혁신에 노력해야 함은 물론이다. 얼마전 비토 탄지 IMF 재정국장도 지적한 바와 같이 공무원의 부패를 줄이고 정부의 효율성을 높이는 가장 확실한 방법은 정부의 규모를 축소하는 것이다. 우리 정부는 명예퇴직이나 결원보충 안하기 등의 소극적 방법으로 증원을 억제하고는 있으나 좀 더 과감한 규모의 축소가 필요하다. 예컨대 내무부가 경찰 등 특수업무만 담당하고 나머지는 환경부에 통합된다면 더욱 효율적인 법집행을 할 수 있다. 정부의 주장대로 규제가 완화되고 종래의 정부 기능이 꾸준히 민간으로 넘어갔다면 그만큼 정부기구가 축소되고 공무원의 수가 줄었어야 마땅한데 실상은 그렇지 아니하다. 얼마전 정부는 우리나라 공무원의 수가 90만 5천 명 남짓한데 금년 몇 달 동안에 몇 천 명이 줄었다고 대견한 일인양 발표한 일이 있다. 그러나 누가 과연 현재 우리나라 공무원의 정확한 숫자를 알겠는가.

역대 정권은 모두 취임초 작은 정부를 공언하며 몇 가지 시도를 했었으나 시간이 흐르면서 결국 큰 정부를 초래하고 말았던 실패를 우리는 기억한다. 5.16 군사구데타 직후 군사정부는 1961년 당시 20만도 못되는 공무원의 수가 많다고 감원을 한 일도 있고, 그 후에도 기구 통폐합이나 심지어 해직 등을 감행해 왔다. 김영삼정부도 몇 개의 중앙부처와 기구를 통합했을 뿐만 아니라 각종 행정규제를 완화 또는 철폐하는 작업을 계속하고 있으나 성과는 별로 없다. 규제를 완화한다고 하면서 또 다른 규제를 만들어내는 규제의 숨바꼭질을 계속하고 있으니 규제의 주체를 줄이지 않는 한 언젠가는 도루묵이 되고 말 것이다. 예를 들어 정부의 업무를 중앙에서 지방으로, 또는 상급기관에서 하급기관으로 이양하는 경우에, 국민의 입장에서는 사는 곳에서 한번에 일을 처리할 수 있어서 편리해지기보다는 오히려 집행하는 말단기관과 보고받으면서 감독하는 상부기관으로 업무가 이원화되어 더 복잡해지기가 쉽다. 또한 고급 공무원 인력의 인플레 현상으로 실질적으로는 보직이 없는 유휴 인력이 많은 것도 사실이다. 시장경제하에서는 배추값이 폭락했다고 보도되면 탁상에서 한 가구당 배추 10포기 더먹기 운동을 정부의 대책이라고 발표하는 안일한 다수의 공무원보다는 작황과 소비의 시장상황에 대해 정확한 정보를 주는 소수의 경쟁력 있는 공무원이 더 필요하다.

과거에는 우리 경제의 급속한 성장을 위한 기술관료들의 공헌이 절대적이었음을 부인할 수 없다. 그러나 이제 참으로 비인간적인 무한경쟁의 세상이 도래하고 보니 관료집단도 시장의 법칙의 예외일 수 없고, 이제 그들이 우리 사회에 공헌하기 위한 눈물겨운 축소변신이 요구되는 시점이다.(동아일보 동아시론, 1996. 9. 12)

(10) 빅뱅은 남북관계에도 필요하다

현재 파업이 나라 안을 어수선하게 하고 있으나 밖으로는 북한의 잠수함사건에 관한 사과 이후 한반도 정세가 KEDO의정서 서명, 4자회담 설명회 개최, 북미간 준고위급회담 등 일사천리 북한의 페이스대로 진전되는 듯하여 경계를 늦출 수가 없다. 국내 일각에서는 이제는 인도적 지원이나 경제교류가 당장 가능한 것처럼 논의가 무성하다. 국운을 좌우하는 기본과제가 경제부강과 국가안보일진대 노동파업은 경제부강을 저해하고 남북관계의 허술한 대응은 국가안보를 위협한다. 그런데 정부의 대응을 보면 걱정이 앞선다. 첫째, 북한은 경제난으로 곧 망할 것이라는 등 북한이 당장 붕괴하면 곤란하니 차라리 장기간 각종 지원을 해주어 연착륙을 유도해내자는 등 견해가 많으나 정부의 입장과 대책은 확실하지 아니하다. 우리는 경제력의 우월성을 내세워 우쭐해서도 안되고 더군다나 북한이 모두 굶고 있으므로 전과는 달리 풀이 죽어서 호전적 전투태세를 지속하지 못할 것이니 대북경각심을 조금은 늦추어도 된다는 생각을 추호라도 한다면 곤란하다. 굶은 자가 한방 쏘는 총에도 맞으면 죽는 것은 마찬가지이기 때문이다. 둘째, 지금 우리는 대북관계에서 경수로 건설자금지원 등 역사상 그 어느 때보다도 가장 강력한 협상카드를 쥐고 있음에도 불구하고 이를 활용하지 못한 채 지금까지 우리 정부의 불철저한 정보와 한계있는 시각을 잘 파악하고 있는 미국에게 이용당하면서 북한의 속셈조차 파악 못하지나 않았는지 의심스럽다. 북한이 잠수함사건에 대하여 사과한 것은 당연한 일이나 사과성명이 나오기까지의 과정은 석연치 못할 뿐 아니라 기분 나쁘기까지 하다. 사건의 피해자인 우리 정부는 시종일관 배제되고 북한의 미주국장이라는 자가 미국을 드나들면서 미국과 줄다리기를 한 끝에 사과성명이 발표되었으니 아무리 배후에서 한미간에 긴밀하게 공조를 하였다 한들 북측의 우리 정부 배제방침인 소위 封南通美정책에 끌려 다녔다는 인상을 지울 수 없다. 셋째, 과거에는 박정권이래 역대정부가 통치술 내지 국민충격요법으로 항상 북한카드를 남용해 왔다. 그 방법은 통치자가 불리한 국내의 정치적 국면전환을 위하여 극적 조치를 취함으로써 국민의 얼을 빼놓는 식이었다. 이 경우에 두 가지 양념이 꼭 끼어드는데 그 하나는 통일원, 외무부, 청와대 및 안기부 등 관계부처의 공다툼이고, 다른 하나는 당시의 유력한 정치인이 끼어들어 자신의 업적을 내세우려고 혈안이 되곤 하는 것이었다. 남북경제협력과 식량원조가 대북정책메뉴에 단골로 등장한 요즈음에는 앞에 말한 외교안보부처들 외에 경제부처까지 한 건 하겠다고 끼어들어 부처이기주의는 더욱 기승을 부리는 면이 있다. 북한은 이러한 우리의 결점을 너무나 잘 간파한 나머지 남북접촉을 할 때마다 특히 안기부를 배제하고 직접 상대하면 일이 성사된다고 부추긴다. 그들은 자기네의 수법과 생리를 가장 잘 파악하고 있는 안기부를 기피하려는 일관된 책략을 쓰고 있음에도 불구하고 이에 말려든 결과 북한정권을 다루어 본 경험이 없는 곳이 홀로 나서서 일을 그르친 경우마저 없지 않다. 결국 북한은 핵을 빌미로 미국을 이용하여 국제적 지위를 인정받으면서 일본을 통해서 경제지원을 끌어내면 대성공이므로 그들의 모든 정책방향이 거기에 초점이 맞추어져 있는데 우리는 감정따라 상황따라 오락가락한다. 넷째, 역대정부의 통치자나 관계 부처가 남북관계에서 한 건 하려는 공다툼 때문에 많은 혼란과 실패를 초래한 것도 큰 손실이거늘 이제는 대기업들마저도 북한진출에서 경쟁업체보다 먼저 한 건하겠다고 저마다 아우성이니 이러한 무원칙한 민간경쟁도 결국 국익을 해칠 뿐이다. 이 기회에 금융기관뿐이 아니라 남북관계를 다루는 부처에도 과감한 빅뱅을 통하여 새로운 틀을 짜고, 창구일원화, 인력정예화, 정책일관화, 그리고 미국을 비롯한 관계 국가와의 공조체제의 전문화 등을 시도하면 어떨까. 그리고 4자회담에 대한 기대를 버리고 핵문제를 대처하기 위하여 KEDO를 구성했듯이 북한의 식량난도 국제 컨소시엄을 구성하여 접근하면 어떨까.(중앙일보 중앙시평, 1997. 1. 20.)

(11) 5조 원의 수업료를 물었건만

온 국민에게 충격을 주고 국가경제를 휘청이게 만들었던 한보사태가 이를 덮으려는 거대세력과 밝히려는 자 사이에서 우여곡절 끝에 검찰수사 책임자의 교체까지 가져오면서 결국 청문회 무대에 올라섰다. 그러나 관심과 기대 속에 청문회를 지켜보던 국민의 마음은 점점 더 무거워진다. 국회의원들의 준비없는 질문과 정략적인 추태, 정모 피고인의 오만방자한 답변 태도 속에서 어쩐지 이번 청문회가 일종의 국민적 히스테리나 자학적인 희롱의 수준에 그칠 뿐 심각한 반성이나 성실한 제도개혁의 계기가 되지 못할 것 같은 안타까운 예감에 사로잡히기 때문이다.

사실 우리 현대사에서 돈과 정치의 관계는 모두가 알면서도 모른체 할 수 밖에 없는 부패의 온상이었다. 민족자본이 제대로 형성된 역사가 없는 우리나라에서는 정부수립이후 지금까지도 각종 경제활동을 하려면 정부와 긴밀한 관계를 유지하는 것이 필수적일 수밖에 없었다. 특히 1960년대초 박정권이 경제개발 5개년 계획을 계속적으로 집행하는 단계에서부터는 기업인에게 국책사업을 지정해주면서 온갖 지원을 약속하는 정부주도적 경제발전으로 인하여 우리나라의 재벌은 정부와의 파트너쉽을 통하여 형성되었다고 해도 과언이 아니다. 이러한 생래적 관계가 정경유착이라는 구조적 부패의 고리로 점차 자리잡게 되었음은 물론이다. 그동안 정치자금이 여당에게만 지정기탁되었다는 사실은 아직도 재벌들의 돈은 통치자가 벌게 해준 것이어서 그가 마음대로 할 수 있다는 인식이 조금은 남아있기 때문이 아닐까. 따라서 정부여당이나 관료들이 재벌에게 정치자금이든 떡값이든 뇌물이든 성금이든 명목 여하간에 손을 내미는 것은 당연한 전통이 되었고 기업들도 자신의 생존을 위하여 또는 혜택을 얻고자 갖가지 명목의 돈을 바쳐왔다. 이렇게 거액을 바친 기업들은 정상적 경영이 불가능하므로 결국 탈세를 하는 일방, 은행 돈을 몇조 원씩 얻어 빚더미 재무구조를 만들어 놓고는 설마 국민경제에 미치는 악영향을 무릅쓰고 도산을 시키겠느냐 하는 배짱으로 여유가 만만하였다. 이것은 결국 국민의 돈을 가지고 정권과 재벌이 부당한 효용을 누리고 국가사회 전체의 효용을 불공정하게 왜곡시켰음을 의미한다. 특히 이러한 불공정을 바로잡기 위하여 사정과 지속적 개혁을 약속하면서 실명제를 도입하고 전정권의 핵심인사를 처단해 온 문민정부에서 한보사태, 대선자금의혹, 대통령차남 관련의혹 등 역대 어느 정권에서보다 더 대담하고 무모한 정경유착적 비리와 의혹들이 겹쳐서 터졌다는 데에 역사의 아이러니가 있고 이것이 국민을 가장 실망하게 만들었다. 게다가 현실적으로 다가오는 정치일정에 들어갈 천문학적 숫자의 돈이 결국 어디서 나올 것인가. 아무리 기업인으로부터 돈 한푼 안 받는다고 대통령이 큰 소리 쳐 봤자 선거철이 오면 필요한 자금은 결국 기업에서 나올 것 아닌가. 여당 후보가 자금을 독식하다시피 모금하여 이번 대통령선거를 치르고 나면 또 다시 다음 정권에서 대선자금 의혹으로 재생산되고 말 것이다. 청문회가 실망을 주면 줄수록 한보사태도 다음 정권에까지 넘어갈 정치적 위험이 있다. 정태수 리스트에 대한 수사도 이것이 면죄부를 주는 방편으로 이용될 경우에는 역시 다음 정권으로 이월

되는 정치적 부채임을 직시해야 할 것이다.

그렇다고 우리사회가 오랜 세월 동안 온갖 희생을 무릅쓰고 독재를 퇴치한 후 이제 겨우 민주적으로 조금씩 성숙해가는 마당에 이렇게 뒤떨어진 정치행태를 언제까지나 두고 볼 수만은 없는 일이다. 여태껏 대권주자니 따르는 사람이 많은 보스니 하던 정치인마저도 돈주었다는 사람의 말 한마디에 정치적 생명이 좌우되어 그의 입만 쳐다보며 울고 웃는 우리의 정치수준에 비애를 느끼지 않을 수 없다. 자금추적을 피하기 위하여 아무리 사과 상자에 현금을 넣어서 전달한다고 하더라도 이같은 무모하고 원시적 방법이 오래 계속될 수 없음은 자명하다. 지금 현재 다치지 않았다고 하여 안심할 수 있는 정치인이 없을 텐데 이같은 방식으로 정치를 얼마나 더 꾸려나가려고 하는가. 한번에 5조원의 비싼 수업료를 내고도 합리적이고 투명한 정치운영의 틀을 새로 짜지 못한다고 해서야 되겠는가.(중앙일보, 1997. 4. 14.)

(12) A Lesson That Cost Five Trillion Won *

The Hanbo scandal, which has shocked the entire nation and disrupted its economy, has finally been referred to the National Assembly where hearings are being held. For weeks, those powerful forces eager to limit the fallout from the bribes-for-loans scandal involving 5 trillion won and others determined to uncover the fact have been wrangling over the handling of the case. In that process, the senior prosecutor in charge of the investigation has been reassigned.

But for those watching the proceeding on television, the hearings are only an annoying series of ill-prepared questions and politically motivated remarks by legislators, followed by the haughty and imprudent testimonies of Chung Tai-soo and other witnesses. Such a circus is likely to end in a conflagration of hysteria or as a tortuous farce, rather than as fuel for serious reflection and reform.

In contemporary Korean history, the link between money and politics has been a breeding ground for corruption to which most Koreans turned a blind eye. Capital formation in Korea has always been weak, and businessmen have had to maintain close relations with political power if they hoped to succeed

* 국제교류재단 Korea Focus지, Vol.5, No.2, 1997.

in business.

When the nation's first five-year economic development plan was initiated in the early 1960, the Park Chung-hee regime granted businessmen an abundance of favors in assigning lucrative projects, many businessmen have since become tycoons as a result of their partnership with the government. Needless to say, this collaboration solidified structural corruption, and money became the glue binding economics and politics.

The fact that political funds have been overwhelmingly funneled into the ruling party's coffers underscores the perception that political leaders tended to see business wealth as their own creation, and that they can thus do with it as they please.

Ironic Turn of Events

It has almost become a tradition for government and ruling party leaders to demand funds from wealthy businessmen in the form of political contributions, "rice cake" money or outright bribes. Businesses that wanted to succeed were forced to offer funds to government officials and politicians in exchange for favors.

Businessmen who have been forced to hand out huge sums find it all but impossible to run their businesses properly. They evade taxes and take on excessive debt by obtaining bank loans amounting to trillions of won, confident that the government would not let their companies fail because of the negative impact their bankruptcies would have on the economy. Thus, politicians and wealthy businessmen have fed at the public trough while corrupting the state and society.

Compared to the military-dominated regimes of the past, the current civilian government seems to be plagued by an even greater number of audacious and reckless irregularities and a rising tide of suspicion over the links between economics and politics.

This has occurred even as the Kim Young-sam administration has been busy promising government reform and a thorough housecleaning by introducing a real-name financial transaction system and punishing key officials of past regimes. It is the irony of this situation that has so disappointed the Korean people.

Political Liability

Where did these astronomical amount of political funds come from? The president has boasted that he has never taken so much as a penny from business. But where else can politicians turn for campaign funds? If the ruling party's candidate raises a sizable war chest for this year's presidential election campaign and if he is elected, questions about the source of the funds will inevitably plague the new administration.

The more Koreans become disillusioned by the handling of the Hanbo case, the greater the likelihood that the Hanbo scandal will spill over into the next administration. Likewise, unless the investigation of politicians on the "Chung Tai-soo list," who are alleged to have received payoffs, is conducted rigorously, the ensuing doubts and suspicions will become a political liability for the next administration.

Korea is maturing politically as a democracy after liquidating the remnants of the past dictatorships at a great cost over a long period. Nevertheless, Koreans can not help but grieve over the retarded state of Korean politics in which even presidential aspirants and political leaders see their political lives ruined with the single utterance of a business tycoon who says, "I gave him money."

Such a reckless and primitive political culture cannot last long. Whether or not they are among those implicated in the Hanbo scandal, Korean politicians are not in a position to rest easy. How much longer do they think they can conduct politics the way they have done in the past? Now is time for Koreans to endeavor to establish a reasonable and transparent political system, drawing a precious lesson that cost five trillion won.(1997년 4월 14일자 중앙일보 중앙시평에 기고된 필자의 시론을 국제교류재단이 영문번역하여 게재한 것임)

(13) 錢山人海식 정치구조를 고치려면

문민정부가 들어섰을 때 김영삼 대통령은 평소의 경륜을 펴고자 신명을 바쳐 일할 각오를 했을 것이고 국민들도 새 정부에 대한 기대가 몹시 컸었다. 사실 신경제 100일의 경기부양책도 썼고 개혁을 통하여 신나게 일할 맛나는 사회를 만들겠다는 구호가 요란했던 것이 불과 4년 전이었다. 그러나 현정부의 임기가 1년 남짓 남았을 때 감행한 노동법과 안기부법의 날치기 통과 이후 지금까지 속출하는 비리와 위기로 인하여 신바람은 커녕 온 나라가 무겁게 가라앉아 있고 국민들은 잔뜩 화나고 불안하고 허탈한 심리상태에 빠져있다. 노동법 등의 날치기 통과는 입법과정에서 국민의 합의 없이 절차상의 하자를 무시한 채 통과를 강행하면 정통성을 결여하여 국민의 저항을 불러일으킨다는 교훈을 주었다. 청문회란 행정부 우위현상이 두드러지는 현대 법치국가에서 필수적 견제장치임에도 불구하고 한보청문회는 증인이 부정한 돈을 수수하고도 거짓말하거나 도망가면 그만이고 결국 짜고 하는 연극이어서 진실을 밝히는 것과는 무관한 정치낭비임을 일깨워 주었다. 돈을 먹고 거짓말을 했는데 부끄러운 줄 모르고 책임도 안지며 자숙은 커녕 바로 외국을 방문하거나 조찬기도회에 버젓이 나타나는 염치없는 정치인이 많다는 것도 알게 되었다. 정치인만 돈을 받았고 공무원은 모두 깨끗한 양 관계기관들도 꿀먹은 벙어리인 가운데 먹은 돈에서 증여세를 추징하겠다는 국세청의 발표만이 종전에 못들어보던 소리가 아닌가 한다.

웬만큼 수양된 사람이 아니면 평소에 묵묵히 살아가다가도 돈을 조금 손에 쥐거나 벼락감투라도 쓰게 되면 그때부터 거들먹거리면서 교만해지기 십상이다. 옛 선현들이 이를 적절히 지적하여 경종을 울렸건만 돈이나 권력을 손에 넣게 되면 하늘 높은 줄 모르게 되는 것은 인지상정인가 보다. 권위주의적이고 경직된 우리 사회에는 위와 아래 그리고 귀와 천을 철저히 따져서 남보다 조금이라도 우위에 있다 싶으면 꼭 이를 과시하려는 풍조가 심한데 하물며 대통령의 아들쯤 되면 그에게 줄대려고 운집한 자들에게 둘러싸여 아마도 상황통제나 자기극복이 불가능했었으리라. 얼마나 많은 사람들이 돈 싸들고 본인 아니면 측근이라도 만나자고 하면서 錢山人海를 이루었을까. 그러나 이제 새삼스럽게 철없는 젊은이의 국정개입, 부패, 인사간섭 또는 선거관여 등의 의혹을 매도만 하고 있을 만큼 나라사정이 한가하지도 않다. 청문회 이후의 해법에 대해서는 결국 대통령 차남을 구속하는 것으로 한보위기를 탈출하고 대선자금은 공개하지 아니한다는 선에서 정부의 입장이 정리되고 있는 듯하나 이는 국민이 납득하지 아니할 것이다. 검찰이 한창 수사를 하는 중임에도 정부 여당 일각에서는 구속의 당위성 또는 대선자금의 공개 여부에 대한 논의가 많은데 이처럼 본말이 전도된 경우가 또 어디 있을까. 수사결과 드러난 혐의가 중대하면 검찰이 구속영장을 청구하여 사법적 심사의 절차를 거칠 것이어늘 정치적 해법이 급하다고 미리 수순을 짜고 검찰에게 시나리오를 제시하는 것은 얼마나 정치인들이 법치의식과 절차의식이 없는가를 단적으로 보여주는 예라고 아니할 수 없다. 오랫동안 야당 지도자였던 김대통령이 선거를 점조직으로 치른 나머지 그 당시의 관여자들조차 자금의 전모를 파악함이 어려울지 모르나 대선자금 의혹은 한보사태 및 김현철 비리와 서로 뒤엉켜 있으므로 검찰의 수사활동을 정치의 힘으로 좌우하지 말고 독립된 수사를 계속하게 하면 대선자금의 상당부분이 드러날 것이다. 우선 국민이 가장 궁금해 하는 것은 노대통령의 지원금 및 선거후 남은 돈의 행방과 그 처리인데 어찌 해명이 없을손가. 정부 여당이 고비용 정치구조를 고치려는 확고한 의지가 있다면 지난 대선자금의 내막을 밝혀서 이를 귀감으로 삼아 제도를 개혁하고 이에 따른 선거를 치루어야 사리에 맞다. 또한 이 기회에 밝히지 못하면 곧 치루어야 할 금세기 마지막의 대통령선거마저 지난번처럼 불법금권선거의 재판이 되어 다음 정부의 상큼한 출발을 불가능하게 만들 것이다. 현재의 위기는 선거 역사 바로세우기와 금품집약적 선거의 재발 방지책 마련으로 빨리 수습되어야 한다. 정직은 국민에 대한 의무인 동시에 최선의 정책이다.(중앙일보 중앙시평, 1997. 5. 12.)

(14) 對美通商外交를 위한 교두보

치열한 국제경쟁 속에서 분단된 약소국인 우리 한국이 남부럽지 않게 살아나가기 위해서는 국내외적으로 크고 작게 해야 할 일이 참 많다. 우리의 실력을 꾸준히 기르는 일이 가장 중요하지만 국제 사회의 일원으로서 세계평화와 공동번영에 한 몫을 해야 하며 이런 의미에서 최근 우리나라가 추진하여 성과를 올리고 있는 북방외교는 긍정적으로 평가받아서 마땅하다. 우리의 어려운 국제적 입장에서야 북방외교는 물론 서방외교 남방외교 및 동방외교 등 전방위 외교를 펼쳐 나아가야 할 것이다. 그러나 다른 한편으로는 새로운 개척도 중요하지만 전통적인 우방과의 기존관계를 새로운 시대적 변화에 발맞추어 좀더 다각도로 공고하게 구축하는 일도 계속적으로 추진해 나가야만 한다.

미국과의 수교는 1세기를 넘고 두 나라간의 정치·경제·문화·군사적 관계는 세계대세와 양국의 국제적 지위의 변화에 따라 많이 달라져가고 있으나 그럼에도 불구하고 미국이 우리에 대하여 차지하는 의미는 변함없이 크고 중요하다. 많은 사람들이 미국을 잘 아는 것으로 자처하고 있고 그곳에 살았거나 유학했던 지도층 인사도 부지기수여서 한미관계는 지나간 냉전시대의 군사동맹관계이거나 오늘날의 통상협력 파트너관계이거나 간에 원활하고 빈틈없이 잘 돌아가고 있는 것처럼 보인다. 그렇지만 요즘에 와서 양국관계는 통상마찰문제로 지극히 어지럽게 돌아가고 있음이 분명하다. 양국의 정부 관계자들이 빈번하게 왕래하면서 숨가쁘게 협상을 벌이고 있고 미국의 일곱 번째로 큰 교역국인 한국의 수출품이 덤핑혐의 등으로 미국법상 문제가 되었다는 소식이 날마다 신문에 보도되고 있다. 그런가 하면 민간구매사절단이 파견되어 거액의 수입계약을 맺었다고도 하고 양국의 거래당사자간에 분쟁이 생겼다고 하여 변호사나 공인회계사 등이 바쁘게 태평양을 가로지른다. 비행기에서 내리자마자 숨돌릴 틈도 없이 미국 통상대표부의 회의석상으로 직행하여 밤을 꼬박 새우면서 우선협상국 지정을 면하도록 끈질기게 밀어부치는 상공부 등 관계공무원들의 억척스러운 모습도 직접 보았고 워싱톤이나 뉴요크의 중요한 모임에서 우리의 경제적 어려움을 설득력있게 연설하는 경제계 지도자들도 적지 아니하다. 한국과 미국을 번갈아 왔다갔다 하면서 시사성있는 문제를 중심으로 많은 돈을 들여 1회성 세미나를 개최하기는 또 무릇 몇 번인가. 정부나 기업 또는 경제단체가 많은 비용을 들여 주재원을 미국에 파견 근무하게 하는 경우에도 결국 한국에서 오는 손님 안내에 세월이 다 가 버리는가 하면, 그동안 정부에서 마련한 자금으로 한국에 근무했던 퇴직미국외교관이나 군인들을 규합하여 정보수집이나 초보적 로비활동을 의뢰하였다가 실패한 일도 있다. 또한 무슨 일만 생겼다 하면 정부의 고위직 인사들이나 재계 지도자들이 워싱톤으로 달려가서 높은 사람을 직접 만나서 해결한다는 한국식 발상으로 연방정부 고위책임자를 당장 면담하자고 우겨댄 시행착오가 얼마인가. 사건이 생길때마다 주의깊은 사전 검토도 없이 커다란 미국 법률사무소에다가 일을 맡기고는 거액의 변호사비용을 계속 지급하고 있는 경우는 좀 많은가. 그러나 구슬이 서말이라도 꿰어야 보배라는 말과 같이 산발적으로 행해지는 우리의 노력을 이제는 한데 묶어서 체계화·영속화하고 장기적 안목에서 우리를 도와줄 미국의 전문가와 친구들을 양성해낼 우리의 교두보를 마련해야 할 필요가 있다. 미국은 「법의 지배」가 통하는 사회이고 70만 명이 넘는 법률가들이 정계 재계 관계를 비롯하여 나라 전체를 이끌어가는 법과 법률가의 나라이다. 따라서 그 나라에서 가장 창조적 기능을 수행하며 가장 영향력있는 전문가 집단을 손꼽아보면 법과대학과 대형 변호사사무실과 법관등 법조인 집단이다. 우리는 이점에 착안하여 이들을 집중공략함으로써 영향력있는 각계각층의 법조출신 인사들을 우리 편으로 만들어 갈 수 있다. 우리는 과거 여러해 동안 정부나 기업들이 한국의 역사, 문화, 정치, 경제, 사회를 연구하는 각 대학이나 연구소의 한국학 프로그램에 많은 재정지원을 해왔다. 그 결과 한국학 연구의 권위있는 학자들을 길러낸 공로도 있었으나 그들이 미국의 정책결정에 미치는 영향력은 아주 적었고, 계획성도 없었으며 심지어는 재정지원의 의도를 의심받아 수령거부사태 또는 코리아게이트사건 때와 같이 조사당하는 수모를 겪기까지 한 바 있다. 이제는 한정된 자원의 효율적 활용이라는 관점에서 미국의 영향력있는 법과대학에 집중적으로 기금을 제공하여 한국법 강의와 종합적 연구 그리고 우리의 대미 로비활동의 기반이 될 수 있는 교두보로서 한국법 講座교수제(chair professor)를 설치할 때가 왔다. 그렇게 하면 이 제도하에서 매년 한국법을 배우고 나간 우수한 미국 법률가들이 학계에서 실무계에서 또는 정부 내에서나 민간부문에서 활약하게 되고 이들이 일조유사시에는 우리의 정부나 민간외교를 뒷받침하면서 우리 한국을 위하여 다양한 노력을 경주하고 집약하는 구심점으로 될 수 있을 것이다. 필자가 지난달 프로리다 대학에서 태평양 연안교역과 관련한 한국법 강의를 하고 시험을 치루었을 때 과거 10여 명 정도 수강하던 것과는 달리 약 70명의 법과대학생, 변호사, 공무원 등이 교실을 꽉 메우면서 보여준 관심과 열기는 바로 이와 같은 아이디어를 실천에 옮길 때가 무르익었음을 보여주는 좋은 증거라고 할 수 있다. 일본이나 중국이 이미 20여 년 전부터 모두 이 같은 노력을 소리없이 이행하여 큰 성과를 올리고 있는 것은 우리에게 타산지석이 될 것이다.(게재지 미확인)

(15) 마지막 정면돌파를

정권말기적 현상이 심각하다보니 국가경쟁력은 갈수록 떨어지고 기업은 장사가 전연 안될 뿐만 아니라 행정도 중앙이건 지방이건 공백이라서 민원업무조차 제대로 처리되지 못한다는 불평과 국가위기에 대한 걱정이 대단하다. 연초부터 온 나라가 한보위기에 휘말려 비틀거린 나머지 정부는 끝 마무리를 제대로 하지도 못하고 있고 민간부문도 마치 민방공훈련 때 모든 자동차가 정지해 있듯 일손을 놓은 채 터널의 끝만을 기다리고 있다. 국정의 중심이 검찰에 있기라도 한 듯이 청와대도 정계도 재계도 모두 한보사태 또는 김현철 비리의 수사결과를 보고 난 다음에 입장을 표명함으로써 표류하는 국정을 수습하거나 놓았던 일손을 다시 잡겠다고 관망하고 있었을 뿐이다. 심지어 대선자금에 관하여는 정치권이 공멸할 것이므로 대통령의 공개나 검찰의 수사요구마저 그만두자는 의견도 없지 않으나 오랫동안 말의 낭비와 정치적 소모전을 거치면서 점차 공개불가피쪽으로 밀려왔다. 그러나 이처럼 꾸물거리는 모습은 그동안 도대체 얼마나 많은 대가성의 검은 돈이 재계로부터 정부, 정당, 관료, 언론, 법조 등 힘센 기관에 구석구석 흘러 들어갔길래 돈의 출처나 용도를 공개하지 못하며, 나라경영에 관여하는 부문의 어느 기관도 얼마나 떳떳하지 못하길래 하던 일을 팽개치고 일개 형사사건 수사에 몸을 사릴까 하는 강한 의혹을 자아내게 한다. 사건수사는 검사들이 전문적 판단에 따라 장기간 이를 계속할 수도 있고 그런 경우에도 이와 무관한 부문에서는 모든 기관이 정상적으로 돌아가야 마땅한 것이다. 만일 수사의 불똥이 자기에게 튈 수도 있기에 모두 겁나서 몸을 움추리는 것이라면 한보사태는 늘 보아왔던 단면적 정경유착이 아니라 돈줄인 재계와 힘있는 각 기관간에 복잡하게 얽히고설킨 총체적 상호유착 때문이라고 볼 수밖에 없다. 그런데 이 나라는 한보나 김현철 비리 등의 사건이 마무리된다 한들 대선자금문제와 대통령선거가 가로놓여 있기 때문에 새 정부가 들어서서 다시 고삐를 쥘 때까지는 어차피 질서를 잡아 국가경영을 본 궤도에 올려놓기 어려워 보인다. 그렇다면 김영삼정부의 마지막 돌파는 첫째 대선자금의 본체를 밝혀 어두운 과거를 청산하는 길을 열고, 둘째 여당의 경선과정을 조속한 시일내에 끝내서 들뜬 마음을 가라앉힐 것이며, 셋째 돈 많이 드는 선거와 정치를 방지하는 입법을 관철하는 것이라고 본다. 대선자금 공개는 검찰의 수사를 촉구하는 동시에 김대통령이 자금 총규모와 잉여금의 처리라도 성의있게 밝히고 국민의 이해를 구하는 것이 필요하다. 당대표를 내세워서 관측기구를 띄워보았다가 악화된 여론에 떠밀려 다시 담화를 발표했지만 사과 한마디도 없이 공개불가능한 일에 대하여 책임질 용의가 있다는 자기모순적 발언을 직접 했다는 점 외에는 달라진 것이 없음은 유감이다.

여당의 대통령후보는 빨리 확정될수록 국민에게 득이 된다. 무사려한 말들을 뱉어내어 국민을 혼란시키고 자기들끼리 욕하는 입의 숫자가 하루 빨리 줄어야 하기 때문이다. 기자들이 묻는 질문도 대부분 말초적일 뿐만 아니라 일부 용(?)들의 대답도 고뇌어린 판단을 통하여 국가와 민족을 위한 경륜의 일단을 피력하기보다는 자신은 그렇게 생각하지도 않거나 그렇게 행동할 의사가 전연 없음이 분명하면서 국민들, 아니면 자기가 求愛하는 정치집단이 무슨 답을 원하는지 눈치로 알아서 그대로 발언하는 정치적 허위의식의 발로일 뿐이다.

돈 안드는 공정선거를 위하여 필요한 입법은 지금처럼 명분과 필요성을 절감하는 분위기를 이용하여 대통령의 주도로 신속하게 성사시켜야 한다. 이를 위해서는 단순히 선거법과 정치자금법 등만을 고쳐서는 부족하고 좀더 근본적으로 뇌물성 자금과 정경유착적 대가성 자금의 흐름을 통제할 수 있는 기본법도 마련되어야 한다. 그런 관점에서는 돈세탁방지법이 꼭 필요한 것임에도 불구하고 여당이 보인 거부반응이나 줄기찬 희석노력은 여당의 대선후보주자들도 공개하기에는 떳떳하지 못한 자금을 지원받아 활동하고 있기 때문이라는 의혹을 자초할 수도 있을 것이다. 설령 정치인들이 반대하더라도 경제협력개발기구(OECD)의 뇌물방지법 제정 촉구 등 국제적 압력에 의하여 결국 투명성 보장을 위한 일련의 유사 입법이 이루어지지 않을 수 없다. 이러한 작업의 완결이야말로 현 정부가 유종의 미를 거두는 길이고, 새 정부는 부담없이 국운과 민생을 위한 본래적 업무에 전념할 수 있을 것이다.(중앙일보 중앙시평, 1997. 6. 2.)

(16) 정치와 법치

3류잡지처럼 소위 대권주자들에 관한 가십성 기사로 지면을 꽉 메운 신문을 보고 있노라면 그들 대부분의 교육배경이 법학이어서 그런지 법치에 관한 언급이 많다. 그런데 국민의 소박한 반응은 법대로 처리한다고 하면 융통성없이 원칙을 고수함을 뜻하고, 따뜻한 법치란 온정적이고 신축적인 법적용을 의미하는 것으로 받아들이는 듯하다. 만일 법대로 하자는 것이 항상 법의 무조건적이고 획일적 적용만을 뜻하고 그렇게 하는 것이 형평이라고까지 주장하는 것이라면 이는 정치를 불필요한 것으로 보는 퇴행적 법만능주의에 지나지 않는다. 과거에 노동문제같이 정치적, 경제적으로 민감한 사안을 대법원 판례대로만 처리하겠다는 주장은 그러한 예라고 하겠다. 반면에 따뜻한 법치는 법에도 인정과 눈물이 있는 만큼 때로는 융통성있는 적용을 통하여 실질적 정의에 도달할 수 있다는 뜻일 것이다. 그러나 이러한 주장은 법의 정의롭고 자애로운 적용보다 일단 정권을 잡은 사람이나 공권력이 편의적 법적용을 할 일반적 위험을 간과하고 있다.

군사독재시절에는 법치주의란 명함을 내밀기도 어려웠다. 법제정과정을 보면 민주적 의견수렴없이 정부의 일방적 정책방향을 반영하거나 정권유지를 위한 입법을 계속하였으므로 국민과 괴리가 너무 컸고, 법집행과정은 법을 국민을 얽어매는 통치수단으로 보는 공무원에 의하여 자의적, 형식적, 편의적으로 운영되었다. 게다가 지키기 어려운 요건을 이해하기 어려운 표현으로 늘어놓아 국민이 관계법을 숙지하고 준수하려고 해도 불가능하다. 예컨대 세법의 조문을 읽고 뜻을 알 수 있는 사람이 얼마나 있을까. 따라서 문민정부가 들어섰을 때 최우선순위는 당연히 법치주의의 확립이었어야 함에도 통치권자는 법에 의하여 법대로 다스리는 대신 人治중심의 국정을 운영했고, 정부기관들이 법을 멋대로 집행하는 태도는 여전하여 국민을 깊이 실망과 혼란에 빠지게 하였다. 또한 법으로 다스릴 문제와 정치력을 발휘하여 해결할 문제를 구별 못하고 통치권력의 핵심부에 연결되는 중대사안이 터질 때마다 법치와 정치를 거꾸로 적용해가면서 정권안보를 도모해 온 군사독재시대의 수법이 아직도 답습되는 것은 극히 유감스러운 일이다. 법적 사고와 정치적 사고가 뒤바뀌면 법이 이루어내야 할 정의는 정치적 흥정의 대상으로 전락해 버리고, 정치적으로 달성해야할 유연성은 법적 사고의 질곡 속에서 얼고 굳어질 수밖에 없다. 전직 대통령들에 대한 수사와 처벌 그리고 한보게이트와 김현철게이트의 국정조사 등 사건처리과정을 보면 법치와 정치의 역할이 뒤바뀐 경우임을 알 수 있다. 역대정권마다 검찰은 정치를 하고 국회는 수사적 성격의 조사를 하는 역할 변환을 통하여 검찰은 정치적 곤경을 모면하고 정치권은 검찰이 빼어드는 형사소추의 칼날을 피할 수 있어서 정권과 함께 편리하게 相生해왔다. 그러나 그동안 법의 무시, 왜곡 또는 편의적 집행에 익숙한 국민들은 사법당국을 불신하고 정치권의 무능을 지탄하면서 법이란 골치아프고 딱딱하며 얽어매는 것으로 이해하여 적대감까지 갖게 되었다. 또한 지난 한 세대 동안 우리 국가발전의 원동력이 되었던 물질적 성장에 걸맞게 사회 각계의 정신적 지도관리의 틀과 제도가 성숙되지 못한 결과 정당, 법조, 언론 등이 몹시 낙후되어있어 법에 대한 불신감을 부채질한 것도 사실이다. 그러나 법은 기본적으로 사회평화와 질서유지를 목적으로 하면서 국민에게 안정성과 예측가능성을 주는 규범이다. 원래 고전적 법치주의는 군주의 전제정치를 제한하려는 데에서 출발하였으므로 개인의 자유와 권리를 보장하는 한편 법률로서 행정을 규제하여 방만하고 자의적 정부운영을 통제함이 그 목적이다. 물론 우리는 이같은 뜻의 법치주의를 확립하는 한편 좀더 적극적 의미의 법치주의도 모색하여야 한다. 즉 세계화 시대에는 주로 민간창의에 의하여 국경을 뛰어넘는 무한대의 경쟁을 해야 하므로 법은 이들의 활동무대를 틀지어주고 그 무대에서 경쟁하는 자들을 위한 공정한 경기규칙을 제공하게 된다. WTO시대에는 정치적 편법이 통하지 아니하므로 법과 계약에 의존할 수밖에 없고, 결국 법치주의만이 더디고 성에 안차는 것 같아도 고효율, 저비용 및 선택권의 확대를 보장하는 궁극적 국가운영 원칙임을 깨달아야 할 것이다.(중앙일보 중앙시평, 1997. 6. 23.)

(17) 정부조직개편에 문제 있다

국제통화기금(IMF)의 혹독한 채찍을 맞으면서 각계각층에서 고통 분담의 노력이 가시화하고 있다. 우선 대다수 국민은 의식을 전환하여 국난 극복에 동참하라는 정부의 요구에 깊은 시름 속에서도 과소비를 자제하고 금모으기에도 호응하는 등 점차 자기 몫의 고통을 분담하고 있다.

재벌은 아직 그 진의를 알 수 없지만 김대중(金大中) 대통령 당선자에게 개인재산 출연 용의 등 중요한 약속을 한 바 있다. 노동계도 '국민협약'을 도출하기 위한 노사정(勞使政)위원회에 참여하여 고용조정 등 방안 마련에 머리를 맞대고 있다. 정부도 세출을 줄이는 추경예산을 편성하는 동시에 조직개혁의 난제를 정부조직개편심의위원회(정개위)에 맡겨놓고 있다. 요컨대 각자 사상 초유의 강도 높은 구조조정을 통하여 낭비 요인을 제거하고 효율을 높이고자 노력하고 있다.

다만 모두들 뼈를 깎고 허리띠를 졸라매자는 주장이 무성한 가운데 나온 정개위의 정부조직개편 시안과 공청회에 참가한 토론자들이 제기한 지적들은 상당히 미흡하다고 아니할 수 없다. 정개위의 시안을 보면 요컨대 기존 정부기능을 합치거나 재배분하고 대부분의 처를 격하하여 총리실에 소속시킴으로써 장관 자리 몇 개와 외청이나 기타 조직을 축소하는 정도의 표피적 발상에 그치고 있다. 비상한 국난의 상황에서 겨우 이 정도의 개편안이라니 실망을 금할 수 없다. 시간이 급한 나머지 만일 과거 행정쇄신위원회나 관련 학회가 연구한 결과를 참고하여 안을 만들었다면 이는 태평성대의 인식 하에 정부 효율 제고에 도움되는 연구일 뿐 비상시국을 헤쳐나가는 조직개편 자료로는 그 자체가 미흡할 수밖에 없다. 조직적 로비경쟁과 부처이기주의에 시달리더라도 중심을 잃지 말고 미증유의 국난을 극복함에 실질적으로 도움이 되는 아주 과감한 발상의 전환을 촉구한다.

첫째, 이 기회에 가장 급한 일은 정부가 틀어쥐고 있는 많은 권한 중 민간에 넘겨도 괜찮은 기능이 무엇인지를 가려내어 과감히 민영화함으로써 정부의 몸무게를 가볍게 하는 조직개편이 돼야 한다. 그래야만 현 정부가 목청을 높이 고도 달성하지 못한 규제완화가 비로소 가능해지고 정부의 효율성을 제고할 수 있다. 왜 교도소는 민간에게 위탁경영을 못하며 국립대학 몇 개쯤 매각하거나 합병할 수 없는가.

둘째, 민영화하고도 남은 정부의 서비스 기능에는 항상 민간의 유사조직과 상업적 경쟁 속에서 살아남을 수 있도록 체제개편을 할 것들이 있다. 예컨대 교육, 조달, 법무, 산업기술, 정보통신, 운수항만 분야 등의 서비스가 그러하다. 그럼에도 철도청의 민영화를 전제로 한 공사화는 5·16 직후의 안이건만 지금도 추후검토과제라니 한심하다.

셋째, 현재 A부처의 어떤 기능을 B부처로 이관하는 것이 타당한지 또는 C부처와 D부처의 통폐합 필요성을 검토하는 것도 중요하지만 정부개편을 이처럼 주로 조직통폐합이나 기능 재분배 차원에서 논의하는 한 결국 정부조직 자체의 경량화는 초점을 잃는다.

넷째, 종래의 부처를 격하하는 방안은 우두머리의 지위만 격하되고 그에 상응한 조직원의 대폭 정리해고가 따르지 않는 경우에는 결국 눈가리고 아웅하는 결과를 초래하게 된다. 현재의 분위기 때문에 당장은 이를 감수하지만 격하된 조직은 김대중정부의 임기만료 전에 무슨 명분을 내걸든지 간에 도로 원상회복 내지 확대되리라는 것은 과거의 예가 증명한다.

다섯째, 정부조직 개편은 각 부처가 거느리고 있는 산하기관과 정부출연연구소의 개혁, 그리고 각종 기금운영의 난맥상의 시정과 함께 종합적으로 단행해야만 시너지효과를 노릴 수 있다. 근로자도 정리해고되는 아픔을 당하는 상황에서 정부도 대담한 발상전환으로 좀 더 많은 고통을 솔선수범한다는 의지를 조직개혁에서 보여야 한다.(동아일보 시론, 1998. 1. 20.)

4. 경제와 사회

(1) 外國人 抵當權者 有感

재무부는 지난 3월 7일자로 새로운 규정을 공포하였다. 즉 종래와 같이 은행의 지급보증(人保證)을 통한 외국차관도입 방법 이외에도 국내기업이 국내에 가지고 있는 부동산 또는 국내기업의 외국현지법인이 한국 외환관리법상 적법하게 취득하여 현지에 보유하고 있는 부동산을 담보로 하여 외국에서 직접 起債할 수 있는 길을 마련한 것이다. 정부측의 주장으로는 이처럼 새로운 차관도입의 길을 터줌으로서 그동안 크게 성장한 우리나라 기업들이 국제자본시장에서 누리는 신뢰도에 비추어 은행의 지급보증에 의존함이 없이 기업 자신의 신용만으로 외국자금을 빌릴 수 있도록 유도하고 해외현지법인들의 현지투자나 자원개발을 위한 영업활동을 지원할 수 있는 길을 확대할 수 있다고 한다. 이러한 조치로 말미암아 한국의 은행들은 차관업체가 채무불이행시에 보증인으로서 지게 되는 大拂의 위험에서 헤어나게 되고 기업의 입장에서는 은행에게 물어왔던 연 0.5%의 지급보증료 대신 연 0.125%의 담보부동산관리 비용만을 부담하게 되는 이점이 있게 된다.

이러한 규정을 시행하면서도 정부는 다음과 같은 두 가지 조건을 붙이고 있다. 즉 첫째로 차관도입계약은 은행지급보증의 경우보다 더 유리한 조건으로 체결할 것과 둘째로 차관을 상환하지 못하여 外國借款先이 경매를 통하여 담보실행을 하는 경우에는 담보부동산이 외환관리법상의 비거주자의 손에 들어갈 수 없도록 하였다. 이것은 외국인이 국내부동산의 소유권을 취득할 수 없도록 하려는 배려이다.

따라서 국내기업이 자신이 소유하는 부동산을 담보로 하여 직접 외국기관으로부터 起債하는 경우에 국내은행들의 역할은 외국차관선의 대리인으로서 담보부동산을 관리하고 가치감소를 방지하는 것으로 될 것이다.

이렇게 되면 외국의 금융기관들이 국내부동산의 근저당권자로부터 속속 등장하게 되고 등기부가 더 한층 다채로워질 것으로 보인다. 우리나라에는 각종 특별법에서 실로 가지각색으로 저당권 설정의 길을 마련하거나 제한하거나 또는 특수한 경우에는 특별한 취급을 하고 있다. 저당권의 대상만 보더라도 특별법상 立木, 광업권, 어업권, 공장재단, 광업재단, 선박, 자동차, 항공기, 중기 등 무척 많다. 그러나 기본적인 것은 민법에서 규정하는 일반저당권이고 그중에서도 일반저당권의 변형인 근저당권이 앞으로 가장 빈번히 이용될 것으로 보인다. 근저당은 계속적 거래관계로부터 발생하는 다수의 불특정채권을 장래의 결산기에서 일정한 한도까지 담보하려는 저당권이다. 일반저당권과 대체로 비슷하지만 근저당의 특색이라고 하면 피담보채권의 불확정성, 그리고 피담보채권이 일시적으로 소멸되거나 장래에 성립할 경우에도 저당권의 존재가 그에 따라 좌우되지 아니한다는 점에서 소위 저당권의 附從性 완화를 들 수 있다. 그런데

1960년대 이후의 은행거래실무는 근저당권보다 한 걸음 더나아가서 포괄근저당권제도를 이용하기 시작하고 있다. 종래의 근저당권은 채권자와 채무자간에 일정한 거래계약이 현존하고 있고 그 계약으로부터 생기는 불특정의 채권을 담보하는 저당권이었는데 포괄근저당권은 채권자와 채무자간에 어떤 거래계약이 현존하는지 여부 또는 장래에 그러한 계약이 있을 것인가 여부에 관계없이 심지어는 그러한 거래의 종류조차도 특정하지 아니한 채 채권자가 채무자에 대하여 취득하는 모든 채권을 담보하는 형태인 것이다. 채권자에게는 근저당권보다도 훨씬 유리한 것은 말할 것도 없다. 바야흐로 외국의 금융자본이 새로운 방식으로 이 땅에 상륙하는 마당에서 그들이 취득하게 될 담보권의 형태는 근저당권이 大宗을 이룰 것으로 보이지만 첫째, 외국채권자가 국내 채무자에 대하여 취득하는 모든 채권을 담보한다는 식의 포괄근저당권의 설정은 막아야 한다고 본다. 현재 우리나라에서는 근저당권은 민법에서 명문으로 인정하고 있으므로 문제가 없지만 포괄근저당권은 은행실무에서 널리 이용되고 있는 현실에도 불구하고 그 제도 자체의 유효성 여부에 대하여 많은 논란이 있고, 입법적으로나 판례에 의해서나 명확한 견해가 표명되어 있지 아니하기 때문이다. 은행실무도 약정서 등을 보면 조심스럽게 한정적 유효론에 입각하고 있음을 알 수 있으며 외국금융자본에게 무제한 유효한 포괄근저당권을 허용할 때에 예상되는 그들의 국내 산업지배 가능성을 간과하기 어렵다.

둘째, 담보부동산을 경매하는 경우에 외국 채권자(외환관리법상의 비거주자)는 소유권을 취득할 수 없게 한 배려는 외국인토지법의 규정과도 상통하는 것이므로 외환관리법과 외국인토지법의 운영에 있어서 필요한 외국자금을 원활히 꾸어올 수 있으면서도 국내부동산에 대한 소유권적 이해관계가 외국금융자본가의 지배에 넘어가지 아니하도록 유의하여야 할 것이다.

셋째, 근저당권을 설정함에 있어서 담보될 채무의 최고한도액에는 원본과 이자를 포함하지만 여기에다가 지연손해금 기타 고정된 위약금 등을 상정하면 채무최고액을 起過하는 만큼 借款원금보다 상회하는 금액을 등기하는 것이 실무이고 대체로 차관원금의 130% 정도를 기재함이 관례이다. 그러나 이는 당사자간의 계약에서 정하기에 달린 것이므로 재무부 규정에서 처음부터 허용범위를 명시하는 것이 좋다고 생각한다.

이러한 새로운 起債方式이 허용되었지만 우리나라의 담보물권의 이용수준에서 보면 아직도 유치한 단계에 머물러 있는 상태이다. 왜냐하면 저당권을 그 목적물이 가지는 교환가치의 취득을 목적으로 하는 대표적인 담보물권이라고 파악할 때 우리의 법제는 아직도 특정한 채권의 담보를 목적으로 하는 保全抵當權의 기능만을 허용하고 있기 때문이다. 그러나 저당권의 가치권적 성격을 완전히 실현시키려면 현재의 채권보전기능에서 한 걸음 더 나아가서 저당권 자체를 投下資本을 회수하는 수단으로 삼는 소위 유통저당권으로까지 발전시켜야 한다. 다만 이 문제는 앞으로 우리나라의 경제규모와 실력이 더 커지고 금융제도가 좀 더 발달·정비된 장래의 숙제로 남을 수밖에 없음이 오늘날의 현실이라고 판단된다.

이상과 같은 설명을 통해 알 수 있듯이 대학교육에 대한 경제학적 접근방법의 범위는 무척 넓다고 하겠다. 대학교육의 최종산출물의 질적 향상을 위해 투입물을 어떻게 효율적으로 활용하느냐 하는 문제라든가 혹은 경제적 효과를 극대화시키기 위한 대학의 적정규모문제 등은 경제학 분야에서 해결해야 할 문제들이다. 특히 한국과 같은 현실에서 이러한 면에 대한 연구와 해결은 시기적으로 더욱 절실히 요청된다고 하겠다.(KMDI Bulletin 5(29), 1-2면, 한국경영연구원, 1980. 4. 15.)

(2) 21세기의 張保皐

지난 세기에 大英帝國은 해가 지는 때가 없었고, 그들의 국기인 유니언 잭이 펄럭이지 아니하는 대륙이 없었다는 말이 유행되던 때가 있었다. 이것은 한때 전세계를 지배했던 영국의 국력이 막강함을 나타낸 말이다. 서유럽의 다른 나라들이 지도층의 전제와 부패로 인하여 쇠퇴하고 미국이 남북전쟁 등 내부적 곤란을 겪고 있을 때에 영국인은 끊임없는 국내정치의 개혁과 능란한 외교는 물론, 식민지 경영을 잘하고 과학기술과 산업을 발전시켜서 국제적으로 선도적 지위를 차지하였기 때문이다. 영국이 이처럼 5대양 6대주를 지배하게 된 데에는 무엇보다도 해운을 진흥시켜서 유니언 잭을 게양한 국적선이 전세계를 누빈 것이 중요한 역할을 하였다.

물론 영국의 등장에 앞서 조그마한 나라 포르투갈이 일찍부터 바다로 나아가 세계일주 항로를 발견하여 강인한 해양개척정신을 과시하였고, 그 뒤를 이어 스페인이 미주대륙을 발견하여 세계의 역사를 바꾸었으며, 네덜란드가 협소하고 척박한 국토에서 탈출하여 한때 세계를 지배하였음은 역사적 사실이다. 이들 국가가 이처럼 천하를 도모할 때에 이용된 가장 긴요한 수단은 바다로 뛰어드는 일이었으니 海運은 國力이라는 말이 참으로 실감나는 역사적 실례라고 할 수 있다.

우리의 경우를 보아도 서유럽의 여러 나라가 민족국가를 형성하기도 전에 바다의 중요성에 눈을 떠서 신라시대에 이미 반도의 남부를 거점으로 일본과 중국을 우리의 해상활동영역으로 삼아 활발한 교역을 해왔으니, 이 같은 조상들의 예지와 진취적 활동은 우리 역사의 자랑스러운 대목이라고 아니할 수 없다.

해운업은 이미 사양산업이라거나 항공운송에게 많은 물동량을 빼앗겼다거나 하는 말도 있으나, 해운이 국력이라는 말은 오늘날에 와서도 변함없이 타당하다. 정부도 해운진흥정책을 계속적으로 실시하고 있고 국적선의 보유톤수를 증가시키게 하는 여러 가지 조치를 취하고 있다. 그동안 중고선박 도입이나 계획조선에 많은 실패를 거듭했고 해운통폐합에서도 시행착오를 거듭한 바 있으나, 우리 해운은 비약적 성장을 이룩하였으며 소련, 중국, 동유럽제국과의 통상확대로 이제 새로운 전기를 맞이하였다고 볼 수 있다. 장보고의 후손인 우리가 이를 잘 활용하기에 따라서는 우리의 국력을 세계에 떨칠 수 있는 기회가 될 수 있다. 그러기 위해서는 한편으로 인력확보와 기술혁신에 부단한 투자를 하고, 선박관리의 효율화 및 복합운송체제의 확립에 주력하여야 할 것이며, 다른 한편으로 정부의 과감한 지원과 항만운영의 효율화, 규제적 제도의 개선을 위한 노력이 집중되어 세계 시장에서의 경쟁력 확보에 힘써야 할 것이다.

또한 본래 해상기업은 기업에 수반되는 위험이 다른 분야보다 특수하고 고도의 것이어서 그에 대한 대비가 없이는 한정된 자본을 해운부문에 투자하기 어려우므로 선진국의 해운환경과 해상보험업계의 동향을 신속히 파악해야 한다. 게다가 미국의 해운시장 개방압력에 직면한 이 시점에 있어서는, 국제화와 자유화시대이며, 해운산업의 고도의 섭외성에 비추어 언제까지나 국내시장의 개방을 지연시킬 수 없으므로 이에 대한 적절한 대비가 필요할 것이다.

해운산업은 서비스산업 중에서도 그 규모나 제조업과의 연관성 및 경제적 중요성에 있어서 으뜸가는 분야이므로 해운산업이 지난날 수출입국 정책과 경제성장에 기여한 공로를 되새겨보고, 해운산업을 우리나라가 21세기에 제2의 도약을 하는 데에 선도산업으로 가꾸어 가자.((재)한국해사문제연구소, 월간 해양한국 통권 201호, 45면, 1990. 6)

(3) 大企業의 '業務用 不動産'

3당통합과 이를 둘러싼 갖가지 실망스러운 행태를 보여준 정치와 대기업의 부동산 강제매각과 춤추듯 하는 증권시장 및 뛰어오르는 물가로 대표되는 경제. 그리고 KBS와 현대중공업사태로 상징되는 노사관계 등이 한동안 온통 나라를 떠들썩하게 하더니 한소 정상회담으로 말미암아 새로운 장면전환이 이루어졌다. 이 획기적인 동서의 만남은 앞으로 얼마동안 우리의 관심을 끌면서 온 나라를 바쁘고 들뜨게 할 것이다. 그러나 땅 투기꾼들이 시베리아로 원정을 가버리지 않는 한, 부동산투기 억제는 우리들 자신의 내부균열을 방지하는데 여전히 중요하므로 국민들의 주의가 분산되어서는 안된다.

대기업들의 부동산 강제매각조치는 아무리 과거부터 여러 번 들어 본 토지투기 억제책이라고 하더라도 정부로서는 고육지책이고, 사실 그렇게 바람직한 경제대책이라고 보기도 어렵다. 대기업들의 대부분은 과거 고도성장정책에 편승하여 정부의 온갖 특혜와 지원 하에 무럭무럭 자라난 우량아들이다. 그들은 지난 20여 년간 정부의 과잉보호하에 순조롭게 커 오다가 국내외 여건이 바뀌어 이제는 스스로 자립하라고 하니, 새로운 변화에 바르게 대처하기 보다는 엉뚱하게도 부동산 매입에 새삼 열을 올리기 시작하였다. 노조의 강력한 임금인상 요구 때문에 기업의 채산성이 악화되었다고 해서, 이를 만회할 방법으로 자기자금은 물론 타인자금까지 동원하여 손쉽게 폭리를 남길 수 있는 부동산 확보에 전력을 다한 것이다. 최근의 생산성 저하와 이윤감소를 증권이나 부동산을 단기 매매하여 그 차익으로 보충하고자 했다면, 그것은 바로 국민의 지탄을 받을만한 투기에 해당한다. 아무리 업무용 부동산이라고 하더라도 그것은 빛좋은 개살구같은 핑계일 뿐이다. 무슨 땅을 그처럼 많이 보유해야 업무가 잘된단 말인가! 그처럼 좋은 두뇌와 자금동원력을 기술개발과 종업원 복지에 투자하기는 어렵고, 전국을 휩쓸고 다니면서 몇백 몇천만 평을 경쟁적으로 매입하는 것은 그 많은 정부의 감시와 규제에도 불구하고 어떻게 손쉽게 가능할 수 있다는 것인지 이해하기 어렵다. 토지매입에 대한 비난이 세차게 일어나자 업무용 부동산이라고 강변하다가 대통령으로부터 야단을 맞고 나서야 부랴부랴 일부나마 팔겠다고 결의도 하고 발표도 하고 고위 측에 보고도 한다니, 대기업에 대한 국민의 기대와 신뢰를 송두리째 저버린 꼴이 되었다. 대기업들이 국민경제발전에 크게 기여한 점도 인정해 주어야 하고 그들의 기업의욕을 물리적 힘으로 저하시켜서도 안되며, 금번의 부동산대책이 부동산거래를 아주 동결시켜도 곤란하지만, 부동산투기를 통하여 과다한 이득을 손쉽게 노리는 것은 막아야 하고, 그와 같은 일확천금의 불로소득이 아직도 가족적 지배 하에 있는 몇 개 기업의 수중에 독점되어서도 안된다.

이처럼 형성된 공감대 위에서 정부가 강력한 대응책을 내놓았다고 볼 수 있으나 너무 늦은 감이 있다. 뿐만 아니라 마지못해 내놓은 매각부동산도 그 양과 질에 있어서 너무나 미흡하여 국민감정을 진정하기 어렵고, 부동산 가격 앙등을 진정시킬 효과도 현실적으로 크지 아니하다. 가격은 하락하지 아니한 채 잠시 주춤하고 눈치를 보게 하고 정작 실수요자도 부동산을 매입할 수 없게 만든다. 더군다나 이같은 정부시책의 성공여부는 기업들이 보유한 부동산이 과연 업무용인지 여부를 정확하게 판정하여, 비업부용의 완전한 매각을 유도하는데 좌우된다고 하니 이 점이 참으로 수상쩍은 대목이다. 이것은 또다시 모처럼 내놓은 부동산대책을 용두사미로 만들어 버릴 염려가 있다. 비업무용 판정기준이 느슨해지거나 대주주의 완전 지배하에 있는 재벌기업들이 정관의 목적사항을 개정하여서라도, 그와 같은 목적사업의 수행을 위하여 새로운 부동산의 취득이 필요하다고 주장할 수 있기 때문이다. 이 기회에 차라리 업무용과 비업무용이라는 애매모호한 기준을 과감하게 버리고, 자본금 규모와 연동하여 기업별로 보유부동산의 한도를 설정하는 방식으로 전환할 것을 권고하고 싶다. 사업의 범위를 확장하려면 자본금을 증자하고 이와 연동하여 일정한 범위 내로 필요한 부동산을 더 취득할 수 있게 하는 것이 훨씬 합리적이며, 또 다른 많은 규제법령에서도 자본금 또는 매출액을 기준으로 삼는 경우가 많기 때문이다.

기왕 재벌기업들이 팔기로 내놓은 부동산은 6월 내에 매각하기로 한다고 하니 끝까지 두고 볼 일이다. 만일 그때까지 미처 팔리지 아니한 부동산이 있을 때에는 이를 토지개발공사로 하여금 인수시키고, 낮은 금리의 토지채권으로 대금을 지급하게 하거나, 은행에서 빌린 융자금을 상환하도록 차질없는 집행을 한다고 하지만, 이 과정에서 재벌이 내던진 땅을 정부가 특혜를 주어 인수하는 꼴이 되어서도 안된다.

대기업들은 이제 이리저리 몰려다니면서 땅사재기 경쟁에서 손을 떼고 문어발식 사업확장을 지양하여야 한다. 그리하여 업종을 상호간에 교통정리하여 전문화와 특성화의 길을 가야 한다. 자기들이 생산하는 것과 동일한 외제품을 수입하여 과소비를 조장하거나, 한 그룹이 어느 업종에 손댔다고 해서 다른 그룹도 모두 경쟁적으로 참여하고 보면 똑같이 망하는 결과를 초래할 수밖에 없다. 예컨대 요즘처럼 석유화학업종에 너도나도 뛰어들어서 출혈경쟁을 하면 얼마 후에는 모두 큰 손실을 입을 수밖에 없는데, 그때에는 또 다시 부동산 투기를 하여 그 손실을 메꿀 것인가.

재벌기업은 그 우수한 두뇌인력과 자금력을 기술개발과 경영합리화에 투입하여 경쟁력을 배양하면서 살길을 찾아야지, 부동산투기를 통한 천민자본주의적 이윤추구는 단념하여야 한다. 부동산투기를 하는 자는 누구를 막론하고 비난받아야 하지만, 우리나라 경제에 막대한 영향을 끼치는 것은 대기업이므로 이들의 부동산투기는 더욱 엄히 다스려야 마땅하다. 재벌기업의 부동산 강제매각이 경제난국의 근본적 해소책은 아니다. 더 근본문제는 한 걸음 더 나아가서 공룡같이 커가는 재벌의 손에 온 나라의 경제력이 집중되는 것을 어떻게 막느냐 하는 문제이다. 이 문제는 남북통일 및 진정한 민주주의의 정착문제와 함께 우리나라 국운을 좌우하는 가장 중요한 3대 과제 중의 하나이다.((재)한국해사문제연구소, 월간 해양한국 통권 202호, 88-89면, 1990. 7.)

(4) 投資諮問業 有感

證券去來法이 1987.11.28 改正되어 投資諮問業에 관한 章이 新設되면서부터 우리나라에는 그야말로 우후죽순격으로 많은 投資諮問會社가 탄생하였다. 약 3년간 이들회사의 경영을 보면 대부분 재벌기업의 傍係會社로서 同一系列企業들의 證券投資에 대한 자문업무를 獨占하거나 다른 금융기업들과 交換的 자문계약체결을 함에도 불구하고 매년 赤字를 면치 못하고 있는 실정이다. 이것은 우리나라의 후진적이고 무질서한 證券市場의 營業現實에서 별 다른 사전 준비없이 많은 免許를 내준 결과가 아닌가 생각된다.

미국에서도 投資諮問業이 獨立된 專門職種으로 發展한 것은 제1차 세계대전 이후였다. 1939년의 聯邦證券去來委員會의 보고서나 1940년의 上院의 銀行및 通貨委員會의 보고서를 보면 이 새로운 투자자문영역에서 여러가지 폐단이 있음을 인정하면서 파렴치하게 온갖 헛소문을 퍼뜨리면서 投資者를 현혹하는 자와 善意의 專門的인 투자자문업자를 구별하여 별도로 취급할 필요성을 역설하고 있다. 그 결과 1940년에 Investment Advisors Act가 制定되었다. 이 法은 1960년 대폭 改正될 때까지 미국 투자자문업자들에 대한 形勢調査나 하는 유명무실한 존재였으나 1970년 투자회사법(Investment Company Act)과 1975년

증권법이 改正되면서 사정이 달라졌다. 1975년의 改正法은 몇 가지 차이점은 있지만 투자자문업의 등록과 징계절차를 대체로 증권업자(broker-dealer)에 관한 規定과 거의 一致시키는 내용을 담고 있다. 그리하여 투자자문업종의 중요한 역할에 걸맞는 규제가 강화되었다고 하겠다.

미국법상 투자자문업의 定義를 보면 Investment Advisor라 함은 보수를 받고 직접 또는 出版物이나 書面을 통하여 다른 사람에게 유가증권의 가치 또는 유가증권의 투자나 매매의 상당성에 관하여 자문에 응하는 영업에 종사하는 자 또는 보수를 받고 일상영업의 一部로서 유가증권에 관한 분석이나 보고서를 발행하거나 공표하는 자를 가리킨다. 다만 이 범주에는 은행이나 銀行持株會社, 변호사, 공인회계사, 기술자, 교사, 증권업자, 일반적인 신문잡지의 발행인, 정부가 발행하거나 보증한 일정한 범위의 유가증권에 대한 자문, 분석 또는 보고와 관련된 업무를 하는 자 기타 증권거래위원회가 규칙으로 정하는 자가 포함되지 아니한다.

이와 같이 넓게 定義하면 아주 고도의 전문적인 투자자문업자로부터 低級의 시장정보나 분석서를 발행하는 자까지 모두 포함될 수 있겠으나 반면에 유가증권발행인에게 단순히 公開買受에 관한 자문에 응하거나 그들 자신의 유가증권의 가치에 관한 자문에 응하는 자는 포함되지 아니한다. 투자자문업자의 보고서는 반드시 특정유가증권을 분석해야만 되는 것은 아니고 商品이나 金이나 부동산 등보다도 증권시장에 투자하는 것이 바람직한가에 대하여 자문에 응하는 경우이면 充分하다고 할 것이다. 우리나라의 證券去來法및 同施行令은 투자자문업이 무엇인지 定義하고 있지 아니하면서도 일정한 法定要件과 登錄을 요구하고 있으므로 투자자문회사의 개념이 形式化되어 있어서 명확하지만 미국법은 규정이 있음에도 불구하고 實質的으로 판단하고 있으므로 예컨대 專門的 評價士나 有價證券投資를 목적으로 조직된 合資會社(예컨대 hedge fund)도 투자자문회사에 해당하는지는 실질적 기능수행의 관점에서 판단하여야 한다.

투자자문회사의 영업은 미국의 경우 1933년의 증권거래법에서 규정한 증권업자의 영업범위와 원칙적으로 같다. 다만 투자자문회사는 특정한 유가증권이나 유가증권발행인에 관련된 권고, 보고, 분석 기타 도움되는 정보를 담고 있는 책자, 팜프렛 또는 논문을 집필하거나 발행한 자가 아니므로 증권업자와 동일한 등록이 요구되는 것은 아니나 등록한 자만이 Investment Counsel이라는 명칭을 사용할 수 있다. 투자자문회사는 개별적 고객의 필요에 기초하여 계속적 조언을 해주고 일정한 수수료를 징수하기도 하고, 투자판단정보를 담은 정기간행물에 대한 구독료를 수입으로 삼을 수도 있으나 우리나라 증권거래법 제70조의 6 제4호와 같이 일정한 이익의 보장이나 이익분할(profit sharing)을 약속하거나 또는 투자자의 동의없이 자문계약을 양도하거나 담보의 목적으로 할 수 없다. 이점은 투자자문회사와 고객간의 신뢰관계에서 나오는 善管注意와 忠實義務에 비추어 당연한 것으로서 투자자를 증권거래상의 詐欺로부터 보호하는 핵심규정이다.

요컨대 미국법에서는 각종 강화된 규제에도 불구하고 투자자문 활동영역을 넓게 인정하고 있으나 반면에 우리나라의 경우에는 투자자문회사의 새로운 업무영역을 창출해줌이 없이 法令에서 투자자문회사를 설립하고자 등록하기 위한 要件中 人的 組織에 관하여 증권회사 任職員의 자격·경력을 보유한 전문인력을 확보하도록 요구하고 있고 자문회사 임직원의 책임과 금지행위의 범위가 증권회사 임직원의 그것과 거의 동일하게 되어있다. 더군다나 우리나라와 같이 전문가의 식견과 판단을 존중하지 아니하고 남의 지식을 쉽게 훔쳐 이용하는 풍토에서 투자자문업에 고유한 업무를 법적으로 확고하게 마련하여 주지 아니한 채 면허를 남발하여 여러 회사가 춘추전국시대를 맞이하고 있으므로 이들은 새롭게 살 길을 모색하여 나가지 아니할 수 없다. 즉 안으로는 꾸준히 투자자문인력을 양성하여 그 전문성을 높이고 밖으로는 증권시장개방에 대비하여 외국투자자를 위한 본격적인 자문활동에서 그 활로를 개척하여야 할 것이다.(세계일보, 1990)

(5) 걱정되는 經濟力의 過度集中

우리나라가 경제개발을 위한 여러차례의 5개년계획을 마련하여 산업과 경제를 획기적으로 발전시켜온 약 30년간의 과거를 돌이켜보면 이 같은 경제발전에 기여한 공로자들은 수없이 많았음을 인정하지 않을 수 없다. 무엇보다도 먼저 오늘날 우리가 누리는 경제성장은 국민 모두가 보릿고개를 넘기지 못하던 祖上傳來의 가난을 극복하려는 강한 집념을 가지고 밤낮으로 줄기차게 노력해온 결과임은 말할 것도 없다. 그중에서도 특히 근로자들은 긴 작업시간 낮은 임금 그리고 열악한 근로조건을 마다하지 아니하고 항상 높은 생산성과 세계가 칭찬하는 근면성을 유감없이 보여주었다. 여기에다가 정부관료들은 우수한 두뇌집단으로서 많은 시행착오에도 불구하고 각종 정책들을 수립·집행·확인·

평가하고 강력한 정책의지를 바탕으로 민간부문을 이끌면서 높은 목표를 달성하는데 심혈을 기울여왔다. 또한 기업인들도 여러가지 정부의 지원책을 적절하게 이용하여 계획성있는 창업을 한 다음 몸을 돌보지 않고 뛰면서 끊임없이 다가오는 국내외적 도전과 시련과 경쟁을 이겨냄으로써 많은 國富增殖을 이룩하는데 큰 몫을 다해 왔다고 할 수 있다.

그러나 오늘날에 와서는 그러한 果實의 많은 부분이 소수기업인들에게 돌아가는 이른바 경제력집중현상의 방지가 민주주의 확립과 통일 달성에 못지않게 중요한 장기국가목표가 되어야 할 만큼 그 정치적, 경제적, 사회적 병폐가 심각해졌다고 생각된다. 물론 개인간의 소득격차가 점점 벌어져가고 일부 고소득층의 몰지각한 과잉소비행태도 문제임에 틀림없다. 그러나 좀더 근본적 문제는 무엇보다도 경쟁을 위주로 하는 시장경제체제속에서 소수의 재벌이 누리는 구조적 독점이라고 하지 않을 수 없다. 이들은 생산을 독점하고 금융도 지배할 뿐만 아니라 심지어 부동산까지도 거의 다 움켜쥐고 있다. 1960년대와 70년대에는 정부가 몇몇 대기업을 선정하여 정책적인 계획사업을 맡기고 조세감면과 특혜금융의 집중지원 등 각종 특전을 베풀고 사기를 올려주고 보니 그들은 은행부채가 급격히 늘어났어도 눈 하나 깜짝하지 않은 채 부동산 매입과 문어발식 사업확장에 골몰하고만 있었다. 시종일관 재벌은 정부와 파트너십 관계를 유지하여 정책의 수립이나 집행이 처음부터 대기업 위주로 되도록 제도적 틀을 형성하고 있었다. 제5공화국에 들어서서는 獨占規制 및 公正去來에 관한 法律을 제정하여 이에 대처한지가 8년이나 흘렀어도 재벌의 無所不爲·無所不食性 行態에 제동이 걸리고 경제력의 집중이 완화되었다는 소식은 전혀 없다. 사정은 오히려 그 반대여서 정부는 30大 재벌그룹에 대한 여신관리라는 苦肉之策을 도입하는 등 몇 번씩 여신규제를 시도하다가도 “이번만” 운운하면서 중소기업이나 서민은 구경도 못하는 구제금융이나 긴급대출을 주기가 무려 몇 번이며 그룹기업이 국민경제에서 차지하는 비중에 비추어 “설마 쓰러뜨리겠느냐”하는 배짱으로 여전히 전 국민의 호주머니를 담보로 하여 살쪄만 가는 현상을 어떻게 설명할 수 있겠는가. 경제가 침체하고 경기가 다소 후퇴할수록 재벌의 불평에 和答하여 투자촉진이나 수출진흥 등의 명분 하에 대기업에 대한 갖가지 특혜정책이 만발하고 八堂의 水門을 열듯 은행돈 조절용 꼭지를 제멋대로 열어주고 만다. 소수의 재벌에 의한 경제력 집중은 경제적 민주화와 복지사회 건설에 정면으로 역행할 뿐만 아니라 경제안정을 저해하여 사회불안과 나아가서는 정치불안의 배후적 요인이 되고 우리 민주주의와 자본주의 체제의 압도적 우월성에도 불구하고 북한의 공산독재집단에게 크게 책잡히는 꼬투리가 되기도 한다. 또한 이같은 소수의 재벌은 국제경쟁력이나 효율적 기업경영의 관점에서 볼 때에도 그 존재가 필수불가결인 것은 아니다.

우리보다 경제성장과 수출에서 많이 앞서가고 있는 일본의 경우도 경제활동의 중심체는 수만 개의 중소기업들임을 잊어서는 안된다. 미국의 거대한 다국적기업들도 어느 가족이 세습체제를 유지하면서 각종 특혜를 독점하고 문어발식 소유와 경영을 하는 경우는 거의 없다. 연방의회는 일찍부터 각종 독점금지법을 제정하였고, 록펠러를 비롯하여 유명한 부호가족들이 건설한 재벌왕국들은 모두 연방정부 법무부에 소속되어 기업독점의 해소 또는 분할을 전담하는 검사들인 트러스트 버스터의 독점금지법 위반으로 인한 제소와 사법부의 용기있는 판결에 의하여 오래전에 깨뜨려졌으며, 행정부가 그 후에도 여러 가지 법제도나 정책을 강력히 펴나감으로써 재벌에 의한 경제력 집중을 해결했다고 볼 수 있다. 또한 제2차대전 직후 맥아더 점령군 정부가 일본의 해묵은 재벌들을 해체한 역사적 사례는 너무나도 잘 알려진 일이다.

재벌의 소유형태는 다변화되어야 하고 사업영역은 전문화되어야 한다. 기업규모의 대소를 불문하고 경제활동의 기회는 균등하게 보장되어야 하며 각종 특혜는 폐지하되 각종 지원은 골고루 베풀어져야 한다. 그럼에도 불구하고 지금까지 경제력 과도집중의 방지를 위한 각종 대책은 소수재벌과 파트너쉽관계에 있는 일부 행정부 관료들에 의하여 소홀하게 다루어져 왔으니 이제는 입법부와 사법부까지도 모두 문제의 심각성을 꿰뚫어보고 三府가 공동으로 일치된 노력을 경주하여야 할 때가 왔다고 할 것이다.(게재지 미확인)

(6) 不動産投機抑制策 有感

요즈음 세상 돌아가는 사정을 보고 있노라면 정치권에서는 3당통합과 이를 둘러싼 갖가지 실망스러운 행태와 경제계에서는 대기업의 부동산 강제매각과 춤추듯 하는 증권시장, 일반사회에서는 KBS와 현대중공업사태로 상징되는 노사관계가 온통 나라를 떠들석하게 한 바 있다. 이 같은 사태의 공통점은 모두 정치인이나 관계자가 자기네들 분수를 모른 채 과도하게 욕심을 내고 고집을 부려서 일어난 현상이라는 점이다.

그중에서도 대기업들의 부동산 강제매각조치는 아무리 과거부터 여러번 들어본 토지투기억제책이라고 하더라도 정부로서도 고육지책이고, 그렇게 바람직한 경제대책이라고 볼 수는 없다. 대기업들의 대부분은 과거 고도성장정책에 편승하여 정부의 온갖 특혜와 지원하에 무럭무럭 자라난 우량아들이다. 그들은 지난 20여 년간 순조롭게 커 오다가 국내외 여건이 바뀌어 이제는 스스로 자립하라고 하니 새로운 변화에 바르게 대처하기보다는 엉뚱하게도 부동산매입에 열을 올리기 시작하였다. 노조의 강력한 임금인상요구 때문에 기업의 채산성이 악화되었다고 해서 이를 만회할 방법으로 자기자금은 물론 타인자금까지 동원하여 손쉽게 폭리를 남길 수 있는 부동산 확보에 전력을 다한 것이다. 최근의 생산성 저하와 이윤감소를 증권이나 부동산을 단기 매매하여 그 차익으로 보충하고자 했다면 그것은 바로 국민의 지탄을 받을 만한 투기에 해당한다. 아무리 업무용 부동산이라고 하더라도 그것은 빛좋은 개살구같은 핑계일 뿐이고 무슨 땅을 그처럼 많이 보유해야 할 이유가 있단 말인가. 그처럼 좋은 두뇌와 자금 동원력을 기술개발과 종업원 복지에 투자하기는 어렵고 전국을 휩쓸고 다니면서 몇백 몇천만 평을 경쟁적으로 매입하는 것은 그 많은 정부의 감시와 규제에도 불구하고 어떻게 손쉽게 가능할 수 있다는 것인지 이해하기 어렵다. 토지매입에 대한 비난이 세차게 일어나자 업무용 부동산이라고 강변하다가 대통령으로부터 야단을 맞고 나서야 부랴부랴 일부나마 팔겠다고 결의도 하고 발표도 하고 고위층에 보고도 한다니 대기업에 대한 국민의 기대와 신뢰를 송두리채 저버린 꼴이 되었다. 대기업들이 국민경제발전에 크게 기여한 점도 인정받아야 하고 그들의 기업의욕을 물리적 힘으로 저하시켜서도 안되며 금번의 부동산대책이 부동산거래를 아주 동결시켜도 곤란하지만 부동산투기를 통하여 손쉽게 과다한 이득을 노리는 것은 막아야 하고 그와 같은 일확천금의 불로소득이 아직도 가족적 지배 하에 있는 몇개 기업의 수중에 독점되어서도 안된다. 이 같은 형성된 공감대 위에서 정부가 강력한 대응책을 내놓았으나 너무 늦은 감이 있다. 뿐만 아니라 마지못해 내놓은 매각부동산도 그 양과 질에 있어서 너무나 미흡하여 국민감정을 진정하기 어렵고 부동산가격앙등을 진정시킬 효과도 현실적으로 크지 아니하다. 가격은 하락하지 아니한 채 잠시 주춤하고 눈치를 보게 하고 정작 실수요자도 부동산을 매입할 수 없다. 더군다나 이 같은 정부시책의 성공 여부는 기업들이 보유한 부동산이 과연 업무용인지 여부를 정확하게 판정하여 비업무용의 완전한 매각을 유도하는데 좌우된다고 하니 이 점이 참으로 수상쩍은 대목이다. 이것은 또다시 모처럼 내놓은 부동산대책을 용두사미로 만들어 버릴 염려가 있다. 비업무용 판정기준이 느슨해지거나 대주주의 완전 지배하에 있는 재벌기업들이 정관의 목적사항을 개정하여서라도 그와 같은 목적사업의 수행을 위하여 새로운 부동산의 취득이 필요하다고 주장할 수 있기 때문이다. 이 기회에 차라리 업무용과 비업무용이라는 애매모호한 기준을 과감하게 버리고 자본금 규모와 연동하여 기업별로 보유부동산의 한도를 설정하는 방식으로 전환할 것을 권고하고 싶다. 사업의 범위를 확장하려면 자본금을 증자하고 이와 연동하여 일정한 범위 내로 필요한 부동산을 더 취득할 수 있게 하는 것이 훨씬 합리적이며, 다른 많은 규제법령에서도 자본금 또는 매출액을 기준으로 삼는 경우가 많기 때문이다. 이렇게 하면 재벌기업의 부동산 보유를 억제하기 위하여 많은 부동산이 필요한 유통업이나 레저산업에 진출하지 못한다는 식의 억지권고를 할 필요도 없을 것이다.

기왕 재벌기업들이 팔기로 내놓은 부동산은 6월 내에 매각하기로 한다고 하니 끝까지 두고 볼 일이다. 만일 그때까지 미처 팔리지 아니한 부동산이 있을 때에는 이를 토지개발공사로 하여금 인수시키고 낮은 금리의 토지채권으로 대금을 지급하게 하거나 은행에서 빌린 융자금을 상환하도록 차질없는 집행을 해야하며 이 과정에서 재벌이 내던진 땅을 정부가 특혜를 주어 인수하는 꼴이 되어서도 안된다.

대기업들은 이제 이리저리 몰려다니면서 땅사재기 경쟁에서 손을 떼고 문어발식 사업확장을 지양하여야 한다. 그리하여 업종을 상호간에 교통정리하여 전문화와 특성화의 길을 가야 한다. 자기들이 생산하는 것과 동일한 외제품을 수입하여 과소비를 조장하거나 한 그룹이 어느 업종에 손댔다고 해서 다른 그룹도 모두 경쟁적으로 참여하고 보면 똑같이 망하는 결과를 초래할 수밖에 없다. 예컨대 요즘처럼 석유화학업종에 너도 나도 뛰어들어서 출혈경쟁을 하면 얼마 후에는 모두 큰 손실을 입을 수밖에 없는데 그때에는 또다시 부동산투기를 하여 그 손실을 메꿀 것인가.

재벌기업은 그 우수한 두뇌인력과 자금력을 기술개발과 경영합리화에 투입하여 경쟁력을 배양하면서 살길을 찾아야 하지 부동산투기를 통한 천민자본주의적 이윤추구를 단념하여야 한다. 부동산투기를 하는 자는 누구를 막론하고 비난받아야 하지만 우리나라 경제에 막대한 영향을 끼치는 자가 대기업이므로 이들의 부동산투기는 더욱 엄히 다스려야 마땅하다. 재벌기업의 부동산강제매각이 경제난국의 근본적 해소책은 아니다. 더 근본문제는 한걸음 더 나아가서 공룡같이 커가는 재벌의 손에 온 나라의 경제력이 집중되는 것을 어떻게 막느냐 하는 문제이다. 이 문제는 남북통일 및 진정한 민주주의의 정착문제와 함께 우리나라 국운을 좌우하는 가장 중요한 3대과제의 하나이다.(게재지 미확인)

(7) 각종 국민부담제도의 합리화

국가는 국민의 생명과 재산을 보호해주고 질서를 유지하는 등 기본적 임무를 수행하는 대가로 모든 국민에게 각종 조세를 부과하고 이를 징수한다. 헌법상 납세 의무를 들먹이지 않더라도 누구나 국가의 이러한 서비스에 대한 대가로 자신의 소득 등에서 일정한 세금을 나라에 납부하는데 반대하지는 아니할 것이다. 세금은 우리의 일상생활에서 분리할 수 없는 것으로 느껴져 전기요금이나 수도요금과 같은 공공요금마저도 무의식중에 전기세라거나 수도세라고 부르면서 세금과 동일시하는 수가 많다. 그러나 본래 세금은 조세법률주의에 따라 種目과 稅率을 국회에서 제정한 법률로 명시해야만 하는 엄격한 것이다. 그럼에도 불구하고 우리의 현실을 보면 우선 너무나 많은 목적세가 행정편의에 따라 부과되어 온 것이 사실이다. 자주국방을 달성한다는 명분으로 수십년간 부과했던 방위세, 열악한 교육환경을 개선하기 위한 교육세 등이 그 대표적 예라고 할 수 있다. 그리고 지금도 무슨 대책을 강구한다고 정부에서 회의를 하면 기구타령과 인원타령 외에 요금인상이나 목적세 신설을 요구하는 경우가 흔하다. 얼마전 정부가 발표한 '물 종합대책'도 결국 그 핵심이 수도요금 인상이었음을 보면, 조만간 환경이 나빠지니 환경세 내지 탄소세를 신설하자고 나선다 하더라도 놀랄 일은 아니다. 다음으로 세금은 아니지만 국민들에게는 비슷한 것으로 느껴지는 각종 기금, 부담금, 징수금, 부과금, 예치금, 보험금, 적립금, 수수료, 비용, 과태료, 과징금 등이 온갖 법령에 나열되어 있으니 세상에 이렇게 각양각색의 조세 이외의 납부금을 각종 법령에 시시콜콜하게 규정해 놓은 나라가 또 있을까. 우선 기금을 살펴보자. 우리나라에 각종 기금설치근거법률이 한때 115개나 있었는데 현재는 73개로 대폭(?) 축소되었다. 물론 연금기금이나 고용보험기금 등과 같이 국가운영의 기본적 제도로서 반드시 필요한 경우도 있을 것이나, 담배를 살 때마다 6원씩 걷겠다는 국민건강증진법상의 국민건강증진기금, 수영장에 가도 내야 하는 국민체육진흥법상의 국민체육진흥기금, 극장에 가도 바쳐야 하는 문화예술진흥법상의 문예진흥기금, 그 외에도 남북협력기금에서부터 폐기물관리기금 등에 이르기까지 일일이 열거하기도 어렵다.

그러나 기금이란 당해 업계나 당사자들이 필요를 느낄 때마다 자발적으로 그리고 한시적으로 각출 적립하여 사용하다가 그 목적을 달성하면 종료함이 원칙이거늘 무조건 관할관청이나 국회에 로비하여 근거법률을 제정하고는 온 국민을 볼모삼아 영속적으로 걷어내는 것은 너무나 염치없는 일이고 이 같은 구조적 적폐는 하루 빨리 시정하여야 할 것이다. 너무나 손쉽게 강제징수 되어서 이런 목적세나 기금을 눈 먼 돈이라고 생각하는 것일까? 그렇게 징수한 귀한 돈들을 몹시 방만하게 운영하고 심지어는 징수과정에서 횡령하는가 하면 과거에 문제되었다가 이제는 폐지된 석유사업기금처럼 기금이 증발한 사례 등은 분통이 터지는 노릇이 아닐 수 없다. 각종 부담금과 부과금은 또 무엇인가. 이는 물론 수익자 또는 원인야기자에게 지우는 부담으로서 개발이익환수에 관한 법률상의 개발이익부담금, 수도권정비계획법상의 과밀부담금, 수질환경보전법상의 배출부과금이나 교통유발부담금등이 그 좋은 예이다. 그러나 대체로 부담금의 종류도 너무 많고, 토지초과소유부담금과 같이 행정법상 부담의 원리에 맞지 않는 억지의 것도 있는가 하면, 그 효과가 의심스러운 것도 많다. 예컨대 과밀부담금을 계속 부과한 결과 수도권 과밀이 어느 정도 억제되는 효과가 있었는지 정기적 평가라도 했는가. 또한 이런 목적세, 기금, 부담금 등을 징수해서 과연 법의 목적에 꼭 맞게 사용했는지에 많은 국민들은 의혹을 가지고 있다. 물론 감사원 등의 감사, 국회에의 보고나 국정감사 등을 통하여 마치 검둥개가 미역감듯 짚어보는 절차는 있다. 그러나 방위세 사용 내역은 국가기밀이라고 공표하지 않더니 율곡비리가 터져나왔고, 교육세가 선생님들 처우개선이나 학교의 시설교체 등 본래의 목적에 어긋나게 사용되어 논란이 되었던 기억도 있다. 심지어 수재의연금이나 각종 성금을 걷어다가 어디에 어떻게 썼는지 기부한 국민조차도 알기 어렵다. 일단 국민에게서 걷어간 돈에 대해서는 철저한 관리로 낭비없이 운영하고, 그 결과를 반드시 국민에게 보고해 주어야 한다. 언제까지고 국민이 정부의 편의적이고 고식적인 입법과 법집행에 희생이 될 수는 없지 않은가. 좀더 근본적으로는 정부는 입법을 통하여 전국민에게 강제부담을 지우지 말고 진정한 시장경제체제에 걸맞게 민간창의와 자발적 참여에 맡기는 쪽으로 방향을 선회하여야 한다. 그렇지 아니하면 이와 같은 많은 부담을 지는 우리 기업들은 국제경쟁에서 항상 불리할 것이기 때문이다.(문화일보, 1996. 8. 23.)

(8) 나라살림이 너무나 걱정이다

불과 얼마 전까지만 해도 한국의 경제성장이 온세계의 주목과 부러움을 산 나머지 동남아 각국에서는 한국을 배워야 한다는 취지에서 다투어 東方政策을 추진하여왔다. 그러나 그들의 동방정책은 오늘날 한국의 실패 사례를 거울삼아 자기네들만은 한국인들이 저지르고 있는 자만, 허영, 낭비, 나태와 같은 어리석은 짓을 되풀이하여 경제성장이 중지 내지 퇴보하지 아니하도록 대비하자는 취지로 그 내용이 바뀌었고 한국은 이들의 조롱거리가 되고 말았다.

우리 주변에서 돌아가는 사정이 이러한데도 불구하고 총선거가 끝난 이 시점에서도 부끄러운 줄도 모르고 온 나라가 정치열병에 걸렸는지 오나가나 대권의 향방이 화제의 초점이고 언론의 머리기사와 해설기사는 언제나 우스꽝스럽게도 구태의연한 정치인 몇 사람의 언행에 관한 것이다. 그러는 동안 민생은 뒷전이고 경제기반은 붕괴해가고 있으니 이 어찌 통탄할 일이 아닐소냐. 지금 밖으로는 세계가 우리를 보는 눈이 이러하고 안으로는 경제정책의 실패에 대한 항의의 의사표시로서 국민이 여당에 대한 지지를 유보했음에도 불구하고 정부는 정부대로 리더쉽이 실종된 채 반성의 기미가 보이지 않는 듯하니 참으로 딱하기 그지없다.

필자와 같은 경제에 대한 문외한이 보더라도 현재 우리나라 경제가 당면한 가장 핵심적인 문제점은 물가앙등과 경쟁력 상실의 두가지라고 생각된다. 이 같은 문제점과 그에 대한 구체적인 대책은 정부당국자와 전문가들이 시급히 진단하고 처치할 일이나 그에 앞서 이들의 자세와 정책집행방식부터 엄한 비판을 받아 고쳐져야 한다고 생각한다. 첫째, 모든 국민은 물자절약과 내핍생활을 해야 하고 정부 고위 공직자와 사회지도층에서부터 이를 솔선수범해야한다. 그러나 정부측에서부터 실천의지가 실종되었음을 알 수 있다. 정부가 먼저 소비절약을 해야 함에도 불구하고 관용차를 소형으로 바꾸는 상징적인 일 한 가지도 실행을 못하고 있으니 한심하기 짝이 없다. 국민들도 역사상 유례없이 먹고 마시고 버린다. 우선 1회용이라는 이름아래 아무데나 집어던져버리는 깡통, 종이팩, 유리병, 플라스틱제품, 나무젓가락 등은 외화낭비와 직결되고, 수입해다가 먹어치우는 식품은 도리어 국민의 건강을 해칠까 두렵기도 하다. 1991년 한 해 동안 먹고 즐기는 소비재 수입에 6조 원을 써버렸다. 과연 바나나를 1520억 원어치, 생선회를 1140억 원어치, 그리고 쇠고기를 3420억 원어치를 먹어야 하고,

위스키 등을 532억 원어치, 커피를 684억 원어치를 마셔야 하며, 양담배를 912억 원어치를 피워야 하는가.

둘째, 단기적 당면대책의 관점에서만 보더라도 정부의 경제정책은 아무 것도 없는 것이 아닌가 하는 느낌을 줄 때가 많다. 물가가 너무 올라서 서민의 삶이 자꾸 고달파지는데도 불구하고 즉흥적이고 억압적인 방법으로 대응하면서 남의 탓으로 전가할 뿐 정책이 결여되어있다. 또 경쟁력을 상실하여 수출도 안되고 수출되는 경우에도 채산성이 안맞는데 통상측면과 산업측면에서 모두 뚜렷한 대책이 없다. 가계는 씀씀이를 줄이고 기업은 살아남고자 발버둥을 치는데 정부는 최소한 이들의 自救努力을 도와주고 분위기를 조성해 주어야 한다. 그러자면 일시적이고 탁상공론적이 아닌 合理性을 가진 대책을 세워서 安定的이고 持續的으로 끌고 감으로써 기업인들에게 豫測可能性을 주어야 함에도 불구하고 너무나 일관성이 없고, 구체적 타당성도 없으며, 돌발적인 강제력 행사를 자주 함으로써 그나마 기업의욕을 떨어뜨린다. 넓은 운동장에서 공을 차도 일정한 룰에 따라서 해야만 蹴球競技가 되는 것이어늘 원칙도 없고 정책집행상의 衡平도 없다.

셋째, 한걸음 더 나아가서 장기적으로는 21세기에 예상되는 우리경제의 位相 및 여타 인접국가들이나 세계속에서 한국경제의 좌표를 설정하는 總體的 世界化 圖表와 戰略(globalization chart and strategy)을 그려내야만 한다. 그러나 정부각부처는 그날그날의 문제를 미봉적으로 해결하는데 급급하고, 그 수많은 국책연구소들이나 21세기위원회 같은 기관도 가시적 연구성과를 내놓았다는 소식에 접한 바 없다. 하기야 우리 민족은 원래부터 계획성과 협동성 있는 민족은 아니었고 무슨 일이건 별 준비없이 부딪쳐보고 저돌적으로 밀어부치는 행동양식에 익숙해있다고 할 수 있다. 이같이 일을 처리하는 과정에서 국내외적으로 손해도 많았으나 성사된 경우도 적지않다보니 과거에는 이 같은 습성을 소신이니 추진력이니 하여 미화되기도 하였다. 설사 이와 같은 초창기의 순발력을 높이 평가한다고 하더라도 우리 경제규모가 세계 13위로 성장한 이 시점에서는 이런 행동방식이 계속 세계적으로 통용되기는 어렵다. 정부는 시시콜콜한 규제를 과감하게 풀고 리더쉽을 발휘하여 衆智를 바탕으로 중장기계획을 세워서 국민적 합의를 도출해내야 한다. 이처럼 正統性이 부여된 계획은 무엇보다도 안정성과 예측가능성을 주게 되어 경제활동 인구로 하여금 장래계획을 세우고 희망을 가질 수 있도록 유도할 수 있다.

사실 온 나라를 들쑤셔놓고 있는 大權의 向方은 기껏해야 어떤 사람이나 어떤 정파가 앞으로 5년간 정권을 잡는 일에 불과하고 여당에서 누가 공천을 받겠는가 하는 문제도 별로 중요하지도 흥미있는 일도 아니다. 왜냐하면 야망을 가진 사람은 공천을 받건 못받건간에 결국 모두 다 출마할 것이기 때문이다. 무슨 잘못을 저지르면 상투적으로 뼈를 깎는 아픔으로 自省을 한다하고 국민의 심판이 엄정하면 하늘의 뜻으로 겸허하게 받아들인다는 말들은 너무나 무성하다. 그런데도 總選에서 나타난 民意가 모두 民生問題에 집중되어 있음을 제대로 파악하기나 했는가. 정부의 확고한 리더쉽 발휘와 국민모두의 각고의 노력이 촉구된다.(게재지 미확인, 1992.)

⑼ 輸入天國에서의 産業被害救濟制度의 운영

정부수립이후 무역관리에 관한 법령이 무수하게 明滅하였으나 자유당 말기인 1957년에 가서야 무역관리에 관한 최초의 기본법인 무역법이 제정되었다. 군사혁명이 발생한 직후인 1961년에는 수출조합법과 수출장려보조금교부에 관한 임시조치법을 제정하였고, 1962년에는 수출진흥법과 수출검사법이 공포되었다. 다른 한편 정부는 우리나라가 년 1억 달러의 수출을 달성한 날을 기념하여 수출의 날로 지정하고 년 100만 달러의 수출실적을 올렸거나, 새로운 수출시장을 개척하였거나, 또는 새로운 수출상품을 개발한 기업에게는 훈장을 수여하고 벤츠 자동차를 부상으로 주는 등 힘써 수출진흥정책을 폈다.

1967년에는 산재한 무역법규를 통합하여 貿易去來法을 제정하였으나 그 후 근 20년 가까이 무역규모의 급증, 거래방식의 다양화, 기타 무역질서의 변동에 대응하기 위하여 1986년에 새로운 對外貿易法이 제정되었다.

정부는 다시금 새로운 무역환경의 변화에 맞추어 대외무역법을 고치고 현재 수입급증이나 덤핑으로 인한 심각한 국내산업 피해를 방지하기 위하여 산업피해구제를 위한 별도의 입법의 필요성을 검토하는 등 통상무역 정책의 개선방향을 연구하고 있다.

기본적으로 오늘날의 급속한 국제화 및 개방화의 물결 속에서도 국가간의 제도적 경쟁은 치열하여 서로 자기나라의 경제발전을 위하여 보다 효율적인 제도와 법체계를 마련하고자 한다. 우선 이 과정에서 소련 및 동구권의 붕괴는 민간주도의 시장경제체제의 우월함을 웅변하였으므로 우리나라의 장래 경제 운용의 목표는 민간창의와 시장의 자율성을 촉진하는 제도의 도입과 운영을 통하여 국제경쟁력을 확보하는 것이 된다.

우리나라 무역관련 법제의 근간인 무역거래법도 管理貿易的인 색채가 잔존하여 민간의 창의로운 경제 활동을 방해한다면 이를 과감히 수정하여 명실상부한 민간 주도 무역체계를 세우도록 고쳐야 할 것이다. 뿐만 아니라 정부도 이에 따라 과감한 발상전환과 인내심을 가지고 즉흥적 개입보다 공정한 일반적 규칙을 정하여 적용하는 중립적 자세와 무조건의 방치가 아니라 시장 실패 방지와 시장 질서 확립을 위한 적극적 자세를 보여야 할 때가 되었다. 교역규모의 확대와 실질적 자유화에 대비하여 무역관련절차를 간소화하고 현행법상의 제약요인들을 제거하면 한편으로 우리 무역활동의 자율성을 높이게 되고 국제무역규범 및 관행에 일치시키게 되어 통상압력을 회피할 수 있겠으나 다른 한편 무역에 대한 사전관리기능의 약화에 따라 각종 불공정한 수입이 늘어날 수 있으므로 국내산업에 심각한 피해를 주고 수출입 질서를 교란할 우려가 있다. 이와 같은 부작용을 막기 위한 법제도적인 장치가 소위 산업피해구제제도이다. 이 제도의 중요성이 이와 같거늘 규정체계가 정비되어 있지 아니하고 관계부처간의 불협화음으로 구체적인 경우에 失機하는 것은 참으로 안타까운 일이다.

대외무역법은 GATT 제19조와 유사한 산업피해조사제도를 두고 있고, 관세법상으로도 덤핑방지관세, 상계관세, 긴급관세, 조정관세 등의 제도를 가지고 있으므로 불공정한 수입이나 또는 공정한 수입이더라도 국내산업에 실질적 피해를 주는 경우에는 이를 막을 수 있게 되어있다. 실제로 무역위원회가 발족된 1987년이래 새우젓, 고추장, 나무젓가락, 코코아분유, 활석, 당면, 팝콘옥수수 등 10여 건의 수입급증의 경우 수입제한이나 관세율인상 기타 조치를 취하였다. 또한 덤핑수입의 몇 경우도 처리한바 있다.

현행법상 산업피해조사는 상공부의 무역위원회에서, 그리고 덤핑방지관세 및 상계관세는 재무부의 관세심의위원회에서 원칙적인 조사결정이 이루어지도록 하는 방식을 취하고 있어서 손발이 안맞는 점은 관계부처간에 논란이 있으나 이는 원칙적으로 무역위원회로 일원화해야 한다. 산업피해구제제도는 국내산업의 피해를 줄이는 데에 그 뜻이 있으므로 산업정책과 연결되고, 이 제도를 활용하는 과정에서 교역상대국과의 무역마찰을 초래할 소지가 있으므로 통상정책과도 긴밀한 관련이 되는데 상공부가 이 같은 정책의 담당부처이기 때문이다. 다만 이처럼 담당기관을 일원화한다고 하더라도 이 기관의 성격을 분명히 하는 동시에 산업피해조사의 전문성과 실효성을 확보하여야 할 것이다. 이 제도의 운영과 관련하여 기본적으로 덤핑방지관세에 관한 조사결정의 독립성 및 신중성에 중점을 둘 것인지 아니면 국내산업의 피해구제의 신속성에 중점을 둘 것인지 기본정책적 판단이 선행되어야 한다. 그런데 아직 통상교섭력이 뒤떨어지고 무역의존도가 큰 우리나라의 입장에서는 산업피해구제제도의 운영에 있어서 다른 나라보다도 더욱 公正性과 客觀性을 확보함으로서 피해구제조치로 인한 상대국으로부터의 통상압력의 명분을 줄이는 일방 취약한 국내산업보호를 위하여 迅速한 救濟가 가능하도록 운영하는 것이 가장 중요한 관점이라고 할 것이다. 이 문제는 단순한 부처간의 권한다툼에 그치는 것이 아니며 오늘날과 같은 지구촌시대에는 이 같은 제도와 절차가 국제적으로도 수긍할 수 있을 만큼 정비되지 아니하면 결국 웃음거리가 되고 말 것이기 때문에 정부의 보다 대승적 접근이 요청된다.(게재지 미확인, 1992. 7. 10.)

(10) 北韓의 窮乏을 미끼로 核폐기물 덤핑하는 臺灣

우리나라가 대만과 단교한 이후 대만은 점차 북한에 접근하기 시작하였다. 물론 그들의 국익에 따른 결정이겠지만, 우리 측의 단교 방법과 그 당시의 전후 사정이 대만인들을 화나게 하였기에 우리에 대한 배신감에서 나온 보복적 접근 같이 보이는 측면도 있다.

특히 97년에 들어서는 대만과 북한이 핵폐기물의 북한 반입 및 매립협정을 체결했는데 사실상 이 협정만큼 우리의 민족적 자존심을 다치게 한 사건도 근래엔 없었던 듯싶다.

그들이 논의하는 것은 저준위 핵폐기물, 즉 핵발전소에서 쓰던 장갑이나 보호장비 등과 같은 것이라고는 하지만, 우리와 동일한 민족인 북한이 드디어 잔돈푼에 몸을 팔기 시작하였다는 생각에 이르게 되면 분노하게 되고, 그럴 수밖에 없는 이유가 내부의 '식량사정' 때문이라면 더욱 서글픈 생각마저 든다.

매스미디어를 통해 연일 보도되어 지난 겨울을 뜨겁게 달구었던 대만 핵폐기물의 북한 반입에 관하여는 관심 분야마다 그 해법이 다를 수 있으나, 최종적 결론과 그 당위성에 있어서는 다를 수 없음을 우리는 잘 알고 있다. 이러한 당위론에도 불구하고 필자는 이 사건에 대한 법률적 해결책을 묻는 사람들에게 '國際法的 해결은 불가하다'라는 처방전을 내놓을 수밖에 없었다.

사람과 사람 사이의 관계에서와 마찬가지로 국가간의 관계에는 국제법이 있다. 그런데 이번 사건에 적용될 수 있는 국제법규는 불행히도 없다고 하겠다.

이른바 핵폐기물 처리와 관련이 있는 국제조약은 크게 세 가지가 있으나, 그 어느 것도 이번 사건에 적용되지 아니하기 때문이다.

첫째, 바젤협약은 유해폐기물의 국가간 이동 및 그 처리를 통제하나, 핵폐기물은 그 규제 대상인 유해폐기물의 범주에 속하지 않는다.

둘째, 런던협약은 핵폐기물을 그 규제 대상으로 삼고 있으나 핵폐기물의 해양 투기에 의한 해양오염 방지를 목적으로 하기 때문에 핵폐기물의 지상 반입을 금지하는 규정을 가지고 있지 않다.

셋째, IAEA(국제 원자력기구)의 「방사성폐기물 관리 기본 원칙」에는 방사성폐기물을 수입하는 국가는 국제적 안전관리 기준에 적합하게 방사성폐기물을 관리하고, 처분할 수 있는 기술 능력과 규제체제를 갖출 것을 명기하고 있으나, 이 또한 실효성 없기는 마찬가지다.

왜냐하면 위 규정은 당사국들이 이를 준수할 것을 권유하는 정도에 그치는 임의 규정이고, 가령 위 규정이 강행 규정이라고 하더라도 대만과 북한은 IAEA에 가입하지 않아서 위 원칙에 구속될 의무가 전혀 없기 때문이다.

필자는 대만의 이기적인 시도에 분노하는 많은 사람들이 실제로 대만의 핵쓰레기 이전 거래를 저지할 국제법적 근거가 없다는 사실에 어떻게 반응하는가를 주의 깊게 살펴 왔다.

어떤 이는 이런 사실을 설명하는 필자의 지식을 의심하려 하기도 하고, 어떤 이는 '법이라는 것이 뭐 그렇지' 하는 냉소적인 반응을 보이는가 하면 또 어떤 이는 그럼 어떻게 해야 하느냐는 걱정스런 시선을 보내기도 한다.

가장 보편적인 반응은 법보다 주먹이 가깝다는 식으로 무작정 시민과 환경단체들이 나서서 핵폐기물 수송선이 인천 앞바다를 지나갈 때 실력으로 저지하면 된다는 것이었다. 이러한 격앙된 시민의 감정은 충분히 이해할 만하지만, 정부 당국자를 포함한 우리 모두는 이러한 분위기에 휩쓸리지 않고 좀더 이성적으로 대처할 필요가 있다.

첫째, 정확하고 냉철한 현실 인식이 우리의 과제이다. 앞서 보았듯이 대만은 이번 시도에 관하여 어떠한 국제 법규를 위반하지도 않았고, 북한의 의사에 반하여 그 이익을 침해하지도 않았다.

대만의 입장에서 보면, 적어도 국제법적으로 아무 하자없이 쌍방 합의하에 이번 일을 추진하려고 하는데 남한이 끼어들어 가타부타하는 것이고, 이는 그야말로 주권국가에 대한 내정간섭인 것이다. 그것이 아무리 정의에 반한다는 생각이 들어도 현실을 인정할 필요가 있다.

둘째, 국제법이 소용없게 된 상황에서 우리가 취할 바는 국제 사회로 하여금 이번 사건에 대한 우리의 입장을 지지하게 하고, 대만의 이기적 태도를 비난하게 하는 것이다.

북한도 물론 이번 사건을 일어나게 한 당사국임에 틀림없지만 핵폐기물을 받아들일 수밖에 없는 내부의 경제 사정을 고려하면, 그 비난 가능성은 현저히 떨어지므로 우리의 노력은 결국 이 같은 처지의 북한을 이용하고 있는 대만에 모아져야 하는 것이다.

어떤 사람이 아무리 비난받을 짓을 하더라도 이를 규율하는 법률이 없으면 처벌할 수 없게 되고, 결국 도덕적 규범에 터잡은 사회적 비난에 의지할 수밖에 없듯이 먼저 국제여론을 환기시킬 필요가 있다. 대만은 현재 국교 관계를 맺고 있는 나라가 29개국에 불과하여 사실상 국제사회에서 고립된 나라이다. 따라서 국제 여론의 동향에 대단히 민감하다.

국제 여론의 도움을 받는데 있어서 무엇보다도 중요한 것은 이번 대만의 핵폐기물 수출이 국제사회에서 갖는 의미를 분명히 하는 일이다. 대만은 이번 사건에서 자신의 입장을 변명하면서 핵폐기물의 북한 이전은 북한이 원해서 이루어진 정당한「상거래」라고 주장한다.

그러나 북한의 경제 사정을 조금이라도 아는 사람이라면, 이 거래가 북한의 窮迫한 처지를 이용한 불공정한 사기극임을 분명히 깨닫게 될 것이다. 이번 사건에서 대만은 북한으로 20만 배럴의 핵폐기물을 반출하고 그 대가로 약 2억 2천만 달러를 주기로 했다고 한다.

대만이 북한에 치른 대가가 정당한지 여부는 차치하고, 과연 대만이 미국과 같은 선진국에 대하여도 이런 시도를 할 수 있을지 생각해 보면, 이번 사건의 본질이 무엇인지 알게 될 것이다.

또한 대만이 아무리 많은 보상을 치를 준비가 되어 있었다 하더라도 궁박한 처지에 놓인 북한이 아니었더라면, 대만이 주장하는 이른바 '거래'는 이루어질 수 없는 것이 현재의 국제사회 분위기가 아닌가.

따라서 우리는 대만이 주장하는 이른바 "거래는 환경에 대한 무지와 빈곤을 이용한 환경 제국주의의 발로"라는 점을 분명히 할 필요가 있는 것이다.

우리는 또한 국제사회에 대하여 이번 사건이 대만과 북한, 그리고 남한 사이에서 일어난 일회적 사건에 그치는 것이 아니라는 점을 분명히 할 필요가 있다.

대만의 시도가 아무런 걸림돌 없이 성공한다면 앞으로 일본 등 선진국이 핵폐기물을 처리함에 있어, 그 전철을 밟으려고 하여 결국 후진국들은 선진국의 '핵쓰레기 하치장'으로 전락할 것이라는 것은 불을 보듯 명확하다.

빈부의 차가 국제사회의 남북문제를 만들었다면, 가난한 나라로의 폐기물 수출은 그 골을 더욱 깊게 하여 치료될 수 없는 상처를 남기게 될 것이다. 따라서 대만의 핵폐기물 수출은 국제사회 전체의 관심사이고, 이 점에 관하여 국제적인 여론을 환기시킬 필요가 있는 것이다.

셋째, 우리는 대만을 대화를 통하여 설득하는 작업을 벌여야 한다. 대만의 이번 핵폐기물 반출이 국제 사회에서 갖는 의미를 깨닫게 하여 이번 사건을 통하여 얻을 수 있는 것보다 잃는 것이 많다는 것을 분명히 보여 줄 필요가 있다.

비록 대만의 시도를 제지할 국제법적 수단은 없지만, 자국에서 발생한 핵폐기물은 이들 자국 내에서 처리하여야 하고 부득이한 경우, 자국보다 기술 수준이 높은 국가에 위탁 처리함이 확립된 국제 관례이자, 국제 양식이다.

마샬군도가 국제 방사성폐기물 처분장을 유치하려다 실패한 것은 주변국의 반대가 거세었기 때문이라기보다는 그 시도 자체가 국제사회의 관행과 양식에 반하는 것이었기 때문이다.

대만으로 하여금 국제 양식에서 벗어난 행위를 함으로 인하여 국제사회로부터 고립되는 것이 더 큰 손실임을 깨닫게 해주어야 한다. 핵폐기물의 북한 반입과 관련하여 관계 당사국의 입장을 살펴보자.

우선 대만이 북한과 그와 같은 거래를 체결하는 것은 하나의 중국 정책을 고수해 온 중국을 자극하게 될 것이다. 또한 가뜩이나 국제사회에서의 고립으로부터 탈출하고자 하는 대만으로서는 세계에서 가장 고립된 북한과 거래한다는 사실 자체가 자신들이 구축해 놓은 국제사회에서의 이미지에 손상을 줄지언정 도움이 되진 않는다.

뿐만 아니라, 미국과 상호 방위체제를 유지하고 있는 대만으로서는 미국의 입장을 무시할 수 없는 형편인데, 북한이 대만으로부터 핵폐기물을 반입하여 이를 여지껏 쌓아두었던 자기네 핵폐기물과 섞어버리면, 그동안 북한의 핵개발을 집요하게 추적해온 미국의 노력이 수포로 돌아갈 것이므로, 미국으로서도 대만의 행위를 묵인할 수 없는 것이다.

결국 대만과 북한의 거래가 어떻게 결말이 날 것인지를 예의 주시하여 성공하는 경우에는 자기네 핵폐기물도 유사한 방법으로 처리하고자 하는 일본을 제외하고는 주변의 관련 당사국들의 이해관계가 대만과 일치하지 아니함을 깨닫게 해주어야 한다.

마지막으로 필자는 이번 사건에서 대만을 대하는 우리의 태도가 보다 성숙하여야 한다는 점을 지적하고자 한다. 대만은 지난 92년 8월에 있었던 한국 정부의 일방적 '단교선언'으로 인하여 피해의식과 반한감정에 휩싸여 있는 상태이다.

감정적이고 자극적인 방법은 일시적인 충격 효과가 있을지 모르지만, 부작용이나 부산물을 낳기 마련이다. 타이베이의 '대만 전력공사' 앞에서 벌어진 환경운동단체 회원들의 단식 농성은 비분강개에서 시작하였지만, 결국은 아무런 성과도 얻지 못하고 강제 출국으로 끝을 맺었다.

우리 시민이 대만의 국기를 불에 태움으로써 우리가 얻는 것은 결국 양국 국민들간의 감정싸움 이외에 무엇이 있는가. 정부는 시민들의 고귀한 환경의식을 보다 차분하게 계도할 필요가 있는 것이다.

그렇지 않으면, 노동법 개정시 국제 노동단체 대표들에 대하여 부당한 '내정간섭'이라고 말했던 정부가 자가당착에 빠지게 될 것이기 때문이다.(민족정론 통권46호, 한국정책연구회, 66-71면, 1997. 5.)

5. 한국 사회를 바라보며

(1) 都市交通의 滯症과 교통사고 관계

1) 교통사고의 현황

① 교통사고 발생의 추세

교통수단의 급격한 발달 보급 및 경제발전으로 인한 국민소득의 향상으로 자동차 대수 및 자동차 운행회수가 증가하게 됨에 따라 교통사고도 매년 증가하고 있다.

치안본부가 집계한 교통사고 발생현황에 따르면, 지난 '79년 중 전국에서 113,927건의 각종 교통사고가 발생하여 이중 6,006명이 사망하고, 105,946명이 부상했으며, 올해 들어서는 지난 7월말까지 66,595건이 발생하여, 3,169명이 숨지고, 61,606명이 부상하였다.

이 같은 교통사고는 지난해 하루 평균 312건이 발생하여 16명이 사망, 290명이 부상하였으며, 올해 들어서는 7개월 동안 하루 평균 발생건수가 지난해와 같은 312건이며, 16명이 사망하고 289명이 부상하여 지난해의 평균수준에 육박하고 있다. 특히 올해 상반기 중 교통사고는 지난해 同期의 발생건수인 63,618건보다 4.7%인 2,977건이 늘어났고 하루 평균 교통사고 발생건수도 299건과 비교하면 13건이 늘어났다.

② 교통사고의 요인

현재 당국의 교통사고 분류에 의하면 원인별로 운전자의 법규위반, 정비불량, 피해자과실에 의한 교통사고로 나뉜다. 치안본부가 집계한 '79년도에 발생한 교통사고를 원인별로 보면, 운전자의 법규위반이 107,669건, 정비불량이 237건, 피해자과실이 6,021건으로 운전자의 과실이 대부분을 차지하고 있다.

그러나 이러한 분류는 고용주 의무위반, 결함차의 운행, 도로불량, 교통안전 시설의 不備, 그밖에 쌍방과실이나 불가항력 등을 주원인으로 한 사고에 대하여 적용할 수 없으므로 이것들도 거의 운전자의 법규위반으로 처리되고 있는 실정이다. 그리고 당국의 사고발생 억제방침도 주로 운전자 단속과 처벌에 그 중점을 두어온 것 같다. 그런데 교통사고의 원인을 운전자 측에만 두고 운전자에 대한 대책만 연구한다면 교통사고를 방지할 수는 없다. 즉 교통사고에는 운전자의 신체적 생리적면과 정신적 심리적면 외에 차량성능, 도로여건, 통행인, 교통안전시설 등 교통환경에 관한 제요인이 복합적으로 작용하고 있는 것이다. 따라서 교통사고의 요인은 多岐하게 분석될 수밖에 없으며, 이러한 제요인들이 결합되어 교통사고를 유발한다고 보겠다.

본고에서는 오늘날 도시교통이 복잡하게 됨에 따라서, 교통안전시설과 운전자의 과실에 기인하여 발생하는 교통사고를 살펴보고 그에 대한 현행법상의 처벌제도와 대책을 간단하게 언급하기로 한다.

2) 교통사고원인으로서의 도시교통의 滯症

① 도시교통의 체증

치안본부에서 집계한 자료에 의하면 1966년부터 1975년까지 교통여건의 연평균 증가율은, 인구는 1.9%인데 비해서 차량은 30%이며 도로연장거리는 2.9%이다. 이러한 수치를 비교해서 알 수 있는 사실은 지속적인 경제성장에 따라 차량보유 현황은 매년 높은 증가율을 보이고 있으나 교통안전의 기본요소가 되는 도로와 교통안전시설의 정비는 급격한 교통량 증가추세를 따르지 못하고 있는 것이다. 더욱이 세계 각국과 비교하여 볼 때, 우리나라의 도로포장율은 선진 제국의 절반에도 미치지 못하고 있는 실정이다.

이렇듯 교통량의 급격한 증가를 따르지 못하는 교통안전 시설의 미비는 도시교통의 체증현상을 야기하여 결국 교통사고 발생률을 높이는 것이다. 이제 도시교통의 체증현상과 교통사고의 관계를 간단히 보기로 한다.

② 교통안전 시설과 교통사고

교통사고는 여러 요인이 복합적으로 작용하여 발생하는 것인데 그중에서 도로의 교통량과 도로의 상태 등 교통시설이 교통사고에 미치는 영향은 크다.

예를 들어서 도로상태가 교통사고와 관련되는 정도는 크다. 좋은 도로란 구조상 기하학적 공법에 의해서 건설되어 있고, 통행상 안전성이 고려되어 있는 상태에 있는 도로로서 당연히 그 노면상에서는 교통사고가 적어야 하는 것이다. 특히 중요한 요소의 하나인 도로 폭에 있어서 廣幅포장된 도로상에서는 사고가 25% 이상 감소하며 교통량 신장을 고려한다면 약 40% 가까이 감소된다고 한다. 또한 사고율이 높고 교통량이 많은 구간일수록 광폭의 효과는 크다. 교량의 경우에는 그 구조물의 幅員이 1 feet이상 협소한 곳에는 5 feet정도 광폭시킨 것이 광폭 전에 비하여 약 8배 가까이 사고율의 감소를 가져온다고 한다.

이처럼 도로상태와 교통사고의 발생 사이에는 상당한 관련이 있는데 현재 우리나라의 도로사정은 교통사고를 방지할 수 있는 기능을 기대할 만큼 좋지 못하다. 이는 특히 도로포장율이 약 30%에 불과한 사실에서 알 수 있다.

통계적으로 보아 직선도로에서는 1일 평균 교통량이 증가할수록 사고발생률이 늘어난다. 결국 교통량이 적을수록 교통사고가 방지되는 것이며 도시교통의 체증현상이 심화될수록 교통사고는 비례하여 늘어날 것이다. 따라서 도로점유율이 높을수록 교통사고는 감소할 것이다.

③ 교통사고 발생지점

교통사고가 어떠한 지점에서 많이 발생하는가는 단순히 지리적인 문제가 아니라 교통시설과 운전자의 과실여부와도 관련되는 문제이다. 여기에 영등포구치소에서 1975년에 교통사고의 원인분석을 한 자료에서 교통사고 발생지점에 관한 표를 인용하기로 한다.

표에서 보면 신호기 있는 교차로에서의 교통사고는 4.8%인데 비하여 신호기 없는 교차로에서는 10.3%로 나타나 있는데, 이것은 신호기와 같은 교통안전 시설이 교통사고 방지에 크게 기여함을 보여주고 있다. 또한 횡단보도, 길모퉁이, 육교부근, 정차장에서의 교통사고율이 높다는 사실은 이러한 지점에서 운전자와 피해자의 주의가 매우 이완되어 있다는 것을 보여주며 따라서 이러한 지점에서는 교통안전 시설의 설치, 유지, 보수에 대한 계속적인 투자가 요망된다고 할 것이다.

사고지점별 현황

지점별 / 계	학교앞	교차로		횡단보도	건널목	일방통로	교량	붕괴이탈	기복이심한곳	공사장	길모퉁이	육교부근	지하도부근	정차장	주차장	기타	무응답
		신호기유	신호기무														
1,009	15	53	113	118	10	44	25	14	10	27	200	124	16	111	26	140	53
%	1.4	4.8	10.3	10.7	0.9	4.0	2.3	1.3	0.9	2.5	8.2	11.8	1.5	10.1	2.4	12.7	4.8

④ 운전자의 과실

이미 본 바와 같이 치안본부가 집계한 자료에 따르면, '79년의 교통사고 중 약 94%가 운전자의 과실에 기인하는 것이다. 그러나 이러한 수치는 총교통사고에서 피해자과실과 정비불량에 기인하는 것을 제한 것에 불과하다.

과실이라 함은 일정한 주의의무의 위반을 일컫는데 이 경우의 주의의무는 사회통념상 평균인이 지킬 것으로 기대되는 최소한도의 준수사항을 법적 의무화한 것이다. 이것을 의무상 주의의무라고 하면 그 업무종사자에게 일반적으로 부여되는 한층 더 높은 주의의무임에는 틀림이 없다.

더욱이 자동차 대수의 급격한 증가, 인구의 도시집중, 교통시설 특히 도로의 불비 등의 여러 사정을 고려한다면 운전자의 경미한 과실로도 중대한 사고를 야기시킬 수 있으므로 과실판단이 엄격해짐은 불가피할 것이다. 그러나 우리나라 대법원은 「자동차 운전자는 전방과 좌우를 주시하면서 운행하여 사고발생을 미연에 방지할 업무상 주의의무가 있는 것」(大判 1966. 5. 31. 선고 66도548)이라 하여 운전자에게 거의 무과실책임에 가까운 주의의무를 요구하고 있는데 이 점은 운전자의 증가, 인구증가 등의 현실에 비추어 곤란한 문제이다. 특히 현행 제도상 운전자에 대한 처벌은 도시교통의 체증현상과 관련하여 큰 문제점을 안고 있는데 이는 章을 바꾸어 보기로 한다.

3) 교통사고 방지대책

① 운전자의 처벌

당국의 교통사고 발생 억제방침은 주로 운전자의 단속과 처벌에 그 중점을 두어 왔다. 자동차 운전자는 교통법규 위반의 경우 도로교통법을 적용하여 운전면허 취소나 정지처분, 교통범칙 통고처분에 의한 즉결재판 등의 처벌을 받으며 교통사고를 야기한 경우 행정, 민사, 형사상의 처벌을 받는다. 특히 형사책임에 있어서는 도로교통법 제43조에 의한 안전운전 의무위반과 형법 제268조 등에 의한 업무상 과실치사상죄의 적용을 받으며 경우에 따라서는 특정범죄가중처벌 등에 관한 법률 제5조의 3에 의하여 최고 사형까지의 처벌을 받게 된다.

이와 같이 운전자의 과실은 업무상 과실로서 형사책임을 지도록 되어 있다. 그러나 오늘날 교통기관의 효용성이 나날이 늘어가고 기계문명의 고도 발달은 그것을 제어하는 인간의 능력한계를 넘어서고 있으므로 교통기관으로부터 생기는 위험은 운전자에게만 부담시킬 것이 아니라 교통관여자와 일방대중에게도 평등하게 분배하려는 「위험분배의 법리」나 「허용된 위험의 이론」이 나타나게 되었다.

오늘날의 자동차 교통의 실정을 보면, 첫째로 자동차의 수가 엄청나게 증대되었고 이에 따라 고속화되었으므로 다른 자동차나 교통관여자에 대해 지나치게 신경을 썼다가는 일시에 교통이 마비될 지경에 이르렀으며, 둘째로 교통신호 그밖의 제반시설이 정비되고 있으므로 교통관여자의 적절한 행동을 누구나 기대할 수 있게 되었으며, 셋째로 교통교육과 교통도덕이 많이 보급되어 이러한 기대가능성은 더욱 증대되었다.

이러한 교통현상을 감안하여 독일 등 선진국의 판례는 「자동차 운전자는 다른 교통관여자가 교통규칙을 지키리라는 것을 신뢰해도 좋으며, 따라서 타인이 규칙위반의 태도로 나오리라는 것을 염두에 둘 필요는 없다」고 한다. 이를 학자들은 신뢰의 원칙이라고 부른다. 우리나라의 대법원도 「위 갑이 적절하게 교통법규를 준수하여 진행할 것이라고 신뢰하여... 자동차를 운행중이던 피고인에게는... 본건 사고예방에 관한 주의의무의 존부와는 직접적으로 아무런 관계가 없다」(大判 1970. 2. 24. 선고 70도176; 大判 1972. 12. 26. 선고 71도1401)고 하여 이러한 입장을 취하고 있다.

오늘날의 발달된 기계문명의 시설로 말미암아 생명, 신체에 대한 어느 정도의 위협은 「허용된 위험」으로서 감수하여야 한다. 사회생활상의 편익을 위하여 필수불가결하기 때문이다. 대개 이러한 분야에서는 그것의 실시를 위하여 일정한 기술적 법칙이 만들어져 있으며 그러한 규칙과 주의를 지킨 것이라면 비록 그로 말미암아 법익침해의 결과가 발생하였다고 할지라도 그것을 위법하다고 인정해서는 안된다. 이러한 허용된 위험의 이론은 독일의 형법학자 Karl Binding에 의해서 주장되었다.

형법에 있어서와 마찬가지로 민법에 있어서도 자기 권리의 충분한 실현을 위하여 자기의 권리에 대한 제한을 *忍容*하여야 하는 경우가 있다. 相隣關係에 있어서 인접토지소유자의 *受忍義務*가 그것이다(민법 제217조 2항 등).

우리가 신뢰의 원칙이나 허용된 위험의 이론을 받아들일 때, 오늘날과 같이 도시교통의 체증이 일반화된 경우에는 교통사고에 대한 책임을 운전자에게만 지우는 것은 공평을 잃은 것이다. 특히 운수업체가 직영화되어 과당경쟁이 줄고 차주가 직접 운전하는 경우가 늘어남에 따라 운전자의 책임에 관한 제도를 전반적으로 재구성할 필요가 있다. 또한 운전자의 경미한 과실에 대하여 위법성을 고집하지 말고 교양과 벌금의 선으로 그치는 것이 타당하다.

② 결 언

교통사고 발생의 억제책으로서 당국은 주로 운전자의 처벌을 택하고 있으나 교통사고의 요인으로는 그밖에 많은 다른 요소가 있으며, 또한 운전자만을 처벌하는 것이 불공평함을 보았다. 교통사고 발생에 대한 억제책으로는 여러 가지를 생각할 수 있는데 그 중에서도 교통안전 시설의 정비와 교통행정 기구의 일원화는 특히 중요한 것이다.

교통안전 시설의 효과는 시설투자 비용과 반비례하여 나타나는 각국의 사고감소경향에서 그 근거를 찾을 수 있으며, 선진국의 교통안전 시책에서도 알 수 있다. 특히 도시에서의 교통체증이 일반화된 우리나라에서는 도로점유율의 증대, 도로의 포장, 신호기, 육교, 지하도 등의 설치, 건설 등 교통안전 시설의 정비는 교통사고 발생의 억제책으로서 필요불가결하다고 아니할 수 없다.

또한 교통행정은 단순히 특정기구에 분담시킬 수 없는 많은 복합적 요소를 가지고 있다. 그리하여 우리나라의 경우 운수행정은 교통부, 교통안전단속과 운전면허는 내무부, 자동차공업은 상공부, 자동차 공해단속은 보건사회부, 자동차 보험은 재무부, 도로건설은 건설부, 고속도로관리는 도로공사에 각각 분담되고 있다. 그러나 이와 같이 다원화되어 있는 교통행정 조직으로는 정책수행의 획일성과 항구성을 기대하기 어렵다. 일원적 체제를 구비하고 종합적인 교통안전에 관한 기본대책을 수립하여야 할 것이다.

대도시의 복잡한 교통상황은 그밖에도 많은 교통사고 억제대책을 필요로 한다. 즉 보행자의 교통법규 위반습관의 개선, 도심지 정류장의 적정배치, 운수업체의 인사·노무관리의 개선, 직영화를 통한 운수업체간의 과당경쟁의 해소 등 많은 제도적 대책이 조화있게 또한 장기적으로 실시되어야 할 것이다.(월간 도로교통 제 1 권 3호, 8-11면, 1980. 11.)

(2) 기초질서와 경쟁력, 매일경제 분석과 전망

언젠가 대통령이 연두기자회견을 할 때 일이다. 국내 기자들은 대부분 정치문제에 관한 질문을 많이 했다. 순서가 외국 기자들에게 돌아가자 그들은 한국 법현실과 준법의식에 관한 질문을 했다.

우선 낙태를 예로 들어 형법상 낙태죄 규정이 시퍼렇게 살아 있건만 한국은 낙태건수가 많기로 세계에서 손꼽을 수 있는 나라라며 현실과 엄청난 괴리가 있다고 지적했는가 하면, 역시 세계에서 1위를 차지하는 교통사고건수를 거론하면서 그와 같은 무질서와 난폭운전 그리고 생명과 재산 손실에 대한 대책을 물었다.

도대체 나라를 개방해 외국 투자를 유치한다면서 이와 같이 무질서와 난폭운전이 일상화하고 보면 외국 투자자 생명과 재산인들 제대로 보전될 수 있겠는가 하는 숨은 뜻이 담긴 질문이었으나 국내 신문들은 이러한 염려를 취급조차 하지 않았다.

대부분 교통규칙은 지키면 편하고 운전자 생명과 재산을 보호하기 위한 것이건만 자기에게 유리한 규정조차 지키지 않는 것은 왜 그럴까.

핵가족 나들이를 보자. 아빠가 운전대를 잡고 엄마는 안전띠를 매지도 않은 채 조수석에 갓난아이를 안고 앉는다. 조금 큰 어린이는 뒷좌석에서 앞좌석 등받이를 잡고 서 있다. 대개 엄마는 커피가 가득 든 종이컵을 들고 있고 아빠는 엄마와 얘기하면서 달리는 모습을 고속도로에서 흔히 본다. 이때 급정거를 한다거나 안전거리를 확보하지 못한 뒷차가 추돌하면 어떻게 될지 아슬아슬하기만 하다. 아빠는 운전 중 담배를 피우다 창문 밖으로 휙 던지는가 하면, 앞 운전자가 끼어들거나 다소 머뭇거리면 신경질을 내거나 욕을 해댄다.

이들은 대개 교육받은 중산층이어서 고속도로는 재떨이가 아니라는 것과 자기의 못된 운전습관을 뒷좌석에서 금지옥엽 같은 아이들이 보고 배운다는 사실을 모를 리 없으련만 운전 무질서는 의식 깊숙이 생활화한 듯하다.

넓은 도로에서 교통경찰이 목숨을 걸고 교통법규 위반을 단속하는 사례를 보자. 과속하는 차를 정지시키면 위반을 인정하기보다 왜 나만 잡았느냐는 항의가 대부분이라고 한다. 만일 범죄의 공범자 중 검거된 일부가 이러한 항변을 한다면 수긍하겠는가.

우리 국민의 준법의식은 경제협력개발기구(OECD) 회원국임을 내세우기가 부끄럽다. 기본적인 공중도덕도 없는 한국인을 거절하는 외국 호텔이나 기타 관광시설 이야기를 자주 듣는다. 많은 국가적 캠페인 중에 법무부가 법질서준수 캠페인을 하자고 나설 수밖에 없는 OECD 회원국을 아는가.

우리는 아무래도 유치원에서부터 교통규범 등 기초질서와 공중도덕 교육을 강화하는 것부터 출발해야 할 것 같다. 어린이들에게 획일적인 동요와 율동을 반복하거나, 글을 깨우쳐주고 셈본이나 영어를 가르치기보다 남에게 폐를 끼치지 않고 더불어 살 수 있는 교육을 철저히 해야 할 것이다.

선진국 유치원에서는 우선 교통규칙을 가르치고 남과 협동하는 방법과 창의성을 기르는 놀이를 중심으로 학습한다. 부모가 과보호하는 가운데 거의 무법자처럼 성장하다 조기유학을 간 어린이들과 그 부모가 겪는 갈등은 대단하다.

대개 언어장벽에서 오는 시행착오쯤으로 얼버무려지고 있으나 필자가 미국 대학에서 강의하는 동안 질서의식이 없는 한국 어린이에 대한 문제점을 물어오는 사례를 몇 번 경험한 바 있다.

우리 스스로 수십년 동안 시행한 각종 입시제도와 고시제도는 경쟁풍토 과열과 균질적인 인간의 대량생산을 초래한 결과 법을 지키기보다 이를 회피・우회・무시해 내가 먼저 또는 남보다 더 많은 이익을 취할 방법이 무엇인지 궁리하는 분위기를 확산시켰다. 절차를 준수하기보다 수단・방법을 가리지 않고 결과만 달성하면 그만이라는 생각이 군사쿠데타 이래 우리 법의식을 지배하고 있다. 이제 경쟁 위주 입시제도도 고쳐서 상대방 처지도 생각할 줄 아는 상생(相生) 교육을 하도록 패러다임을 전환해야 한다.

또 국민과 최일선에서 접촉하는 경찰 등 사법・행정공무원들이 엄정한 법집행을 할 수 있도록 여건을 마련해야 한다. 그들은 박봉에 힘들기도 하고 자주 바뀌는 법을 잘 알지도 못하며 집단이기주의로 대표되는 힘에 눌리기도 하므로 꾸준히 처우개선과 교육훈련에 힘써야 한다.

국민과 항상 접촉하는 이들 공무원이 공정하고 투명하게 법을 집행하는 선도자 구실을 하도록 하는 것이 정부에 대한 국민 신뢰를 조성하는 방법도 된다.

법무부와 매일경제신문사가 공동으로 전개하고 있는 범국민 준법운동은 매우 시의적절하다고 생각한다.

일과성에 그쳤던 과거 유사한 캠페인과는 달리 이번 운동은 언론기관·경제단체·시민단체·지방자치단체와 함께 지속적으로 벌이고 있어 많은 기대를 하고 있다.

이제 도도한 세계화 물결 속에서 책임있는 국제사회 일원으로서 한국인이 할 일은 무엇보다도 법을 제대로 지키는 일이다.

그렇게 함으로써 스스로 자존심을 높이고 대외적으로도 신뢰를 얻어 개방된 자유무역 체제에서 우리 국익을 더욱 증진할 수 있을 것이다.(테마진단, 매일경제신문, 2001. 4. 28.)

(3) 여성의 자기개발과 행동윤리

우리나라의 당면목표 중의 하나가 민주주의의 확립이라고 본다면, 그 민주화의 구체적 내용으로서 진정한 남녀평등의 달성도 시급한 과제의 하나라고 할 수 있다. 따라서 그동안 정부의 정책과 여성자신들의 노력에 따라 점차 여성의 사회진출이 괄목할 만큼 늘고, 사회적 지위가 많이 향상되었다고 하겠다. 이 같은 바람직한 변화는 또한 그대로 우리 사회의 변동과 생활 여건의 개선에 의해서도 촉진되었다고 볼 수 있다.

첫째, 교통통신수단의 보급이다. 특히 거의 매 가구마다 자동차를 보유하게 되자 기동력을 확보하게 된 점이다. 따라서 여성들이 집안에만 머물러 있지 아니하고, 신속한 정보교환을 토대로 행동반경과 접촉의 범위를 넓혀가면서 자신의 개발을 위하여 노력할 수 있게 되었다.

둘째, 대부분 아파트생활을 하고 소수의 자녀를 기르며 가사를 보조하는 일손이 귀해지자 衣食의 면에서 생활을 단순화하고 남편과 자녀들도 집안일을 공동으로 돕는 등 가정생활의 패턴이 내용적으로 커다란 변화를 거치고 있다. 그리하여 가사에서 해방된 시간적 여유를 밑바탕으로 사회진출의 일차적 기반을 마련할 수 있게 되었다. 따라서 여성인력의 사회진출은 경제사회발전으로 말미암아 남성인력이 귀해지는 분야를 도맡는 단계를 뛰어넘어서 자신들의 역량을 개발하고 지식을 전문화하면서 직업적 자존심에 걸맞게 각 방면으로 진출해 나아가는 꾸준한 노력이 요청된다. 이 같은 관점에서 보면 부족하나마 기본법인 헌법상 남녀평등을 보장하는 규정에서부터 남녀고용평등법에 이르기까지 법제상의 보장은 물론, 각종 기구, 조직, 연구단체 등도 가동되어 각종 기회확보와 이론개발에 힘쓰고 있다.

그러나 아직도 여성인력의 효과적 활용에 장애가 되는 요인은 많다. 제도개선은 말할 나위도 없으나 可視的인 것으로서 탁아소의 부족 상태라든가, 여성 자신과 그 가족들이 이 같은 새로운 발전현상에 대처할 수 있을 정도의 의식구조나 행동의 변화가 충분히 빠르게 이루어지고 있지 않다는 점이다.

우선 핵가족화 현상 속에서 부부가 맞벌이를 하는 경우에, 이에 걸맞는 새로운 관계정립이나 변화된 역할에 대한 대비가 모두 부족하고, 새로운 행동윤리에 대한 제시가 없어서 가정 내에서 전통문화의 전수과정이 갑자기 단절되고 여러가지 가치혼란이 온다.

셋째, 증가된 소득과 여유시간을 사회봉사를 위하여 체계적으로 활용하는 훈련과 인식이 부족하다. 전통적인 친목계를 모으는 수준을 벗어났다고 하는 경우에도, 고작 취미나 교양활동이 아니면 충동적 자선에 그치는 경우가 많음을 본다.

넷째, 한국의 부모는 세계에서 둘째가라면 서러울 만큼 자녀교육에 관심이 많으나, 이는 주로 지식의 암기를 통한 상급학교 진학을 위주로 한 독려에 불과할 뿐이다. 자녀들은 열심히 이 세상을 살아가는 부모를 답습하기도 하지만, 한 자동차 속에 가족단위로 움직이는 오늘날의 아이들은 어려서부터 음식점이나 야유회 장소에도 같이 가고, 심지어는 외국여행도 따라가면서 부모의 바람직하지 못한 언행도 그대로 배우게 된다.

국가사회를 유지해 가는 최소 기본단위로서 가정의 중요성을 과소평가할 수 없다고 할진대, 가정과 바깥사회와의 접촉이 아무런 여과장치 없이 개방화, 자유화된 이 시점에서, 특히 가정에서 사회에 새로 진출하는 여성구성원들이 확고한 가치판단의 기준과 자존심을 가지고 행동하도록 유도한다면 좀더 분수에 맞고 건전한 사회분위기를 조성하는데 큰 도움이 될 것이다.((재)한국해사문제연구소, 월간 해양한국 통권 200호, 37면, 1990. 5.)

(4) 머리와 가슴이 텅빈 社會

요즈음 소득수준이 많이 향상된 탓인지 잘 먹고 마시고 잘 노는 사람의 수가 적지않게 늘어만 간다. 대형 갈비집이나 보신탕집이 그린벨트를 파헤친 도시근교 숲속에서 성업 중이고 포장마차부터 싸롱에 이르기까지 술집이 학교나 주택가 동네 골목까지 침입하여 위세를 떨치고 있다. 술소비량의 증가는 기록적이며 양담배의 국내시장 점유율도 무섭게 상승하고 있다. 휴일마다 고속도로를 메우는 차량과 전국 산야를 뒤덮는 행락인파를 보면 우리가 정말 태평성대에 살고 있는 듯한 착각을 일으킨다. 시간이 남고 호주머니 사정에 여유가 생겨서 먹고 노는데야 남녀노소를 가릴 필요가 없겠지만 사회 각 분야의 중견 구성원으로 자처하는 인사들의 일상생활도 많은 경우 좋은 책을 읽기보다 오히려 주간지나 스포츠신문을 즐기며 바보 만드는 상자라고 불리우기도 하는 TV를 시청하는 것으로 하루를 마감하는 것이 보통이다. 틈이 나는 날도 가족에게 봉사한다는 뜻으로 먹고 마시고 노는 행사를 위하여 대문을 나서야 하는 경우가 아니면 끼리끼리 모여 앉아서 포커나 고스톱을 치기도 한다. 골프를 치거나 마작을 하는 것은 다소 부유층이 하는 소일거리라고 한다면 그보다 못한 사람들은 주차장 시멘트바닥이나 놀이터에서도 염치없이 놀음판을 벌리고 있으니 어린 자녀들 앞에서도 체면이 서지 않는다. 가히 우리나라 전체가 향락장으로 변해버린 느낌이라면 지나친 표현일까.

우리나라 사람 중 중년층이상의 세대는 일제식민지통치 또는 제 2 차대전 아니면 6.25사변이나 그 후유증 등으로 굶주림과 혼란속에서 정규교육을 부실하게 받은 경우가 대부분이다. 또 요즈음의 젊은 세대는 야심 많은 어머니의 손에 이끌려서 취학 전부터 피아노, 미술, 웅변, 태권도, 수영, 속셈 등 이루 헤아릴 수 없이 많은 학원교습을 거치는 동안 사랑을 담뿍 받고 넉넉한 마음과 올바른 인격을 형성할 기회를 박탈당한 채 성장하면서 過保護하에 초중고교과정을 마치는 경우가 많다. 과외공부의 덕택으로 일단 대학에 들어간 후에는 데모, 농성, 동맹휴학, 수업거부등으로 날이 새지만 일단 승차한 후에는 목적지까지 데려다주는 기차와도 같이 시간만 지나면 졸업장을 받고 나가서 사회인의 대열에 끼게 된다. 이처럼 강의실이나 실험실에서 제대로 실력을 양성할 기회도 없이 텅빈 머리와 훈련되지 아니한 손과 삭막한 마음을 지닌채 사회 각 분야에 진출한 후에는 직장에서도 모자라는 지식을 보충할 틈도 없이 밤낮을 가리지 아니하고 뛰어다니다 보면 수년 내에 심신이 고갈되어 절인 배추같은 모습이 되고 만다. 우리 사회에 재교육이나 평생교육의 기회가 많이 있는 것도 아니니 결국 어려서부터 부실한 학교교육을 받고 사회에 진출하여 극히 소모적인 직장생활 수년만에 몸과 마음이 피폐해지는 이 사회의 중견인들에게 머리를 다시 충전하고 누적된 피로를 씻어낼 기회는 제도적으로 보장되어 있지 않다. 이번 추석에는 생산직뿐만 아니라 일반직도 5일 연휴라고 한다. 최근에 노동시간이 단축되고 임금이 인상된 데다가 휴일 수를 대폭 증가시켜 놓았지만 갑자기 생겨난 여가와 인상된 소득을 합리적으로 활용할 수 있는 지혜와 관행은 정립되어있지 않다. 오히려 한걸음 더 나아가서 온갖 잡기와 행락에 젖어들어 중독되거나 나태한 분위기로 빠져들게 되고 만다. 이것이야말로 놀이文化나 여가선용의 차원을 넘어서 전국민의 지속적 무능화와 정서고갈의 악순환현상을 가져오는 심각한 문제가 아닐 수 없다. 왜냐하면 이러한 현상은 장기간에 걸쳐서 각 분야에 서서히 나타나면서 과소비로 인한 저축감소, 근면 · 자조 · 협동 등 보릿고개를 극복했던 국민의지의 붕괴, 사회의 피폐를 가져오게 되고 결국 국력의 쇠퇴로 이어지기 때문이다. 지난날 후진국 경제개발을 주도해 온 우수한 두뇌집단인 정부관료조직도 저질화되면서 비능률적으로 되고 만다. 민간부문도 창의력을 잃고 동맥경화증에 걸리게 되고 전문가도 신뢰할 수 없게 된다. 엉성한 의학교육을 받은 의사가 생사람을 잡을 수 있고 부실한 법조교육이 국민의 인권과 재산에 돌이킬 수 없는 피해를 끼칠 수 있다. 개선된 근로조건 이상으로 노동생산성이 향상되지 아니하면 21세기의 태평양시대의 주역이 되기는커녕 경쟁에 뒤떨어져서 회한의 눈물을 흘리게 될 것이 분명하다.

성공적인 사회는 그 사회의 기강과 덕목을 지키면서 끊임없이 희망과 새로운 젊음의 활력을 불어넣을 수 있어야 한다. 지금 우리 사회에 급속히 퍼져가는 우려와 체념과 자조적 분위기를 쇄신시키기 위하여 실력과 땀을 바탕으로 모든 것을 다시 시작할 수 있는 분위기가 조성되어야 한다. 초중고교교육과 대학교육은 좀더 강도 높고 현실에 맞게 충실화되어야 한다. 우리 사회를 과감하게 다원화시키고 과감하게 개방하여 엄정한 경쟁을 유발시켜야 할 것이다. 어떻게 되겠지 하는 요행을 바라면서 어물어물 철없이 지나다가 5천년 동안 강대한 이웃인 중국에 동화되지 않고 자주성을 지키면서 줄기차게 살아남은 우리 민족의 강인함이 순식간에 사라져 처절한 국제경쟁사회에서 어이없이 도태되어 버리는 어리석음을 범할 수는 없지 않은가.(대전일보)

(5) 諮問會議運營의 虛實

오늘날 고도산업사회에서는 각방면으로 전문가의 지식에 의존해야 하는 경우가 많다. 개인이나 민간기업의 경우에도 변호사 공인회계사 등 자격을 가진 전문가로부터 당면 문제에 대한 해답을 구하거나 학자들의 분석과 이론 등을 참고로 하여 장래계획을 세우기도 한다. 정부의 경우에도 마찬가지이다. 개발도상국에서는 우수한 인재들이 정부에 모이는 경향이 있고, 이들이 테크노크라트 집단을 형성하여 경제발전계획 등 정부의 각종 정책을 세우고 이를 중단없이 추진해 나가는 견인차의 역할을 담당한다. 우리나라의 경우도 예외는 아니었다. 그러나 현대행정의 복잡화 및 전문화의 경향으로 인하여 외부로부터 중지를 모으는 방법으로서 고문 또는 자문위원회제도를 활용하는 수가 있다. 원로들의 충고, 학계의 신선한 발상 또는 민간부문의 정확한 현실인식이나 현장감각이 어우러져서 행정부의 정책수립과 실시와 평가에 많은 도움을 주었을 뿐만 아니라 틀에 박힌 행정조직의 경직성을 완화해주기도 하는 등 기여한 바가 크다.

그러나 그동안 행정 각부처와 관련을 맺으면서 明滅했던 각종 위원회들의 발자취를 살펴보면 참으로 가지각색이었다. 우선 역대의 집권세력은 그들이 새로 등장하여 정치적 기반을 닦아야할 때마다 자기네 핵심인물들을 각계의 유명인사들과 적당히 섞어서 필요한 위원회를 조직한 다음 비상시에 대처하는 강력한 결단을 내리는데 앞장세워 이용하곤 하였다. 5·16혁명직후 국가재건최고회의의 고문들과 자문회의, 유신 당시 헌법 기타 정권안보법령을 제정하는 데 참여한 학자들, 국보위와 그 분과위원회에 위촉되어 활약한 전문가들, 그리고 6공 탄생무렵의 민화위 등이 이 범주에 들어가는 예라고 볼 수 있다. 이러한 여러 경우에 지혜를 빌려준 브레인들은 그들이 정치적 과도기에 수행한 많은 기여에도 불구하고 일반대중이나 학생들의 눈에 정통성이 없는 정권장악을 합리화시켜주거나 심지어는 권력에 추세하는 지식인 집단으로 비쳐져서 비판되는 경우가 대부분이었다.

또 한가지 모습은 정부가 자문회의를 모양새 좋은 장식물로서 구성하는 경우가 있다. 대체로 방침을 내부적으로 정해놓고 구색을 갖출 목적으로 정책자문회의에 일단 상정하여 그들의 이해를 구하는 요식행위적 절차인 것이다. 이렇게 하면 정부는 자신들의 책임회피도 할 수 있고 요란한 홍보효과를 거둠과 동시에 대체로 여론형성의 선도적 역할을 할 위원들의 비판을 예방할 수도 있는 부수적 이점까지 누리게 된다. 이 경우에는 자문위원들의 전문적 지식이나 경험이 반드시 필요한 것이 아니므로 구시대적 인물이건 실력이 없건 상관없고 지명도가 높은 사람이면 족하기 때문에 한정된 범위의 유명인사가 각종 각급

위원회에 약방의 감초처럼 등장하는 수가 많다. 뿐만 아니라 관계부처의 장이 자신의 친소관계에 따라 임의로 지명하기도 하고, 절차적 공정성을 갖춘다고 하여 대학이나 이익집단 또는 공익단체의 장에게 추천을 의뢰하면 그같은 단체 내에서 그 단체의 장과 친한 인사가 실력이나 인품과는 무관하게 천거되는 수도 많다. 이처럼 구성된 자문위원회의 회의광경을 보면 정부측으로부터 주로 일본의 예와 비교하는 배경설명을 한 다음 궁극적으로는 일본의 법령이나 제도를 채택하는 것이 좋겠다는 내용의 안건보고를 하는 것이 십상이다. 정부측에서 계급 높은 분이 주재하는 회의인 경우에는 '감명깊은 말씀', '옳으신 말씀' 등으로 끝나는 것이 보통이다.

이같은 자문회의는 여러가지 관점에서 긍정적 효과를 얻을 수 있고 존재가치가 있는 만큼 각부처에서 법령상 구체적 설치 근거가 없는 경우에도 경쟁적으로 설치하는 현상이 벌어지기도 하며 이것이 포화점에 다다르면 일제히 정리 또는 축소하라는 지시가 내려오기도 한다. 이렇게 되고 보면 각부처마다 필요한 위원회를 법령에 근거조항을 삽입하여 확보하려는 경향이 생겨날 뿐만 아니라 나아가서는 모두 자기네 부처의 위원회를 격상시키기 위하여 온갖 노력을 기울인다. 각부처 장관이 위촉하는 위원회로서는 성에 차지 않아서 국무총리 직속의 위원회를 조직해야 하고 마침내 대통령 직속위원회를 발족해야하는 등 격상을 위한 경쟁이 치열해진다. 각부처의 이같은 경향은 요즈음 당면문제에 대한 대책을 연구하는 세미나등 학술모임에서 걸핏하면 해결방안으로서 제시되는 대통령직속위원회구성, 독립한 부·처·청 등의 설치 등 기구신설타령과도 꼭 맞아떨어지기 때문에 이른바 여론이나 연구보고서의 지원사격까지 받아가면서 그 기세를 더해간다.

그러나 국정을 총람하는 대통령이나 국무총리가 어떻게 그 많은 위원회를 효과적으로 거느릴 수 있는지 의문이며 실제로 정부 고위층 직속의 위원회들이 발족만 요란할 뿐 짜임새 있는 운영을 통하여 큰 효과를 거두었다는 소식은 거의 접해본 일이 없다. 이쯤되고 보면 하나하나 각종 자문위원회 제도운영의 허와 실에 관해서 엄밀히 따져보아야 할 단계에 도달하였다고 하겠다.(한국일보)

(6) 다양한 가치가 통하는 합리적인 사회를 기다리며

작년에 世界化推進委員會에서 고치기로 합의하여 마련한 새로운 사법시험 증원 계획에 따라 첫번째 시험을 치른 지 얼마 되지 않았다. 아마도 몇 달 후에는 예년의 경우와 같이 수석 합격자, 최고령 합격자, 최연소 합격자 등 500여 명 합격자들의 갖가지 사연과, 이들과의 인터뷰 기사가 신문 방송에 요란하게 등장할 것이다. 눈물겨운 고생 끝에 역경을 극복하고 10여 년만에 합격의 영광을 차지한 감격을 말하고는 하느님이나 부모님께 감사한다는 인사로 끝을 맺는 것에 우리는 무척 익숙해져 있다. 어디 그 뿐인가, 언론은 매년 입시 때가 되면 서울대 법대에 합격한 학생 중에서 사연이 기구한 경우를 大書特筆하곤 한다. 금년 초에도 돌아가신 아버지와의 약속을 지키기 위하여 서울 법대에만 열 번이나 응시한 끝에 합격했다는 서른이 넘은 수험생의 이야기를 비롯하여 노동 현장에서 벽돌을 날라 생활비를 벌면서 야학으로 공부하여 서울대 인문대에 합격한 사례 등 가슴 뭉클한 기사가 넘쳤던 기억이 난다. 참으로 장한 경우가 아닐 수 없다.

사실 우리 사회에서 우선 명문대에 합격했다는 것과 국가고시에 합격했다는 것은 누구나가 꿈꾸는 목표라고 할 수 있으며, 이것은 우리나라 현대사를 배경으로 특히 상징적인 의미를 지니고 있다고 하겠다. 왜냐하면 지금까지 오랜 세월 동안 이 방법은 누구에게도 신세를 지지 아니한 채 자력으로 신분 상승을 달성할 수 있는 거의 유일하면서도 가장 확실한 역할을 해 왔기 때문이다. 사실 조선조의 양반과 상놈의 신분 체계는 이조말 무렵부터 흔들리기 시작하였고 일제의 통치와 한국동란 등을 겪으면서 완전히 해체되었다고 할 수 있다. 대한민국 수립 이후에 그나마 남아 있던, 각계에서 거사를 도모하거나 人事를 할 때에 출신을 조금은 따지던 풍토가 두 번의 군사 쿠데타를 통하여 완전히 사라졌다고 볼 수 있다. 더구나 요즘의 풍토를 보면, 정부도 점차 외국유학 출신자 등 실력 위주의 職業官僚集團에 의하여 주도되고 있고, 장사꾼이라고 하여 관직보다 천시되던 기업계에도 많은 명문대 출신 엘리트가 진출하여 세계를 무대로 활약하고 있다. 이처럼 전통적 기준에 의한 신분상의 차별이 완전히 무너진 상태에서 명문대 졸업생이나 고시 합격자들이 새로운 신분 서열을 만들어 가면서 사회적으로 대접받는 것이 우리의 현실이고 이러한 현실은 별다른 이의 없이 자연스러운 일로 받아들여지고 있다. 따라서 역경을 딛고 七顚八起하여 서울 법대에 입학했다던가 또는 사법시험에 합격했다는 것이 매스컴에 크게 보도되는 까닭을 알만도 하다.

그러나, 다른 한편으로 어딘가 석연치 아니한 구석이 있다는 생각을 지우기 어렵다. 열심히 노력하여 명문대에 들어갔다던가 또는 사법시험에 합격했다는 것은 축하받아 마땅한 일이지만, 오직 서울 법대에 들어가기 위하여 인생의 모든 다른 가능성을 희생하고, 10년 이상 되풀이하여 그 시험 준비만 했다는 것이 과연 그렇게 칭송할만한 성공일까. 이것은 오히려 존엄한 삶의 가치가 우리나라 특유의 '한풀이'에 의하여 압도당하고 있는 현상을 보여 주는 것은 아닌지 생각해 볼 일이다. 우리나라와 같이 세계에서 유례가 없을 정도로 학벌이 중시되는 학벌 위주의 사회에서 일류 대학에 입학하려고 노력하는 것을 말릴 수는 없다. 또한 사법시험을 합격하기 위해서 10년을 넘어 20년 가까이 생계를 다른 사람에게 의존한 채, 고시촌에 틀어박혀 공부를 한다는데 말리기는 커녕 오히려 정화수를 떠놓고 빌어 주고 싶은 심정이다. 그러나 과연 청춘의 거의 전부라고 할 수 있는 10년 이상의 세월을 몽땅 그런 식으로 쏟아 넣을 만한 가치가 있는 것일까. 그 동기가 부모님에 대한 효도의 일념에서 이루어진 것이든 명문대를 졸업하거나 국가고시를 합격하면 사회적 신분 체계를 훌쩍 뛰어넘을 수 있다는 생각에서였든, 너무나 자기 자신의 주관이 결여된 맹목적 행동이라는 느낌을 지울 수가 없다. 더욱이 매년 수십만 명의 대학 입시 준비생은 서울대 법대만을 목표로 하여 몇 번이든지 반복하여 도전하고, 대학에서의 전공이 무엇이든지간에 사법 시험만을 목표로 수만 명이 10년 세월을 허송한다면 이는 국가적인 차원의 인력의 효율적 배분 및 활용이라는 관점에서 볼 때, 너무나 바람직하지 못한 현상이다. 최근의 예에서 알 수 있듯이 미국의 일류 대학에서 이공계의 박사 학위를 획득하고 錦衣還鄕한 사람까지 자기 전공을 그만 두고 고시 준비만 한다고 할 때, 과연 우리나라 사람에게 노벨상을 한번 타볼 수 있는 기회가 언제 올 수 있을 것인가. 더구나 모든 언론이 이런 劃一性을 비판 없이 조장하고 있는 것을 보면 문제의 심각성은 더욱 크다 할 것이다.

고생 끝에 명문대를 들어간 사람이나 사법시험을 합격한 사람의 경우에 그들의 형설의 공은 어디까지나 개인적인 것이어야 한다. 이것이 신문의 지면에 대문짝만큼 나거나 온갖 매스컴들이 호들갑을 떨만큼 큰 사건이어서는 참으로 곤란하다. 언론에서 大書特筆하는 경우는 그 뿐이 아니다. 외국에서 우리의 자제들이 공부를 잘했다거나 어떤 분야에서 뛰어난 자질을 발휘했다는 소식은 참으로 모두가 기뻐하고 축하할 일이지만 거짓이거나 과장되었거나 한물 간 경우도 적지 않다. 이런 언론의 태도가 명문대에 들어가기 위해서, 또는 사법시험을 합격하기 위해서 10여 년을 투자하는 사람을 격려하는 결과가 되어서는 절대로 안된다. 또한 개인의 명성을 위하여 언론을 교묘하게 이용하는 사람을 돕는 결과가 되어서도 안된다.

이제 이 세상에는 새로운 기회나 도전도 많고, 세상도 빨리 변하고 있다. 이제는 우리 사회도 획일적인 출세 지향적인 삶보다도, 자신의 價値觀에 따라 보다 인간적이고 합리적인 삶을 추구하는 풍토가 조성되어야 한다. 성숙한 목표를 세워서 이를 추구하는 것은 필요하고 좋은 일이지만, 목표를 달성함으로써 얻어지는 효용보다 훨씬 더 큰 인간적인 면의 犧牲을 치루어서는 안되는 것이다. 그것이 사회가 가져야 하는 최소한의 합리성이 아니겠는가.(대전일보, 1996. 6. 28.)

(7) 조직화를 통한 사회통제의 후유증

지난 30여 년간 군사문화의 폐단으로 지적할 수 있는 것이 참으로 많으나 그 중 한 가지로 우리 사회의 각계각층을 여러가지 명분과 기준과 연고에 따라 조직하고 이 같은 조직화를 통하여 사회를 통제(Regimentation)해온 것을 들 수 있다. 물론 업자들이 자신의 권익을 옹호하고자 협회나 동업자단체 등을 조직하여 대처하는 것을 나무랄 수는 없겠으나, 문제는 정부가 주도적으로 단체를 결성하도록 강제하거나 유도하여 놓고 이를 정권유지를 위한 방계단체로 지원·육성하거나 적어도 그러한 단체들을 통하여 국민을 효율적으로 통제하여 왔다는 점이다. 정부가 매달 반상회를 소집하게 하여 각종 지시사항을 시달해 온 것은 차라리 애교에 불과하고 이 같은 단체들을 통하여 각종 지시를 내리거나 정부가 원하는 방향대로 시의적절하게 단체적인 의사표출을 하게 하여 여론을 조작 또는 호도하기까지 하여 온 것은 우리가 다 잘 아는 일이다. 그 정부에 그 국민인지 국민들도 혈연, 지연, 학연을 위주로 한 각종 단체 만들기를 오락을 하듯 열심히 즐기고 사람 몇 명만 모이면 손쉽게 사교모임이라도 조직해야 직성이 풀리는 듯하다. 그리하여 마침내는 그처럼 조직된 비슷한 단체 상호간에도 차별화를 통하여 자기네만 제일이고 다른 단체는 무시하는 식의 배타적인 태도를 즐기는 경우도 있다. 현실을 보면 애당초 회원간의 친목을 일차적 목표로 표방한 단체들도 나중에는 공익을 내세우거나 단체로서의 단합된 힘을 과시하여 그들의 이해관계를 무리하게 관철하려는 경향이 세월이 갈수록 점점 심화되어 왔다. 자기네 단체만은 국민을 위하여 아주 중요한 기능을 수행하고 있으므로 의당 정부는 재정지원과 세제혜택 등을 베풀어야 한다는 요구는 단골 메뉴 중의 하나이다. 확실히 개인이 주장하는 경우보다 월등하게 큰 목소리를 낼 수도 있고 떼쓰기에 따라서는 실제로 상당한 당근을 정부로부터 얻어내기도 한다. 또한 이 같은 단체의 구성원이 되면 각자 자기 직장에서의 정상적인 임무수행을 함에 있어서도 그 같은 이익집단의 이해관계를 우선시켜 처리하게 되어 公私가 불분명해지고 사회통합과 직장의 건전성에 심한 손상을 입히게 된다. 물론 이제는 문민정부가 효율적 국민통제의 목적으로 이 같은 단체를 조직하거나 지원하는 일도 많이 줄었다. 또한 동업자들이 자기네 이익을 보호하기 위하여 단체를 조직하여 불공정하게 경제활동하는 경우에는 독점규제 및 공정거래에 관한 법률에 저촉되어 처벌받을 가능성도 없지 아니하다. 그러나 국민은 아직도 역대정권이 오랫동안 써먹어온 조직화를 통한 사회통제에 익숙해 있고, 이처럼 생겨난 각종 단체들은 세계화 과정에서 시장경제원칙에 의한 공정경쟁을 해야 하는 오늘날에도 그 숫자가 점점 늘어만 가고 있다. 이는 마치 사회기초질서도 모르고 갈등을 평화적으로 해결할 의사도 없고 남과 더불어 살줄도 모르는 버릇없고 고약한 응석받이 어린이들을 대량으로 길러내는 것에 비유할 수 있다. 더구나 너도 나도 특혜적이고 불공정하고 비이성적인 방식으로 자기네들의 요구를 관철하고자 하고 보니 대립이 격화되고 과격한 주장으로 증폭되어 마침내 국민을 혼란과 불안에 빠뜨리게 한다. 강경론자일수록 충실한 동지요 온건한 협상론자일수록 배반자일 뿐이다. 전부가 아니면 죽음을 달라는 식의 임전태세를 완비한 요즈음의 각종 이해관계집단들의 사기는 참으로 충천한 듯하다. 동서고금을 막론하고 어느 사회에나 다양한 이해관계의 충돌로 인한 갈등과 대립이 없을 수 없으나 이에 대응하는 국민의 의식은 일만 달러 고소득 수준에 걸맞지 아니하다. 오늘날 후기산업사회에서 일어나는 거대한 집단이해관계의 대립은 물론 국제분쟁도 인내심을 바탕으로 설득과 협상과 조정과 중재를 통하여 해결할 수밖에 없다. 아무리 이러한 분쟁해결방식이 성에 차지 않고 지리하더라도 강자가 폭력으로 제압하는 것이 아니라면 이러한 방법밖에 없는 것이다. 정부도 이제는 민간부문이 취약하여 정부가 절대적 주도권을 휘둘렀던 경제성장의 초기시절과 다름을 깨달아야 한다. 이곳 저곳에 재정지원을 함은 물론 정치적 고려를 남발하고 보니 우리의 한정된 물적, 재정적 자원은 낭비되지 아니할 수 없다. 그러나 조직화를 통한 사회통제라든가 단체의 힘에 기대어 여론을 조성하고 자기네 이해관계를 관철하려는 방식은 오늘날 개인의 창의와 자유를 근간으로 하는 신고전적 자유주의의 시대사조에도 맞지 아니할 뿐만 아니라 무한경쟁이 필연적인 시장의 원리에 비추어 보아도 낡은 수법이다. 따라서 이 같은 방법이 혹시 국내적으로는 아직도 통하는 경우가 있을지 몰라도 세계화의 물결속에 지구촌 한마당에서는 받아들여질 수 없음이 분명하다.(문화일보, 1996. 9. 25.)

(8) 획일주의와 하향평준화

30여 년간의 군사통치에서 경험한 폐단 중의 하나는 위에서 무슨 지시를 내려보내면 밑에서는 일사불란하게 이에 복종하고 그에 따라 획일적으로 우수한 성과물을 보고하느라고 야단법석을 떠는 풍조였다. 물론 명쾌한 기준에 따라서 예외없이 처리해 버리면 일을 처리하는 측도 책임을 회피할 수 있을 뿐만 아니라 그러한 기준의 적용을 받는 측도 트집을 잡기 어려워서 객관적으로 수긍할 수밖에 없는 장점이 있는 것으로 보인다. 또한 어떤 면에서는 이처럼 획일적 지시에 따른 상명하복관계에 서서 조직을 경직적으로 운영하는 방식에 익숙해져 있어서 오히려 이를 편하게 생각하고 있다. 그러나, 어떤 제도든지 그 나름대로의 생성과정이 있는 법이고 각 조직마다 관례와 독자적 전통 등이 있음에도 불구하고 이를 무시하고 위에서 세운 획일적 기준에 의해 일을 처리하는 것은 조금만 생각해보아도 구체적 타당성을 결할 가능성이 높음을 알 수 있다. 예컨대 몇년 전 무더위에 전력을 아끼는 데 공무원이 솔선수범하라는 지시에 따라 모든 관청에서 에어컨 사용을 금한 적이 있었다. 이에 대구에서는 공공 기관의 실내온도가 40도에 육박하여 모든 업무가 마비되고 민원인들이 더할 수 없는 고통을 겪은 일이 있었다. 매년 이때가 되면 불우이웃돕기나 국군장병 위문을 위한 모금지시가 전국적으로 내려오고 액수마저도 봉급의 몇 퍼센트라고 아예 정해져 있다. 또 조금 있으면 전국적으로 획일화된 기준과 방법에 따라 학생을 선발하는 대학입시가 실시된다. 이런 획일주의가 야기할 수 있는 가장 큰 문제는 이로 인하여 상황적응능력을 잃고 경쟁력을 상실하여 하향 평준화를 가져올 수 있다는 것이다. 예를 들어 서울대 입시의 경우 아무도 뒷구멍 입학을 의심하지 않아도 되고 누구나 공부만 잘하면 합격할 수 있으므로 일응 객관적이고 공정 무사한 방식이어서 좋아 보인다. 그러나 이 같은 입시방식은 교육부가 전국의 대학들에게 획일적으로 지시한 것을 각 대학이 오랫동안 기계적으로 준수한 것일 뿐이다. 입시 관리를 이처럼 반복하다 보니 거의 대부분의 대학들이 학생선발권을 돌려준다 해도 자체적으로 입학시험을 관리할 능력조차 상실해 버렸다. 문제는 여기서 그치는 것이 아니다. 시대가 변화하고 있는 만큼 이제는 획일적 기준에 따라 점수 벌레만을 선발하는 종래의 방식을 지양하고 여러가지 선발 방법을 통하여 다양한 배경의 학생들을 선발해 봄직도 한데 아직도 엄두를 내지 못하고 있고, 이것이 서울대가 세계적 수준으로 발돋움하는 데 걸림돌이 되고 있는 것은 분명하다.

요즈음 어느 관청이나 규제 완화와 하부 기관에의 과감한 권한이양을 내세우며 그 실적을 숫자로 발표하기도 하나 국민은 이를 피부로 실감하지 못하고 있다. 물론 그 주된 이유는 관청이 그러한 의지를 확고하게 가지고 있지 못한 때문이겠지만, 너무나 오랜 세월 동안 획일적 지시에 따른 상명하복에 중독이 되어 있어서 설사 위에서 과감한 권한 이양을 해 봤자 하부 조직들이 자율적으로 책임지고 운영하는 능력을 이미 오래 전에 상실해 버린 것도 그 이유 중의 하나이다. 결국 갑론을박 끝에 다시 상부를 쳐다보며 무슨 기준을 정하여 하달해 주면 그에 따라 실시하겠다는 결론을 내리고 만다. 자율과 책임의 포기이다. 또한 획일적 기준에 의한 획일적 결과가 나와야만 아무런 잡음이 없고 마음이 편한 풍토에서는 엄정한 평가를 통하여 차등 있는 결과를 낼 수가 없을 뿐만 아니라 진정한 실력주의가 통용되지 못한다. 확실히 사람간에 또는 기관간에 차이가 있음에도 불구하고 평가를 하라고 해봐야 수긍하기 어려운 차등을 매기거나 비슷한 결과를 맞추어 내어 똑같이 나누어 먹는 왜곡된 평등주의가 판을 치고 만다. 소위 준칙주의의 경우에도 자기가 미흡하면 스스로 포기하는 것이 아니라 남도 끌어내려서 못 먹게 하거나 아니면 모든 사람에게 똑같이 분배함으로서 제한된 자원의 낭비만 초래하게 하는 예는 일일이 들기조차 어렵다. 심지어 조그마한 상을 주는 경우에도 차별적 평가를 못하고 순서를 정하여 돌아가면서 수여하는 일도 있고 보니 수월성에 입각하여 우수한 소수가 앞서 뻗어나가는 일은 우리나라에서는 아예 불가능한 것인가. 이러한 풍토가 계속되는 한 조직 구성원의 창의가 억압되므로 앞으로 노벨상을 받거나 세계적으로 인정받는 탁월한 인재가 나오기 어렵다. 세계화시대에 바깥세상의 빠른 변화에 부응하여 우리 자신도 새로운 각오로 변신하지 아니하면 결국 국경을 초월하여 형성되는 하나의 지구촌 마당에서 경쟁의 낙오자가 될 수밖에 없다. 무한 경쟁에서 살아남는 길은 결국 각 조직이나 사회의 독창성을 유지하면서 구성원들의 창의를 북돋아 주고 탁월한 소수가 제대로 능력을 발휘하고 업적을 올바로 평가받는 풍토가 하루 빨리 조성되어야 할 것이다.(문화일보 사설/의견 OPINION, 1996. 10. 29.)

(9) 노블레스 오블리제와 왕자병

지금 우리는 국가현황이 총체적으로 위기이고 각 분야별로 보더라도 어디 한 군데 희망을 걸만한 구석이 안보여 걱정스럽고 불안한 나날을 살아가고 있다. 큰일난 것을 보고만 있을 수 없으니 다시 한번 허리띠를 졸라매고 정신차려 뛰자고 한다. 그러나 국민들은 배가 부르기도 하고 그동안 천부당만부당한 각종 의혹 및 사태에 하도 기가 막혀서 그러한 호소를 옛날만큼 절박하게 받아들이지 아니하고 정부는 별 처방도 실행도 없는 듯하다. 이러한 난국과 위기를 극복함에는 너와 나가 있을 수 없지만 특히 고통분담에 솔선수범할 사람은 정부와 지도층이다. 정부는 지금 10퍼센트 비용절감이니 2조 원 삭감 등을 내세우지만, 획일적으로 업무추진비 등을 다소 줄이고 임시기능직 몇자리를 보충하지 않겠다고 해서는 고통분담이 안될 뿐만 아니라 도리어 새로운 부작용과 냉소적 태도만 조장할 뿐이다. 아주 과감한 예산삭감, 정부부처 통폐합과 공무원 감원 그리고 민영화만이 적절한 방법이다. 무슨 장관급이 그리 많으며 한시적으로 출발한 대통령위원회들이 자리를 틀고 앉아서 해당부처를 얼마나 혼란시키고 있는지 알기나 하는가. 유엔은 천 개 이상의 행정직을 감축하고 호주정부는 심지어 정부부처도 곧 민영화할 계획이다. 즉 정부부처는 최소한의 고유업무와 정책업무만 수행하고 나머지 업무는 과감하게 민간에게 넘기면서 그 업무를 수행하던 정부조직을 해체해 버리는 것이다. 이런 방식은 규제혁파를 위한 근원적 방법이기도 하다. 우리나라에서는 정권말기에 실현불가능하다고 지레 단념할지는 모르나 우선 청와대부터 윗자리의 수를 줄이고 직급을 낮추어야 하며 대통령위원회들을 폐지해야 한다. 다음으로는 사회지도층이 고통을 분담하고 솔선수범하여야 한다. 30여 년전 아랍과 이스라엘간에 전쟁이 일어났을 때 미국에 유학중인 아랍학생은 도피하는데 이스라엘 학생들은 즉각 참전하러 귀국보따리를 쌌던 일은 널리 알려져 있다. 그야말로 서구사회에서 고위직이나 귀족가문의 자제들이 전통적으로 배우고 지켜온 노블레스 오블리제(Noblesse Oblige)를 실천한 전형적인 예라고 할 수 있다. 우리나라에서 일부 정치인, 기업인, 공무원, 교수, 법조인등이 지난 4년간 대통령 차남에게 줄을 대서 감투를 쓰거나 이권을 얻은 행태와 비교해보면 실로 극과 극의 차이가 있다. 귀족제도가 없는 한국에서는 노블레스 오블리제란 문제의 차남을 포함한 대통령의 가족은 물론 고위공직자나 사회지도층들이 일상생활에서나 임무수행에 있어 철저한 공인의식을 가지고 명예롭거나 관대한 행위를 하는 경우를 가리키는 것이라고나 할까. 그런데 권력을 잡으면 이를 휘두르게 되고, 그에 따라 돈이 생기는가 하면 명예박사나 훈장 기타 온갖 영예가 따라오고 심지어는 주색에까지 탐닉하는 수가 있는 것이 우리의 현실이다. 세도를 잃은 후의 비정함을 모르지 않으련만 아마도 그런 환상 때문에 모두들 권력주변에 파리떼처럼 모여드는 것이 아닐까. 그래서 요즈음도 허구헌날 생업을 팽개치다시피한 채 다음 대권의 향방을 탐색하는 것일까. 대통령의 차남은 선거로 획득한 부친의 막중한 직책 때문에 노블레스 오블리제가 엄격하게 요구됨에도 불구하고 오히려 이와는 정반대로 일종의 왕자병에 걸려서 그동안의 행동이 국정문란형 인사 및 이권개입 의혹을 불러일으키게 되었으니 앞으로 국회와 검찰의 조사가 TV방영되어 하나씩 의혹이 벗겨질 때마다 국민들은 얼마나 허탈하고 황당해 할까. 그러나 국민들이 부당한 권력추구적 의식구조와 행태를 고치지 않고는 대통령이나 그 가족의 황제병이나 왕자병은 앞으로도 계속 복제될 가능성이 높고 정치자금법이나 선거법만을 고친다고 해서 나아질 것이 없어 보인다. 따라서 의식구조개혁과 정치관계법의 개정 이외에도 권력남용자와 그에 따른 수혜자를 집요하게 수사하고 엄하게 벌하는 법집행이 요구된다. 한보사태와 김현철의혹의 경우부터 범죄구성요건이 안된다는 둥 증거가 없다는 둥 형식논리를 내세우지 말고 하다못해 행정적 불이익이나 윤리적 비난 등을 통해서라도 국민이 납득할만큼 단죄하는 일방, 부당한 지위나 이권을 받은 자는 그보다 몇 배의 실질적 불이익을 주어서 재발을 방지해야 할 것이다.(중앙일보 중앙시평, 1997. 3. 24.)

(10) 4월이 오면

1993년 봄에 시작된 경기동창회와의 인연은 8년이라는 짧지 않은 시간동안 변함없이 이어져 왔습니다. 경기가족 여러분의 지속적인 사랑과 관심이 없었더라면 아마도 현재의 백혈병 어린이 후원회의 모습은 없었을 것입니다. 아직은 아픈 우리 가족들의 모든 욕구를 만족시키지는 못하고 있지만 그래도 여러분의 사랑 속에서 성장한 후원회의 모습을 자랑하고 싶습니다.

우리 후원회는 백혈병, 소아암 환자와 그 가족을 위해 반드시 필요하다고 생각되는 다양한 사업들을 수행하고 있습니다. 현재 우리 후원회의 주요사업은 크게 다섯가지입니다.

첫 번째는 외래치료를 받는 동안 원거리 거주자나 위급한 상황에 놓인 어린이와 그 가족에게 숙식공간을 포함하여 다양한 서비스를 제공할 수 있는 쉼터를 운영하는 것입니다. 현재 연건동에 '제일생명의 집'이라는 쉼터를 운영중이며 서울 여의도와 광주·대구·부산 "우체국 한사랑의 집"을 개소할 예정입니다.

두 번째는 경제적으로 어려운 어린이들에게 수술비와 외래 진료비의 일부를 지원하고 헌혈증과 가발을 무료로 제공합니다. 외래 진료비의 경우, 현재 60명의 어린이가 매월 지원받고 있습니다.

세 번째는 입원한 어린이들을 위한 집단활동, 가족캠프 등을 통해 투병기간 동안 환자와 그 가족들이 즐거움을 느끼고 교육받을 수 있는 기회를 제공하고 있습니다.

네 번째는 부모를 대상으로 치료과정에서 있을 수 있는 모든 어려움과 치료가 끝난 후 가족과 학교로의 복귀과정에서의 어려움 등에 대해 교육 및 상담을 실시하고 있습니다.

다섯 번째는 직접 교육에 참여하지 못하는 부모님을 위한 소책자나 기타 필요한 정보를 담은 자료, 소식지 등을 발간하여 무료로 배포하고 있습니다.

위와 같이 후원회는 백혈병 및 소아암 어린이와 그 가족들에 대한 다양한 정서적 서비스를 제공하여 경제적 지원만을 하고 있는 다른 기관과의 차별성을 확보하고자 노력하고 있습니다. 특히 올해에 서울, 광주, 대구, 부산에 복지센터의 기능을 할 수 있는 '우체국 한사랑의 집'이 개소되면 그동안 소외되어 온 지방병원 환자들에 대한 서비스 접근성을 높일 수 있으리라 봅니다.

새천년 첫 경기가족걷기대회를 통해 전해주신 후원금은 총 21,664,000원이었습니다. 후원금 중 1000만 원은 경기가족들의 자녀 중에 백혈병 및 소아암 환자가 발생할 경우 지원할 계획이며, 나머지 후원금은 "우체국 한사랑의 집"을 마련하는데 소요되는 비용으로 소중하게 쓸 예정입니다.

후원회의 도움이 필요하신 경우, 바로 연락해 주십시오. 언제든지 경제적 지원과 필요한 정보를 제공하겠습니다(전화 02-766-7671).

지금까지의 후원회 활동의 확대는 백혈병, 소아암 어린이들의 꿈을 소중히 지킬 수 있도록 도와준 많은 후원자, 그중에서도 경기고등학교 동문과 가족들의 든든한 후원이 있었기에 가능한 일이었습니다.

4월이 오면, 경기동문 여러분의 따뜻한 사랑을 만날 수 있다는 희망에 후원회는 가슴이 설렙니다.

경기동문가족 여러분! 내년 봄에도 건강한 모습으로 다시 만나고 싶습니다.
(경기동창회보, 제79호, 2000. 6. 10.)

6. 문화와 전통

(1) 전통문화와 세계화를 위한 시론 — 21세기와 한국문화 —

1) 세계화 시대의 도래와 그 의미

1980년대 말 소련과 동유럽 제국 등 공산정권이 붕괴하자 이들 국가들은 그동안 철저히 신봉했던 사회주의 경제체제를 버리고 모두 자본주의 시장경제 체제로 탈바꿈하기 시작하였다. 그리하여 갑자기 지구상에는 鐵의 장막이나 竹의 장막이 소멸하고 체제상의 차이가 없어지면서 전세계가 市場經濟體制로 빠르게 일원화되어가고 있다. 따라서 이와 같이 전세계가 단일화된 체제와 규칙에 따라 움직이는 세계화의 시대가 도래한 것이다. 이러한 예기치 못한 변화의 물결이 닥쳐오자 각국은 저마다 이처럼 單一化된 競技規則(시장경제체제)의 적용을 받게 된 거대한 全世界 놀이마당에서 정치·경제적으로 유리한 고지를 先占하고 世界化의 대세에 동참하고자 발빠르게 움직이고 있다. 또한 교통 및 정보통신의 발달로 인하여 전세계 놀이마당은 점차 작아져서 地球村이라는 말이 어울리게 되었음은 우리 모두가 느끼고 있는 일이다. 뿐만 아니라 한국 경제가 그동안 세계 12위[1] 정도로 고속성장을 하게 됨에 따라 우리도 국제사회의 책임있는 일원으로서 국내시장개방 등 일정한 의무와 책임이 요구되기도 한다. 지난 10여 년 동안 미국을 비롯한 선진국에서 우리나라의 시장개방을 요구함에 따라 우리가 관련 법규를 현대화하고 규제를 완화하는 각종 조치를 취한 것은 그 좋은 예이다.[2] 그러나 지금 좁아진 지구촌에 이처럼 世界化의 물결은 도도하게 흐르고 빠르게 진행되고 있건만, 우리의 현실을 보면 아직도 정부의

---

1) 1994년 총교역순위 세계13위였던 한국은 1995년에는 12위였던 싱가포르를 제치고, 중국(11위)에 이어 12위가 되었다.

2) 특히 1986년 12월 31일의 저작권법 개정은 이전의 舊法을 크게 바꾸어 실로 새로운 저작권법의 제정이라 할 만한 것이었는데, 이러한 개정의 배경에는 해적왕국이라는 오명을 벗기 위한 노력과 더불어 미국의 집요한 요구가 있었던 것이다. 그리고 그 후 1995년 12월 6일의 개정과의 사이에 여섯 번이나 저작권법 개정이 있었다. 여러 번의 개정을 통하여 한국의 저작권법은 저작권보호에 관한 한 세계 선진국수준으로 발돋움하고 있다.

행정행태, 기업의 경영모습, 그리고 국민의 의식 등 모든 면에서 구태의연할 뿐만 아니라 바깥세상이 빠르게 세계화되어 가는 변화를 체감하지 못하고 있는 것 같다. 오죽 답답하면 정부가 앞장서서 세계화추진위원회를 만들었을까 싶다.

그러면 세계화의 실천적 의미는 무엇인가. 세계화 시대는 무엇보다도 국가경제나 지역경제의 틀을 넘어 世界經濟의 시대가 도래하였음을 뜻한다. 즉, 종래와 같이 좁은 국내시장에서 國家의 保護(예컨대 輸入障壁)와 特惠(예컨대 租稅減免이나 政策資金支援)를 이용하여 制限的인 競爭 내지 獨占을 하는 수준에서 벗어나서, 경제활동의 주체가 개인이건 기업이건 또는 정부이건간에 모두 스스로 경쟁력을 갖추어 시장경제원칙이 철저히 지배하는 세계무대에서 無限競爭을 하지 않을 수 없다는 의미이다. 정부가 특정기업을 도와주고 싶어도 도와줄 수 없는 세상이 되고 있다. 외국정부와 외국기업으로부터 反則 내지 不公正이라는 항의를 받기 때문이다. 또한 우리도 외국에 대하여 같은 항의를 할 수 있어야 하므로 내부적인 보호와 지원은 점차 자취를 감추게 될 수밖에 없다. 오직 강인한 경쟁력을 바탕으로 한 산업화만이 우리의 기업과 국가를 세계화시대의 자주적 존재로 살아남게 한다.

그러면 이러한 세계화의 추세에 부응하기 위하여 우리는 구체적으로 무엇을 할 것인가. 약삭빠른 부모는 어린 아이들을 외국어 학원으로 내몰고 초등학교에서도 영어를 가르친다고 법석을 떠는가 하면 조기유학이 필요하다고 하여 겨우 부모의 정을 알만한 나이의 자녀를 미국으로 떠나보낸다. 그러나 이러한 행동은 기껏 좋게 봐준다 하더라도 개인을 국제적 틀에 맞추겠다는 준비운동이거나 몹시 被動的인 몸부림에 불과하다. 넓어진 세상에서, 다양한 사람들을 만나고 그들과 어울릴 수 있게 하는 개인적 실력도 의미가 없는 것은 아니지만, 외부의 사람들에게 우리의 독자적인 모습과 능력, 가치를 보여 줄 수 있어야만 한다. 그러기 위해서는 외국의 언어와 문화를 배우는 것 외에 우리의 문화를 보존 및 개발하여야 하는 것이다. 우리는 좀더 能動的, 汎國家的으로 세계화의 물결을 타고 우리 내부에서 시작하여 전세계로 뻗어 가고 살아남을 수 있는 방향을 설정하여야 한다.

2) 世界化와 鄕土化

세계화의 물결 속에서 우리가 살아남기 위해서는 무엇을 할 것인가? 개인적이거나 피동적인 자세로 남이 하는 대로 흉내를 내서는 우리의 정당한 권익을 확보하지도 못하는 것은 물론이고 궁극적으로는 살아남기도 어렵다고 본다. 세계화가 아무리 단일한 경기규칙에 따라 공통의 놀이마당에서 활동함을 전제로 하는 것이라고 하더라도 이는 물리적 또는 산술적 동일성이 아니라 다양성을 통한 일체성(identity through diversity)을 추구하는 것이므로 우리 자신의 正體性을 지키면서도 세계화된 시장에서 우리 자신을 알리고 21세기 경제를 이끌어 가기 위하여 우리가 할 일은 많다고 본다.

우선 급한대로 조상의 지혜가 담긴 우리의 고유한 科學技術과 傳統文化遺産들을 세계사회에 알리는 일이다.[3] 이를 통해서 經濟的으로는 물론이고 文化的으로도 많은 수확을 거둘 수 있는 것이다. 세계무대로 진출하여 우리 자신을 알리면서도 살아남을 수 있으려면 결국 우리가 보유한 전래의 고유기술이나 전통문화나 향토예술 등을 끊임없이 발굴, 정리 및 보존하는 한편 이를 세계인의 입맛에 맞게 가공하여 제공하여야 한다. 그렇게 하기 위해서는 바로 도도한 世界化의 물결 속에서도 鄕土化 내지 地方化(GLOCALIZATION)[4]가 성공의 요체가 된다.

지난 30여 년간 우리는 무엇보다도 절대빈곤으로부터의 탈피라는 급박한 명제를 안고 앞만 보고 달려온 셈이다. 이 과정에서 형성된 우리의 의식의 흐름은 대체로 두 가지이다. 西歐의 것은 모두 좋고 현대적인 것이어서 의당 값도 비싸지만 우리의 것은 뒤떨어지고 창피한 것으로서 쉽게 감추거나 없애 버리려는 自己卑下性과 다른 한편으로 쓸데없는 國粹主義的 偏頗性으로 특징지울 수 있지 아니한가 싶다. 뿐만 아니라 국가정책도 모든 면에서 급속한 경제성장에 초점을 맞추어 왔으므로 예컨대 사회간접자본의 건설이나 첨단산업육성에는 대단히 중요한 우선순위를 부여하였으나 불도저의 삽 끝에 鄕土文化財는 여지없이 훼손되었고 文化的 力量의 육성과 결집은 등한시하여 왔다.

그러나 이제는 이만큼 경제적 성장을 이룩하였으므로 이에 걸맞게 좀더 삶의 질을 중시해야 한다는 차원에서 문화적 측면의 발전에 눈을 돌려야 할 때가 되었다. 뿐만 아니라 可用資源을 좀더 효율적으로 활용하면 經濟와 文化를 동시에 발전시키는 것이 불가능하지도 않다. 예컨대 조상이 남긴 자랑스러운 각

3) 아직도 완전히 규명되지 못한 신비한 한국의학과 도자기를 비롯한 공예기법, 건축기술이 많이 있다. 이것들을 연구하여 현대적인 용어와 체계로 이해해내는 일이 급선무라 하겠다.

4) GLOCALIZATION은 세계화(Globalization)와 지방화(Localization)의 언어적 결합이다. 이를 世界化指向的 地方化라고 번역할 수도 있을 것이다.

종 鄕土知的財産의 世界化運動이야말로 經濟論理와 文化力量의 결합을 전제로 하고 있으므로 경제를 통하여 문화에 활력을 불어넣고 문화를 통하여 경제를 이끄는 새로운 발전 모델을 개발할 수 있는 것이다. 이렇게 세계화 속의 향토화 또는 향토화를 통한 세계화를 추진하면 모든 산업부문에 있어서 생산방식을 혁신하고 품질을 일류화 하려는 노력과 병행하여 傳統固有技術의 現在化 및 未來化 작업을 수행해 나갈 수 있다. 더구나 지방자치제의 전폭적 실시로 인하여 지방정부와 지역주민은 향토재산 발굴과 그 세계화를 통하여 스스로를 알리고 새로운 수입을 확보할 수 있는 千載一遇의 호기를 맞이하였다. 그들은 특정분야의 지방경쟁력이 다른 지역에 대하여 비교우위를 점할 수 있도록 환경을 조성하는 한편, 고유의 전통기술은 물론 지역특산품 및 관광문화상품의 발굴과 권리화를 촉진하여 국가경제의 지역적 토대를 강할 수 있을 것이다.[5)]

3) 鄕土知的財産의 의미와 내용

鄕土知的財産이란 민족고유의 기술과 문화를 바탕으로 전승 발전되어 경제적 경쟁력을 갖춘 知的 創作物이라고 할 수 있다. 따라서 이는 조상 대대로 내려온 고유한 전통문화를 배경으로 한 지적재산이고, 특정지역의 주민의 삶속에 뿌리를 내려서 향토적 냄새가 물씬 나는 무형자산이다. 여기에서 固有性 또는 文化遺産性은 민족내부의 전통적 기준뿐만 아니라 대외적, 국제적 기준도 반드시 고려하여 판단해야 한다. 이처럼 民族固有性, 文化遺産性, 鄕土性 및 經濟性을 고루 갖춘 鄕土知的財産은 地域特産品이거나 天然記念物일 수도 있고, 傳統固有技術이나 秘法[6)]일 수도 있으며 觀光文化商品일 수도 있다.

---

5) 우리나라의 전통문화예술을 계승하고 새로운 문화를 창조하여 민족문화의 창달에 이바지함을 그 목적으로 하는 文化藝術振興法이 1995년 1월 5일에 전면개정되고 1995년 12월 6일에 한번 더 개정되어 1996년 4월 1일부터 시행되었다. 그리고 1994년 1월 7일 법률 제4718호로 공포된 地方文化院振興法이 지방문화사업을 수행할 법인인 지방문화원의 육성에 관한 국가와 지방자치단체의 지원 및 육성의무를 정하고 있다. 지방문화원은 지역고유문화의 계발, 보급, 보존, 전승 및 선양, 향토사의 조사연구 및 사료의 수집 및 보존, 지역문화행사의 개최, 문화에 관한 자료의 수집, 보존 및 보급, 지역전통문화의 국내외교류, 지역문화에 관한 사회교육활동, 지역환경보존 등 지역사회발전을 위한 문화활동, 기타 지역문화발전에 기여할 수 있는 사업을 수행하며(동법 제 8 조), 문화체육부장관의 지도감독을 받는다(동법 제13조). 국가 또는 지방자치단체는 예산의 범위 내에서 대통령령이 정하는 바에 따라 지방문화원과 그 연합회의 활동과 운영에 필요한 경비를 보조할 수 있으며, 필요한 재산 및 시설을 무상대여할 수 있다(동법 제15조).

6) 생산활동과 관련한 傳統技術이나 재래의 秘法은 오늘날의 법령상 용어로는 '營業秘密'이라고 할 수 있는데, 不正競爭防止法에서 영업비밀의 보호를 규정하게 된 것은 1992

우선 傳統固有技術을 보자. 수천 년을 이어온 우리의 삶속에는 조상의 숨결과 지혜가 살아 움직이는 전통기술이 무수히 많다. 특히 우리의 民俗的 衣食住生活 속에서 쉽게 발견할 수 있다. 식품분야만 하더라도 傳統醱酵食品인 김치, 된장, 간장 등을 들 수 있다. 우리가 간장과 김치를 냄새나는 식품이라고 창피하게 생각하고 감추는 동안 이미 일본 사람들은 꾸준히 연구개발에 투자하여 세계적으로 유명한 商標(예컨대 간장의 경우 키코만(きこまん))의 개발과 함께 세계시장을 석권해버렸을 뿐만 아니라 각종 채소절임을 표준화하여 세계인의 미각에 성공적으로 호소하고 있다. 김치는 1984년 LA올림픽 이후 선수촌의 공식 메뉴에 포함될 만큼 이미 국제화된 식품임에도 불구하고, 우리가 한눈팔고 있는 동안 1996년 아틀란타 올림픽에는 일본이 이를 공식적으로 납품하겠다고 나서는 세상이 되어 버렸다. 김치는 조상전래의 한국 고유식품임에도 불구하고 양국간에 김치전쟁이라도 벌여야 될 것인지 자못 한심하기만 하다.

食生活 중에서 빠질 수 없는 것이 또한 飮料인데 우리 조상들은 각종 민속음료와 술을 풍부하게 개발하였다. 民俗飮料로는 식혜, 수정과, 미숫가루, 대추차, 오미자차나 설록차 등 많은 음료와 茶종류가 있다. 그동안 우리의 전통적인 음료들은 코카콜라나 양주에 밀려서 명맥이 끊어지게 되었는데 최근에 일부 이러한 전통음료를 대량생산하여 깡통에 담아 판매함으로써 경제적으로 성공한 예가 있다.[7] 民俗酒는 지방마다 가문마다 자기네의 비법과 유래와 품질을 뽐낸다. 우리의 생활양식이 옛부터 飮酒歌舞를 즐기어 왔으므로 집집마다 家釀酒를 빚고 각종 약탁주, 혼성주, 전통소주를 담가왔다. 그러나 朴正熙 정부의 갑작스러운 금지조치로 인하여 집에서 소량으로 담그는 술도 不法密酒製

년 12월 15일에 시행된 부정경쟁방지법에 당해 조항이 신설되면서였다. 법률상의 영업비밀이라고 함은 공연히 알려져 있지 아니하고 독립된 경제적 가치를 지니는 것으로서, 상당한 노력에 의하여 비밀로 유지된 생산방법, 판매방법 기타 기술 영업활동에 유용한 기술상 또는 영업상의 정보를 말한다(부정경쟁방지법 제 2 조 제 2 항 참조). 영업비밀을 굳게 지킴으로써 독점적인 시장확보와 이윤추구에 성공하고 있는 대표적인 사례는 미국의 코카콜라 회사이다. 콜라원액의 제조법은 아직도 다른 사람이 알지 못하는 코카콜라 회사의 제일의 자산인 것이다. 특허를 통한 보호를 신청했었더라면 이 비법이 공개되어 특허기간 만료 후에는 아무나 이용할 수 있게 되었을 터이니, 오늘날 거대기업 코카콜라 회사는 있을 수 없었을 것이다.

7) '비락식혜'는 대표적인 예이며, 이후 식혜시장은 콜라시장을 능가하는 거대시장으로 떠올라 수십개 유사제품업체가 등장할 정도가 되었다. 이어 웅진음료의 '가을대추' 등 대추음료와 미숫가루 음료도 캔에 담겨 판매되고 있다. 외국산 합성청량음료인 콜라, 환타 등 대신에 건강과 민속정서를 고양시켜주는 식혜 등의 성공은 경제적 이익이라는 기본적 상거래 목적 외에도 부수적인 긍정적 효과를 내고 있다고 하겠다.

造로서 수십년 동안 단속의 대상이 되었다. 다만, 1988년 올림픽을 서울에서 개최하기에 앞서 정부가 이러한 금지 방침을 풀고 부랴부랴 지역별로 독특한 술의 생산을 권장하게 되자 민속주들이 지방별로 다시 살아나게 된 것은 다 아는 사실이다.

衣生活분야도 식생활분야에 못지않게 다양하다. 재료분야에서 명성을 날리던 韓山모시나 安東布는 아직도 명맥을 유지하고 있고, 天然染料로서 쪽물, 감물 등을 널리 사용한 것은 우리 조상의 탁월한 과학적 지혜에 다름 아니다. 또한 한복은 수천 년의 세월을 따라 그 스타일, 색상, 모습이 변해 왔으면서도 그 우아함이 세계의 주목을 끈다.

住生活과 관련해서도 우선 온돌난방 시스템, 초가집, 주거용 장농, 주방용기, 생활도구, 화로 등 일일이 세기조차 곤란하다. 의약분야에는 東醫寶鑑을 들먹거리지 않더라도 傳統韓方과 침술 그리고 한방의료기기가 대대로 이어져왔다. 그 외에도 조상의 멋이 담긴 文房四友, 서화, 도자기, 나전칠기, 민화, 탈, 기타 각종 민속상품과 악세사리 등 공예분야에는 우리 조상들의 창조성 때문에 무궁무진한 기술과 디자인[8]이 담겨져 있다.

地域特產品의 경우에는 어떠한가. 삼천리강산이 아무리 좁아도 고을마다 가문마다 자랑할 수 있는 특산물이 굉장히 많다. 한 예로 한국의 나주 배처럼 달고 시원하고 사근사근한 과실이 흔하지 아니하다. 특히 人蔘은 우리의 것이라야 효능이 있으므로 중국 등에서 고려인삼이라고 위조하여 파는 일을 흔히 보아왔다. 지역 특산품은 그 물리적 존재 자체는 無形의 知的 商品이 아니지만 포장되었을 때 그 포장지 또는 레이블에 원산지 표시, 생산자 표시가 인쇄되어 부착됨을 생각해 보면 쉽게 그 대중적 홍보의 중요성을 느낄 수 있을 것이다.[9] 제품의 개량을 통해 우수한 품질을 달성하는 것 이외에도 商標와 原産

8) 디자인이란 가장 넓은 의미로는 미술저작물의 요소를 갖춘 모든 구성 및 미완성저작물의 밑그림을 의미한다. 그러나 著作權法에서는 원칙적으로 엄밀한 의미에서 산업디자인만을 가리킨다. 산업과 관련하여 '意匠'이라는 용어로 번역할 수 있는 것과 그렇지 않은 순수미술상의 디자인으로 분류하여 볼 수 있다. 대부분의 조상들의 디자인이 순수한 미술적 디자인이었다면, 오늘날 우리가 이를 이용하여 상품화할 경우 그것은 意匠으로서의 디자인이 된다 하겠다.

9) 원산지(place of origin)라 함은 원래는 치즈, 모직물, 포도주 등과 같이 특정 토지의 자연적 조건과 생산물의 품질 사이에 밀접한 관련이 있는 경우, 주로 농업생산물의 원산지 명칭을 보호하기 위하여 프랑스 등 유럽에서 발전된 개념이다. 원산지는 천연적인 산출물(농산물, 과일, 양모 등)을 생산하는 지역의 명칭만이 아니라 가공 또는 제조된 물건(유가공품, 섬유, 주류, 기계류 등)을 산출하는 곳의 지명도 포함하는 것이다. 송영식, 이

地 表示를 지킴으로써 소득증대와 아울러 한국의 여러 지방에 대한 세계적 홍보도 이루어낼 수 있는 것이다.

다음으로는 觀光文化商品에 착안하여야 한다. 이 범주에 들어가는 것으로는 민속토산품, 스토리상품 그리고 實演 등 여러 차원으로 다양하게 존재한다.

民俗土産品은 우선 권리확보와 분쟁예방을 위하여 이를 특화하고 지적 재산권에 의한 보호체계를 확립할 필요가 있다. 뿐만 아니라 일정지역 내에서만 판매될 수 있도록 유도한다면 鄕土性이 한층 더 강조되는 경우도 있을 것이다. 예컨대 돌하루방은 제주에서만 살 수 있는 독특한 관광상품임에도 불구하고 전국 각지에서 모두 판다면 그 의미가 상당히 감소될 수밖에 없다. 전국 어디에서나 구할 수 있다면 특정지역의 '土産品'이라는 의의는 찾아볼 수 없을 것이며, 장차 아무도 그것을 구하려 하지 않는 상황이 도래할 것이다.

傳來說話 등 이야기를 구성하여 만든 스토리상품은 특정지역이나 문화유물 등의 유래를 설명하는 民間神話, 傳說 등 그 자체를 현지 문화유산과 조화하여 시청각적으로 재구성하여 상품화하거나, 눈에 보이지 않는 스토리상품과 연관된 지역토산품을 개발해 내는 방법도 있다. 美國의 Walt Diesney사가 옛날의 백설공주보다 훨씬 더 공들여 만들고 있는 만화영화들, 예컨대 인어공주, 알라딘, 미녀와 야수 등을 보면, 누구나 다 아는 동화를 각색하여 영화로 수익을 올릴 뿐만 아니라 비디오의 판매는 물론이요, 개발한 캐릭터를 응용하여 문구, 학용품, 완구, 의류, 신발 등등에서 무궁무진한 상업적 성공을 거두고 있음을 볼 때, 우리나라에서도 전래의 童話나 說話를 응용한 상품화가 기대된다. 최근 1995년 말에서 1996년 초에 걸쳐 우리의 古典인 洪吉童傳을 이용한 만화영화 '수퍼 홍길동'이 성황리에 상영되었는데, 이는 1995년 여름 현대 창작만화 '블루시걸'이 고전을 면치 못했던 것과 대조적이다. 소비자와 오랫동안 親密感있는 주제를 전통적 신비성을 바탕으로 하여 현대적 감각으로 재구성하는 것이 중요하다고 볼 때, 순수 창작물보다는 전래동화의 변용이 성공가능성이 높다고 하겠다.

또한 지방마다 독특하게 발달된 놀이문화와 歌唱文化가 풍부한 만큼 이를 현장에서 관광상품으로 구성하여 공연하는 한편, 다른 한편으로는 시청각적으로 사진, 필름, CD 기타 최신 매체를 이용하여 생산하는 기획이 절대로 필요하다. 현재 서울이나 민속촌 등에서 외국 관광객을 위하여 이루어지는 일부 흉내

상정, 황종환, 『지적소유권법(육법사)』, 929면 참조.

내기 공연은 우선 향토성을 말살해버린 것만으로도 그 가치가 크게 떨어진다고 하겠다.[10)]

4) 知的財産權의 개념

그러면 이와 같은 향토지적재산을 보호하는 법적 틀은 무엇인가?

우선 不動産이나 有體動産 외에 無體財産 또는 知的財産이라고 하면 이는 최근까지도 우리에게는 오히려 낯선 개념이었다. 예컨대 과거의 전통사회에서는 옛 어른들의 詩文이나 作品을 著者를 찬양하고 존경하는 뜻으로 그저 널리 引用하고 이용하는 것만이 좋은 줄 알았고 그러한 훌륭한 知的財産이 결국 作者의 뼈를 깎는 창작의 고통을 통한 저작물이므로 그에 대한 응분의 대가를 드려야 한다는 것, 즉 使用料의 支給은 전연 생각조차 해본 일이 없었다. 우리는 아직도 일부 이러한 의식 속에 살고 있지만 무릇 모든 학술, 문화, 예술, 과학기술상의 창작의 결과는 정당하게 法的 保護를 받아야 한다는 것이 현대법의 기본원리이다. 그 법적 보호의 관점은 기본적으로 두 가지이다. 첫째, 창작물의 질서 있는 이용을 통하여 창작활동을 보호하고 이를 토대로 한 後續 創作이 원활하게 이루어질 수 있도록 하는 것이고, 둘째, 창작자에게 응분의 경제적 대가를 보장하여 재창작에 전념할 수 있도록 하는 것이다. 이러한 필요성은 그것이 문화예술적 창작이든지 과학기술적 창작이든지 동일하다. 우리나라에는 학술 및 문화예술적 창작을 위하여 著作權法[11)]이 있고, 과학기술적 창작 등을 위하여 特許法,[12)] 商標法,[13)] 實用新案法[14)] 및 意匠法[15)]이 제정되어 있

10) 지방자치단체가 지역의 특성을 가장 잘 살릴 수 있는 내용을 담은 약간의 공연이나 문화행사를 독점하여 기본적으로 당해 지역에서만 공연을 허용하고, 외부(예컨대 서울)에서의 공연은 당해 지역의 단체를 파견하여 공연하게 하는 것은 그 일차적인 대책이 될 것이다. 이를 위한 구체적 방법으로 그러한 특정 내용의 공연이나 문화행사를 저작권법으로 보호할 수 있도록, 그 대본, 음악, 무용, 미술설치, 비디오 등을 정리하는 것이 바람직하다.

11) 著作權法은 저작자의 권리와 이에 인접하는 권리를 보호하고 저작물의 공정한 이용을 도모함으로써 문화의 향상발전에 이바지함을 목적으로 하는 법이며(저작권법 제1조 참조), 이 법의 보호를 받는 저작물이라 함은 문학·학술 또는 예술의 범위에 속하는 창작물을 말한다(동법 제2조 참조).

12) 特許法은 발명을 보호·장려하고 그 이용을 도모함으로써 기술의 발전을 촉진하여 산업발전에 이바지함을 목적으로 하는 법이다(특허법 제1조 참조).

13) 商標法은 상표를 보호함으로써, 상표사용자의 업무상의 신용유지를 도모하여 산업발전에 이바지함과 아울러 수요자의 이익을 도모함을 목적으로 한다(상표법 제1조 참조). 우리 대법원의 관점에서 본 상표제도의 목적은 상표와 상품과의 관계를 유지케 함으로

다. 최근에는 이러한 종래의 전통적인 知的所有權法體系로는 규율하기 어려운 컴퓨터 프로그램과 반도체의 集積回路 등 첨단기술이나 營業秘密의 법률적 보호를 위하여 컴퓨터프로그램保護法,[16] 반도체 집적회로의 배치설계에 관한 법률,[17] 그리고 不正競爭防止法[18] 등 새로운 입법도 완료하였다. 어디 그 뿐인가. 우리나라는 관련되는 각종 國際知的財産權條約이나 國際機構에도 거의 빠짐없이 가입되어 있다.[19] 이러한 각종 知的財産權에 관한 법률의 개정 및 제정은 선진국의 동향을 참고하고 우리와 밀접한 경제적 이해관계가 있는 국가들

써 상표의 오인 내지는 상품의 혼동으로 인하여 발생될 부정경쟁을 방지함으로써, 상표권자의 업무상의 신용을 보전함과 동시에 거래자 및 수요자를 보호하려는데 있는 것이다(大判 1984.9.25. 83후 65).

14) 實用新案法은 실용적인 考案을 보호·장려하고 그 이용을 도모함으로써 기술의 발전을 촉진하여 산업발전에 이바지함을 목적으로 한다(實用新案法 제 1 조 참조).

15) 意匠法은 意匠의 보호 및 이용을 도모함으로써 意匠의 창작을 장려하여 산업발전에 이바지함을 목적으로 하는 법이다(의장법 제1조 참조). 이 법에서 意匠이라 함은 물품의 형상·모양·색채 또는 이들을 결합한 것으로서 시각을 통하여 美感을 일으키게 하는 것을 말한다(의장법 제 2 조 1호). 디자인과 의장법 등의 지적소유권법에 관한 상세한 설명으로는 이상정, 『산업디자인과 지적소유권법』, (세창출판사, 1995) 참조.

16) 컴퓨터프로그램保護法은 컴퓨터프로그램 著作物의 著作者의 권리를 보호하고 프로그램의 공정한 이용을 도모하여 프로그램 관련 산업과 기술을 진흥함으로써 국민경제의 건전한 발전에 이바지함을 목적으로 한다(컴퓨터프로그램保護法 제 1 조 참조). 이 법은 컴퓨터프로그램의 보호의 방향을 저작권법적 보호로 하였다는 점에 의의가 있다. 특허법적인 보호의 가능성에 관해서는 이론이 있을 수 있으나, 저작권법적 보호를 하는 것이 세계적 추세인 것으로 보인다.

17) 半導體集積回路라 함은 반도체재료 또는 절연재료의 표면이나 반도체재료의 내부에 한 개 이상의 능동소자를 포함한 회로소자들과 그들을 연결하는 도선이 분리될 수 없는 상태로 동시에 형성되어 전자회로의 기능을 가지도록 제조된 중간 및 최종단계의 제품을 말하고, 配置設計라 함은 반도체집적회로를 제도하기 위하여 각종 회로소자 및 그들을 연결하는 도선을 평면적 또는 입체적으로 배치한 설계를 말한다. 이러한 반도체 집적회로의 배치설계의 창작을 저작권법과 유사한 방법으로 보호함으로써 창작자의 보호와 함께 국민경제의 발전에 이바지하는 것이 이 법의 목적이다(반도체집적회로 배치설계에 관한 법률 제 1 조, 제 2 조 참조).

18) 不正競爭防止法은 국내에 널리 알려진 타인의 상표·상호 등을 부정하게 사용하는 등의 不正競爭行爲와 타인의 영업비밀을 침해하는 행위를 방지하여 건전한 거래질서를 유지함을 목적으로 하는 법이다(부정경쟁방지법 제 1 조 참조). 不正競爭防止法에 관한 체계적 서술로는 정호열, "부정경쟁방지법에 관한 연구," 서울대 대학원 박사학위논문, 1991. 8. 참조.

19) 우리나라가 産業財産權과 관련하여 세계의 조약에 가입한 예를 들자면, 1979년 3월 1일 세계지적소유권기구(WIPO)에 가입한 이후, 1980년 5월 4일에는 파리條約(Paris Convention)에, 1984년 8월 10일에는 특허협력조약(PCT)에, 1987년 12월 28일 미생물기탁에 관한 부다페스트條約에 가입하였다. 또한 저작권에 관한 세계저작권협약과 베른협약 그리고 음반에 관한 제네바협약 등에도 가입한 바 있다.

과의 협상 결과를 반영한 것으로써 세계화의 물결에 부응하기 위한 기본 조치들이었다. 또한 최근에는 우루과이 라운드에서 수년간 협상을 한 결과 全地球的 通商規範으로서 WTO 체제-TRIPs-가 출범되었다.[20] WTO 체제의 특징 중의 하나는 위에 언급한 각종 지적재산권을 WTO 체제 하에서 이루어지는 國際去來의 객체로 삼아 그에 따른 협정을 마련하였다는 점이다. 물론 세계무역은 아직도 절대적으로 상품교역이 중심이나 점차 그 비중이 선진국일수록 물품교역에서 기술교역 및 서비스교역으로 이동하는 경향을 보이고 있으므로 이를 반영한 것이다.

선진국들은 그동안 개발하여 확보하고 있는 고급 과학기술이나 유명상표 등을 후진국에게 라이센스(利用許諾) 해주어 그에 대한 대가로 막대한 로열티 수입을 챙김으로써 技術貿易에서 거대한 흑자를 내고 있다. 文化交易의 경우에도 선진국들은 자기네 음악, 미술, 영화 등 문화예술적 창작을 수출하여 공산품의 수출로 얻는 것보다 훨씬 많은 경제적 수입을 확보하면서 문화적 우위도 달성하고 있다. 우리도 물론 조만간 선진국과 동일한 기술 수준에 진입하겠으나 지금까지는 주로 공산품을 제조하여 외국에 내다 파는 상품수출 일변도의 정책에 의존하여 왔고 이러한 경우에도 注文者商標附着方式(OEM)이 상당한 부분을 차지하여 가득액이 상대적으로 적다. 아직은 우리가 개발한 과학기술이나 문화예술적 창작으로서 외국에 수출하거나 라이센스를 주고 로열티 수입을 짭짤하게 챙긴 실적이 그리 많지 아니하다. 과학기술을 개발하여 로열티 수입을 본격적으로 얻으려면 다소 시일이 걸리겠지만, 최근의 우리 영화들이 세계시장에서 호평을 받으며 수출계약을 맺는 사례는 우리의 문화교역에 청신호를 보내는 것으로 보인다.

5) 鄕土知的財産의 實態와 世界化의 課題

그러면 현재 우리의 각종 鄕土知的財産의 현주소는 어떠한가. 그리고 전국토가 모두 문화유산의 寶庫인 동시에 다양한 전통기술과 생활의 지혜, 특산품과 생활양식, 그리고 놀이문화 등 향토지적재산이 풍부한 우리가 이를 이용하여 세계로 뻗어나갈 방향은 무엇인가.

첫째, 최근 30여년간 절대적 빈곤타파를 위한 經濟發展第一主義의 정책과

---

20) 우루과이라운드에서 지적재산권에 관련된 협정은 TRIPs이다. 이는 “Trade Related Aspects of Intellectual Property Rights”의 약어이다.

그에 따른 고도의 산업화 과정을 급속하게 거치면서 전통고유기술과 민속문화유산들은 방치되었거나 천대를 받아서 결국 節滅되었거나 기능보유자의 수가 급격하게 줄어든 경우가 대부분이다. 사실 그동안 이 방면에 관한 정부의 정책의지는 전연 없었다고 하여도 과언이 아니고, 있었다 하더라도 宣言 또는 指定후 방치하거나 오히려 보유자 기타 관계자들에게 더욱 불편을 준 경우가 대부분이다. 즉 산업화과정에서 이미 傳承의 맥이 끊어져버린 재산도 적지 않고, 아직도 잘 파악하지 못하고 있는 것이 너무 많다. 뿐만 아니라 일반적으로 정부의 관심도 적고 국민들의 傳統固有資産에 대한 認知度와 愛情도 너무 희박한 것이 현실이다. 신속한 자본형성을 통한 경제적 자립이 지상과제일 때에 전통문화유산에 대한 배려가 부족하였던 것은 그럴 수밖에 없었다고 하더라도 이제는 경제적인 보호와 진흥의 능력이 있기도 하거니와 그러한 것들의 새로운 이용가능성을 파악한 만큼 각별한 대책이 있어야 할 것이다. 우선 향토지적재산의 발굴과 복원이 급선무이다. 이를 발굴하고 복원하는 일은 민속학자나 고고학자 몇 사람이 정부나 기업의 일시적 지원을 받아 간단히 해낼 수 있는 작업이 아니라 전민족적, 국가적 사업이다. 왜냐하면 이 사업은 정부나 민간의 지원과 전문가의 참여 외에 각 지역의 교육자, 종교인, 학생, 촌로나 기능보유자에 이르기까지 모든 국민의 협조가 필요하기 때문이다. 따라서 정부와 민간의 일관된 협조, 학계와 연구소 등의 계속적 연구와 발굴보고, 자료집 발간 등을 통하여 전통의 노다지를 차근차근 캐내어야 한다. 이렇게 얻어진 기록과 자료는 복원과 상품화작업의 기초가 된다.

둘째, 설사 전통고유기술을 보존하거나 복구하려고 노력한 경우에도 지금까지는 그 방향이 모두 일차적인 傳統保存의 차원에 치중하였을 뿐 實用化의 아이디어나 의지가 모두 부족하였다. 그리하여 전통성 및 문화유산성의 유지 및 보존만을 일방적으로 강조하다 보니 효율적 관리 및 장래적 투자에는 소홀하였다. 물론 투자를 하더라도 家內手工業的 生産形態가 대부분이므로 제조원가 및 판매가격이 높아서 경쟁이 안되고 따라서 경제성을 확보하기가 어려운 경우가 많은 것은 사실이다. 하지만 소규모 가내생산의 형태에 적합한 물품이 있다. 패션상품은 물론 가전제품까지도 기능 및 디자인에 따라 동시에 여러 가지 제품이 조금씩 등장하고 있기 때문에, 小量多品種生産方式으로 하는 것이 유리한 물건의 경우에는 전통고유기술이나 패턴을 이용한 상품생산이 가능할 수도 있다. 대형기계와 넓은 공장이 필요한 것이 아니라면 결국 人力과 手工이 생산의 요체일 것이며, 경험을 바탕으로 발전해 온 전통고유기술이 기대 이상의 생산성을 발휘할 가능성이 있는 것이다. 그렇다면 향촌에 묻혀있는 전통고유기술들을 채집, 발굴하여 工程을 실용화하고 법적 보호를 주는 것이 시급한 과제라 하겠다.

셋째, 향토지적재산은 특정개인이나 지역주민은 물론 지방자치단체나 국가 등 그 누구도 권리를 주장하지 아니하거나 할 수 없는 이른바 주인 없는 경우가 대부분이다. 물론 그동안 私益을 위하여 어느 개인이나 家門이 권리주장을 할 만큼 강력한 권리의식이 없었으므로 지역사회에서는 별 문제없이 평화롭게 지내왔지만, 막상 타인이나 외국인에 의한 권리침해가 발생하는 경우에는 속수무책이고 무방비 상태에 놓일 수밖에 없다. 향토지적재산의 상품화는 조상들의 유산을 후손들이 잘 보호, 관리, 개량하며 발전시키는 것으로 의의를 평가해야 할 것이며, "조상의 얼을 돈 몇 푼에 팔아먹는다"는 오해를 받는 일은 결코 없어야 하겠다. 다만 국가나 지역사회와 관련하여서는 '향토문화유산의 상업적 개발을 통해 얻은 수입'을 '개인의 창의성에 대한 보수'라고만 일방적으로 정당화할 것은 아니고, '아이디어나 원료 제공자로서의 향토(=지역사회)'에 이익을 분배하는 방안이 옳은 방향일 것이다.

넷째, 앞으로 상품화를 하기 위해서는 그 전제로서 우선 法律的인 保護可能性을 검토하고 權利化作業이 선행되어야 한다. 이러한 작업은 전통기술이나 문화유산의 보호육성법을 마련하는 외에 재산권의 귀속관계 등을 포함하여 저작권법, 상표법, 때로는 특허법이나 영업비밀보호법 등 지적재산권법적 기초작업을 해야 한다는 뜻이다. 아직 향토지적재산의 대부분이 경제적 가치가 있는 재산권으로 인식되고 있지 아니한 상태에서 권리의식을 제고하고 개별 향토지적재산의 성격에 알맞는 권리주체를 파악하여 권리화 과정을 빈틈없이 취하는 일은 法律家와의 장기적 연구협력을 통해서 가능하다. 어떤 전통기술은 그것이 어느 개인이나 문중의 특허사항이나 영업비밀에 해당할 수도 있다. 또 다른 기술이나 도구는 실용신안이나 의장등록이 가능한 것도 있을 것이다. 많은 유형·무형의 문화재는 저작권법상의 보호를 받아야 하며 공연자가 정부의 무형문화재의 지정을 받은 것은 별론으로 하고, 적어도 著作隣接權의 보호를 받을 수 있는 경우도 있을 것이다. 각종 농수축산물 등 일차산품은 개인, 생산자 단체, 지방정부 등이 상표등록, 원산지표시 등을 권장하여 법률상 보호를 받을 수 있게 하는 동시에 제품의 차별성을 확보하여야 한다. 일차산품의 고부가가치적 가공에 성공하면 이러한 가공품도 傳來의 特殊秘法과 지역 이미지를 강조한 상표등록, 실용신안이나 의장등록 및 원산지 표시 등 법적 보호장치를 강구하는 일방, 가공기술이나 전래의 비법 등이 영업비밀이나 특허사항에 해당하는 경우에는 그에 따른 필요한 조치도 취해야 할 것이다. 이처럼 지적재산관리와 지역활성화를 결합시켜 독특한 지역경영 전략을 수립하면 지방정부로서는 수익사업경영, 지역문화활성화, 자주재원확보가 동시에 가능해진다. 그동안의 토지이용개발, 관광시설조성, 농촌소득증대사업 등이 갖는 한계에 비추어 이러한 사업의 의미는 더욱 중요해진다. 뿐만 아니라 이렇게 함으로써 국제적으로 권리가 확보되어 국외에서의 권리분쟁을 예방하고 또 보호할 수 있게 된다.

다섯째, 品質認證 제도를 도입하여 상품의 질을 높이는 동시에 균등화함으로써 소비자의 신뢰를 얻어야 한다. 무조건 희소성, 특수성 및 신비성만을 강조할 것이 아니라 각 분야에서 세계 일류의 품질을 지향하는 방향으로 연구하고 인식을 전환하여야 한다. 또한 加工技術을 개발하면 일차산품을 가공하여 부가가치를 증대시킬 수 있고 세계시장에서의 경쟁력도 그만큼 제고된다. 예컨대 인삼을 인삼차나 인삼화장품 등으로 가공하여 수출하는 것이 그 좋은 예이다. 따라서 가능한 한 소재나 원료의 균일화, 생산공정이나 제조방법의 표준화와 설비의 부문적 또는 전체적 자동화를 도모하여 품질개선 및 안정공급의 기초를 마련하는 것이 중요하다. 예컨대 全州 韓紙의 경우에 이를 시도해 볼 수 있겠다. 이들을 잘 발굴하여 상업화가 가능한 전통고유기술에는 현대적 첨단 생산기술을 접목시켜 한국적인 高附加價値 領域을 개발하여야 한다. 그러기 위해서는 우선 두 가지 작업, 즉 復元과 現代化를 병행하여 전통고유기술을 원형 그대로 보존해 가는 徒弟式 전수과정을 운영하는 한편 대량생산시대에 걸맞는 商品化 노력을 병행해 나가야 한다.

이 같은 기초작업의 필요성과 고유기술이나 지역특산품에 관한 중앙정부와 지방정부차원의 지원, 국내외 마케팅, 정보제공 등 세계화 지원체제가 갖추어져 있지 않은 것은 이를 상업화하여 세계로 뻗어 나갈 수 있는 가능성에 대한 이해와 연구가 없었던 탓이다. 이제 이러한 관광문화상품들도 지적재산권법상의 필요한 보호조치를 강구하고 정부의 육성체제가 가동하면 발굴된 향토지적재산의 시장성을 평가하고, 그에 대한 상표를 관리하며 기술정보의 제공, 교환 및 관리에도 끊임없이 노력하여 우리의 독자적인 무역체제를 경영해야 한다. 왜냐하면 관광민속문화상품은 공산품과는 다른 특성이 있기 때문이다. 즉 공산품이 무역을 중심으로 짜여진 WTO 체제는 그 경제학적 배경논리가 比較優位理論에 입각하고 있으므로 각국이 모든 필요한 물건을 전량 스스로 제조사용하는 것이 아니라 국가별로 경쟁력있는 물건만을 제조하여 자유무역을 하는 것이 전체를 위하여 유리하다는 생각이 지배하고 있다. 그러나 관광민속문화상품의 교역의 경우에는 그와 같은 비교우위의 논리에 입각한 零和게임은 적용되지 아니하므로 내부적으로 법률적, 경영적 혁신을 계속하여 세계적으로 경제력, 문화적 열매를 담뿍 수확하도록 하여야 한다.(可石 洪一植 총장 회갑논문, 65-82면, 나남출판, 1996. 12. 2.)

(2) 文化間接資本의 育成

최근 새로운 지적소유권에 대한 각종 회담이나 세미나에서 데이터베이스의 보호 등 새로운 저작물의 보호문제가 많이 논의되고 있다. 아직 우리나라에서는 데이터베이스의 이용이 그렇게 활발한 편이 아니지만 미국, 유럽, 일본 등 선진제국에서는 이미 오래전부터 데이터베이스가 광범위하게 이용되어 왔고 우리나라에서도 조만간 그 이용이 활발해지리라는 예상이다.

사실 미국에서는 판사들이 재판을 할 때 LEXIS라는 판례 데이터베이스를 이용하여 판례들을 쉽게 찾아볼 수 있지만 법원의 판례가 체계적으로 정리되어 있지 않은 우리나라의 판사들은 판례가 수록된 여러 가지 단편적인 자료를 뒤적이면서 관련 판례를 찾느라고 많은 시간을 소비하고 있는 실정이다. 그 결과 판사들의 업무가 과중하게 되고 재판절차가 지연될 뿐만 아니라, 이전의 판례를 적절히 찾지 못한 결과 그와 상반된 판결이 선고되기도 한다. 국가적으로 볼 때 법원의 판례에 관한 체계적인 데이터베이스가 없는데 따른 비능률은 실로 엄청나다고 할 수 있다. 이는 비단 판례 데이터베이스에 국한된 문제가 아니고 우리 주변에서 신문기사라든지 각종 자료 등을 찾기 위하여 소비하는 시간과 노력을 생각해보면 일반적으로 데이터베이스의 중요성을 실감하고도 남음이 있다.

이러한 관점에서 볼 때, 국가적인 차원에서 이러한 데이터베이스업을 보호하고 육성할 필요성이 크다고 하겠다. 사실 그동안 저작권의 보호라고 하면 저작물의 무단복제 특히 외국저작물의 무단복제를 단속하여 형사처벌이나 하는 것으로 인식되어 일반 국민들로서는 저작권보호에 대하여 다소 거부반응을 보여온 것이 사실이다. 이는 그동안 저작권 보호의 한쪽 측면만을 강조한 데서 온 현상으로 생각된다.

저작권을 올바르게 보호하고 저작권 보호의 효과를 극대화시키기 위하여는 저작물의 무단복제를 단속하기만 할 것이 아니라, 저작권 산업을 적극적으로 보호, 육성하여야 한다. 예를 들어 데이터베이스업을 적극 지원하여 저렴한 사용료로 많은 사람들이 이를 이용할 수 있게 되었다고 하자. 먼저 사용료가 저렴하다면 굳이 무단복제를 할 필요성이 없게 되므로 자연히 무단복제행위가 줄어들게 되고 저작권보호가 향상되는 결과가 된다. 이러한 데이터베이스를 많은 사람들이 이용함으로써 국가경제적으로 능률을 기할 수 있음은 앞에서 이미 본 바와 같다. 또한 무단복제가 줄고 정부의 적극적인 지원이 있을 경우 데이터베이스의 내용이 계속 확충되어 그 효과를 극대화할 수 있을 것이다.

그동안 저작권보호에 관한 정부의 시책은 미국 등 선진제국의 통상압력에 마지못하여 저작권의 보호범위를 계속 확대하여 오면서 그에 따른 제반대책을 마련하지 못한 느낌이 없지 않았다. 이제 데이터베이스 등 각종 새로운 저작물의 보호도 멀지 않은 장래에 보다 구체화될 전망이다. 그렇다면, 정부에서는 지금이라도 데이터베이스 등 새로운 저작물을 새로 보호하거나 보호정도를 보다 강화할 경우의 효과를 면밀히 분석하는 한편, 데이터베이스업 등 관련 저작권 산업을 충분히 보호, 육성할 수 있는 대책을 하루속히 세워야만 할 것이다.

결론적으로 일반 공업 및 기타 산업에서 도로, 항만 등이 그 발전의 기틀을 이루는 사회간접자본이 되는 것과 같이 이러한 데이터베이스 등 저작권 관련산업은 우리나라의 지적산업 및 문화발전의 기틀이 되는 문화간접자본이 된다고 할 수 있다. 따라서, 이를 효과적으로 보호, 육성하는 것이야말로 미래산업의 총아인 지적산업 소위 소프트웨어 산업에서 경쟁력을 확보하는 한편 우리의 문화를 보호, 발전하는 원동력이 된다고 할 것이다.(季刊 著作權 제9호(봄호) 권두언, 저작권심의조정위원회, 2-3면, 1990. 3.)

(3) 지적재산권과 국민의식

우리나라 신문이나 잡지에 지적 소유권이라는 단어가 처음으로 선보인 것은 1985년도 하반기였다. 갑자기 미국에서 우리에게 시장개방 등 여러가지 통상관계의 재조정을 위한 요구를 하면서 미국의 지적소유권의 보호문제도 거론하기 시작하였기 때문이다. 사단법인 한국 지적소유권학회를 창립하는 과정에서 이 학회가 토지 지적도에 관한 연구를 하느냐는 질문도 적지않게 받을 정도로 우리나라 국민은 지적소유권이라는 용어조차 들어본 일이 없었던 것이다. 설사 이러한 단어를 이해하는 지식인의 경우에도 흔히 자신의 창작을 다른 사람이 알아주고 널리 활용하면 그 이상의 기쁨이 없을텐데 사용료를 내라고 하는 것은 이해할 수 없다는 인식이 지배적이었다. 또한 미국의 요구를 받아들여서 각종 법령을 개정 또는 제정하는 작업을 시작하자 산업계에서는 강력하게 반대하면서 우리는 결국 모두 망하게 될 것이라는 우려가 팽배하였다.

그로부터 아직 10년도 못 지난 오늘날 우리의 형편은 어떠한가? 우선 기업들은 담당부서를 창설하여 각종 지적재산권의 보호를 위한 여러 법적 조치를 취하고 있고, 정부도 침해행위의 단속을 위하여 노력하고 있으며, 일반국민의 의식도 현저하게 개선된 것으로 보인다. 사실 애당초 우리가 걱정하였던 점은 외국의 지적재산권 사용에 지급하는 로열티가 지나치게 증가하여 우리 경제와 기업에 과중한 부담을 주게 되고 우리나라가 선진국의 기술에 종속하게 될 것이라는 것이었다. 사실 이런 우려는 어느 정도 사실로 나타나는 듯하나 우리의 부단한 기술개발과 학문진흥 및 문화창달을 위한 국가적 노력으로 극복할 수 있다. 그리고 개정된 법령은 외국인의 권리만 보호하는 것이 아니라 내국 창작자의 것도 똑같이 보호하는 것이므로 국내창작자들을 위한 새로운 보호장치를 제공하는 일방 국내인이 애써 창작한 것을 침해당하는 경우에도 효과적 무기를 마련해주는 것이다. 따라서 우리는 해적국의 오명을 벗기 위한 소극적 노력만 할 것이 아니라 우리의 창작물을 침해하는 외국 불법사용자에게 적극적으로 대처해야 할 때가 되었다.

19세기말 이래 최선진국인 영국은 자기네 지적재산권을 불법 이용하는 미국, 기타 후진국에게 강력한 항의와 제재를 한 역사가 있다. 이는 오늘날 최선진국이 된 미국이 후진국인 우리에게 압력을 가하는 최근의 역사와 매우 흡사하다. 이 같은 과정을 거쳐 우리가 선진국이 되면 우리의 기술을 도용한다고 또다시 어떤 후진국들을 야단칠 것인가. 우리가 그럴만큼 선진국이 되는 때는 언제쯤일까. 역사는 역시 지적재산권 발전의 경우에도 자꾸만 되풀이되는 것일까.(월간 지적재산 권두언, 제58호, 한빛지적소유권센터, 1993. 4.)

(4) CISAC 아시아 지역회의 참가기

국제저작인・작곡가협회 총연합(The International Confederation of Societies of Authors and Composers: 약칭 CISAC) 아시아지역회의가 1985년 8월 19일 및 20

일에 걸쳐서 싱가폴에서 개최되었다. 이 회의는 본래 CISAC의 회원, 각 협회의 대표들이 모여서 비공개로 아시아 각국의 저작권 현황을 보고, 분석·토의하는 권위있는 토론장이라고 할 수 있다. 그러나 금년에는 저작권에 관한 한국의 현황을 알아보고 특히 작년에 발족한 한국저작인협회의 목표와 그 활동을 청취하기 위하여 본 협회 연구이사인 본인을 초청하였고 특히 8월 20일 오전을 모두 본인에게 할애하여 발표와 질의응답을 할 시간을 주었다.

원래 CISAC은 전세계 56개 국의 126개 저작인단체를 포괄하는 기구이지만 금번의 아시아지역회의에는 British Copyright Council의 회장인 De Freitas씨를 비롯하여 호주, 일본, 홍콩, 인도, 독일, 싱가폴의 각 단체 대표들이 참석하였다. 본인은 우선 한국에서의 국내 및 국외 저작권 침해상황, 이에 관련된 분쟁과 해결사례, 저작권법개정안의 국회제출경과 및 공청회 주장 개요 그리고 개정법안에 대한 본 협회의 수정의견 등 저작권의 침해 및 보호와 관련된 각종 활동을 요약하여 보고하고 1984년 5월 19일에 창립한 한국저작인협회의 발족 경위, 본회가 지향하는 목표, 그동안의 會勢擴張과 활동개요 등을 꾸밈없이 진술하고 그들의 협조를 구한 바 있다.

토론은 주로 우리나라가 외국 저작과 컴퓨터 소프트웨어를 보호할 어떠한 대책이 서있는지 여부, 세계조약에 가입할 의사가 있는지, 있다면 그 시기는 언제쯤인가 하는 문제와 새로 생겨난 한국저작인협회가 교류와 협조를 통하여 마침내 CISAC에 가입하기 위하여서는 당장 무슨 적절한 조치를 취해야할 것인지 등의 문제에 초점이 맞추어졌다. 또한 일본과 자유중국이 최근에 저작권법을 개정한 것에 대한 법률적 분석과 경제적 예측을 해보고 싱가폴이 1968년에 제정된 오스트렐리아 저작권법을 토대로 하여 저작권법 개정안을 성안한 것에 대한 내용상의 검토가 행하여졌다.

저녁에는 Dynasty 호텔에서 싱가폴의 각계 인사들을 초청하여 성대한 리셉션을 베풀었고 이 자리에서는 CISAC의 아시아지역 사무소(홍콩 소재)의 대표인 Jimmy Yim씨가 싱가폴의 대학관계자, 법조인, 문교부 인사들을 소개하여 주었고 이들에게 한국저작인협회의 존재를 홍보하기에 주력하였다. Jimmy Yim씨는 12월 11일경에 한국을 재차 방문하여 저작권법 개정안의 추이, 기타 한국 내의 저작권법 보호에 관한 사태발전을 알아보고 본 협회 간부들과 회동할 예정이다 (저작인 소식 제 3 호, 한국저작인협회, 1985. 11. 30.).

(5) 대담: 독서와 인생

한 권의 책을 추천해 주시지요.

어려서부터 일정 때 동아일보 사장이신 조부께서 꺼져가는 민족 혼을 일깨우고 압박받는 민족에게 희망을 불어넣기 위하여 일본에 온 인도의 詩聖 타골을 우리나라에 초청하고자 한 일이 있었습니다. 교섭은 여의치 못하였으나, 그 대신 그분이 동아일보에 보내어 1929. 4. 3. 게재한 詩 한 首가 유명한 "동방의 빛이여, 그대 이름은 코리아…"라는 것입니다. 집안에서 늘 이 에피소드를 듣고 제가 대학 4학년 때 고등고시를 합격한 뒤 문학작품을 읽을 때 제일 먼저 이 분의 작품을 찾아 읽었지요. 이 분의 노벨상 수상작품인 "기탄잘리"라는 하늘에 바치는 獻詩가 그것입니다. 소박한 표현을 가지고 형식에 구애되지 않고 인간과 신의 융화를 시도한 장문의 종교시입니다. 타골의 시는 모두 신비하고, 깨끗하고, 엄숙하고도 서정성이 풍부하여 읽으면 속세의 근심을 다 잊게 됩니다. "임께서 이 몸을 무한하게 하셨나이다…"로 시작되지요. 이 시를 읽으면 아주 마음의 평정을 얻게 되고 인간정신의 승화를 느낀다고나 할까요.(MBC 라디오, 1994. 3. 30.)

(6) 福券人生

벗에게.

오래간만에 외국에서의 공부를 끝내고 熱窮力盡한 채 귀국하였네. 교수는 판사·의사와 함께 가장 존경받는 三大聖職 중의 하나라고 한다지만 교수가 된 이후의 나의 소시민적 염원은 어떻게 해서든지 정착하고 건강을 유지하며 생활을 안정시켜 學究에 전념하는 것인데 노루꼬리만한 聖職의 대가로는 평생에 초가 한 칸 마련하기 어려움을 알았네. 그러던 어느 날 어느 지하도 한복판에서 일금 壹百원整을 투자하고 구입한 주택복권이 거뜬히 일등에 당첨되어 勿驚 7백만원을 세금도 안내고 받았으니 내년이면 이사갈 관악산캠퍼스 근방에 당장 집을 마련하였다네. 그러나 서울대학이 이전하기 전까지는 새집에서 동숭동캠퍼스가 너무 멀어서 불편하니 자연 흔해빠진 자가용이 하나 필요하게 되고 교수협의회가 면세조건에 단체구입으로 자동차 한 대씩을 알선하여줄 가망이 없자 ××껌을 열심히 씹다가 그 껍질을 종류별로 두 통씩 모아서 보낸 결과 그 회사의 경품부판매기간 중에 들어온 수십 만 통의 껍질 중에서 하필이면 내가 보낸 것이 뽑혀서 「피아트」 자동차를 탔으니 교통문제마저 거뜬히 해결되었네. 지난 겨울 동안에는 이상스러운 형의 고뿔이 유행하여 콧물감기로 오래 呻苦하면서 「크리넥스」紙를 사다가 부지런히 코를 푼 결과 수북하게 모여진 종이통 뚜껑을 등기우편으로 제조회사에 보낸 것이 이것마저 경품부사은 대매출 운운의 일등에 당첨되어 생각하지도 아니한 ××피아노 한대를 탔으니 앞으로 아이들의 정서교육에 커다란 도움이 되리라 믿네. 매달 15일에 받는 정신노동의 대가로 나는 ××소주를 열심히 사먹고 아내는 ××콜라를 숭늉 대신 마신 결과 소주 병뚜껑을 딸 때마다 금반지가 그려진 것이 나오고 아내가 콜라 병뚜껑을 열 때마다 그 안쪽에는 10원 또는 100원이라고 쓰여있어 이들을 생산회사에서 반지나 현금으로 바꾸어다가 용돈으로 쓰고 있네. 그래도 아이들 학비가 모자라는 경우에는 저희들더러 TV 방송국에 장학퀴즈인가에 나가서 최고점을 따가지고 한번에 5만원인가 주는 장학금을 타서 충당하도록 계획이 서 있다네. 냉장고쯤은 있어야 다가오는 여름을 무난히 보낼 것 같아 다시 한번 방송국 신세를 지기로 하고 모 TV의 신혼만세 프로에 용감히 출전하여 아내와 만나서 결혼하기까지의 전과정을 六何의 원칙에 따라 털어놓은 다음 같이 출연한 다른 두쌍의 신혼부부와 심지를 뽑아서 냉장고를 타왔네. 그뿐인가. 요새 텔레비전이 없는 집에는 가정부도 안오신다니 가정부 모셔올 전제조건을 충족시키기 위해서 우리집 식구는 아들 손자 며느리 다모여서 ××비스켓을 열심히 사먹고 포장지를 모아서 제조회사 경품계로 보낸 결과 역시 텔레비전 1대가 당첨되어 왔네. 이외에도 ××라면땅인가 하는 것을 먹고 나서도 例의 익숙한 솜씨를 발휘하여 포장지들을 메이커에게 보낸 것이 또 축구공에 당첨되었으니 아이들의 운동과 건강문제는 해결되었고 장차 한국의 「펠레」가 나올지 누가 아는가. 이쯤하면 전화를 제외하고는 현대생활에 있어서 文化人으로서 갖출 것은 모두 구비한 셈이니 나는 우리나라 최고의 福券人生이 아닌가. 그러나 내가 부질없이 南柯一夢을 꾸었는지 아니면 현재 우리나라에 경품부 판매가 너무 많아서 내 머리가 혼란된 것인지 나도 모르지만 이상 두서없이 近況을 전하네.

(대학신문 교수수필, 대학신문 1973. 3. 12. 서울법대교수임명후 첫 기고)

(7) 流 星

밤마다 파란 창에 넘실거리는
저 별들의 한없는 이야기랑은

언제나 다아 읽어 버릴까.

책을 덮으면
머릿 장이 다시 그리워지는
어린 시절의 동화마냥
아슴프레 줄지어 오는 파아란 불꽃.

밤새
찰랑거리는 어둠을 지켜앉아
벌겋게 상기된 얼굴엔
지금은
고이 싸락 눈이 나리고,

아른히 펼쳐지는 밝음에
조용히
비켜앉은 미련 ----.

아! 나의 소원은 태양의 찬란함이 아니었소.
그것은
저 어둠이 깃든 영원의 하늘 가에서
메아리 져 돌아오는 하나의 별빛.

그리움은
가슴속 깊히 묻어 두고 싶은
어느 날의 별이었소.

(京畿 창간호, 174-175쪽, 경기고등학교 (단기 4291년(1958). 10, 고3시절 교지 창간호에 특별기고한 시)

7. 세계를 향하여

(1) George W. Bush 대통령 취임식 참관기(요약)－제 1 회 Fulbright 동문회 조찬 포럼

*2001. 1. 18. Bush 대통령 취임식에 초청받아 부부 방미. Ritz-Carlton Hotel에 투숙함.

*취임식 전후의 수삼 일은 연속 비가 내리고 기온이 차가웠으며 視界가 거의 제로였음.

*18일 저녁에는 Lincoln Memorial 야외광장에서 Ricky Martin 등이 공연하고 약 5만의 관중이 열광하는 가운데 당선자가 잠시 나타나 몸을 흔들고 흥을 돋구었음.

*19일에는 취임축하의 전야파티가 워싱톤 시내 8곳에서 동시에 개최. 공화당이야말로 그 전통과 성향으로 보아 기업의 재정지원을 받아 호화로운 파티를 벌릴 가능성이 있는 정당이지만, Florida에서 선거소송 때문에 36일을 허비한 점을 감안하여 당선자가 호텔에서의 호화파티를 자제하도록 당부했으므로 이 모든 축하파티가 모두 호텔이 아닌 정부건물이나 공공건물에서 개최되었음.

*20일 취임식 이후 그날 저녁에는 Bush 대통령과 신임각료 등 고위직들이 밤늦게까지 무도회를 개최한다고 함.

*여담이지만 정권이 바뀌면 워싱톤에서는 백악관이나 각 부처에 새로 입성한 political appointee들이 옷차림을 어떻게 하고, 어느 식당이나 빠나 호텔을 단골삼아 드나들 것인지 신문이 예상기사도 쓰며 이러한 점을 세밀하게 관찰하여 영업에 참고하는 자도 많다고 함. 예컨대 1993년 1월 Clinton부대가 처음 입성했을 때 '남부 촌놈들'이 예의도 버릇도 없어서 필시 옷도 자유분방하게 입고 식당 등도 서민적인 곳을 주로 이용할 것이라는 예측과 함께 Washington Post는 그들이 이용할 법한 식당의 이름도 구체적으로 추측보도한 바 있음. 사실 초기에는 그런 예측이 맞는 듯 했으나 2년 이상 지나고 나니 그들도 역시 최고급을 찾고 세련된 정장과 함께 비싼 레스토랑에 다니며 사치하는 경향을 보였음. 오히려 Clinton의 방종과 함께 사치와 낭비를 한 감이 있음.

*1월 19일에 개최된 8개의 파티는 각 파티마다 개최자, 개최목적, 파티규모, 참석자 등이 모두 다르게 기획되었음. 예컨대 Union Station에서 열린 파티는 취

임준비위원회에서 주최하여 그동안 유세에 따라다닌 무급 자원봉사 선거운동원들을 위로할 목적으로 12,000여명을 초청하였음. 우리 부부가 참석한 파티는 Bush 가족과 가장 긴밀한 관계를 갖고 있고 공화당 선거소송의 총지휘자 역할을 성공적으로 수행한 James Baker 전국무장관의 law firm (Baker Botts)이 새 정부의 각료 내정자들과 공화당의 영향력있는 인사 약 3,000명을 Ronald Reagan Building 내의 International Trade Center로 초청한 파티였음. 이곳으로부터 초청장을 받았을 뿐만 아니라 별도로 당선자 등 귀빈과의 악수할 수 있는 자의 리스트도 따로 보내왔음.

*저녁 7시에 입장할 때의 보안검색은 등록하면서 받은 배지를 윗저고리에 달면 되었고, 파티장의 Mezzanine 층으로 안내받아 보니 우리 내외 외에 김종필, 한화갑 두 분이 있었음. 그들은 Tuxido를 입지 않아서 입장시에 시비가 있었음. 사실 그 전날인 1월 18일 김포공항에서 대한항공을 타고 보니 이 두 분과 10여명의 여야 국회의원들이 대거 취임식을 핑계삼아 동승하고 있어서 워싱톤까지 15시간을 같이 여행을 했는데 이 두 분만 파티장에서 만났음.

*그후 김종필의 단독 쇼가 보도되고 한화갑이 이를 부인하는 등 국내신문지상의 공방전은 모두 아시는 바와 같음.

*파티는 서서 음료와 음식을 먹는 standing buffet 였고 음식은 풍부하고 아주 맛있었음.

*단상에는 James Baker 전 장관과 아버지 Bush 내외분, 그리고 Barbara 여사가 자랑스럽게 손잡고 나온 손자 George P. Bush가 등단. Baker는 자기가문과 Bush가문은 1870년대부터 4대째 世交가 있는 관계임을 밝히고, Houston에서 시작한 자기의 law firm은 energy law가 전문이므로 아버지 Bush가 석유사업을 할 때는 물론 당선자가 석유 채굴 등의 사업을 할 때에도 법적으로나 경영상으로 긴밀하게 도와준 business partner와 같은 관계라고 밝힘. George P. Bush는 아버지 Bush의 유일한 손자로서 현재 Texas A&M Law School에 재학 중임. 아버지 Bush의 4아들 중 당선자는 딸 쌍둥이, 다른 아들들은 독신이거나 자식이 없고, Florida 주지사인 Jeb Bush가 Latino와 결혼하여 아들 하나를 두었는데 그가 George P.임.

*당선자는 19일 저녁 동안 워싱톤 시내의 8개 파티를 모두 들려서 고마움을 표시해야 하므로 우리 파티에도 중간에 잠간 살짝 들려서 사전에 작성된 명단에 있는 자와 악수하고 바로 떠남.

*1월 20일 12시 43대 대통령 취임식 날도 비가 종일 왔음. 의사당 서쪽 발코니에는 의회, 사법부, 각주정부 지도자, 종교인 등이 참석. 화환은 전무. 우리는 壇下의 광장에 Section VI이므로 연설대로부터 비교적 멀리 떨어졌으나 취임식후에 벌어진 parade 구경시에는 가장 근접한 최고의 자리에서 구경하였음. Bush는 1825년 John Adams 대통령 부자처럼 부자가 대통령이 된 두 번째 경우이고, 부모가 모두 생존한 가운데 아들이 대통령이 된 첫 케이스. 43인의 대통령 중 26인이 법률가였는데 Bush는 첫 MBA 대통령이고 그의 행정부에 Colin Powell 등 MBA학위소유 각료가 5인 있음.

*취임연설은 25분간으로 비교적 짧은 편임. Harrison 대통령은 취임연설을 2시간 가량 하고 감기가 걸렸는데 이것이 폐렴으로 되어 취임 2개월 후에 사망한 바 있음. Bush의 연설은 인격, 도덕, 가족의 가치, 시민정신, 국방력강화, 교육개혁, 기회균등, 사회정의를 강조했음. 개회식에는 Billy Graham, Jr.가 축도를 하고, 폐회식시에는 Caldwell 목사가 기도했음: "신이여, 사명보다도 교만을 택한 죄, 원칙보다도 인기를 택한 어리석음, 도덕보다도 물질주의를 택한 우매함을 용서하소서."

*경제적 대공황의 여파와 세계대전을 잘 마무리한 FDR 등 걸출한 지도자와 정책으로 인하여 한동안 공화당은 민주당정부를 이길 수 있는 길이 없었음. 공화당 Dewey가 Truman에게 패배하고 나서는 정치와 무관한 전쟁영웅 Eisenhower를 끌어들여서야 공화당이 1952년에 겨우 집권했음. 그러나 이러한 정치적 뿌리가 없는 군인의 인기에 편승하여 집권한 공화당은 바로 Kennedy와 Johnson에게 정권을 내줌. Eisenhower가 부통령으로 발탁한 Nixon 상원의원은 1960년 Kennedy에게 대통령선거에서 지고 1962년 California 주지사선거에서도 패배했으나 Johnson 대통령이 월남전을 둘러싼 비난으로 인하여 재출마를 포기한 기회에 백악관을 차지하게 되었고, 그때부터 직업적 공화당 정치인으로서 능란하게 공화당의 정치적 기반을 구축하고 인맥을 형성하였는데, Nixon대통령이 키운 이 그룹이 오늘날 공화당의 핵심정치 세력을 구성하고 있음.

*1970년 Nixon 대통령이 공화당 하원의원인 아버지 Bush에게 상원의원 출마를 적극 권유함으로써 두 사람간의 관계가 구체화. 그러나 Texas 주에서 민주당 Lloyd Bentsen에게 패배했음. 아버지 Bush는 낙선후 Nixon 대통령에게 그 당시 재무차관자리를 요구했고 최종목표는 재무장관이었음. 그러나 Nixon 대통령은

애당초 Bush를 상무차관에 임명할 복안을 가지고 있었으나 감투분배과정이 마음대로 안되었으므로 Nixon은 Bush를 키워주고자 UN대표로 임명하면서 지도자는 외교경험이 있어야 한다고 격려했음. Bush는 이 기회를 참으로 잘 이용하여 국제적 식견을 넓혔음. 사실 Nixon 대통령은 그 많은 정치적 비난과 Watergate 사건 등에 묻혀 오명을 남긴 대통령으로 분류되지만, 기록상으로는 가장 뛰어난 국제정세분석과 예측능력으로 냉전시대에 소련을 제대로 다루고 중국과 국교를 맺은 지도자임.

*우선 Nixon이래 공화당의 주요 인맥을 보면 국무장관 5인 배출: Henry Kissinger, Al Haig, George Shultz, James Baker, Lawrence Eagleberger

국방장관 5인: James Schlesinger, Don Rumsfeld, Casper Weinberger, Frank Carlucci, Dick Cheney

재무장관 2인: William Simon, James Baker

합참의장: Colin Powell

예산국장(OMB Director) 3인: Frank Carlucci, George Shultz, Richard Darman

연방준비은행이사회의장(FRB Chairman) 2인: Paul Volcker, Alan Greenspan

대통령비서실장(Chief of Staff) 4인: Don Rumsfeld, Dick Cheney, James Baker, Ken Duberstein

대통령출마자 4인: Lamar Alexander, Pat Buchanan, Al Haig, Don Rumsfeld

대법원장 1인: William Rehnquist(Nixon이 법무부 법률고문으로 임명)

그 외 Elliot Richardson, Carla Hills, Brent Scowcroft 등이 있음.(조선호텔, 2001. 5. 18.)

(2) 국제화시대와 전문가의 활용

우리나라가 조그마한 분단국가로서 우물 안 개구리같이 살던 때와는 달리 최근 몇 년간 급속한 국제화와 민주화과정을 겪으면서 새롭게 부딪히는 문제가 한두 가지가 아니다. 그러한 문제들은 모두 다 사전에 예상할 수 있는 것들은 아니지만 우선 손쉽게 알 수 있는 것부터 차근차근 대비했더라면 많은 분야에서 허둥댈 필요가 없는 경우들이 참으로 눈에 많이 뜨인다.

지난 수십 년간 수많은 사람이 해외유학도 하고 국내외적 경험도 많이 축적되었음에도 불구하고 막상 필요한 경우에 전문가를 찾으면 태부족한 것이 우리가 험난한 국제사회를 헤쳐나감에 있어서 가장 걱정되고 위태로운 일이라고 아니할 수 없다. 급격한 정치적 경제적 환경의 변화 속에서 과거에는 보지도 듣지도 못하던 중요한 문제가 국가적 차원에서 속출하는데 그동안 안이한 태도로 관료적 응급처치만을 해온 정부는 물론, 시류에 민감하고 財테크나 정치열기에 휩쓸려 세월을 보내온 민간부문에서도 이에 대처할 지식과 경험을 갖춘 전문가가 없어서 쩔쩔 맨다. 예컨대 우루과이 라운드의 통상협상을 보더라도 국제회의의 현장이나 정부 내에서 정책을 수립하여 집행하는 과정에서 모두들 마땅한 전문가의 부재를 한탄할 뿐 우왕좌왕하는 것은 잘 알려진 사실이다. 어디 그뿐인가. 최근 남북관계의 진전을 지켜보노라면 남북합의서가 발효되고 각종 위원회가 구성될 경우 많은 북한전문가가 필요하고 핵전문가들이 중요한 활약을 해야하는데 우리는 그동안 이와 같은 중요 인재를 과연 얼마나 양성했을까. 이러한 예를 들자면 한이 없다. 하기야 우리나라에서 부족한 것이 어디 각 분야의 전문가뿐이겠는가. 생활필수품이야 모자라면 엄청난 양을 신속히 수입하여 4천만의 매점매석에 대응하고 국내수요를 충족시킬 수 있다고 하지만 전문가는 상품처럼 금방 수입해다가 써먹을 수도 없는 일이다. 금년 중에 개최되는 유엔환경회의에도 환경문제전문가가 없다고 하여 어디서 수입해다가 파견할 수는 없을 것이다. 그러면 왜 이렇게 되었는가. 그동안 전문가의 양성을 소홀히 했고 이미 길러내어 확보한 전문가도 관리하고 활용할 줄 모르기 때문이다. 우선 국가 전반적인 인력수급 및 개발계획을 수립하여 그에 따른 체계적 인재양성과 사후관리를 철저히 해야 함에도 불구하고 이를 소홀히 해온 점은 정부가 먼저 비난받아 마땅하다. 각 부처에서 공무원에게 장기해외훈련의 기회를 부여하는 것은 잘한 일이지만 젊은 공무원을 보내는 경우에는 기준이 모호하고 제약이 많은 반면에 중견 이상을 파견하는 경우는 해외에 자리 한개를 증설하여 인사적체를 해소하는 방안으로 잘못 이용되면서 파견자는 별 연구와 경험을 쌓지 못하고 허송세월하게 된다. 요컨대 아까운 외화를 들여 인재를 양성하려는 시도가 본래의 취지를 살리지 못하고 있는 실정이다. 또한, 업무성격상 계속성과 전문성이 필요한 직책에도 획일적으로 단기간 순환보직제를 적용하는 결과 전문가의 배출은 고사하고 기본업무의 계속성조차 유지되지 못한다. 온갖 비난 속에서도 우후죽순격으로 늘어나는 수많은 정부출연 연구소를 보면 이들이 우선 많은 인재를 확보하고 있고, 경직된 관료조직이 감당하기 어려운 문제에 잘 대처해온 경우도 많다. 그러나, 각 연구소가 점점 주무부처의 관료적 통제에 묶여서 그 시녀로 전락하는가 하면 비슷한 연구소끼리 중복적 과당경쟁으로 인한 낭비가 극심하다.

이같은 준비 안된 환경속에서도 잘 찾아보면 국내외에서 고등교육과 경험을 쌓은 후 자기 분야에서 천직의식을 가지고 연구하는 전문가들이 없지 아니하다. 그러나 정부나 기업에서는 이러한 인재들이 어디에서 무엇을 하는지조차 모르는 경우가 많고 이들을 찾아내도 어떻게 대우하고 활용하여야 하는지 알지 못한다. 있는 전문가도 입바른 소리를 자꾸 하는 사람이면 비협력적이라고 배제하여 버리고 외국의 대가를 초빙해야 된다고 주장한다. 국내에 분야별 전문가의 풀이 없고 자료가 없는 만큼 외국의 전문가가 과연 누구인지 잘 알 리가 없건만 많은 외화를 들여 자격과 전문적 연관성이 의심스러운 외국인을 초청해다가 후하게 대접하고 신문에 인터뷰 기사를 내준다. 이는 전문가 활용과 관련하여 뿌리깊게 박혀있는 안이하고도 사대주의적 발상이 아닐 수 없으나 이렇게 함으로서 오히려 특정한 국내전문가와 협력하다가 엉뚱한 오해를 받는 일도 없고 때로는 윗사람에게서 칭찬을 받기까지도 한다. 심지어는 관계분야의 권위자를 찾아 몇 번의 도움말을 받고는 마침내 스스로 전문가인양 행세하는 관료들도 있는가 하면 여러 가지 연출을 통하여 관계부처와 결탁한 채 전문가인 양 행세하는 사이비들도 없지 않다.

각 부처마다 2천년대를 앞에 두고 장단기정책목표와 우선순위를 가지고 있는 만큼 이에 맞추어 지금부터라도 특별히 연구할 분야를 지정하여 인재를 양성하는 일방 국내외에서 이미 활약하고 있는 전문가들을 발굴·확보하여 응분의 대우를 함은 물론 상시적 협력체제와 자유로운 연구분위기를 보장하도록 정책적 유도가 필요하다고 하겠다. 전문가의 시대는 이미 우리 앞에 도래하였다. (대전일보, 1992)

(3) 世界化는 法治의 실현으로부터

김영삼 정부가 들어선 이후 세계화가 중요한 국정지표의 하나로 되었다. 돌이켜보면 나라마다 세계화에 관한 논의는 1989년 가을 동유럽 사회주의 국가가 몰락한 때로부터 본격적으로 시작되었다. 이때 이후로 공산주의 체제가 붕괴되면서 사실상 세계가 시장경제 체제로 통일되는 이른바 전지구 경제의 市場經濟化현상이 생겨났고, 이와 함께 통신 및 정보기술의 급속한 발달로 인하여 시간과 거리의 간격은 물론 지역적 차이점과 한계를 극복할 수 있는 地球村化현상이 본격적으로 진행되고 있다. 지금은 전세계가 거대한 단일시장 체제로 판을 새로 짜고 있는 중에 있다고 하겠다. 따라서 우리나라도 이 같은 판세 속에서 기회를 꼭 붙잡아야 한다. 한번 놓치면 성공과 실패의 차이는 엄청나서 다시는 따라잡기 어렵게 되고 말기 때문이다. 따라서 정부의 세계화 추진은 옳은 정책방향임에는 틀림없다. 그런데 이를 구체적으로 실천하는 프로그램이나 추진전략은 초점이 안맞거나 분명치 못해서 이해하기 어려운 대목이 많다. 물론 세계화라는 말이 몹시 포괄적이어서 명쾌한 의미를 전달해주지 못하는 것은 사실이다. 자기의 이해관계가 담긴 주장을 세계화라는 명분에 맞추어 걸고넘어지면서 목청을 높이기도 한다.

그러나 세계화의 근본바탕과 출발점은 법치주의의 확립에 있음을 강조하고자 한다. 법은 국민을 얽어매서 괴롭히는 도구가 아니다. 법은 국민들이 여러가지 정치적, 경제적, 사회적 활동을 할 수 있는 큰 틀(놀이마당)을 제공하고 그러한 놀이마당 판에서 그들이 자유로 벌일 수 있는 활동의 범위와 기준과 절차(경기규칙)를 미리 명확하고 알기 쉽게 제시하는 규범인 것이다. 따라서 국민의 입장에서는 관련되는 법을 따져 보고 그에 따라서 사업도 하고 정치활동을 하면 소기의 목적을 달성할 수 있거나 성과를 기대할 수 있어야 한다. 법의 이러한 기능은 외국과 접촉하고 교류하는 경우에도 마찬가지이므로 법은 내외국인을 차별함이 없이 적용되어야 한다. 그러려면 국내정치, 경제, 경영 등 모든 분야가 확고하게 법적 기초를 토대로 이루어져서 예측가능성과 안정성을 주는 한편, 우리 손으로 제정한 국내법이라도 지구촌에 있는 다른 상대국가의 법과 가급적 호혜평등을 유지하여 공정성과 객관성을 높이고 절차적으로도 투명하여야만 우리 국민이 외국에 가서 그 나라의 법의 적용을 받는 경우에나 외국인이 우리나라에 와서 우리법의 적용을 받는 경우에도 아무런 불평이 없고 수긍할 수 있게 된다. 즉 법을 통하여 국내외적으로 공통의 기초가 마련되어야만 전세계적으로 새로 짜여지고 있는 인류공통의 놀이마당에서 동일한 경기규칙을 적용받으면서 우리도 남이 믿을 수 있는 세계사회의 일원이 될 수 있는 것이다. 국제사회에서 법 이외에 무엇을 기본틀로 삼아 상호교류를 하고 상대방을 납득시킬 수 있을 것인가. 감정으로 일을 처리할 수도 없고 뇌물이나 호화접대로 승부를 걸 수도 없으며 우리에게 고유한 습관이나 특이한 사정을 상대방에게 강요할 수도 없는 이치가 아닌가. 따라서 세계화의 첫걸음은 좀더 객관적이고 보편적이고 공정하고 투명한 규범을 만들고 우리의 일상생활이나 국가경영을 이에 맞게 이끌어 나가려고 노력하는 데에서 찾아야 한다. 이것이 세계화기 법치의 실현으로부터 시작된다는 뜻이다.

그런데 국내의 법현실은 어떠한가. 많은 법령이 우선 국민을 불신하는 데에서 출발하여 규제일변도로 제정되어 있다. 법은 너무나 오랫동안 어려운 표현으로 국민을 속박하고 억압하는 굴레였고 때로는 감정에 호소하여 우리 자신을 폐쇄하거나 외국인을 부당하게 차별하는 수단이었다. 또한 우리는 권력자의 초법적 언행에 너무나 익숙해 있고, 많은 사람이 법대로 처리하여 손해보기보다 조금이라도 권한을 가진 자와 정치적으로 편리한 해결을 도모하며, 관계공무원 등의 일관성 없는 법집행은 불안과 불신의 근원이 되고 있다. 또한 정·재계 지도자들의 법경시 생각과 국민의 미숙한 법의식 등도 여전하다. 민주국가에서 법은 그 제정과정에서부터 비록 시간이 걸리더라도 여러 이해관계를 충분히 반영하여 합의를 토대로 제정되는 것이지 집권자의 정치적 필요나 담당공무원의 탁상공론이나 일부 목소리 큰 사람들이 여론을 선도하여 일방적으로 국회통과라는 요식행위를 거쳐서 제정되어서는 안된다. 이러한 입법은 실질적 정통성을 결여한 것이라고 할 수밖에 없고 대부분의 국민도 이를 모르거나 준수할 의사도 없게 마련이다. 정책수립과 경영과정에서는 법의 우선순위가 철저히 배제되어 있다.

우리는 우선 국내적으로 이처럼 낙후된 현실을 능동적으로 타파하여 민주적인 법적 제도를 다지는 것만이 올바른 세계화의 시작이고 그 적정하고 투명한 운영을 통하여서만 우리의 세계화의 목표도 달성될 수 있음을 깨달아야 할 것이다.(대전일보 금요칼럼, 1996. 1. 12.)

(4) 세계화는 법의 지배를 뜻한다

요즈음 세계화와 관련하여 시중에 우스개 소리가 있다 대통령께서 세계화를 강조하면서 우리가 열심히 노력하면 한국이 세계의 중심 국가가 될 것이라고 역설하셨다. 그러자 보좌관 한 명이 아담이 원래 한국계였는지를 비밀리에 조사하도록 지시하였다. 그 조사관이 돌아와서 보고하기를 아담이 에덴동산에서 뱀을 잡아 보신하지 아니하고 금단의 사과를 따먹은 것을 보면, 그는 분명히 한국계가 아니라고 하였다는 내용이다.

우리는 그동안 세계화를 추진한다고 대통령 직속 위원회를 만들어 밀어붙이고는 있지만 그 결과 과연 얼마나 나라와 국민이 세계화가 되었는지에 대해서는 적잖이 의심이 간다. 심지어 대통령이 이를 주창한 초기에는 세계화의 개념과 내용이 무엇인지도 몰라, 이를 추진해야 할 공무원 사회에서조차 아이디어 경쟁을 했다는 말도 들은 바 있다. 물론 금년 여름처럼 일백 만이 넘는 국민이 꾸역꾸역 해외여행을 나가고, 일단 외국에 가면 보신관광 등 전대미문의 비뚤어진 행태를 자랑하는 것이 세계화는 아니다. 국내 시장의 개방을 기화로 온갖 호화 사치품을 수입해다가 먹고 입고 쓰면서 외제 품평회를 하는 것이 국제적 안목과 수준을 높이는 일이 못됨은 물론이다. 부모의 정을 겨우 알만한 어린 나이에 자식을 외국의 학교로 끌어다 입학시키는 것이 일찍부터 세계적인 자식을 만드는 방법이 아님은 자명하다. 일부 잘못된 생각을 하고 있는 국민의 한심한 의식 구조와 행동은 고사하고라도 세계화를 추진하는 정부 당국자들은 과연 세계화의 의미를 정확하게 꿰뚫어 보고 국민을 옳은 방향으로 이끌어 가고 있는지 의심스럽다.

그렇다면, 세계화란 무엇인가. 백인이 백가지 주장으로 대답을 할 것이다. 그러나 世界化란 바로 法의 支配를 의미한다. 바야흐로 세계는 정보화의 진전으로 인하여 급격하게 축소되면서 하나의 지구촌으로 형성되어 가는 일방, 다른 한편으로는 공산주의의 붕괴 이후 모든 국가가 한결같이 시장경제 체제를 채택한 결과 국경의 개념이 점차 없어지면서 국가를 초월한 하나의 세계무대에서 상호간에 무한 경쟁을 벌리는 것이 불가피하게 되었다. 이렇게 되면 가장 중요한 것은 단일한 세계 무대에서의 경쟁에 적용되는 공정한 경기 규칙의 확립이다. 이 경기 규칙이 바로 법이요 계약이다. 따라서, 세계화란 이 경기 규칙을 숙지하고 잘 지키면서 모든 국내외 경제 사회 활동을 하는 것이다.

우리는 예로부터 단일민족임을 자랑으로 여기면서 오늘날까지도 인간 신뢰에 의한 人本社會를 유지하고 있다. 한 다리 건너면 사돈네 팔촌쯤은 되고 씨족적 개념을 완전히 극복하지도 못한 상태에서 학연이나 지연까지 동원하여 배타적 집단을 구성하고는 분쟁이 생기거나 잘못을 저질러도 법대로 해결하기보다는 여러가지 인연을 통하여 인간적으로 해결하고자 한다. 논에 물을 대다가 이웃끼리 분쟁이 생기면 동네 최연장자인 어른께 여쭈어서 해결을 하고, 직장에서 동료끼리 다툰 경우에는 상사께 주선을 부탁하여 화해를 시도하기도 한다. 이러한 생활 방식이나 분쟁 해결이 물론 나쁜 것은 아니나 문제는 국경이 점점 무의미해지면서 세계무대에서 경쟁해야 하는 과정에서 이 같은 해결 방법은 존재하지도 않고 실효성도 전혀 없다는 것이다. 따라서 계약 사회로 이행하게 되고 법의 지배가 불가피해지는 까닭이 여기에 있다. 미국은 복합 민족국가로 탄생했으므로 처음부터 법과 계약에 의존하지 아니할 수 없었다. 이태리 이민 그룹이 가진 윤리 의식이 독일 이민집단 내에서 통용되는 도덕 기준과 다르고 중국 이민 그룹의 관습이 프랑스 이민들의 그것과 다르고 보니 이러한 상황에서 사회질서와 평화를 유지하고 충돌하는 이해관계를 조정하기 위해서는 결국 법에 의존할 수밖에 없었기 때문에 일찍부터 법치주의가 확립되었던 것이다. 유럽 국가들은 우리나라와 같은 고도의 단일 민족국가는 아니지만 우리 못지않게 오랜 역사와 전통을 지니고 있는 사회이므로 미국과 비교해보면 우리와 유사점이 많다고 볼 수 있다. 그러나 그들은 근대사회가 형성되는 과정에서 계몽사상을 통하여 인지를 계발하고 합리주의적 사고를 하도록 훈련 과정을 겪으면서 신분 사회에서 계약 사회로 알차게 이행하였고 그 결과 혈연, 지연, 학연 등의 전근대식 기준은 그들의 판단과 행동을 지배하지 못하게 되었다. 우리나라는 아무리 경제 규모가 세계 11위라고 하더라도 그에 걸맞는 의식구조와 행동 양식을 배운 바 없다. 서양 사회가 거쳤던 여러 가지 사상적 성숙 과정도 우리는 경험하지 못했다.

그러나, 다가오는 21세기에 우리 민족이 생존을 걸고 경쟁해야하는 단일화된 세계무대에는 혈연도, 지연도, 학연도, 뇌물도 없고 오로지 법에 의한 지배만이 있을 뿐이다. 따라서, 우리는 그 경기 규칙인 법이 공정한 규범이 되도록 노력하는 동시에 이 규칙을 잘 파악하여 안정되고 예측 가능한 게임을 벌여야 하는 것이다. 진정한 세계화의 길은 이런 法治의 확립에서 시작한다.(문화일보 포럼, 1996. 8. 8.)

(5) 인류에 새 과제 던진 美테러

미국의 심장부가 테러범이 납치한 민간항공기에 의해 강타당하고 무고한 생명이 희생되는 장면을 TV로 지켜보면서 인간의 말로써 표현함이 때로는 얼마나 부적절한가, 그리고 참사를 목격한 순간에 우리를 휩싸안은 감정을 나타내는 것이 얼마나 어려운가를 실감하였다. 다만 인간의 본성이 이처럼 극악무도할 수도 있음을 보면서 상당한 시일이 지났음에도 무기력한 상태에서 막연한 공포감을 떨치기 어려울 뿐이다.

사람은 누구나 인간사에서 자기 생일, 각종 기념일, 제삿날, 기타 자기에게 의미가 깊은 날들을 기억하고 지킨다. 그밖에도 국가적 기념일이나 역사적, 문화적 사건이 일어난 날을 모두 같이 기념하는 경우도 많다. 그러나 우리는 분단국가에 살면서 충격적이고 끔찍한 사건의 발발을 수없이 경험해서 그런지 웬만한 경우에는 잘 놀라지도, 기억하지도 않는다.

그래도 예컨대 남북정상회담이 열린 2000년 6월 15일이라는 날짜는 당시의 충격을 넘어 우리의 남북관계에 관한 인식과 정책방향을 근본적으로 바꿔 놓은 날이었기에 오래 기억함은 물론 우리의 역사에도 남을 것이다. 미국에서 사상 최악의 테러참사가 발생한 2001년 9월 11일은 지구상에 테러 없는 평화를 추구하는 이들, 특히 미국인들에게는 영구적으로 기억해야 할 날이 될 것 같다.

일본의 진주만 공격 이후 미국인들에게 이보다 더 충격적인 날이 또 있었을까. 증권시장이 폭락했던 소위 '검은 월요일' 등은 비교할 수도 없고, 소련이 스푸트니크호를 지구 궤도에 쏘아 올려 과학기술의 최선진국이라고 자부하던 미국의 자존심을 여지없이 짓밟은 1957년 10월 4일 정도가 아닐까. 또 베를린 장벽이 무너진 1989년 11월 9일은 어떠한가. 미국은 이 사건에 서방진영의 승리라는 의미를 부여하면서 세계질서가 미국일변도로 재편돼 앞으로는 미국 중심으로 세계를 이끌어갈 수 있게 됐다고 생각했을 것이다. 군비경쟁에 쏟아 붓던 예산을 교육이나 복지 등에 전용해 좀더 살기 좋은 세상이 오리라고 기대한 사람도 많았다.

엄청난 일이 발생한 날들의 리스트는 더 길어질 수도 있겠지만 일회성 충격적 해프닝을 뛰어넘는 이런 날들이 갖는 공통점은 무엇인가. 그런 사건이 발생함으로써 세상이 바뀐다는 점일 것이다. 그러나, 그런 엄청난 사건이 초래하는 심대한 변화의 의미와 영향을 인류가 천착하고 깨닫게 되는 데는 긴 세월이 필요하고 따라서 그 대응도 너무 느리기 마련이다.

미국의 테러참사도 일시적 충격 후 잊혀질 단순한 사건이 아니다. 인간의 자유와 기본인권을 지키고 평화를 유지하려는 인류의 노력이 중대한 도전에 직면한 것이고 이러한 보편적 의지와 약속이 앞으로 힘들고 때로는 이해하기 어려운 방법으로 계속 시험대에 오를 것이기 때문이다.

과거에 인류사회를 근본적으로 변화시켜온 기폭제는 전쟁, 기술, 종교 또는 중상주의적 모험주의 등이었다. 그러나 인류사회가 성숙하고 세계화의 방향으로 진전되자 특히 금세기에는 법을 변화의 촉매제로 삼아 좀 더 안정성과, 예측 가능성과, 투명성을 토대로 인류사회의 평화와 번영을 추구해 왔다고 할 수 있다.

이번의 테러참사는 법의 지배를 질서유지와 사회변혁의 촉매제로 삼아 새로운 세기를 펼치려는 인류의 패러다임에 근본적 타격을 가한 것이다. 인류의 역사를 상당히 후퇴시킨 결과가 되어 앞으로 더 많은 희생과 혼란과 시행착오의 카오스를 경험하면서 값비싼 변화의 대가를 치러야 할지도 모른다. 뉴욕시가 테러의 현장에 다시 복구의 기치를 높이 내걸어도 도시의 성격이나 그곳의 삶은 영구적으로 변하지 않을 수 없을 것이다.

그러나 이제는 정신을 차려서 총체적 시스템의 재정비 또는 우선순위의 재조정에 착수해야 하고, 나아가서는 인간의 기본적 인권을 지키면서도 고른 평화와 번영을 확실하게 이끌어 갈 수 있는 새로운 패러다임으로의 전환을 모색해야 한다.

1, 2차 세계대전을 비롯하여 이번 테러에 버금가는 사건들이 인류사회를 바꿔 놓은 경우는 과거에도 있었으므로 역사 속에서 교훈을 찾아 현대적 의미로 해석하면서 이 엄청난 과제의 단서를 찾아야 할 것 같다.(동아일보 금요포럼 A6면, 2001. 9. 28.)

(6) 국제인권법의 발전과 국제형사재판소의 출범 — 국제적 인권 신장을 기대하며 —

오늘날 국제관계에서 가장 의견이 분분하게 갈리는 주제 중의 하나가 인도적 개입의 문제가 아닌가 한다. 인도적 개입이란 예컨대 인종청소, 대량학살, 인도적 원조에 대한 간섭, 민간인의 대량축출, 심각한 전쟁범죄, 기타 반인도적 범죄와 같이 기본적 인권에 대한 대규모적이고도 체계적인 위반행위에 대처하기 위하여 강제적 조치를 사용한다는 뜻이다. 예컨대, 르완다, 코소보, 시에라레오네, 소말리아, 앙골라 및 동티모르 사태가 발생하였을 때 항상 대두되었던 논점은 일정한 조건 하에서 일정한 원칙과 절차에 따라 국제사회가 이 같은 참사를 중지시키기 위해서 그 나라에 직접 개입할 수 있는가 하는 점이다.

왜냐하면 그러한 중대한 참사가 한 국가 내에서 진행되고 있음에도 불구하고 그 국가의 통치권자가 효과적인 조치를 취하기가 불가능하거나 그럴 의사가 없는 경우에는 국제적 정통성의 범위 내에서 또는 이를 넘어서라도 타국이나 여러 국가가 인도적 개입을 하기로 결정하지 않는 한 아무도 그와 같은 비극을 중지할 수 없기 때문이다. 이 순간에도 상상하기 어려운 살육이 행해지고 있고 유엔안전보장이사회의 승인 없는 개입이 이루어지고 있는 것이 현실이다.

전통적으로 국가주권절대의 원칙은 한 나라의 국내문제에 다른 나라가 개입할 권리가 없다는 것이다. 그러나 반대로 이러한 주권절대의 원칙에는 한계가 있고, 한 나라가 자국민에게 잔인한 행위를 하거나 박해를 하여 그들의 기본적 인권을 부인하거나 인류의 양심에 충격을 주는 범죄행위를 한 경우에는 인도적 견지에서 이에 대한 개입이 법적으로 허용되어야 한다는 주장도 만만치 아니하다.

인도적 개입의 합법성에 관한 논의는 오랫동안 계속되어왔다. 그런데 어느 나라가 자국민의 기본적 인권을 박탈하는 중대한 불법행위를 자행할 때 인도주의의 이름으로 개입할 수 있다고 하더라도 인도적 개입의 관례는 국제법상 또 다른 중요원칙인 무력사용금지의 원칙을 번복할 수 있는 법원칙으로까지 발전되어 있는 것 같지는 않다. 또한, 설사 인도적 개입에 찬성한다고 하더라도 지금까지 적용되어온 일반적 불개입원칙을 번복하고 일반적인 개입권을 확립한다는 뜻이 아니라 단지 심각한 참사를 방지한다는 목적에서 특정한 조건 하에 제어하기 쉬운 한정된 상황에서 국제사회 자체가 개입함을 합법화하는 가능성의 문제일 뿐이다.

이러한 전제 하에서 몇 가지 검토할 문제가 남아있다. 첫째, 국제사회의 공동노력을 통한 예방이 최선이기는 하나 유엔안전보장이사회의 적극적 대응이 반인도적 범죄행위에 대한 억지책이 된다는 전제 하에서 평화적이거나 강제적이거나 간에 인도적 개입의 개념과 범위를 다시 성찰해보아야 한다. 전세계의 지속적 지지를 받기 위해서는 개입은 정당하고도 보편적인 원칙에 이루어져야 하기 때문이다. 둘째, 어떤 상황에서 인도적 개입행위를 허용할 수 있는가이다. 강제개입은 사전에 합의를 하여 다수의 사람에게 중대하고 대규모적인 참사를 저지른 경우로 제한되어야 할 것이다. 셋째, 누가 이를 허용하고 어떤 절차를 통해서 정당화할 것인가이다. 사실 유엔상임이사국이 거부권을 행사하지만 않는다면 유엔안전보장이사회에게 그러한 권한을 주도록 합의하는 것이 가장 좋을 것이다.

아무튼 세계평화와 인권보호를 위하여 21세기에 있어서 유엔의 역할과 기능을 재정립하는데 깊이 생각할 문제이다. 이 같은 국제인권법의 이상적 원리를 구체적으로 실현하기 위하여 유엔은 한국 등의 적극적 참여와 노력으로 이번에 국제형사재판소를 창설하였고 우리나라도 판사직에 입후보했으므로 이를 계기로 국제인권법의 획기적 발전을 기대해본다.(원자력 문화 신년특집호(울림이 있는 글), 3면, 한국원자력문화재단, 2003. 1.)

(7) 유럽의 빅뱅과 인권외교(인권외교로 거대 EU와 손잡자)

유럽연합(EU)이 25개 회원국에 인구 4억5500만 명을 상회하고, 연간 국민총생산 9조6130억 유로, 교역규모 2조3400억 유로의 거대한 경제정치적 블록으로 우뚝 솟았다. 5월 1일 10개 국이 한꺼번에 새로 가입한 결과다. 현지에서는 터키, 루마니아, 불가리아 등 가입이 보류된 나라들이 있고, 15개 EU 구성국이 갑자기 25개국으로 늘어난데 따른 혼란과 비용을 걱정하거는 목소리도 있지만 대체로 식구가 는 것을 크게 환영하는 분위기다.

한국의 반응은 어떤가. 국내 언론의 논조는 획일적으로 한 가지 측면, 즉 확대된 EU가 우리에게 아주 중요한 경제교역의 파트너임을 강조하고 있다. 그런데 그동안 우리나라의 대외정책을 보면 수출을 통한 경제성장 및 통상외교에 최우선 순위를 두고, 미국과의 군사안보협력을 통해 북한의 위협에 대비하는 안보외교를 양대 축으로 하는 것이 기본이었다. 가난한 경제상황과 분단된 현실을 고려하면 당연한 정책방향이었을 것이다.

하지만 그 결과 유럽이나 중남미 및 아프리카 등 다른 지역은 너무나 오랫동안 소홀히 대했다. 학생들의 유학도 으레 미국이 우선이고, 최근에 와서야 주변의 일본이나 중국 정도를 가는 것으로 인식돼 있다. 인문사회계열 유학생들의 전공은 국제거래, 투자, 지적재산권 등의 분야나 미국, 일본, 중국과의 관계 연구 등에 치우쳐 학문에서마저 편식이 심각하다.

EU 확대가 유럽의 중요성을 제고하고 이런 편중현상을 시정하는 계기가 되기를 희망한다. 특히 EU가 통상협력외교 외에 인권외교를 중시한다는 점을 주목해야 한다. EU가 이번에 새 회원국을 가입시키는 데에 가장 중요하게 고려한 기준도 그 나라의 인권기록이다. 터키 루마니아 등의 가입이 보류된 이유 역시 그들의 인권상황이 미흡하기 때문이다.

인권개념은 소극적 권리보호 차원을 넘어 인간사회에 두루 적용되는 보편적 적극적 개념으로 받아들여진 지 이미 오래다. 유엔 인권위원회가 북한 인권문제를 거듭 제기하거나, 미국 의회가 북한인권 문제에 관한 법안을 통과시킨 예에서도 볼 수 있다시피 인권문제는 세계외교무대에서 점점 핵심의제로 부상하는 감이 있다. 향후 우리의 대북정책에 있어서도 인권 문제가 중요한 고려사항일 수밖에 없다는 점을 시사해주는 대목이다.

특히 유럽의 인권법원(European Court of Human Rights)은 이미 많은 판례를 생산해 인간 기본권 증진에 기념비적 공헌을 하고 있다. 그 영향을 받아 중남미 대륙이 인권법원을 가동 중이며, 최근에는 아프리카 국가들도 아프리카 인권법원 설립 작업을 하고 있다. 오직 아시아에만 인권법원도 없고 인권에 대한 인식수준도 낮아서 유감이다.

EU의 인권중시 정책은 신설된 국제형사재판소(ICC)에 대한 절대적 지원에서도 체감할 수 있다. 그런데 ICC의 탄생에는 한국의 지속적이고 절묘한 외교적 노력이 크게 작용했다. ICC에 대한 한국의 기여를 널리 알리고, 인권외교에 좀더 세심한 배려를 한다면 EU와의 관계도 보다 다양하고 우호적인 방향으로 발전할 수 있을 것이다.(동아일보 여론마당 A6면, 2004. 6. 22.)

8. 하버드 단상

(1) 하버드대학의 의미

하버드 法大에 교수로 임명을 받아 1월 하순부터 봄학기 강의하기 위하여 부임하면서 과연 하버드대학이 한국사람에게 주는 의미가 무엇인가를 생각해 보았다. 얼마 전부터 본인이나 자녀를 하버드대학에 입학할 수 있도록 힘써 줄 수 없겠느냐는 부탁을 심심치 않게 받으면서 들은 말이 잊혀지지 않았기 때문이다. 왜 하필이면 하버드에 들어가기를 고집하는가를 물었더니 그 인사의 대답이 의외였다.

선거철에 여기저기 붙은 입후보자 벽보를 들여다보고 있던 한 주민이 「별로 아는 사람도, 마땅한 사람도 없는데 마침 하버드에 다녀왔다는 경력을 내세운 자가 있으니 이 사람을 찍어주어야겠다」고 말하는 것을 듣고 다음에 국회의원선거에라도 출마해서 당선되려면 사람들이 모두 알아주는 하버드를 꼭 다녀와야 되겠다는 것이 그 이유였다. 과연 이 유명한 대학에 잠깐이라도 다녀오거나 어렴풋한 관계라도 맺은 일이 있다고 해서 그것이 굉장하게 내세울만한 일이고 사회에서도 특별히 우대받을 만한 일인가.

3백50여 년의 긴 역사에도 불구하고 전국적인 대학으로서 외국유학생을 받아들인 것은 수십년에 불과하다. 하버드는 그동안 우리나라의 많은 젊은이들에게 선진학문을 가르쳐주었고 각계의 지도적 중견인사들에게 정신적 양식을 다시 충전할 기회를 제공하였다.

그러나 하버드에만 매달리는 이유가 한국식 일류의식과 차별의식을 우리와 전연 사회적 구조와 기준이 다른 미국에 그대로 적용하려는 데서 오는 결과일까 두렵다.

하버드를 서울대학에 비교하는 단세포적인 일류의식이나, 타고다니는 자동차의 크기로 사람의 지위를 속단하는 일이나 살고있는 아파트의 크기에 따라서 차등을 두어 대접하는 비뚤어진 의식구조가 외국의 학교를 지원하는 데까지 확장 적용되는 일은 제발 없었으면 좋겠다.(한국일보 하버드통신, 1991. 2. 19.)

(2) 전통의 하우스제도

대학은 기본적으로 학문을 연구하고 가르치는 곳이다. 우선 나라의 장래를 짊어질 젊은이들에게 학문과 지식을 전수해 주어야할 최고학부이기 때문이다.

미국식 대량교육제도가 도입된 이래 우리는 대형강의실에 수많은 학생을 수용한 채 교수의 일방적 강의로 이루어지는 대학교육에 익숙해져왔다. 그러나 이러한 대량적 교육방법은 지식의 효과적인 전달에도 문제가 있을 뿐만 아니라 특히 인격의 함양이라고 하는 대학의 또 다른 목적을 거의 달성할 수 없게 한다.

이러한 단점을 극복하기 위해 영국의 케임브리지와 옥스퍼드 대학에서는 수백 년 전부터 소위 칼리지제도를 운영하고 있다. 이 경우 칼리지는 학문분야별 단과대학이 아니라 수백년간 독립된 재정과 조직을 가지고 교직원과 학생이 한데 어울려 사는 생활공동체(學寮)를 의미한다. 학교에서 침식을 같이하고 생활하는 동안 사제간과 선후배간에 끊임없이 지성과 인격이 교류되는 향연이 벌어지는 것이다. 이 칼리지제도는 미국식 대량교육제도하에서는 엄두를 내기조차 어려움에도 불구하고 하버드대학이 일찍부터 이를 도입했는데 그것이 이른바 그들의 하우스제도이다.

하버드 하우스는 분야가 다른 교수와 조교와 학생들이 동일한 하우스에 속하여 침식을 같이하면서 인생과 학문을 논하고 젊은 인재들이 무한한 장래를 마음껏 설계하도록 도와주는 수련장인 것이다. 하버드 대학생들은 대학 4년간 지성적인 분위기에 푹 젖어서 지도자적 자질을 기르고 교수들과 전인격적인 만남을 통해 최고의 윤리기준과 행위규범을 배워서 사회에 진출하게 된다. 하우스제도가 아니면 학과공부도 따라가기 어려운 속에서 언제 어떻게 훌륭한 선생님들의 개별적 체취와 풍모, 지도에 접할 기회가 있겠는가.

각 하우스는 그 생성연원과 전통, 분위기가 서로 조금씩 달라서 자못 경쟁적 관계를 갖는 것도 흥미롭다.

나는 오늘도 어김없이 출근하는 길에 찰스강변을 따라 각기 그 위용을 뽐내면서 즐비하게 서있는 하우스들의 첨탑들을 유심히 바라보게 된다. 각 하우스 속에서 오늘은 튜터와 학생간에 어떤 토론이 벌어질 것인지를 상상하면서.
(한국일보 하버드통신, 1991. 2. 26.)

(3) 「20년總長」의 퇴임

하버드법대의 데릭・복 교수가 제25대 하버드대학의 총장으로 취임한 것은 1971년이었다. 그는 노동법의 권위자로서 많은 노사분규를 중재하여 훌륭하게 해결해낸 조정의 명수이기도 했다. 그 복 총장이 불혹의 나이에 취임하여 꼭 20년간 하버드대학을 이끌어온 끝에 금년 6월말로 퇴임하겠다는 의사를 발표했다. 이에 따라 후임총장을 물색하는 위원회가 구성되어 활동하고 있다.

전세계에 퍼져있는 하버드 동문들에게 총장후보를 추천하라는 공한을 발송하기도 했고 여러 후보들을 비밀리에 접촉하여 면담도 여러차례 해오고 있다.

복 총장은 재임 20년간 윤리도덕교육의 필요성을 강조하고 실천한 사람이었다. 대학교육이 너무 전문적 직업인을 양성하는데 치중해온 것을 반성하고 오늘의 국가사회에서 그들의 지도적 역할에 대한 신뢰회복을 위해 교육의 윤리성을 주장하였다. 학부교육과정에 5대 핵심필수과정을 두어 학부학생들이 도덕기준과 역사의식을 계발할 수 있도록 하였고 교수와 학생들의 생활공동체인 하우스제도를 강화하여 지성과 인품의 교류를 도모하였으며 학생들이 공공봉사를 할 수 있는 각종 프로그램을 마련해 제도화하는 등 많은 업적을 남겼다.

그는 또한 윤리도덕을 우선적 교육방침으로 내세운 총장답게 자신의 사생활을 깨끗이 하고 하버드대학의 자산운용도 흑백차별정책으로 국제적 지탄을 받는 남아공계 회사나 월남전과 관련하여 비난받는 군수산업체에는 투자하지 않는 등 그 나름대로 언행일치에 노력하였다. 그는 윤리도덕이 오늘날에도 대학에서 가르쳐야 되고 또 충분히 효과적으로 가르칠 수 있는 교육의 중요부분임을 새삼스럽게 일깨워준 교육자였다.(한국일보 하버드통신, 1991. 3. 5.)

(4) 교과과정의 改革

데릭・복 총장은 1971년 취임후 학사과정의 교육목표와 실태를 면밀히 관찰했다. 그 결과 법학, 경영학, 의학, 신학 등 전문대학원에서의 기술적 직업인의 양성은 그런대로 잘 되는 것 같으나 학부과정에서의 기본적 지식과 교양·인품을 위한 교육은 사회의 변화와 더불어 고칠점이 있다고 생각하였다.

그는 거액의 연구비를 교수들에게 지급하여 우선 학부과정 커리큘럼의 개혁을 위한 연구에 착수하도록 했다. 여러 해가 걸린 이 연구 계획을 교수회의에 회부하여 1979년부터 실시하기로 의결한 것이 지금 사용하고 있는「핵심커리큘럼(Core Curriculum)」이다. 이에 의하면 대학 4년을 졸업하는 학생에게 학부교육을 통하여 공통으로 갖추어 주어야 할 필수조건은 다음과 같은 다섯 가지이다.

첫째는 중요한 문학과 예술상의 업적을 학생들에게 익히게 한 다음 인간이 세상에서 경험한 것을 어떻게 예술적으로 표현하는지에 관하여 비평적인 이해력을 계발시키는 것이고, 둘째는 역사분야에서 현재의 세계 주요 상황을 역사적 관점에서 관찰할 수 있도록 하고 학생들로 하여금 과거 인류역사에서의 특정사항의 복잡성을 이해하도록 유도할 것이며, 셋째, 사회분석과 도덕적 합리성의 면에서는 관련된 중심적 개념과 이상을 학생들에게 소개함과 동시에 현대사회에서 개인생활과 사회생활의 기본적 관점에 관하여 체계적으로 생각할 능력을 길러야 하고, 넷째, 과학의 분야에서는 학생들에게 자연과학, 생물과학 그리고 여러 가지 과학의 기본원칙을 가르치고 과학을 인류와 세계를 보는 한 가지 방법으로 이해시켜야 하며, 다섯째, 외국문화와 관련해서는 학생들의 문화적 경험의 범위를 넓히고 문화적 가정과 전통에 관한 새로운 안목을 제공해야 한다는 것 등이다.

아울러 이 같은 목표를 달성하는데 필요한 작문·외국어·수학 등을 필수로 한다. 하버드의 이 핵심커리큘럼은 2차대전 이후에 미국대학이 이룩한 가장 중요한 교육개혁으로 받아들여지고 있다.(한국일보 하버드통신, 1991. 3. 12.)

(5) 法大生들의 소송

하버드 법대생들이 대학교 당국을 상대로 소송을 제기했다. 법대가 교수를 임용하는데 흑백차별을 하고 있으므로 이를 시정해달라는 것이었는데 이 사건은 오랜 심의 끝에 최근 이곳 지방법원에서 각하되었다.

하버드대학은 금년에 학부과정 1천6백여 명을 뽑으면서도 흑인 남학생은 한명뿐이라는 둥, 전문대학원에서나 어느 정도 흑백비율을 맞추어 체면치레를 하려한다는 등 심심찮게 비난을 들어왔다.

수년 전에는 다른 대학에서 이곳에 초빙되어 가르치던 흑인여자 교수 한사람이 정식채용을 거부당해 소란스러웠던 일이 있었다. 대학당국의 결정에 항의하여 단식하거나 월급을 안 받는 교수도 있었고 항의 표시로 안식년을 얻어 떠나는 교수도 생겨났다.

마침내 법대학생 중 민권연합이라고 하는 임의단체가 제소하면서 주장하기를 하버드법대 교수임용은 통계를 장기간에 걸쳐 면밀히 고찰할 때 인구구성비에 어긋나고 학생 자신들은 하버드의 교수들간에 체결된 임용계약의 수익자로서의 권리를 가지고 있으며 여성이나 흑인 소수민족 출신의 교수를 임용할 경우 학생들이 접할 수 있었을 다양한 견해와 경험 그리고 어떤 역할모형을 전면 제시할 수 없으므로 학생들은 구제받을만한 직접적이고 구체적 피해를 입었다는 것이다.

이에 맞서 법과대학도 고문변호사를 통해 법대민권연합은 당사자능력이 없는 단체이고, 교수임명관례가 인종차별적이라는 것을 학생측이 입증하는데 실패하였으며 학생들이 입었다고 주장하는 피해는 너무나 간접적이어서 당사자적격을 부여할 수 없다고 반박하였다. 미들섹스 법원의 브래디판사는 대부분의 관점에서 학교측의 주장에 동조하는 견해를 표명하면서 학생들의 소송을 각하하였다.

법대학장 로버트 · 클라크 교수는 학생들이 제기한 소송이 각하되어서 다행이지만 차별없는 교수임용은 법대전체의 중요과제로서 계속 관심을 가질 것이며 앞으로는 소송 이외의 방법에 의한 토론이 더 생산적일 것이라는 담화를 발표하였다. 법정소란없이 학생들은 패소판결에 따랐고 판사도 원고인 학생들의 우수한 변론실력을 판결문에서 특별히 칭찬하였으며, 학장은 판사가 학생들의 우수한 자질을 지적해준 데 대하여 감사한다고 했다. 법률절차를 통하여 한껏 다루어보고 모두들 앙금없이 웃는 낯으로 승복한 한판승부였다.(한국일보 하버드통신, 1991. 3. 19.)

(6) 교육현장 연례점검

하버드대학에서는 단과대학별로 1년에 한번씩 졸업생들로 구성된 이른바 감독위원회(OVERSEERS COMMITTEE)의 방문을 받는 행사가 있다. 올해 법대의 경우에는 각계각층의 동창생 중 인종 · 성별 · 지역분포 · 연령 · 분야 등을 고려하여 총장이 직접 위촉한 27명의 방문을 받았다.

감독위원회는 주말에 모교를 방문하여 7일 동안 학교의 현황에 관한 보고를 받고 교직원들에게 질문을 던지고 강의실을 참관하고 도서관 등 시설물을 살펴보고 학생들과 별도의 대화시간을 갖고 교수들과 식사를 같이하는 등 단기간이나마 철저하게 살펴본 다음 종합보고서를 작성하여 총장에게 직접 제출하고 해산한다. 내년에는 다른 동창생들이 위촉되어 같은 일을 하게 된다.

나에게도 최초로 한국에서 초청되어 가르치는 교수라는데 대한 호기심 때문인지 한국법을 미국대학에서 가르쳐야 할 필요성과 전망, 학생들의 반응 등에 관하여 질문이 여러 차례 나왔다. 모두들 진지하면서도 날카롭게 묻고 기록하는 태도가 인상적이었다.

이들이 총장에게 직접 제출한 보고서가 나중에 공개되어야 알겠지만 가장 흥미롭게 토론되었던 문제가 두 가지였다. 우선 하버드와 같은 지도적인 법대는 좀더 공공이익과 관련되는 법률서비스를 많이 하도록 제도를 확대하고 더 많은 학생이 지역봉사 활동에 적극적으로 참여하도록 유도해야 된다는 점이 누차 지적되었다.

가난한 이웃을 위한 법률구조는 작은 예에 불과하고 사회정의를 위한 각종 법률활동을 더 많이 벌여야 된다는 것이다. 또 한 가지는 현재의 학장이 취임한지 2년 미만에 일본 노무라증권이 무조건으로 기부한 3백만 달러를 비롯하여 4천 7백여만 달러를 모금한 노력을 치하하면서도 학장이 자기 개인의 사생활도 없이 거의 모든 시간을 기금 모금에 전력투구하는 것이 법과대학의 관리자로서 온당한 업무집행인지, 이로 인하여 대학고유의 다른 학문활동 등 기능에 대한 희생은 없는지가 논의되었다.

우리의 현실을 생각하고 우리와 너무나 다른 점이 많아서 나 나름대로 이를 소화하는데 많은 시간이 걸렸다.(한국일보 하버드통신, 1991. 3. 26.)

(7) 신입생 선발심사

하버드대학 금년도 신입생 선발작업이 모두 끝났다. 우리나라와는 달리 치열한 입시경쟁이나 엄청난 과외부담도 없고 입시부정이나 제도자체에 대한 비판도 아직 들어보지 못했다.

그러나 하버드 학부입학을 위해서도 고등학교에서 우등생반에 들어가야 하고 그들이 쳐야하는 학업적성고사(SAT)에서 1천3백50점은 맞아야 한다는 등, 1

천5백점을 받으면 입학은 따놓은 당상이라는 등 말이 많다.

어디 그뿐인가. 학생의 정서개발이나 과외활동을 참작한다고 하니 피아노나 바이올린을 배워야겠는데 시간당 수십 달러씩 내야 되는 과외교습비가 너무 비싸다는 불평도 들린다. 이제는 경쟁이 심해지는 만큼 운동경기도 한 가지 이상 잘 해야 함으로 이것도 간단한 일이 아니고 지도자적 자질도 고려한다고 하니 여러 가지 단체활동이나 봉사 내지 유사한 경험을 쌓아야 하는데 밤낮 자동차 태워서 데려다주고 데려오는 부담만도 부모를 쉬지 못하게 한다.

고등학교 2학년 때 SAT시험을 쳐서 우수한 성적을 얻으면 조기입학이 되는 학생도 있긴 하나 전반적으로 보면 전국의 최우수 학생이 빠짐없이 하버드에 지원하는 것도 아니고 입학한 학생들이 모두다 특출하게 잘 따라간다고 보기 어려운 면도 있다. 우리나라와 같이 학력고사 점수별로 대학이나 학과의 순위가 정해지는 일은 결코 없다. 대학원 입학 때에도 고려하는 관점은 비슷하겠으나 세계 각지에서 더 많은 지원자가 몰리는 만큼 기본서류를 검토하고 추천서나 연구계획서 등을 읽어보아야 하는 학교측의 업무부담은 연초부터 부활절 전후까지 대단하다.

학교행정의 면에서는 우리처럼 일시에 입학시험 한번 치르고 선발이 끝나면 간단하겠는데, 하버드대학은 이 같은 서류심사를 위해 방대한 행정조직과 직원을 유지하고 있으며 심사위원회에 참여해야 하는 교수도 시간을 많이 뺏긴다. 사전에 형식요건의 불비로 문전에서 각하되고 심사위에 올라오는 건수만도 정원에 비해서 20대 1 이상되는 경우가 있기 때문이다. 금년도 하버드법대 1학년에 한국계 학생만 22명(전체의 4%)이 들어오는 등 한국학생의 지원과 입학이 해마다 증가하는 경향이 있어서 반가우나 이들이 학업을 마친 후에 이 같은 고급 인적 자원을 잘 관리하고 활용하는 대책은 어디에도 수립돼 있지 않아 참으로 안타깝게 느껴질 때가 많다.(한국일보 하버드통신, 1991. 4. 2.)

(8) 루딘스타인 신임총장

만 20년간 하버드를 잘 이끌어온 데릭·복 총장이 60세의 한창 일할 나이에 갑자기 사임의사를 발표했을 때 깜짝 놀란 사람들은 10개월간의 탐색끝에 멜론재단의 부총재인 56세의 닐·루딘스타인이 후임 제26대 총장으로 선임되자 또 한번 신선한 충격을 받았다. 1650년의 대학정관규정에 따라 구성된 9인의 총장선임위원회가 전현직 교수직원·동창생·학생 등 25만 8천 명에게 편지를 내고 3백45회의 면접을 하는 등의 활동을 통하여 7백63명의 후보자를 추천받은 후 마지막 8명 중에서 그를 선정했지만, 그는 여러 가지로 의외의 인물이었기 때문이다.

우선 그는 프린스턴대학을 수석졸업한 후 로드스칼라로서 옥스퍼드대학에서 영문학을 전공하여 역시 수석졸업을 했다. 1964년 하버드에서 영문학 박사학위를 취득한 후 모교인 프린스턴에 영문학 교수겸 학생처장으로 옮겨갈 때까지 하버드대에서 4년간 가르친 인연이 있지만 전임자에 이어 하버드칼리지를 졸업하지 않은 두 번째 총장이 되었다.

둘째, 그는 매우 보잘 것 없고 가난한 가정환경을 딛고 일어선 입지전적 인물로서 역대 총장들의 배경과는 너무 거리가 있다.

아직도 식당에서 웨이트리스를 하고 있는 76세의 이탈리아 이민인 어머니와 교도관이었던 러시아계 유태인 이민인 아버지 사이에서 3남매의 장남으로 태어났으나 그의 집안에서 고등학교를 졸업한 사람은 그가 처음이었다. 이탈리아 문화적 배경과 천주교의 영향을 담뿍 받고 성장한 일방 유태인인 아버지와 부인으로부터 그 전통을 이어받았으므로 대단히 특이하고 다양한 문화적, 인종적, 종교적 배경을 가진 르네상스 문학의 전문가이다.

셋째, 오랜만에 문학도가 총장이 되었지만 그는 프린스턴에서 학처장직을 역임한 후 10년간 부총장을 한 경험이 있으므로 학교행정에 충분한 식견과 경륜이 있을 것이고 인문과학 푸대접 현상도 시정될 것이라는 기대를 모으고 있는 사람이다. 또한 1987년에는 프린스턴의 총장이 될 가능성도 있었으나, 이미 20년이나 봉직한 자기보다는 새로운 인물을 영입하여 활력을 불어넣어야 한다는 이유로 거절하고, 일개재단의 부총재로 전직했던 인물인 만큼 그의 철학과 수완이 당장 25억 달러 모금 달성과 소수민족계 교수 증원 등 산적한 문제를 어떻게 풀어갈 지 궁금하기만 하다.(한국일보 하버드통신, 1991. 4. 9.)

(9) 기부금 관리 원칙

1972년 이래 하버드에는 두 개의 특이한 위원회가 있다. 교수와 학생과 동창생으로 구성된 회사주주의 책임에 관한 위원회인데 하나는 자문기능을 하고 다른 하나는 감독기능을 한다.

금년부터 모금목표액 25억 달러를 달성하기 위한 캠페인을 하는 데서도 알 수 있다시피 하버드는 거액의 기금과 자산을 기부받고 이를 운영한다. 기금

관리 방법의 한 가지는 각종 수익성 높은 주식에 투자하여 기금을 증식시키는 것인데 원체 많은 기업에 거액의 주식투자를 계속하고 있는 만큼 투자원칙과 주주로서의 의결권행사원칙 등을 정할 필요가 있다.

이 두 위원회는 이 같은 원칙을 정하고 매년 이를 재검토하여 총장에게 건의하는가하면 주주총회에 앞서 위임장 작성권유가 있거나 기업의 사회적 책임이 논의될 때마다 투자주주인 하버드로서는 어떻게 해야 하는지를 권고한다. 대체로 사회공익적 성격을 띤 여러 가지 쟁점별로 하버드의 행동원칙을 제시하고 있다.

예컨대 남아연방에 투자하는 업체, 핵무기를 제조하는 군수산업체, 전쟁장난감 제조업체, 공해업체, 종교를 이유로 고용을 차별하는 업체, 북아일랜드에 공장을 가동하는 업체, 핵발전소 등 핵에너지제조업체, 불평등고용업체, 멕시코 일부지역에서 조립공장을 운영하면서 착취하는 공업체, 유아분유제조업체, 담배회사, 다량의 동물을 실험대상으로 사용하는 업체, 아랍보이콧업체, 소수빈민지역을 돕지 않는 업체 등에는 투자하지 않거나 회사로부터 자세한 관련정보를 요구하거나, 반대하는 의결권을 행사하거나 또는 불합리, 부도덕한 점을 시정하는 주주제안을 상정하여 통과되도록 노력하는 것이다.

인종차별을 하는 남아연방에 직접 투자하거나 판매하는 회사에 투자하지 않는다는 원칙은 가장 오래되고 잘 알려진 방침이고, 세계보건기구가 제정한 모유대용품판매에 관한 국제규범에 위반하여 분유 등을 제조하거나 지나친 광고를 하는 업체에 투자하는 경우에도 규범준수를 강력히 권고한다. 최근에는 전쟁무기를 흉내낸 장난감 제조업체에 비폭력적이고 창의적 장난감을 제조판매할 계획을 제시하라고 요구한 바 있고, 공해업체의 경우에는 특정한 유해물질의 사용중지, 또는 공해방지를 위한 구체적 대책 기타 이사회내에 환경문제담당위원회 설치 등을 요구하는 결의안을 제출한 바도 있다.

또한 저임금을 이용하여 멕시코 마킬라도라 지역에 조립공장을 가동하는 1천8백여 개의 미국기업에는 유해한 화학물질이나 산업쓰레기 폐기방식 공해배상실태 임금실태 근로자주거 환경 등에 관한 상세한 정보를 요구하기도 하였다.

우리나라에도 정부, 기업, 민간단체 등이 적립 또는 관리하는 각종 기금이 많이 있는데 그 운영의 체계성, 효율성 및 윤리성을 위하여 하버드의 방식은 큰 교훈이 될 만하다.(한국일보 하버드통신, 1991. 4. 16.)

(10) 총장의 연례보고서

1년의 학사력이 거의 끝날 이때쯤이 되면 하버드대학 총장은 꼭 연례보고서를 발표하며 각 신문들도 이를 게재한다. 이는 지난 1년을 회고해보고 문제점을 지적하여 자기 분야 내에서만 파묻혀 일하는 대학구성원에게 한번쯤 크게 대학이 나갈 방향에 관하여 생각해보게 하는 비중있는 문서라고 할 수 있다. 이 보고서는 대학의 학문적 사명이 세 가지 측면에서 위협받고 있음을 지적한다.

첫째, 대학을 정치적 목적으로 이용하려는 압력, 둘째, 대학이 지나치게 많은 프로그램이나 바깥일에 관여하려는 욕심, 셋째, 대학의 활동을 상업화하려는 유혹 때문에 대학의 순수성이 타협되고 사명이 망각 되어서는 안된다는 점을 강조하고 있다.

우선 정치적 압력은 대학 밖에서 밀어닥쳐서 대학에 정치적 목적에 따른 방침결정이나 계획수립을 강요하기도 하고 때로는 대학내에서도 각 이익집단들이 그들의 정치적 목적을 달성하기 위하여 여러 가지 실력행사를 한다.

지금도 법대학장실 복도에는 소수민족과 여성을 좀 더 많이 법대교수로 채용하라는 요구와 함께 법대학생들이 농성하고 있다. 이 같은 행위는 결국 대학의 독립성과 대학구성원의 표현의 자유를 희생시키게 된다.

둘째, 대학이 그 기본적 임무를 저버리고 너무나 바깥일에만 쫓아다니면 교육과 연구의 질이 저하된다. 물론 대학교육에 대한 대중의 끊임없는 요구나 대학교수의 전문적이고 불편부당한 의견제시의 필요, 또 대학의 기본적 사회적 책임을 다하기 위한 공공봉사의무 등은 계속 증가될지라도 정부 기타 힘있는 집단에 대한 자문역할 등은 다소 통제되어야 할 필요가 있다.

최근 몇 년간 소련 및 동유럽 각국에 하버드의 많은 교수가 뻔질나게 왕래하면서 조언해준 경우는 본말전도이고 지나친 감이 있다는 것이다.

셋째, 대학의 상업화는 재정압박을 면하기 위하여 새로운 수입원을 찾으려는 활동과 관련하여 진전된다. 따라서 앞으로 어떤 행위는 괜찮고 어떤 것은 안되는지에 관하여 아주 세밀한 검토와 엄격한 기준이 세워져야 할 것이다.

새로운 발견이나 발명으로 인하여 제품화되면서 기술료나 판매수입을 기대할 수도 있고 여러 가지 고급훈련과정을 운영하여 수입을 올릴 수도 있으나 이 같은 이윤동기를 대학의 임무와 명예의 손상과 비교하여 생각하면 단순한 전술 전략상의 수정만으로는 부족하고 앞으로 대학의 리더십이 여간 강력하지 않아서는 대학이 주식회사처럼 상업화되는 것을 방지하고 대학의 기본가치와 사명을 지키기가 어렵게 되고 말 것이다.(한국일보 하버드통신, 1991. 4. 23.)

(11) 어느 추도식

케임브리지는 하버드와 MIT 등을 포용하는 평화로운 교육도시라고 할 수 있다. 미국에서 지성의 본산으로 부를 수 있을 만큼 국내외 석학들이 자주 교류하고 외국유학생들의 오고가는 발길도 바쁜 대학도시이다. 이곳에서 잔인한 4월임을 증명이라도 하는 듯이 하버드법대 교수의 부인이 자택 앞길에서 칼에 찔려 살해당하는 일이 발생하였다.

고인도 이 근처의 뉴잉글랜드 법대교수로서 일찍부터 남편에 못지않은 명성을 누린 사람이었다. 남편과 두 자녀 등 네 식구가 저녁식사 후 부인이 길건너 2백m 전방에 있는 구멍가게에서 간단한 용품을 사려고 집을 나선 것이 저녁 8시 30분경이었는데 그 직후 길에서 참변을 당한 것이다. 당시 사고장소 앞교회에서 많은 사람이 모여 성가합창연습을 하는 바람에 고인의 비명소리를 들을 수가 없었고 사람통행이 많은 브래틀가 부근이었는데도 신속한 구원이 이루어지지 않아 출혈과다로 숨지고 말았다.

이 사건은 인재를 잃었다는 점도 있고 사고장소가 케임브리지 시내에서 가장 아름답고 안전하고 집값이 비싸서 법대교수 몇 사람 외에 록펠러 등 부유하거나 지도층 인물들이 모여사는 스파크스와 브루스터가의 교차점이라는 점에서 하버드법대와 이곳 법조계에 큰 충격을 주었다.

사고 다음날 상오 법대학장실에 학교관계자를 위하여 설치된 조상소에 조문을 가보니 교직원들이 모두 신속하게 모여들어 있었다.

따로 고인의 자택을 방문하여 위로하는 친지도 더러 없지는 않았으나 장례절차일체는 완전히 가족끼리만 치르고 그 대신 얼마후 따로 택일하여 하버드야드에 있는 교회에서 추도식을 거행하는 것이 특이하게 보였다. 이 같은 방식은 비슷한 시기에 작고한 다른 법대교수의 경우에도 마찬가지였다. 추도식도 목사가 모든 의식을 다 집전하는 것이 아니고 고인의 생전친구, 동료 그리고 마지막에는 하버드대학에 다니는 아들이 나와서 고인의 생애를 소박하게 회고하는 조촐한 모임이다.

참석자는 많았으나 요란한 조화도 조위금 접수도 없고, 고인의 인간적 풍모와 유머러스한 일화를 회고할 뿐 과시와 허식과 필요 이상으로 위대한 사람

만드는 허사가 하나도 없었다. 그동안 날마다 소수민족계와 여성교수의 채용을 요구하면서 학장실을 봉쇄하는 등 데모를 하던 일부 법대학생들도 이날만은 시위를 중지하여 애도의 뜻을 표하였다.(한국일보 하버드통신, 1991. 5. 3.)

(12) 연구비 지출내역

미국의 유명한 종합대학들은 대개 이공계가 강하고 그 이유는 튼튼한 기초적 지원을 토대로 교수들이 열심히 노력하여 선진적 연구업적과 발명, 발견, 개량을 계속 내놓기 때문이다. 기초분야의 연구도 대단할 뿐만 아니라 산학협동체제가 잘 되어 있어서 새로운 연구결과가 금방 산업화되기도 하는 것은 잘 알려진 사실이다.

우스개 소리이지만 지금 우리가 도입하려는 소련의 과학기술은 대부분 그들이 과거에 미국의 대학과 연구소에서 훔쳐간 것이므로 우리 손으로 막상 제품을 생산 판매했을 때 미국으로부터 자기네의 지적소유권 침해라는 항의를 받지 않겠는가 하는 우려도 있다. 아무튼 미국대학들은 연방정부 등 외부의 연구비를 받아서 과학기술의 연구 발전에 끊임없이 노력한다.

하버드의 경우 연방정부가 지원하는 연구비가 현재 1년간 운영예산의 17%를 차지하는데 이는 1970년의 33%보다 크게 줄어든 것이다. 아직도 스탠퍼드대학은 30%, 그리고 MIT대학은 26%가 연방정부로부터 나온다.

그런데 최근 미연방의회 소속 일반회계청(General Accounting Office)이 일류대학들의 연방연구비 사용내역을 회계감사한 결과 부당한 지출이 드러나서 말썽이다. 예컨대 스탠퍼드대학은 연방정부의 연구비를 받아 연구하는 것 중 36만 9천 달러를 간접비로 지출했다 해서 비슷하게 간접비의 비중이 높은 MIT와 하버드의과대학 등도 감사하기로 하였다.

직접비용, 즉 연구하는 교수의 월급, 실험실 장비비용 등은 분명하고 별문제가 없으나 건물유지 보수비용, 실험실 냉난방, 행정비용 등 간접비용은 이것이 과연 해당연구용역과 관련하여 지출된 것인지조차 애매하여 항상 문제가 된다. 스탠퍼드는 학교요트의 감가상각비, 총장관사 장식용 꽃값 등이 지적되었는가 하면 하버드의과대학은 퇴임학장을 위한 리셉션비용, 보스턴 공립학교에 대한 기부금 등이 지적됐다. 대학당국은 모두 회계처리상의 잘못임을 내세우거나 경우에 따라서는 연구목적에 합치하는 정당한 지출임을 주장하면서도 문제된 지출금을 모두 연방정부에 판상하는 조치를 취했다.

다른 한편으로는 대학들이 자발적으로 변호사와 공인회계사를 위촉해 자체 감사를 실시하는가 하면 기존의 회계관행이나 연구비사용원칙에 관하여도 세심하게 재검토하여 수정을 약속하고 있다. 뿐만 아니라 연방정부의 연구비를 받은 교수가 개발한 기술이 상용화되었을 때 그 특허권 기타 지적소유권의 소유자는 누구이며 기술사용료 수입은 어떻게 분배되어 하는지에 관하여서도 명확한 기준과 처리방법을 정하고 있다.(한국일보 하버드통신, 1991. 5. 10.)

(13) 이라크 가는 學生들

1960년대말 월남전 반대데모의 열기가 가득하던 하버드야드와 케임브리지 커먼 공원을 기억하는 사람들은 이라크에 대한 전쟁이 계속되는 동안 이상하리만큼 조용했던 캠퍼스분위기를 이해하기 어려웠을 것이다. 학생들의 의식 구조가 변해서일까 아니면 전쟁이 43일간의 단기로 끝났기 때문일까.

하버드대학의 법과대학생과 보건대학원생들로 구성된 학생팀이 이라크를 방문하기 위하여 떠났다. 연합군이 폭격한 50여 군데의 전쟁터를 돌아보고 의료지원을 함과 동시에 전쟁이 이라크 인구에 미친 영향을 연구하는 것이 그 목적이다. 법대에서는 인권연구 프로그램에 속해있는 학생들이 주로 이 여행을 기획했는데 이라크 민간인들이 당면한 전쟁 후의 어려움과 쿠르드 난민의 입장을 조사하여 국제사회에 알리고 미국의회에 보고하겠다는 것이다. 법대생들은 현지에서 주로 증인들과 면담을 하고 50개 폭격지점에서의 민간인 살상에 관한 정보를 수집할 것이고 보건대학원생들은 의료지원 외에 아동들의 영양상태, 병원이나 지역보건소들의 의료서비스실태에 관한 조사 및 평가를 할 계획이다. 이들의 이와같은 이라크 현지조사계획은 연합군의 폭격에 의한 이라크 민간인 사상에 관한 정보가 일체 기사화되지 않은 것에 실망한 법대생 몇 명이 추진한 것으로서 맥아더재단을 비롯하여 여러 미국재단으로부터 재정지원을 듬뿍 받았고 일반인의 기부금으로 2톤 이상의 의료품을 구입할 수 있었기에 가능했다.

법학이나 의학 등 실용학문을 배우고 있는 학생들의 기발한 아이디어와 기회포착, 학교에서 배운대로 기본적, 인권문제에 대한 학문적 추구와 현실감각, 그리고 상당한 규모의 재정지원을 마다하지 아니한 재단들과 관심있는 시민들의 기부 등이 어우러져 무엇이든지 창의적 아이디어를 자유롭게 실험해 볼 수 있는 자유 미국사회에서나 가능한 일인지 모른다.(한국일보 하버드통신, 1991. 5. 17.)

(14) 美대학 돈줄 한국인

금년도 미국 각 대학의 입학 절차는 모두 끝났다.

예년과 마찬가지로 아이비리그 등 일류대학일수록 적성시험성적, 지도자다운 자질, 예체능특기 등을 종합검토하여 좋은 학생을 확보한다. 하버드대학의 경우에도 금년에 전국고등학교에서 지원한 최우수 학생들 1만2천3백여 명 중 약 2천 명에게 입학허가서가 발송되었다.

이들 2천 명의 행운아 중에서 가정형편, 장학금 사정 기타 이유로 약 4백 명 가량이 타교로 가고 결국 이 학교 정원에 근접하는 1천6백 명 정도가 실제로 학부과정에 입학하는 것이 관례이다. 이러한 통계적 추세는 아이비리그대학에 일반적으로 공통된다. 그런데 일반적 경향을 보면 해를 거듭할수록 대학취학연령해당자가 감소하는 미국의 인구패턴 때문에 대학에 따라서는 지원자가 정원미달인 경우도 생겨나게 되었다. 물론 일류 종합대학교들은 비교적 영향이 적으나 소규모의 전통있는 유명 사립대학들이 심한 타격을 받는다.

또한 지원자들은 동시에 여러 대학에 지원하여 여러 곳에서 입학허가를 받은 후 한 대학을 선택하게 되는 만큼 좋은 대학부터 우수한 학생들로 정원이 확보되게 마련이다. 따라서 미국 각 대학의 입학사무담당자들은 지원자를 확보하기 위하여 뻔질나게 한국을 비롯하여 세계 각지를 자주 방문한다. 금년에도 충분한 지원자 수를 확보하지 못한 사무직원이 대학에서 쫓겨난 경우가 많다. 이 같은 현상은 해를 거듭할수록 심화될 조짐을 보이고 있으니 대학마다 비상이 걸렸다고 하겠다.

반면 한국인들은 미국의 일류대학에 자식을 입학시키기 위하여 고등학교부터 미국의 일류학교에 보내기 때문에 필립스아카데미와 같은 고등학교에는 수업료가 굉장히 비쌈에도 불구하고 한국인의 숫자가 가장 많아서 보스톤 글로브 신문에 특집으로 나기도 하며 음악학도가 줄리어드로 모여들어 그곳도 한국학생이 가장 많다는 것은 공지의 사실이다. 한국의 유례없는 외국유학열에다가 대학을 실패한 후 미국으로 탈출하는 부유층 자제까지 합쳐보면 우리나라는 곤경을 겪는 미국대학들의 큰 고객일 뿐만 아니라 교육서비스를 하나의 국제무역 상품으로 보는 미국인들에게는 참으로 안성맞춤일 것이다.

우리가 우리 자제들의 미국유학문호가 그만큼 넓어졌다고 무작정 좋아하고만 있을 수 있을까? 그리고 정부의 무정견한 유학정책, 당사자들의 무지하고 준비없는 유학, 현지에서의 과도한 소비행태나 엄청난 시행착오 등은 언제까지나 방관하여야 할까?(한국일보 하버드통신, 1991. 5. 24.)

(15) 제재받는 大學의 담합

우리나라도 경제성장이 고도화되자 제 5 공화국에 접어들면서 독점의 폐단을 제거하고 경쟁을 통한 시장기능을 확보하기 위하여 독점규제 및 공정거래에 관한 법률을 제정하여 10년 남짓 시행하여 왔다. 초창기에는 법집행을 잘 몰라서인지 시장경제체제 내에서 경쟁을 제한하는 행위는 모두 단속한다는 명분하에 다방에서 파는 각종 찻값이 협정가격으로 묶여 있어서 경쟁을 회피하고 있는지 조사하러 다니는 것도 보았다.

불과 몇 해도 안 지나서 공무원들이 성급하게 모방하여 만든 이 법이 우리 실정에 안맞는다 하여 자꾸 고치다 보니 누더기법이 되어 체제상 맞지도 않고 법적 안정성도 확보하지 못하더니 마침내 전면개정을 한 것이 10살밖에 안 된 독점금지법의 신세였다. 뿐만 아니라 이 같은 강력한 법률이 보험산업이나 또는 변호사 등 전문직종에도 적용이 되는지를 둘러싸고 논란이 일자 각 해당 산업 분야별로 우스운 힘겨루기를 한 때도 있었다.

이 같은 우리의 독점금지법 제정과 집행에 관한 역사적 상황에서 이번에는 미국동부 명문 아이비리그 대학들이 미국독점금지법의 적용을 받을 뻔 했다면 한국에는 그게 무슨 뚱딴지 같은 소리냐고 의아해할 사람이 많을 것 같다.

아이비리그의 8개 명문대학은 매년 회합을 갖고 입학금이나 수업료 액수 등을 담합하기 위하여 교수 및 학생들에 관한 재무자료 등을 교환하였고 특히 학생들이 여러 개 대학에 동시에 지원하여 때로는 수개학교에서 입학허가서를 받는 경우가 보통이므로 그와 같은 학생들에게 주는 장학금 등 재정지원조건을 동일하게 만들어서 장학금조건이 더 좋은 대학으로 학생들이 몰리는 일이 없도록 토의하는 관행이 미국의 독점금지법에 어긋난다는 것이다.

미국법무장관이 이와 같은 이유로 소송을 제기하자 8개 대학 관계자들은 우선 금년에는 그와 같은 회합을 하지 않기로 합의하고, 자기네들은 수업료나 장학금조건 등을 담합하거나 상거래에서의 가격지정행위에 유사한 위법행위를 한 일이 없다고 부인하면서도 원고인 법무부장관과 화해하기로 하고 사건을 종결했다. 그러나 또 다른 명문 MIT는 공동피고인이면서도 문제의 관행이 독점금지법에 위반된다고 생각하지 않으므로 화해조서에 서명하기를 거절했다.

다른 한편 오는 6월 중순 한국을 첫 방문하는 예일대 슈미트 총장은 자기도 법률가로서 판단해볼 때 문제의 관행이 위법이라고 생각하지 않지만 소송은 너무 시간과 비용이 많이 들기 때문에 법원에서 다투는 것을 포기했다고 밝혔다. 즉, 그 관행은 가난한 학생들을 공평하게 취급하려는 의도에 불과한 것이라는 것이다. 아무튼 이 같은 관행은 스탠퍼드와 남가주대학을 포함하여 미국의 50여 개 명문사립대에서 문제가 되어 지금도 계속 조사중이다. 그러나 이와 같은 법무부의 조사 및 개입, 그리고 당해 대학들의 자진해결이 과연 대학의 등록금을 올리게 될지 내리는 결과가 될는지가 한해에 약 2만 5천 달러 정도의 학비를 부담하는 학부형으로서는 가장 궁금한 일이다.(한국일보 하버드통신, 1991. 5. 31.)

(16) 장학금 · 연구비 豊年

원래 대학교육은 국가가 도맡아서 운영하지 않는 한 돈이 엄청나게 든다. 그 돈의 많은 부분이 결국 수익자인 학생으로부터 나온다. 따라서 부모가 교육비를 충분히 댈만한 경우가 아니면 대개 스스로 벌어서 충당하거나 장학금을 찾게 된다. 그런데 장학금의 개념도 나라에 따라서 조금씩 다른 것 같다.

예컨대 영국 등의 경우는 장학금이란 대부분 액수도 크지 않고 받은 학생의 명예에 관한 것이라고 볼 수 있는데 반하여 미국의 경우에는 명예로운 소액장학금도 있지만 대개 액수가 학비전액이나 수업료면제에서부터 생활비 및 학비일체를 지급함으로써 현실적으로 학생의 학업 수행을 가능케하는 경우가 많다. 하버드 대학의 경우도 학생의 40% 남짓이 장학금을 받고 있으므로 표면적으로 수혜율만 비교하면 서울법대와 대동소이하다.

요즈음 하버드대학의 각종 신문이나 잡지를 보면 우수한 학생들이 각종 장학금을 받았다는 기사가 가득하고 연구에 몰두하는 교수들이 큼직큼직한 연구비를 받고 기뻐하는 사진을 게재하기 바쁘다.

단순히 경제적으로 어려우나 우수한 학생들로 하여금 공부를 계속할 수 있게 해주는 소극적 미봉적 장학금이 아니라 각 분야에서 가장 창의적인 젊은이에게 지급하는 경우, 자기분야에서 두각을 나타내는 중견에게 다시 한번 두뇌충전을 할 기회를 제공하는 장학금의 경우, 이미 성취한 업적을 칭송하는 경우, 심지어는 학생회가 자기네를 가장 잘 가르친 선생님을 뽑아서 상을 드리고 교수방법에 관한 연구비를 드리는 경우 등 참으로 다양하고 풍부하고 기발하고 공정한 실력위주 사회의 문화양태가 엿보인다.

장학금이나 연구비를 지급하는 측에서 부당한 간섭도 하지 않고 1년 미만의 기간 내에 무조건 연구보고서를 제출하라는 무리한 요구도 거의 없으며 반드시 수혜자들이 대학이나 연구소와 연결되어 활동하게 함으로써 연구성과의 확산과 공유를 촉진하는 등 우리가 운영상 눈여겨볼 점도 많은 것 같다. 우리나라에서도 풍부하고 다양한 장학금과 연구비가 조성되어 순수하고 공정하게 학문발전의 기폭제로서 잘 쓰여질 날은 언제일까 생각해본다.(한국일보 하버드통신, 1991. 6. 7.)

(17) 제310회 졸업식

미국은 5월 하순부터 졸업시즌인데 하버드는 다른 대학보다 좀 늦어서 6월 6일 졸업식을 거행했다. 두어달 전에 하버드야드에 뿌린 씨가 제법 자라서 푸른잔디가 싱그럽고 전날까지 내리던 비도 말끔히 가셨다. 메모리얼 교회 남쪽계단에 천막을 쳐서 단을 가설하고 건너편 와이드너 도서관 앞까지 의자가 놓였다. 공중에도 선홍색 바탕에 각색 문장을 도안한 단과대학과 하우스들의 깃발이 크게 분위기를 돋군다. 졸업식은 오전 오후에 걸쳐서 진행된다.

이미 배부된 입장권에 따라 아침 일찍부터 학부모와 동창생들이 자리를 잡고 교수들은 각자의 가운과 모자를 쓴 차림으로 총장실 앞에 모여서 졸업식장 단상에까지 행진한다. 이때 길 양편에 졸업하는 학생들이 늘어서서 행진하는 교수들에게 끝없는 박수로서 경의와 환영의 뜻을 표한다. 나에게도 어느 학생이 장미꽃 한송이를 불숙 내밀고 싱긋 웃는다.

동창생 중에서 장내정리와 의전을 담당하는 마샬을 돕는데 남자는 연미복에 모닝해트를 쓰고 작은 바통을 들었으며 여자는 흰색 투피스에 붉은 어깨띠를 두르는 전통이 있다. 금년에 교수들의 행렬을 인도한 수석마샬은 하드법대 수석 졸업 후 현재 메사추세츠 주지사인 월리엄・웰드 동문이 뽑혔다. 밴드의 연주가 계속 요란하지만 그가 10시에 교회의 종을 침으로써 식이 시작된다.

단상에 초대된 손님은 전직총장・재단이사・케임브리지와 보스턴 시장・학교발전에 기여한 동창생과 명예박사 수여예정자 등이다. 전국적으로 유명한 인사보다는 오히려 동창생과 지역사회 지도자들을 힘써 초청하는 듯한 인상이다. 맨처음 학부과정의 최우등자가 라틴어로 졸업생인사를 한다. 20년간 총장재임 후 스스로 떠나가는 데릭・복 총장에 대한 최대의 찬사가 연설의 수내용이었다. 사제간의 윤리가 무너지고 일제의 권위가 부정되는 우리 현실에 비추어 이 학생의 평범한 라틴어 연설이 내 가슴을 뭉클하게 하였다.

명예박사학위수여는 당일까지 비밀인데 금년에는 9명이 받았다. 아동학대 방지를 위하여 평생을 보낸 흑인 여자도 있고 음악가도 2명이나 있지만 전 소련외무장관 셰바르드나제가 압권이었다.

학위수여는 학장이 나와서 자기 학부 학생들이 소정의 요건을 모두 충족하였음을 보고하고 학위수여를 건의하면 총장이 이를 받아들이는 형식으로 집행한다.

단하에 앉은 학생들은 자기네 차례가 오면 모두 일어나서 환성을 지른다. 의과대학 차례에서는 학생들이 일제히 수술장갑을 불어서 풍선을 만들어 띄웠고, 경영대학생들은 각 나라 국기를 흔들었으며 법대생들은 여성이나 소수민족 출신교수를 더 채용하라는 플래카드를 치켜세웠다. 오전의 식전은 들뜬 분위기 속에서 질서있게 11시 반에 마쳤고 오후 행사가 총동창회주관으로 2시15분부터 열렸다.

오후 행사의 중심은 졸업생을 위한 기념연설이다. 금년에는 셰바르드나제와 복총장이 나와서 핵무기 군축과 대학의 사회적 사명에 관하여 각각 기억에 남을 만한 연설을 했다. 젊음과 지성이 어우러진 대향연이었다.(한국일보 하버드 통신, 1991. 6. 14.)

(18) 유니버시티 프로페서

하버드대학에는 유니버시티 프로페서라는 제도가 있다. 우리말로 번역을 해보았자 대학교수라는 말 외에 다른 적절한 단어가 없어 의미가 잘 전달되지 않는다.

이 제도는 1930년대에 이 대학 총장이었던 제임스・코넌트박사가 1934년의 총장연례보고서에서 잘게 쪼개진 어느 한 학문분야에 국한하지 않고 이를 뛰어넘어 자신의 창조적 연구나 사상을 좀더 거시적으로 모든 대학식구들에게 자유로 가르칠 수 있는 유니버시티 프로페서의 도입을 주장한데서 비롯된다.

이 같은 지위에 임명된다고 하는 뜻은 개인적 학문적 탁월성이 자기가 본래 전공한 학문분야를 훨씬 초월하여 진리와 보편적 지식의 개척자인 동시에 그 파수꾼으로 인정을 받는 최고영예라고 여겨진다.

따라서 그가 원하면 연구를 위하여 강의를 안할 수도 있는가 하면 반대로 각 단과대학이나 학과를 순회하면서 인간의 근본적 문제제기, 창조적 연구결과의 전달, 새로운 사상적 전개, 학문간 협동연구의 촉진 등을 위하여 몇 학기씩 수업을 하기도 한다.

코넌트총장의 제안이 채택되어 이 제도를 설립한 것은 1935년이었고 이를 뒷받침하는 재정은 하버드대학 개교 3백주년인 1936년에 이를 기념하는 모금으로 마련되었으며 1937년에 비로소 하버드대학의 첫 유니버시티 프로페서가 탄생하였는데 그가 곧 유명한 법학자인 로스코·파운드 교수이다.

지금 현역인 사람은 퓰리처상을 받은 미국역사학의 버나드·베일린, 경영학의 로랜드·크리스틴슨, 노벨생물학상을 받은 월터·길버트, 노벨의학상을 받은 데이비드·휴벨, 도덕철학의 존·롤스, 경제학의 헨리·로소브스키, 경제학 및 철학의 아마티아·센, 영미문학의 헬렌·벤들러, 정부론의 시드니·버바, 법학의 프랭크·마이클맨, 그리고 금년 6월말 자진 퇴임하는 데릭·복 총장(법학)의 11명이다. 복총장은 이례적으로 퇴임 직전에 임명되었으나 이것이 결코 그의 총장재임시의 업적을 치하하여 주는 공로상적 성격은 없다.

과거의 유니버시티 프로페서를 보면 은퇴한 분으로는 퓰리처상을 두 번 받은 문학전기작가 월터·잭슨·베이트, 노벨물리학상을 받은 니콜라스·볼룸버그, 법학자로서 닉슨행정부의 워터게이트사건에 특별검사였던 아치발드·콕스, 노사문제전문가 존·던롭, 그리고 역사학자인 오스카·핸들린 등이 있고 작고한 학자로는 위에 말한 파운드 교수 외에 역사학자 워너·재거, 문학자 아이·리처즈, 신학자 폴·틸리히, 노벨의학상의 존·프랭클린·앤더스, 일본학 대가로서 주일 미국대사를 역임한 에드윈·라이샤워 등이 있다.

이들의 면면을 보면 그야말로 미국이 낳은 세계적 석학이 다 모여있는 듯한 느낌을 지울 수 없다.(한국일보 하버드통신, 1991. 6. 21.)

(19) 모금행사 참관

미국대학의 총학장들은 학교발전을 위한 기금모금에 자기 시간의 대부분을 소비한다. 학교 내에 학교발전과 동창관계업무를 담당하는 부총장 기타 부서가 있고 총학장들은 이들 직원과 함께 기금을 출연할만한 사람이 있으면 출장가서 만나고 설득하고 학교행사에 초청도 한다. 주립이나 사립을 막론하고 대학의 재정이 어려운 만큼 역시 모금을 잘하는 사람이 유능한 총장으로 인정받는 것이 현실이기도 하다.

하버드의 경우에는 한 대학교 내에서도 유수한 단과대학들은 독자적으로 모금활동을 한다. 법대의 경우에도 현재 학장의 취임 전에 장기발전위원회가 교수·동문·학생 등의 참여로 발족되어 3년반 동안 하버드법대가 미국과 국제사회에서 계속 리더십을 발휘하기 위하여 필요하거나 해야할 일이 무엇인지를 수십번 토론하였다. 그들은 현재의 추세로 나가면 1990년대 말부터는 법대가 매년 7백만달러씩 예산 적자에 허덕일 것이라는 보고에 놀랐고, 세계에서 가장 크고 풍부한 법률도서관으로서 현재 소장하고 있는 1백50만권의 서적 중 약 3분의 1가량이 안전하게 보관하기 어려운 형편이 드러났으며 석좌교수도 12명가량 증원할 필요가 있다는 데에 항의하였다.

이에 필요한 기금을 확보하기 위하여 1995년 6월말까지 1억 5천만 달러(약 1천여 억 원)를 모금하기로 결의하고 이를 공식적으로 발족하는 거창한 행사를 참가자의 비용부담으로 6월 중순의 주말에 이틀간 학교에서 개최한 바 있다.

유서깊은 랭델도서관 4층 열람실을 치워 임시로 에어컨을 가설하고 유명한 졸업생의 초상화와 유품을 실내주위에 진열한데다가 조명을 맞추어 놓음으로써 장중한 분위기 속에서 공식만찬을 가졌다. 법대학장이 특별히 작곡한 음악을 법률도서관장이 트럼펫으로 연주했고, 실내악이 연주되는 속에서 금년 9순이 된 그리스월드 전임학장 등 몇분 동문들의 회고담과 슬라이드 감상, 저녁에는 랭델도서관앞 잔디밭에 가설한 텐트무대 속에서 각국 음식으로 장만한 뷔페와 덴스파티가 늦게까지 계속되었다.

실제 모금활동은 작년부터 추진되어서 현재 목표액의 3분의 1에 육박하는 4천8백80만 달러가 이미 약속되었고, 그중에서 3백만 달러를 기부한 일본 노무라증권의 대표, 약 1백만 달러를 기부한 대만의 학부형, 사우디의 석유장관 등 외국 동문 외에 미국 전현직 상하원의원, 기업인, 법조인들이 8백여 명 참석하여 성황을 이루었다.(한국일보 하버드통신, 1991. 6. 28.)

(20) 한국系 학생들의 고민

요즘 미국의 우리 교포사회에서는 큰 불만이 한가지 있다. 본국의 TV연속극이나 소설 등 작품의 경우에 왜 미국교포를 등장시켜서 갖가지 일그러진 모습으로 묘사하느냐는 것이다. 또 다른 한편으로는 본국에서 대학입시에 실패한 젊은이들과 단체관광객들이 몰려와서 웬 돈을 그렇게 많이 쓰고 과소비와 사치를 하느냐는 걱정도 많다. 며느리를 고를 때는 낭비와 사치를 보고 배운 한국아가씨보다는 노동의 신성함과 돈의 귀함을 체득하고 합리적 사고방식을 가진 미국교포 아가씨를 맞이하겠다고 우스갯소리를 하는 사람도 보았다.

그런데 하버드대학에는 교포의 자제와 한국유학생을 합치면 법대의 50명을 비롯하여 학부와 대학원을 통틀어서 한국계가 가장 많다. 매년 1만여 명의 입학지원자 중에서 가장 흔한 성은 스미스나 존스가 아니라 김씨라는 것도 이미 잘 알려진 사실이다. 이들은 대부분 고등학교나 대학을 수석졸업하고 하버드에 온 학생들이어서인지 서울법대학생들에 못지않게 우수한 것이 양쪽을 모두 가르쳐본 결과 받은 인상이다.

다만 이곳의 학생들은 자유토론 속에서 창의를 개발하여 학습하는 훈련이 되어있음에 반하여 한국학생들은 주입식 강의를 받고 그 결과를 주로 암기한 다음 이를 나중에 활용하는 편이라고나 할까. 아무튼 하버드 캠퍼스에서 자주 마주치는 한국학생들은 공부도 열심히 할뿐 아니라 금년 법대를 3년 최우등으로 졸업한 학생도 교포자제이다. 그러나 이들은 고민도 많다. 우선 한국에 관심이 많아서 한국에 관한 연구과제를 정한 경우에도 너무나 막연하여 어디서부터 어떻게 시작하여야할지 방황하는 경우가 있다.

뿐만 아니라 나는 누구인가 하는 물음에서 본인이 과연 한국인인지, 미국인인지 항상 자신의 정체에 관한 위기감이 있다. 학교를 졸업한 뒤에도 어느 대학원에 갈 것인지, 아니면 장래계획과 관련하여 한국사회로의 진출가능성, 그리고 그렇게 했을 경우에 미국사회진출의 경우와 비교하여 확신이 서지 않는 표정이다. 이와 같은 개인적 진로에 대한 고민은 미국인 지도교수와도 상담할 수 없는 만큼 심각한 경우도 많다. 학생들과의 상담에 무척 많은 시간을 보내면서 이 영재들의 나아갈 길을 시원히 밝혀주고 이와 같이 우수한 인력자원을 잘 활용할 수 있는 거시적이고 종합적 방안을 모색할 필요성을 절실히 느꼈다. (한국일보 하버드통신, 1991. 7. 5.)

(21) 공무원 해외연수

선진국의 학문과 문물을 배우고자 젊었을 때에 유학을 가거나 중년이 된 후에도 다시 한 번 머리를 재충전하기 위해 외국에 나가는 것은 바람직한 일이다. 또한 정부도 공부원해외파견계획을 세우고 많은 예산을 들여서 젊은 판검사 등과 행정부 사무관들은 물론 국장급의 상위직 공무원들까지도 매년 외국에 보낸다.

이와 같은 인력훈련 정책의 장점이나 해당공무원이 얻게 되는 혜택은 다시 말할 필요도 없으려니와 나라형편이 허락하는 한 이 같은 프로그램은 점차 강화해 나가야 할 것이다. 그런데 이곳 하버드대학이나 미국동부 유명대학으로 쇄도하는 각종 입학지원 신청을 심사, 상담 또는 전화문의를 받는 과정에서 몇 가지 느낀 점이 있다.

첫째, 젊고 야심많은 판검사 사무관 등에게 석박사 학위취득을 강요하며 얽어맬 필요가 없다. 본인의 희망에 따라서 원하는 사람만 학위과정을 이수하도록 하고 그 외에는 본인의 근무경험에 비추어 꼭 알고싶은 선진국의 제도나 배울 점을 자유로이 비교연구할 수 있도록 유도함이 바람직할 것이다.

둘째, 국장급 연수계획의 필요성도 두말할 나위가 없으나 이 제도가 처음에는 위로출장을 보내는 방향으로 운영되는 듯 하더니 요즘에는 완전히 고급공무원 인사적체 해소를 위하여 해외에 국장급 자리를 증원한 것과 다름없이 되어 버렸다.

일단 선발되고 나면 그 사람의 전공과 희망과 직무경험에 비추어 적절한 대학이나 연구기관 등에 가서 배울 수 있도록 연결해주는 서비스나 제도적 장치는 없고 오히려 정기인사이동에 지장이 없도록 빨리 출국하라고 재촉을 해대니 당사자들은 무조건 출국하여 얼마 동안 국제 고아처럼 정처없이 떠돌아다니게 되고 만다.

또한 어느 대학이나 연구소에 자리를 잡게 되어도 그곳의 학기나 회계연도의 중간에 끼어들어서 그들이 진행하는 전체적 프로그램에 처음부터 참여하지 못하고 혼선과 낭비를 겪기도 한다. 요컨대 인력을 선발하여 출국할 때까지의 초기단계에서는 어느 곳에 가서 무엇을 할 것인지 명확한 소개와 도움을 주어 준비하도록 하고 귀국 후에는 이 같은 귀한 인력을 잘 활용할 수 있도록 관리하는 방안이 조속히 마련돼야 할 것이다.(한국일보 하버드통신, 1991. 7. 19.)

(22) 활발한 토론 · 강연

우리나라는 토론의 문화가 없다고 한다. 이는 옛날부터 수직적 구조에서 화합을 추구하는 유교문화의 영향 때문이라고도 하고, 광복 후 주입식 교육일변도 현상으로 말미암아 질의토론보다 암기를 위주로 한 학습결과라고도 하며 심지어는 군사혁명 이후 극심한 정보정치 때문에 입조심하느라고 토론과 비판의 전통이 사라져버렸다고 하는 등 저마다 원인분석이 다양하다.

그 이유야 어디에 있든지간에 하버드대학에서 수업중 학생을 접해보면 교포자제들은 자기나름대로의 생각을 거리낌 없이 발표하고 질문도 대단히 많다. 그러나 옆좌석에 앉아 있는 본국 유학생들은 대조적으로 조용하고 묻는 말에나 간단히 대답한다. 강연의 경우에도 사정은 비슷하다. 사실 하버드대학의 좋은 점은 분야별로 이름있는 학자나 저명인사들을 힘써 초청하여 강연이나 쎄미나를 끊임없이 개최하는 그 지적 풍부함과 지성적 분위기에 있다고 하겠다.

하버드법대의 경우 지난 1학기 동안 동아시아법률연구소의 강연일정을 훑어보면 일본과 중국에 관한 강연은 제목도 다양하고 연사도 참으로 그 층이 두터워서 부럽기 한량없으나 한국에 관하여는 필자가 한 차례 한·미통상관계에서 우리의 입장을 옹호하는 강연을 한 것 이외에는 단 한번도 없어서 대단한 고독감과 무력감을 느낄 수밖에 없었다.

또한 미국에서도 한국법에 대한 연구자가 거의 없어서인지 금년 전반기 몇 달동안에 미국전국에 걸쳐 10차례 이상 한국과 한국법에 관한 강연여행을 다닐 수밖에 없었다. 강연의 형식은 중요하지 아니하다. 공고를 보고 관심있는 사람은 교수나 학생을 막론하고 샌드위치 점심을 들고 와서 탁자주위에 둘러앉는다. 먹으면서 듣고 적고 질문과 토론을 벌이고 좀더 깊이 알고 싶은 것이 있으면 따로 만나서 더 이야기하고 전문가와 연결시켜줄 수도 있다.

우리나라의 국제적 지위가 향상된데 비례하여 저들이 알고 싶은 것도 많은 만큼 미국대학사회에서 한국을 알리고 이해시키는 노력도 외교활동 못지않게 중요하다. 또한 자주 열리는 토론의 광장에 적극 참여하여 경험을 공유하고 현안문제를 보는 다양한 그들의 시각에 접하는 한국인들 자신의 노력도 필요하다.
(한국일보 하버드통신, 1991. 7. 26.)

(23) 옌칭도서관

한 나라의 학술수준과 문화의 척도는 도서관의 수와 이용도에 의하여 가늠할 수 있다. 동네에 공공도서관 하나 없고 신도시나 새로운 주택단지를 건설하는 경우에도 도서관을 짓는다는 말이 없는 것을 보면 우리나라는 물질적 성장에 비추어 너무나 정신적으로 속빈 강정인 셈이어서 부끄럽기 그지없다.

하버드대학에만 102개의 도서관이 있거니와 한국학을 종합적으로 공부하는 데에 옌칭(燕京)도서관의 존재는 아무리 강조해도 부족하다. 이 도서관은 중국, 일본, 한국을 중심으로 하는 동양학연구를 지원하는 귀중한 기관이다. 옌칭도서관은 소장하고 있는 귀중본들, 남북한자료의 수집활동 및 연구자에 대한 서비스 등의 면에서 두각을 나타내고 있고 매년 옌칭스칼라십에 의하여 한국의 중견학자들이 1년씩 연구할 수 있는 프로그램에 대한 지원도 하고 있다. 국내외를 통하여 오랫동안 못찾던 옛자료를 옌칭도서관에서 발견하고 기뻐하는 학자도 보았고 국내에서 망실된 조상의 옛기록과 족보를 이곳에서 찾고는 눈물을 흘리는 방문객도 보았다.

그러나 이곳에도 어려운 점은 많다. 한국장서는 일본이나 중국의 것에 비하여 너무 비교가 안될 정도로 취약한데 적은 인원과 한정된 예산으로는 이곳이 한국학 연구의 본산이 되기에는 너무나 모자라다. 물론 국내의 학술진흥재단 기타 몇곳에서 한 해에 몇백만 원씩 보조를 받기도 하지만 크게 도움이 된다고 보기 어렵다. 또한 국내의 유수한 도서관들과 안팎으로 교류 및 협조의 체제를 구축하는 일도 이해부족, 무관심 기타 관료주의 등의 이유로 잘 이루어지지 못하는 수가 많다. 이제 우리는 도서관의 중요성을 잘 인식하여 미국내 한국학 연구센터로서 옌칭도서관을 육성하는데 물심양면의 지원을 아끼지 말아야할 때가 되었다고 생각한다.(한국일보 하버드통신, 1991. 8. 2.)

(24) 敎授의 대우

대학교수에 대한 봉급 기타 대우가 충분치 못하다는 불평은 우리나라에서도 오래전부터 있어왔다. 한달 용돈이나 될까말까 했던 봉급수준이 그나마 대폭적으로 개선된 것은 유신선포 다음해였던 것으로 기억된다. 그 이후 꾸준히 공무원보수 인상률에 따라 인상되면서 연구수당이 추가되는 형식으로 오늘에 이르렀다. 아무 잡념없이 한창 연구와 교수활동이 왕성해야 할 젊은 교수에 대한 월급봉투가 너무 얄팍하고 장년층 이상의 중진·원로교수의 보수는 다소 많다고 하더라도 자녀교육이나 인륜대사를 감당하기 어렵다. 교수에 대한 경제적 대우는 물론 사회적 존경도는 독일이 가장 앞서간다는 것은 누구나 다 아는 일이다. 그러면 하버드대학의 경우는 어떠한가. 우선 인문사회계의 보수수준은 대단히 낮고 법과나 경영과 등 전문대학원의 교수들이 훨씬 더 높은 봉급을 받는다. 그러나 이들의 보수마저도 실무계에 진출한 제자의 초봉보다도 비교가 안되게 적다. 가령 하버드법대를 졸업한 학생이 뉴욕시내의 법률사무소에 취직하면 8 내지 9만 달러 정도의 연봉을 받는다.

대도시의 높은 물가와 주택비 출퇴근비 등을 감안하면 빠듯한 액수인데 우수한 학생이 법대의 교직에 남는 경우에는 이와 비교가 되지 아니한다. 물론 봉급수준은 철저히 개인별로 학교당국과 협상하여 결정되고 비밀이 유지되는 법이지만 대개 5-6만 달러선에서 낙착되고 오래 근무한 교수의 경우에도 10만 달러가 조금 넘는 정도이다.

절대액수로서는 많아보이지만 연방세, 주세, 시세, 사회보장 부담금 등을 공제한 다음 은행융자를 얻어서 구입한 주택과 자동차에 대한 월부금을 꼬박꼬박 갚고 나면 마음놓고 외식한번 하기가 쉽지 않은 형편이 된다. 물론 저서가 잘 팔려서 부수입이 생기는 경우도 있으나 이는 아주 드문 경우이고 글을 써서 게재하였다고 하여 원고료를 지급받는 경우도 별로 없다. 오히려 게재료를 집필자가 납부해야하는 경우도 많다. 외부자문을 하여 많은 수입을 올리는 법대 교수들도 있으나 이것도 극소수이고, 교수의 이 같은 활동에도 1주에 몇 시간 이하라고 하는 한도가 설정되어 있을 뿐만 아니라 학문연구라는 본래적 업무가 희생되는 것은 바람직하지도 않다.

학생들을 가르치는 동안 교수가 되고 싶어하는 우수한 젊은이를 찾아보고자 노력하였으나 모두들 사양하는 것은 이와 같이 너무 낮은 보수수준과도 무관하지 않으리라는 생각을 떨쳐버릴 수가 없었다.(한국일보 하버드통신, 1991. 8. 9.)

(25) 강의와 시험

대형강의실에 들어가보면 반원형 계단식으로 배치된 좌석에 갖가지 피부색의 남녀학생들이 다리를 꼬고 앉아있다. 커피나 콜라를 마시는 학생, 음식을 우물우물 먹는 학생, 애완용 동물을 껴안고 있는 학생 등 가지각색이다. 일일이 출석 부르는 시간낭비를 절약하기 위하여 미리 작성되고 사진이 붙은 좌석배치표에 따라 빈자리만 체크하고는 강의가 시작된다. 학생들은 학기 초에 배부한 강의요목에 따라 그날의 수업범위와 내용을 잘 알고있고 이미 예습도 해온 터이나 교수가 발표할 학생을 지명하고자 한번 둘러보는 순간 실내에는 전류가 흐르듯 긴장이 감돌게 된다.

영미법은 판례들이 쌓여서 형성된 법체계인만큼 학생들은 주로 중요한 판례의 사실관계와 법원이 그와 같은 결론으로 이끌어간 이유가 무엇인지 발표하도록 지명을 받지만 교수가 계속하여 원고의 입장은 무엇이고 피고의 주장이 어떻게 다른지, 판결에 나타난 소수의견은 어떤 것인지, 판결에서 내린 결론과 다르게 생각할 수는 없는지 질문을 퍼부어대면 얼어버리는 수가 많다. 그러나 교수들은 외국 유학생들을 여간해서 지명하지 아니한다. 언어의 장벽을 고려하고 시간 낭비를 방지하자는 뜻이 아닌가 한다. 논점이 대체로 부각된 연후에는 교수가 논리전개의 가닥을 추려주고 적절한 논평을 한다. 이 단계에서 학생들은 교수의 강의도중에도 스스럼없이 질문을 한다. 이러한 과정을 통하여 학생들은 사실관계를 분석하는 능력과 자기주장의 논리를 세우는 훈련을 쌓아간다. 따라서 우리와는 달리 시험을 보는 경우에도 교수의 강의나 교과서의 내용을 암기하였다가 그대로 답안지를 메우는 암기력 테스트가 아니다. 대개 주어진 3-4시간 동안 책과 노트를 보아도 좋도록 허용하는만큼 무엇을 꼭 외울 필요성도 거의 없다. 또 과목에 따라서는 그동안 배운 책의 분량이 2천 페이지에 육박하는 경우도 있으므로 학생들이 이를 모두 암기하는 것은 불가능하기도 하다. 시험을 부과하고 채점하는 교수도 판사의 판결처럼 유일한 정답을 요구하는 것은 아니므로 복잡한 사안을 분석하고 만일 자기가 그 사안에서 어느 한쪽 당사자의 대리인이라면 어떤 논리로서 주장을 전개하여 법원을 납득시킬 것인지 그 과정과 이유를 잘 쓰면 된다. 시험답안지는 표지가 연한 청색인 공책(블루북)인데 대체로 손으로 쓰거나 타지기로 답안을 작성하여 제출한다. 교무과에서는 비밀을 보장하기 위하여 마치 사법시험 답안지를 취급할 때와 같이 수험생의 신분을 감추고 일련번호를 메긴 후 편철하여 담당교수에게 송부한다. 교수가 채점하여 성적일람표를 제출하면 이번에는 교무과에서 학생의 이름과 성적을 공개한 일람표를 다시 담당교수에게 보내면서 혹시 학생에 따라서 성적을 재조정할 필요가 있으면 이를 정정해달라고 요청한다. 백지답안이 제출되는 경우는 거의 없는 만큼 모두들 그 나름대로 성적을 취득하고 F학점을 받는 경우는 없는데 그래서인지 입학은 어렵지만 졸업은 쉽다는 평이 있다.(한국일보 하버드통신, 1991. 8. 16.)

(26) 교수강의 평가제

우리나라에는 군사부(君師父)일체라고 하거나 스승의 그림자를 밟지말라는 옛말과 같이 스승을 공경하도록 가르쳐왔다.

오늘날 사제관계가 땅에 떨어졌다고 우려하는 목소리도 높으나 아직도 비교적 우리 학생들은 자기네들을 가르치는 선생님들에게 경의로써 대하고 훈훈한 인간관계가 성립하기도 한다. 이러한 점에서 사제관계를 기본적으로 기능적 계약적인 관점에서 보는 서양과 다르고 학생을 가르치는 보람을 한국에서 더욱 느낄 수 있다.

하버드대학에서는 학생들이 교수를 평가한다. 학기마다 학기말시험을 치르게 되면 매과목 시험시간을 시작할 때마다 학생간부들이 들어와서 한 학기간 그 과목을 가르친 선생님의 강의내용과 코스에 대한 평가설문서를 배부하고 시험시간 후에 이를 회수해간다. 설문서의 문항은 19개 항목으로서 다섯단계로 등급을 매기도록 짜여있다. 첫째, 담당교수에 관하여 그가 학생들의 관심사에 대하여 주의를 기울이는 정도, 교실 밖에서의 접근 가능성, 주제에 대한 지식, 강의의 명료성과 체계성, 학생질문에 대한 반응 정도, 다른 견해에 대한 포용정도, 가르치는 사람으로서의 총체적 효용성 등을 묻는다. 둘째, 교과내용에 관하여는 주제의 흥미, 난이도, 중요성, 관련성, 기타 총체적 유용성을 따져본다. 셋째, 교재와 숙제 및 공부부담에 관하여는 교재의 체계성, 흥미, 질적 수준, 숙제의 코스와의 관련성, 숙제부담, 코스진행속도 등으로 나누어 평가를 구한다. 넷째, 교수의 가르치는 스타일과 방법에 관하여 일방적 강의인지 문답식인지 학생의 참여를 얼마나 허용하는지 등을 알아보고자 한다. 설문지를 회수한 다음 과목마다 수강학생수, 응답자수 및 코멘트를 한 응답지의 수를 밝히고 항목별로 5등급에 의한 수치를 통계화하며 학생들의 코멘트를 요약하여 종합적 평가를 한다. 이 자료는 매년 두툼한 책자로 간행되어 영구 보존됨과 동시에 누구나 열람가능하도록 공개된다.

교수에 따라서는 이 자료에 나타난 결과에 대하여 전연 신경을 쓰지않는 사람도 있는가 하면 반대로 지나칠 정도로 신경을 쓰거나 학생의 환심을 사려고 하는 듯한 사람도 있다. 또 여기에 나타난 평가가 그 교수의 국내외적 명성이나 실력과 반드시 일치하는 것도 아니다. 그러나 하버드 대학이 저작권을 보유하고 있는 이 책자는 교수자신과 학생과 학교당국 모두에 반성의 기회를 주고 여러 가지 면에서 참고자료로서 활용되고 있다.(한국일보 하버드통신, 1991. 8. 23.)

(27) 예산절감

아무리 국민소득이 1인당 5천 달러가 넘어도 우리에게는 소비보다는 절약이 미덕이다. 개인은 물론이고 정부나 기업이나 학교 등 단체에서는 더군다나 불요불급한 비용지출을 억제하고 낭비를 줄여야 한다.

특히 학교의 경우에 교육과 연구에 사용되는 예산보다 행정지원 부문에 비용지출이 더 많다면 본말이 전도되는 셈이다.

하버드대학의 경우에는 재정담당 부총장의 주관 하에 1979년부터 예산을 절감하고 비용 효과를 높이는 12개년 계획을 꾸준히 추진하여왔다. 한편으로 기금모금에 박차를 가하며 다른 한편으로는 비용절감에 노력하여 상당한 성과를 올렸다.

과거에는 격변하는 80년대의 상황에 부응하기 위하여 대학이 새로운 행정기구를 설치하거나 기존기구의 지출이 증가한 경우가 많아서 하버드의 강점인 전문대학원들의 비용지출보다 늘어나자 이같은 추세를 뒤집기 위하여 전력을 다하여왔다.

그 결과 금년 학기말에 와서는 지난 12년간 각종 전문대학원들의 비용증가가 10.2%에 달했음에 비하여 행정비용은 중앙도서관과 개발처 등을 포함하여 9.1% 증가에 그치는 성과를 올린 덕분에 보건·신학·교육·디자인 대학원 등에 좀 더 많은 기금을 배정할 수 있게 되었다. 또한 금년 7월부터는 행정기구들의 씀씀이 증가가 대학이 예측한 인프레율을 넘지 않도록 목표가 정해졌다.

이에 따라 시설관리, 식당, 교수회관, 대학부동산 등 서비스 분야에서 기구통폐합, 시설장비구입 개선, 전화 등 통신시스템의 개선, 시간외 수당을 줄이는 통합근무일정짜기, 계절적 서비스의 외부용역발주, 각종 간행물 통폐합, 여행일정과 여비지급방법개선, 정보처리기술활용으로 인한 지연과 중복제거, 에너지절약, 도서 구매방식개선 등을 통하여 획기적 비용절감의 효과를 거두고 있다. 뿐만 아니라 대학내부의 전문교수와 외부 자문기관의 도움으로 끊임없이 비용절감이 가능한 항목을 찾아내고 있다. 또한 놀라운 것은 절감된 행정비용이 각 단과대학이나 연구소의 교육연구에 재투자될 가능성 때문인지 이 같은 비용절감계획에 교직원과 학생들이 적극적으로 참여하여 아이디어가 백출한다는 점이다.

자기네의 예산을 줄이는 데에 좋아할 사람이 없겠지만 위에서부터 일률적으로 몇 %를 깎아야 된다는 획일적 지시가 없음에도 불구하고 비교적 호응도가 높은 점에 깊은 인상을 받은 바 있다.(한국일보 하버드통신, 1991. 8. 30.)

(28) 볼룸댄스 熱氣

근년에 외국여행을 다니면서 공식행사에 참석할 기회가 있을 때마다 달라진 모습을 한 가지 볼 수 있었다. 만찬에 초대시에 새삼스럽게 턱시도를 입고 오도록 요구하고 만찬 후에 음악과 춤으로 이어지는 경우에도 볼룸댄스가 주류를 이루는 것이 바로 그것이다. 하버드와 같이 자유분방하고 진보적 분위기 속에서 옷차림이나 기타 격식에 얽매이지 않는 대학에서도 학생들에게 디스코류의 춤 대신에 월츠, 차차, 퀵스텝, 폭스트롯트, 탱고와 같은 무도회 스타일이 급속하게 인기를 모으고 있다. 학부학생들은 작년에 비로소 볼룸댄싱클럽을 조직했으면서도 뉴잉글랜드 선수권대회에 출전하여 2등상을 획득할 만큼 열심이다. 하버드나 MIT가 이 같은 댄싱강좌를 개설하면 순식간에 백 명 이상 신청이 쇄도하여 연습실이 넘치고 매일 2시간씩 주당 5일씩 연습을 마다하지 않는다.

영화에 나오는 옛날 궁정무도회와 분위기는 다르지만 옛날의 낭만과 추억을 회상하면서 참가하는 노장세대가 무도회장의 복고풍을 더해주는가 하면 요즘 새로 배우는 젊은이들은 몸짓이나 스텝을 창조적으로 변형시켜가면서 밤새도록 즐긴다. 그리하여 노장청(老壯靑)간에 세대 간격을 극복해주는 구실을 톡톡히 해내는 것으로 평가된다. 일부 학생들은 공부부담에서 해방되어 스트레스 해소를 위한 레크리에이션으로 생각하기도 하고 또 어떤 학생들은 이를 스포츠로 생각한 나머지 1996년 올림픽에서 정식 종목으로 채택될 것에 대비한 준비를 하기도 한다. 이 같은 학생들의 새로운 열기에 부응하여 던스터 하우스나 더들리 하우스와 같은 일부 생활공동체에서는 볼룸 댄스클럽을 조직하고 교습과정과 무도회를 개최하기도 하며 퓨시 도서관에서는 자료와 사진 등에 관한 전시회를 개최하기도 하였다.

월남전에 반대하던 성난 젊은이들과 히피세대들의 반항을 경험했던 사람들에게 정치적 보수성향의 등장과 발맞추어 부활되는 볼룸댄싱의 인기는 금석지감을 느끼게 할 것이다. 정녕 복고풍이 앞으로 한 세대를 풍미할 것인가.(한국일보 하버드통신, 1991. 9. 6.)

(29) 교수초빙 조건

교수를 새로 채용하는 것이 그리 쉬운 일이 아닌 것만은 우리나라 대학이나 외국의 경우나 마찬가지인듯 하다.

하버드법대의 경우에 과거 몇 년간 진보적인 비판법학파와 그 외의 보수적 성향을 가진 교수들간의 의견대립으로 교수의 신규채용 기타 인사문제에 어려움을 겪어온 것은 상당히 알려진 사실이다. 이 같은 어려움을 극복하기 위하여 최근 몇년간은 다른 대학의 교수를 한 학기나 1년간 방문교수(Visiting Professor)로 초빙하여 가르치게 한 다음 평판이 좋으면 영구적으로 주저앉게 하는 방법을 통하여 교수를 확보하여왔다. 그러한 경우에도 막상 교섭을 하다보면 대체로 두 가지 난제에 봉착하게 된다. 우리처럼 자녀교육상 서울을 떠날 수 없다든가 하는 이유가 아니라 배우자의 직장문제를 어떻게 해결할 것인가와 주택확보를 위하여 대학당국으로부터 어떤 혜택을 받을 수 있는가가 초점이다. 대체로 맞벌이 부부인만큼 남편이 다른 곳에서 하버드로 직장을 옮기면 부인도 대학 내에 비슷한 자리를 구해서 같이 따라올 수 있는지, 아니면 부인이 본래의 직장에서 연구계획이나 기타 프로그램에 몇 년에 걸쳐 협동근무하기로 약속을 한 경우 이를 정리할 때까지 기간을 유예해줄 수 있는지의 여부 등이 주로 문제가 된다. 주택매수도 하버드가 보유한 주택을 특별히 교섭한 조건에 따라 임차 또는 매입할 수 있는지, 일반주택을 학교의 도움이나 융자를 받아 매입할 수 있는지 등등 아주 세밀한 사항까지 끈질기게 협상을 벌인다. 켐브리지 부근의 주택사정이 나쁘고 집값도 아주 높은만큼 주택을 조금이라도 학교의 도움을 받아 주택을 얻은 경우, 대학에서 정년퇴직을 하기 전에 퇴임을 하는 때에는 대학당국이 우선매수권을 행사할 수 있으므로 주택매매를 통한 과도한 양도소득을 취할 수 없게 되어 있다.(한국일보 하버드통신, 1991. 9. 13.)

(30) 캠퍼스 防犯

캠퍼스면적이 넓고 학교규모가 크면 대학이 학생들의 안전·시설보호·교통질서 등 크고 작은 경비와 질서유지업무에 신경을 많이 쓰게 된다. 과거에는 경비업무자 몇 사람이 담당하던 일이 이제는 교내 차량통행문제 한 가지만 해도 주차질서, 교통정리와 사고처리 등 아주 복잡해졌다. 뿐만 아니라 교내에서의 폭력, 성폭행, 시설손괴 등 점차 심각한 사고가 빈발하자 일부 대학에서는 학생들 스스로가 규찰대를 조직하여 야간순찰을 한다는 소식도 있다.

하버드를 비롯한 미국의 큰 대학에는 캠퍼스 폴리스가 있다. 일반 경찰과 거의 유사한 유니폼에 권총을 차고 경찰차를 몰면서 순찰을 하지만 이들은 정부의 정규경찰관으로서 대학에 파견된 사람이 아니고 많은 경우에 대학교 소속이다. 경찰에서 퇴직하여 연금을 받으면서 대학경찰에 다시 취직한 나이지긋한 자도 있고 무술과 사격에 능한 사람이 많은데 이들은 정부의 경찰당국과 일정한 업무협정 하에 기초적 질서유지를 위하여 필요한 한도 내에서 총기휴대, 현행범연행, 현장조사 등을 수행할 권한을 위임받아 캠퍼스 내에서 발생하는 살인, 강간, 강절도 등의 범죄에 일차적으로 대처한다. 대부분 학생들은 대학경찰을 주로 주차위반시에 티켓이나 발부하는 원망스러운 존재로 생각하기 쉬우나 이들은 기본적으로 규제적이고 억압적이기보다는 보호와 도움을 주는 고마운 사람들이다. 24시간 근무하면서 임시주차증도 즉시 발급해주고 각종 긴급구조 활동도 신속하게 펴며 밤늦게 도서관에서 나온 여학생이 무서워하면 아무리 멀어도 집에까지 호송하기도 한다.

우리의 대학들도 이제는 수위 몇 명이 이 같은 경찰임무를 해낼 수 있는 단계는 지났을 뿐만 아니라 학생규찰대를 가동한다고 하더라도 그 자체가 문제점이 많은만큼 대학경찰의 창설을 고려해야할 때가 되지 않았을까.(한국일보 하버드통신, 1991. 10. 4.)

(31) 각종 교수수당

우리나라에서는 교수의 경우를 포함하여 일반적으로 보수체계가 복잡하여 본봉 외에 그보다 더 많은 여러 개의 수당이 주렁주렁 추가되어 있다. 반면 공제항목은 간단해서 소득세 외에 의료보험부담금과 연금기여금 등이 있을 뿐이다. 그런데 하버드대 교수의 보수구조는 아주 간단하여 이른바 총액임금적 체계를 갖고 있는 반면 공제항목이 복잡한 반대형태를 취하고 있다. 우선 소득세만 해도 연방, 주 및 시에서 각각 공제하고 기타 여러가지 사회보장적 분담금과 심지어 주차장 사용료까지 매달 뗀다. 그런데 하버드 법대의 경우 월급 외에 매학기 초마다 각 교수가 그 학기 중 사용할 수 있는 각종 수당의 한도액이 통보된다. 가장 큰 액수는 연구활동비이다. 이는 주로 교수가 연구활동의 보조를 위하여 개인적으로 임시고용하는 학생들에게 시간당 7불 50전씩 계산하여 지급하는 데에 주로 쓰인다. 그 외에도 도서구입비, 접대비, 기타 잡비 등의 항목으로 나뉘어 수당이 책정되어 있다. 접대비는 주로 방문객이나 초청연사의 식사대접, 학생들과의 간단한 다과회 등에 지출되는데 교수클럽의 청구서나 외부식당의 영수증을 첨부하여 정산한다. 이 경우 각 교수들에게는 교수클럽을 드나들 수 있는 카드가 부여되고 교수가 접대비를 직접 대학에 청구할 수 있는 대학 고유의 회계번호가 주어지므로 이 같은 방식을 이용하면 정산절차도 간단하고 비정상적 지출관행도 방지될 수 있다. 어느 경우든지 한번도 현금지급이 개입되는 일이 없고 컴퓨터에 기록되어 전체지출이 일목요연하게 드러난다. 항목유용은 합리적인 범위 내에서 허용되지만 학기말까지 정해진 한도액을 모두 사용하지 못하면 잔액은 학교에 반환된다.

교수의 입장에서 보면 하버드대학의 도서구입이 극히 신속하고 철저하여

도서구입비항목의 지출은 별문제가 없으나 접대비와 연구활동비는 활동이 많은 교수의 경우에 다소 부족한 때도 있다. 그러나 우수한 학생을 개인적으로 계약하여 학기당 500시간 이상의 연구보조를 받을 수 있는 일방 행정적 업무를 능률적으로 처리해주는 학교비서가 있으므로 교수 자신의 연구의욕이 왕성하면 대단히 생산적인 업적을 낼 수 있다.(한국일보 하버드통신)

(32) 티칭 펠로우

대학의 사명이 기본적으로 학생을 가르치고, 연구를 하는 것임은 아무도 이의를 달지 않을 것이다. 좋은 학생을 받아서 훌륭하게 가르쳐내는 것은 즐겁고 보람있는 일일 뿐만 아니라 대학의 연구업적은 학문발전과 과학기술의 진보의 기초가 된다. 따라서 이 두 가지 임무 중 어느 것이 더 중요하다고 주장하는 것은 불필요한 것 같은데, 미국대학의 경우에는 연구에 더 중점이 두어지고 학생교육을 그만큼 게을리한다는 비난이 항상 있다. 즉 강의실에서 교수가 앞자리에 서서 일방적으로 설명하면 학생은 수동적으로 받아들이는 식의 수업이 이루어져서 활발한 토론이나 새로운 아이디어가 제기될 기회가 없다는 것이다.

하버드대학의 경우에도 오랜 세월동안 사정은 비슷한 지 지난 6월말 퇴임한 데릭 복 총장도 학생교육의 개선을 여러 차례 주장하면서 댄포드연구소에 연구비를 지원하여 개선방안을 모색한 바 있다.

하버드에서는 석좌교수, 종신직교수, 신분보장이 안된 주니어교수, 각 하우스의 튜터, 외부에서 일정기간 동안 초빙해온 교수, 그리고 일반 강사들이 학생교육에 있어서의 파트너쉽을 형성하여 가르침을 통한 탁월성 추구에 노력하고 있다. 그런데 학부과정의 기초교육에서 가장 긴요한 존재는 뭐니뭐니해도 티칭 펠로우들이라고 할 수 있다. 전면에 잘 나타나지는 아니하나 대규모 강의에는 그들의 보조가 강의의 효율성을 높혀 주고 있다. 이들은 훈련중의 학자이거나 교수가 고용한 대학원생들로서 큰 강의를 분반하여 지도하고 토론을 유도하며 답안지를 채점하기도 한다. 한 교수가 대략 6명 이상 또는 20명 가량의 티칭 펠로우를 선임 감독하는데 이들은 전체가 한 팀이 되어 격의없이 새로운 아이디어를 교환하고 교수방법을 상호비판하며 심지어는 새로 부임하여 학교시스템에 생소한 신임교수들의 길잡이 노릇도 한다.

많은 교수들은 이들과의 만남을 정례화하여 코스내용, 교재편찬 등에 관하여 토론을 하기도 하고 강의를 새로운 아이디어의 실험장으로 생각하고, 될수록 많은 피드백을 얻어내려고 한다. 따라서 학문간 협동연구가 가능하도록 교수가 각 분야에서 신중하게 선발한 이 우수한 젊은이들은 교수의 리더쉽하에 상호존경과 협동을 통하여 장차 교수로서의 훈련을 쌓으면서 중요한 연구업적에 참여하게 된다. 대학원생의 4분의 1이 외국인인 실정에 비추어 외국학생의 경우에는 영어실력을 검정하여 선발하기도 하는데 각 분야에서 여러 명의 한국학생들이 티칭 펠로우로서 활약하고 있음은 흐뭇한 일이다.(한국일보 하버드통신)

(33) 韓國學의 寶庫(Eastern Intellectual Establishment for Koreanology)여! 영원하라, 하버드 옌칭도서관 한국섹션 50주년 기념 기고

1970년대 이래로 미국의 법과대학에서 中國法과 日本法에 관한 강의와 연구는 그지없이 활발하고 본국의 지원도 강력한데, 韓國學의 경우는 미국에서 아무도 관심조차 없는 사실에 충격을 받은 일이 기억에 새롭다. 그런 가운데에서도 미국 로스쿨에서 한국법 강의를 개설하기 위하여 동분서주하는 가운데 하버드대학에 옌칭도서관(燕京圖書館)이 있고 그 곳에는 한국섹션이 따로 있어서 우리나라의 각종 도서와 귀중한 옛 자료가 체계적으로 수집·활용되고 있다는 것을 알고 무척 고무된 바 있다. 그러나 이 곳을 내가 처음 찾은 것은 1978년 가을이었다. 아담한 2층 건물의 지하로 내려가서 복잡한 미로를 지나야 한국도서 컬렉션에 접하게 되는 것은 그리 기분 좋은 일은 아니었으나, 김성하 선생님께 인사드리게 되었고 백린 선생님도 알게 되었다. 이 분들은 철저한 사명감을 가지고 미국 땅에서 제일가는 규모의 한국도서를 수집하면서 이를 미국은 물론 전세계의 한국학 연구자에게 제공하는 일에 열심이었다. 또한 매년 옌칭스칼라들이 새로 도착하면 심지어 이들이 집을 구하고 정착을 하는 데까지도 친절하게 도와주는 분들이었다. 요컨대 옌칭도서관의 한국섹션에 근무하는 분들은 모두 한국에서 오는 방문자나 학자들에게 토탈 서비스를 제공하고 길잡이 노릇을 하는 고마운 분들이었고 한국섹션은 한국학자의 모임장소인 동시에 한국학의 요람 그 자체였다. 그 옛날 한국소식을 알기 어려운 때 옌칭도서관에 오면 각종 한국의 신문과 잡지를 마음대로 볼 수 있는 것은 물론 가족들은 小說類를 빌려다 보기도 하였다. 따라서 이곳에 들어서면 외국생활의 스트레스를 잊을 수 있고 미국 속에 형성된 知性的 韓國村을 방문하는 기분이었다. 그래서 나는 이곳을 항상 Eastern Intellectual Establishment for Koreanology의 중심으로 생각하여왔다. 그러나 나는 하버드 법대에서 강의를 하는 교수의 입장이어서 강의 및 연구와 학생상담도 시간적으로 큰 부담이 되고, 도서관도 하버드법대를 주로 이용했기에 처음에는 별로 긴밀한 접촉은 없었다. 그런데 하버드법대에서 한국법에 관한 강의를 할수록 한국자료에 의존하는 경우가 많이 생겨났고, 특히 학교의 요청으로 朝鮮朝時代의 法制史나 法思想을 가르치는 경우에는 옛날의 典籍을 참고할 필요가 있는 경우가 적지 아니하였다. 또한, 現代 韓國의 法과 社會를 가르치는 경우에는 법률자료 이외에 각종 최신의 경제사회정보 및 통계수치가 당장 필요하였다. 평소에 한국자료의 부족함을 통감해온 입장에서는 항상 영문자료를 원했고, 할 수 없는 경우에는 한국어자료를 찾게 되는데 옌칭도서관은 참으로 이러한 고민을 실질적으로 해결해준 寶庫였다. 더군다나 돌아가신 金聖河 선생님을 뒤이어 1990년에 책임자로 부임하신 尹忠男 선생은 한국법 강의에 필요한 책과 자료를 언급하면 한국에서 구입하여서라도 참으로 신속하게 공급해주어서 얼마나 편리하고 가르치는데 도움이 되었는지 모른다. 윤충남 선생은 한국의 名人인 孤山 尹善道선생의 宗孫이고 서울대 정치학과 출신으로 수십 년 친구이지만 30여년 전 그가 渡美한 후 한동안 소식이 없다가 하버드에서 다시 만나게 되어 참으로 반가웠다. 그가 그처럼 헌신적인 서비스를 해준 덕택에 하버드법대에서 강의를 개설할 때마다 욕심을 낼 수가 있었다. 또한, 옌칭으로 방문하여 오신 국내 人文社會科學分野의 碩學들을 연결시켜 법대의 강의에 초청할 수 있도록 배려하여 주었다. 뿐만 아니라 옌칭도서관과 하버드법대 도서관의 한국자료를 비교·대조하여 상호간의 중복된 장서를 교통정리하는 용단을 내리기도 하였고, 법대도서관에 계속 들어오는 大韓民國法令集 追錄이 산더미처럼 방치되어 이용하기 어렵게 된 것을 모두 加除하는데 결정적으로 도움을 준 일도 있다. 하버드대학은 100개가 넘는 자체 도서관을 가지고 있고 이들이 각자 분권적 운영을 하고 있으므로 한국학이나 한국법에 관한 자료가 散在해 있다. 윤선생은 한국자료의 구심점으로 우뚝 서있다. 그리하여 윤선생은 내가 정기적으로 하버드법대에서 강의를 하고 있으므로 한국법 강좌의 성공적 운영을 위하여 내가 필요한 자료들을 집중배치하는 등 여러 가지로 望外의 도움을 준 분이다. 하버드 법대처럼 강의의 구성과 내용 등이 곧바로 평가를 받는 긴장된 분위기에서 옌칭도서관의 존재가 없었다면 나의 강의나 특강 등은 계속될 수 없었을 것이다. 그런데 나는 그가 옌칭도서관의 한국책임자로서 하버드대학 내에서 그 입지를 강화할 수 있도록 모금 기타 모든 면에서 도와준 것이 없어서 미안할 따름이다. 사실 日本이나 中國섹션의 경우에는 본국의 독지가와 학자 또는 재단이나 출판사들이 상당한 기부와 지원을 계속하여 수십 개의 기금과 많은 예산을 토대로 그들의 발언권을 강화하고 있다. 그러나 한국의 경우 이곳을 수시로 방문하여 도움을 받거나 직원들의 시간을 뺏는 각종 한국인 방문자의 수는 엄청나지만 극소수의 뜻있는 재단이나 출판사 등의 도움으로 겨우 현상을 유지하는 실정이라고 해야 할 것이다.

하버드대학교의 옌칭도서관 내 한국섹션은 韓國의 古今의 資料를 收藏하고 있는 세계에서 가장 크고 다양한 컬렉션을 가지고 있는 곳이다. 반세기의 세월동안 10만 권이 훨씬 넘는 엄청난 장서를 모아 韓國學硏究를 支援하는 世界의 中心處가 되었다. 그동안 이 곳을 무대로 한국학에 관한 중요한 업적도 많이 생산되었고, 많은 한국의 학자들이 펠로우쉽을 받아 이곳에 와서 자기분야에 대한 기여는 물론 미국에 한국학을 발효시키는 귀중한 역할을 한 産室이기도 하다. 전세계에서 한국학 연구자가 이곳으로 몰려드는 것은 물론 일찍부터 북한의 자료도 꾸준히 수집하고 있으므로 미국을 방문한 북한의 관리나 학자들도 이곳을 찾아오는 것을 보았다. 나는 기회가 있을 때마다 다른 나라 학자들에게 이 곳을 자랑삼아 소개하곤 한다.

한국섹션의 50주년을 진심으로 축하하고 앞으로 하버드대학교와 함께 무궁한 발전이 있기를 기원한다.(2000. 12. 21.)

Ⅱ. 좌담 및 대담

1. 매경포럼: 개방시대의 국가경영 — 개방시대의 법, 제도 그리고 의식 —*

세계화논의는 1989. 秋 동구사회주의경제몰락으로부터 본격화.

과거: 종래에는 법의 역할이 국경을 넘지 못한다는 관념, 즉 법은 집권자의 통치수단, 각개 민족이나 국가간의 윤리도덕 규범에 기초하여 성립하고 타당성보유, 즉 법의 비보편성 내지 국경에 따른 한계.

변화하는 현상인식: 1) 사회주의체제 몰락으로 세계가 시장경제체제로 통일되어 전 지구경제의 시장경제화; 2) 교통통신정보기술의 발달로 지구촌화되어 여러가지 지역적 차이점과 한계극복가능. 따라서 새로운 공통성있고 보편성을 갖춘 국제규범형성과 그에 따른 국내법령제도의 일치필요.

할일: 전 세계가 단일체제의 거대한 단일시장으로 판을 다시 짜고 있다.

이 거대하고 새로운 판에서 국가, 기업, 개인 등 활동주체에게 법률적 틀을 제공하고, 그 놀이마당에 맞으면서도 공정질서를 무너뜨리지 않는 경기규칙을 제공해야 한다. 그래야만 활동주체들이 예측가능성과 안정성을 가지고 국가목표를 추진하고 투자계획을 실천하고 번영을 위한 활동을 할 수 있다. 이러한 기회를 놓치면 성공과 실패의 차이가 엄청나서 회복불가능이다.

법의 목적은 인류의 번영과 세계평화이다.

정부의 세계화는 국가경쟁력강화를 중심으로 한 경제경영 쪽부터 손대는 것으로 이해되는데 이는 법과 제도의 세계화를 통하여 최종 완결

---

* 1994.12.9. 10:00, 孫鶴圭 국회의원, 李載厚 김・장 변호사, 宋相現 교수.

된다.

그런데 의식개혁은 국민일반의 뒤떨어진 의식도 문제이고, 정부고위정책당국자들의 법경시 생각도 아울러 개혁이 필요하다. 법은 우선순위에서 밀리고 일이 잘못되었을 때에만 핑계하는 대상이 되어왔다.

토론 내용:

사회: 최근 김영삼대통령의 세계화선언 이후 정부조직개편이 단행되는 등 앞으로도 법과 제도의 많은 변화가 예고되고 있습니다. 오늘 매경포럼에서는 법을 만드는 입장인 손학규 의원, 법을 적용하는 편에 있는 이재후 변호사, 법을 가르치는 송상현 교수 이렇게 세 분을 모시고 「개방시대의 법과 제도 그리고 의식」에 관해 토론을 갖고자 합니다.

먼저 이 시대에 법과 제도의 의미는 무엇인지, 또 기존법과 제도의 변화가 불가피하다면 그 환경적 요인은 무엇인지를 살펴보았으면 합니다.

이재후 변호사: 개방은 선진국으로 도약하기 위한 필연적 과정입니다. 세계화란 그런 면에서 개방보다 더욱 광범위하고 능동적인 표현이라 할 수 있겠지요. 어쨌든 이로 인해 사회 각각의 주체가 세계전체와 직접 경쟁하는 시대가 열리고 있어 경쟁체질을 강화하는 것이 관건이 되고 있는데 그 핵심이 바로 법과 제도의 개혁이라 할 수 있습니다.

그런데 현재까지의 법과 제도는 위정자가 일방적으로 국민을 끌어가기 위해 「제조」한 측면이 많습니다.

정부주도의 경제성장시대에는 그같은 타율성이 양해될 수 있었지만 이제는 민간중심의 자율과 경쟁촉진을 대전제로 법과 제도를 바꿔 나가야지요.

송상현 교수: 종래에는 법은 국경을 넘지 못한다는 관념이 지배적이었습니다. 즉 법은 집권자의 통치수단으로 이용되어 왔고 개별민족이나 국가의 윤리, 도덕, 규범 등에 기초하고 있는 만큼 특정공간 내에서만 통용된다는 「폐쇄성」이 강했던 것입니다.

그런데 세계화가 이걸 바꾸고 있어요. 蘇, 동구의 몰락 이후 세계가 단일시장체제로 급속히 통일되고 있으며 여기에 교통, 통신, 정보기술 등이 가세, 전 지구적 보편성이 형성되며 법규범까지 닮아가는 「법의 탈

국경」 양상이 나타나고 있는 것입니다.

이것은 곧 국내적 틀에 안주해온 우리 법과 제도가 세계적 틀에 적응해야 함을 뜻합니다. 거대하고도 새로운 하나의 판을 짜는 세계 규범의 시대가 전개되고 있는 마당에 국내 법제 또한 세계적 보편성을 지향해야지요.

손학규 의원: 역사적으로 볼 때 우리는 3단계의 근대화과정을 겪고 있다고 생각합니다. 1차 근대화는 19세기말 개항기로 서구문물의 유입결과 왕조사회가 붕괴되고 근대국가적 행태가 나타나기 시작한 때라고 할 수 있습니다.

2차 근대화는 산업화가 본격추진된 60-70년대로 경제발전을 국가의 최대목표로 설정하고 국민을 통합시킨 기간입니다. 여기에는 권위주의적 정치체제 등 반대급부가 있었지만 현대적 국가의 틀을 갖추는 계기가 된 것만큼은 사실이라고 봅니다.

그 다음 3차 근대화의 과정이 바로 우리가 살고 있는 현재가 아닌가 여겨집니다. 세계화로 상징되는 이 시대는 다른 한편으로는 지역화, 지방화의 물결과 함께 탈근대민족국가의 방향으로 진행되고 있습니다. 특히 정보화사회로의 진입이 가속화되며 중앙집중형 관주도형 폐쇄적 중상주의 국가는 입지를 잃어가고 있어요. 아직 통일주권국가를 이룩하지 못하고 있는 우리로서는 근대화와 탈근대화의 커다란 숙제를 동시에 짊어지고 있는 셈이지요. 우리가 지향해야 할 법과 제도는 그 같은 역사성과 시대성을 반영하는데서 출발점을 삼아야 한다고 봅니다.

송상현 교수: 법을 공부하는 사람의 입장에서 이 시대에 법이 갖고 있는 의미와 역할에 대해 몇 가지 덧붙이고 싶군요.

앞서 말씀드렸듯이 전 세계는 지금 하나의 거대 단일시장을 형성하며 새로운 판을 짜고 있습니다. 그런데, 그 같은 새로운 「놀이마당」의 틀을 제시해주는 것이 바로 법입니다. 마치 좋은 놀이를 위해서는 멍석을 깔아 주듯이 법은 「리걸 프레임(Legal Frame)」 즉, 법률적 틀을 제공함으로써 무질서의 세계를 질서의 세계로 유도해내고 있는 것입니다.

법은 또한 경기규칙을 만들어 줍니다.

놀이마당에 걸맞으면서도 공정한 질서를 무너뜨리지 않도록 게임의 법칙(Rule of Game)을 공유토록 하는 것입니다.

법을 지키면 보호받고 법을 어기면 손해를 보는 약속체계를 통해 개별 활동주체들이 예측가능성과 안정성을 갖고 살아갈 수 있도록 만드는 것이지요.

그런 면에서 법은 인류가 만들어낸 평화와 번영의 수단 중 가장 훌륭한 안전장치의 하나라고 생각합니다. 생각해 보십시오. 국제사회에 법이 없다면 어떻게 서로 믿을 수 있는 계약과 거래가 존재하겠습니까. 법은 세계화 시대의 가장 신뢰할 만한 커뮤니케이션체계라 할 수 있습니다.

사회: 새로운 환경변화에도 불구, 우리의 법과 제도는 여전히 낙후되어 있다는 것이 중론입니다. 무엇이 문제이고 앞으로의 개선 및 개조방향은 어떠해야 한다고 보십니까.

손학규 의원: 아까 3차 근대화라고 표현했습니다만 지금의 시대적 조류에 부응하는 개혁차원의 개선이 필요하다고 봅니다. 국가가 모든 것을 쥐겠다는 생각을 버리고 시민에게 이를 돌려주겠다는 사고전환이 요청되는 시대라는 거지요. 수직적으로는 정부에 몰려있는 권한과 권력이 민간으로 이양되어야 하며 수평적으로는 중앙집중에서 지방분권으로의 이전을 뒷받침하는 제도개혁이 필요한 것입니다.

통제중심의 법과 제도도 자율성을 존중하는 방향으로 일대 개편되어야지요.

국민적 공감을 사고 있는 규제완화의 문제에 있어서도 완화정도에 그칠 것이 아니라 규제 폐기라는 적극적 발상전환이 요구된다고 생각합니다.

그러나 자유경쟁체제의 촉진에는 반드시 뒤따라야할 것이 있습니다. 바로 공정성입니다. 공정한 거래질서, 공정한 경쟁풍토가 확립되지 않는다면 우리 경제사회가 바로설 수 없는 것은 물론 시장경제가 자랑하는 효율성도 궁극적으로는 떨어지고 만다는 것이 앞서간 나라들의 일치된 경험입니다.

최근 정부조직개편에서 나타나듯 공정거래질서를 위한 정부의 기능은 「작은 정부」의 정신에도 불구하고 앞으로도 더욱 강화되어야 한다고 봅니다.

효율성과 공정성이 공존할 수 있도록 하는 것이 법과 제도 개혁의 핵심적 과제라고 믿습니다.

이재후 변호사: 지켜질 수 있는 법을 만드는 것도 중요합니다. 일반 생활인 또는 평균인이 감당하기 어려운 요구를 담은 법은 결국 예외를 양산하게 되고 편법과 탈법을 부채질하게 마련입니다. 법은 일단 만들어진 이상 엄격히 집행되어야 하는 것을 그 생명으로 하는데 우리의 법현실은 안타깝게도 여기에 배치되는 경우가 많아요.

개인의 양식이나 자율에 맡겨야 될 분야를 국가가 세세히 간여하고 규제하는 법률도 무수히 많은 실정이고 현수준에서는 도저히 따라가기 힘든 희망사항형 법률도 부지기수입니다. 예컨대 노동이나 환경관련법은 세계최고수준을 자랑하지만 우리 경제사회의 발전수준을 감안하면 준수하기에 벅찬 분야가 많습니다. 취지야 좋지만 지키고 싶어도 못지키니 오히려 편법과 타협이 조장된다는 것입니다. 법원에서 확정판결을 받은 권리를 실제에 있어서는 국가가 무시하는 경우도 있어요.

공급자 위주의 법도 문제입니다. 「국가가 개인의 인감을 증명한다」는 인감증명법의 경우 우리나라와 일본만 갖고 있는 제도입니다. 지나치게 번거롭다는 여론으로 인해 이 법이 개정된 적이 있는데 재미있는 것은 사용자의 편익은 사실상 고려하지 않고 인감증명의 용도와 기간에 관한 부분만 줄어들었다는 점입니다. 말하자면 고치는 시늉을 한 것이지요. 생활인 소비자의 입장에선 고객중심의 입법이 절실한 때입니다.

송상현 교수: 제재위주의 법과 제도를 인센티브 촉진형으로 전환시키는 것도 시급한 과제입니다. 우리나라의 법과 제도는 지나치게 채찍중심으로 되어있어 법에 대한 국민적 감정도 두려움이 지배적이라 할 수 있습니다.

그러나 선진국의 법체계는 법을 잘 지키면 여러 가지 이득을 볼 수 있는 당근형 구조가 주류를 이루고 있습니다. 법을 실시하기 이전에 이에 대한 과학적인 비용효과 분석을 통해 부작용을 줄이는 자세가 아쉽습니다.

처벌과 규제위주의 법이 양산되고 있는 이유 중의 하나는 입법주체가 관료 등 행정부에 지나치게 편중되어 있기 때문입니다.

미국의 경우 하나의 법이 탄생하기 위해서는 의회를 중심으로 지나치다 싶을 정도로 국민적 의사수렴 및 이해당사자의 의견조정 과정을 심도있게 거치고 있는데 반해 우리는 아예 이것이 생략될 때가 많아요.

하급공무원이 적당히 자기부서의 입장을 감안한 법안을 기안해 내부통과되면 법제처에 넘겨 문구를 고치고 국무회의에서 통과되는 경우가 비일비재합니다. 심지어 조세법률주의를 채택하고 있으면서도 대통령령으로 세율을 조정하는 나라가 우리나라예요. 물론 결과의 효율성도 중요하지만 민주주의의 핵심은 절차적 민주성 아니겠습니까.

OECD(경제협력개발기구) 가입을 앞두고 있는 우리로서는 법과 제도개혁의 우선순위가 무엇인지를 잘 파악하고 있어야 함은 물론이고 이를 어떻게 실천에 옮길 것이냐는 프로세스의 문제에도 깊은 각성이 있어야 할 것입니다.

사회: 그렇다면 누가 어떤 식으로 법과 제도 개혁을 이끌어가야 한다고 보십니까.

손학규 의원: 법을 만드는 입법부의 일원으로서 다시 한번 자책감이 드는 순간입니다. 흔히 근대국가는 행정국가라고 합니다만 우리의 경우 국회의 입법능력이 지나치게 취약하다는 점을 부인하지 않겠습니다.

관료가 주인인 정부가 아니라 국민이 주인인 정부를 만들지 않고서는 실질적인 의미의 법과 제도개혁을 기대할 수 없다는 것입니다. 특히 국회는 민의를 총체적으로 수렴하는 장인만큼 그같은 주인 찾아주기 노력에 앞장서야 할 것으로 봅니다.

더욱이 문민시대를 맞아 국회활성화에 장애물이 사라진 마당에 더 이상 입법능력의 취약을 핑계삼을 수도 없게 됐지요. 최근 국회제도 개선으로 인해 입법지원시스템 등이 보강되고는 있지만 앞으로 국회는 전문성과 책임성 제고를 통해 명실상부한 법의 산실이 되어야 할 것입니다. 그러나 이것은 국회의원뿐만 아니라 유권자인 시민이 함께해야 이루어질 수 있다는 것을 강조하고 싶습니다.

이재후 변호사: 최근 의원입법의 수준이 양뿐만 아니라 질적인 차원에서 상당히 향상되고 있다는 소식을 듣고 있습니다. 고무적인 일이지요.

그러나 이에 못지않게 위임입법의 문제점도 커지고 있습니다. 국회의 개입과 간섭을 배제하기 위해 행정부는 정작 중요하고 미묘한 사안은 모법이 아니라 시행령 또는 시행규칙에 두는 경우가 많다는 뜻입니다.

법률로 규정될 내용이 부처내규에 정해진다면 주관적 판단과 자의적 행정으로 흐르기 쉬운데도 국회에서는 이를 아는지 모르는지 그냥 넘겨버리는 사례가 있는 것 같습니다.

최근 보도에 따르면 세계화시대를 맞아 법제처가 추진 중인 법제도 개편안만 해도 5백 개가 넘는다고 하는데 국민적 총의가 보다 잘 담기는 방향으로 이루어지기를 기대합니다.

사회: 법과 제도의 개혁 못지않게 국민의식과 관행의 혁신 또한 중요하다고 생각합니다. 혹자는 세계시민 육성론을 펴기도 하는데 새시대를 열어가는 국민적 자세는 어떠해야 한다고 보십니까.

송상현 교수: 두 가지를 지적하고 싶습니다. 먼저 정부고위정책결정자를 비롯한 지도층 인사들의 법경시 풍조부터 근절되어야 할 것입니다. 정치적 결단이나 타협, 국민감정 등을 이유로 윗사람들이 앞장서 법을 무시하고 위반해온 우리 헌정사의 과오를 더 이상 되풀이하지 말고 「법의 지배」를 이제는 정착시켜야 한다는 것입니다.

일반 국민의식의 차원에서는 지나친 자기과시나 자기비하를 경계해야 한다고 생각합니다. 후진국에 가서는 안하무인격으로 행동하고 선진국에 가서는 사대주의적으로 행동하는 시민은 세계시민으로서는 자격미달이지요.

이재후 변호사: 공동체를 중시하는 시민윤리의 확립도 긴요하다고 봅니다. 선진시민을 가늠하는 첫 번째 기준이 공중도덕의 준수 여부라는 말도 있지 않습니까. 나만 중요하다는 생각으로는 이 세계를 살아갈 수 없습니다.

이 밖에 기회의 평등보다 결과의 평등을 요구하는 풍토, 합리성보다는 정서나 감정을 중시하는 풍토, 전문가보다는 명망있는 일반가를 선호하는 경향, 지연, 혈연, 학연 등에 기반한 집단 및 조직이기주의, 맹목적이고 배타적인 국수주의 등도 세계화의 장애물이라 할 수 있습니다.

그러나 무엇보다 우리가 강조해야 할 덕목은 이 시대의 낙오자가 아니라 승자가 될 수 있다는 세계시민으로서의 자신감을 갖는 것이라고 생각합니다.

이와 함께 글로컬라이제이션(Glocalization)이란 표현처럼 「가장 세계적인 것은 가장 토착적인 것에서 비롯된다」는 생각을 가지고 안팎을 균형 있게 살피는 지혜도 필요하다고 봅니다.

손학규 의원: WTO 출범을 앞두고 되새겨 볼 것 중의 하나가 우리는 은연중 보호받고 의존하려는 멘탈리티에 익숙해져 있었던 것은 아닌가 하는 점입니다. 농산물 시장개방의 대응과정에서 나타나듯 미국 등에 대해 정정당당한 협상보다는 베풀어달라는 식의 응석형 사고가 있었던 것은 아닐까요.

세계화는 줄 것은 주고 받을 것은 받는 호혜의 시대이지 부양과 피부양의 시대는 아닙니다. 일방적으로 이익을 챙길 수 있는 시대가 아니라 협력과 경쟁이 공존하는 시대란 것을 받아들여야지요.

그런면에서 언론과 교육 등은 우리 국민들에게 상호주의를 학습시키는 데 인색해서는 안될 것입니다. 합리성과 창의성, 자율성과 책임성을 지닌 새로운 인간상의 제시도 필요하지요.

제가 특별히 강조하고 싶은 것은 나와 남이 더불어 함께하는 커뮤니티 의식의 함양입니다. 기존의 국가체계마저 무너뜨리고 있는 탈근대의 조류에 대응하는 유일한 길은 아마도 가장 가까운 공동체에서부터 시민의식과 주인의식을 갖는 것이 될 것입니다.

이와 관련, 지금부터라도 세계화, 지역화, 지방화, 정보화 등의 흐름을 한 그릇에 담을 수 있는 새로운 국가체제는 어떤 것인가에 대해 참으로 진지한 연구와 논의가 본격화되어야 할 것입니다. 21세기는 지금 준비하지 않으면 너무 늦는 것 아니겠습니까.(매일경제신문, 1994. 12. 12., 1, 5면)

2. 조선일보 좌담: 大學-대학교육④ 개혁토론(교수들의 자기진단-처방)*

대학교수는 관료-계급조직의 일원인가

안병영: 우리 대학에서 아카데미즘이 죽어가고 있습니다. 대신 관료주의가 미만하고 있습니다. 대학에 있는 「자리」가 이 현상을 부추깁니다. 교수들

---

* 이기준 교수(서울대), 안병영 교수(연세대), 김광웅 교수(서울대), 송상현 교수(서울대).

이 보직을 오래 맡다보니 자신도 모른 사이에 이쪽으로 전업하는 식이 되고 마는 거죠. 또 나이가 들면 어느 정도 보직은 해야 체면이 서는 사회풍토가 그렇게 만들기도 합니다. 동료 교수들의 말을 들어보면 『나이도 들고 했으니 학장이나 처장 정도는 해야하지 않겠느냐』는 식으로 인사를 하는 사람이 많다고 한탄하고 있습니다. 결국 이러다 보면 자칫 「전교수의 보직화」가 진행되고 있는 중입니다.

김광웅: 밀로반 질라스가 『지식인이 관료화되어 간다』고 말했던 바와 같이 대학도 관료화되어 가고 있는게 사실입니다. 현대 사회에서 국가가 물적 생산수단만 통제하는게 아니라 지적 생산수단까지 통제하고 있기 때문입니다. 대학조직이 국가의 지배하에 정부의 행정을 닮아가다 보니까 대학에 홍보기능이 생기고 기획실도 생긴 겁니다.

이기준: 지금의 현실은 60년대 초에 대학생수가 1만 5천 명 이하인 대학을 운영하던 시기와는 분명히 다릅니다. 지금은 1만 5천 명 이상의 학생을 운영하는 대학이 많이 있습니다. 결국 「구멍가게식 운영」과 「대기업식 운영」은 근본적으로 다른 것이죠. 규모가 커진 대학을 운영하려니까 관료화되는 것은 필연적인 현상입니다. 대학의 운영은 구멍가게식도, 대기업식도 아닌 다른 「대학운영」 방식이어야 합니다. 총장은 꼭 대학교수가 돼야 한다는 사고방식도 잘못된 것입니다. 운영능력이 탁월한 인물이 총장이 되는 것도 바람직할 것으로 생각됩니다.

김광웅: 대학이 커질수록 관료화되는 것 같습니다. 정확하게 계획하고 집행하려면 관료조직화하는 것은 당연한 일이지요. 그러나 문제는 대학조직은 사회의 다른 조직과 다르다는 것입니다. 대학이라는 말의 어원인 중세의 콜레지아(Collegia)란 말은 평면조직이라는 뜻입니다. 결국 평등한 관계에 있는 사람 중 하나가 심부름꾼인 총장이나 학장이 되는 것이지요. 그런데 우리나라 대학은 군사통치하에서 평면조직이 사다리꼴조직이나 피라미드식 조직으로 바뀌어 버리고만 것입니다.

송상현: 정부의 획일적 통제가 대학을 나쁜 의미의 관료조직으로 만들었다는데 동의합니다. 5·16 후에 대학에서 시위가 많이 일어나자 박정희 전대통령이 대학의 정원을 직접 조정하고 나서면서 대학에 깊은 상처를 입

히게 되었습니다. 현재 국립대학의 교수가 쓰는 연구실의 평수는 계급에 따라 획일적으로 법으로 정해져 있고 난방하는 날짜도 법으로 정해져 있습니다. 그래서 12월에 날씨가 풀려도 기름을 다 때야 다음해 예산을 확보할 수 있기 때문에 무조건 난방을 하는 웃지 못할 일도 벌어지고 있습니다. 결국 획일적 통제를 제거하고 대학에 자율권을 부여해야 이런 낭비와 불합리한 점을 개선할 수 있을 것입니다. 유교문화권에서의 연공서열제나 감투선호사상이 교수를 정교수−부교수−조교수−전임강사의 4계급으로 나눴고 그것이 학문의 관료제화를 촉진시키고 있습니다.

김광웅: 학장회의를 하다보면 이미 전문위원회에서 결정난 사안을 사후에 추인해주는 것밖에 안되는 경우가 많습니다. 거의 원안대로 통과되기 때문에 학장회의를 할 필요가 없을 정도입니다.

이기준: 자율성이 확보되려면 먼저 토론문화가 정착되어야 한다고 봅니다. 그런데 정보의 공유가 이뤄지지 않으니까 토론문화가 정착될 수 없는 실정입니다.

송상현: 학문간에 할거주의가 팽배하다보니 훌륭한 학문적 성과도 개인의 노력이나 우연에 의해 이루어지고 있는 실정입니다. 백화점식으로 나열돼 있는 학과를 통합해 강의를 공동으로 하는 것이 필요한 때입니다.

이기준: 일본은 아예 교무처가 없습니다. 학교 조직이 매우 단순화되어 있지요. 또 명치유신 이래로 대학에 최소한의 경쟁원리를 도입해 놓았습니다. 최소한 2대1로 경쟁을 시켜 이 가운데 살아남은 사람이 나중에 학장도 하고 총장도 하는 그런 시스템으로 움직이고 있습니다.

송상현: 서울대에서 지난 75년 흩어져 있던 단과대학들을 관악산으로 옮길 때 한 곳에 몰아넣으면 행정요원이 60% 이상 줄어들 수 있다고 했지만 옮긴 뒤에 오히려 더 늘어났습니다. 현재 1천3백명의 교수에 행정요원이 1천6백명입니다.

안병영: 모든 대학이 비슷한 정황인 듯 합니다. 한번 늘어난 직원 수는 줄이기 어렵습니다. 인적자원을 적재 적소에 효율적으로 활용하는 데 더 신경을 써야 할 것입니다. 자칫하면 副자 붙은 자리가 많아지고 새로운 조직만

많이 생기게 됩니다. 이렇게 되다보면 효율적인 경영도 어려워지고 매너리즘에 빠지는 거지요. 조직이 너무 크다보니 잘못된 점이 눈에 보이지 않는 것도 문제고요.

이기준: 미국이나 일본에서는 총장이 목표를 세우고 운영합니다만 우리나라에서는 총장에게 어떤 철학이 있다는 얘기를 들어본 적이 없습니다. 인기에 의해서만 뽑히는 현재의 총장직선제에도 문제가 있는거죠.

송상현: 방향감각이 없다보니 고급두뇌인 교수를 대학행정에 활용하지 못하는 경우가 많습니다. 대학의 이념설정이나 정책에 교수들을 활용하는 체제가 잘 가동된다면 계획만 세우고 몇 년씩 지지부진한 일이 개선될 수도 있을 것입니다. 배운 건 많고 계획도 잘 세우는데 실제로 실천하는 교수들이 별로 없는 것도 문제입니다.

안병영: 대학본부는 대학전체의 발전기획에 전념하고 웬만한 일은 분권화하는 것이 필요할 줄 압니다. 그러나 대학이 과나 대학별로 폐쇄주의나 할거주의에 빠지지 않고 서로 협조해서 창조적으로 일할 수 있도록 역동적인 리더십을 발휘하는 것도 중요합니다.

김광웅: 대학조직은 더 이상 학문적 업적과 평등구조를 동시에 살릴 수 있는 조직이 아닙니다. 필요할 때마다 무슨무슨 조직이 생기는 것도 문제죠. 한 예로 서울대 부총장이 의장인 위원회만 40여 개에 달한다고 합니다.

송상현: 참여의 취지가 없지 않겠지만, 감투의 필요 때문에 위원회 같은 것이 많이 생기고 있습니다. 결국 인적 물적 자원을 효율적으로 통제하는 것이 아니라 알고 편한 사람들끼리 만나 운영되고 있습니다.

이기준: 대학이 학생위주로 움직이는 것도 문제죠. 한 예로 학생들은 전공필수-교양필수 과목이라는 틀에 얽매여 선택할 수 있는 강좌가 제한돼 있습니다. 결국 획일적인 관료화가 학생들을 대학에서 소외시키고 있는 셈입니다.

김광웅: 교육부 장관은 아직도 1백51명의 대학교 총-학장을 모아놓고 군대식으로 회의를 진행하고 있습니다. 군사정권의 관료적 양식과 다를 바가

없더군요. 이제 교육부는 대학에 대한 간섭을 줄여야 할 때가 된 것 같습니다.

안병영: 대학이 교육부로부터 자율성을 찾는 것이 첫 번째 과제입니다. 그것이 이루어지지 않으면 대학의 내적 개혁도 이루어질 수 없습니다. 관의 시녀 노릇하기에 바빠 제 일을 챙기기가 어려우니까요.

김광웅: 결국 교육부가 대학을 통제하고 대학이 교수들을 통제하는 식이 되어 버렸습니다.

송상현: 이제 대학행정도 분권화가 진행되어야 합니다. 한번 연구계획서를 내게 되면 이리저리 왔다갔다하는 식으로 여러 단계를 거치게 됩니다. 교수의 서명으로 처리되는 행정도 필요합니다.

이기준: 연구비 배정 등이 너무 중앙집권화되어 있습니다. 교육비용에 대한 과학적인 분석이 되어 있지 않으니까 중앙집권화가 가속화되는 것으로 생각됩니다. 분권화가 되려면 먼저 교육비용에 대한 표준화가 진행되어야만 합니다. 예를 들어 화학과의 교육에는 얼마가 들고 경제학과의 교육에는 얼마가 들고 하는 식의 표준이 정해지면 중앙집권화를 막을 수 있을 것으로 보입니다.

송상현: 우스운 얘기지만 예산이 단과대학 단위에서 학과를 중심으로 배정되다 보니까 서울대 법대가 공법학과와 사법학과로 나눠지게 되었는데, 다른 대학교에서 이것이 좋은 제도인가보다 하고 따라오고 있는 기현상도 벌어지고 있습니다. 어쩌면 이렇게 획일적일 수 있습니까.

이기준: 미국의 버클리대학이 교수협의회를 만들 때는 각 대학의 학사운영행태를 감시하기 위해서였습니다. 그런데 이러한 제도를 서울대 공대에서 따와서 이전부터 있었던 교수회의와 교수협의회가 중복되고 말았습니다.

송상현: 미국의 하버드 법대에서는 매주 금요일 오후 1시에 전체 교수들이 모여 식사를 하고 있습니다. 보통 오후 5-9시 사이에 끝나는데 이때 학교의 행정이나 정책, 학문적 토론 등 별의별 얘기가 다나옵니다. 교수간에 진정한 토론이 벌어지는 것이죠. 우리도 이제는 이와 비슷한 제도를 만

들 때가 된 것 같습니다. 대학이 하루속히 「관료적 틀」에서 벗어나 아카데미즘의 이상대로 자유와 창조가 활력을 되찾는 조직이 되기를 바랍니다.(조선일보, 1993. 11. 25.)

3. 年頭座談: 司法試驗制度를 생각한다(고시계 347호, 16-32면, 1986. 1) *

김상철: 사법시험의 정원이 300명으로 된 것은 1981년의 23회부터 금년의 27회에 이르기까지 시행되어 5년에 달하고 있습니다.

합격자수를 재조정하자는 의견은 대한변협은 물론 법원과 검찰에서도 공식적인 의견으로 총무처에 전달한 상태인 것으로 압니다. 그리고 현재 적정 합격자수에 관한 논의도 활발합니다.

이 문제와 아울러 사법시험의 주관청을 현재의 총무처에서 법원행정처 등으로 옮기자는 논의도 있습니다.

차제에 이 문제에 대해서 각 분야의 전문가이신 여러 선생님들을 모시고 저희 고시계에서 좌담을 계획했습니다. 바쁜 때에 이렇게 참석해 주셔서 저희 고시계로서는 영광스럽고도 감사하게 생각합니다.

(1) 선발인원수의 문제

이상규: 사회라기보다는 교통정리한다는 의미에서 진행을 하겠습니다. 사법시험제도가 처음에는 고시 사법과로 출발했습니다만 근 40년의 역사를 가지고 발전해 온 것입니다.

우리나라에서 실시해온 제도 중 가장 장수한 제도이기도 하고 공신력을 유지해온 제도이기도 하다는 생각이 듭니다. 그런 면에서 애써 오신 관계자 여러분의 노고는 높이 평가되어야 한다고 생각합니다.

다만 근래와서 사법시험의 성격, 인원문제 등을 두고 갑론을박하는 얘기가 나오는데 먼저 사법시험은 사법시험령 제 1 조에도 규정되어 있는 것처럼 법조인의 자질을 테스트하기 위한 시험이고 그런 면에서 본질적

---

* 1985.12.12. 10:00, 고시계회의실, 宋相現 교수, 李尙圭 변호사, 朴承緖 서울지방변호사회 회장, 李源達 중앙일보 논설위원, 金尙哲 변호사.

으로는 자격시험인 것이 틀림없을텐데 근년에, 즉 23회 사법시험 때부터 실시하기 시작한 인원제 합격제도와 관련시켜 볼 때 과연 인원을 오늘날처럼 고정시켜가지고 점수 여하에 관계없이 시험시행 공고를 할 때 미리 고시한 그 인원을 합격시키는 것이 과연 합당한 것인지에 대해서 우선 말씀을 해주시면 감사하겠습니다.

김상철: 이변호사님, 참고사항을 간단히 말씀드리면 인원제는 12회부터 시행했습니다. 12회에 50명으로 정했고, 80명, 100명, 120명 등으로 늘려오다가 1981년 23회 이후 300명으로 되었습니다.

이상규: 먼저 송교수께서 말씀을 좀 해주시지요.

송상현: 사법시험은 본래 자격시험의 성격이 강했던 것인데 특히 일정인원의 선발이 됨으로써 채용시험 성격의 신입사원을 모집하는 데 비견될 정도의 성격변질도 있는 것 같고 이 문제는 주관 관청 문제와도 직결되어 다시 언급하겠습니다.

그리고 인원문제에 대해 현재의 300명에 찬성하는가 반대하는가에 대하여 개인적으로 객관적으로 타당한가 보다는 원칙적 문제를 제기하고 싶습니다.

이 인원정책에 있어 그 재고에 관하여 나오는 논의를 보면 일부의 사람들은 그만큼 많은 수를 뽑으니까 법과대학 학생들은 데모를 안한다, 결과적으로 학생들이 운동권으로 휩쓸리는 데 대한 효과적 방지대책이 되었다고 얘기하는데 그것이라든가, 또는 제가 잘 이해하고 있는지는 모르겠지만 在曹 在野측에서 職域擴大도 없이 과다한 자격자들이 배출이 되니까 지장이 있다는 주장이 있지만, 자기한테 즉각적으로 미치는 영향을 토대로 하는 것은 원칙적인 논의가 아니라고 봅니다.

학교측에서 늘리자 혹은 적어도 유지는 하자는 주장이 있는데 주관적으로는, 제가 있는 서울대 법대의 경우에는 큰 영향은 없을 것으로 봅니다만, 그 외의 사립대의 경우나 지방대의 경우 합격자를 늘리는 것은 학교의 명예와 관계가 있습니다. 수를 줄이면 한계 상황의 학생들이 탈락한다는 계산에서 의견을 개진한다면 原則論과 正道는 아닌 것 같습니다. 이러한 논의는 大經大道를 가는 원칙론에서 전개되어야 합니다. 법조인력수급, 법과대학의 정원과 결부되어 수치가 나와야지 이해관계에 입각한 저마다의 주장은 설득력이 약해진다고 봅니다.

박승서: 시험 성격을 말씀하였는데 연수원에 들어가는 자격시험을 사법연수원 아닌 곳에서 관장하는 것이 문제입니다. 이것은 행정고시와 혼동하고 있는 데서도 문제가 제기됩니다. 행정고시는 분명히 채용시험입니다. 사법시험은 분명히 채용시험은 아님에도 불구하고 사법시험령에 선발예정인원을 미리 정하는 것으로 되어 있는 것은 잘못된 것입니다.

5년 전부터 300명으로 내려왔다는 그것은 시험령에 보면 선발예정인원을 매시험 시행시에 총무처장관이 법무부장관 및 법원행정처장의 의견을 들어서 선발인원을 그때그때 정하도록 되어 있어 매년 정하게 되어 있습니다. 그것이 법무부장관과 법원행정처장이 어떤 의견을 냈는지 모르지만 제도적으로 300명이 아님이 먼저 전제되어야 합니다.

그리고 선발인원에 관하여 송교수님이 말씀하셨지만 마치 변호사 등의 자격을 가진 사람들이 기득권 고수를 위해서 합격자수를 줄이는 것을 원하는 것으로 오해가 있으나 그것이 아니라 다같이 나라를 위한 충정에서 나오는 것입니다. 사법시험령이 잘못된 것이 법무부장관은 검사의 충원을 걱정할 것이고, 법원행정처장은 법관의 충원을 걱정할텐데 사실은 그보다 더 중요한 것이 변호사수와 사회실정과의 관계인데 이것에 관해 의견을 들으라는 얘기는 없습니다.

그리고 법학교육과 사법시험과의 관계에 오해가 있다고 봅니다. 1980년대에 전국 법과대학 학생수가 1,600명이었는데 졸업정원제 바람에 6,000명으로 증가했는데 합격자 수가 적어서 되겠느냐 하는 것은 법학교육의 성격을 잘못 이해하여 미국의 로스쿨이나 연수원과 혼동을 하고 있는 것입니다.

법과대학에서는 법률소양교육을 하는 것인데 그 수요는 오히려 행정·기업쪽에 더 많이 필요한 것입니다. 어제 어느 모임에서 한 기업인은 자기 그룹은 법과대학과 상경대 출신을 처음부터 반반씩 모집한다고 하는 걸 들었습니다만 오히려 법대생 수요가 기업측에 더 많습니다. 그리고 또 하나 행정이 자꾸 비대해가는 데 따라 행정쪽 수요 증가도 물론 일어납니다. 그 반면에 행정고시는 100명으로 줄여놓고 사법시험은

300명으로 유지하고 있습니다. 만약 사법시험에 300명 정도 선발한다면 행정쪽은 3,000명이라도 뽑아야 하지 않을까요. 왜냐하면 고급인력을 배분하는 입장에서도 잘못되어 있다고 생각합니다.

그리고 또 하나 송교수께서도 지적했듯이 학생들의 면학의욕을 고취하여 학원안정에 기여한다는 얘기는 얘기가 안된다고 생각합니다. 나라의 사법요원문제를 학원사태와 연결시키는 것은 언어도단입니다. 학원사태는 학원사태고 사법시험은 사법요원 양성의 관점에서 보아야 합니다. 무분별하게 법대 학생수가 증가했다고 해서, 그렇기 때문에 사법요원수가 증가해야 한다는 것은 전혀 무관하므로 혼동해서는 안됩니다.

이상규: 이제까지 좋은 말씀을 많이 해주셨는데 이위원께서 객관적 입장에서 말씀을 좀 해주시지요.

이원달: 저는 아까 송교수님 말씀에 전적으로 찬동하고 있습니다. 사법요원 수에 있어서 무슨 정책적 목표라든가, 다른 고려가 가미되어서는 안된다고 생각합니다. 다시 말하면 지금 변호사 수가 많은데 자꾸 배출되어 경쟁이 치열해지고 자질저하 현상이 나타난다든지 변호사의 직역이 좁다든지 등의 차원보다는 요는 국민에게 저렴하고 양질의 법률서비스를 여하히 공급하느냐, 다시 말하면 공적 측면의 효과를 제고시킬 수 있느냐 하는 측면, 인권보장·사회정의 구현 등 대국민적 차원에서 이야기 되어야 한다고 생각합니다. 어떤 이해관계나 목적에 의하여 법조인의 수가 좌우되어서는 안된다고 생각합니다. 원칙을 그렇게 보면 현인원은 적으면 적었지 많지는 않다고 생각합니다.

또 법관의 자질은 문제가 안된다고 생각합니다. 그만한 정도면 충분히 법률서비스가 가능하다고 생각합니다. 미국이 해마다 2만 명씩 그렇게 많은 것을 보더라도 말입니다.

자질은 아주 형편없으면 도태되는 것 아닙니까. 어디까지나 이 사회는 경쟁사회이니까 뒤지면 떨어지고 그 중의 우수한 사람이 배출되리라 생각합니다. 예컨대 검찰이 8회에 우수한 사람이 많았다 하는데 많이 뽑으면 우수한 사람도 나오는 게 아니냐 하는 생각입니다. 많이 뽑아서 법조계 비리가 생기고 경쟁이 생기는 것은 아니지 않습니까. 그리고 사실 그 경쟁이라는 것은 이때까지 앉아서 고객을 기다리다가 찾아나서려고 하니까 그렇지 타업종 타분야에 비하면 경쟁은 무풍지대가 아니냐, 비리라 하는 것도 변호사 자율 기능으로 제거가 안되는가 하는 생각입니다. 직역이 좁다고 하는 것도 사실은 법조인 스스로가 개척해 가야할 문제가 아닌가 합니다.

예컨대 지금 무역회사 같은 데서 외국인 변호사를 많이 사용하고 있는데 그것은 우리 변호사가 하기 나름에 따라서 차지할 수 있는 것 아닌가 합니다. 개척 나름에 따라서 직역은 무궁무진하게 개척이 가능한 것 아닌가 합니다.

이상규: 감사합니다. 특히 인원문제에 대해 말씀해 주셨는데 한 가지 덧붙이고 싶습니다. 지금의 논의는 논리적으로 볼 때 당착된 느낌도 듭니다.

왜냐하면 사법시험이라고 하는 것이 합격 후 연수과정을 거쳐 법조인 자격을 취득하지만 제 1 차적 자격시험인 것만은 틀림이 없습니다.

이 시험 인원을 놓고 구체적 숫자 논의를 하는 것을 보더라도 채용시험이라면 수급관계에 대한 판단을 통해서 수요에 적정한 공급을 하기 위해서 인원을 정하는 것입니다. 그러나 매년 실시된다고 하면 금년도 합격자 중 소화 안된 자 때문에 합격자 중에서 미채용자가 누적될테고 따라서 그 효용 문제가 생겨납니다.

그래서 행정고시의 경우 국가공무원법에 의해서 성적주의에 의해서 채용하되 그 성적의 평가는 공기경쟁시험에 의해서 하라는 규정이 있고 거기에 따라 행정고시의 근거법령은 공무원임용시험령입니다.

행정고시는 문자 그대로 임용시험이기 때문에 거기에 합격한 사람의 합격 유효기간이 부가되어 있습니다. 원칙적으로 5년 이내에 임용이 안되면 합격의 효력이 없어지는 것으로, 다만 본인에게 책임이 없는 부득이한 사유로 채용될 수 없었다면 기간 통산에서 그 기간을 제외하도록 되어 있습니다.

사법시험은 자격을 부여하기 위한 시험이므로 같은 자격 기준에 의해서 같은 자격이 부여되어야지 동일한 자격을 부여하면서 해마다 합격의 기준이 달라지면 자격시험의 본질에 어긋나는 것이 아니냐하는 생각이 듭니다.

인원을 책정해 놓고 나면 그 인원을 뽑기 위해서 cut-line의 변동이 생겨나는 것은 필연적이고, 즉 자격기준의 공통성이 훼손됩니다. 금년의 경우와 같이 최고득점자가 60점도 못되고, 최저득점자는 과락을 면하는 수준이 나오면서, 즉 자격기준이 변동되면서도 같은 자격이 부여되는 그러한 기현상이 나타나게 됩니다.

종전에 엄격한 의미의 자격시험으로 인원을 정하지 않고 시행하다보니까 채점이 엄격해서 그랬는지 숫자가 너무 적어 그것을 탈피하기 위해 인원을 좀 늘려서 책정한 것이 아닌가 하나 이 시험이 자격시험이라고 한다면 자격기준을 동일화시켜 놓고, 즉 과락이 없고 평균 얼마 이상으로 해 놓고 채점위원들끼리 염두에 두고 채점을 하는 것이고 대학측의 요구는 대학교육의 질 문제와 평행하는 것이므로 대학교육의 질이 높으면 합격자수가 늘어날 것이고 교육의 질이 낮으면 합격자수는 낮아지는 것이 아닌가 하는 생각이 듭니다.

자격시험의 본질에 맞도록 인원문제 등의 모든 문제가 운영이 되어야지 오히려 거꾸로 역산식으로 인원을 확정해 놓고 기준을 흐트러뜨리는 것은 문제라 생각됩니다.

박회장님 말씀처럼 법치행정이 시행될 수 있는 조건 중의 하나는 행정공무원이 legal mind를 가져야 하는 것입니다. 법학 교육 받은 사람이 행정공무원이 많이 되어야 하는데 그 많은 공무원, 제 상식으로는 사무관의 충원이 년간 500명 정도 되는 것으로 압니다만, 물론 이 모두를 법학교육을 받은 사람으로 하는 것은 있을 수 없지만 현재 연간 행시 합격인원이 100명인데 내가 보기에는 법학교육을 받은 사람이 합격할 수 있는 분야는 하나도 없다고 해도 과언이 아닙니다.

일반 행정직은 법과대학 출신자가 갈 수 있지 않느냐 하지만 시험과목을 보면 법대출신자들이 가기 어렵게 되어 있습니다. 그래서 법과대학 학생들의 응시율이 매우 낮습니다. 또 법과대학생이 가려면 경상대학 쪽으로 가서 부전공을 택해야 합니다. 과목분포로 봐서 경영대학 쪽이 가장 유리하게 되어 있습니다.

행정부에서 요구되는 법적 소양을 가진 중견 공무원 확보를 위해 행정고시의 여러 점을 재검토, 개선되어야 한다고 생각합니다.

아무튼 사법시험의 기본 성격에 맞게 인원문제도 생각되어야 한다고 여겨집니다.

이원달: 그런데 시험 합격점이 몇 점이냐 하는 것은 큰 의미는 없습니다. 왜냐하면 출제 난이도에 따라 채점자에 따라 성적 변화는 생기게 마련입니다. 따라서 해마다 가변될 수 있는 것입니다. 그리고 그 사람들이 뽑혀서 사법연수원에서 2년간 사후적 교육이 있고, 그렇다면 완전한 법조인을 뽑는 건 아니지 않습니까? 또 시험성적이 높다고 자질이 높은 것은 아니라고 생각합니다. 자질은 법률지식만이 아니라 사명감·소양이 중요하다고 생각합니다.

사회자의 말씀대로 사법시험은 자격시험이므로 합격점수는 큰 문제가 아니라고 생각합니다.

박승서: 선발인원 사전 확정문제는 이론상으로도 도저히 맞지 않습니다. 시험으로 자격을 정해야지 시험 사전에 수를 정하는 것은 맞지 않습니다. 또 법률로 정하지 않고 시행령으로 정하는 것은 모순으로 하루빨리 법률로 정해야 합니다. 법관, 검사만이 아니라 변호사의 자격시험인데 집행명령으로 되어서야 하겠습니까?

63년부터 78년까지 평균 약 50명이 합격하다가 근래에 300명씩 뽑으니까 그간 성적 향상이 있는지 모르나 그렇다고 하더라도 합격자의 실력이 종전에 비한다면 다소간 떨어진 것은 사실이 아닐까요? 사법요원의 질의 저하는 법치국가에서 국민의 신뢰문제와 직결되는 것입니다.

매년 300명씩 뽑으니까 전체적으로 점점 연수생들의 성적의 저하가 눈에 보입니다. 이렇게 계속되면 사법이 국민의 신뢰를 얻을 수 있느냐 하는 것이 퍽 우려가 됩니다.

저렴하고 양질의 법률서비스 공급에 관한 말씀에 대해서는 저렴과 양질 사이가 매우 관계가 깊다는 말씀을 드리고 싶습니다. 의사의 경우 의료수가가 저렴하기 때문에 양질의 의료공급이 힘들고 이것이 의료보험의 고뇌하는 대목의 하나로 알고 있습니다. 법률서비스의 수급문제도 똑같은 것 같습니다. 저렴해서 과연 양질의 서비스가 가능할지 의문입니다.

또 아까 말씀하신 자유경쟁, 지역개척의 문제는 변호사 업무의 근본성격과 관련하여 문제가 있습니다. 변호사 업무를 기업과 혼동하면 안되는 것이 변호사 업무는 사건수임 유인을 못하게 되어 있고 광고행위, 중개행위도 못하게 되어 있습니다. 따라서 파고 들어가서 개척을 못하느냐

하는 것은 변호사업무의 근본 성격과 어긋나는 이야깁니다. 직역 개척을 스스로 못하고 안주하고 있다가 이제와서 수만 따지는 것은 곤란하다는 얘기는 제도와 직결되는 관계를 도외시한 견해입니다.

외국의 예를 드는 것은 불가능합니다. 사법서사, 행정서사, 세무사, 심지어 중개사, 노무사 등의 유사법률직을 국가가 제도로 만들어 놓은 것인데 이것이 고려되어야 합니다.

국민소득과 연결지어 보는 것도 논거가 약합니다. 그보다는 그 사회의 의식과 깊이 관련되는 문제입니다. 미국의 경우는 전 세계에서 민족들이 모여들어 실정법 이외에는 생활규범이 아무 것도 없습니다.

한국 사회에서는 법적 분쟁을 하는 사람은 아주 안좋은 사람으로 생각합니다. 유교사상 바탕의 사회와 그렇지 않은 사회의 국민소득 비교는 무리다 이것입니다.

그리고 제도적으로 직역을 뺏기느냐는 주장은, 이것은 나라가 만드는 제도이므로 함부로 비교할 일은 아닙니다. 그래서 변호사의 직역은 송무사건으로 갈 수밖에 없는 것입니다.

변호사 수임사건 수의 감퇴상황은 81년에 1인당 61건에서 84년에 1인당 41건으로 나타났습니다. 그러면 변호사들 수입이 준 것이지 나라의 법률서비스 수급에는 관계가 없는 게 아니냐 할지 모르나 이것은 양질의 공급 문제와 직결되는 것입니다. 적정한 선발 인원문제는 현재의 상황을 기준으로 해야할 것이지 장래의 상황을 염두에 둘 수는 없습니다. 정말 양질의 공급을 하려면 변호사 배출만 많이 하는 것으로는 불가능한 것입니다.

이원달: 아까 자질 저하가 일어나고 사법부에 대한 신뢰가 손상된다고 말씀하셨지만 사실 자질이 신뢰에 미치는 영향은 극미한 것입니다. 사법부의 신뢰문제는 다른 요인에 의한 것이지, 구성원들의 질이 떨어졌는지 안 떨어졌는지와는 무관하고 또 알기도 어렵다고 생각합니다.

우리가 법관에게 신뢰를 주는 것은 그분들이 건전한 상식에 알맞게 올바르게 판단했느냐 하는 것이지, 그분들이 시험에서 60점을 맞았느냐 70점을 맞았느냐와는 큰 상관관계가 없을 듯합니다.

양질의 서비스 문제도 해방 후 의사가 적었을 때는 전문의라고는 거의 없었습니다. 그래서 양질의 서비스를 받기도 어려웠습니다. 그러나 오늘날 의사수가 늘어나 전문의가 아니면 개업하기도 어려울 정도이고 질도 높은 의료서비스를 받을 수 있게 되었습니다.

그리고 법률서비스 수요가 적다는 문제는 과거에 사시 합격자가 극히 적었을 때 할 수 없이 사법서사에게 의뢰할 수밖에 없었기 때문이 아닌가 합니다. 이것은 합격자 수가 많아져서 점점 수요를 창출해야 한다고 생각합니다.

지금 인권유린, 구속당하지 않을 사람이 구속을 당한 경우 등 억울한 경우를 겪는 사람이 많은데도 수임건수가 감소하고 있다는 것은 자기반성도 필요하다고 봅니다. 억울한 사람들에게, 사무실에 앉아 있을 것이 아니라 나가서 법률계몽을 하여 권리구제를 받을 수 있다는 인식을 갖도록 해서, 법률전문가들이 앞장서 나서서 법률생활화를 이룩하도록 하여야 안되겠습니까?

박회장님의 경우도 언론에 법률관계 글을 많이 기고해서, 본인 자신은 잘 모르시겠지만 국민들에게 엄청난 기여를 하고 계시지 않습니까? 이런 노력들을 변호사 각자가 조금 하면 좋지 않겠습니까? 문턱을 높게 한 상태를 고수한 채 손님은 손님대로 많이 받자고 하는 것은 문제가 있다고 봅니다.

김상철: 참고로 자료를 좀 말씀드리겠습니다. 우리나라에서 시험 전에 선발인원을 지정한 것은 1970년 11회 사시부터입니다. 당초 정부측에서는 80명 정도를 합격시키려고 시험위원에게 채점에서의 고려를 의뢰했다고 합니다. 그러나 결과적으로 33명이 합격하고 말았습니다. 그러자 정부에서는 안되겠다 해서 1회 더 시험을 실시해서 3차를 치르게 하여 49명을 합격시켰습니다.

그후 1971년에서 1972년까지는 80명을 告示했고 그것이 조금 많다해서 1973년부터 1976년까지는 60명씩 고시했으며 77년에는 다시 80명, 78년에 100명, 79년에 120명, 80년에 150명, 그리고 81년 이후 300명씩 고시한 것입니다.

일본의 경우는 근래 20여 년간 450 내지 500명씩을 합격시켜 오다가 요즈음 450명으로 다소 감소한 추세에 있습니다. 그러나 자격시험으로 실시되기 때문에 사전의 선발 예정인원의 지정은 없고 성적을 기준으로 하여 60점에서 끊습니다.

이원달: 통계상으로 보면 일본의 인구가 우리의 3배나 되므로 우리는 150명 정도가 온당하다는 얘기도 있으나 일본의 사법시험은 오래 되었으니까 그간 축적된 인원도 있을 것이고 또 국민에게 기여한다는 근본 문제를 가지고 논의해야지 다른 요인을 논의한다면 정당성이 결여된다고 생각합니다.

박승서: 외국과의 수직 비교는 아까 말씀드린 대로 의미가 약하다고 생각합니다.

김상철: 네, 그런 의미로 말씀드린 것은 아니고 자료로서 소개해 드린 것입니다.

박승서: 이위원 말씀 중의 몇 가지에 대해 다른 의견을 말씀드리고 싶습니다. 법률수요 창출의 문제는 변호사 윤리에 저촉되지 않는 범위 안에서의 노력은 물론 필요한 것입니다. 그러나 현재에 필요한 인원은 오늘의 시점에서 검토되어야 한다고 생각합니다. 장래에 있어서는 물론 증가가 될 수도 있는 문제이겠으나 당장 늘려서 오는 폐해를 고려해야 하는 것입니다.

사법부에 대한 신뢰문제는 법관에 대한 신뢰만이 문제가 아니라 변호사에 대한 신뢰도 대단히 중요한 것입니다.

또 無辯村의 경우는 단독지원 소재지 5곳인가가 물론 있는 것으로 압니다. 그러나 소득의 다과의 문제가 아니라 지방을 다녀온 사람의 경험담을 통해서 들어보면 지방에 갈수록 변호사의 직업에 대한 의식이 전혀 되어있지 않아서 자기가 거기에 있을 필요가 없다는 것입니다. 소득이 줄지도 모르지만 도시로 온다는 것입니다.

문제는 사회적 배경이 변호사를 필요로 하느냐는 것입니다.

이원달: 그러니까 법률계몽이 되어야 하지요.

박승서: 물론 그것은 그렇습니다. 그러나 그것은 앞으로의 방향성의 문제이지 현실적으로 보면 오늘날의 인구와 법조인구 문제와는 무관한 것입니다.

이원달: 저는 무조건 현상유지하자는 것은 아닙니다. 대학의 정원을 책정할 때

에 10년, 20년 앞을 내다보고 하듯이 법조인구의 문제도 장기정책이 마련된 다음에 거기에서 검토되어야 한다는 생각입니다. 무조건 늘리거나 줄여서는 안되고 마스터·플랜하에서 조정되어야 한다, 당장 현실 문제에 부닥쳐서 줄여서는 안된다는 입장입니다.

(2) 시험과목에 있어서의 문제

이상규: 감사합니다. 이 문제만 가지고도 하루 종일 이야기가 끝이 없을만한 중요한 문제인 것 같습니다. 그러나 시간이 많이 지나갔고 수험생 여러분의 관심사는 시험과목 문제에도 대단히 중요하게 걸려 있습니다.

간단히 말씀드리면 현재의 사법시험은 3단계 시험인데 1차시험은 객관식 5지선다형이고 6개의 공통과목(헌법, 민법, 형법, 문화사, 국사, 경제학)과 2개의 선택과목이 있는데 선택과목 중의 하나는 외국어입니다. 그런데 바로 그 선택과목이 문제입니다. 과연 선택과목을 둘 필요가 있느냐? 있다면 선택과목에서 생기는 문제를 어떻게 해결해야 하느냐, 해결방법이 없다면 선택과목을 두는 것은 재고되어야 한다는 것입니다.

예를 들면 외국어 선택은 선택에 따라서 성적이 매우 차이가 난다고 합니다. 통계상으로 보면 선택인원이 적을수록 성적이 후하게 나옵니다. 외국어의 경우 영어는 점수가 가장 낮습니다. 그러한 unbalance를 없애고, 1차시험의 의미에는 사법시험의 응시자수가 대단히 많고 따라서 그 처리상의 기술적인 면의 제약 때문에 걸러낸다는 의미도 다분히 있는데, 그렇다면 과연 채점 기준의 기복이 심한 선택과목을 둠으로써 발생하는 유리·불리의 문제를 그대로 두느냐가 하나의 문제입니다.

또 다른 하나의 문제는 2차시험 8과목 중에서 7과목은 법이고 거기에 국민윤리가 들어가 있습니다. 과연 국민윤리를 2차, 즉 본시험에 넣어서 과할 필요가 있느냐 하는 이런 얘기입니다. 특히 학교에 계시는 송교수께서 관련이 많을 것 같은데 말씀을 먼저 해주시지요?

송상현: 항상 제게만 1번 타자를 시키시니…. (웃음) 깊은 생각은 없습니다만 선택과목에 어학이 있는 것은 유지하면서 그 불균형은 다른 운영의 妙로 해결해야 되리라 생각합니다.

사실 우리가 법조인으로 자처하면서 반성해볼 것 같으면 제일 부족한 것이 어학실력이 아닌가 합니다. 국제화의 물결을 따라가기 위해서도 어학은 과해져야 하리라 생각됩니다.

지금의 대학교육 실태로 보아 학력고사를 치르기 위해서 공부한 고교졸업 때의 어학실력이 그 사람의 어학실력에 있어서 피크가 아니냐 생각됩니다. 그후 육법전서나 들고 다니면서 시험공부를 하면 어학실력은 점점 줄게 됩니다.

그러니 어학시험은 유지하면서 운영상의 묘로서 해결했으면 좋겠습니다.

박승서: 채점을 통해 알려진 것은 실은 1차시험은 사법시험 응시자격시험이라 해도 괜찮을 정도입니다. 1차와 2차 구분실시는 일단 옳다고 봅니다.

그런데 1차시험의 성격은 응시자격 시험이므로 정말 객관적으로 공평하게 이루어져야 한다고 생각합니다. 그러기 위해서는 1차에서 선택과목은 없어져야 하지 않겠느냐 생각합니다. 오히려 2차시험에서 다양한 외국어 테스트가 이루어져야 한다고 생각합니다.

국민윤리 문제도 이것은 기본적인 자세 테스트인데 1차에서 끝내야지 2차는 전문가를 뽑는 것인데 2차에 국민윤리를 넣는다는 것은 어울리지 않는다고 생각합니다.

이원달: 어학에 대해서는 세계추세로 보아 1차든 2차든 어느 시험인지는 모르겠으나 거쳐야할 필요는 있다고 생각합니다.

국민윤리도 출제경향은 잘 모르나, 저는 법이 하나의 상식이라고 보아, 법이 상식과 멀어져서는 안된다고 볼 때, 또 명판결은 국민의 대다수가 갖고 있는 상식에 가장 근접한 것이 명판결이라는 얘기도 있지 않습니까? 그 상식, 다시 말하면 우리의 사회현상의 윤리·도덕·규범을 전혀 모르고 순수 법이론만 적용한다면 명판결이 나올 수 있겠습니까? 그런 의미에서 이 사람의 철학이 어떠냐 테스트해 보는 것은 1차든 2차든 필요하다고 봅니다.

김상철: 저는 71년도 13회 사법시험에 합격을 했으니까 이 자리에 계신 선배님들보다는 가장 근래에 시험을 치룬 입장에서 말씀드리면, 그 사이에 시험과목도 바뀌었지만 사법시험에서도 전인격적인 것을 요구하자 해서 과목이 많이 늘어났습니다. 물론 의욕은 좋지만 사법시험을 보는 사람에

게 만능을 요구하는 것이냐 하는 의문이 있습니다.

1차 선택과목으로는 많은 응시생들이 법철학을 택하고 있고, 또 과목 중에 국사와 문화사가 들어가 있습니다. 국사와 문화사를 더해 역사로 하고….

송상현: 문화사도 불필요하죠. 우리나라 국사를 잘 알아야지….

김상철: 국민윤리에 대해서도 정신문화연구소에서 하는 것이면 다 국민윤리냐 하는 이야기도 나오고, 법전문가한테 어떤 common sense라든지 철학적 사상적 지혜를 요구한다는 관점에서 보면 법철학에 대한 소양 정도면 되지 않느냐, 또 국민윤리를 2차에 넣는 것은 문제 아니냐 하는 생각입니다.

조금 전 박회장님 말씀대로 1차시험은 본시험의 응시자격시험인데 1만 2천 명이 응시한 1차시험에서 850명이 합격합니다. 2차에서 과락 면한 사람이 400명이 안됩니다. 그래서 cut-line이 내려갑니다. 과락 면하고 평균 50점에 드는 사람은 합격점수에 들지만 어찌 보면 이런 사람은 골고루 모르는 사람이라고도 볼 수 있는 것 아니냐는 생각도 듭니다. 뭔가 크게 왜곡되어 있는 것 아니냐 하는 느낌도 있습니다.

1차에 예를 들어 2,000 내지 3,000명을 합격시키고 과락을 면한 400명 중에서 300명을 고르는 과락제도는 개선되어야 합니다.

이원달: 아까 제가 말씀드린 것은 무지의 소치로군요. 역사와 법철학이 있다면 2차 시험에 국민윤리는 불필요하다고 생각합니다.

국민윤리에 대해서는 박회장님이나 김변호사님의 말씀에 전적으로 동감입니다.

이상규: 시험과목 문제에 대해 저는 조금 다른 차원에서 생각하고 있습니다. 현재 사시 응시자의 대부분의 사람은 대학을 마쳤거나 재학중인 사람이 응시합니다. 물론 그중에는 독학자도 있겠습니다만. 따라서 초·중·고·대학교의 교과과정과 연계성이 있어야 한다고 생각됩니다.

국사에 대한 근본적인 이해는 있어야 하지만, 국민학교 4학년부터 시작해서 대학의 교양과정에 이르기까지, 물론 전개과정의 구체성의 차이야 있겠으나, 중복적으로 들어가 있습니다. 따라서 대학을 나온 사람은

4번의 교육과 시험을 치르게 되어 있습니다. 그러면 어느 level까지는 올라가 있는게 아니냐는 생각이 듭니다.

국민윤리도 마찬가지입니다. 과연 교과과정에서 중복되는 과목을 사법시험에서 과할 필요가 있느냐, 더욱이 어디서 어디까지인지 한계도 애매모호한 과목을 말입니다.

국사·국민윤리·문화사를 묶어서 1차에서 1과목으로 과해서 과목명을 국민윤리로 붙여도 좋다고 생각합니다. 국민윤리는 철학, 문화사, 반공, 경제학, 정치학의 5가지가 들어있어, 즉, 다섯 컴포넌트로 이루어져 있습니다. 물론 대학에서는 담당교수의 전공에 따라 중점은 다르겠지요. 그런데 이것을 찢어서 국사·문화사·경제학 등으로 할 필요가 있느냐 하는 것입니다.

1차시험이 응시자격시험으로서 스크리닝적 역할을 하는 것이라면 기본적 소양이나 2차 응시자격이 있느냐라는 테스트를 목표로 과목을 정리해야 한다고 생각합니다.

과목을 어렵게 다양하게 만들어 놓고서 자격시험에 적합한 성적이 안 나온다고 해서, 합격점수는 극히 내려갈망정 역산식으로 해서 인원에 맞춰 선발하는, 자격시험도 임용시험도 아닌 것으로 된 여러 가지 원인 중에는 과목에도 있지 않느냐라고 생각합니다.

과목을 정리해서 성적에 따라 합격시켜야 한다고 생각합니다. 성적에 따라 500명이 되더라도 합격시키면 될 것이고, 성적이 충족되는 사람이 200명밖에 없으면 그 정도밖에 합격을 못시키는 것이고 그러나 수요에 극히 미달하면은, 채점기준에 따라 합격자수에는 기복이 생길 수 있는 일인데, 과거에는 한 해에 두 번을 치르기도 하고 총무처에서 채점위원들에게 수요 인원을 염두에 두십사하고 내막적으로 부탁을 하기도 했습니다.

과목의 문제는 인원과 점수와도 깊은 관계가 있다고 평소에 생각합니다.

송상현: 이교수님 말씀에 대체로 동의합니다.

김상철: 국민윤리에 관련해서 한 말씀드린다면 최고점이 80점 가까이까지 나오는 등 점수가 잘 나오고 반면에 cut-line은 49점대이며 과락은 법과목에서 많습니다. 정작 중요한 민법, 상법, 형법 등에서 나오고 있습니다.

이것이 수준미달 이야기가 나오는 한 원인이 되기도 하는 것 같습니다.

과락만 면하면 거의 다 합격이 되거든요. 또 법과목의 기초가 부족한 결과를 낳기도 합니다. 사법연수원 교수들 중에서도 어쨰 적어도 100명 쯤은 수준 미달이라는 이야기를 하거든요.

송상현: 2차시험에서는 본시험이므로 법과목만 과해야 한다고 생각합니다. 선택과목이 있다고 해도 거기서 나는 편차는 국민윤리와 법과목 사이에서 나는 편차와는 비교가 안될 정도로 줄어들 것이고 또 감당할 만할 것입니다.

비법률과목은 1차 시험에서 과해서 처리해야 한다고 보며 2차는 법률과목으로 치러야 한다고 봅니다.

(3) 시험방법에 있어서의 문제

이상규: 다음은 시험방법으로 넘어가서 주로 논의되는 것이 3차 시험에 있습니다. 과연 3차 시험에서 2차 시험 합격자에 대하여 구술시험을 보여 점수화하고 또 교수의 추천성적을 가미해서 종국적 합격결정이 되게 하는 방법이 옳으냐? 이 논의는 이 제도를 시행하기 위한 입법안 예고 때부터 논의가 되어 현재까지 줄기차게 계속되고 있습니다.

박승서: 3차시험 제도에 대해서는 수험생들이 크게 반발하고 있습니다. 굳이 한다면 면접시험 하는 정도 이상의 뜻은 두지 않아야 한다고 생각합니다.

법조계에 들어가서는 곤란한 특수한 사정(말을 못하거나 듣지 못하는 등)이 있느냐 없느냐 등을 보는 정도에 그쳐야지 그것을 넘어서서 근래의 국가관이 있느냐 없느냐 등은 매우 주관적이라고 생각합니다. 지금 대학에서 면접하는 선에서 끝나야 한다고 생각합니다.

이원달: 적극 찬동입니다. 채용시험이라면 면접시험의 목적이 자기네가 필요로 하느냐에 달려 있는 것이나 자격시험에서 말 몇 마디 물어보고 국가관이 투철하느냐 아니냐 등을 따지는 것은, 전부가 다 듣기 좋은 이야기만 하는 사정에서 매우 비현실적이라 생각합니다.

송상현: 그 전에는 이런 것이 없다가 생긴 지가 몇 년이 안됐는데 실지 담당해본 사람으로서도 애로점이 많습니다.

첫째로 교수의 추천서를 보면 국가관, 책임감, 창의성, 신뢰감 등의 덕목이 부동문자로 인쇄되어 있어서 거기다가 수·우·미·양·가로 ○표를 하고 또 밑에 종합적으로 말로 평가하는 란도 있습니다. 그것도 대학은 4년을 학년마다이고 또 대학원이 있다면 따로 그것을 제출하게 되어 있습니다.

학교 학생과에서 미리 조사해서 기입할 것을 기입하여 평을 기입해달라고 가져옵니다. 저희 교수입장에서는 실지 젊은 사람 한사람 한사람의 장래에 관한 문제라서 심각하게 다루려고 애를 씁니다. 그러나 법대 학생들이 늘어나서 학생소집을 해도 4년 동안 한번도 안 나타나는 학생도 있는 형편이고, 지도교수라 해도 150명의 학생을 얼굴은 알지만 사람까지 파악하는 것은 정말 곤란한 일입니다. 그런 사정에서는 참으로 어렵습니다.

결국 전부 수로 해서 보냅니다. 총무처에서는 서류 한 장만 자동적으로 끼어들어가게 한 셈입니다. 제도적 취지는 모르지만 현실적으로는 어렵고 실효성도 의문입니다.

이상규: 이제 송교수님이 말씀하셨는데 그 애로가 대학에 있는 사람에게는 공통적인 것이라 봅니다. 강의할 때 보면 제 반의 경우도 160명 이하가 별로 없는데 누군지 잘 모르겠습니다.

거기다가 보다 심각한 것은 물론 현실적으로 보면 대학 격차가 있는 것은 현실이고, 우리나라의 경우 현재 학력고사 제도에 의해 대학입학이 이루어지므로 사실상 대학격차는 객관화되어 있는 상태라 할 수가 있습니다.

이런 마당에 교수추천성적에서 유명대와 그렇지 않은 대학으로 지칭되는 학교를 같은 차원에서 평가할 수 있느냐도 문제입니다.

서울대 법대 불합격자가 어느 대학에 가면 수석이 될 수 있습니다. 그런데 그걸 같은 평면에서 놓고 있는 것은 문제점이 아닐 수 없으며 제도 자체가 운영을 잘 한다해도 문제가 될 수 있습니다.

사법시험 제도 속에서 소화해야지 그것을 사법시험 외적인 요인인 대학교육의 성과 등을 가미시키는 것은 곤란하다고 봅니다.

송상현: 대학의 경우 내신성적 문제와 같은 면이 있습니다. 신뢰있는 법조인으

로 키우려면 합격시킨 다음에 연수원에서 노력하도록 해야지 3차시험에서는 지금 실효성도 희박할뿐더러 집행하는 입장에서도 기술적으로도 어려운 문제입니다.

(4) 주관기관과 시험위원에 관한 문제

이상규: 출제방법과 시험위원에 관한 문제도 말씀해 주시면 감사하겠습니다.

송상현: 저는 법과대학의 교수가 된 이후 어떤 시험의 위원도 않기로 작정을 했었는데 계속 고사하다가 어느 기회에 할 수 없이 하게 되어서 이후 몇 번을 하게 되었습니다.

위원 위촉과정이 총무처에서 어떤지 전혀 모릅니다만 사석에서 들은 이야기로는 수도권 인구분산책과 밀접한 관련이 있다는 이야기입니다. 서울에 계신 법조인의 위촉을 되도록 억제하고 지방에 계신 분을 한다는 이야기가 있는데 만약 그것이 위촉의 기준으로 작용을 한다면 곤란합니다.

그래서 그 결과인지는 모르겠으나 나가 보면 생전 처음 보는 사람, 이름도 처음 듣는 사람이 시험위원으로 나와서 만나는 경우도 있더군요. 채점은 평균하여 나가니까 조절이 되겠구나 하지만 늘 의아했던 점이 그 점입니다.

이상규: 바로 송교수님 말씀 그대로지만 특히 근년에 와서 학생, 관심자의 이야기는 사법시험의 진행에 있어서는 학계나 수험생들에 의해서 시험을 봐서 내 점수가 얼마나 나오느냐에 대해 승복할 수 있는 선은 유지되어야 하는 것 아닌가 하는 점입니다.

근래에 시험 후 수험생들에게 듣는 질문이 어느 분이 시험위원인데 (공식적으로는 3차시험 후에 공개되지만) 그 분이 어떤 과목의 위원이냐는 질문을 받을 때 곤혹스럽습니다. 개중에는 나도 잘 모르는, 그렇다고 내가 다 알리는 없지만, 경우도 있습니다.

그렇게 되면 사법시험이 공신력하고도 관계가 되는 것 아니냐, 이것은 제도적으로 시정이 되어야 않겠느냐는 생각입니다.

수도권 인구분산 문제와 어떤 함수관계에 있는지 잘 모르나 어느 기회에 담당부서 사람을 만나 그런 이야기를 하니 지방대학 육성 이야기를 해요. 서울에 계신 분만 시험위원이 되니까 서울로 몰리고 그런 면에서 보면 수도권 인구분산과 관계가 되는지 모르겠습니다.

박승서: 행정관료들이 위원 위촉에 있어서 안일하게 생각하니까 형식상의 공평을 기한다는 점에서 그러한 납득하기 어려운 결과가 나오는 것 아니냐 생각합니다. 이것은 시험의 주관기관을 어디로 하는 문제와 관련됩니다. 사법유관기관이라면 누가 시험위원으로 적합한가를 충분히 알 수 있으나 그렇지 않은 기관에서 맡으니까 형식상의 공평이라는 입장에서 이런 모순이 나오는 것입니다. 주관기관을 법조인을 양성하는 기관에서 해야 합니다.

이원달: 경쟁이란 것은 공정성이 생명 아니겠습니까? 공정하고 보편타당성이 유지되려면 출제와 채점이 누가 보더라도 온당한 사람이 되어야 합니다.

그런 사람을 아는 사람은 법조원로라든가 이런 분들인데 이런 분들에게 시험위원을 선정할 수 있는 상설기구 등을 두어 거기서 원로들로 하여금 선정 집행할 수 있도록 해야지 거기에 대해 모르는 공무원에게 맡긴다는 것은 언어도단이지요. 때문에 총무처이든 어디든 뒷바라지 역할, 예산이나 시험장소 등의 이상이 되어서는 안된다고 생각합니다. 위원의 선정권은 재야·재조의 법조원로와 법학교수 등의 상설기구로 하여금 맡게 하여야 한다고 생각합니다.

박승서: 사법시험에 있어서 사법시험과 무관한 정책적인 배려가 시험위원, 인원수, 시험과목 등에 걸쳐서 개재된다는 것은 근본적인 검토를 요하는 문제라 생각합니다.

이원달: 그러니까 가장 중요한 문제는 모든 것을 장기적인 안목에서 국가장래까지 내다보고 정해야지 사법외적 요인이 작용한다면 이것은 국가장래를 위해서도 큰 문제라고 생각됩니다.

박승서: 우리나라의 경우 각종의 자격시험이 의사·약사고시는 보사부에서, 공인회계사는 재무부에서, 변리사는 특허청에서, 중개사는 내무부에서 주관하는 등으로 시행되고 있습니다.

사법시험도 자격시험인 한 시험의 주관기관이 다른 자격시험의 경우처럼 되어야 한다고 생각합니다.

이원달: 그렇지요. 전문가들에게 맡겨야 한다고 생각합니다.

박승서: 현행제도에 따르는 모든 폐단이 주관기관이 전문가들이 아닌 데서 온다고 생각합니다. 정 정원제를 고집한다면 사법연수원 입학시험으로 고쳐야 한다고 생각합니다.

이상규: 총무처가 주관하고 있는 것을 연혁적으로 살펴볼 것 같으면 당초 고시위원회가 있어서 보통고시·고등고시 등을 관장하다가 그 당시 이 기관이 폐지되면서 그 업무가 총무처에 흡수된 것입니다.

요즈음처럼 별도로 사시·행시가 아니라 고등고시 안에 포함되어 있었습니다. 5·16혁명 이후에 고등고시를 폐지하고 행정과를 3급 공개경쟁채용시험으로, 사법과를 사법시험으로(우연의 일치인지는 모르나 일본의 시험 이름과 같습니다) 바꾸면서 관장기관을 답습한 것입니다.

제도가 변혁이 되면 거기에 맞게 모든 것이 탈바꿈 되어야지, 실시기관 면에서는 그대로 답습을 하였던 것입니다.

박회장께서도 말씀하시 것처럼 관련기관 아닌 곳에서 주관하는 자격시험은 사시가 유일하지 않은가 합니다.

김상철: 독일의 경우를 보면 제1차 국가고시와 제2차 국가고시로 나누어지는데 전자는 우리나라의 사법시험에 해당이 되고 후자는 시보수료 시험으로서 우리의 사법연수원 수료시험에 해당합니다.

이것들이 합쳐져서 법조자격시험이 되는 것이지요.

이상규: 근본적으로 사법시험령이 대통령령으로 되어 있는 것은 헌법위반이 아니냐, 넓은 의미에서 법관임용자격이 법원조직법에, 사법시험에 합격하고 사법연수원 과정을 이수한 자로 되어 있으니까 법관으로 임명되면 그것으로 족하다고 할지 모르나 기본이 되는 것은 사법시험이라고 생각됩니다.

그 사법시험령은 자격에 관한 것이므로 위임명령이 되어야 하는데, 우리의 사법시험령은 母法이 없으므로 위임명령도 집행명령도 아닌 상태에 있습니다.

법원조직법에서라도 위임규정을 두어야 합니다. 행정고시에 대해서는 국가공무원법에 근거규정이 있습니다. 사법시험령의 행정입법으로서의 정당성이 의문시되는데 이것이 법관자격과 국민의 기본권에 어떻게 영향을 미칠지 의문입니다.

박승서: 사법연수원 입학시험으로 되든 법률에 근거를 두든지 해야지요.

김상철: 헌법에 법률에 정한 법관에 의하여 재판을 받을 권리라고 규정할 때, 이것은 國民代議體에 의하여 심의가 되는 것을 전제하는 것인데 사법시험령도 국민대의체의 심의를 거칠 필요가 있다고 생각합니다.

이상규: 두 시간 이상에 걸쳐 좋은 말씀을 해주셨고 오늘 이 자리에서 제기된 문제점이나 개선방향은 앞으로의 사법시험제도의 개선발전을 위한 논의에 매우 도움이 되리라 믿습니다. 감사합니다.(중앙일보, 1986. 1.)

4. 좌담: 法院組織法 改正法律과 訴訟促進 등에 관한 特例法을 본다(司法行政 243호, 4-14면, 한국사법행정학회)*

사회: 바쁘신 중에도 불구하시고 이처럼 참석해 주셔서 대단히 감사합니다.

주지하시는 바와 같이 부지불식간에 입법회의에서 法院組織法과 訴訟促進 등에 관한 特別法이 만들어졌는데 이것이 충분히 검토되었어야 함에도 그렇지 못했던 것 같은 법조실무계에 몸담고 있는 저희들로서는 당황하지 않을 수 없습니다. 그래서 오늘은 이 자리에서 法院組織法改正案과 訴訟促進 등에 관한 特別法에 대해서 말씀을 나누고자 합니다.

그럼 우선 이 두 가지 법률 중 법원조직법 개정안의 특색이 무엇인지에 대해 최변호사께서 말씀해 주시지요.

□ 法院組織法改正案의 特色

최: 우선 사회자께서 말씀하신 것처럼 법원조직법이나 소송촉진특례법 등에 관한 것은 사법제도의 骨幹을 이루고 있는 기본법의 하나인데, 물론 여

* 1981. 2. 10. 서울동합번호사회 회의실, 宋相現 교수, 李在性 변호사, 崔光律 변호사, 사회 金驗洙 변호사.

러 가지의 처하여진 상황 때문에 어쩔 수 없었는지는 모르겠으나 그 개정의 절차가 보다 신중한 측면에서 검토되고 斯界의 전문가 또는 국민의 여론이 반영돼서 제정될 수 있었다면 하는 아쉬움이 남습니다. 그 중 법원조직법에 관해서는 대체로 헌법개정에 따르는 작업으로서 법원조직법을 보완하고 개정하는 것과, 그 기회에 소송촉진에 관한 조치라든지 법원조직에 관한 여러 가지 제도가 마련된 것 같군요.

◇ 大法院判事를 15인에서 12인으로

그 골자를 간략히 추려보면 사법권의 범위에 관해서 종전의 해석론에 맡겼던 것을 明文으로 명시하고 행정심판의 근거규정을 신설한 것이 첫째 특색이겠습니다. 둘째, 법원조직법에 관해서 몇 가지의 특색이 보이는데, 즉 종전의 대법원판사를 15인에서 12인으로 줄였는데 아시는 바와 같이 한때 대법원판사를 9인에서 15인으로, 15인에서 16인으로 증가하는 현상을 보이다가 이번에는 역으로 12인으로 축소하는 사례를 보였는데 축소 정리한 이유는 소송촉진에 관한 특례법에서 상고를 제한한 데에 그 방향을 맞춘 것이 아닌가 짐작됩니다.

그 다음으로 대법원 전원합의체의 결정사항으로서 헌법위원회의 심판을 제청하는 결정을 두었고 대법원에 조세, 노동, 군사, 특허 등에 관해 「전담부를 설치할 수 있다」라고 해서 재량규정으로 전담부설치에 관한 것을 두었는데 이것은 헌법에 맞춘 것 같습니다. 그리고 대법원장의 사법행정사무에 관한 지휘, 감독권을 명문으로 신설한 것이 특색이겠습니다.

◇ 大法院에 勞動·軍事 등 專擔部設置

셋째로 연수제도에 관해서 몇 가지의 특색이 있는데 즉, 법원조직법에 근거가 없이 설치되었던 법원공무원교육원의 신설조항을 두었고 사법연수원과 법원공무원교육원의 조직에 관해 몇 가지 개정을 한 것 같군요. 넷째로 사법조직과 직접 관련은 없지만 소송촉진에 관한 몇 가지 규정이 보이는군요. 그 하나로 종전에 대법원에만 하급법원에 대한 기속력을 두었던 것을 상급법원에도 하급법원을 기속할 수 있는 조항을 두었습니다. 또 하나 중대한 규정으로서는 사건의 신속한 처리를 위해서 대법원장 및 각급법원의 長, 즉 사법감독관에게 사법행정상의 조치를 취할 수 있는 근거를 마련한 것입니다. 이것에 관해서는 사법행정상의 조치가 무엇인가에 대해서 의문의 여지가 있을 것 같습니다.

◇ 經歷年數通算對象 넓힌 것 理解안가

다섯째로는 법관의 임기라든지 임명, 징계 등 법관의 인사에 관한 규정이 보입니다. 그것은 헌법개정에 맞추어 바뀐 것도 헌법개정과는 전혀 관계없이 일부 개정된 것이 있는데, 그 중 임용자격에 있어 상급심법관의 임용자격의 연한을 引下한데 특색이 있고 경력연수통산대상의 범위를 넓혀 심지어는 국·공영기업체 정부투자기관 기타 법인에서 법률사무를 전담한 자도 포함한다고 한 규정을 두었군요. 임기에 있어서도 대법원장의 정년을 70세로 늘였고, 징계에 관해서는 징계처분에 의한 파면을 금지하는 조항을 두고 있습니다. 그리고 법관인사에서 종전에 없었던 규정으로는 법관으로 하여금 타 기관에 파견할 수 있는 근거규정을 신설했고 반대로 타 기관소속 공무원이 법원조사관으로 근무할 수 있는 길을 열어 놓은 것입니다.

◇ 大法院長의 停年을 70세로 引上

여섯째로 법정질서 유지를 위한 배려를 정한 것인데, 법정질서유지를 위해서 재판장에게 措置權을 주고 不告不理의 원칙의 예외로서 과태료에 의한 처벌규정을 두었고 파견경찰의 요청이나 지휘감독권을 두었습니다. 마지막으로 사법연수원 규정에 관해서 연수원장의 격을 고법원장급 이상으로 격상하는 규정을 두었고 사법연수원이 비단 법관만을 양성하는 곳이 아니라는 것을 의식해서인지 연수원 부원장제를 두어 대검검사급 이상으로 한다는 규정을 신설했습니다.

◇ 法 改正엔 광범한 意見集約 있어야

이상 7, 8가지 점에서 법원조직법이 개정되었는데 아쉬운 것은 법원조직법이 건국 후 제정되어 수차 개정되어 오면서도 때워 깁고 하여 왔는데 그러다보니 다른 법령체계와 비교해서 모순도 있어 전면적으로 체계가 맞지 않는 감이 있어 좀더 광범위한 의견을 집약해서 전면개정을 했더라면 하는 아쉬움이 있습니다.

사회: 새로된 법원조직법 40조를 보면 법관이 중대한 심신상의 장해로 직무를 수행할 수 없을 때에는 퇴직을 명할 수 있다고 했는데요. 이것이 법관의 독립성이랄까 하는 것을 침해하는 것이 되지 않을까 우려되는데, 이것은 무슨 뜻인지요?

◇ 法官에 대한 退職命 濫用은 막아야

이: 헌법에는 어떻게 되었는지요? 옛날에도 이 규정이 있지 않았었습니까?

최: 예, 옛날에도 있었고 현재 제5공화국헌법에도 제107조 제2항에서 이 규정을 두고 있는데요. 헌법학자들의 견해로는 징계처분, 탄핵과 같은 제재로서의 퇴직이 아니고 심신장해라든지 기타 사유로 직무를 수행할 수 없을 때 예컨대 고혈압이나 정신질환으로 직무를 계속 감당할 수 없을 때에 퇴직을 명하는 것은 법관의 신분보장과는 관계없지 않느냐 하는 취지에서 나온 것인데요. 남용은 막아야겠지만 그 취지 자체는 나무랄 것이 못된다고 생각합니다.

사회: 제가 볼 때 제12조 제4항의 2에 새로운 조항으로 「신속한 기일의 지정을 요청할 수 있다」고 한 것이 새로운 것이라고 생각되는데요. 법원이 기일을 지정하지 않고 그냥 묶어서 두고 있을 때 당사자가 이를 상급법원에 요청하여 권한을 발동할 수 있도록 하겠다는 것으로 추측되는데 이것이 소송촉진면으로 볼 때 당사자로서는 새로운 규정이 될 것 같은데요. 송교수님은 어떻게 생각하십니까?

송: 글쎄요, 이것을 대법원규칙으로 미루어 놓았기 때문에 현재로서는 감을 잡기가 어렵군요. 이것을 감독권이 있는 상급법원에 하는지 아니면 소속법원에 하는지, 또는 당해 법관에게 하는지 윤곽이 떠올라야 거론할 수 있겠군요.

◇ 日本은 司法行政權이 全體法官會議에

이: 현재 일본에서는 사법행정권을 법관회의에서 가지고 있지요. 우리의 경우 지방법원의 원장이 사법행정권을 독자적으로 가지고 있는데 일본의 경우는 재판소의 장이 가지고 있는 것이 아니라 판사보를 제외한 전법관

으로 구성되는 법관회의가 있어 그 회의에서 논의가 되어 당해 판사에게 기일을 지정케 한다든지 하는 제도가 있는데요. 우리도 그런 식으로 해야 될 것이라는 의도에서 생겨난 것 같군요.

사회: 54조의 3을 보면 법정모욕죄에 관한 규정이 있는데요. 법정질서유지를 위해서 재판장이 직권발동을 할 수 있는 것으로 해석되는데 이것이 검사의 공소없이도 조치할 수 있도록 한 것인지요?

송: 과거에 대구에선가 말썽이 난 적이 있었지만 不告不理의 원칙에 의해서 하지 못했던 것을 대법원규칙으로 예외규정을 두어 시정하려는 것 같아요.

사회: 그 밖에 법원조직법에 관해서 말씀들을 나누어 보기로 하지요.

◇ 上級審法官의 任用資格年限引下

이: 제가 65년경 대법원재판연구관으로 있을 때 대법원판사가 열두 분 계셨는데 그중 50세 이상이 다섯 분인가 계셨고 제일 연령이 적은 분이 43세였던 것으로 기억이 되고 현재 고법부장 이상의 분들의 연령이 43-4세 이상의 분들로 법조경력 20년 이상된 분들인데요. 대법원장이나 대법원판사의 임용자격요건에 있어 그 연한을 인하한 것이 어떤 의미인가 의문이 가는군요.

최: 종전의 경향으로는 그 연한이 높아지는 쪽으로 갔고 경제기획원의 조사발표로도 우리 국민의 평균수명이 점차 높아지고 있고 더구나 상고심을 완전한 의미의 법률심으로 하려는 의미인지 모르겠으나 소송촉진에 관한 특례법에서 상고이유를 극히 제한하여 헌법위반 또는 대법원판례 위반이 아닌 것은 상고심의 대상이 되지 않는 것으로 고치면서 굳이 대법원판사를 포함한 상급법관의 임용자격을 연령면에서 인하하고 반대방향으로 간다는 것은 도저히 이해가 가지 않는군요.

이: 또 한 가지 짚고 넘어갈 것이 있는데요. 현직 법관을 법관의 신분을 그대로 둔 채 파견근무를 시키고 반대로 타 기관의 공무원을 그 신분으로 법원의 조사관으로 근무를 시킨다고 하는데요. 우리가 생각하는 법조경력이라는 것이 판사, 또는 변호사, 검사로서 실무를 하며 법조계에서 근

무한 것이지 판사의 신분만 가지고 타 기관에서 종사한 것도 법조경력이라고 할 수 있는 것인지요. 예를 들면 타 기관에 파견된 법관으로서 법률사무를 전담하지 않는 경우도 있거든요.

◇ 部處間 人事交流는 運用의 妙 살려야

최: 그 이야기는 두 가지로 나누어야겠지요. 임용자격에서 경력통산의 범위를 넓힌 것과 법관의 행정부에의 파견, 행정부직원의 사법부에의 파견근무와는 별개의 차원이 되겠는데요. 후자의 경우 재판사무도 전문화하고 다양화하니까 광범위하게 지식을 활용하고 사법행정을 활성화한다는 뜻에서 법관이 행정부 파견근무를 통해 사법행정에 기여하게 하겠다는 의도인 것으로 짐작은 가는데 다만 이것이 권력분립의 원리 내지는 사법권독립의 보장에 어떤 영향을 미칠 우려는 없는가 하는 측면에서 다소 염려스러운 조항이랄 수 있겠지요.

예를 들어서 조세사건에 관한 광범위한 의견을 수집하기 위해서 국세청직원을 법원조사관으로 위촉해서 근무하게 했을 때 조세사건 심판에 있어서 행정부의 영향 내지는 사법권독립의 위협을 받지는 않을까 해서 운용의 묘를 기해야 할 대목이 아닌가 생각합니다.

사회: 44조를 보면 「법관의 지위는 존중되어야 하며 그 보수는 직무와 품위에 상응하도록 따로 법률로 정한다」고 되어 있는데 이 부분에 대해서는 어떻게 생각하시는지요?

◇ 法組法 44조는 좀더 구체화했으면

최: 종전의 법관의 보수가 행정부 공무원, 특히 검사의 보수와 맞추어서 논의가 되었는데 그들이 담당하고 있는 사무의 특수성과 사법부에 대한 국민의 기대, 그리고 사법권독립을 실질적으로 보장하는 측면에서 법관의 지위는 존중되어야 하고 그 보수가 직무와 품위에 상응하도록 인상되어야 한다는 논의를 상징적으로 표현한 대목 같은데 대단히 좋은 條文이라 생각되는 한편 좀더 구체화되었더라면 하는 아쉬움이 있군요. 그리고 이 44조와 관련해서 생각나는 것이 비록 헌법에는 안들어갔지만, 법관의 임용자격 특히 초임법관의 자격을 격상하여 검사 또는 변호사로서 일정

기간의 경력을 쌓지 않으면 법관으로 임용될 수 없도록 하는 규정을 마련할 길은 없었을까 하고 생각해봅니다. 일본이나 우리나라에서도 논의되어 왔던 소위 법조일원화의 이념을 달성하기 위해서 대륙법계 특히 일본에서 도입한 커리어시스템을 버리고 법조일원화의 길로 가서 법관의 지위를 격상하고 壇下에서 재판을 받아 본 사람이 아니면 단상에서 재판할 수 없도록 하는 그런 제도가 마련될 수는 없었는가 하는 아쉬운 감이 있습니다.

◇ 사법연수원의 기능은 判檢事의 충원만이 전부 아니다.

사회: 법조일원화라는 것이 우리의 실정하에서는 요원한 것이 아닌가 하는데요. 아까 말씀하신 사법연수원의 부원장을 반드시 대검검사 중에서 임명하는 취지로 보아 우리나라에서는 아직도 사법연수원이라는 것이 판사검사의 충원을 위해서 있는 제도라는 생각을 입법자들이 가지고 있는 것 같아요. 그래서 그 취지가 사법연수원을 수료한 후에 검사지망자가 판사지망자보다 적은 이유가 사법연수원의 교수가 법관출신들이기 때문에 법관으로 지망하게 유도하는 것이 아니냐 해서 부원장만이라도 검사출신으로 한 것이 아닌가 생각되는데요. 이런 것을 볼 때 우리나라에서의 법조일원화라고 하는 것이 하나의 이상일 뿐이지 실제로 입법하는 사람들의 관념에는 거의 자리잡고 있지 않는 것이 아닌가 하는 생각도 드는군요.

그럼 다음은 소송촉진 등에 관한 특례법에 대해서 논의하기로 하겠습니다. 우선 민사소송에 있어 중요한 대목을 많이 개정했는데요. 이것에 관해서 이변호사님께서 정리해 주시지요.

□ 訴訟促進 特別法의 特色

이: 일반 민사절차에서는 소장을 받고도 금전채무를 이행하지 않으면 채무자에 대하여 대통령령이 정하는 고율의 법정이율을 적용하도록 하였고 둘째로 소송지연목적의 제척기피신청을 각하할 수 있게 하고 소송절차가 정지되지 않도록 하였으며 셋째로 결정명령조서 등에 과거에는 법관들이 서명날인을 했었는데 이것을 기명날인으로 바꿀 수 있도록 하였고, 넷째로 원심재판장에게 상소장의 심사권을 부여하였고, 다섯째로 상고이유를 헌법위반과 대법원판례위반으로 한정하였고 여섯째로 중대한 법령

위반이 있는 경우에는 대법원의 허가를 받아서 상고할 수 있는「허가상고제도」를 만들었고 일곱째로는 강제경매절차에서 경락허가결정에 대한 항고를 할 때에 공탁을 하도록 하였고 여덟째로 변호사의 보수를 일정한 범위 안에서 소송비용으로 줄 수 있도록 하였으며 소액심판절차에 있어서는 두 가지가 변경되었는데 그 하나는 증거조사에 있어서, 일반민사소송절차에 있어서는 당사자의 신문을 보충성이라 하여 다른 증거를 조사한 후 적당한 증거가 없거나 심증이 가지 않을 때 이를 할 수 있었는데 이번 특례법에서는 다른 증거들을 제쳐 놓고 당사자 신문을 증거로 할 수 있도록 하였고 또 하나는 판결서에는 그 이유기재를 생략하도록 한 것이 특색이지요. 이렇게 대략 열 가지 정도가 달라졌는데 이 중에서 특히 허가상고제도라고 하는 것이 가장 큰 충격파를 던진 것이라 할 수 있겠습니다.

◇ 許可上告制는 충격파(?)

사회: 일반의 의문이 생길 여지가 있는 것이 법정이율을 적용하지 않고 이자제한법의 범위 안에서 대통령령으로 따로 이율을 정한다고 한 것인데요. 80년 1월 1일부터인가 연 4할까지 되지 않았습니까?

이: 그것과 이것은 다르다고 할 수 있겠지요. 이것은 대통령령으로 따로 정한다는 것이라고 생각되는군요.

최: 해석론으로는 異論이 나올 수도 있지요. 이자제한법 제 1 조 제 1 항의 최고이자율에 관한 규정이라는 대통령령이 있는데 그것을 말하는 것이냐 아니면 또 따로 정하는 것이냐로 생각해 볼 수 있겠는데요.

송: 저는 따로 정하는 것으로 알고 있습니다. 법원행정처에서 따로 마련하는 것으로 방향을 잡고 있는 것으로 아는데 연 5% 최저율에서 4할의 상한선의 범위 내에서 정할 터인데 주먹구구식으로 하면 안될테고 고려를 하자면 국제금리, 국내금리를 보아야 할 것이고 국내금리 중에서도 일반사채금리나 공정금리를 보아야 하고 공정금리라면 은행금리인데 거기에서도 수신금리와 여신금리를 보아야 하겠고 또 다른, 정책적으로 베풀어 주는 특별금리나 일반대출금리를 보아야 할 것인데 조사한 바에 의하면

작년 한 해 동안 우리나라의 은행금리가 서너 번 바뀌었는데 이러한 속에서 고율의 법정금리의 선을 긋는다는 것이 그런 여러 이율들을 조사해서 현실에 맞고 근거있는 이율을 뽑아내야 한다고 봅니다.

◇ 법정이율규정엔 다소의문

최: 그런데 그 법정이율에 관해서 다소 의문이 가는 것이 있는데요. 종전에는 민사법정이율이 연 5%, 상사법정이율이 연 6%, 어음수표법의 소정이율이 연 6%였는데 현실에 맞지 않았던 것 같아요. 채무자는 이율이 저렴한 것을 이용해서 소송을 지연하여 되도록이면 소송을 지연하는 동안의 금리상당액의 득을 보겠다는 기도를 하니까 이것을 막겠다는 것은 좋은데 소송에서는 이율이 저렴하기 때문에 반드시 채무자가 득을 보는 경우가 아닌 반대의 경우도 있거든요.

예를 들어 생명침해나 신체침해에 대한 손해배상사건에서 장래 기대수익에 대해 손해배상을 명할 때 중간이자를 공제하는데 종전에는 그 중간이자공제율이 연 5%이고 보니 손해배상청구를 하여 장래 있을 이익을 산정하여 중간이자를 공제한 現價를 산출하여 그 돈을 목돈으로 받아서 다시 은행에 넣으면 자기가 본래 받았던 급료보다도 많아지는 경우가 생겼거든요.

그러면 법정이율이 현실과 너무 동떨어지기 때문에 일어나는 여러 가지 불합리, 소송지연 등의 폐해를 방지하겠다는 생각이라면 그쪽 측면도 고려가 되었어야 할 것이 아닌가 생각합니다. 法文에 규정된 요건으로 보아서 그런 것은 적용치 않겠다는 취지로 보여지는데 그렇다면 그러한 불합리는 여전히 남는 것이 아닌가 생각되어 조금 배려가 부족했다고 느껴지는군요.

이: 저의 견해로는 중간이자공제라는 것이 이론상 그렇게 되어야 할 것 같아요. 중간이자 공제이론이라는 것이 예를 들어 30년 뒤에 줄 것을 지금 주니까 30년 동안 미리 받아서 이용하니까 그 이자만큼 떼어야겠다는 것이 되겠는데요. 그렇다면 그 공제할 이자율을 어떻게 정해야 될 것인가는 通常人이 그 돈을 이용할 수 있는 금리로 해야 옳은 것이겠지요.

그러나, 그것과 이 문제는 별로 연관성이 없다고 생각합니다.

최: 이왕 이런 것을 마련하려고 했다면 그러한 측면도 고려했어야 할 것이 아닌가 생각합니다.

사회: 그 문제는 그쯤하여 두지요. 그 다음은 뭐니뭐니해도 가장 큰 문제는 상고이유를 제한한 것이 아닌가 생각되는데 이것이 종전의 소액사건심판에서는 이와 비슷한 것이 있었지요.

송교수님 어떻습니까? 외국에도 이러한 상고심의 부담을 경감시키기 위한 법제가 많이 있는지요?

◇ 외국에서의 上告制限例

송: 아시다시피 대법원에 상고를 한다고 하는 것은 당사자의 권리구제도 하고 재판권을 통일적으로 행사하는 면도 있었습니다만, 이것이 너도나도 상고를 하게 되면 상고심의 부담이 증가되고 현명하게 재판을 하지 못하게 되는 결과도 가져오게 되니까 대체로 어떤 형태로든지 그것을 억제하려고 하는 제도나 법률을 가지고 있는 것은 각 나라마다의 공통적인 현상입니다. 그것을 다루는 어프로치에 있어서 예를 들어 독일에서의 價格上告라든지 原則上告와 일본에서의 가압류 가처분 등과 같은 것은 원칙적으로 상고를 못하게 한다는 것이었는데 이것은 제 견해로 볼 때는 무수히 올라오는 상고의 흐름을 근본적인 본줄기를 막아버리는 것이 아니고 옆에서 조금씩 지엽적으로 건드려서 못하게 하는 식의 濫上告抑制策인 것으로 생각이 됩니다.

◇ 英·美는 上告의 길 거의 막아

그런데 상고하는 원줄기를 막아서 못하게 하는 제도를 둔 곳이 영·미 국가들인데요. 지금 우리의 상고제한에 관한 것을 보니까 원칙적으로는 헌법위반과 대법원 판례위반은 권리상고이고 그 나머지 법령위반이라든지 하는 것은 허가에 의한 상고라는 그러한 줄기를 세운 것 같습니다. 그렇다면 아시다시피 어느 법관이나 소송관여자가 헌법이나 판례에 위반된 재판을 하는 경우란 그리 많지 않을 것으로 생각됩니다. 결국 법령위반을 허가에 의한 상고로 해놓은 것이 큰 문제가 되겠는데 이것을 보고 얼핏 받는 인상은 미국의 연방대법원을 모방하려 한 것이 아닌가 하는 생각도 일견 듭니다. 미국대법원의 경우는 상고를 하는 길이 세 가지가 있는데요. 원래 Appeal이라고 하는 권리상고로 그 사유가 법정되어 있어 극히 드물지만 누구나 할 수 있는 것이고 그 다음 썰티휘케이션(Certification)이라고 하는 것으로서 상고법원에 의견을 확인하는 절차로서 극히 드문데 이것은 하급법원들이 재판을 하다가 어떠한 중대한 법률해석 등에 관한 문제에 부딪쳐 상고법원의 의견을 알고 싶을 때에는 일단 심리를 보류하고 상고법원에 의견의 확인을 신청하는 절차이지요. 이런 경우는 거의 없지요. 그리고는 가장 많은 경우가 썰씨오라리(Certiorari), 우리나라에서는 이송명령, 이송영장이라 번역이 되고 있는 것인데, 이것은 당사자가 상고를 하면 그 기록과 신청서를 대법원이 보아서 그 사건이 중대한 법률적 쟁점이 있어서 대법원이 수리를 하여 대법원의 견해를 세울 필요가 있는 사건이라고 판단되면 그 하급심법원에 있는 기록과 기타 일체를 대법원으로 이송하라는 명령을 내리는 제도입니다. 위의 것을 살펴볼 때 미국의 경우 대법원이라고 하는 것은 상고사건의 상고적합성 여부를 판별하는 기관이지 상고심으로서 상고사건 자체에 법률적·구체적·쟁점을 심리하는 경우는 상고법원이 다룰 가치가 있다고 해서 받아들인 극소수의 케이스에만 가능한 것이지요.

◇ 許可上告制度는 濫上訴 막는 장치 선행돼야

그러니까 우리나라의 경우에도 이런 식으로 허가에 의한 상고제도를 마련해 놓으려면 濫上告를 막기 위해 대법원이든지 원심법원이든지, 또는 대법원에 상고를 전담하는 부를 두든지 해서 휠트레이트 메카니즘(filtrate mechanism), 즉 여과장치를 어디엔가는 설치해야 할 것입니다. 그래서 그 허가 여부를 결정해야 할 것입니다. 그럴 적에 거기서 대부분 허가를 한다면 종전처럼 운용이 될 것이고 반대로 허가를 대부분 않는다면 그야말로 상고의 길은 막혀버리는 결과에 이를 것입니다.

그러면 허가에 의한 상고의 입법례를 보면 원심법원에서 허가를 요건으로 하는 경우가 있는데 후자의 경우는 상고법원의 예심제 쪽으로 설정을 하든지 상고법원의 純全한 裁量受理制 쪽으로 설정을 가든지 하는 방법들이 설정될 수 있겠으나 어떤 방향으로 갈런지 이야기 하는 것은 시기상조이겠지요. 그러나 우리나라 현실로서는 미국의 경우처럼 운용하기는 어려울 것 같군요. 미국의 운용현실은 1년에 5,000건 이상이 연방법원에 상고가 되는데 그 중에서 썰씨오라리(Certiorari)를 인정해서 대법원에 이송명령을 하는 것은 400건 미만이므로 10%가 채 안되지요. 미국의 경우는 말하자면 사건의 상고적합성을 따지는 일종의 재량수리 방향인데요. 9인의 대법관 중에 적어도 4인 이상이 가치있다고 판단했을 때 수리가 되는데 10% 미만이 되지요.

◇ 許可上告制, 美日法 모방 아닌지

그런데 우리나라에서는 그렇게 못할 것이고, 지금 이 입법은 제가 들은 바로는 일본의 형사소송법을 model로 해서 정했다고 들었는데 이것의 原典이 되는 일본의 형사소송법이 미국의 연방대법원의 썰씨오라리(Certiorari) 제도를 염두에 두고 모방을 한 것이지요. 그런고로 이것이 우리나라 사법현실에 맞추어서 어떤 형태로 나타날런지는 대단히 흥미거리입니다.

사회: 대법원규칙으로 정한다고 했으니까 규칙이 생겨나봐야 확실한 것을 알 수 있겠습니다.

◇ 上告制限엔 재야법조계의 불만 커

이: 상고를 제한하겠다고 한 것은 처음에 소액사건심판법에서 나타났습니다.

그러다가 약 5년 전에 민사소송법개정안을 대법원에서 마련하여 법무부를 경유·정부안으로 내어 놓아 결국 국회에서 통과되지 않았지만 그 때에 거기서 단독사건까지 제한하겠다고 되어 있었습니다. 그때 단독사건 중에서 어음수표 사건을 訴價의 多寡에 불구하고 단독사건을 제외하고 소송가액이 단독사건으로 되는 것은 소액사건심판처럼 헌법위반과 판례위반만을 상고이유로 하겠다고 해서 대한변호사협회로 의견을 구해왔었는데 대부분의 변호사들이 그것을 반대했지요. 결국 정부안으로 해서 국회에 제출되어 통과를 못한 것은 변호사들의 맹렬한 반대 때문이었다고 말할 수도 있겠지요. 그런데 이번에는 공식적으로 저희들의 의견을 들은 바도 없이 부지불식간에 이러한 제도가 마련이 돼서 이 부분에 대해서는 상당히 많은 변호사들이 불만을 가지고 있을 것으로 아는데요.

방금 송교수님께서도 자세히 말씀해 주셨지만, 일본에서는 1950년경에 상고제도 개정이 논의되어 民事·刑事를 포함한 특례법을 만든 일이 있지요. 그 당시 상고제한이유를 헌법위반, 판례위반 여부와 법령해석에 관한 중대한 사항만으로 해서 그 법을 2년 한시법으로 하여 시행해 보았지요. 2년간 시행해 보면서 실제로는 어떻게 정해야겠다고 해보다가 2년이 지나도록 대안이 나오질 않았었지요. 그래서 2년을 다시 연장을 하여 4년을 했습니다. 4년이 지난 1955년경에 原狀대로 법률위반은 무조건 상고이유가 되는 것으로 민사소송법을 고쳤고 형사소송법에서는 上告受理制度가 만들어졌는데 그것이 우리의 것과 거의 유사한 것 같은 생각이 드는군요.

◇ 영국의 허가상고제

송: 영국의 경우는 대법원이 상원이기 때문에 상원의장이 대법원장이 되고 내각이 이루어지는데 그래서 입법·사법·행정의 통합체가 되겠는데요. 영국 역시 허가상고제로서 하급법원법관과 상급법원법관의 위원회가 있어 거기에서 신청된 상고사건을 심의해서 허가해 주고 있지요.

◇ 허가상고제, 아직은 시기상조 아닐지

이: 이 개정법이 시행됨에 따라서 상고심의 성격이 달라질 것이 아닌가 생각됩니다. 과거의 상고심이라는 것은 그야말로 당사자의 불복수단의 하나로서 인정되었던 것이 주된 목적이고 대법원의 법령해석을 통일한다든지 하급법원을 지도한다고 하는 것은 불복수단에 따른 부수적인 것으로 되어있었는데 이번에는 역으로 그 목적이 당사자의 구제에 있는 것이 아니라 대법원의 법령해석의 통일, 하급법원지도와 같은 것이 주된 것으로 해서 그것을 통하여 당사자의 구제여부를 결정짓는 것으로 성격이 바뀐 것 같은 생각을 하게 되는군요. 물론 외국에도 이러한 제도가 없는 것은 아니지만 대법원이 중요하지 않다고 상고가 안된다고 했을 때 불복의 길은 막혀버립니다. 우리나라의 현실로 보아서 이 제도의 타당성을 논한다면 이심재판이 소송당사자에게 어느 정도 승복을 받을 수 있겠으냐 하는 것과 관련될 것이지만 아직은 시기상조가 아닐까 생각됩니다. 일부에서는 상고허가가 관대하게 처리되어 상고허가가 많이 나길 수 있

도록 운영이 되었으면 하는 바램들은 가지고 있는 것 같군요.

사회: 그 다음으로 변호사보수에 관한 규정인 제16조를 보면 「소송대리를 한 변호사에게 당사자가 지급할 보수는 … 소송비용으로 한다」고 했는데 과연 이것이 원활하게 운용이 될 것인지 변호사인 저희들로서는 그것이 대법원규칙으로 정했을 때 어떻게 변모할 것인지, 현재의 변호사회의 규정과는 어떻게 관계될 것인지 걱정스럽습니다. 최변호사님 어떻게 보시는지요?

◇ 변호사보수제에 근본적 변혁

최: 지금 16조에 있는 것은 단순히 소송비용으로 정해서 변호사보수의 소송비용화의 길을 마련해 주겠다는 의도인데 그 의도는 좋으나 이 제도가 운용여하에 따라서는 변호사보수 법정주의로 갈 가능성이 많습니다. 그렇게 되면 변호사들에게 실제로 지급되는 보수 중에서 앞으로 소송비용으로 받을 수 있는 보수와 받을 수 없는 보수가 있게 될텐데, 받을 수 없는 보수가 점차로 알려지기 시작하면 소송당사자들이 그것을 주려고 하겠는가 생각하면 독일에서 시행하고 있는 辯護士報酬法定主義 쪽으로 흘러가지 않을까 하는데 이렇게 볼 때 변호사보수제도에 근본적인 변혁이 오지 않을까 하는 생각을 갖게 됩니다.

송: 글쎄요. 그 말씀도 퍽 공감이 갑니다. 독일의 변호사비용법은 당사자와의 계약에 의해 소송비용을 받지 않을 수 있는 여타의 길을 터놓았지요. 대개 변호사보수를 정하는 방법이 정액방법으로서 소송가액의 몇 퍼센트, 또는 변호사가 하는 행위마다 그 행위에 대한 보수의 합산을 요구하고, 그렇게 되면 변호사의 소송행위가 스텐더다이스되고, 公定價格이 매겨져서 실제로 행위한 만큼 받게 되겠지요. 그런데 대법원규칙으로 소송비용으로 할 수 있는 변호사보수를 정한다는 것은 변호사회에서 정한 기준으로 일정한 선을 긋는 것인지 그 방향을 잘 모르겠군요.

◇ 변호사보수, 소송비용에 산입돼야

이: 제 개인의 견해로는 변호사보수는 소송비용에 산입되어야 한다고 생각합니다. 변호사비용을 소송비용에서 뺀다고 하는 것은 좀 잘못된 것이 아

닌가 하는 생각을 늘 해왔는데 현재 소송비용으로 실제로 소송비용확정 신청을 하여 인정되는 금액은 모두 합해야 변호사비용의 1할 미만이 될 겁니다. 그러니 일반국민이 변호사의 조력을 얻어서 소송을 하여 승소했는데 변호사비용을 제외하고 소송비용확정을 받아 보았자 별것이 없는 실정이거든요. 「소송비용은 피고부담으로 한다」고 했는데 통계에 의해 보면 소송비용액확정신청을 한 경우가 지극히 드물어요. 저는 그래서 원칙론으로는 변호사보수를 소송비용으로 할 수 있다고 한 것이 잘한 것이라는 견해입니다.

그러면 그것을 어떻게 효과적으로 하는가에 있어 법원과 변호사들이 합심협력해서 타당성 있는 길로 갈 수 있도록 해야겠는데 제 개인의 의견이라면 현재 우리 서울 통합변호사회가 가지고 있는 보수준칙은 소송물가액의 몇 퍼센트를 받는다는 식으로 소송물가액 일변도로 하는 것은 별로 합리성이 없는 것이라 생각합니다. 그것을 갑자기 철폐하기는 어려웁겠지만 이번 기회에 소송비용산정기준이 출정회수라든지, 준비서면제출회수라든지 기타 모든 것들이 반영되어 만들어져야 할 것 같아요.

◇ 변호사보수제엔 난점 많아

최: 그 점은 공감이 가는군요. 변호사의 보수를 정함에 있어 세 가지를 생각해 볼 수 있는데요. 첫째, 정책기준에 있어 訴價의 비례제로 할 것이냐 아니면 미국의 Time Charge처럼 노력비례제로 할 것이냐 하는 것이고 둘째로 정액주의로 할 것이냐, 아니면 상한제로 할 것이냐 하는 것인데 정액주의나 범위주의가 장단점을 가지고 있어 그 중용점을 어느 선에서 찾는 것이냐 하는 것이 어려운 것이고 셋째로 또 하나의 문제는 성공보수제도를 둘 것이냐 두지 않을 것이냐, 둘 것이라면 소송비례로 할 것이냐 노력비례로 할 것이냐 하는 것도 어려운 문제가 되겠는데요. 앞으로 대법원규칙이 정할 변호사보수규칙에 있어 보수산정의 이 세 가지 난해성이 충분히 고려되지 않으면 안될 것입니다.

◇ 판결전 拘禁日數 不算入

사회: 법조실무계에 몸담고 있는 사람으로서는 커다란 숙제가 아닐 수 없다고 하겠습니다.

그 다음으로는 형사소송에 관한 특례법으로 넘어 가겠습니다. 그중에 눈에 띄는 것이 상소 후에 판결선고전의 구금일수를 산입해 주지 않는다고 한 새로운 조문이 보이는데요. 어떻습니까? 이렇게 판결선고전 구금일수를 일체 산입해 주지 않고서 이유없는 상고를 했을 때는 피고인이 손해를 보도록 한 점은 어떻게 보시는지요.

최: 남상소를 막겠다는 취지는 좋은데 너무 보복적인 의미가 풍기는 것도 같군요.

이: 운용여하에 따라서는 괜찮은 것 같다고 생각합니다. 기각한 것이 아니고 기각할 경우에 상당한 이유없이 상소를 제기한 것으로 인정되는 때라고 했는데 "기각=상당한 이유없이 상소를 제기한 것"이라고는 할 수 없으니까요.

송: 이변호사님 말씀이 옳으신 말씀인데 이 조문을 「…산입하지 아니할 수 있다」고 해도 좋은 것인데, 검사가 남상소하는 것은 내버려 두고 수갑찬 피고인이 남상소한 것만을 나무란다는 것은 양당사자 쌍방의 형평의 원칙에 어긋나는 것이 아닌가 생각되는군요.

사회: 구금생활이라는 것이 구금을 받아 보지 않은 사람은 그 고통을 모르는 것이지요. 미결구금이라고 해도 그 고통은 형벌이나 마찬가지일텐데 상소를 한 탓으로 本刑에 산입하지 않는다는 것은 가혹한 것 같군요.

그 다음으로 특기할 만한 것이 신체상 또는 재산상의 피해자에 대해서 피고인에게 배상명령을 할 수 있도록 규정한 부분인데 이것이 과거 일정때의 附帶私訴制度를 부활한 것이 아닌가 하는 생각마저 드는데 이것이 앞으로 시행이 된다면 이것은 형사소송절차에 곁들여서 하는 민사소송의 측면을 가지고 있어 문제점도 많을텐데 어떻습니까?

◇ 형사피고인에 대한 배상명령

송: 구태여 연원을 연혁적으로 찾아본다면 독일의 형사소송법 제402조 제2항에 형사공판절차 내에서 그러한 경우 배상을 받을 수 있도록 한 조문이 있고 영국의 형사법원의 권한에 관한 법률 제35조에 배상을 해주는 규정이 있습니다. 구태여 찾아보자면 그것이 특례법 제25조의 선례랄 수 있겠

습니다. 그런데 제가 받은 느낌으로는 여기 규정한 것이 그 두 나라보다 좀더 널리 규정한 것이란 생각이 들고 형사공판절차 내에서 민사소송의 성격을 띤 배상명령을 신청하게 한다는 것은 민사·형사가 혼합되었던 옛날로 돌아가는 것이 아니냐 하는 측면에서 의심과 논란이 있지만 또 다른 면에서 볼 때, 오늘날 사법제도의 조직과 운용이 그 옛날 원님재판식으로 하는 시대는 지났으니 개화된 시대에는 이왕이면 사건의 제반문제 해결에 신속을 기하자는 의도에서 이러한 것이 만들어지지 않았나 생각합니다.

최: 문제는 유명무실화되면 안되겠지요. 배상신청했다가 각하를 당해서 민사소송으로 가면 그 절차만 복잡해질테니까요.

이: 제 개인의 생각으로는 이것이 형사법정에서 민사재판과 형사재판을 같이 하겠다고 하는 것은 아닐 것으로 보는데요. 형사재판을 하는 과정에서 형사사건에 附隨해서 간편하게 처리해 주는 것이 되어야 할 것이라고 생각됩니다.

사회: 여하간에 법조계에는 많은 새로운 숙제가 안겨졌습니다. 앞으로 이 법이 시행됨에 있어 운용의 묘를 기해 입법취지를 살려가야 하겠습니다. 장시간 좋으신 말씀해주셔서 감사합니다.(1981. 3.)

5. 宋相現교수와 中山信弘 동경대 지적재산권법교수의 대담(서울, 1994. 8. 12.)*

中山信弘－宋相現 한일 두 석학들이 바라본 지적재산권의 향방

宋 교수: 일본 지적재산권 분야의 최고권위자이신 나카야마 교수께서 한국에 오신 것을 진심으로 환영합니다. 모처럼 한국을 방문하신 나카야마 교수님의 고견을 듣기 위해 이번 좌담은 제가 질문을 하고 교수께서 답변을

* 일본 지적재산연구소장인 中山信弘 동경대 법대 교수(49)가 지난 8월 11, 12일 이틀간 한국을 방문했다. 한빛지적소유권센터가 번역, 출간한 '주해 특허법' 한국어판 출판기념회에 참석차 내한한 中山 교수와 한국지적소유권학회회장인 송상현 서울대 법대 교수(53)가 처음 만나 특별좌담을 가졌다. 지적재산권 분야에 관한 한 최고권위자인 한일 두 석학들의 좌담을 통해 최근 지적재산권의 동향과 전망을 분석해 본다.

해나가는 방식으로 진행하도록 하는 것이 좋겠습니다.

법학을 공부를 하는데 있어서 로마시대 이래 줄곧 민법, 형법 등으로 분류해온 전통적인 방법에 따라 대학의 커리큘럼이 정해져 왔습니다. 그동안 지적재산법의 경우는 이 분류에도 속하지 못하였을 뿐 아니라 그 존재조차 인정받지 못했습니다. 나카야마 교수는 언제부터 이 분야를 선택하게 되셨습니까. 당시만해도 유망한 분야가 아니었을텐데요.

中山 교수: 제가 이 분야를 선택하게 된 것은 1970년입니다. 당시 저는 이 분야가 앞으로 유망하리라고 확신했습니다. 아닌게 아니라 그간 여러 사람한테 왜 이 법을 택했냐는 질문을 받기도 했었죠. 처음에는 민법 조교로 시작했었습니다. 당시 지도교수였던 가토 교수가 총장으로 임명되면서 민법의 한 부류로 속해있던 무체(지적)재산법 강의를 그만두게 됐습니다. 그 이후로는 무체(지적)재산법을 다룰 사람이 없어서 줄곧 혼자서 해왔습니다.

宋 교수: 전통적인 법학 분류 방식에 의해서만 분류하다 보니 무체(지적)재산법이 그 분류에 속할 수가 없었을테죠.

中山 교수: 지금은 기본 민법과 같이 분류하고 있습니다.

宋 교수: 무체(지적)재산권 분야에 대해서는 두 가지 입장이 있는 것 같습니다. 한국의 경우를 보면 민법을 전공한 사람이 연구범위를 넓혀 지적재산법도 함께 다뤄야 한다는 주장이 있고 또 실제 그런 그룹이 있습니다. 지적재산권은 형체가 없는 재산이므로 재산법의 일종인 민법을 공부하는 사람이 연구해야 한다는 것이죠. 또 하나는 지적재산권 분야는 행정법에 정통한 사람이 접근할 수 있는 분야이므로 행정법을 연구한 사람들이 해야 될 분야라고 주장하는 그룹이 있습니다. 즉, 상표등록을 한다거나 특허출원을 할 경우 거절사정이 나왔을 때 특허청에서의 모든 절차가 행정법규적인 절차라는 것입니다. 특허심판, 항고심판, 이의신청 등도 모두 행정법규적인 절차입니다. 저 개인적으로는 민법을 전공한 사람이 접근하는 것이 바람직하다고 생각하는데 한국에서는 행정법을 하는 사람이 접근하는 경우가 있어 이 점이 혼란스럽습니다. 어차피 처음부터 이 분야를 시작한 사람은 없고 다른 분야를 해오다 자신이 연구분야를 넓

힌 것에 불과하니까요.

中山 교수: 일본에서도 민법이나 행정법을 다루던 사람들간에 종종 그런 경우가 있었습니다. 그러나 요즘에는 부수적으로 지적재산권을 다룰 수가 없게 됐습니다. 전문화하다 보니 민법출신이나, 행정학출신, 행정법출신들이 이 분야를 부업으로 다루는 경우가 거의 없습니다.

宋 교수: 지적재산권 분야는 지금 말씀하신대로 어려운데다 복합적인 성격을 갖고 있어 보다 전문적인 지식을 요합니다. 따라서 공법과 사법, 실체법과 절차법, 그리고 법학의 전반적 기초를 튼튼하게 다진 후 지적재산권 분야를 전공으로 삼아야 한다고 생각합니다. 더 나아가 가능하다면 지적재산권 분야만 들여다보지 말고 관련 학문 즉 사회과학이나 과학기술계통의 인접학문 분야와 연계해서 연구해야 한다고 봅니다. 이 점에 대해서는 어떻게 생각하시는지요.

中山 교수: 저도 그 점에 대해 같은 생각을 갖고 있습니다. 컴퓨터법, 경제법, 국제경제법 등을 연구함에 있어서 이와 같은 점들을 고려하지 않으면 안된다고 생각합니다. 만일 그렇지 못하다면 민법 등을 포괄적으로 다뤄야겠지요.

宋 교수: 화제를 좀 돌려보겠습니다. 한국에서는 1980년대 중반에 갑자기 미국이 지적재산권 문제를 양국간의 통상협상 의제로 다루자고 제안함으로써 본격적으로 이 분야가 우리의 관심을 끌게 됐습니다. 이처럼 지적재산제도가 통상문제와 서로 맞물려 얽히게 된 이유는 무엇 때문이라고 생각하십니까. 미국과 같은 선진국이 새삼 이를 강조하면서 들고 나온 이유는 로열티 수입에 목적이 있기 때문이라고 보십니까 아니면 기술을 상품화하여 대외수출을 하는데 있어서 보호가 필요하다는 좀더 거시적인 이유가 있어서라고 보십니까.

中山 교수: 미국은 기술력이 강한 대신 제품생산력은 약하다고 볼 수 있습니다. 이 때문에 미국은 지적재산권을 강화해서 돈을 벌어보자는 속셈입니다. 미국 내에서 뿐만 아니라 전세계적으로 지적재산권을 강화해야 많은 돈을 벌어들일 수 있다는 계산입니다. 미국은 기술이전에 따른 로열티를

가급적 많이 받아내서 이를 다시 연구개발비로 투자함으로써 새로운 기술을 개발한다는 것입니다. 미국이 이처럼 서두르는 이유는 시간이 지날수록 기술력이 그만큼 떨어지기 때문이지요.

또 다른 이유는 선진국한테 이익이 되기 때문입니다. 왜냐하면 선진국의 경제가 소프트웨어화하는 추세이기 때문입니다. 예를 들어 자동차를 모방할 경우 설비를 갖춰야 하기 때문에 모방하기가 그만큼 어렵습니다. 반면에 소프트웨어는 적은 노력으로도 모방하기가 쉽습니다. 따라서 선진국의 경제가 소프트웨어화함에 따라 지적재산권을 강화시키는 것이 선진국 정부로서도 이익이며 이 같은 미국의 주장이 먹혀 세계적으로 인식을 바꿔놓고 있는 상황입니다.

宋 교수: 미국은 일반적으로 기술 수준이 높은 나라입니다. 그러나 과학기술이 발달해서 고도의 기술력을 갖추고 있다는 사실과 그 기술에 막대한 자본을 투자해서 팔릴 수 있는 제품으로 상품화한다는 것은 다른 얘기입니다. 다시 말해 미국은 과학기술력은 최고 수준인데 비해 기술을 제품화하는 생산기술력은 떨어진다는 것입니다. 일본의 경우 과학기술 개발능력 자체도 선진국 수준이고 생산기술 능력도 가장 앞서있는데 이 점은 어떻게 생각하시는지요.

中山 교수: 기술무역수지 면에서 비교하자면 아직도 미국이 압도적으로 흑자입니다. 반면 제품무역에서는 일본이 흑자입니다. 생산기술력이라는 것은 단순히 기술만이 아니라 노동력에 관한 것도 관련되어 있다고 할 수 있습니다.

宋 교수: 기술을 개발해서 특허를 획득한 특허권자는 법으로 정한 일정 기간 동안 배타적이고 독점적인 여러 가지 권리와 이익을 얻게 됩니다. 그런데, 다른 측면에서 보면 독점을 규제하고 공정거래를 촉진해야 하는 또 다른 법률이론과 서로 충돌하게 됩니다. 미국에서도 이 문제에 대한 논의가 많았는데 일본의 경우는 학계에서 이 문제가 명확히 정리됐는지요.

中山 교수: 일본 학계에서도 종종 이 문제가 논의됐었습니다. 아직까지 통설은 없었고 실무적인 면에서도 큰 판결 사례는 없었습니다. 그러나 행위여하에 따라서 공정거래위원회의 가이드라인에 저촉된 경우가 있습니다.

지금까지는 주로 미국에서 기술을 배웠고 도입했기 때문에 별 문제가 없었으나 앞으로는 일본 내에서 특허 도입되는 경우가 많아질 것이므로 문제가 될 소지가 많습니다. 또 한편으로는 일본 국내문제에 미국이나 다른 외국에서 클레임을 제기해 오는 경우가 있습니다. 일본에서 추진중인 제 5 세대 컴퓨터 개발문제가 바로 그런 예에 속합니다. 이 경우를 보면 미국이 클레임을 걸어왔기 때문에 제 5 세대 컴퓨터 개발에 관한 모든 것을 외국에 개방키로 했던 것입니다. 따라서 앞으로는 특허와 독점금지법을 함께 생각하지 않으면 안됩니다.

宋 교수: 지적재산권 보호에 관한 국제적인 동향을 살펴보면 지적재산권을 엄격하게 보호하는 동시에 질서있게 이용해야 한다고 주장하는 선진국 그룹이 있습니다. 반면에 지적재산은 인류공동의 재산이므로 누가 발명했더라도 사람들이 자유롭게 이용할 수 있도록 하자는 개도국의 주장이 있습니다. 가령 강제실시권(COMPULSORY LICENSE)을 둘러싼 선진국과 후진국간의 대립이 그 좋은 예입니다. 이런 입장차이를 좁히기 위해서는 양자가 서로 만족할 수 있는 조문을 만들어내야 한다고 보는데 이 점에 대해선 어떤 의견을 갖고 계신지요.

中山 교수: 대답하기 어려운 문제이군요. 사실상 WTO가 이 문제에 관해 타결을 보려고 했던 것이나 다름없습니다. 힘있는 자는 강한 측면을, 약한 자는 약한 측면을 늘 주장합니다. 이 점에 있어서는 각국 정부에 대한 권리를 조화시켜 나가야 한다고 생각합니다. 어떤 측면에서는 COMPULSORY LICENCE가 힘있는 자와 약한 자를 조화시킬 수도 있다고 봅니다. 또 어떤 측면에서는 COMPULSORY LICENCE가 다른 형태로 나타날 수도 있습니다. 예를 들어 미국은 COMPULSORY LICENCE가 필요없다고 주장하지만 자세히 들여다보면 독점금지법이라는 형태로 엄연히 존재하고 있습니다.

宋 교수: 나카야마 교수께서 지적하셨듯이 우루과이라운드는 상품교역에 관한 규범으로 탄생했지만 지금은 지적재산문제까지 포함해서 다루고 있습니다. GATT 우루과이라운드는 다자간 협상방식입니다. 그런데도 미국과 같은 선진국은 협상테이블에 앉아서 다같이 통일된 협약이나 조약을 만

들자고 약속을 하고서도 자국이 불리해지면 특정 국가를 따로 불러내 두 나라끼리만 협상을 하자는 식으로 나옵니다. 결국 자기네 주장을 관철시키려는 속셈에서지요. 일본도 당했지만 한국도 이런 경험이 있습니다. 이럴 경우 특히 지적재산권 분야에서, 우루과이라운드와 같은 다자간 교섭결과와 두 나라간의 협상결과가 서로 다를 때 궁극적으로 어떻게 대처해야 할까요. 가령 우루과이라운드가 타결됐음에도 미국이 다시 슈퍼 301조니 스페셜 301조니 하는 것을 들고 나오는데 이것이 지적재산권법 이론에 혼란을 가져올 수도 있다고 봅니다.

中山 교수: 미국의 행위는 간혹 심하다고 생각될 때가 있습니다. 이런 문제는 국가구조와도 깊은 연관이 있다고 봅니다. 다시 말해 정부와 의회가 따로 분리돼 있기 때문에 이런 일이 벌어지는 것입니다. 베르사이유조약체결 때도 그랬듯이 미국정부가 일을 추진하려해도 의회에서 반대하는 경우가 있습니다. WTO의 경우는 미국이 조약을 체결해놓고도 그것을 안 지키는 사례가 있었습니다. 이런 문제를 해결하기 위해 최근에 패널이 생겼는데 이 제도를 적극 이용하는 방안을 생각해 볼 수 있습니다. 간혹 패널로 나온 것을 미국이 위반하는 경우도 있는데 이는 정치적인 문제이기 때문에 법률가로서도 더 이상 어쩔 수 없는 노릇입니다. 그렇더라도 일단은 패널을 이용하는 것이 좋은 방법이라고 생각합니다.

宋 교수: 방금 패널 이용과 관련한 말씀을 하셨습니다만 이 제도는 지적재산권에 관한 국제적인 분쟁해결방법이라 할 수 있습니다. 그런데 이 경우 분쟁당사자들이 법원에 소송을 제기해서 해결하는 수도 있겠지만 GATT라든가, 반도체칩 보호에 관한 워싱턴조약이라든가, 또는 세계지적재산권 보호조약안이라든가 하는 국제규범들의 분쟁해결 절차에 관한 조항들이 조금씩 달라 이를 이용하는 사람의 입장에선 결코 쉬운 일이 아닙니다. 이런 다양화된 분쟁해결 방법들을 좀더 거시적인 관점에서 통일화하기 위해 지역간 분쟁해결센터를 따로 설치, 운영하는 방안도 생각해 볼 수 있을 텐데요. 가령 지역적으로 인접한 나라나 문화적인 배경이 비슷한 나라, 기술수준이 비슷한 나라끼리 한데 묶는 방법이 있을 수 있겠지요. 이러한 지역적인 분쟁해결센터의 필요성에 대해 생각해 본 적이 있으십니까. 또 기술분쟁해결을 위한 방법으로서 국제상사 중재방법을

효과적인 방법이라고 보시는지요.

中山 교수: 이 문제는 두 가지로 나눠 생각해 볼 수 있습니다. 하나는 국가 대 국가의 분쟁이라는 관점인데, 즉, 미국이 일본을 불공정한 나라라고 인식했을 때 WTO에 가져가서 해결하는 경우입니다. 다른 하나는 사인과의 분쟁인데, 특히 다른 나라의 재판부에서 소송해야 할 경우, 분쟁해결이 보통 어려운 일이 아닙니다. 그렇기 때문에 요즘은 소송 외 분쟁해결을 위해 WIPO 내에 분쟁해결센터를 설치해서 분쟁을 조정 또는 중재할 수 있도록 하고 있습니다. 앞으로 소송 외 분쟁해결은 점차 늘어날 것입니다. 이런 점에서 지역간 분쟁해결센터를 만드는 것도 좋은 방안이라고 봅니다.

宋 교수: 나까야마 교수께서는 세계적으로 특허나 상표 등과 같은 지적재산권 제도가 조화(HARMONIZATION, 혹은 통일화를 이룰 가능성에 대해 어떻게 전망하십니까. 특히 이와 관련해서 앞으로 WTO 체제가 출범하게 되는데 WTO와 WIPO가 각각 이 문제에 대해 어떤 역할을 행사하게 될까요.

中山 교수: 우선 장기적인 안목에서 볼 때 세계지적재산권제도는 필연적으로 조화를 이루는 방향으로 나아갈 것이 틀림없습니다. 반면에 통일화는 독일연방이나 유럽연합(EU)의 형태처럼 세계적인 추세로 나아가기는 어려울 것으로 보입니다. 미국은 선발명주의에서 선출원주의로 바꾸려다 클린턴 정부가 종전 제도를 그대로 유지한다는 정책을 고수하고 있어 대부분의 국가들이 취하고 있는 선출원주의와는 다른 방향으로 나가고 있습니다.

WTO와 WIPO의 관계를 논하기는 매우 어렵습니다. 미국의 어느 학자는 WIPO는 죽었다고 말하기도 합니다. 특허제도와 관련해서는 기술적인 문제가 많으므로 WIPO가 담당하고 WTO는 무역을 담당한다고 봐야 합니다. 특허문제는 앞으로 이 두 기관이 자동차의 앞뒤바퀴처럼 함께 굴러가야 합니다.

宋 교수: 한국은 지금 선진국으로 발돋움하기 위해 가장 필요한 것이 과학기술의 진흥이라고 믿고 있습니다. 이와 관련해 국내적으로는 독자적인 기

술개발을 해야 한다고 외치는가 하면 국제적으로는 선진기술 도입을 통한 기술협력에 노력하고 있습니다. 그러나 이 과정에서 선진국들이 막대한 기술료를 요구하거나 기술이전을 꺼리는 경우가 있어 어려움을 겪기도 합니다. 이 문제와 관련해 한국과 일본간에는 어떤 식의 공동노력이나 협조가 필요하다고 보시는지요. 가령 기업의 기술협력 당사자간이나 정책당국자 또는 학계와 기업실무자들간에 어떤 구체적인 협력이 필요한지 말씀해 주시지요.

中山 교수: 전문분야가 아니라 대답하기 어렵습니다만 기본적으로는 시장경제의 원칙에 의해 움직일 것이라고 생각합니다. 기술을 갖고 있는 자는 국가가 아니라 기업입니다. 기업의 입장에서 이익이 있어야 기술을 서로 주고받을 수 있는 것입니다. 일본의 경우만 보더라도 과거에 일본은 막대한 로열티를 주고 기술을 배웠습니다. 경제원칙을 무시해서는 기술이전이 어려울 것으로 봅니다. 더 구체적인 대답은 드리기가 어렵군요.

宋 교수: 나가야마 교수님 역시 저와 마찬가지로 교육자이고 학자이신데, 지적재산권 분야의 중요성을 국민들에게 인식시키고 이 분야의 발전을 위해서 교육자나 학자가 할 수 있는 역할은 무엇이라고 생각하십시까.

中山 교수: 저는 동경대 다른 교수들보다 잡지나 신문기사에 많이 등장하는 편입니다. 또 계몽적인 강연도 많이 다니는 편입니다. 그리고 대학 내에서도 가급적 많은 학생들한테 가르치려 애쓰고 있습니다. 맨 처음에는 고작 20명의 학생을 놓고 가르쳤지만 지금은 2백명을 가르치고 있습니다. 이렇게 양성된 전문학자들이 다른 대학에 가서 또 다른 학생들을 가르치게 됩니다.

宋 교수: 오랜 시간 말씀해 주셔서 고맙습니다.

中山 교수: 감사합니다.(1994. 8. 12)

6. 지적재산권 동향에 관한 특별좌담(월간 지적재산 통권 제76호, 6-16면, 1994. 10.)*

"지적재산권법은 점차 세계화하는 추세"

Q: 송 교수께선 올해 초에 미국 뉴욕대의 석좌교수로 임명되셨지요. 뉴욕대가 석좌교수를 선정하게 된 이유는 무엇입니까?

A: 뉴욕대는 오는 2000년까지 세계 제일의 법대로 만들겠다는 생각입니다. 이를 위해 올해 안에 모두 25명의 석좌교수를 선정할 예정인 것으로 알고 있습니다. 석좌교수로 선정되면 뉴욕대로부터 연구기금을 받는 동시에 이 대학의 종신교수직도 갖게 됩니다.

25명 가운데선 제가 맨 처음 석좌교수로 뽑히게 됐습니다. 심사는 유엔사무총장, 국제사법재판소장, 세계은행총재 등 모두 7명으로 구성된 '석좌교수선정위원회'가 맡고 있는데 우열을 가리기 쉬운 아시아지역부터 우선 선정키로 한 것 같습니다. 아시아지역에선 일본에서 2명, 대만에서 1명이 각각 뽑힌 것으로 알고 있습니다.

Q: 석좌교수로 선정된 가장 큰 이유는 어디에 있다고 보십니까?

A: 지난 20년간 세계 각지에서 초청교수로 강의를 하면서 '한국법'을 소개한 공로를 인정받은 것 같습니다. 저는 나름대로 '세계평화는 법을 통해 달성된다'는 신념을 믿고 있습니다. 법은 각 나라마다 약간씩 다르기 때문에 국경을 초월해 적용하기란 매우 어렵습니다. 하지만 이런 인식을 극복하고 법의 국제화를 도모하기 위해 노력을 아끼지 않은 것이 이번에 석좌교수로 선정된 이유가 아닌가 생각합니다.

Q: 송 교수께선 현재 한국지적소유권학회 회장직을 맡고 계신데, 이 학회는 언제 설립됐나요.

* 송상현 서울법대 교수(53)는 올해 초 미국 뉴욕대의 석좌교수로 선정됐다. 뉴욕대가 세계석학 25명을 뽑는 가운데서 맨 먼저 선정되는 영광을 안은 송교수는 86년 한국지적소유권학회를 창설, 국내의 지적재산권 보호문제에 가장 앞장서 왔다. 현재 동 학회와 국제거래법학회 회장직을 맡고 있다.

A: 사단법인 한국지적소유권학회가 창설된 것은 1986년 1월입니다. 당시 미국이 지적재산권 문제를 양국간의 통상협상 의제로 다루자고 요구해옴으로써 처음으로 이 분야가 국민적 관심을 끌게 됐습니다. 그때 만해도 기본 용어조차 없어서 일본이 쓴 것을 그대로 번역한 지적소유권이란 용어가 신문에 보도되기 시작하면서 비로소 알려지게 된 것입니다.

미국의 통상압력으로 지적재산권 보호문제가 초미의 관심사로 등장하게 됐지만 한국정부로서는 이 문제를 어떻게 다뤄야 할지조차 몰랐던 게 사실입니다. 한국지적소유권학회는 당시 이 같은 한국의 입장을 보호하기 위해 정부의 자문역할을 해주는 동시에 저작권법 개정, 반도체칩보호법 및 컴퓨터프로그램보호법 제정 등 국내 지적재산권법 체계를 현대화하는 일에도 많은 노력을 기울였습니다.

Q: 방금 지적소유권이란 용어를 지적하셨지만 우리나라의 특허법 등 지적재산 관련법들이 일본의 법조문을 거의 그대로 번역하다시피하는 현실에 대해서는 어떤 견해를 갖고 계신가요.

A: 그동안 입법과정에서 일본법에 의존적이었던 것은 사실입니다. 현재 지적재산권법 중에는 일본법의 의존도가 큰 법이 있는가 하면 세계입법 경향에 맞춰 독자적으로 제·개정한 법이 있습니다. 가령 컴퓨터프로그램보호법, 반도체칩보호법 등은 일본법과 관련이 없다고 할 수 있습니다.

지금은 지적재산권법이 갈수록 세계화하는 추세입니다. 앞으로는 일본법이다 한국법이다 대륙법이다 영미법이다 할 것 없이 모두 조화를 이루는 방향으로 나아갈 것으로 봅니다. 또 실제로 그러한 노력들이 상당한 성과를 거두고 있는 실정입니다.

Q: 우리나라는 현재 지적재산권 분야의 전문가가 크게 부족한 상황입니다. 이 분야의 전문가를 양성하는 일이 무엇보다 시급한 문제가 아닐까요.

A: 그렇습니다. 전문가를 양성하는 일은 정부의 노력만으로 되는 것은 아닙니다. 대학, 기업 등도 함께 노력해야 할 문제입니다.

우선 정부는 국제특허연수원과 같은 기관을 통해 여러 가지 지적재산 관련 교육과 훈련을 강화하는 노력이 필요합니다. 대학에서는 지적재산 관련법 강좌를 개설하고 전문대학원을 설치하는 방안을 강구해야 합니다. 최근들어 몇몇 대학에 특허전문대학원이 설립되고 강의 개설이 늘어나고 있는 것은 바람직한 현상이라 할 수 있습니다.

또 기업은 지적재산 관련 전담부서의 인원을 확충하고 실무교육을 강화해 기업 내에서 실무 전문가를 키워나가야 합니다.

Q: 지적재산전문연구기관의 필요성에 대해서는 어떤 견해를 갖고 계신지요.

A: 현재 일본에는 지적재산연구소가 있습니다. 우리나라에도 이러한 전문연구기관이 필요하다는 주장을 오래 전부터 해왔습니다. 김태준 전 특허청장이 부임할 당시에 이같은 의견을 낸 적도 있었습니다.

우리나라에 지적재산연구소를 설립하게 되면 일본을 모델로 삼을 가능성이 크지만 좀더 안목을 넓혀 세계적인 규모의 연구소로 발전시켜 나가야 할 것이라고 생각합니다.

Q: 개정 컴퓨터프로그램보호법이 지난 7월 5일부터 정식 발효됐습니다. 송 교수께서는 '컴퓨터 프로그램심의조정위원회'의 구성운영안을 마련하셨는데, 이 심의조정위원회의 역할은 어떤 것입니까?

A: 컴퓨터프로그램심의조정위원회는 그 역할범위가 문제입니다. 다시 말해 분쟁조정 역할을 맡게 될지 아니면 과학기술처장관이 부의하는 사안을 심의하는 일까지 관여하게 될지 아직 명확하게 결론이 나지 않은 상태입니다.

또 컴퓨터프로그램보호법은 현재 저작권법을 토대로 해서 법적 보호를 하고 있는 실정입니다. 그러나 저작권법상 컴퓨터프로그램은 기능저작물이기 때문에 앞으로는 저작권법 이론을 뛰어넘어 기술보호적 요소가 강한 법 이론으로 발전해 나갈 가능성이 큽니다.

Q: 우리나라에서는 아직까지 독점규제법이 지적재산권법에 영향을 줄 만큼 활용되고 있지 않은 상태인데, 앞으로는 큰 문제가 되지 않을까요.

A: 독점규제법은 자유경쟁을 촉진하기 위한 법이고 특허법은 특허권자에게 배타적이고 독점적인 권리를 보장해 주기 위한 법이므로 두 법률이 불가피하게 충돌할 수 있습니다. 앞으로 이 문제가 국내외적으로 쟁점화할 것으로 예상됩니다.

현재 미국에서 이 같은 문제가 다발하고 있는데, 미국은 특허법의 성격을 크게 손상하지 않는 범위 내에서 독점규제법을 완화하는 방향으로 발전시켜 나가고 있습니다.

Q: 한국지적소유권학회의 향후 활동계획은.

A: 단순한 법학회가 아니라 사회과학 전반을 포괄하는 학술단체로 발전시켜 나갈 생각입니다. 법률뿐만 아니라 기술무역과 통상무역 측면에서 연구를 병행해 나가겠다는 것입니다. 따라서 국제적인 차원과 정책적인 차원을 모두 수용할 수 있도록 학회의 연구방향을 설정할 계획입니다.(1994. 10.)

7. EBS TV 대담 취지 요약*

위성통신사업과 관련된 국제협약 및 정보화시대의 윤리관 등과 관련하여

(1) 위성통신사업과 관련된 국제협약 및 국제관계법

개념: 좁게는 위성방송은 위성이라는 새로운 전송수단을 매개로 시청자에 대한 프로그램을 직접 송출하는 직접위성방송(DBS: direct broadcasting satellite)만을 뜻한다. 그래서 CATV의 프로그램공급업자가 통신위성을 이용하여 직접 시청자에게 프로그램을 송출하는 유료위성채널방송이나 CATV의 프로그램공급업자가 통신위성을 이용하여 CATV방송국을 경유하여 CATV가입자에게 프로그램을 송출하는 Space Cable Network는 모두 현행법상 방송의 영역이 아니라 통신의 영역에 속한다. 그러나 오늘날 통신위성과 방송위성의 구분없이 조그만 안테나를 통해서 전파수신이 가능해지고 제도적으로도 허용되면서 이같은 구별은 무의미하게 되었다. 무궁화위성은 통신과 방송 겸용 위성이고 채널방식도 디지털이므로 기술적으로 위의 세가지가 모두 가능하다.

국제협약: 1) 위성을 이용한 불법적인 프로그램을 외국으로부터 수신하거나 배포하는 것으로부터 보호하기 위하여 만들어진 국제협약, 일명 1974년

---

* 작가 김복선(1996. 3. 30. 10:00).

의 브뤼셀협약이 있으나 저작권과 관련된 DBS에 관한 협약은 없다.

2) 국제적 전파침투규제에 관하여는 60년대 이후 유엔을 중심으로 국제협약을 준비하여 논란 끝에 1982년 제37차 유엔총회에서 직접위성방송을 위한 인공위성사용원칙들이라는 결의를 통과시켰으나 사전동의의 원칙과 정보자유의 원칙의 충돌상 실효성은 의문이다.

3) THE ITU CONVENTION 국제전기통신연합협약의 무선규제, 전파발사규제를 규정하고 있다.

4) 프로그램내용에 관한 규제로는 60년대말부터 유엔 및 유네스코를 중심으로 노력하여 1972년 유네스코의 결의인 정보의 자유로운 유통과 교육의 확대 및 문화교류의 증진을 위한 위성방송 이용에 관한 지도원칙 선언

5) WTO 협정에서는 서비스의 한 분류인 커뮤니케이션 서비스, 그리고 그의 하부분류에 해당하는 통신서비스와 시청각서비스가 타결되지 못한 채 쌍무협상차원의 과제로 넘어갔다.

미국은 1934년의 통신법과 1962년의 통신위성법을 모체로 FCC의 규칙으로 보완. 일본은 통신방송위성기구법과 방송법으로 규율. 결국 위성의 소유 및 운영자와 프로그램의 편성제작자를 분리 규율하고 있다. 왜냐하면 통합운영이 모두 경영상 실패했기 때문이다.

(2) 정보시대의 윤리관

1) 정보유통과 지적재산권침해문제

컴퓨터화된 저작물의 전자적 이용과 대가 지급의 문제인데 입력단계에서 통제시도

2) 정보유통과 프라이버시보호문제

기술발전이 은밀한 개인정보, 신용상태를 침해하자 개인정보의 권한외 유출 및 사용이 아니라 정보의 자유유통차원에서 정보유통규제

3) 음란외설정보유통의 규제

방송물 제작단계에서 등급을 부여하고, 수신기 제작시 차별제작

4) 정보유통과 정보주권의 문제

국가안보상, 정보자원의 관리, 문화적 정체성의 유지 필요.

8. "먼저 「私生活보호」 대책을"*

컴퓨터가 많이 보급된 미국에서는 일반기업들끼리 영리를 목적으로 개인의 정보를 서로 교환하는 크로스체크가 커다란 사회문제로 등장한 지 오래이다. 아파트를 세줄 때, 소송에 걸려 있는 사람의 명단을 파악하여 아파트를 세주는 것을 거부하는 행위 따위이다. 미국은 1974년에 이미 사생활보호법을 제정했음에도 불구, 개인정보에 대한 침해사례가 상당한 물의를 빚고 있다.

우리나라에서도 컴퓨터이용이 대폭 증가함에 따라 사생활보호대책이 마련돼야 한다는 여론이 높아가고 있다.

이와 관련 최근 서울대의 宋相現교수(한국지적소유권학회장)는 「컴퓨터안전 및 프라이버시 보호제도에 관한 연구」 보고서를 과학기술처에 제출했다. 보고서에 따르면 사생활 보호대책 없이 민간인에 관한 정부의 정보수집과 그 이용을 현재와 같이 방치할 경우, 컴퓨터에 의한 관리국가가 될 가능성도 배제할 수 없다고 경종을 울렸다.

개인에 관한 정보를 컴퓨터를 이용하여 추적하면 모든 국민의 일거수 일투족을 샅샅이 감시할 수 있다는 게 전문가들의 한결같은 우려이고 보면, 컴퓨터 관리국가는 결코 비관론에서 파생된 기우만은 아니다. 더구나 우리나라는 공권력에 의한 사생활 침해가 물의를 일으켰던 과거에 비추어 행정편의만을 생각하여 컴퓨터행정 전산망을 추진할 경우, 파생될 악영향을 아무도 예측하지 못한다.

지금도 남의 주민등록증을 습득한 사람이 범죄를 하고 그 주민등록증을 제시하면 범죄와는 관계없는 엉뚱한 사람이 범죄한 것으로 기록된다. 원래 주민등록증 소유인은 자신도 모르는 사이에 전과자로 기록되어 버리는 것이다.

수배되었다가 해제된 사람들이 기록정리 미비로 뒤늦게 문제되거나 출국직전에 잘못된 정보 때문에 공항에서 수일동안 발이 묶이는 경우도 있었다.

우리나라의 경우 특히 본인에 관해 불리한 기록이 기재될 때 본인에게 확

* 宋相現 교수, 「컴퓨터와 프라이버시…」 보고서.

인하는 절차가 생략되어 있고, 공안관계 기록을 본인이 조회할 수 있는 경우가 드물기 때문에 더욱 문제가 되어왔다.

이 같은 상황에서 정부가 미비점 보완은 뒷전으로 돌리고 제도적 – 행정적인 운영에만 신경을 써서 컴퓨터행정전산망을 추진하는 것은 커다란 문제가 아닐 수 없다.

정부는 정보화시대로의 세계적 추세에 부응하여 1983년 12월 국가기간 전산망 구축계획을 만든 이래 우선 행정전산망을 설치하고 있는 중이다. 이 중 주민관리사업은 금년 6월까지 자료입력을 완료하고 오는 90년 6월부터 운영에 돌입할 예정이다. 이럴 경우 정부는 동단위까지 연결된 전산시스템을 통해 전국민을 전면적으로 「관리」할 수 있을 것으로 宋相現교수의 보고서는 경고했다.

보고서는 이어 정보화시대에 맞는 새로운 개념의 적극적인 사생활(프라이버시) 보호대책을 세워야 한다고 역설했다. 여기서 말하는 사생활보호권은 정보가 자유로이 유통되는 상황에서 자신에 대한 정보를 통제할 수 있는 권리를 말한다.

우리나라의 경우 국민들 사이에 정보와 사생활에 대한 인식이 너무나 부족한 것도 문제점으로 지적되고 있다. 현행 주민등록법이나 앞으로 추진될 전산망에 의한 주민관리사업 등에 사생활 침해요소가 굉장히 많은데도 국민들 사이에 활발한 의견개진이 없다는 것이다. 그러므로 전상망추진에 대한 국민적 합의도출 과정이 절대 필요하다고 보고서는 말했다.

이와 관련, 과학기술처의 한 관계자는 정책적인 차원에서 사생활보호법안이 검토되고 있다고 밝혔다. 이 관계자는 법안의 쟁점은 공공기관설치 컴퓨터만을 대상으로 할 것인지, 민간부문 컴퓨터도 포함시킬지의 여부가 초점이라고 말했다.

이 문제에 대해 과기원의 金世憲 교수는 민간기업을 대상에서 제외하면 큰 위험이 발생할 것이라고 말했다.

요즘같이 크레딧 카드가 일반화된 시점에서 민간기업을 제외하면 크레딧 카드 사용을 추적하여 손쉽게 개인의 행적을 감시할 수 있기 때문이다. 점포에 있는 컴퓨터와 크레딧 카드회사의 데이터뱅크를 크로스체크하면 개인의 세세한 모든 생활정보가 손바닥처럼 드러나고 말기 때문이다.(1989.1.19.)

Ⅲ. 서평 및 서문

1. 書評 徐憲濟 著, 通商問題와 法

우리나라의 척박한 학문풍토에서 中央大 徐憲濟 교수의「通商問題와 法」라는 커다란 勞作을 접하게 된 심정은 그야말로 오랜 가뭄끝에 단비를 만난 느낌이라고나 할까. 지난 10여 년간 온 나라가 급변하는 무역통상환경에 대비해야 한다는 논의가 무성하였지만 이 문제에 집요하게 학문적 접근을 해서 업적을 낸 경우가 없어서 몹시 답답하고 안타깝던 차에 이처럼 시의적절한 종합적 연구결과가 나온 것은 그야말로 우리 학계의 기쁨이 아닐 수 없다. 저자는 중앙대는 물론 서울법대에서 국제거래법 강의를 맡아 자기의 연구결과를 가르치는 일방 1990년 국제거래법학회의 창립시 발기인으로서 참여한 이래 통상문제에 관한 실무적이고 정책적인 토의에 주도적 역할을 해 왔으며 끊임없이 국제적 감각을 배양해 온 독보적 배경을 가진 중견학자이다. 그의 저서는 우선 국제무역에 대한 이념적 입장의 차이에 대한 정리를 시작으로 하여 각종 중요한 국제계약규범을 면밀하게 검토하는 큰 기본틀을 구축한 다음 우리의 초미의 관심사인 GATT와 미국통상법은 물론 유럽연합의 통상법과 남북한 교역문제에 이르기까지 빠짐없이 분석하여 체계있게 논술하고 있다. 더 나아가서 知的財產法을 다루고 사례를 중심으로 한 통상분쟁의 해결절차의 연구를 포함시킨 것은 徐敎授의 학문적 역량이 얼마나 깊고 넓은지를 웅변하고 있다고 하겠다. 이 책은 금년도 우리 학계의 秀作으로서 법학과 경제학 분야를 망라하여 法曹界, 정책당국자와 연구소, 官界, 기업인 등이 널리 필요로 하는 지침서가 될 것이다.(國際去來法學會長, 율곡출판사, 774면, 1994.)

2. 書評 지적재산권 민형사판례집 전 3권, 대한변리사회

7년 가뭄에 소낙비 벼락을 맞는 시원함에 비길 수나 있을까. 그동안 대한변리사회와 사법연수원이 긴밀하게 손잡고 지난 40년간 선고된 우리나라 지적재산권 판례를 집대성하여 간행한 방대한 勞作 한 帙을 받아보고 필자가 느낀 소감이다. 왜냐하면 최근 20년간 우리나라의 위상이 국제사회에서 커졌고, 세계화현상과 급속한 과학기술의 발달로 말미암아 지적재산권의 중요성이 부각되면서 이것이 가장 중요한 무역통상의 쟁점이 되었음에도 불구하고 이에 대처할 法的 下部構造, 즉 인프라 스트럭쳐가 구비되어 있지 못하여 걱정하던 것을 말끔히 씻어준 쾌거이기 때문이다. 비유를 한다면 산업에서 생산하는 물동량의 원활한 수송을 위하여 고속도로나 고속전철을 건설하여 개통한 것과 마찬가지라고 생각되기 때문이다.

이 판례집은 몇 가지 점에서 종래에 우리가 사용하던 판례집과 다른 점이 있다. 첫째, 수록범위에 있어서 종전의 어떤 판례집보다 철저하고 광범위하다. 사실 지적재산권 분야에서 갖추어야 할 기본법률들은 1961년에 대체로 완비하였으나 이들을 해석하고 적용한 판결들은 오랜 세월동안 무관심 속에 묻혀버렸고 얼마 전까지 아무도 찾지 아니하던 것이다. 최근에 와서야 이러한 판례의 중요성을 인식하여 이를 활용하고자 하였으나 너무나 오랫동안 방치하여서 찾아보기조차 엄두가 나지 아니하였는데 司法硏修院 팀의 꼼꼼하고도 헌신적 노력으로 지적재산권에 관한 모든 상·하급심판결을 거의 모두 망라하여 사용자의 구미에 맞게 종횡으로 연결시킨 용의주도함에 우선 경의를 표하고 싶다. 둘째, 판례를 커버한 시기도 우리의 지적재산권법이 거의 무시되던 1960년부터 1996년까지 근 40년 동안 생산된 1,000건 이상의 판결을 찾아서 체계적으로 정리, 수록한 집념도 대단하다. 셋째, 관련되는 법률의 범위에 종래의 소위 공업소유권 4법의 범위를 초월하여 저작권법과 컴퓨터프로그램보호법은 물론 부정경쟁방지법까지 포함시킨 것도 이러한 사업을 추진함에 있어서 과거에는 시도하지 못하였던 작업이다. 넷째, 보통 전문분야별 판례집을 편찬하는 경우에는 어느 한 법분야에 국한하는 것이 보통임에도 불구하고, 민사와 형사를 망라함은 물론 일부 행정판례까지 다루었고 가처분이나 침해배제사건 등도 포함시켰다는 것은 편찬자들의 사명감이 얼마나 강한가를 짐작하게 하는 대목이다. 이와 같은 통합적 판례편찬은 지적재산권 분야에서 기본적 입법별로 그 법의 종합적 입법취지와 법원의 통일된 해석방향을 일목요연하게 파악할 수 있게 해주는 장점이 있다. 다섯째, 이 판결집은 과거의 판결들을 찾아서 기계적으로 편찬한 경우가 아니고, 상·하급심 판결을 연결시켜 사건의 흐름과 법원의 태도를 한눈에 파악할 수 있게 한 것은 물론, 판결문 요지를 뽑고 참조조문을 붙이고 결과란에 표시를 하고 그리고 사건의 도면까지도 이를 첨부하는 등 그 철저함과 친절은 비록 이 책이 기본적으로 무미건조한 판결문의 집합에 불과하나 독자의 궁금증을 유발하여 자연스럽게 사안의 흐름을 따라가도록 유도하고 있다. 여섯째, 3권으로 된 방대한 판결집을 문자 그대로 '꿴 구슬'로 만드는 수단은 판례색인, 사항색인, 조문색인 및 목차색인이라고 해도 과언이 아니다. 다양하게 여러 가지 색인까지 모두 작성한 것은 그 어려운 작업의 성공적 수행뿐만 아니라 독자의 편의를 진지하게 고려한 편찬자들의 자세를 느끼게 한다.

본 판례집은 사법연수원에서 가재환 원장의 기획하에 신영철, 성기문 판사의 리더쉽과 아이디어와 헌신적 봉사를 기초로 하여 지적재산권 판례연구회의 부지런함, 그리고 주위에서 도와주신 사법연수원과 법원 및 대한변리사회의 협조로 태어날 수 있었고, 지적재산권 분야의 발전을 선도해가는 대한변리사회가 이를 창립 50주년에 즈음하여 간행한 저작물이다. 이는 법조계에서 가장 공신력있는 기관이 이 분야의 수요와 현실적 필요를 직시하여 출판한 고품질의 法律社會 間接資本이다. 따라서 이 판례집의 시의적절한 출판은 내년에 발족하는 특허법원 및 특허심판원과 함께 점점 늘어나는 국내적 지식수요를 충족하는 동시에 거세어지기만 하는 외풍에 맞서서 우리의 자체실력을 향상시키고 새로운 상황에 대처할 수 있는 기본적 수단을 개발하였다는 중요한 의미를 갖는 것이다. 따라서 판검사, 변호사와 변리사 등 법조계, 법학교수와 기술개발 및 그 응용에 종사하는 과학자 또는 기술자, 연구기관의 연구원, 지적재산권을 담당하는 정부관련부처 공무원과 민간기업의 종사자, 그리고 이 분야를 전공하고자 하는 예비법조인들과 학생들에게는 꼭 권할만한 길잡이인 동시에 기본적 참고자료라고 생각한다. 10여 년 전 컴퓨터프로그램법을 기초한 학자로서 참으로 기쁜 마음에서 적극 추천하는 바이다.(서울법대학장, 1997. 9.)

3. 評 로버트 올리버 著, 朴日泳 譯, 대한민국 건국의 내막(上·下)

과거를 잊지 않아야 현재에 대한 판단을 올바르게 하게 되고 미래를 전망할 수 있다. 또한 자신의 출생과 정체를 똑바로 알아야 自主自立의 뜻을 세울 수 있다. 금년은 대한민국이 태어난지 50주년이 되는 뜻깊은 해이다. 그러나 얼마나 많은 우리 국민이 선열들이 품었던 망국의 설움과 대한민국의 탄생 과정을 자세히 알고 있을까. 때마침 건국 50주년에 맞추어 나라를 만들어가던 전후의 秘史를 담뿍 담은 귀한 저서가 간행되었음을 계기로 이 같은 의문을 떠올리게 된다. 이 책은 대한민국 초대 대통령 이승만 박사의 고문이었던 미국인 로버트 올리버氏가 1942년 워싱턴에서 그를 만난 이래 1960년 대통령직을 하야할 때까지 수집한 便紙모음과 최측근에서 보고 들으면서 기록한 비망록 그리고 관련자료를 토대로 하여 이승만 대통령의 해외 독립투쟁활동과 건국과정에서의 역할 및 한미관계의 전개를 중심으로 엮은 다큐멘터리라고 할 수 있다. 이 책은 읽으면 몇 가지 남다른 느낌을 받게 된다.

첫째, 옛날부터 기록을 잘 남기지 아니하는 한국인들과는 달리 저자는 이승만과 교환한 서한들은 물론이고 관련사실을 세밀하고도 빠짐없이 기록하여 두었다가 이를 토대로 매사를 사실에 충실하게 서술하고 있다는 점이 돋보인다. 더군다나 이러한 기록들은 다른 쏘스에서는 얻기 어려운 귀중한 정보를 풍부하게 담고 있어서 역사적 가치가 매우 높음을 강조하고 싶다.

둘째, 이 책은 부정확한 해석과 의도적 왜곡으로 얼룩져 있는 건국 당시의 숨가빴던 역사적 순간들을 미국사람의 입장이긴 하나 사실적인 묘사를 통하여 바로잡고 있으므로 특히 지식인들과 젊은 학생들에게 여지껏 잘 모르고 있던 건국사의 일부를 옳게 깨우쳐주는 길잡이가 될 것으로 확신한다.

셋째, 이 책은 이승만이라는 우리 현대사의 거목을 다룬 하나의 전기물 즉 위인전으로서도 성공적이라고 평가할 수 있다. 이승만을 그의 애국심, 용기 그리고 헌신 등 여러 가지 덕목을 갖춘 지도자로서 그리기도 하고, 때로는 그가 대단히 욕심많고 독선적인 측면을 가진 인물임을 나타내는 등, 한 인간의 심리 변화나 내면적 갈등을 솔직하게 묘사하고 있기 때문이다.

넷째, 이 책은 새로 세운 나라의 초석을 다지는 역사상 가장 긴요했던 시기에 우리의 중요한 우방인 미국이 한국에 대하여 취했던 기본적 입장과 그들의 속마음을 엿볼 수 있게 하는 한미관계의 외교지침서 내지 중요사료라고 할 수 있다.

이 책의 출간으로 인하여 만시지탄이 없지 아니하나 반세기 이상 가려져 있던 대한민국 건국전후사의 주요부분이 마침내 진실을 들어내게 되었다는 의미에서 크게 경하할 일이다.

원문은 대학교수 출신인 저자의 명쾌하고 유려한 문장실력과 심도있는 연구결과를 보여주고 있는데, 번역은 한평생을 대한민국 건국사와 이승만에 관한 연구에 바친 자유민주주의자 朴日泳의 해박한 지식과 유창한 영어실력으로 깔끔하게 마무리되어 부담없이 읽을 수 있다. 번역자는 원저자와 오랫동안 친교를 유지해오면서 직접 만나거나 서신왕래를 통하여 원저자의 의도를 제대로 파악하여 번역의 정확성을 제고시켰을 뿐만 아니라 최근에 자신이 별도로 발표한 관련논문을 보태어 내용을 보강하고 색인을 작성하여 연구자들의 편의를 도모하였으므로 역사연구자뿐만 아니라 학자, 공무원, 외교관, 학생 기타 지식인들에게 일독을 권한다.(계명사, 1998. 5. 20.)

4. 추천사, 정치개혁 이렇게 한다. - 미국의 정치개혁 리포트 - (박태석, 정상환, 황철규, 민만기 공저)

정직한 사회적 시스템을 위하여

사막에서 오아시스를 발견한 기분이라고 할까, 아니면 7년 가뭄에 단비를 만난 경우라고나 할까. 이것이 필자가 "정치개혁 이렇게 한다 - 미국의 정치개혁 리포트 - "를 접하고 받은 느낌이다. 그 이유는 대체로 세 가지로 요약될 수 있다. 첫째, 정치개혁이야말로 국민의 가장 큰 바램이요 새천년에 우리의 국운을 좌우할 가장 중요한 당면과제임에도 불구하고 전연 진전이 없는 답답함 속에서 우리가 벤치마킹을 할 수 있는 미국의 제도와 운영을 요령 있게 소개하는 길잡이를 만났으니 어찌 청량하고 신선한 기분이 들지 않으리요. 사실 많은 분야의 학자나 정치인들이 여러 가지 학설과 주장을 내세우고 선진국의 제도를 소개해 왔으나 미국의 정부정책결정 및 집행과정을 헌법적, 법률적 관점에서 분석하고 미국식 정치개혁의 모델을 법률가의 안목으로 정리한 경우는 없었기 때문이다. 둘째, 이 책의 집필자가 현직 검사라는 점이 우리에게 아주 흐뭇한 기분을 제공한다. 검사는 형사범죄를 척결하는 직책을 수행함으로써 국가법질서유지의 근간조직이라는 인식이 주류를 이루어서 만일 검사가 형사법이나 수사에 관한 저서를 발간했다면 당연시하지만 외국의 정치제도와 그 개혁의 메카니즘에 관하여 집필했다고 하면 이상하게 생각할 사람이 많이 있을 것이다. 그러나 이 책은 그러한 잘못된 고정관념을 깨는데 기여할 것이다. 이제는 검사는 단순히 형사범죄의 수사와 공소제기만이 아니라 부처별 법률팀이 없는 우리나라의 경우에는 政府法律家(Government Lawyer)로서 다양한 公私法상의 정부임무도 수행하면서 그 역할의 다양화를 모색해야 하기 때문이다. 검사들이 본서를 집필했다고 하는 것은 그러한 방향의 모색과 역할변환을 추구하는데 있어서 선도적 신호를 보내기 시작한 것으로 평가할 수 있다. 셋째, UN, WTO, OECD 등의 주도로 세계적으로 反腐敗 라운드가 열리고 국제 반부패법제(International Anti-Corruption Regime)가 형성되고 있는 가운데 국가별 부패지수가 공표되는 등 바야흐로 부패와의 전쟁이 선포된 상황에서도 우리나라는 충분히 대처하지 못하고 있는데, 본서는 이 같은 국제적 동향을 주도하는 미국이 과연 어떻게 정직하고 깨끗한 사회를 유지하기 위하여 법적, 제도적으로 노력하고 있는지를 파고든 지침서라고 할 수 있다.

인간의 무한한 욕망이 다양하게 얽히고설킨 현대사회에서 부정과 부패를 근절할 수는 없을 것이나 이를 무시할 수 있는 수준까지 최소화시킬 수 있는가는 제도와 그 운영에 상당히 좌우된다. 그런 맥락에서 새로운 천년을 맞이하는 우리 사회의 화두로 대두되어 있는 투명성의 문제도 결국 부정부패를 차단할 사회적 시스템의 유무, 즉 제도의 문제로 귀결될 수 있을 것이다.

본서는 세계자본주의의 메카인 미국의 정치제도, 예를 들어 공직자가 어떻게 公과 私를 구분하여 행동하는가 하는 기본적 문제에서부터 공직자나 입후보자의 선거운동자금 모금과 지출, 기부금에 대한 제한, 로비활동, 회계감사 등과 관련된 자료들을 상세히 수록하고 있다. 특히 부정부패가 발붙일 자리를 철저히 배제한 선거제도는 총체적인 시스템 정비과정을 밟고 있는 우리 사회에 강력한 정치개혁의 모델을 제공하고 있다.

현직 검사 네 분이 바쁜 업무 속에서도 방대한 미국연방정부와 각 주의 자료를 깔끔하게 정리하고 체계적으로 분석하여 옥동자를 탄생시킨 노고를 높이 치하하며, 이 책이 새로운 사회적 패러다임을 모색하는 각계각층의 뜻있는 분들에게 귀중한 자료가 될 것으로 확신한다.(넥서스, 1999. 12. 8.)

5. 書評 동아대 김재원교수 저서, A Critical Discourse on Korean Law and Economy(편저)

Selected Writings on Korean Economy and the Law, edited by Professor Jae Won Kim, is a valuable legal anthology for those who are interested in the contemporary Korean law. The author of writings in the book was the late Dr. James M. West, a dedicated human rights champion well equipped with academic passion, insightful analysis and ferocious intellectual intensity. All of his writings in the book are a scholarly testimony about law and society in Korea that would serve as excellent references to Korean legal studies in the light of an extreme paucity of the English language literature on Korean law.(한글그라픽스, 2002. 3.)

6. 추천의 글, 이충범 著, 나는야, 자랑스런 앵벌이 대장

먼저 나의 사랑하는 제자, 이충범 변호사가 자전 에세이집을 출간하게 된 것에 대해 진심으로 축하하며 이 글을 쓰게 된 것을 기쁘게 생각합니다.

호기심 많던 법대 학생 시절부터 남다른 큰 포부와 사려깊음이 눈에 띄던 걸로 기억됩니다. 그 포부가 국가에 대한 열정으로 이어져 <영소사이어티>와 지금의 <미래포럼>을 탄생시키고 그 사려깊음은 소외되고 어려운 이웃에 대한 사랑으로 이어져 지금의 <정해복지>를 있게 하지 않았나 싶습니다.

이충범 변호사는 참으로 적극적이고 진취적인 기상을 지닌 사람입니다. 오랫동안 나와 인연을 맺고 있는 그가 '국가미래전략포럼'을 만들자고 찾아왔을 때 예전의 <영소사이어티>에서의 활동 전력을 익히 알고 있던 나로서는 기꺼이 그의 제안을 받아들일 수밖에 없었습니다.

21세기 대한민국의 발전 전략과 미래 지도자 양성이라는 미래포럼의 설립 취지가 그의 쉬지 않는 노력과 꿈으로 빛을 발해 언젠가 큰 결실로 그 자신에게, 우리에게 되돌아오리라 믿습니다. 그리고 진솔하고 의기 충만한 이충범 변호사의 삶의 기록이 담긴 이 책을 읽으며 다시 한번 그 믿음이 강해지는 것을 느끼게 됩니다.

합리주의와 인본주의의 조화로 자유와 복지, 그리고 평화와 통일의 큰 목표를 위하여 분발과 헌신과 용기를 보여준 그의 삶의 태도가 미래지향적 역사 창조의 큰 디딤돌이 될 것이라 믿습니다.

끊임없이 도전하고 미래를 향해 나아가는 사람이 아름답습니다. 나는 이충범 변호사의 그 아름다운 모습을 늘 간직하며 지켜보고자 합니다.(Ewincom, 190－191면, 2003)

7. 10년 후 세상을 희망하며(한국백혈병어린이재단 이사장)

1993년 어느 추운 겨울, 그 날도 근형이와 어머니는 병원복도에서 잠을 자고 있었습니다. 며칠째 같은 자리에서 잠을 자고 있는 모습을 이상하게 생각한 간호사 선생님은 그 이유를 물었습니다. 근형이네는 집이 삼척인데, 일주일에 몇 번 있는 항암치료비보다 서울과 삼척을 오가는 경비가 더 많이 들기 때문에, 차라리 병원복도에서 잠을 자며 하루하루를 보낸다고 했습니다. 항암치료를 받는 아이들은 그 부작용으로 백혈구 수치가 낮아 감염의 위험이 높을 뿐 아니라 속이 메슥거리고 온몸의 통증이 적지 않습니다. 그런데 그 몸으로 병원복도 의자에서 한뎃잠을 잔다는 것입니다. 그러한 위험을 무릅쓰면서도 병원복도에 아이를 재울 수밖에 없는 근형이 어머니는 아이에게 미안할 뿐이라며 그저 아이가 견뎌주기만을 기원한다고 하였습니다.

소아암 환자의 약 75%는 근형이처럼 지방에서 거주하고 있습니다. 치료병원에서 근거리에 거주하고 있는 환자들은 별 문제가 없지만 먼 곳에서 거주하는 환자들은 잠깐의 치료를 위하여 몇 시간씩 고생을 하며 병원까지 와야 하고, 또한 척추주사를 맞고도 충분한 시간을 쉬지 못한 채 집으로 내려가야 합니다. 또한 병원에서 항암제를 계속 맞는 어린이의 경우, 대개 병원 건물만 보아도 속이 울렁거리거나 토할 정도로 병원이라는 환경은 항암치료를 받는 어린이에게는 거부하고 싶은 곳이기도 합니다. 따라서 이러한 어린이에게는 병원에서 수사만 빨리 맞고, 남의 눈치를 보지 않으면서 경제적인 부담 없이 편히 쉴

수 있는 공간이 치료병원 인근에 필요합니다. 이러한 환경 제공을 통해 치료의 효과도 높아질 것입니다. 또한 항암제로 인해 식욕이 떨어진 상태에서 엄마가 직접 지어주는 밥을 먹는다면, 항암제의 부작용도 훨씬 쉽게 이겨낼 수 있을 것입니다.

쉼터에 대한 소아암 어린이와 그 가족들의 높은 욕구와 그 필요성을 절실히 느낀 우리 재단에서는 1993년 소아암 어린이 쉼터 마련을 위한 '사랑의 카드 보내기 운동'을 시작하였습니다. 그 결과 운동 시작 3년 후인 1996년 6월 국내 최초의 소아암 어린이 쉼터가 개소하여 많은 소아암 어린이와 가족들에게 작은 희망이 되었습니다.

그리고 2004년 현재, 우정사업본부의 전폭적 지원을 받아 서울지역에만 3개소, 광주, 대구, 부산에 각 1개소씩 총 6개소의 '우체국 한사랑의 집'이 운영되고 있습니다. 특히 지난 2003년 6월에는 국내 최초의 쉼터가 '우체국 한사랑의 집'으로 확대 개소되는 뜻깊은 일이 있었습니다. 이처럼 전국에 걸쳐 쉼터가 마련될 수 있었던 것은 4년에 걸친 우정사업본부의 지속적인 지원과 임직원들의 인간적 봉사가 있었기에 가능한 일이었습니다.

우리는 누군가를 돕기 위해서는 경제적으로 넉넉함이 있어야 한다고 생각합니다. 그러나 진정으로 누군가를 돕는 것은 지속적인 관심이라고 생각합니다. 기업의 사회공헌활동도 역시 사회에 대한 지속적인 관심이 밑바탕 되어야만 그 목적을 실현할 수 있을 것입니다. 앞으로도 우정사업본부의 값있는 사회공헌활동으로 사회의 한쪽에는 우리의 관심과 정성을 필요로 하는 누군가가 있다는 것이 지속적으로 알려지고, 이제까지 우정사업본부가 해왔던 것처럼 기업의 사회적 책임에 대한 인식과 그 실천에서 다른 기업들의 모범이 되는 큰 역할을 감당하시길 기원합니다.

우리 재단 역시 앞으로도 소아암 어린이와 가족들의 목소리에 귀기울이며, 그들과 함께 꿈을 꾸고 그 꿈이 실현되도록 앞장설 것입니다. 우정사업본부와 같이 사회적 책임을 실천하려는 기업이 더욱 많아질 것이라 생각하기에 10년 후에는 우리 소아암 어린이들 모두가 완치되어 건강하게 사회로 복귀할 수 있는 멋진 세상이 되리라 희망할 수 있습니다.(함께 나누는 좋은 세상, 2003 우정사업본부 사회공헌활동백서, 우정사업본부, 18－19면, 2003)

8. 判例敎材 民事訴訟法 序文

만원버스와 같은 법과대학 교과과정의 부담 속에서 추상적이고 기술적이어서 어렵다고만 여겨지는 民事訴訟節次法의 설자리가 없어져 가고 있다. 뿐만 아니라 대학에서의 절차법 연구에 대하여 실무계 일각으로부터 발전되는 직업적 알레르기와 실체법 우선의 풍조 속에서 학계자체의 절차법에 대한 임무포기적 태도와의 틈바구니에서 민사소송법학은 해방 후 오늘날까지 법학의 우량아로 자랐다고 할 수도 없다. 그러나 해부학과 생리학에 박학한 외과의도 이를 응용한 수술과정을 임상적으로 체득하지 못하면 소용없듯이 아무리 실체법에 정통하다고 할지라도 절차법이라는 응용수단으로 완전무장하여야 될 필요성은 학자나 실무가 모두에게 같은 비중으로 강조되어야 할 것이다. 더군다나 절차법이 날마다 적용되고 판결이 생산되는 곳은 법조실무계이지만 궁극적으로 장래에 절차법을 "체계적으로" 발전시킬 곳은 법과대학이라야 한다. 민사소송절차법은 기술이기도 하지만 역시 과학이기 때문이다.

그동안 법학교육제도와 수험제도에 대하여 여러 가지 논의와 개선책이 수없이 명멸되어 왔다. 그 중에서도 고착된 성문법과 격변하는 법률현실간의 괴리를 전연 무시한 채 추상적이고 개념적인 해석법학의 암기식 전수방법이 자주 비판되어 왔다. 따라서 일반적으로는 이러한 폐단을 지양하고 특히 민사소송법의 경우에는 이 분야가 먼 나라 이야기처럼 아련하고 난공불락의 성이라는 그릇된 신화를 깨고, 구체적이고 생생한 공부를 하기 위하여서는 판례를 접촉하여 법의 구체적 적용과정을 알고 싱싱한 판례를 통하여 살아있는 법을 체득하며 소화된 판례를 분석·비판함으로써 법률문화의 향상에 이바지할 수 있다는 아이디어가 ASIA 재단의 후원으로 결실을 맺어 우선 이러한 취지에 알맞은 교재를 펴내는 사업의 일환으로 저자는 「判例敎材 民事訴訟法」을 담당하게 되었다.

판례는 사실심 법원에서 산출된 인간사회의 분쟁에 대한 결론으로서 상소를 통하여 정제된 후 한 나라 법률문화의 결정으로 영속화한다. 판례의 기능과 비중이 영미불문법국가와 다른 우리나라에서 판례를 통하여 쉽고도 생동하는 법학공부를 시도하려면, 첫째, 알찬 판례가 풍부하고도 접근하기 쉬워야 하며, 둘째, 판례를 다각도로 연구·활용하고, 학설과 실무 기술을 유기적으로 상호보완 할 수 있는 각종 문헌이 풍부하여야 한다. 그러므로 이러한 전제요건이 충족되지도 못한 상태에서 민사소송법에 대한 학문의 깊이도 없는 저자가 본서를 펴내는 것을 무척 주저하였지만 Casebook System을 사상 처음 도입함으로써 미국법학교육의 혁명을 가져왔다는 Langdell도, 미국법학의 위대한 고전인 4권의 Commentaries를 저술한 Kent도 소송법에 조예가 깊은 분들은 아니었다는 사실을 억지로 변명삼아 감히 손을 대게 되었다. 우리나라에서도 해방후 30년의 짧은 연륜 동안 상당히 많은 수의 주옥같은 판례가 집적되었다. 그러나 불행히도 이들은 실에 꿰어 있는 구슬들이 아니었기에 여기에 접근하여 필요한 판결을 찾아내는 것은 결코 쉬운 일이 아니었다. 저자가 이 작업을 수임한 1973년 가을부터 긴 겨울 방학을 지나 새 학기가 올 때까지 근 반년간 연인원 약 520명의 학생들의 협력을 얻어 대법원민사판결원본집을 비롯하여 서울대학교 법학연구소刊 주석한국판례집, 법원행정처刊 대법원판결집, 어문각刊 대법원판례집, 대법원판례카드, 한국판례연구원刊 판례총람, 판례월보, 법률신문, 산업은행刊 금융판례집 기타 몇 가지 잡지 등 10여 가지의 산재한 각종 소스로부터 해방후 1973년 말까지 우리 손으로 엮어 낸 민사소송법 중 판결 절차 부분(강제집행 부분을 제외하고, 즉 민사소송법 제 1 조에서 제468조까지)에 관한 대법원 판결이 모두 4,519개인 것으로 발굴집계되었고 본서에는 그 중에서 일일이 숙독하여 신중하게 선발된 판례에다가 하급심 판결과 최신 판결 약간을 보태어 1,543개를 수록하였다. 그러나 註解나 문제 기타 해설에서 부분 인용된 것까지 합하면 그 수는 훨씬 더 많다. 그리고 판결이 혹은 사건명과 선고 결과가 없거나 혹은 순한글로만 되어 있는 등의 불통일은 잡다한 소스로부터 선정한 사실로부터 자명하여질 것이다.

여기에 덧붙여서 미국·영국·독일·프랑스·일본의 판례가 나라별로 많은 경우에는 20개를 한도로 하여 순수히 비교법적 관점에서 삽입되어 있다. 번역을 통한 정확한 判旨전달의 어려움과 법률기초적 배경의 相異를 무시한 외국판례 소개의 위험성 때문에 유럽과 영미판례 및 자료를 풍부히 가지고 있으면서도 그 수를 극히 제한한 것이다.

또한 이들 많은 판례의 평면적 망라에 그치는 것을 방지하기 위하여 매항목이 시작할 때마다 약간씩의 조감도적 설명을 부연하고, 해방 이후 지금까지 발표된 민사소송법에 관한 논문, 판례비평, 질의회답 및 자료 중에서 뽑아서 필요한 경우마다 관계 판결과 함께 고찰되어야 할 참고문헌으로 제시하였으며 자주 주해를 붙여서 판례에 대한 문제점 지적과 폭넓은 이해를 돕고자 하였다.

다만 본서와 같은 판례교재의 경우에는 모든 법원칙과 학설이 판례의 입을 통하여 설명되어야 한다고 생각하였기 때문에 각 항목마다 저자가 첨가한 해설은 될 수 있는대로 간결하게 하였다. 그리고 지금까지의 판례가 아직 커버하지 못한 쟁점이나 수록되지 아니한 판결에 포함된 문제점으로서 무시해 버리기 아까운 것 등은 항목 말미에 설문의 형식으로 제기함으로써 중요한 쟁점이 간과되지 않도록 배려하였다. 항상 저자의 사견을 고집하기보다 대립된 여러 견해를 객관적으로 소개하는 방침을 취하였지만 경우에 따라서는 법원 판결이나 국내논문들이 일본의 그것을 제록스 복사한 듯한 것을 발견하였고 성문법의 해석 운용에 대한 주류적 발상과 관점이 오늘날까지도 일본법학의 것을 일방통행으로 면세수입한 것임을 자꾸만 느끼게 되어 우월한 隣邦법률문화의 정신적 외판원으로 전락하지 않기 위한 각성을 강요당하게 되었다.

한 권의 책이 태어나기 위하여는 천둥 번개치는 여름 기후에 못지 아니한 변화와 곡절이 필요한가 보다. 본서와 같은 실험적 시도는 어려운 여건 중에서도 ASIA재단의 재정적 지원 그리고 서울대학교 법학연구소의 행정적 지원이 없었더라면 엄두도 못냈을 것이므로 우선 謝意를 표한다. 해가 바뀌도록 난방도 안되는 싸늘한 연구실에서 이른 아침부터 저녁까지 수많은 학생들이 드나들면서 외국에서라면 서지전문가들이 완성해서 학자의 편의에 제공하였을 기초공사의 일꾼이 되어 주었다. 특히 그 중에서도 김포에서 거의 하루도 빠짐없이 연구실에 나와서 작업의 전 공정을 주도하다가 입대한 서울대학교 대학원생 丁奎昇군, 초기에 판례 수집과 분류에 헌신적이었던 본대학원생 朴淵徹, 宋然秀양군 그리고 저자가 중도에 渡獨한 후 교정을 비롯하여 모든 뒤처리를 담당하여 준 본교 수석 졸업의 사법연수원생 申熙澤군과 법학연구소 李吉成조교에게 고마움을 금할 수 없다.

끝으로 저자에게 집필 중 渡獨하여 풍부한 유럽의 자료에 접할 기회를 마련하여 본서를 살찌게 해준 Humboldt 재단에게도 감사한다.(서울대 법학연구소 判例敎材 시리즈 Ⅵ, 법문사, 1976. 1. 5.)

9. 지적소유권법전 서문

최근 經濟成長으로 말미암아 韓國의 國際的 地位가 크게 强化됨에 따라 先進國과의 通商去來에 관한 法律的 環境이 政府間 交涉의 對象이 되거나 중요한 연구과제로 되었다. 그 중에서도 특히 各國間의 通商去來에 通商마찰의 焦點으로 등장된 分野가 知的所有權이므로 이 분야의 중요성은 아무리 강조해도 부족하다.

이는 數年前 美國政府가 우리에게 市場開放壓力과 함께 특히 知的所有權의 保護를 요구하기 전까지는 몹시 생소한 用語이었다. 우리는 古來로 남의 創作에 대하여 代價를 支給하고 利用하는 認識이 確立되지 못하였기 때문이다.

그러나 1986年末 政府는 急變하는 國際通商與件에 대처하고 先進國의 要請을 受容하여 종래의 特許法, 商標法, 實用新案法, 意匠法, 著作權法 및 不正競爭防止法을 대폭 改正하고 컴퓨터프로그램 保護法을 制定하는 一方 각종 國際條約에 加入하였다. 이로써 우리는 일응 國內外의 各種 精神的 創作을 보호하는 法規範을 完備한 셈이다. 앞으로 우리의 科學技術的 學問藝術的 産業經濟的 水準이 向上되고 國際化가 促進됨에 따라 知的所有權法 分野가 더욱 중요성을 가지게 될 것임은 명백하다.

本法典은 이러한 必要性에 卽應하여 다음과 같은 고려하에 편찬된 知的所有權法의 結晶體인 동시에 基本的 武器라고 생각한다.

첫째, 本法典은 在來式 法學分野의 分類方式에 따라 基本的인 工業所有權法과 著作權法 등만을 단편적으로 收錄하는 範圍를 넘어서 知的所有權이 國際通商經濟의 重要한 一部라는 인식하에 관련되는 國內外 通商法規를 包含시켰다.

둘째, 우리 社會가 컴퓨터의 普及을 통한 情報化社會로 進入하는 추세에 발맞추어 知的所有權과 관련된 情報通信法規를 연결시킨 바 있다.

셋째, 文化的 創作活動을 보호하는 知的所有權法 分野에 한정하지 아니하고 널리 이러한 精神的 勞作을 企業化하면 또한 國際去來의 對象이 되므로 그러한 國內的 企業活動의 근거가 되는 諸法規도 포함시키도록 하였다.

넷째, 門戶開放을 통한 국제화 및 統一化 傾向을 염두에 두고 우리와 密接한 經濟的, 技術的, 文化的 關係를 갖고 있는 主要國家의 知的所有權法과

중요한 國際條約을 포함시켰다.

이와 같은 새로운 각도에서 편찬된 本法典이 이 분야에 관심이 있는 각계 각층에 도움이 될 것으로 믿고 作業을 推進함에 있어서 接近하기 어려운 資料를 제공해주신 관계기관과 외국법령의 경우에 수준 높은 번역본을 사용하도록 도와주신 관계자 여러분께 깊은 감사를 드린다. 끝으로 어려운 여건 속에서도 本法典의 出刊을 맡아주신 法經出版社 鄭仁朝社長께도 謝意를 表하고자 한다.(법경출판사, 1988. 11.)

10. 民事訴訟法 序文

한 나라의 법률문화의 올바른 발전을 위하여서는 소송제도와 절차법의 역할이 가장 중요하다. 그럼에도 불구하고 공부하는 사람의 입장에서는 민사소송법이란 지극히 합리적이고 기술적인 법체계에서 한 나라 국민의 윤리의식이나 도덕규범과 동떨어진 채 존재할 수 있기 때문에 일응 무미건조하게 느껴진다. 또한 민사소송절차는 소의 제기로부터 판결의 확정과 집행에 이르기까지 살아 움직이는 연쇄과정이므로 일정한 법칙에 따라 진행되는 전과정이 거시적으로 파악될 때까지는 이것의 완전한 이해란 거의 불가능하다. 민사소송법의 이러한 특징은 많은 법학도로 하여금 이 분야가 어렵다고 생각하여 그 중요성에도 불구하고 그에 대한 연구를 기피하게 한다. 本書는 그것이 지닌 여러 가지 미비점에도 불구하고 우선 그러한 그릇된 신화를 깨뜨리는데 이바지할 수 있기를 희망한다.

원래 교수가 교과서를 집필하는 일은 일반의 인식과는 달리 학문적 업적이 된다고 볼 수 없다. 그야말로 수강하는 학생들에게 필기의 수고를 덜어주기 위하여 강의 노트를 上梓하는 것일 뿐이다. 그렇다면 기본적 대학교재는 기초적 지식을 간결하게 전할 수 있는 수단이면 족할 것이다. 그러나 우리의 현실은 교과서를 두껍게 만들기 경쟁이라도 하는 듯한 느낌이다. 아직 우리의 현실이 기본교재와 전문참고서가 분리 출판될 수 있을 만큼 현실적 수요나 채산성이 없으므로 한번 교재를 출간하여 두 가지 목적을 동시에 달성하려고 하기 때문일 것이다.

本書는 기본 대학교재의 자리를 충실히 시키면서 그동안 오래 미루어왔던

舊著를 대폭적으로 수정보완한 것이다. 다만 민사분쟁해결의 절차를 기술적으로만 해설하는 것에 그치지 아니하고 이념적 배경, 역사적 발달 및 외국의 입법례를 조명하여 종합적 이해를 도모하고자 하였다. 이 같은 작업은 저자가 수년간 법무부 민사소송법개정심의위원회의 한 위원으로서 배운 바를 반영하고, 독일에서 민사소송법을 전공하여 박사학위를 받은 후 서울법대로 복귀한 신진기예 胡文赫 교수의 전폭적인 도움을 얻어 새롭게 이루어진 것이다.

본서의 출간에 교정과 문헌 대조는 물론 여러 가지 사무적으로 어려운 일을 헌신적으로 담당하여 준 본교 박사과정의 尹榮信 法學碩士와 이상정 法學碩士 및 司法硏修院에 곧 入學할 金容杓 法學碩士 등의 노력에 감사하고 출판을 담당한 博英社의 번영을 기원한다.(박영사, 1990.)

11. 民事訴訟法 全訂版 序文

만원버스와 같이 꽉 짜인 法科大學의 敎科課程을 운영하는 틀 속에서 民事訴訟法 科目의 기본적 중요성과 필요성을 학생들에게 이해시키는 것은 쉬운 일이 아니다. 더구나 학생들이 이를 어렵다고 생각하는 한 더욱 그러하다. 그러나 민사소송법의 기본적 지식은 民·商法 등 實體私法 전반에서 인정하는 각종 권리의무를 실현하는 필수적 도구임은 물론 家事訴訟法, 行政訴訟法, 會社整理法 등 중요한 절차법의 理解에 없어서는 아니되는 기본법이다. 뿐만 아니라 더 나아가서 민사소송법이 담고 있는 지도원리와 각종 이념은 모든 국민들이 민주시민으로서 평화로운 사회의 유지를 위하여 따라야 하는 행동규범이 되기도 한다.

다년간 민사소송법을 가르치면서 느끼는 점은 학생들이 민사소송의 살아 움직이는 절차적 특성을 파악하기보다는 부분적 지식을 해석법학적 틀 속에서 암기하는 데 주력하는 듯한 인상을 받아왔다. 그런데 최근 종래의 이와 같은 타성을 극복하기 위한 변화가 있었다. 서울대학교 법과대학에서는 民事訴訟法演習科目을 신설하였고, 司法試驗 등에서도 事例가 출제되는 경향이 계속 두드러졌다. 따라서 첫째, 本全訂版은 기본적 대학교재의 위치를 충실히 지키면서도 이 같은 변화에 부응하는 교과서로서 탈바꿈하고자 판례의 사실관계를 토대로 事例를 補强하고 전반적 체계를 수험생의 편의에 맞게 대폭 개편하면서 많은 부분을 고쳐 썼다. 그와 관련하여 언제나 기본적이고 기초적인 논점들을 새로운 체계에 맞추어 균형있게 서술하면서도 지나치게 기술적 세부사항에 관하여 편중하여 논하는 것을 지양하고자 하였다. 訴訟의 一生에 비추어 볼 때 民事訴訟法은 法院의 주관하에 對立當事者가 펼쳐 가는 眞實發見의 攻防戰에 적용되는 競技規則(Rules of Game)을 제공하는 것이므로 학생들로 하여금 우선 절차적 흐름에 대한 巨視的 그림을 파악한 다음에 기술적 문제점의 공부로 넘어갈 수 있도록 다듬었다고 하겠다. 둘째, 오늘날 급속하게 이룩되어 가는 情報化 및 國際化 時代에 발맞추어 민사소송법도 빠른 變化를 경험하고 있으므로 이에 따라 민사소송법이 직면하게 될 여러 가지 새로운 문제점을 폭넓게 다루었다. 셋째, 本書는 개정 민사소송법 시행 이후 그에 따른 관련법규의 개폐와 국내외 새로운 소송법의 동향을 반영하였고 국내의 학설과 判例를 바로 최근의 것까지 충실하게 다루었으며 저자의 判例敎材 및 방송통신대학 민사소송법 교재와도 유기적으로 연결되도록 배려하였다.

본서의 출간에는 귀중한 의견과 함께 부분적으로 가필을 해준 서울법대 胡文赫 교수와 울산대 이상정 교수, 그리고 판례와 문헌 대조 및 교정을 헌신적으로 도와 준 본교 박사과정의 金相一, 李濟垣 양군의 노력에 힘입은 바 컸고, 미국에서 본서를 고쳐 쓰는 동안 시종일관 미국과 서울 간의 연락과 사무적 뒤처리를 완벽하게 감당해준 연구실 살림꾼 趙貞嬉씨에게 감사한다. 또한 주한 캐나다 대사관 商務官 金鍾勳 박사가 책의 題字를 쾌히 써 준 것은 望外의 所得으로서 특히 고맙게 생각한다.

끝으로 어려운 여건임에도 불구하고 全訂版의 출간을 쾌락해 준 博英社 여러분에게 감사한다.(뉴욕대법대연구실, 박영사, 1993. 9. 1.)

12. 民事訴訟法 再全訂版 序文

全訂版을 낸지 불과 2년 만에 다시 교과서를 고치게 된 이유는 그간 우리나라의 司法史에 큰 획을 긋는 改革이 있었기 때문이다.

다 아시는 바와 같이 1993년이 저물어 갈 즈음 사법부의 發議로 출범한 사법제도발전위원회가 각계각층의 衆智를 모아서 아마도 우리나라 사법부가 탄생한 이래 최대의 개혁을 선의한 바 있고 그 대부분의 아이디어가 1994년

중에 국회에서 입법되어 결실을 보게 되었다. 그 요점은 법원 조직과 운영을 시대변화에 맞게 대폭 개편함과 동시에 재판제도의 적정과 능률을 제고하여 좀 더 국민에게 친절하고 신뢰를 받는 사법부를 만들고자 하는 것이었다. 저자도 사법제도발전위원회에 재판제도의 개선을 담당하는 제 3 분과위원회 위원장으로서 미력이나마 봉사한 바 있다. 마침 이 위원회가 막바지 중요한 고비에 도달한 시점에서는 뉴욕대 法大의 석좌교수에 임명됨으로 인하여 뉴욕에 체재하면서 당일치기로 서울과 뉴욕을 왕복한 일도 있다.

이번의 고침은 사법개혁의 결과를 내부참여자의 입장에서 상세히 통찰하여 고치고 이러한 개혁들이 앞으로 우리나라 사법제도와 재판제도에 어떤 심대한 영향을 미칠 것인지를 논하였다. 각종 법원의 통폐합과 신설의 의미와 적절성, 상고심리불속행제도의 취지와 현명한 운영방향, 그리고 이러한 개혁조치를 다루면서 우리나라 사법부의 나아갈 방향 등에 대하여도 立論한 것이 그 큰 줄거리라고 할 수 있다. 물론 이번의 개혁조치를 이루어 내는 과정에서 법조인과 비법조인간의 시각 차이, 재야 법조계와 재조 법조계의 의견 차이, 여론에 호소하는 경우에 나타난 전문가 그룹과 비전문가 그룹의 왜곡된 여론조성방법, 지나치게 집단적 이해관계를 과격하게 주장하는 경우 등을 충분하게 수렴하거나 조정하여 완벽한 개혁을 성취했다고 보기는 어렵다. 그러나 이번의 결실은 우리가 건국 초기부터 마련하여 운영해 온 기존의 틀을 유지하는 범위 내에서 취한 역사상 가장 광범위한 제도적·절차적 개혁이라고 할 수 있다. 이번에 고쳐 쓸 때에는 그 점을 염두에 두고 운영정책 방향도 서술하였다. 이제 남은 과제는 이와 같은 제도와 절차를 운영하는 사람의 교육과 훈련, 자격 그리고 인사관리 등에 대하여 진지한 검토를 시작하는 것이다. 물론 법관의 임용 등 인사문제에 대하여는 사법제도발전위원회에서도 몇 가지 개선점을 건의하여 채택된 바 있으나 좀더 근본적인 교육, 고시, 훈련 등에 관한 개혁을 시급하게 병행하여야만 사법부의 개혁이 하드웨어와 소프트웨어의 양면에서 완성될 수 있을 것이다.

본 교재를 다시 고침에 있어서는 위에 언급한 사법개혁의 여러 제도를 분석 평가하여 소개하였고, 아울러 이해하기 어렵거나 불명확한 부분을 바로잡았으며, 그동안 생산된 판례와 이론을 모두 정리하여 반영하였다.

본서를 고쳐 펴내는 데에는 처음부터 도와주신 울산대 이상정 교수, 서울법대 박사과정의 이제원 군, 판례를 찾아서 정리해 준 문일봉 판사 등의 도움과 조언의 덕을 톡톡히 받았기에 이 자리를 빌어 감사의 뜻을 표한다. 특히 이 분들은 저자가 1995년 봄학기 중 하바드대 법대와 뉴욕대 법대의 교수로 이중 임명을 받아 그 곳에서 가르치느라고 바쁜 중에 뒷일을 모두 깔끔하게 처리해 주었고, 조정희 씨의 능률적인 사무협조가 필수불가결하였음을 감사의 마음과 함께 지적하고자 한다. 끝으로 시종일관 이해와 인내와 협조를 통하여 이 책이 나오도록 해 준 박영사에도 감사의 뜻을 전한다.(하버드법대연구실, 박영사, 1995. 2. 20.)

13. 民事訴訟法 新訂 3 版 序文

40여 년 전에 입법되어 부분적 개정을 거쳐온 민사소송법이 실로 여러 해 만에 판결절차 부분의 民事訴訟法과 강제집행 및 집행보전절차 부분의 民事執行法으로 분리되어 새로 제정되고 그에 따른 관련 법률 및 대법원규칙 등이 일제히 개정되어 2002년 7월 1일부터 시행된다. 저자는 과거에 민사소송법의 개정 작업을 할 때마다 참여하였으나 특히 이번에도 법무부 민사소송법개정심의위원으로 참여하여 수년간 대법원이 마련한 안을 토대로 정부의 개정안을 성안하는데 犬馬之役을 한 바가 있어서 상당히 감회가 새로운 바가 있다. 특히 이번 개정법에서는 종래의 심리절차를 근본적으로 개혁하여 辯論集中을 통한 사실심리단계의 효율성을 제고하기 위한 여러 조치들을 과감하게 채택하였고, 그동안 실무에서나 학계에서 논의되던 많은 쟁점들을 거의 대부분 검토하여 필요한 경우에는 개정법에 반영하였다. 또한 급변하는 우리의 세태나 과학기술의 빠른 발전이 소송제도에 영향을 미치는 부분도 이를 감안하여 개정하거나 대법원규칙으로 위임하여 유연성 있게 대처할 수 있게 하였다. 다만 합리적인 상고제한제도라든가 변호사강제주의의 도입 등은 아직도 숙제로 남게 되었음이 아쉽다고 하겠다.

교과서를 개정법에 맞추어 고쳐 씀에 있어서는 다음과 같은 원칙에 따랐다. 첫째, 본 교과서는 새로 민사소송법을 배우는 학생들의 기본교재로서의 기능을 충실히 하고자 했고, 책 전체의 분량을 줄이도록 노력하였다. 사실 국가시험을 준비한다고 하더라도 시험의 기본목적은 과연 민사소송법을 공부한 사람이 절차법의 기초를 제대로 이해하고 있는지를 검정하는 것이지 전문적 논의나 심지어 외국의 입법례까지 요구하는 것은 아닐 것이기 때문이다. 따라서 교과서를 고칠 때마다 두껍게 보완하는 경쟁은 지양되어야 하고, 우리나라도 대학생을 위한 기본교재 시장과 법률전문가를 위한 전문적 참고서 시장으로 분화되어 성장하여야 할 때가 왔다고 생각한다. 또한 외국의 동향도 인터넷 사이트를 통하여 쉽게 접근할 수 있으므로 국내 교과서가 필요 이상으로 비교법적, 전문적인 정보를 전달할 필요도 없을 것이다. 다만 우리와 관련이 깊은 독일 등의 경우를 언급하는 경우에는 금년에 시행된 그들의 개정법 조문을 정확하게 인용하는 주의를 기울였다. 둘째, 판례는 중요한 법률자산이고 자료로서의 가치는 아무리 강조해도 부족하다. 그런데 다행스럽게도 사법부가 지난 반세기 이상 생산한 다수의 판례들이 정보통신기술의 발달로 인하여 데이터베이스로 구축되어 누구나 손쉽게 찾아볼 수 있도록 정리되어 있다. 따라서 본 교과서에서는 필요한 판결과 판례에 터잡은 사례들을 빠짐없이 다루면서도 가급적 가장 최근의 판결을 골라서 인용하고 수십 년 전에 같은 취지로 내려진 판결들은 현재까지 특별한 의미를 지니고 있지 않는 한 제외하기로 하였다. 따라서 옛날 판례, 유사판례, 반대판례 등이 꼭 필요한 경우에는 법원의 데이터베이스로부터 쉽게 찾아볼 수 있게 되었다. 셋째, 국내학자들간에 견해대립이 첨예한 경우에는 이들을 충실하게 소개하였고, 그러면서도 중요한 학설의 대립으로 인하여 결과가 달라지는 경우나 절차의 흐름을 일목요연하게 파악할 필요가 있는 경우에는 適所에 도표를 만들어 넣음으로써 독자의 이해를 돕고자 하였다. 넷째, 소송절차의 근본법인 민사소송법이 획기적으로 개정되었으므로 본법의 적용 또는 준용을 받는 다른 많은 소송절차에 미치는 영향도 막대하다. 본 교과서는 그러한 점을 유념하여 다른 관련절차의 경우도 상세하게 설명하고자 노력하였다. 다섯째, 민사소송법의 개정과정에서는 법률문구의 한글화에 많은 노력을 기울인 바 있으므로 본 교재의 경우에도 한번 법률용어를 한자로 표기한 뒤에는 모두 한글로 서술함을 원칙으로 하였다.

개정된 민사소송법에 관하여서는 앞으로 학계의 많은 논의와 실무계의 경험을 토대로 꾸준한 보완작업이 필요할 것이다. 본 교과서는 그러한 학계의 논의 중의 하나로서 이해하기 쉽게 집필한 것이므로 독자들의 비판과 지적을 받아 계속 수정해나갈 계획이다.

경제적 어려움과 저작 및 출판시장의 무질서에도 불구하고 본서의 출판을 쾌락해준 박영사에 謝意를 표하고, 출간에 앞서 교정과 필요한 관리작업의 수고를 해준 김이수, 박훈, 신은영, 이완근, 이희종, 전우정, 최정락 군에게 고마운 뜻을 전한다.(뮌헨, 박영사, 2002. 2. 10.)

14. 海商法 原論 머리말

우리나라의 5천년 역사에는 3면이 바다인 지정학적 이점을 잘 활용하여 바이킹의 북유럽 지배에 못지않게 찬란한 해상활동과 강대한 해상왕국을 건설했던 시대가 있었다. 청해진을 본거지로 삼아 동쪽으로는 일본, 서쪽으로는 당나라까지 통상항해권을 장악했던 張保皐가 우리의 자랑스러운 조상이다. 또한 오늘날에 와서도 좁은 국토에 많은 인구가 몰려 사는 형편상 해외진출은 당연한 명제이고, 국제화 · 개방화의 물결에 발맞추어 점점 좁아지는 지구촌에서 해상무역을 통한 國富의 증진만이 우리의 살 길임은 우리 국민 모두가 수긍하는 바이다. 20세기 후반에 들어 장보고의 후예들은 수세기 동안의 침체를 떨치고 다시 한번 일어나서 해운선복량을 늘리고 조선공업을 일으켰을 뿐만 아니라, 무역량에서도 세계에서 손꼽히는 국가로 국제사회에 등장하게 되었다.

최근에 우리가 이룩한 이 같은 가시적 성과에도 불구하고 바다를 무대로 이루어지는 각종 해상기업활동을 뒷받침하는 소프트웨어라고 할 수 있는 海商法 분야는 별로 발전된 바 없다고 하여도 과언이 아니다. 현재 해상법은 방대한 상법전의 뒷방구석을 차지하고 있고, 심지어는 각종 국가고시에도 출제가 안 되는 방치된 분야일 뿐이다. 각종 해상거래가 대부분 국제적 약관에 의하여 이루어지고 준거법도 외국법이며, 당사자의 forum shopping에서 韓國法院은 인기 있는 선호대상이 아니므로 해상법의 발달을 위한 촉진제가 없었다. 정부나 업계도 해양과 해운의 중요성에 대한 인식이 없는 만큼 해상법의 필요성이나 효용성에 대한 인식도 없었고, 법조계나 학계도 마찬가지여서 해상법의 본원지의 법에 접근하지 못한 것이 우리의 형편이다.

연혁적으로 볼 때 인류의 역사는 도로도 없고 각종 육상위험도 제거되지 아니한 태초부터 물가에 모여 살던 인간들이 통나무를 이용하여 수운이나 해운을 통한 교역을 하면서 시작되었다고 추측된다. 그렇다면 해상법은 인류의 역사만큼이나 오래되고 우리의 경제생활과 밀접한 관계를 가지고 발달된 법분야이다. 해상법은 이때부터 수천 년간 지중해를 무대로 생성된 해사교역분쟁해결

사례와 각종 관습 등이 초국가적·보편적 성격을 갖는 법체계로 발전하여(예컨대 중세의 Lex Mercatoria) 중세에 상인계급을 위한 상인법이 필요하게 되었을 때 그 중요한 법리를 공급하는 원천이 되었고, 근대 시민사회가 성립되어 그들을 위한 시민법이 제정될 때 그에 필요한 모든 법제도를 넘겨주었던 것이다. 해상법은 이처럼 관습기원성·보편성·독자성·자주성 및 자족성을 지닌 채 오늘날까지 스스로 끊임없이 발달하여 왔으나, 근대 중앙집권 국가가 등장하여 국내 법령을 정비하는 과정에서 각 해운 선진국의 국내법으로 정착되는 바람에 그 보편성을 상실하였던 것이다. 그러나 국경을 넘을 때마다 달라지는 해상법은 해상교통의 발달과 교역량의 증가로 인하여 요구되는 신속한 해상 거래의 완결과 분쟁해결을 말할 수 없이 저해하게 되었다. 지난 세기 후반기부터 국제거래를 위한 각종 약관이 마련되고 해상법의 통일운동이 일어나서 많은 국제조약이 성립한 것은 이와 같은 필요 때문이다. 우리나라도 여러가지 중요한 조약에 가입하였고, 업계도 국제적 약관을 광범위하게 이용하고 있음은 물론이다. 이 같은 상황에서는 각종 국제조약과 약관에 대한 정확한 이해와 해석이 대단히 중요하고 해상법의 독자성과 자족성에 따른 해석과 운용이 절대적으로 필요함에도 불구하고 우리의 현실은 대체로 해상법을 먼 나라에서 유래한 독특한 법체계라고 생각하여 무조건 경원하거나 아니면 법조계마저 해상법의 특성을 이해하지 못하고 국제감각이 없이 민·상법의 법리를 해상사건에 억지로 끌어 대어 문제를 해결하려는 경우가 자주 일어나고 있다.

이 책은 너무나 오랫동안 방치된 이 같은 공백을 조금이나마 메워 보려는 의도에서 저자 두 사람이 노력해본 결과라고 할 수 있다. 宋相現은 미국 Cornell Law School에서 William Tucker Dean 교수의 지도하에 해상물건운송법에 관한 박사논문을 집필하는 동안 세계 최고의 해상법권위자인 Gustave Robinson 교수가 당시 고령임에도 불구하고 베풀어 주신 學恩을 입었고, 미국의 대표적 해상법전문 법률회사인 Haight, Gardner, Poor & Havens에서 실무경험을 쌓는 동안 권위 있는 해상법실무가인 Wharton Poor 변호사(Poor on Charter Parties and Ocean Bills of Lading의 저자)의 꼼꼼하신 지도를 받는 행운을 가진 바 있다. 金炫은 역시 Cornell Law School 에서 Dean 교수의 지도로 석사학위를 취득한 다음 University of Washington Law School 에서 해상법의 대가 Dan Fenno Henderson 교수의 지도하에 선박소유자책임제한법에 관한 논문으로 박사학위를 취득하고 귀국하여 해상법 실무를 하면서 강의도 담당하고 있는 변호사이다. 두 사람은 서울법대 사제 간일 뿐만 아니라 해상법에 관한 연구와 실무의 같은 길을 걸으면서 그동안의 경험을 바탕으로 이 책을 집필하게 되었다. 이 책은 대체로 송상현이 지난 20여년간 서울법대에서 강의한 우리나라 해상법의 내용과 대학원에서 사용했던 영미의 교재, 예컨대 Gilmore & Black의 The Law of Admiralty(2nd ed.,1975), Thomas J. Schoenbaum의 Admiralty and Maritime Law(1987 with 1989 Supplement), Thomas Edward Scrutton의 Charterparties and Bills of Lading(19th ed., 1984), William Tetley의 Marine Cargo Claims(3rd ed., 1988)와 Maritime Claims and Liens(1985) 등을 토대로 하여 주로 김현의 집필로 완성한 것이다.

이 책을 집필함에 있어서는 다음과 같은 점에 유의하였다.

첫째, 저자가 자주 각종 해상법 국제회의에 참석할 때마다 항상 영미법계 대표와 프랑스를 중심으로 한 대륙법계 대표들이 서로 논쟁을 벌이다가 궁극적으로 영미법상의 법리가 우세하게 채택되는 현실을 목도하고, 이 책을 집필하는 경우에도 주로 영미해상법을 중심으로 한 해설을 통하여 우리 법의 해석에 참고가 되도록 연결시키는 방법을 취하였다. 그러한 접근방법은 우리의 해상실무와 해상보험실무가 주로 영미국가에서 통용되는 약관을 이용하고 있고, 준거법도 영국법이나 미국법으로 규정되어 있는 우리의 실무상 문제해결에 직접적으로 도움이 된다고 믿었기 때문이다. 그러나 다른 한편 선박은 해양을 무대로 어디든지 항행할 수 있으므로 순수한 국내 관계법규의 근시안적 해석만으로는 세계무대에서 우리나라가 상대적으로 불리함을 자초할 가능성도 있음을 유념하여 항상 국제조약과 약관의 보편적 해석을 중요시하였다.

둘째, 여지껏 우리나라에서 각 전공법분야간에 횡적인 교류나 협동연구가 부족하고 公私法의 구별이 엄격한 현실을 타파하기 위하여 해양을 무대로 일어나는 법률관계를 다룸에 있어서는 이 같은 벽을 뛰어넘어 국제공법・국제사법・민사소송법, 기타 실체사법 등 가능한 한 여러 각도에서 조명해 보고자 노력하였다.

셋째, 이 책은 대학교 저학년 학생이 쉽게 읽을 수 있게 썼다기보다는 이 중요한 법분야에 대하여 진지한 관심을 가진 연구자・학자・법조실무가・해운정책담당자・해상기업인들에게 그들의 연구와 실무에 일차적 도움을 주고자 집필한 것이다. 따라서 외국의 學說과 實務例를 가능한 한 풍부하게 포함시키고, 선박소유자・적하이해관계인, 기타 해상기업관여자의 그 어느 편에도 치우치지 않는 중립적 입상에서 서술하였다. 또한 국제회의에서 자주 봉착하는 선진국과 후진국간의 상이한 입장도 있는 그대로 소개하는 태도를 견지하였다.

이 같은 저자들의 의도와 노력이 과연 얼마나 실현되었고, 연구와 능력이 부족한 저자들이 큰 과오 없이 제대로 집필하였으며, 독자에게 정확하게 의미를 전달하였는지 두려움이 앞선다. 앞으로 독자 여러분의 거리낌 없는 비판을 기대하고 저자들의 이 조그마한 시도가 우리나라 해운산업과 해상법의 발전에 보탬이 될 수 있기를 간절히 바란다.

끝으로 本書의 출간에 앞서 교정의 수고를 담당해 준 서울법대 상법 박사과정의 李濟垣군에게 고마움을 표하고, 책의 題字를 멋지게 써서 책의 품격을 높여준 駐韓 캐나다대사관 商務官 金鍾勳 박사에게 감사드린다. 또한 어려운 여건에도 불구하고 본서의 출간을 맡아준 博英社 여러분에게도 감사드린다.(박영사, 1993. 9.)

15. 해상분쟁 판례 종합 해상법원론 제 3 판 출간

법무법인 세창 김 현 대표

해상법분야에 관한 종합 전문서로 지난 93년 초판이 발간돼 관련분야 전문가들로부터 각광을 받았던 '해상법원론'의 제 3 판이 출간됐다.

김 현 변호사(사진)는 국제형사재판관인 송상현 서울대 법대 교수와 공동으로 99년 개정판에 이어 세 번째 개정판을 냈다.

이번 제3판은 한국해법학회가 2001년부터 2004년까지 연구한 결과를 모아 만든 해상법 개정시안을 대부분 담고 있으며 중요한 해상판례를 대폭 반영했다는 게 특징이다.

이번 책을 로스쿨 교과서 수준의 실무 중심으로 구성했다는 게 저자의 설명이다.

우리나라는 세계 8위의 해운대국이며 10위의 무역대국이라는 점에서 해상법의 양 당사자인 선주와 화주(무역업자)의 역할을 동시에 하고 있다.

따라서 양 당사자의 입장을 균형있게 반영한 해상법 마련이 필수적이다.

영국과 그리스 노르웨이 등이 선주국이며 미국과 캐나다들이 화주국으로 분류되는 것과는 다르다.

김 현 변호사는 "영국의 한 저자는 20번이 넘는 개정판을 냈는데 사망 후에도 책이 나왔을 정도"라며 "이는 후학들이 뜻을 이어받아 책을 개정했기 때문인데 '해상법원론'도 그런 전통을 만드는 계기가 되기를 바란다"고 말했다.

송상현 국제형사재판관은 국내 최초로 외국에서 해상법 박사학위를 받은 법조인이며 김 현 변호사가 두 번째로 그 뒤를 이었다.(내일신문, 2005.7.15.) <이경기 기자>

16. 선박 편의국적제 도입 바다경제 크게 키울 것

◆초선의원 17代 청사진 / 유기준(한나라당) 당선자◆

해양법 전문 변호사 출신 한나라당 유기준 당선자.

유 당선자는 열렬한 '바다 사랑론자'다.

그는 "한국 영해 면적은 국토 면적의 10배이며 국내총생산(GDP)에서 대외무역이 차지하는 비중이 83%에 달한다"며 "바다를 통해 경제의 파이를 키우는데 일조하고 싶다"며 바다를 통한 성장론을 강조했다.

"해운업계 경쟁력 확보가 관건"이라고 지적한 유 당선자는 "세계적 추세인 선박의 자유로운 국적 등록을 허용하는 편의국적제(open registry shipping fleet system) 입법을 추진하겠다"고 밝혔다.

파나마가 편의국적제를 도입해 국적 등록에서 직접 수입만 연간 소득 8000만 달러를 올리고 있는 점을 직시한 결과다.

그는 5년 전인 98년 한나라당 인권위원으로 당에 발을 들여놓았다.

그후 미래연대 부산경남공동대표, 한나라당 부산시지부 부위원장 등을 역임했다.

그는 사법시험 기수가 25기지만 실제론 24기다.

유신 말기에 대학에 입학해 구류 25일, 무기정학 6개월을 당한 전력으로 사시 최종 면접에서 떨어져 이듬해 재도전해 다시 합격했기 때문이다.

그렇기 때문에 한나라당 권영세 의원, 자민련 김학원 의원과는 '공식' 사시 동기지만 사시 24회 출신인 한나라당 홍준표 의원, 민주당 추미애 의원과는 '사실상' 동기다.

한나라당 김기현 당선자(울산 남을)와는 대학·사시 동기로 절친하다. 지도교수이자 법학계의 대부인 宋相現 서울대 교수 영향으로 해양법에 눈을 떠 변호사 개업 후 미국 뉴욕대 로스쿨에서 해상법 분야 석사학위(LLM)를 받았다.

◇58년 충남 부여생, 서울대 법대, 뉴욕대 로스쿨, 사시 25회, 뉴욕주 변호사, 해상전문법무법인 삼양 대표.(매일경제, 2004. 5. 6.) <박용범 기자>

17. 국제거래법학회 상공부연구용역보고서 序文

우리나라의 확대된 경제규모에서 무역이 차지하는 비중은 대단히 크다. 또한 우리나라는 국제화시대에 발맞추어 점차 국제경제사회의 책임있는 일원으로서 그 책무를 좀 더 분담하도록 요구되고 있을 뿐만 아니라 우리 스스로도 급변하는 국내외 교역환경에 신속하고도 능동적으로 대처하여야 할 필요가 있음은 아무리 강조해도 부족하다.

이에 따라 정부는 1985년에 이미 용역을 발주하여 "貿易關聯制度 先進化에 관한 硏究"라는 연구보고서를 간행한 바 있고 이를 토대로 1987년에는 약 20년간 우리나라 무역제도의 기본법이었던 貿易去來法을 對外貿易法으로 전면 개정하여 시행하고 있다. 그러나 그 후 끊임없이 변화하고 있는 국내산업환경과 국제무역 여건은 우리나라에게 새로운 挑戰으로 등장하게 되었다. 안으로는 무역규모의 지속적 확대와 무역적자발생, 소비재 수입급증과 불공정무역으로 인한 국내산업피해증가, 국제경쟁체제로의 이행으로 인한 산업구조 재조정, 해외투자의 확대 등을 경험하고 있고, 밖으로는 각종 무역마찰의 심화, 우루과이 라운드를 통한 새로운 무역질서의 형성, 세계적 경제블럭화 현상의 가속화, 남북한간 및 북방교역의 개척 등을 지적할 수 있다.

금번에 國際去來法學會는 韓國貿易協會의 재정지원을 받아 商工部에서 위촉한 연구용역을 수행하게 되었다. 그 목적은 새로운 국내외 무역환경의 변화에 따른 문제점을 식별하고 그에 대한 대책을 논의함으로써 장기적으로는 우리나라의 무역정책의 방향을 수립함에 도움을 주고 단기적으로는 무역거래의 법률적 틀이라고 할 수 있는 대외무역법의 개정을 위한 기초를 마련하고자 하는 데에 있다.

본학회는 회원 중 국제거래법 분야를 전공하는 교수와 실무경험이 풍부한 변호사들로서 연구팀을 조직한 다음 미국, 구주공동체, 캐나다, 일본, 호주, 대만 등의 관련 법제를 면밀히 검토하고, 상공부 상역국 산하의 무역정책연구회와의 수차례에 걸친 토론을 거쳐서 그들이 가진 지식과 경험을 취합하였으며, 설문조사를 실시하여 무역업계의 실상과 희망을 파악하는 등 다각도로 연구를 진행하였다. 또한 우루과이 라운드의 협상추이도 긴밀하게 파악하여 이를 반영하도록 노력하였다. 연구가 진행되는 동안 그 결과를 예비점검하기 위하여 중간발표의 모임을 갖기도 하였다.

이 보고서는 위에서 간단히 설명한 바와 같이 본학회가 수행한 연구결과를 수록한 것이다. 아무쪼록 이 보고서가 정부의 무역정책 수립 및 입법활동에 기여할 수 있기를 바란다. 끝으로 본 연구용역의 수행과정에서 여러가지로 도움을 주신 商工部 商易局, 韓國貿易協會 및 Kim & Chang 法律事務所의 관계자 여러분에게 정중한 감사의 뜻을 표하고자 한다.(국제거래법학회장, 1992. 4.)

18. Korean Law in the Global Economy, Preface

It is in 1983 that any English language book on Korean law was first published in Korea. It was a book edited by me, entitled, "Introduction to the Law and Legal System of Korea." It is believed that in the past ten years or so, the book, the only work of its kind in the world, served considerably to fill the void of Korean legal studies in Korea as well as abroad, especially in view of the extreme paucity of Korean legal literature written in English. Since then the political changes in Korea was such that the country even needed a new constitution in 1987. Its national economy has grown so big that Korea is asked to play a meaningful role as a responsible member of the international community. Furthermore, a rapid globalization and advent of the information age have made it more inevitable for Korea to open its market to and closely interact with foreign partners than ever before. Therefore, the business environment, legal, social, cultural and otherwise, has changed so much that a simple updating of my previous work cannot adequately deal with new developments of the Korean society.

In the past 15 years I have, in the capacity of a visiting professor or otherwisc, taught Korean law at Harvard Law School, New York University

Law School, University of Washington Law School, University of Florida Law School, University of Melbourne Law School and University of Wellington Law School, etc. On all of these teaching occasions I have much benefitted from the suggestions and criticisms of many students and faculty members. I hope and expect that I have considerably improved the book with my efforts of reflecting such valuable advice.

A basic goal of this book needs to be repeated. It is easy to make a long list of subjects which a potential student of Korean law would find useful and relevant. The breadth and scope of the subject matter has become almost overwhelming, and it would be a great challenge to me to attempt to cover all of them. Therefore, I do not intend to offer a complete coverage of all of them, nor even a substantial portion of them. Instead, I aim to offer the student, professor, scholar, current practitioner or government official, the means to achieve a basic understanding of the Korean law and legal system as they operate in real world. I want them to understand the impact of rapid globalization, international economic interdependence and the struggle of Korean legal institutions to cope with that circumstance. Toward that goal this book is to penetrate into subjects which can have great importance to lawyers and scholars. In addition my goal is to build for the students a knowledge of the foundations and the overall operation of the legal system and legal institutions of Korea. This book should be sensitive to the problems faced by lawyers and officials, but should present to the students a coherent subject matter that is not likely to be obtained elsewhere, and which they may never again have the opportunity to examine at length and in depth. But this book is designed to accommodate many students who take it without first having taken Korean language or history.

Although this book pays due attention to the interdisciplinary approach, its emphasis is on law. The context obviously includes difficult conceptual and empirical questions of economics and political science, of sociology, history and foreign policy. But the focus on the primary goal of understanding the operation of law, means that it is necessary to eschew some tempting elaborations of policy questions when they, as yet, depend on so little on law. It is the author's view that it is useful for law students to examine closely to what extent their particular skills and knowledge could contribute to solution of the complex Korean legal problems.

So as to minimize the otherwise rapid obsolescence of both this book and students' learning, attention has been directed more toward the constitutional or fundamental aspects of the subject. Detailed implementing rules and regulations of Korea particularly in the areas of business and economic relations change so frequently that it is pointless to catch up with them all the time.

A few other explanations about the nature of the materials are in order. It is clear that court cases as such cannot form the backbone of instruction of this subject matter. There are relatively too few cases in Korea, and real context of the problems too often ranges more broadly. In the civil law jurisdictions the court decisions are not a source of law, and thus less important than as in Anglo-American jurisdictions. Thus many other materials are included. Although designed primarily as an instructional tool for law teaching this book has also been designed to be useful for research and reference.

This book has built considerably on the first work, and thus I continue to be in the debt of all those who contributed so much to them in the past. I am particularly grateful to all the copyright holders who kindly gave me a permission to reprint, excerpt or extract relevant articles for this book. While it is not possible to name all of those who have contributed to this work, a few individuals who have worked with me are particularly worthy of recognition. They include Mr. Jay Christopher Kojima, Harvard J.D., '95, who despite of his busy schedule, read much of the literature and provided me with extremely helpful advice and comments in connection with their selection, and Mrs. Youngshin Yoon Park, Dr. Choong-Kee Lee and Mr. Hoin Lee who painstakingly proofread much of the manuscripts.(박영사, 1996. 1.)

19. Fides 第38호, 학장 권두언

서울대학교 법과대학의 자랑스럽고 유서깊은 전통 중의 하나는 'Fides'를 꾸준히 발간해온 것이다. 우리 학생들은 모든 어려움을 극복하고 교수님들과 동료학생들의 옥고를 받아 적어도 연 1회 아름다운 학문적 교향악을 연주해온 것이다. 물론 우리보다 사정이 좋은 선진국의 법과대학들은 교수들의 연구논문과 학생들의 간단한 노트를 게재하는 기본적인 저널 이외에 각 분야별로 깊이 있는 法律誌들을 부지런히 발간하고 있다. 이들은 법학분야에서 학문과 교육의 자양분이 되고 귀중한 연구업적으로 축적되어 간다. 우리의 여건은 선진국과는 달리 학문적 풍토가 척박할 뿐만 아니라 재정적으로도 열악한 환경임에도 불구하고 최지경, ****군 등의 헌신적 노력과 리더쉽으로 오랫만에 피데스 제38호가 다시 한 번 간행되었으니 참으로 경하할만한 일이다.

이 기회에 우리의 피데스가 어떠한 길을 걸어가야 하고 어떠한 위치를 점유해야 하는가를 살펴보자. 우리 학교에는 교수님들의 연구논문 발표공간으로서 서울대학교 '法學'이 있다. 이 법학 전문지는 비록 그 발행빈도 수와 게재된 논문 수에 있어서 선진국의 그것들과는 비교하기 어려울 정도로 빈약하지만 그동안 우리나라 법학계를 선도하면서 40년 이상을 연면하게 명맥을 이어왔다. 사실 일본을 제외하고 아시아 지역에서 한번도 중단없이 발간되어온 最古 법학전문지로서 자랑할만하다. 그동안 침체된 감이 없지 아니하나 좀더 법학의 학문수준을 제고하는 과제와 함께 그 연구결과물을 발표하는 매체로서의 法學의 모습을 개선해야 할 것이다. 다음으로 학생들이 스스로의 학문활동을 정리하고 발표하기 위한 매체로서 피데스가 있다. 이것도 역시 연면한 전통을 이어온 법대의 자랑스러운 유산으로서 많은 타대학들이 갖지 못한 보배임에는 틀림없다. 피데스를 통하여 좋은 글도 많이 생산되었고, 이는 선후배간의 유대를 끈끈하게 하는 의미있는 접점의 역할도 해오고 있기 때문이다. 따라서 피데스를 편집하는 학생들이나 원고를 게재하는 학생들 뿐만 아니라 이는 우리 법대 식구 모두의 귀중한 공통자산이므로 프라이드와 애정을 가지고 다투어 좋은 원고를 내는 것은 물론 함께 물주고 거름을 주어 가꾸어가야 할 것이다.

앞으로도 피데스가 우리 법대 학생들의 知的 탐구와 성숙을 위한 열린 마당이 되기를 빌고, 이 같이 의미있는 학문적 출간이 정기적으로 반복되어서 아무쪼록 서울법대의 위상을 높이고 학문적 온축이 깊이 쌓이기를 바라마지 않는다.(1997. 10. 6.)

20. 서울법대 50년(1946－1996) 발간사

서울대학교 법과대학이 성장해온 50년의 발자취를 돌아보는 간단한 책자를 발간하게 되어 교직원 여러분과 함께 그 기쁨을 나누고자 합니다. 아시다시피 본교는 1946년에 국립대학 종합화의 일환으로 새출발을 한 이래 그동안의 역사를 기록하기 위하여 법과대학 30年史와 40年史가 10년 단위로 출간된 바 있습니다. 이제 반세기의 세월을 결산할 필요가 있어 10년 전에 출간된 40年史에 지난 10년의 변모와 발전의 역사를 덧붙여서 조그마한 기록을 남기기로 한 것이 서울法大 50年史입니다.

역사는 본래 史觀이 있는 史官이 史草를 수집하여 공정하고 자세하게 기록하는 것이라고 합니다만 이번에 출간한 50年史의 경우에는 여러 가지 여건상 40年史의 편제를 답습하면서 1997년 2월 현재의 각종 정보를 담았습니다. 그중에서 서울대학교 법과대학 학문연구 회고는 개교 50주년 기념 학술대회에서 崔秉祚 교수가 발표한 내용을 거의 그대로 옮겨 실었고, 교수연구 및 활동상황에는 1997년 2월 이후 발간일 현재 새로 채용되신 교수에 관한 사항도 포함시켰으며, 각종 통계 중에는 종래에 없던 여학생 통계표와 외국인 학생 통계표 등을 추가하였습니다. 내용 중의 일부는 서울대학교 50년사의 법과대학 해당 부분을 활용하였습니다. 본격적인 法大史의 집필은 후일로 미루기로 하더라도 비록 간소한 기록이지만 이 책자가 법과대학의 발자취를 개략적으로 회고해 볼 수 있는 길잡이가 되리라고 믿습니다.

이 책자의 편찬은 鄭印燮 교수의 지휘 하에 법과대학의 강석완, 조용만, 김도연, 조성규, 안수현, 임희철, 김영희, 정희찬, 제 조교들의 노력이 합일된 결과이므로 이분들의 노고를 높이 치하하며 학술발표문의 轉載를 승낙해주신 최병조 교수께도 감사의 말씀을 드리는 바입니다.(서울대학교 법과대학, 1997. 10.)

21. 추천사, 손창호 저, 미국 로스쿨, 로펌에 도전하라!

한여름 삼복더위에 한 줄기 시원한 소나기를 맞는 심정이 이러할까? 손창호 박사의 미국 로스쿨 소개 책자를 접하고 느낀 솔직한 심정이 그러하다. 지난 수십 년간 엄청나게 많은 인재가 미국 유학을 하여 법학을 공부하고 왔거나 장래 계획을 준비하고 있지만 아직도 변변한 안내서 하나 없는 현실에서 손 박사의 책은 참으로 유용한 가이드북이 될 것이기 때문이다. 차라리 유학생을 위한 길잡이라기보다 미국 로스쿨의 모든 것을 집대성한 정책참고자료라고 함이 마땅하다.

특히 1960년대 이후 우리나라의 많은 젊은이들이 미국으로, 특히 미국의 로스쿨로 물밀듯이 유학을 다녀왔다. 한국에서 법학을 전공한 사람이나 그렇지 아니한 사람을 막론하고 모두 미국 로스쿨의 3년 JD과정이나 1년짜리 LL.M 과정, 또는 JSD 학위와 함께 귀국을 했고 그 중 대다수는 공부를 마친 후 원하는 주의 변호사 시험까지 합격하고 돌아왔다. 저자인 손창호 박사도 명문 컬럼비아 대학교 로스쿨에서 어려운 3년간의 JD과정을 성공적으로 마치고 귀국한 수재 외교관이다. 최근에는 너나 할 것 없이 미국 로스쿨에 유학하려는 열기가 해를 거듭할수록 더하여 가는 느낌이다. 그러나 미국의 로스쿨이라는 독특한 제도를 종합하여 제대로 소개한 책이나 정보가 없어 수많은 유학지망자들이 어찌할 바를 모르고 있는 것을 자주 보았다. 심지어 유학정보원의 문을 두드린들 법학전문의 유학의 길을 제대로 안내하는 곳은 거의 없다.

이제는 우리나라에서 고시 중심의 법조인 양성제도의 문제점을 극복하고 질 높은 법학교육을 통한 법조인 양성으로 패러다임을 전환하겠다는 취지에서 미국식 로스쿨을 도입하는 법안이 국회에 상정되어 있기도 하다. 사법개혁의 중요한 의제인 로스쿨 도입문제가 거론되기 시작한 지는 10년이 넘었고 그동안 수많은 관계자가 로스쿨을 시찰한다는 명목으로 미국의 유수한 로스쿨을 무수히 방문하고 돌아왔으나 심도 있게 분석한 보고서를 찾아보기 어렵다. 남의 떡이 커 보이는 것이 인지상정인지라 미국의 로스쿨 제도가 도입되면 법조인 양성 시스템이 크게 개선될 것으로 생각하는 이들도 많다. 그러나 미국의 로스쿨이 얼마나 엄청난 투자를 하고 생산적 학사운영을 하여 연구와 교육의 양면에서 다른 어느 나라도 따라갈 수 없는 최고의 질을 달성하였는지 우리의 열악한 현실과 주의 깊게 비교하는 사람은 없다.

손 박사의 저서는 이러한 종래의 불편과 비판을 말끔히 해결하고 있다. 아주 적절한 시기에 출간되었을 뿐만 아니라 유학준비생으로부터 법조인 양성의 교육과 훈련을 위한 정책당국자는 물론 미국식 로스쿨을 도입하고자 열심히 준비하고 있는 우리나라의 법과대학이나 법학부의 교수 및 학생들에게 필수적인 정보를 다양하게 제공하는 로스쿨 바이블이라고 할 수 있다. 축하 말씀을 바치는 본인은 미국의 여러 로스쿨의 Visiting Professor로서 가르치면서 귀중한 경험을 다양하게 한 바 있다. 교수회의에 참석하여 의사결정에 참여하고, 심지어는 일부 잡지가 상업적으로 로스쿨의 순위를 책정하는 과정에서 이를 다투거나, 7년마다 accreditation을 위한 준비작업을 한 바도 있다. 그러한 경험이 있는 나로서도 자세한 정보를 전방위적으로 망라하여 수록하고 관련 정보의 이면적 의미 또는 배경까지 밝히는 노력 및 이를 우리의 필요에 맞게 해부하고 연관시킨 혜안에 감탄을 금할 수 없다. 또한 이 책을 읽으면 행정체계, 학생생활, 취직경로, 미국 로펌의 현황, 로펌과 로스쿨 간의 관계 등을 분석한 것은 물론, 사법연수원이 없음에도 불구하고 각 주별로 변호사 시험의 합리적 운영을 통한 법률가의 배출, 법조인의 활용과 법률수요에 대한 능동적 대응, 수많은 법률가들이 경쟁을 통하여 걸러지고 그 나름대로 자리를 잡는 과정, 그리고 하나의 전문가 양성을 위한 교육기관이 생산적인 지식의 축적, 이론과 실무의 접목 및 다양한 활동과 기능을 통하여 한 나라의 중추적 인재양성기관으로 자리잡게 될 수밖에 없는 이유를 터득하게 된다.

미국 로스쿨에 관한 모든 것을 담은 결정판으로서 누구나 흥미 있게 읽고 참고할 만한 가치가 있는 정보의 보고이다.(럭스미디어, 2007. 2. 5.)

Ⅳ. 기념 식사 및 인사말

1. 국제세미나 韓·中 經濟交流의 實際와 展望 기조연설 (환영사)

공사다망하신 중에 이 세미나에 이처럼 많이 참석하여 주셔서 대단히 감사합니다.

역사적으로 한국과 중국간의 활발한 상품교역은 황해의 해상교통을 대단히 분주하게 만들었고, 한국인과 중국인의 우수한 발명과 발견 및 학술적·과학기술적·문화적인 여러 가지 업적은 양국간의 공동이익을 증진시켰을 뿐만 아니라, 극동지역을 세계문명의 중심지로 만들었습니다. 한·중 양국간에 이처럼 수천년동안 줄기차게 계속되었던 교류의 역사는 금세기에 들어 잠시 중단되었어나 최근 새로운 轉機를 맞아 다시 이어지고 있습니다.

이리하여 현재는 양국간에는 이념과 체제를 초월하여 비록 비공식적인 것이기는 하지만 경제·예술·체육·문화적인 분야에서 지도적인 인사들의 상호방문이 빈번해지고 있고 단절되었던 과거를 뛰어 넘어 새로운 우의를 다져 가고 있습니다.

양국은 무역거래량만 하더라도 연간 수십 억 달러에 달하고 있고 매년 증가 추세를 보이고 있는 등 이제는 점점 상호의존적인 비즈니스 파트너가 되어가고 있습니다. 한국은 중국으로부터 많은 원료와 제품을 구입하고 있고 중국은 한국으로부터 여러 가지 공산품을 수입하고 있다는 것은 이미 잘 알려진 사실입니다.

뿐만 아니라, 중국의 급속한 경제성장은 세계의 주목을 받고 있고 이러한 경제성장을 지속하기 위하여, 중국은 외국으로부터 더욱 많은 자본과 기술의 도입을 필요로 하고 있습니다. 중국에 대하여 전통적으로 우호적인 이웃나라인 한국은 이러한 중국의 입장을 잘 이해하고, 무역 뿐만 아니라 합작투자, 기술제공 또는 여러 경제특구에의 진출을 통해 중국의 경제발전을 돕고자 하는 전향적인 자세를 취하고 있습니다. 이러한 목적을 위해 한국의 많은 기업인들이 중국을 방문하고 있고 실제로 상담을 진행시키고 있는 것으로 알고 있습니다.

제자신의 짧은 중국 방문에서도 느낀 바 있습니다만, 중국은 자신들의 경제발전을 효과적으로 추진하기 위해서는 중국보다 몇 단계 앞선 미국·일본의 경우에서 배우는 것보다는 이제 막 빈곤을 극복하고 경제적 도약을 하고 있는 한국이 더욱 자신들과 관련성이 있고 따라서 한국의 예에서 더욱 많은 것을 배울 수 있겠다는 생각을 가지고 있습니다. 오늘부터 2일간 진행되는 이 국제 세미나는 이와 같은 양국간의 빈번한 접촉과 인식을 배경으로 하여 양국의 무역, 투자, 기술 이전 등 경제 교류를 계속 확대해 나아가기 위해서 우리 기업이 알아야 할 중국의 경제정책에 대한 전망과 법률적인 환경 기타 여건을 중국, 미국 및 우리나라의 전문가들로부터 직접 듣고 배우는 자리입니다. 아울러 이 방면에 경험이 풍부한 기업인들의 참여하에 우리 기업이 실제로 경험한 문제점을 중심으로 활발한 토론을 전개함으로써 우리가 급속히 성장하는 중국 경제에 효과적으로 참여하고 지원할 수 있는 방향을 모색한다는 취지도 있습니다.

이러한 기본방향에 따라 이 세미나는 다음과 같은 기본골격으로 진행될 것입니다.

첫째, 중국의 장단기 정책방향과 운용 및 그 변천을 전체적으로 조감하고 분석해 봄으로써 우리 기업이 효과적으로 참여할 수 있는 분야를 모색하고 이에 대한 전망을 해보는 세션을 갖겠습니다.

둘째, 보다 구체적으로 들어가서, 한국의 기업이 중국에 진출하는 경우 반드시 유의하여야 할 각종 법률적인 여건과 문제점을 빠짐없이 식별해 내는 세션을 갖게 되겠습니다.

셋째, 그동안 한국의 기업이 중국의 비즈니스 파트너와 각종 거래과정에서 겪었던 여러 가지 애로사항, 다시 말해서 법률적·정치적·문화사회적 측면에서의 애로점과 경험을 우리쪽의 시각에서 면밀히 정리해 보는 세션을 갖겠습니다.

넷째, 지금까지의 총론적인 논의를 토대로 하여 양국의 교류형태 중에서 가장 중요한 무역거래, 합작투자, 경제특구에의 진출, 기술 도입과 지적소유권 문제 등을 각각 독립된 세션으로 하여 중국 및 미국의 전문가들로부터 직접 관련문제에 대해 그 분들의 입장을 들어 보겠습니다.

다섯째, 각 세션마다 그 주제에 대한 토론시간이 배정되어 있이 우리니리 전문가의 사회하에 플로어에 계신 방청객들이 주제발표자와의 질의응답을 통해 궁금한 사항을 확인하실 수 있겠으나, 마지막으로 종합토론시간을 별도로 마련하여 이들간의 주제발표내용과 토론내용을 다시 한 번 총체적으로 확인하고 장차 우리 정부의 對中國交易政策과 기업의 진출전략 수립에 반영할 수 있는 기회를 갖도록 하겠습니다.

그리고 본 세미나에서는 주제 발표자의 논문 외에도 여러분의 이해를 돕기 위해 그 분들의 귀중한 논문을 번역하여 배경자료로 준비하였습니다. 여러분들에게 크게 도움이 될 자료가 될 것입니다.

이제 주제 발표자와 사회 토론자를 간단히 소개할까 합니다. 코헨교수에 대해서는 너무나 우리나라에 잘 알려진 분이므로 새삼 소개드릴 필요는 없을 것입니다. 또한 국교가 없는 가운데 대단히 어렵게 모시게 된 중국의 여러 귀빈들을 이 자리를 빌어 환영의 뜻을 표하고자 합니다. 그중에서 藍明良사장님은 국제법 전문가로서 중국 정부의 모든 법률문헌을 도맡아서 출판하는 중국정부 법무부장관 率下의 법률출판사 사장이십니다. 陳安선생, 董世忠선생은 각각 중국에서 가장 유명한 법과대학의 학장이시고 중국의 경제발전에 대해서 계속 법률적으로 분석·연구를 하실 뿐만 아니라, 풍부한 외국경험을 통해서 국제적인 식견이 탁월하신 지도적인 학자이십니다. 王貴國교수는 예일법과대학에서 박사학위를 수여하신 후 북경대학에 재직하시면서 국내외 전문잡지에 논문을 자주 발표하시고 저서가 여러 권 있으신 세계적으로 알려진 분이십니다.

한국측에서 발표를 해 주실 吳鎭龍박사는 역시 또 너무나 유명해진 분이어서 따로 소개할 필요가 없겠습니다만 현재 중국과 한국과의 경제교류에 관해서 계속 체계적이고 종합적으로 연구하고 계시는 석학이십니다. 그리고 오늘 각 세미나에 토론을 활발히 하기 위해서 사회와 토론의 두가지 역할을 쾌히 허락해 주신 朴椿浩, 金碩祚, 姜榮國박사님, 申雄湜변호사 그리고 李相冕선생님께 감사드립니다.

다시 한번 멀리 중국에서 오신 귀빈 여러분과 코헨선생 그리고 귀중한 시간을 할애해 주신 사회 토론자 여러분께 깊은 감사를 드립니다.

또한 이 국제세미나 준비단계의 처음부터 끝까지 깊은 관심을 가지고 여러가지로 지도편달해 주신 玄鴻株 법제처장님 그리고 물심양면으로 지원해 주신 전국경제인연합회, 아시아재단 그리고 香港의 經濟與法律社에도 아울러 감사의 말씀을 드립니다.

사실상 이 세미나는 홍콩의 經濟與法律社 陳應良 사장의 헌신적인 협조가 없었더라면 불가능했을 것이며 그동안의 그분의 노고에 대해서 다시 한번 감사를 표하고자 합니다.

끝으로 양일간의 세미나가 부디 알찬 토론장이 되기를 바라마지 않습니다. 감사합니다.(法制處, 7－10면(1988. 10. 準備委員長 基調演說, 全經聯, 아시아재단 후원, 韓·中 經濟交流의 實際와 展望, 法制處, 이는 韓中수교 이전에 성사된 세미나임. 1989. 2.)

2. 국제특허연수원 설립 축사, 특허청

고도의 산업화를 이룩하면서 새로운 기술의 개발이 뒤따라야 하고 개발된 기술은 지적소유권제도에 의하여 적정하게 보호되고 효율적으로 활용되어야만 험난한 국제통상환경에서 마찰을 줄이고 기술 이전이 순조롭게 이루어질 수 있습니다.

우리나라는 괄목할 만한 경제성장을 달성하여 바야흐로 기술집약적 산업구조로 이행하고 있음에도 불구하고 지적소유권에 관한 일반적 인식은 불충분하고 최근 이것이 무역 문제로 등장하기까지에는 지적소유권이라는 용어 자체가 몹시 생소한 실정이라고 할 수 있습니다.

이 같은 어려운 환경속에서도 특허청이 주무관청으로서 선각자적 기획하에 다음 몇 가지 중요한 업적을 성취하였음은 나라의 장래를 위하여 참으로 다행한 일이 아닐 수 없습니다.

첫째, 특허청은 공업소유권에 관한 기본법률들을 세계적 추세에 맞게 정비하여 대외적으로는 선진국에 대한 공약을 준수하고, 안으로는 우리 경제를 주도해 갈 기술개발의 제도적 기반을 확립하였습니다.

둘째, 개정된 국내법령과 새로 가입하는 관계조약의 올바른 해석과 운영을 위한 준비작업을 함과 동시에 국내 산업계가 필요로 하는 지적소유권 전문가를 양성하기 위하여 국제특허연수원을 설립하였음은 획기적 쾌거라고 할 수 있습니다.

이 연수원의 설립과정에서 한국지적소유권학회도 자문에 응한 바 있으며 이 기구는 앞으로 명실공히 우리나라의 지적소유권 전반에 관한 강의, 연구, 홍보,

정보자료수집, 각종 지도와 훈련 및 국제협력의 총본산으로 성장할 것입니다.

그리하여 연수원의 운영은 특허업무의 선진화, 개발기술의 보호와 이용을 위한 민관협력과 산업협동을 촉진하고 나아가서는 21세기의 기술중심사회에서 국내외를 망라하는 옴니스테이션(Omni-station)의 기능을 다할 것으로 확신합니다.

이 중요한 기구의 발족을 경하하며 범국민적 관심과 성원이 있기를 기대합니다.(韓國知的所有權學會회장, 1987. 4.)

영 문

The attainment of a high degree of industrialization is completely dependent upon continuing technological development. The adequate protection and efficient use of such technological developments will minimize friction in the highly volatile international trade environment and will also promote the effective transfer of technology.

In spite of the fact, however, that Korea is on the verge of achieving stability as a technology-intensive industrial economy, the general perception of intellectual property rights is still somewhat meagre. Indeed, even the term "intellectual property" was foreign until it gave rise to major international trade issues.

It is, thus, very fortunate for the future of Korea that under such difficult circumstances the Office of Patents Administration, as the competent authority, has achieved two great milestones as a result of their pioneering spirit and careful planning.

Firstly, the Office rewrote the basic industrial property statutes in accordance with contemporary world-wide trends thereby fulfilling the dual purpose of satisfying commitments made toward advanced countries as well as establishing the institutional basis for the technological development which will foster the growth of our national economy.

Secondly, while preparing policies for the proper interpretation and administration of the amended statutes and the international conventions to which Korea will accede, the Office has undertaken the epoch-making task of establishing the International Property Training Institute. This institute will train experts on intellectual property for which domestic industry has a great need. Although the Korean Intellectual Property Research Society, Inc. was consulted during the course of its establishment, the institute will no doubt become the head temple for lecturing, research and public relations as well as for the collection and dissemination of information, guidance, training and international cooperation in respect of intellectual property.

Accordingly, I am convinced that the operation of the institute will promote the advancement of patent administration, collaboration between government and private sector, the cooperation of industry in providing scholarships for the protection and use of developed technology and that it will play a role as the nerve center between foreign and domestic technological concerns in the 21st century.

It is prayed that national-wide recognition and support pour in on the congratulatory occasion of the establishment of this important institute.

Sang Hyun Song, President
Korean Intellectual Property
Research Society, Inc.(1987.4.)

3. 월간 工業所有權, 창간호(제26호) 축사, 6면

工業所有權界의 길잡이가 되길

불과 몇 년 전에 한미통상관계의 핵심 쟁점으로서 지적소유권 문제가 등장한 이래 국내외적으로 이 분야에 대한 관심이 높아졌다. 뿐만 아니라 정부도 관계법령을 개정 또는 제정하고 국제조약에도 가입하는 등 새로운 법적 환경을 조성하였다. 이 같은 새로운 변화는 우리에게 공업소유권 분야에 대한 깊고 넓은 연구를 강요하고 있고 정부 기타 관계 인사들의 인식의 提高와 국제적 감각에 의한 법제도 운영을 요청하고 있다.

이와 같은 우리 모두의 새로운 관심과 노력을 結實化하기 위한 기본적 전제는 연구결과를 발표하고 새로운 정보를 교환할 수 있는 場을 마련하는 동시에 변리사 등 이 방면의 전문가를 양성하는 노력이라고 볼 수 있다.

이러한 때에 이미 지적소유권법에 관한 좋은 책을 共著한 바도 있는 黃宗煥 변리사께서 「월간 工業所有權」을 창간한 것은 시의적절할 뿐만 아니라 선각적인 쾌거라고 볼 수 있다.

이제 이 전문지가 앞으로 이룩해 나가야 할 시대적 임무는 매우 중대하다고 생각된다.

우선 本誌는 지적소유권에 관한 법적 문제와 국내외적 절차문제를 원만하게 처리할 수 있는 전문가를 양성하는 데 크게 공헌해야 할 것이다.

둘째, 급변하는 국내와 지적소유권에 관한 법적 환경을 관심 있는 분들에게 널리 전파하여, 본지가 정보 센터인 동시에 토론의 장이 될 수 있도록 기능을 발휘해야 될 것이다.

셋째, 본지는 이론적인 측면에서뿐만 아니라 실무적인 면에서도 지적소유권계의 구심점이 될 수 있도록 그 위상을 정립하여 누구나 믿고 의지할 수 있는 전문적 안내서가 되어야 할 것이다.

어려운 여건에서 첫 걸음을 내디딘 이 잡지가 황무지와 같은 공업소유권 분야에서 부디 으뜸가는 길잡이가 되기를 간절히 기원하면서 아낌없는 祝意를 표하고자 한다.(1989. 1.)

4. 한국소비자보호원 제조물책임 세미나 사회자 인사

국제화시대가 도래하여 각국의 국경이 없어진 것이나 마찬가지이므로 이러한 급속한 변화에 적응하고 살아남기 위하여 우리가 고치거나 대비해야 할 일이 굉장히 많다. 미국 등 선진국으로 물건을 수출하는 기업의 경영행태를 한 예로 들어보면 어떤 제품을 개발해서 미국에 수출하려고 할 때에 물론 여러 가지 사전조사와 기획이 선행되어야 한다. 시장 개척을 위하여 또는 소위 시장성이나 타당성 조사를 하도록 직원을 파견하기도 한다. 과거 근 20년 동안 저는 이런 경우마다 경제학이나 경영학을 공부한 직원만 달랑 파견하여 시장성 조사만 할 것이 아니라 법률전공자도 한 팀으로 같이 보내서 새로운 시장에 대한 기초적 법률환경도 아울러 조사해 오도록 하라고 권고해 왔으나 이런 나의 권고를 받아들이는 기업은 극소수에 불과하였다. 그러면 이 때 파견된 법률전공 직원은 무슨 법률환경을 조사해올 것인가? 옛날부터 저는 애써 개발한 상품이 미국의 상표나 기술 또는 디자인 등을 침해한 것으로 들어나면 도로아미타불이므로 그들의 지적소유권 제도를 조사검토하고, 계약관행, 통상법규 속에 들어있는 비관세장벽이나 유통과정상의 문제점, 분쟁발생시에 대비하여 재판과 중재 등 분쟁해결제도와 그 실태, 그리고 수출한 제품이 하자가 있어 현지 소비자를 사상하게 한 경우의 제조물책임법제와 이에 대비하는 책임보험제도 등 기본적 법률조사를 병행하도록 역설하여 왔다. 그동안 많은 기업이 마이동풍이었다. 주로 OEM방식으로 수출하였기 때문인 것으로 짐작되고 머나먼 한국에까지 어떻게 책임을 추궁하랴 싶은 인식부족에 기인한 것으로 판단된다. 그러나 이제는 사정이 전연 달라졌다. 자료에 제시된 한국수출기업의 피소사례는 서곡에 불과하다. 인기있는 봉제완구를 수출했는데 어떤 미국 어린이가 이를 사서 가지고 놀다가 완구 속의 부러진 재봉틀 바늘에 눈을 찔려서 실명했다고 가정하자. 그들이 제조물책임을 추궁하여 한국메이커를 상대로 손해배상을 청구하는 것은 물론 여러 가지 국경을 초월한 법적 조치를 취하는 것은 그리 어렵지 아니하다. 제조물책임은 이처럼 공산품 제조 및 수출입 기업의 사활을 좌우하는 법리인만큼 국제화시대에 각 기업이 이에 대한 철저한 이해와 대비를 하여 위험회피대책을 강구해야 한다. 국내적으로도 하자 있는 물건을 잘못 만들어 판 가해기업과 피해입은 소비자간에는 직접적 인과관계가 성립되는 경우에는 더 말할 것도 없고 그렇지 아니한 경우에도 여러가지 법리를 동원하여 그 불법행위책임을 추궁할 수 있다. 국내에서도 국제화와 아울러 민주화 및 지방자치시대가 열려서 국민의 권리의식이 대단히 고양되어 가고 있으므로 적당히 해결할 수는 없게 되어 간다. 아예 제조물책임을 도입하고 그에 따른 책임문제를 제도화하면 기업이나 소비자의 입장에서 모두 예측가능성과 법적 안정성을 도모할 수 있고 사회경제적으로는 최적책임분담원칙을 재정립할 수 있으며, 특히 기업의 인식을 제고시켜서 품질 통제를 강화하고 사고 억제와 위험관리능력을 배양할 수 있을 것이다. 한국소비자보호원은 그 동안 수 년간 소비자의 다양한 조정신청사건을 통하여 자동차, 건축, 종자, 식품, 가전제품, 의약품 등의 하자로 인한 손해배상청구가 제기되고 천문학적 숫자의 배상액을 지급하게 된 활발한 사례들을 볼 수 있다. 오늘 발표자 두분은 제조물책임에 관한 법적 경제적 측면을 다룬 발표를 할 것이다.(1994. 6. 27.)

5. 장일남 교수 오케스트라 창단 축사

평소에 저 같은 삭막한 법률가를 음악에 접하게 하고 문화생활로 이끌어주신 작곡가 장일남 교수께서 서울 아카데미 오케스트라를 재조직하여 오늘 새롭게 출범하시는 뜻깊은 자리여서 우선 심심한 축하의 말씀을 드립니다. 돌이켜보면 장선생님은 평생을 통하여 작곡을 하시고 지휘를 하시고 후진을 길러내는 일에 몸바쳐 오셨고 그동안 온 국민이 즐겨 부르는 우리 가곡에서부터 오페라 작품에 이르기까지 탁월한 업적을 쌓아올리신 인간문화재이신 것은 여러분도 잘 아실 것입니다. 뿐만 아니라 우리나라의 불모지 같은 문화적 풍토와 극도로 어려운 경제적 여건 속에서도 이미 10년 전에 뜻이 맞고 실력이 뛰어난 연주가들과 함께 순수 민간교향악단으로서 서울 아카데미 오케스트라를 창단하신 바 있습니다. 그러나 그 동안 예술을 위한 헌신과 불타는 정열 하나만 가지고 단원 상호간에 서로 주머니를 털다시피하여 악단을 이끌어 온 과거 10년은 참으로 힘들고 꿈만 같은 세월이었고 장선생님의 개인적 희생은 너무도 컸음을 저도 옆에서 보아서 잘 알고 있습니다. 그러나 오늘부터 서울 아카데미 오케스트라는 새롭게 출발하여 장일남 교수의 정열과 리더쉽, 그리고 단원들의 뛰어난 실력과 사명감이 한데 어우러져 도약의 의욕으로 꽉 차 있습니다. 만시지탄이 있지만 우리나라에 처음으로 문화부가 발족하였고 예술과 문화를 가장 잘 이해하시는 이어령 선생님께서 그 책임을 맡으셨기 때문에 이 같은 자생적인 순수민간악단에게 많은 지원을 해주실 것으로 우선 기대합니다. 뿐만 아니라 이곳에 왕림해주신 하객 여러분을 비롯하여 각계각층에서 전폭적으로 물심양면의 지원을 베풀어 주셔야만 서울 아카데미 오케스트라가 웅비할 수 있을 것입니다. 사실 미국의 여러 교향악단이나 베를린 필, 비엔나 심포니 오케스트라 등도 오랜 세월에 걸쳐 정부와 기업과 기타 예술을 사랑하는 민간 후원자들의 아낌없는 재정지원으로 인하여 오늘날 세계적 명성을 얻게 된 것이 아닙니까. 여기에 오신 여러분들께서는 음악에 대한 사랑과 긍지가 남다르신 분들로 알고 있습니다. 우리나라에서도 이제는 수준높은 민간 교향악단을 양성하여 최고급의 연주를 향수하실 때가 되었다고 생각합니다. 세계적으로 어깨를 겨눌 수 있는 서울 아카데미 오케스트라를 만들기 위하여서는 여러분들께서 후원자로서 적극 동참하여 주실 것을 간곡히 부탁드리겠습니다. 거듭 서울 아카데미 오케스트라의 새출발을 축하하고 무궁한 발전을 기원합니다.(1995.)

6. 한국정보법학회 세미나 환영사

강봉균 정보통신부 장관님, 그리고 이 자리에 참석하여 주신 내외귀빈 여러분!

정보화 사회가 진전됨에 따라 새롭게 등장하는 법률문제를 본격적으로 연구하겠다는 의욕으로 한국정보법학회가 창립된 지 이제 1년이 지났습니다. 그 동안 법조계, 학계, 관계, 산업계, 연구계 등 다양한 분야의 인재들이 서로 손잡고 학문간 협동연구를 위하여 열심히 토론과 세미나를 개최해왔으며, 그러한 축적을 바탕으로 마침내 오늘 이러한 국제 세미나를 개최하게 되었음을 대단히 기쁘게 생각합니다.

또한 정보법학의 중요성을 통찰하시어서 이처럼 오늘의 세미나에 참석하여 주신 참가자 여러분들을 진심으로 환영하는 동시에 여러분께서 보여주신 성의와 관심에 대하여 감사의 말씀을 드립니다.

여러분께서도 잘 아시다시피 21세기를 얼마 남겨두지 않은 현 시점에 정보화의 물결에서 우리가 겪고 있는 변화는 너무나 많고 다양합니다. 시간과 공간을 지구촌 어디서나 동시에 共有하고 각종 정보자원에의 접근이 동시다발적으로 이루어질 수 있으므로 상상을 초월하는 무한대의 가능성이 우리 앞에 가로 놓여있습니다. 정보는 유용하기도 하지만 두려운 존재로도 다가옵니다. 예컨대 신용사회의 상징물로 된 신용카드 대신 전자화폐, 전자상거래 등의 새로운 용어들은 우리의 생활 자체를 근본적으로 바꿀 수 있는 엄청난 위력을 가졌다는 점을 쉽게 짐작하게 만듭니다. 또한 미국이 제창한 '정보 초고속도로' (information superhighway)가 단순히 경제적 측면의 전략적 단어가 아니라 미래의 삶의 질을 향상시키기 위한 대명사처럼 사용되고 있고, 이를 전세계에까지 확산시키고자 한다는 사실은 우리에게 다가오는 변화의 물결이 거대하면서도 지속적이라는 것을 잘 말해 주고 있습니다.

이러한 변화를 다루는 정보사회의 법 문제를 法典 위주의 단편적 접근 방법만으로는 해결하는데 한계가 있을 수밖에 없습니다. 따라서 한국정보법학회가 출발부터 법학, 경제학, 경영학, 신문방송학, 공학 등의 다양한 학문적 배경을 바탕으로 한 학제적 연구를 표방하였다는 사실은 그만큼 정보화의 중심에서서 변화를 이끌어 갈 수 있는 역량을 지녔음을 잘 보여 주고 있습니다.

오늘의 세미나를 위하여 선택한 '인터넷'에 관한 주제도 역시 이러한 맥락에서 충분히 그 의미를 파악할 수 있을 뿐만 아니라 상이한 학문적 배경을 가진 참가자들이 같은 주제로 모여서 논의를 한다는 것은 대단히 시의적절하고 의미있는 기회라고 생각합니다. 특히 기술 발전으로 탄생한 '인터넷'이 가상공간(cyber－space)을 통해 언론법, 저작권법, 정보법, 신문방송학 분야에 던지는 여러 가지 문제들은 '인터넷'을 어떻게 바라보고 이해할 것인지에 대해 다시 한 번 진지한 질문을 던지게 될 것입니다.

끝으로 미국, 유럽, 일본 등의 여러 전문가와 함께 모색하는 '인터넷'에 대한 오늘의 국제 세미나가 우리의 법과 제도를 발전시키는 데 큰 기여를 하기를 진심으로 바라며, 한국정보법학회가 더욱 발전하여 명실공히 정보사회의 법률문제를 다루는 세계적인 학회가 되기를 바랍니다.(호텔 인터콘티넨탈, 1997. 6. 20.)

7. '인터넷法律' 창간호 축사

우선, 법무부가 "인터넷법률"이라는 전문잡지를 창간하게 된 것을 진심으로 축하드린다. 인터넷에 관한 법률의 중요성을 생각해볼 때 "인터넷법률"이 창간된 것은 매우 시의적절하다. 이제 우리나라에서도 인터넷의 사용이 보편화되어서 대부분의 경제활동 인구가 인터넷을 생활의 일부로 삼고 있고 인터넷에 관한 법률의 적용을 받거나 그에 대한 궁금증을 가지고 생활하게 되었기 때문이다. 이러한 "인터넷법률"은 한편으로는 인터넷 사용자들을 비롯한 일반인들에게 인터넷에 관한 법률지식을 널리 보급하는 기능을 수행할 것이고, 또 다른 한편으로는 인터넷에 관해서 새롭게 등장하는 법률적 문제에 관해서 전문가들끼리 토론하고 각자의 아이디어를 가지고 경쟁하는 시장(idea market)을 형성할 것으로 기대된다.

자동차가 생활의 일부로 된 오늘날 도로교통법을 비롯한 교통규칙이 초등학교부터 가르치게 되는 기본규범으로 인식되게 된 것과 마찬가지로, 인터넷이 필수불가결한 통신수단이 된 오늘날 인터넷에 관한 법률은 이제 곧 상식화되고 어려서부터 몸에 익히게 되는 질서의 일부로 자리잡게 되리라고 생각된다. 더 가까운 예를 들자면, 고성능복사기가 개발되면서 도서관이나 복사실의 복사기 앞에는 불법복제의 기준을 알려주는 저작권법의 일부규정이 커다란 글씨로 쓰여져 있고 그것이 마침내 상식이나 도덕규범으로 여겨지게 된 것처럼, 인터넷에 관한 법률도 조만간 1천만에 달하는 인터넷 사용자 또는 잠재적 사용자라고 볼 수 있는 국민 모두의 상식으로 자리잡게 될 것이다. "인터넷법률"은 바로 여기에 필요한 법률지식을 널리 보급하는데 효율적인 매체가 될 것으로 기대한다.

현재 인터넷에 관한 저작권법과 특허법은 한편으로는 인터넷의 보급으로 인하여 더욱 무단복제에 취약한 위험에 직면하게 됨과 동시에 다른 한편으로는 지식과 정보를 공유해야 한다고 하는 공유론자들의 반격을 받고 있다. 또한, 인터넷상의 정보에 관한 이용 허락 계약의 유효성, 인터넷에 관한 혁신과 기술에 관한 시장(innovation and technology market)에 있어서의 독점, 전자우편(e-mail)에서의 사생활(privacy) 보호, 원하지 않는 홍보용 전자우편(Spam)에 의한 생활방해 또는 기능장애, 인터넷에서의 음란물, 인터넷 범죄, 전자서명과 암호기술(Encryption), 인터넷 광고, 인터넷과 조세 주권, 국제적 재판관할권(Jurisdiction) 등의 문제도 모두 새로운 법질서의 형성이나 기존 법질서의 수정을 요구하고 있고, 따라서 그에 관해서 다양한 주장과 견해가 제기되고 있다. "인터넷법률"은 바로 이러한 여러 가지 문제에 관한 다양한 해석론이나 입법론이 지면을 통해서 치열하게 경쟁할 수 있는 소위 아이디어시장(idea market)을 형성해 주어야 할 것이다.

이와 같은 전문잡지는 시장의 수요에 부응해서 시장의 원리에 의해서 지배되는 민간기업이나 민간학술단체에 의해서 발간되는 것이 바람직하겠지만, 우리나라처럼 독자가 부족하고 도서시장의 규모가 영세한 경우에는 법무부가 국가예산의 뒷받침을 받아서 충실하게 전문잡지를 편집해서 출판하는 것도 의미있는 일이다. 아무쪼록 "인터넷법률"이 창간의 목적을 달성하고 독자들에게 많은 도움이 되어서 법제도의 선진화에 크게 기여하기를 축원한다.(법무부, 2000. 7.)

8. 프로그램심의조정위원회 'IT법제연구' 정간물 창간 축사

프로그램심의조정위원회가 "IT법제연구"라는 정기간행물을 창간하게 된 것을 매우 기쁘게 생각합니다. 우리나라 뿐만 아니라 세계적으로도 정보통신기술

(Information Technology)의 발전은 새로운 세기를 여는 데 있어 중요한 키워드라고 생각합니다. 우리나라는 21세기 지식 기반 경제(Knowledge-based Economy)의 핵심산업인 IT산업이 지속적으로 발전될 수 있도록 여러 가지 육성책을 도모하고 정보화를 위해 애써온 바 있습니다. 그 결과 우리나라가 IT 인프라에서 이제 세계적인 선두권에 진입한 국가가 되었음은 익히 알려진 사실입니다. 그러나 IT산업의 혁명적 발전이 우리나라의 산업기반을 바꿔놓았다 하더라도 이에 따른 법적 문제점들과 입법론에 대한 심도 있는 논의는 뒤따르지 못하고 있는 부분이 존재합니다. 따라서 IT 및 인터넷에 관한 이슈 등이 중요성이 점차 증가하는 상황을 생각해 볼 때 "IT법제연구"라는 공통된 연구와 토론의 광장이 마련된 것은 매우 시의적절하다고 생각합니다. 이를 통하여 지식정보화가 전 세계로 확산되면서 끊임없이 대두되는 전자상거래, 인터넷, 정보보호, 정보격차 해소 등 정보화 관련 이슈를 점검하고 이에 대한 대응 논의가 다자간 또는 양자간 국제협력의 형태로 활발하게 전개되고 있는 상황에서 우리의 대응은 얼마나 준비되어 있는지 다시 한번 살펴볼 수 있을 것입니다.

향후 디지털 정보기술의 혁신적 발달과 지식정보사회로의 전환 등 정보화 환경의 변화를 법과 제도로 수용하여 창조적 지식기반국가를 건설하려면 정보화 관련 법과 제도의 개선은 지속적으로 추진하여야 할 과제라고 할 수 있습니다. 따라서 이제 고도정보사회로 접어드는 국면에서 우리나라에서도 정보통신 분야에 대한 법적 규율 및 입법론에 대한 논의를 게을리 하면 눈깜짝할 사이에 다른 나라에 뒤떨어지게 됩니다. 지식정보사회에 적합한 법·제도적 환경에 대한 심도 깊은 논의가 정체된 상황에서는 법적 규율의 정립 등이 적절하게 이루어지기 기대하기는 어려울 것이고 오히려 역기능을 초래할 우려도 큽니다.

앞으로 지식기반경제로의 점진적 이행으로 국가경제에서 정보화 및 IT산업이 차지하는 비중도 크게 증가되고 있으므로 "IT법제연구"는 관련 실무 종사자와 학자들에게 이 분야의 국내외적 동향을 파악하게 하는 임무를 수행하는 동시에 정보통신기반에 관련된 다양한 법적 논점을 파악하고 발전시켜 나가는 데 기여할 것으로 기대됩니다. 또 다른 한편으로는 인터넷에 관하여 새롭게 등장하는 법률적 문제에 관해서 국내외의 전문가들끼리 토론하고 각자의 새로운 생각들을 개진하는 데 있어 공통의 광장을 제공할 것입니다.

프로그램심의조정위원회가 우리나라를 대표하는 신지적재산권 관련 전문기관으로서의 역할을 다하는 동시에 "IT법제연구"라는 전문잡지를 통하여 정보통신 관련 법과 제도에 관한 깊은 논의를 선도해 나가기를 기원하며 축사에 갈음하고자 합니다.(2002. 12.)

9. 대한가정법률복지상담원 개원 축사

우선 대한가정법률복지상담원의 뜻깊은 출발을 배경숙 이사장님, 신정자 발기위원장님, 양정자 원장님과 상담원의 설립을 위하여 불철주야 애쓰신 관계자 여러분께 진심으로 축하드립니다. 무료법률상담 및 소송구조는 우리나라의 경우 민과 관에서 꾸준히 노력해 오고 있습니다만 아직도 시혜적 시각에서 극히 소수의 소외계층에게 사후구제적 서비스를 제공하는 것이 고작인 실정입니다. 더군다나 여성의 차별적 지위를 시정하고 가정내의 갈등과 마찰을 해결하는 일에 전문적 서비스를 제공하는 조직은 참으로 희귀한 것이 우리의 현실입니다. 사회적 수요는 엄청나게 많으나 이를 만족시킬 수 있는 전문가를 비롯하여 여러 가지 자원이 부족한 척박한 여건을 무릅쓰고 힘찬 출발을 하신 데 대하여 깊은 경의를 표하는 바입니다.

법률구조는 경제적 약자에게 베푸는 자선적 활동의 차원을 훨씬 뛰어넘어서 많은 나라의 헌법이나 법률에서 이를 국민의 권리로서 규정할 만큼 이미 생존권 내지 사회복지권의 중요한 일부분이 되었습니다. 이제 우리는 법률구조가 가난하고 소외된 국민 개개인이 봉착한 법률문제에 대한 해결을 돕는 소극적 서비스의 차원을 극복하고, 양정자 원장님을 중심으로 한 상담원 팀이 법률구조를 전국적 빈곤 타파와 성차별 시정을 통한 가정평화의 달성을 위한 적극적 수단으로 활용하여 나가실 것을 당부하는 바입니다. 그러하기 위하여서는 관계자 여러분이 서비스 제공의 기술적인 측면과 법률지식에 대한 끊임없는 연마는 물론 정치사회적 사상의 변화에 따른 민감한 영향에도 주의를 기울이셔서 본 상담원의 서비스가 이 분야에서 21세기 우리나라의 벤치마크가 되기를 간절히 기원하는 바입니다.

대한가정법률복지상담원의 무궁한 발전과 국가사회적 기여를 축수하면서 제 말씀을 마치겠습니다.(1999. 8. 26.)

10. 法務法人 忠正의 일곱번째 돌을 축하하면서

우선 척박하기 그지없는 우리나라의 법률풍토에서 올바른 법률실무의 정립과 법률문화의 발전을 위하여 7년 전에 출범한 忠正의 생일을 축하드리고, 이처럼 어려운 시대적 사명을 선두에 서서 이끌어오신 黃周明 변호사님을 비롯하여 로펌 관계자 여러분께 경의를 표하고자 합니다. 忠正이 어려운 여건을 극복하면서 광활한 미래가 펼쳐진 새 천년의 고개를 넘어왔음을 생각해보면 이는 참으로 귀한 일이고 또한 세월이 반드시 덧없지만은 않다는 것을 깨닫게 해줍니다.

법조계의 뛰어난 인재들이 뜻을 모아 과감하게 내디딘 忠正의 첫 발과 그 이후 7년 동안의 法律報國의 세월은 참으로 보람차고 소중한 것입니다. 굵은 선으로 헤쳐온 忠正의 발길을 이제 돌아보면 이론과 실무, 국가와 지역사회, 국제와 국내, 그리고 법률활동과 봉사에 걸쳐 황주명 변호사가 궁륭하게 펼쳐온 熱情과 叡智가 꺼지지 않는 산울림처럼 세월을 넘어서 멀리 울려 퍼지고 있음을 느낄 수 있습니다. 해박한 지식과 선비다운 늠름함으로 뚜벅뚜벅 걸어온 원로 변호사의 발자취마다 눈부신 빛이 남아 있으니 세상의 어지러움 속에서도 법조인들의 갈 길이 어디 있는지를 극명하게 비추어 주고 남음이 있다고 하겠습니다.

우리나라가 근대적 법제도를 도입한 이래 1세기 이상 대체로 큰 변화 없이 희소가치를 즐기면서 현실에 안주해온 법조계에도 현재 국내외적으로 급박한 변화가 불어닥치는 상황이 되었습니다. 그동안 높은 진입장벽 때문에 소수의 엘리트만이 법조계로 진출하여 訟務 중심의 일반법률실무만으로 安住할 수 있었던 법조계도 마침내 스스로 변화하지 아니하면 생존하기 어려운 내우외환의 위기에 봉착하였다고 할 것입니다. 능력이 출중한 소수 엘리트로 구성된 법조계라고 해서 예외가 아니고 世界化와 市場經濟로 대표되는 시대적 변화의 물결이 법조계를 강타한 것입니다. 그러나 정신을 차리고 보면 변혁을 강요하는 시대적 요구 속에는 危機와 機會가 공존하고 있습니다. 危機는 시장경제적 운용에는 공정한 경기 규칙에 따른 세계무대에서의 경쟁이 필연적인 요소이므로 실력으로 국내외적 경쟁에서 살아남지 못하면 퇴출될 수밖에 없다는 데에서 옵니다. 機會는 세계화의 진행은 법치주의의 확립을 전제로 하므로 진정한 법치주의의 구현을 위하여 법조인들이 큰 역할을 해낼 수 있다는 데에서 찾을 수 있습니다. 법률전문가들은 격변하는 세상에서 급히 필요로 하는 새로운 법률적 및 비법률적 전문지식을 끊임없이 습득하고 이를 철저히 전문화한 다음 그들이 갖고 있는 지식과 기술과 창의력이 한데 어우러져서 시너지 효과를 창출할 수 있도록 집합적 노력을 해야 합니다. 이렇게 함으로써 법조인들이 오히려 변화를 선도하고 치열한 국제경쟁 속에서 국가에 기여할 수도 있다고 봅니다. 지금 우리가 섭외법률실무에서 활용하고 있는 선진국의 금융증권이나 각종 자본조달 기법 등은 변호사들의 창의적 실무에서 탄생한 것이 적지 아니합니다. 어느 나라에서든지 국민의 권리를 신장하고 기업경영의 투명성을 제고하며 민주화를 촉진하는 기관차는 법률가입니다. 忠正의 인재들이 우리나라 법조계에서 이러한 역할을 선도해 주시기 바랍니다. 동시에 법률가는 국내외적으로 공인되는 도덕적 기준에 합치하게 행동을 하여야 의뢰인은 물론 모든 국민의 신뢰를 얻을 수 있습니다. 법률가는 자본주의가 발달하기 이전, 즉 시장경제의 틀 속에서 투자, 이윤, 경쟁 등의 논리가 세상을 지배하기 전부터 존재하였습니다. 그리고 그 옛날부터 법률가는 물론 성직자, 의사, 교육자 등의 직업에는 倫理綱領이나 선서 등이 존재하여 왔습니다. 이는 이러한 직업인들에게는 예로부터 그만큼 유혹이 많다는 반증이기도 합니다. 이들은 특별한 倫理觀으로 무장하고 사회에 대한 책임과 사명을 다해야 한다는 것을 뜻합니다. 이 중에서도 判事와 檢事는 이해관계인과 절연한 채 초연하고 고독하고 불편부당한 事實認定과 法律適用의 자세를 가져야 하는데 비하여 辯護士는 사회에 참여하고 적극적으로 개혁하고 실천하는 사람들이어야 합니다. 따라서 단순한 倫理綱領과 理想만으로는 부족합니다. 법률가는 사회를 움직이고 변화시키려는 理想과 그럴 수 있는 技術과 社會的 地位를 동시에 가진 사람들이므로 폭넓게 참여하여야 합니다. 법률가는 어려운 학문을 배우고 연수를 받는 등 오랜 시간 노력을 기울였고 조직적 두뇌와 자질을 인정받은 사람들이므로 엄정한 자세와 奉仕精神과 改革 마인드가 구비되어 있어야 합니다. 냉혹한 기능인으로 전락하지 말고 社會正義의 틀 속에서 잘 숙성된 인류애를 발휘할 수 있어야 합니다. 탁월한 능력과 높은 도덕률과 뚜렷한 사명감으로 뭉친 忠正의 모습은 마치 대형 오케스트라가 연주해내는 한 편의 아름다운 교향악이라고 아니할 수 없습니다. 황주명 변호사를 비롯하여 목근수, 박상일, 진홍기 변호사 등 파트너들의 따뜻한 정열과 인간미가 그들을 사랑하고 따르는 후배 법조인들과 더불어 여기 있으니 세상은 얼마나 정겹고 넉넉한 것입니까.

바다가 썩지 않는 이유는 3%의 염분이 있고 항상 파도가 넘실거리기 때문이라고 합니다. 忠正은 열악한 분위기와 혼탁한 세상에서도 항상 3%의 염분과 변화에 앞장서는 파도의 역할을 담당할 것입니다. 이제 우리는 그들이 한 발자국 한 발자국 흔들리지 않는 걸음으로 부지런히 내일로 가는 길을 축수할 일만 남았다고 하겠습니다. 부디 계속 푸르른 마음으로 마르지 않는 꿈의 샘을 간직하면서 뒤떨어진 이 나라 법조계를 선도하고 더욱 많은 사회적 기여와 높은 윤리와 국제적 모범을 주시기 바랍니다.(2000. 5. 1.)

11. 대한변협신문 창간 1주년 축사 – 대한변협신문에 바란다

대한변협신문의 창간 1주년을 축하한다. 이 신문은 이미 오래전에 창간되었어야 했다. 유관단체에서도 이런 기관지의 발행은 그동안 없었기 때문이다. 정부 수립 이후 수십년간 변협의 역할과 기능은 매우 괄목할만한 것이었다. 특히 법치주의 실현과 국민의 인권보호를 위해 헌신해 온 노력은 국민일반에게 강하게 각인되어 있었다.

그러나 현재는 어떤가? 전과 같은 그런 강한 상이 떠오르지 않는다. 더구나 요즈음처럼 다양화된 사회에서 변협은 새로운 역할과 기능이 요구되고 있다. 대한변협신문은 바로 변협에 대한 이러한 요구에 대한 창구가 되어야 한다. 또한 이 신문은 오늘날 법률관계에 종사하는 모든 이들이 고민하는 것이 무엇인지를 알리고, 추구해야 할 가치가 무엇인지를 제시하는 그야말로 사고할 수 있는 거점을 제공하는 역할까지 해 주었으면 한다.

우리 사회, 특히 법조계의 급격한 소용돌이에 어떻게 대응해 나갈 것인가에 대한 법률 관련 종사자 모두의 지혜를 모으는 광장이 되어 주었으면 한다. 이 일을 위해서는 학계와 실무계의 대화와 협력이 어느 때보다도 절실한 때이다. 변화의 시대에 부응해 우리나라의 법률문화를 한 차원 높이기 위해서도 이 일은 매우 시급하고 중요한 일이다. 대한변협신문이 이 일에도 선도적인 역할을 충실히 해주기를 바란다.(사단법인 한국법학교수회 회장, 2001. 4. 2.)

12. 대한변호사협회 창립 50주년 축사

존경하는 대한변호사협회 정재헌 회장님! 그리고 이 자리에 참석하신 내외 귀빈 여러분!

먼저 대한변호사협회 창립 50주년을 진심으로 축하드립니다. 그리고 이 땅에 민주주의의 발전과 법률문화의 창달을 통하여 법치주의를 구현하고 인권 보호를 위한 보루로서의 역할을 다해온 대한변호사협회 및 회원 여러분의 노고와 사명감에 대하여 깊은 감사와 경의를 표하는 바입니다. 특히 대한변호사협회는 일찍이 한국법률문화상을 제정한 이래 올해로 33년째 한 번도 쉬지 않고, 법조실무계와 법학계에서 인권옹호와 법률문화의 향상에 현저한 공로가 있는 법률가를 선발하여 시상함으로써, 그 숭고한 창립정신을 기리는 사업을 계속해왔습니다. 아직도 법률가에 대한 인식과 활동여건이 척박한 우리나라에서 대한변호사협회가 주는 한국법률문화상은 우리나라 법조계와 법학계를 통틀어서 가장 권위있는 상으로서의 상징성을 확보하였고 튼튼한 자리매김이 되어 있습니다. 앞으로도 이 뜻깊은 상이 우리나라의 훌륭한 법률가들의 업적을 더욱 더 밝게 비추면서 아울러 우리나라의 법치의 정착과 법조일원화를 위한 중심사업으로 업그레이드 되기를 기원해 마지않는 바입니다.

사단법인 한국법학교수회가 추천하여 오늘 제33회 한국법률문화상 수상의 영광을 안으신 국민대학교 총장 정성진 박사께 마음깊이 축하의 말씀을 드리는 바입니다.

정성진 교수는 법조실무계와 법학계에서 모두 그 실력과 경륜을 발휘하고 계시는 우리나라의 대표적 법률가이십니다. 교수님은 1969년부터 24년간 검찰에 몸담으면서 반사회적 범죄의 척결과 국민 편익을 위한 검찰 업무의 개선에 크게 기여하셨고, 특히 특별수사분야에서의 빛나는 활동은 아직도 우리의 기억에 생생합니다. 1993년 검찰을 떠난 이후, 곧바로 미국 스탠퍼드대 법대와 일본 게이오대 법학부에서 순차로 검찰실무경험을 정리하여 이론과 접목하는 등 왕성한 연구활동을 하셨고, 1995년 9월 국민대학교 법과대학 교수로 부임하여 후학의 양성에 힘을 쏟았습니다. 1998년 이후 한국형사정책학회 회장, 한국형사법학회 회장 등을 역임하시면서 학회활동을 활성화시켰고, 2001년에는 사재 1억원을 출연하여 형사법학술상을 제정, 매년 소장학자들에게 시상하며 연구

분위기를 진작시키고 있습니다.

수상자는 2000년부터 국민대학교 총장으로 선임되셔서 "열린행정, 밝은대학"의 슬로건을 내걸고, 대학행정체계 전반을 투명화·합리화 하는 등, 검사에서 성공적으로 변신한 대학경영의 CEO로 평가받음으로써 법조인의 성가를 한껏 더 높였습니다.

정성진 총장이 그동안 발표하신 논문이나 저서를 보면 일관되게 "인권옹호"를 위한 이론적·실무적 방향을 제시하고 있고, 또한 여러 곳에 발표하신 시론들은 한결같이 나라가 잘 되려면 여러 전문가 집단 중에서도 특히 법조인이 바로 서야한다는 메시지를 전해주고 있습니다. 이와 같은 지성적 사고와 신념은 물론, 검사에서 대학총장까지 보람되고 활력이 넘치는 삶을 살아오시는 가운데서 항상 합리적 성품, 솔선수범하는 태도, 주위의 어려움을 염려하고 베풀면서 함께 하는 인간다움을 보여준 인품이 오늘의 수상 결정의 밑거름이 되었다고 생각합니다. 앞으로도 급변하는 국내외 환경에 부응해서 법조인 양성제도, 고시제도와 법학교육개혁, 법률시장개방에 따른 대응, 법조일원화 등 우리 법조계와 법학계가 당면한 여러 가지 문제를 해결함에 있어서 더욱 큰 경륜과 리더쉽을 발휘해 주시기 바랍니다.

진심으로 정성진 교수의 수상을 축하드리며, 이날의 기쁨 뒤에 숨겨져 있는 사모님의 알뜰하신 내조 또한 간과할 수 없는 소중한 밑거름이 되었다고 믿기에 사모님께도 동일한 축하 말씀을 드리는 바입니다.(사단법인 한국법학교수회장, 2002. 8. 19.)

13. 신기남 국회의원 후원회 회장 환영사

정치를 모르고 학교 외에 바깥세상을 모르는 제가 감히 신기남 의원 후원회장을 수락하고 이 자리에 섰습니다. 신기남 의원은 서울 법대에서 제가 가르친 가장 촉망하던 제자의 한 사람이었기 때문입니다. 또한 그는 학생시절부터 명철한 두뇌와 따뜻하고 넓은 가슴을 가진 행동파 지성인으로 주목을 받았으며, 저는 그와 사제지간의 인연이 맺어진 것을 항상 감사하고 자랑스럽게 생각해왔기 때문입니다.

그동안 신기남군이 걸어온 길을 평소에 항상 관심있게 지켜보면서 그가 4

반세기 전에 캠퍼스에서 익혀왔던 높은 이상과 순수한 꿈을 저버림이 없이 불굴의 정의감과 헌신적 봉사와 냉철한 판단력으로 끊임없이 노력해왔다는 결론에 도달했습니다. 우선 우리는 그가 국회의원이 되기 전에 변호사로서 소외된 자의 권익과 사회참여를 위한 운동을 열심히 펼쳐왔던 모습을 기억합니다. 물론 TV프로그램의 진행자로서 명성을 날린 것도 기억합니다. 이제는 국회의원 신기남이 정치에 몸담은 지 2년여가 되어갑니다. 국회에 입성한 후로는 그가 학창시절부터 키워왔던 나라 사랑과 제도 개혁의 열정과 신념을 실천에 옮기는 모습도 확인할 수 있었습니다. 그는 의정활동을 시작하자마자 예전의 꿈을 구체화하기 위하여 또 하나의 노력을 시작하였습니다. '맑은 정치 밝은 세상'은 그가 의정활동을 통해 이루고자 하는 목표입니다. 그의 꿈에는 깊은 뜻이 담겨 있습니다. 이에 만인을 위해 일하는 신기남을 위해 그의 작은 노력이 큰 열매를 맺을 수 있도록 우리의 기대하는 마음을 모아 신기남 의원에게 전하고 조그만 성원이라도 기꺼이 보태면서 그의 의정활동을 격려하고 후원해주시기 바랍니다. 새 인물을 목마르게 기다리는 이 나라를 위해서는 아무리 살기가 어려워도 이런 사람은 밀어주어야 나라의 미래가 있습니다. 참신하고 투명한 이미지의 신기남을 부지런히 가꾸어서 장차 이 나라 정계의 거목으로 만듭시다. 21세기 청년의 역할을 맡기고 신기남을 통한 사회변혁을 이룹시다. 저는 신기남 의원의 은사로서 그가 우리 정치를 바른 궤도에 올려놓고 국민의 소리를 바로 듣고 실천하는 큰 인물로 착실하게 성장할 것임을 믿어 의심치 않습니다. 많은 분들의 노력으로 신기남 변호사가 당선되었을 때 우리 모두는 얼마나 기뻐하였습니까. 당선시켜놓고 계속 키워주지 않는다면 모처럼 그를 당선시키기 위하여 바친 우리의 노력이 헛수고가 될 것입니다.

항상 신기남 의원을 이끌어주시고 후원해주시는 여러 고마운 분들께 마음으로부터 우러나오는 감사의 말씀을 올립니다. 특히 바쁘신 가운데 귀한 시간을 내어 이 자리에 왕림하여 주신 여러분들께 엎드려 감사의 말씀을 드립니다.

(오후 6시 국회의원회관 대회의실, 1997. 9. 23.)

14. 박진 국회의원 후원회장 인사말씀

수확의 계절이 시작되는 이때, 박진 의원 후원의 날 행사를 개최하게 된 것을 기쁘게 생각하면서, 오늘 행사에 참석해 주신 이회창 한나라당 대통령 후보님, (박관용 국회의장님), 서청원 한나라당 대표최고위원님 등을 비롯한 내외 귀빈 여러분과 후원회원 여러분께 후원회를 대표하여 깊은 감사를 드립니다.

박진 의원은 그가 서울대학교 법과대학을 다닐 때에 제가 무척이나 아끼던 수제자였기에 저와의 인연이 남다릅니다. 저는 박 의원이 학생시절 우리나라 최고 학부의 법학도로서 이 나라의 장래와 민족의 앞날에 대해 깊이 고민하고 성찰하는 모습을 종종 보았으며, 때문에 저는 '박진 군이 언젠가는 이 나라를 위해 큰일을 하겠구나' 하는 생각을 가졌었고, 또 그렇게 되기를 기대했었습니다.

이러한 박진 군이 저의 기대를 저버리지 않고 약관 20세의 나이에 외무고시에 합격하더니, 그 후로도 계속 자기자신을 단련하여, 하버드 대학교 케네디 스쿨에서 행정학 석사, 옥스퍼드 대학교에서 정치학 박사를 취득하여 저를 무척이나 기쁘게 했습니다.

그 후로도 여러분 모두 아시다시피 박진 의원은 문민정부의 출범과 함께 조국의 부름을 받아 귀국하여, 청와대에서 5년간 공보, 정무 비서관으로서 막중한 임무를 성공적으로 수행하였습니다.

특히 박 의원은 그가 가진 경험과 열정을 바탕으로 한나라당 이회창 대통령후보님의 특별보좌역으로서 그 기량을 마음껏 발휘하였습니다.

저는 박 의원이 가진 뛰어난 능력과, 젊은 세대에서 박 의원에게 거는 기대와 성원을 바탕으로 이회창 후보님께서 '대업'을 이루시는데 큰 힘이 되어드릴 것이라는 점을 믿어 의심치 않습니다.

세계는 우리가 생각하고 있는 것보다 훨씬 빠르게 변화하고 있으며, 우리나라를 둘러싼 동북아시아의 정세 또한 예측을 불허할 수 없는 상황으로 움직이고 있습니다. 이러한 급박한 흐름 속에서 우리 민족의 생존과 번영을 지켜나가기 위해서는 무엇보다도 이 민족을 올바르게 인도할 명민한 지도자가 필요하다 하겠습니다.

오랜 기간을 통해 제가 알고 있는 저의 수제자 박진 의원은 요즈음 우리 사회에 흔치 않은 능력, 성실성, 국제적 감각, 그리고 투철한 희생정신을 가진, 앞으로 대한민국의 보다 나은 미래를 위해 없어서는 안될 국가적인 소중한 자산입니다.

박진 의원은 앞으로 우리 민족과 역사의 번영을 위해 크게 쓰일 재목이라는 점을 여기 있는 저와 여러분 모두 동의하시리라 믿습니다.

이러한 우리의 자랑 박진 의원이 한걸음 한걸음 포부를 펼쳐갈 수 있도록 우리 모두가 아낌없는 성원과 격려를 보내야 하겠습니다.

오늘 우리는 이 자리에 박진 의원을 성원하는 한마음으로 자리를 같이 했습니다.

오늘 우리가 나누는 이 마음으로, 박진 의원이 여기있는 우리 모두와 이 나라, 이 역사를 위해 크게 헌신하는 그날까지 함께 해 주시기를 부탁드리면서, 인사에 갈음할까 합니다.

참석해 주신 여러분께 다시 한번 깊은 감사를 드립니다.(2002. 10. 9. 12시 국회의원회관 1층 대회의실)

15. 풀브라이트 정기총회 동문회장 인사말씀

일천여 풀브라이트 동문 여러분 안녕하십니까?

부족한 제가 2002년 겨울 총회에서 분에 넘치는 회장의 자리에 피선된 후 이제야 지각인사를 드리게 된 것을 깊이 사과드립니다. 작년 총회 이후 저로서는 전연 예상하지 못했던 국제형사재판소 재판관에 지명되어 유엔에서 선거를 치루었고 당선 후에는 네델란드 헤이그에 있는 재판소에서 창립 임무를 수행하다가 7개월 만에 귀국했기에 그동안 본의 아니게 동문회의 일을 소홀히 하였습니다. 그러나 저의 부재중에는 감사하게도 윤복자 명예회장님, 권오량 부회장 겸 총무를 비롯하여 회장단과 이사진이 풀브라이트 교육위원단의 협조를 얻어 동문회를 영도하시면서 금년에도 많은 업적을 이룩하셨습니다(동문회 53주년 기념행사라든가, 미묘한 한미관계에 비추어 서울선언을 이끌어내신 것 등이 바로 그것입니다).

저는 귀국하자마자 곽경직 동문(법무법인 태평양 변호사)을 총무로, 손영숙 선생을 재무로 위촉하고, 몇 차례 재경 회장단회의를 소집한 끝에 종래에 모셨던 고문님들을 비롯하여 서울과 지방의 회장단과 이사 및 감사진을 종전과 똑같이 한번 더 수고해주실 것을 당부드리기로 하였사오니 비록 늦었습니다만 웃음으로 수락하여 주시면 감사하겠습니다.

그동안 동문회 조직의 기초를 다진다는 의미에서 국문 및 영문 정관을 정비하였고, 회원명부의 정확성을 제고하기 위한 노력을 계속하여 상당한 성과를 거두고 있습니다. 또한 동문회는 미국으로 유학하려는 학생들을 돕기 위한 사업을 하고자 뉴욕 소재 IIE와 상세한 조건을 협의하고 있습니다. 이 계획이 성사되면 한국학생들이 비용이 저렴하고 믿을 수 있는 서비스를 받을 수 있게 될 것으로 믿습니다. 그리고 금년에는 12월 3일 오후 6시부터 적당한 장소에서 금년도 풀브라이트 동문회 총회와 송년모임을 가지고자 하오니 지금 수첩에 기록하셨다가 꼭 참석하시어 친목을 돈독히 해 주시면 감사하겠습니다.

동문 여러분의 건강을 비오며 우선 인사말씀에 갈음합니다.(2003. 12. 3.)

16. "2000년도 UNDP 인간개발보고서-인권과 인간개발" 한국어판 출판기념 학술회의 인사말

오늘 2000년도 UNDP 인간개발보고서의 한국어판 출간기념 학술회의를 개최하게 된 것을 기쁘게 생각하며, 학술회의를 빛내 주시기 위해 자리를 함께 하여 주신 귀빈 여러분께 진심으로 감사드립니다.

여러분께서도 잘 아시는 바와 같이, UNDP는 최우선의 과제(top priority)로 빈곤타파와 형평(equity)을 통한 지속적 인간개발을 이루는 데 필요한 국가능력을 키우도록 국가를 지원하는 UN기구입니다. 세계평화의 전제조건이 되는 인권보호는 UN의 핵심임무가 되어 왔으며, UNDP는 이러한 UN의 인권증진과 개발활동의 책임을 맡아 활동하고 있습니다.

이번 학술회의는 UNDP가 발행한 인간개발보고서를 서울대학교 21세기 세계속의 한국법의 발전 교육연구단의 공익 인권법 연구센타가 번역과 감수에 참여하여, 이를 UNDP와 공동으로 출간하게 되었음을 기념하는 자리입니다.

인간개발보고서 2000은, 특히 인권과 인간개발의 상관관계를 분석하면서, 이 두 개념은, 모든 인간의 자유, 복지 및 존엄성을 보장하려는 공통된 목적을 가지고 있음을 지적하고 있습니다. 이 보고서는 또한 인권은 인간존중을 실현하는 수단이며, 인간개발의 필수적인 부분임을 강조하고 있습니다.

1948년 세계인권선언이 인간의 자유를 보장하는 데 대한 국제적 공약의 새로운 시대를 연 이후, 국제인권규약과 소수자를 위한 주요 인권조약들이 채택되면서, 20세기에 있어서 인권은 눈부신 발전이 있었으나, 아직도 지구상 어디에선가 중대한 인권침해가 끊임없이 일어나고 있습니다. 이에 UNDP 보고서는 21세기 새로운 인권의 의제를 검토하고, 7가지 새로운 인간의 자유개념을 제시하면서, 사회정의를 가져올 정치적 경제적 지배체제에 관하여 새롭고도 과감한 접근법을 제안하고 있습니다. 특히 20세기에는 등한시했던, 불리한 환경에 처해 있거나 부당한 대우를 받고 있는 소수자들과 개도국을 돕고 세계의 불평등을 줄이기 위해 보다 강력한 국제적 행동과 공약이 필요함을 지적하고 있습니다.

지난 20세기는 인권이 많은 발전을 이룬 시기였으나, 21세기의 국제화되고 개방되는 사회에서는, 개인의 능력과 창의성을 존중하기 위한 인권 존중과 민주공동체의 건설, 보편주의와 문화적 다양성의 존중을 통하여, 평화공존을 모색하는 실천적 노력이 계속되어야 할 것입니다.

이 학술회의에 발표를 쾌락해주신 서울 법대 백충현 전학장님과 장복희 박사께 깊은 감사를 드립니다. 그리고 참여해주신 여러분의 고견과 자유로운 토론을 부탁드리며, 이번 회의를 시작으로 국내적으로는 한국의 인권수준을 국제수준으로 한층 높일 수 있는 기회가 될 것으로 믿어 의심치 않습니다.

감사합니다.(2000. 12. 22.)

V. 바치는 글

1. 나의 장인, 그 잊을 수 없는 久遠의 인간상

누구나 살아가는 동안 부모 이외에도 인격 형성에 큰 영향을 미치거나 인생의 전기를 마련해 준 인물을 만나게 된다.

나의 경우에는 그러한 인물은 단연코 1995년 2월 21일 돌아가신 나의 장인 남재 김상협 선생이라고 말할 수 있다. 나는 대단히 고단한 집안에서 자랐지만 항일독립과 민주건국을 위하여 일생을 바치신 조부 고하(古下) 송진우(宋鎭禹) 선생의 덕택에 그 분이 활동하셨던 언론과 정계의 동지와 후학들 그리고 한 세대를 이끌어간 많은 지도자와 명사들을 뵙거나 그 분들에 관한 말씀을 자주 들을 수 있는 기회가 있었다. 그 중에서 어린 시절 나에게 감동을 주신 분들도 적지 아니하다.

그럼에도 불구하고 나는 주저없이 장인을 손꼽을 수 있다고 생각한다. 장인은 내가 우연히 아내와 결혼을 함으로써 비로소 알게 된 사이가 아니다. 아내의 집안과 우리 가문은 3대 이상 세교(世交)가 있던 관계였고, 내가 어려서부터도 집안에서는 김상협 교수의 인물됨이 큼을 칭송하면서 세배드리고 아무쪼록 한 말씀이라도 배울 것을 권했었기에 적어도 고등학교 시절부터는 세배를 드린 기억이 난다. 그러나 손님이 많으셔서 절만 드리고 나면 아무리 붙잡으셔도 물러나오게 마련이다. 고등학교 3학년이 되어 찾아뵈었을 때에는 장인은 이미 나의 진학상담 교수와도 같았다. 결국 그 분의 권유대로 법과를 택하였고 이는 지금 돌이켜 보아도 후회 없는 선택이라고 생각된다. 지금도 귀에 남는 말씀은 우리나라가 3면이 바다인 만큼 법학 중에서도 '바다에 관한 법'을 전공하여 사법(私法)인 해상법(海商法)과 공법(公法)인 국제해양법(國際海洋法)을 모두 접합시켜 그 분야에 관한 법의 일관된 연구체계를 완성하도록 역설하신 것이다. 비록 동경대학 법학부를 졸업하셨으나 일생 정치학을 연구하신 분이 어떻게 그처럼 공사법(公私法) 분야를 넘나드는 웅대한 생각을 말씀해 주실 수 있었는지 지금도 놀랄 만한 일이다. 인간관계에서는 사랑과 존경이 중요한 가늠자이다. 그러나 무한한 존경심을 가질 수 있되 따뜻한 사랑의 마음은 우러나지 아니하는 인물도 있고, 반대로 사랑하고 이해할 수는 있으되 존경심은 우러나지 아니하는 경우도 있다. 장인은 누구로부터나 사랑과 존경을 모두 한 몸에 모은 인물이다. 푸근한 인상에 덕담으로 분위기를 누그러뜨린 후에는 그 사람의 말을 열심히 듣는다. 비록 당신이 이미 다 알고 있는 이야기라도 잘 들어주고 장래지향적인 격려의 말씀으로 끝을 맺는다. 누구든지 존경심을 가지고 접근했다가 그 분을 향한 넉넉한 인간미에 매료되고 만다.

장인의 지성스러운 면학 태도는 학자의 길을 걸어온 나를 부끄럽게 만든다. 우선 그 분은 영어, 일어 및 독어의 독해 능력에 막힘이 없으므로 동서양의 고전을 쉬임 없이 읽고 메모하셨다. 혹시 아는 이가 외국여행에서 돌아올 때 그 나라의 신간이나 베스트셀러 한 권이라도 선물하면 세뱃돈 받은 어린이처럼 기뻐하시고 당장 그 책의 독파 작업에 몰두하여 끝장을 보고 만다. 그리고는 나를 앞에 놓고 읽은 내용을 요약하여 말씀하시면서 토론을 하자고 하신다. 공부가 부족한 내가 어찌 그 분의 풍부한 토론의 상대자가 될 수 있으리요마는 나에게는 너무도 기쁘고 행복한 배움의 기회였다.

평소에 독서 계획을 세워 책읽기에 몰두하시면서 침식을 잊으시는 일이 자주 있다. 혜화동 댁 사랑채 서재의 책상에서 메모하면서, 아니면 긴 소파에 누워서 책을 보시면서 이해가 안 되는 부분은 다시 몇 번씩 반복하여 정복해 나가는 것이다. 찾아뵐 때 항상 독서삼매(讀書三昧)에 빠져 계시기에 나의 방문이 오히려 독서의 즐거움을 뺏지나 않을까 걱정이 되기도 하였다. 나 자신도 학문의 길을 걸으면서 손에서 책을 놓지 않는 편임에도 불구하고 아내가 가끔 당신은 내 친정아버님이 공부하시는 것의 절반도 못 좇아갈 것이라고 책망하는 말을 들은 일도 있다.

그 분의 이와 같은 무한한 지적 호기심과 끊임없는 노력은 이 시대를 살아온 대표적 지성인으로서의 위상을 우뚝하게 만들었고 그 분만큼 그 지식기반이 넓고 깊은 분도 흔치 아니하리라고 생각한다. 그럼에도 불구하고 한 번도 아는 체하거나 나타낸 일이 없어 후학들이 두려워하는 면도 있다.

자기가 맡게 된 직무나 부여된 소임을 수행할 때 장인이 생전에 보여준 태도는 후세의 본보기가 될 만하다고 생각한다. 비록 그것이 학교 내의 작은 보직이든지 정부의 공직이든지 사회봉사적 역할이든지 간에 일단 직책을 수락하면 그는 마치 그 일이 이 세상에서 가장 중요한 임무인 듯이 신명을 다 바쳐서 신바람나게 최선의 노력을 다하신다.

그는 우선 자기가 직접 챙길 일과 하부 위임이 가능한 일이 무엇인지를 가려내신다. 부하들이 위임받은 일을 실패하거나 잘못해도 직접 야단치시거나 손수 해 보이는 일이 없고 인내심과 아량을 가지고 그들이 자기의 부족함과 잘못을 스스로 깨달아 고치도록 이끌어간다. 반대로 당신이 직접 해야 하는 일은 자나깨나 골똘하게 생각하시고 나 같은 부족한 사람에게까지도 상의에 상의를 거듭하여 정확하게 판단을 내리고 실행에 옮기신다. 그 분이 중요한 결정을 내리거나 행정책임을 맡고 계시는 동안에는 젊은 시절 사업을 해본 경험과, 특히 경리와 회계에 정통한 지식이 도움이 되었을 것으로 본다.

고려대 총장으로서 그 정열을 불태우고 있던 시절 험난한 정치정세 속에서 젊은이들에게 용기와 희망을 불어넣어 준 그 명연설들은 바쁜 가운데 본인이 직접 집필하신 것이다. 초고를 쓰시는 단계에서부터 나는 자주 불려갔다. 그 연설 속에 담아야 할 항목이 무엇이어야 하는지에서부터 표현상 주의점이나 맞춤법에 이르기까지 세밀한 질문에 답하여야 했다. 일단 원고가 완성된 뒤에도 내 앞에서 몇 차례 낭독해보고 고치는 연습과정을 반복하신다. 나중에 장인의 글을 모아 출간한 《지성과 야성》이나 그 후의 글모음을 보면 그 분의 독특한 글쓰는 스타일을 알 수 있으나 그 모든 주옥같은 글들은 이러한 산고(産苦)를 거쳐서 명문장으로 태어난 것이다. 이런 과정을 항상 옆에서 지켜본 나는 장인에 대한 새삼스러운 존경은 물론 맡은 일에 대한 헌신과 희생, 끊임없는 노력, 용의주도한 준비, 젊은이들과의 격의 없는 만남 등의 덕목을 다시금 깨닫고 배웠다.

우리나라에서는 돌발사건과 사고가 무수히 발생하는가 하면 국내외의 정치 사회정세도 변화무쌍한데 이에 대하여 기자나 제자들이 수시로 묻곤 한다. 그럴 때마다 장인은 마치 질문을 기다렸다는 듯이 정확하고 간결한 분석을 해준 후 촌철살인(寸鐵殺人)의 한마디로 핵심을 찌르거나 경세(警世)의 말로 삼았다. 옆에서 모시면서도 나는 항상 감탄을 금치 못하였고 곧이어 그 분의 표현이 유행어가 되어 퍼지곤 하는 것을 기억한다.

나는 장인의 큰사위로서 이 세상에서 아마도 두 내외분의 가장 크고 넓고 깊은 사랑과 신뢰를 받았고 그 분들은 내가 인생의 길을 걸어가는데 가장 중요한 모범을 제시해 주셨다. 또한 그 분을 좋아하고 존경하여 모여드는 많은 제자들과 알게 되는 행운도 가졌는데 이러한 만남도 역시 여러 가지로 부족한 나에게 소중하고도 커다란 힘이 되고 있다.

내가 1970년대 초 미국에서 귀국하여 모교인 서울대 법대에 임용신청을 냈음에도 불구하고 별 뚜렷한 이유없이 거부당하여 1년을 꼬박 낭인생활을 한 때가 있었다. 나는 그때 기약없이 교수 임용을 기다리기보다 판검사 임용을 신청하거나 미국의 연고관계를 살려 요즈음 말하는 국제변호사 업무를 개시하고 싶었다. 사실 나와 신혼인 아내는 직장도 없이 기가 죽어 있었다. 고려대학교를 맡아 한창 바쁘신 중에도 처부모께서는 참으로 나에게 알뜰한 사랑을 베푸셨고 같이 우리나라의 명승지를 여행하는 기회도 자주 마련하시면서 마음의 위안을 갖도록 세심한 배려를 해주셨다.

그런데 내가 장인의 깊은 신뢰를 얻은 것은 결혼 후 한참 지나서가 아닌가 생각한다. 결혼 직후 장인을 가까이 대하면서 가진 첫 느낌은 이 분이 당신의 학문적 연구대상이었던 모택동(毛澤東)에 비견할 만큼 속이 깊고 평소에 자기의 속내를 남에게 잘 안 드러내는 분이구나 하는 것이었다. 절대로 남에 관한 험담이나 가십성 이야기를 먼저 꺼내거나 설사 남에 관한 이야기가 나오더라도 그에 덧붙여 맞장구치거나 코멘트를 하는 분이 아니다. 또한 남이 자기의견을 주장할 때 이를 반대하거나 묵살 또는 수정하기보다 가급적 그의 의견에 보태어 보완이나 격려를 하실 뿐 자기의 심중을 잘 드러내지 않는다. 그러나 장인의 가장 신뢰하는 동지요 상담역은 장모여서 그 분에게는 모든 속마음과 당신의 진솔한 견해를 다 털어놓으시는 것 같았다.

나로서도 장인의 깊은 뜻을 헤아리는 데에는 시간이 걸렸다. 하나밖에 없는 처남 한(翰) 군이 어린 학생이었을 때 고려대 총장으로서 분주하셨고, 국무총리, 적십자사 총재 기타 공직을 맡으신 동안에는 그가 해외유학 등 외국 생활을 하는 바람에 나는 장인이 여러 공직을 수행하시는 오랜 세월 동안 그림자처럼 옆에서 모시는 행운을 가졌다. 이 기간 동안 장인은 나를 완벽하게 신뢰하신 것 같다. 미리 당신의 의중과 판단을 말씀하시면서 아주 미묘하거나 정치적인 임무를 꽤 자주 주시곤 했다. 나는 유신 이후의 험난한 정치정세 속에서 무엇보다도 비밀을 지키면서 성심성의껏 장인의 기대에 부응하도록 노력하고 기꺼이 심부름을 해냈다.

장인은 만 70세가 되자 그 동안의 직함이나 왕성한 사회활동 관여를 깨끗이 정리하셨다. 사실 고희(古稀)라는 연세는 오늘날 이미 고래희(古來稀)가 아닐 뿐 아니라 장인에 대한 여망과 후학들의 기대가 있음에도 불구하고 일찍 주변을 정리하시는 것에 대하여 서운하게 생각하는 사람이 많았다.

장인은 그 후 세계 주요 종교의 기본 경전을 체계적으로 탐독하기 시작하였다. 기독교 성경을 완독한 다음에는 불교의 몇 가지 경전에 몰두하였다. 중국의 사서삼경을 독파한 뒤에는 이슬람의 경전을 손에 잡았다. 가장 널리 읽히는 기독교 성경의 번역상의 새로운 오류도 여러 개 찾아내어 기독교계의 지도인물에게 알려주고 토론을 하는가 하면, 인류의 근본을 말하는 경전들이 동서양을 막론하고 공통점이 많은 것을 가끔 실감나게 토로하셨다.

장인은 스스로 항상 마음을 젊게 가지고 젊은 사람과 노소동락(老少同樂)하기를 좋아했고, 유머감각이 풍부한 손아래 동서가 조크를 던지면 어린이처럼 박장대소하셨다. 늘 하시던 말씀은 항상 젊은 사람과 담론을 통하여 그들이 어떤 생각을 하고 있고 세상이 어떻게 변하고 있는지를 알아야 한다는 것이었다. 또한 젊은이들도 장인과 어울리는 것을 그렇게 좋아했다. 좌중에서 가장 젊은 사람에게 화두를 내도록 하거나 선진문물에 접하고 돌아온 신진기예들의 관찰과 분석을 듣고자 한다.

전통 있고 규범이 짜여 있는 가문에서 엄격한 가정교육을 받은 장인이건만 좌중에서 설교적이거나 훈계적 태도로 군림하는 법이 없다. 오히려 자유분방하고 낙천적이며 새로운 멋을 추구하는 장인의 상큼한 분위기가 젊은 사람들에게 매력의 포인트가 아니었을까. 다만 약간 난청이시라 우리들은 가끔 언성을 높여서 말씀을 드려야 했을 뿐이다.

장인의 말년에는 처남이 잘 받들고 있다는 핑계로, 그리고 내가 오히려 바빠져서 자주 모시지 못하였다. 1995년 초부터 나는 하버드 법대와 뉴욕대 법대 등의 초청으로 뉴욕 시내 맨해튼에 집을 정하고 매주 비행기로 왕래하면서 강의하느라고 정신없는 나날을 보내고 있었다.

비보를 들을 무렵에는 뉴욕대 법대의 강의를 마치고 기분이 좋아서 학생들과 학교 근처 스페인 음식점에서 저녁식사를 한 뒤였다. 저녁 9시경 학생들은 다시 도서관으로, 나는 교수연구실로 되돌아갔다. 전화기에는 많은 메시지가 와 있다는 뜻으로 보이스 메일의 빨간 불이 깜박거리고 있었다. 당시 서울 법대 내 연구실 조교 이제원 군이 침통한 목소리로 비보를 전해 주었다. 나는 망연자실하여 그 다음날의 강의와 특별강연 일정을 취소하겠다는 메시지를 학장과 관계교수의 전화에 녹음하고는 맨몸으로 거의 무의식적으로 케네디공항으로 달려갔다. 밤 10시 반이 넘었는데 마침 자정무렵에 서울 가는 비행기에 좌석이 있어 황망중에 영전에 와서 겨우 부복할 수 있었다.

그러나 나에게 항상 지혜와 용기, 헌신과 정열, 근면과 노력, 아량과 관용, 치밀함과 신중함 그리고 대인의 풍모를 보여주신 장인은 거짓말같이 떠나가신 것이다. 평소에 새치 하나도 없던 내가 이 슬프디 슬픈 며칠 사이에 백발을 얻었고, 공자님 말씀대로 천명을 아는 나이에 이르렀건만 가신 지 3년이 넘도록 대인이 남기신 큰 자리를 메우지도 못하고 큰 뜻을 다 헤아려 받들지도 못하여 부끄러움만 앞설 뿐이다.(堂山나무의 큰 그늘이여－南齋 金相浹선생추모문집, 408－414면, 1998. 4. 20.)

2. 권이혁 선생님의 8순을 축하드리오며

又岡선생님과 나와의 인연은 1959년 내가 서울 법대에 입학하였을 때에 시작되었다. 일학년 교양과목 중에 保健學이 있었는데 우리에게 이 과목을 담당하여 가르쳐주신 선생님이 바로 우강 선생이시다. 처음에 얼마간 가르치시고는 다른 선생님에게 그 강의를 인계하셨다. 대학에 처음 들어와서 모든 것이 새로운 데다가 비교적 빠르게 말씀하시는 편이셔서 귀를 쫑긋하고 들어야 했던 기억이 있다. 그리고 나는 경기도 양주군 노해면에서 태어났고 경기도 말씨란 모두 같은 줄로 알고 있었는데 강의 중에 튀어나오는 선생님의 경기도 사투리가 사뭇 다르고 퍽 재미있어서 가끔 웃음을 자아내기도 한 것 같다. 그 후 선생님과 나는 사제간의 소중한 인연을 간직한 채 전공과 진로가 다르다는 이유로 뵙지도 못하고 오랜 세월이 흘러갔다.

그러던 중 나는 미국유학을 마치고 귀국하여 1970년대 초 서울대 법대교수로서 모교에 첫발을 디디게 되었다. 선생님께서 서울대 총장으로 재임하시는 중인 1983년 9월 국민의 성금으로 내 조부의 동상이 서울 어린이 대공원 내에 건립되었다. 그 동상제막식을 거행함에 앞서 총장실로 선생님을 찾아뵙고 제막식에 참석해주실 것을 간청하였다. 당시 학원은 항상 불안하고 시국은 경색된 채 한 치 앞을 내다보기 어려운 시절이었으므로 노심초사하시는 선생님께 그러한 청을 드리는 것부터가 무리하고 염치없는 일이었다. 선생님께서는 대뜸 “제가 해방 전 1944년 봄 대학생 시절에 古下 宋鎭禹 선생을 원서동 자택으로 찾아뵈온 적이 있습니다. 학생의 본분에 관한 격려 말씀을 들은 것으로 기억합니다"라고 말씀하신다. 나는 한편 깜짝 놀랐고 다른 한편 반갑기 그지없었다. 내 조부께서는 독립운동을 한 정치가 중에서 해방 후 가장 먼저 1945년 12월 30일 괴한의 흉탄에 서거하셨고, 그 후 거의 40년 가까운 세월이 지난 그 시점에서 그 분을 모셨거나 가르침을 받았거나 심지어 만나본 분도 거의 안 계시는 형편이기 때문이다. 선생님께서는 선선하게 "제가 당연히 참석해야 하지요. 초청해 주셔서 감사합니다"라고 답변하셨다. 나는 한껏 고무되었고 그 후로는 더욱 선생님에 대한 존경과 감사의 마음을 가지고 있었다.

나의 장인께서 살아 계신 동안에는 거의 정기적으로 처가에 가서 식사를 하면서 즐거운 한 때를 보내곤 하였다. 그런 경우 가끔 장인으로부터 우강 선생님의 고결하신 인품과 탁월하신 영도력, 여러 직책을 맡으시면서 보여주신 행정능력, 제자를 끔찍하게 거두시는 선생님의 사랑, 우리나라 교육계와 의학계의 발전을 위하여 남기신 커다란 발자취 등에 관하여 말씀을 듣는 경우가 있었다. 그런 경우에는 장모님도 덩달아 우강 선생님의 사모님께서 갖추고 계신 인자하신 성정과 남이 감히 흉내내기 어려운 부덕에 관하여 말씀을 하시곤 했다. 처가에서 어른들의 이런 말씀을 들을 때마다 선생님에 대한 나의 존경심은 더해갔고 서울대학교에서 선생님을 총장으로 모셨던 인연이 소중하고 자랑스러운 것으로 생각되었다. 나는 우강선생님 내외분과 내 처부모님간에 언제부터 교분이 있으신지 잘 모른다. 그리고 내 장인은 정치학자이시고 우강선생님은 의학을 공부하셨으니 두 분이 전공도 다르실 뿐만 아니라 공통점이 많지 않으신 듯한데, 참으로 서로 존경하고 아끼시는 것을 옆에서 자주 볼 수 있었다. 이러한 훌륭한 어른들의 아름다운 관계에서 내가 배운 것은 참으로 많았다고 하겠다.

1983년 가을 선생님께서는 문교부장관에 임명되심으로써 결국 선생님께서 평생을 바쳐 육성해오신 서울대학을 떠나시게 되었고, 그 후로도 여러 공직을 두루 맡아 바쁘신 관계로 오랜 세월동안 뵙지도 못하였다. 그러다가 1994년 12월 30일 내 조부의 49주년 기일에 맞추어 그 분의 기념사업회를 발기하게 되었다. 이것은 당시 李忠吉 국가보훈처장이 적극적으로 권고하고 도와주어서 시작되었고 그 후임인 黃昌平 처장의 재임시에 결실을 보게 된 사업이었다. 평소에 찾아뵙지도 못하다가 이런 일이 있게 되자 염치불구하고 선생님께 재단설립의 발기인으로 참여해 주십사하고 간청을 드렸다. 선생님께서는 이를 쾌락하시었을 뿐만 아니라 첫 번째 이사회에서 재단법인으로 발족하는 기념사업회의 이사장을 맡아주셨다. 내가 평소에 은혜를 입었거나 지도를 받은 분이 많이 계신데 특히 우강 선생님께는 이로 인하여 나의 가족과 자손들은 물론 가문전체가 큰 은혜를 받게 된 것이다. 나는 주로 기념사업을 연결고리로 하여 선생님의 가르침을 받들고 있으나 항상 마음속으로는 선생님을 모시게 된 인연을 깊이 감사하고 있다. 또한 항상 인자하고도 관후한 인품이시면서도 정확하게 핵심을 찔러 분부하시고 따뜻하게 격려해주시는 선생님을 뵙는 일은 내게는 언제나 참으로 즐겁고 가슴 뿌듯한 일이다. 부디 선생님께서 건강하게 큰복을 누리시기를 엎드려 기원하는 바이다.(2001)

3. 이병붕 박사 퇴임기념 회고사

존경하고 사랑하는 벗 이병붕 박사가 정년이라는 제도의 굴레 속에서 퇴임해야 한다고 하니 60년 가까이 사귄 친구로서 어찌 감회가 없을 수 있으랴. 참으로 헌출한 키와 백옥같은 피부를 가진 이 멋쟁이 미남이 미국으로 돌아가면 앞으로는 종종 보기 어렵게 될 것인가. 뿐만 아니라 박식한 지식의 토대위에 촌철살인의 표현으로 종횡무진 비판하는 특유의 비평과 독설도 자주 들을 수 없을 것 아닌가.

우리 둘이는 대대로 세교있는 집안의 장남으로 태어나 아주 어려서부터 자연스럽게 어울렸다. 서울서 명륜동 동네를 휘저으면서 다녔고, 혜화초등학교를 다닐 때에도 방과 후에는 내가 이박사 댁으로 쫓아가서 너무 놀다가 야단맞으면 금방 둘이서 우리 집으로 와서 소란을 피워대곤 했다. 서로 성질이 급하면서도 죽이 잘 맞는 편이었다. 사실 우리들이 까불고 노는 데에는 당시 고명하신 의사선생님의 자제인 김선원군도 항상 빠지지 않았다. 어른들께서는 평생의 술친구이기도 하고 사업상으로나 정치적으로 가까운 동지였다. 참으로 절친하셨고 어린 우리들을 보시면 상대방 가문에서 서로 배울 점을 깨우쳐 주시기를 잊지 아니하셨다. 이런 분위기를 닮아서인지 후일 우리는 서로 주량도 상당했고 무조건 상대방을 존경하면서 자기 분야에서 제일인자로 대성하기를 축수하였다. 기고만장하여 의기투합이 잘되고 도대체 조그마한 일로 마음상하여 우정이 손상될 수 있는 사이가 아닌 것이다. 이박사를 고등학교에서 다시 만났을 때 그는 항상 나의 귀감이었다. 그가 졸업할 때의 성적은 경기고등학교 역사상 최고점으로서 유진오 선생께서 일제시대에 세우신 기록을 깬 획기적인 것이었다. 우리 집안에서는 우리나라 최고 부자댁의 손자가 그처럼 최고 기록을 낸 것이 오랫동안 전설처럼 회자되었고 내게도 큰 자극을 주었으나 나는 그를 도저히 흉내낼 수 없었다. 우리가 대학을 동시에 졸업한 후 시청 앞에 있던 유명 중국음식점에서 배갈을 곁들여 중국요리를 먹은 기억이 난다. 그런데 그 당시 술에 못 먹는 알콜이 섞였던지 이박사가 눈을 거의 실명할 뻔한 일이 있었다. 나는 당시 몸이 지나치게 호리호리한 이박사가 혹시 잘못될까봐 많이 걱정하고 울었던 기억이 난다.

그와 나는 그 후 전공이 달라서인지 오랜 세월동안 어릴 때처럼 자주 만나지 못했다. 간혹 그가 집안일이나 병원일로 인하여 나의 법률적 조언이 필요한 경우에 만나서 심각한 의견을 나누고 서로 집안의 안부를 묻는 정도였다. 그러다가 그가 미국으로 유학을 갔고 후일 그곳에 정착한 뒤에는 간접적으로 소식을 전해 듣는 정도였다. 주로 그 자형이신 서울대 사회학과 김채윤 선생님을 통해서였다. 내가 미국에 가서 이박사를 반갑게 다시 만난 것은 불과 10여년 전이었다. 나의 예측에 어긋나지 않게 그가 성공하여 조지타운대학에서 미세한 혈관수술분야에서 크게 명성을 날리고 있음을 발견하고 기뻐했던 기억이 생생하다. 그는 수술하다가 환자의 혈액으로 인하여 간염을 걸려서 수년간 고생했던 이야기며 그의 따님이 내가 가르치던 하버드 법대를 졸업하여 유망한 변호사로서 자리잡아 가고 있는 소식 등 여러 가지 미국생활의 애환을 들었다. 자주는 아니나 우리는 미국 버지니아에 있는 그의 집에서 밤이 새도록 옛날이야기를 회고하면서 즐거워했고 나라의 형편을 분석하면서 우국지사가 되기도 했다. 한번은 미리 통보도 없이 불쑥 전화를 했더니 반색을 하면서 기민하게 나를 납치하다시피 하여 자기 집으로 데리고 가는 것이었다. 사실 그날 나는 다른 약속이 있었는데, 내가 나타난 것은 "godsend"라고 연발하면서 나를 잡는 태도가 완강하여 할 수 없이 그의 집에 유숙하였다. 그는 그날 밤 내내 난데없이 귀국하는 것이 좋은지, 만일 한국에 귀국할 경우 그에게 어떤 기회가 있는지를 꼬치꼬치 묻는 것이었다. 이미 삼성병원의 개설에 앞서 여러분들로부터 스카웃 제의를 받고 고민 중에 나를 만난 것이다. 우리는 밤을 새면서 온갖 이야기를 나누었다. 한 가지 얘기가 끝나면 또 다른 얘기로 넘어가고 그 얘기가 끝나면 먼저 했던 얘기로 다시 돌아가거나 새로운 문제를 토의하기도 했다. 나는 그가 그동안 한국사회를 떠나 있었기에 가졌을지 모르는 인식의 공백을 충실히 메워주고자 노력했고 강력하게 그의 귀국을 권유하였다. 우선 이박사와 같은 인재가 나라를 위하여 봉사할 수 있는 기회를 가져야 할 것이고 우리의 의학계의 발전에 응분의 기여를 해야 한다고 생각했기 때문이다. 나의 그러한 의견이 얼마나 주효했는지는 알 수 없으나 그는 미국에서의 여러 가지 좋은 조건을 마다하고 어려운 결단을 하여 귀국했고 10년을 봉사하고 물러나면서 미국으로 돌아갈 채비를 하고 있다.

그가 한국에서 활동하는 동안 서로 바쁜 탓에 만나면 재미있고 재치있는 이 친구를 욕심만큼 자주 만나지는 못했던 것이 유감이다. 그의 명성을 듣고 몰려오는 많은 환자들, 국내외 학회의 초청을 받아 빈번한 여행과 한국을 대표하는 발표, 클린튼 대통령의 방한시에 있었던 것처럼 중요한 비상대기, 주로 연말을 이용한 미국휴가 등으로 인하여 가끔씩 만나는 분들과 함께 시간약속을 잡기가 쉽지 않았다. 어렵게 만날 때마다 초기에는 그가 겪어온 시행착오를 털어놓으면서 걱정하는 일이 많았다. 그러나 나는 그가 서두를 꺼낼 때 벌써 무슨 말을 할 것인지 짐작할 수 있었고 그의 날카로운 문제점 지적이 조직이나 학계에 신선한 충격이 되었을 것으로 믿어 의심치 않았다. 실로 풍운아처럼 귀국하여 이박사가 얼마나 열심히 일하고 조국의 의학계에 공헌을 많이 했는지 나는 안다. 그에게도 참으로 보람있고 소중한 10년이었을 것이다.

가끔 다른 선배들과 부부동반으로 만나 식사를 하면서 정담을 나눌 때면 스파게티를 잘 만든다고 주장했으나 시식해 볼 기회가 없어 잘 믿어지지는 않았지만 음식에도 일가견이 있어 보인다. 미국으로 돌아간 후에는 내가 미국에 갈 때 기회를 잡아 그의 스파게티 요리 맛을 보거나 아니면 내가 근무할 국제형사재판소가 있는 헤이그로 꼬셔내어 우정을 이어갈까 한다.(헤이그에서, 2003. 11. 14.)

4. 仁山 鄭熙喆 선생 停年紀念 商法論叢 跋文

오랜 세월에 걸쳐서 학문적으로 거대한 발자취를 남긴 스승의 어느 한 순간을 기념하기 위하여 후학들이 논문집을 발간하고 이를 그 분께 헌정하는 행사는 우리의 아름다운 전통이요 감동적인 드라마인 동시에 그 기념논문집은 학문적 溫蓄이 적은 우리 학계에 깊이 있는 결정체요 貢獻이 될 수 있다. 소박하나마 이러한 의도를 가진 채 仁山 鄭熙喆 先生님이 정년퇴임하심에 당하여 그 분의 학은을 입은 문하하생들이 다투어 옥고를 내주셨으니 이를 모아서 펴낸 것이 題하여 「停年紀念 商法論叢」이다. 이는 5년전 선생님의 松壽를 攢賀하여 간행된 「화갑기념 상법논집」의 후속논총이라고 할 수 있고 그 당시 겸하여 출간한 선생님의 문집 「企業法의 展開」와 아울러 한국 법학계의 한 세대를 결산하는 역사적 다큐멘트가 될 것이다.

선생님께서 학문에 뜻을 두신 지 40년 그리고 서울대학교 법과대학에 학문의 정열을 불태우신 약 30년간은 한국에 있어서 어떠한 시대였는가? 특히 대학과 법학계에게는 어떠한 연대이었던가? 他力에 의한 광복으로 말미암아 어느 날 갑자기 생겨난 학문적 단절과 공백과 악순환으로 점철된 시대에 그 단절을 이어주고 그 공백을 의미있게 채워주며 그 악순환을 타파하여 일본법학의 아류로부터 憤起하려고 몸부림치신 학문적 지도자가 정희철 큰 스승이 아니었던가? 돋보기를 쓰신 채 독일어 원서를 붙잡고 친절한 가르침을 내리실 때 그리고 방대한 상법의 전분야를 해박한 지식을 통하여 명쾌하게 강론하실 때 그 명강에 심취했던 제자들이 힘을 보태고 선생님의 품에서 심오한 지도를 받아 이제 다시 그 뒤를 이어 학문의 길을 걷고 있는 후학들이 각자의 연구결과를 모아주셨기에 이를 조그마한 학문적 교향악으로 구성하여 떠나시는 선생님에 대한 그들의 미련을 연주하는 것이다.

참으로 凡百事에 廉潔하신 인품, 순수하게 외곬로 쌓아오신 학덕 그리고 한없이 깊으신 사랑에 보답할 길을 알기 어려우나 정년퇴임에 際하여 선생님께서 법학계에 남기신 不朽의 업적을 기리기 위하여 당신의 固辭를 물리친 채 평소 선생님을 옆에서 모시던 서울대학교 법과대학의 상사법 교수들이 일년여 전부터 계획을 하고 각계에서 활약하는 문하생들이 더러는 기금을 출원하고 더러는 연구를 결집하여 이 조그마한 논문집을 바칠 수 있게 되었다.

이제 한국상사법학계의 큰 등불이신 선생님께서 비추어주신 길을 따라가면서 안으로는 한국상법학의 독자적 기틀을 마련하고 밖으로는 급변하는 국제적 거래현실에 부응하고 이를 선도하는 학문체계로 발전시켜 갈 책무가 문하생들에게 있음을 인식하고 이것이 아무리 어려운 과업이라고 하더라도 정진하겠음을 이 기회에 스승 앞에 다짐하고자 한다.

부디 영원한 스승이신 선생님께서 평생을 두고 건설하신 웅장한 학문적 역사가 더욱 공고해지시고 찬란한 학문적 성좌가 더욱 빛을 발하시며 영원한 청년이신 선생님 그리고 사모님 양위분께서 만수무강하실 것을 축원한다.

학계의 막내둥이가 이 논문집의 발문을 쓰라는 선생님의 분부를 거역할 수 없어 감히 붓을 들은 이 기회를 이용하여 이 조촐한 「停年紀念 商法論叢」에 글을 주신 여러분과 물심양면으로 지원을 해 주신 金錫輝 법무부장관님, 숭전대학교 金斗煥 교수님, 李宰勳 서울형사지방법원 부장판사님, 金永斌 변호사님 그리고 기획 및 편집의 책임을 맡아주신 梁承圭 교수님께 감사한다.(박영사, 1985. 3.)

5. 李泰魯 교수님 정년 기념 논문봉정식 학장 축사

오랜 세월에 걸쳐서 학문적으로 큰 발자취를 남긴 스승의 어느 한 순간을 기념하기 위하여 후학들이 논문집을 발간하고 이를 헌정하는 행사는 우리의 아름다운 전통인 동시에 그 기념논문집은 학문적 축적이 적은 우리 학계에 깊이 있는 공헌이기도 합니다. 이런 의도를 가진 채 행솔 이태로 선생님의 정년퇴임을 당하여 학은을 입은 문하생들이 다투어 옥고를 내어, 조세법연구 제Ⅲ호를 선생의 정년기념 논집으로 내게 되었으니 실로 경하할 일입니다.

선생께서 학문에 뜻을 두고 미국행 비행기에 오르신지 40년 그리고 서울대학교 법과대학에서 학문의 정열을 불태우신지 34년의 세월이 흘렀습니다.이 세월 동안 선생께서는 잠시도 쉬지 않고 온 몸을 던져, 스승도 없고 학문적 전통도 없는 우리 세법학의 황무지에서 무로부터 유를 창조하시니, 선생이시야말로 우리나라 세법학의 창시자이십니다. 어디를 보아도 기댈 언덕이라고는 찾아볼 수 없는 황무지에서, 선생은 여러 나라의 법이론을 깨우치시고 이를 주체적으로 변용하여 회사법 기타 우리나라의 전체적 법체계에 접목하시어, 우리 세법학의 이론을 창립하셨습니다. 이러한 각고의 노력을 기울이시면서도 선생께서는 언제나 웃는 낯을 잃지 않으시고 선배, 후배, 동료들을 돌보셨으니, 저나 우리 서울법대의 다른 교수들은 언제나 선생을 경외의 마음으로 바라볼 수밖에 없었습니다. 그 뿐만 아니라 선생께서는 재무부 세제심의회와 국세심판소 등 우리 세제와 세정을 맡고 있는 기관을 바로 이끄시는 일에도 게을리 하지 않으셨으니, 우리 세법이 이만한 틀을 갖추게 된 것은 선생의 지도 덕택이라 하지 않을 수 없습니다. 오늘날 세법학이 탄탄한 집으로 지어져 우리 법학이 비로소 남부끄럽지 않게 온전한 체계를 갖추게 된 것은 오로지 선생 한 분께서 이루신 일입니다.

우리 세법학의 모든 흐름이 선생에게서 흘러나오게 된 오늘날, 제자와 후학들이 모여 세법연구회를 조직하여 선생의 학문적 업적을 이어가고자 노력하는 것을 바라볼 때 실로 흐뭇한 마음을 금할 길 없습니다. 100명 가까운 큰 학회가 오로지 선생을 흠모하는 마음에서 자발적으로 모여 선생의 사명감을 이어받고자 노력하는 것은 참으로 아름다운 일입니다. 우리 세법학의 전부라 해도 과언이 아닌 세법연구회가 선생의 정년기념 논집을 학회지 기념호 형식으로 내게 된 것도 실로 시의적절한 일이라 하겠습니다. 앞으로 더욱 더 많은 발전이 있으리라 믿습니다.

선생의 살아오신 길을 되새길 때 우리 법학도 모두의 어깨가 그만큼 더 무거워지는 것을 느끼게 됩니다. 급변하는 국제 환경 속에서 다른 나라의 문물을 주체적으로 수용하면서 우리의 것을 만들어 나가는 중대한 사명을 수행함에 있어서, 선생의 삶이야말로 우리 모두의 모범이라 아니 할 수 없습니다. 선생의 가르침을 감히 한 마디로 줄이면, 우리 모두가 선생과 같은 자세로 학문에 매진하라는 것이리라 생각합니다.

부디 영원한 스승이신 선생께서 평생을 두고 건설하신 웅장하신 학문적 역사가 더욱 공고해지고 영원한 청년이신 선생님 그리고 사모님 양위분께서 만수무강하실 것을 축원합니다.(1997. 9. 27. 오후 6시 호텔 인터콘티넨탈)

6. 如松 崔基元 教授 華甲·서울대학교 재직 三十年紀念, 商事判例研究 Ⅰ, Ⅱ, Ⅲ 간행사

우리나라 학계에는 언제부터인가 아름다운 전통이 한가지 있습니다. 수십년간 고독한 노력을 통해 학문적으로 커다란 업적을 남긴 학자의 심오한 溫蓄을 정리하기 위하여 文集을 발간하거나, 學恩을 입은 제자들을 중심으로 논문집을 마련하여 선생님께 바치는 행사가 바로 그것입니다. 이러한 전통을 바탕으로 학문의 맥을 연면하게 이어가는 것은 물론이고 여기에서 다시 한번 다짐하는 師弟關係는 자칫 메마르기 쉬운 학계에 하나의 아름다운 드라마가 될 수도 있습니다. 우리나라 상사법학계의 태두시신 如松 崔基元 선생님의 화갑에 당하여 이를 축하하는 조그마한 행사라도 준비하고자 1994년 가을에 몇몇 제자들이 모였던 것은 바로 그러한 소박한 동기에서였습니다. 그러나 평소 성품이 남달리 깨끗하고 곧으신 선생님께서는 화갑기념 논총의 간행을 한사코 거절하셨습니다. 숙의를 거듭한 결과 해방 후 오늘날까지 50년 사이에 나온 주요 商事判例에 대한 評釋論文을 모아서 이를 현행법에 맞추어 改訂刊行한다면 이는 새로운 시도로서 다소나마 선생님의 학덕을 기리는 정성의 표시가 되는 동시에 학계는 물론 실무계에도 크게 기여할 수 있을 것으로 판단되었습니다. 이 商事判例評釋集에는 선생님께서도 과거에 발표하셨던 귀중한 평석논문의 수록을 허락해 주셨기 때문에 여기에 선생님의 학은을 입은 학계의 제자와 실무계에서 명성을 빛내고 있는 후학들이 그들의 평석논문을 다투어 보태 주었으니 이는 그야말로 선생님을 지휘자로 삼아 학계와 실무계의 중견과 신예가 크게 어우러지는 거대한 학문적 오케스트라인 동시에 해방 후 한 시대를 결산하는 역사적 문헌이 될 것입니다.

금년은 선생님께서 서울대학교에서 학문의 뜻을 세우신 지 꼭 30년이 되는 해이기도 합니다. 선생님께서 후진을 양성하고 학문의 정열을 불태우신 지난 30년은 우리 대학과 법학계가 크나큰 변화를 겪으면서 새로운 성장을 모색해온 세월이었습니다. 광복 후 갑자기 생겨난 공백을 메우면서 시대적 단절을 이어준 학문 1세대가 그들의 소명을 다할 무렵 선생님은 서울대학교와 독일 본대학에서 정규교육과 연구과정을 마치고 혜성처럼 우리 앞에 등장하시었습니다. 선생님은 언제나 철저한 일본 법학의 속박에서 벗어나고자 독일어 원서를 붙잡고 친절한 가르침을 주셨고 법조문의 기계적인 해석의 굴레를 과감히 벗어던지고자 해박하신 경제학적 지식을 토대로 상법 전분야를 통하여 좀더 합리적이고도 진취적인 학설을 제창하시었습니다. 뿐만 아니라 예로부터 한 직장이나 한 분야에서 마음먹은 것 한 가지에만 전념하시면서 일생을 멋지게 사는 분들이 흔하지 아니한데 선생님은 일생을 자유인으로서 멋있게 살아 오셨으면서도 이미 상법의 모든 분야를 커버하는 체계서 및 교과서를 완간하시는 놀라운 업적을 이루신 바 있습니다. 이 판례평석집은 이처럼 선생님께서 학계에 남기신 불후의 업적, 외곬으로 쌓아 오신 학덕, 그리고 제자를 이끌어 가시는 끝없는 사랑을 조금이나마 기리기 위하여 선생님을 옆에서 모시는 서울대학교 법과대학의 상사법 교수들과 각계에서 활약하는 문하생들이 준비한 것이기도 합니다.

부디 선생님께서 평생을 두고 구축하신 학문적 役事가 더욱 공고해지고 그 학문적 성좌가 더욱 빛을 찬란하게 발하기를 축원하며, 언제나 온화하고 합리적이신 선생님과 특히 금슬이 좋으신 사모님 양위분께서 앞으로도 더욱 건강하신 모습으로 계속 동료들을 격려하고 제자들을 이끌어 주시기를 빌며 환갑과 서울대 재직 30년을 맞으시는 선생님께 삼가 이 책자를 바치는 바입니다.(박영사, 1996. 11. 30.)

7. 閑道 鄭煥淡 선생의 華甲을 축하하며

평소에 늘 학문적으로나 그 고결하신 인품을 존경해 마지않는 閑道 鄭煥淡 교수께서 회갑의 기쁨을 맞이하시게 되어 간단한 글로나마 축하드릴 기회가 주어져서 감사한 마음 그지없다.

유구한 세월의 흐름으로 보면 60년은 참으로 짧은 시간이지만 한 사람의 일생으로 치면 결코 짧지 아니한 뜻깊은 흐름이라고 할 수 있다. 그 고개를 넘기까지 많은 일화를 남기며 인생의 넓은 바다를 헤쳐왔음을 생각해보면 이 얼마나 귀한 일인가.

閑道 鄭煥淡 선생이 새 천년의 초입에서 회갑을 맞이하시게 되었다. 湖南의 한복판에서 우뚝하게 자라온 全南大學校에서 30여 성상 동안 척박한 연구풍토에도 불구하고 法律文化硏究의 찬란한 횃불을 밝히면서 올바른 교육의 길을 주창해 온 정환담 박사를 뵈면 어느새 그가 회갑을 맞았으나 세월이 덧없지만은 않다는 것을 비로소 깨닫게 한다. 石手가 돌을 쪼아 다듬듯이 湖南의 인재들을 키운 한 세월은 참으로 보람차고 소중한 것이기 때문이다. 곁눈질 한번 없이 헤쳐온 법학교육자의 발길을 이제 돌아보면 이론과 실천, 국가와 지역사회, 국제와 국내, 그리고 학문과 봉사에 걸쳐 정박사가 궁륭하게 펼쳐온 熱情과 叡智가 꺼지지 않는 산울림처럼 세월을 넘어서 멀리 울려 퍼지고 있음을 느낄 수 있다. 溫故知新의 지혜와 선비의 늠름함으로 뚜벅뚜벅 걸어온 정환담 선생의 발자취마다 눈부신 빛이 남아 있으니 세상의 어지러움 속에서도 후학들의 갈 길이 어디 있는지를 극명하게 비추어 주고 남음이 있다고 하겠다.

이제 정박사의 회갑을 맞아 뜨거운 가슴으로 일구어낸 연구업적과 호방한 인품을 기리기 위하여 동료, 후학 및 친지들이 한결같이 기념논문집을 간행하기로 하고 題하여 "民事法의 實踐的 課題" 라고 하였으니 이는 마치 대형 오케스트라가 연주해내는 한 편의 아름다운 교향악이라고 아니할 수 없다. 정환담 교수의 따뜻한 미소와 인간미가 그를 사랑하고 따르는 門徒들과 더불어 여기 있으니 세상은 얼마나 정겹고 넉넉한 것인가. 우리는 그의 한 발자국 한 발자국을 본받아 흔들리지 않는 걸음으로 부지런히 내일로 가는 일만 남았다고 하겠다. 우리는 그의 인생을 배우지 않고는 마음대로 갈 수가 없음을 깨닫게 된다.

부디 계속 푸르른 마음을 지니시고 마르지 않는 꿈의 샘을 간직하시면서 뒤떨어진 이 나라 法學界를 선도하시고 더욱 많은 업적과 가르침을 주시기 바란다.(2000. 4.)

8. 金明信 변리사 화갑기념 축사

사람이 살아가는 동안 몇 가지 행운이 찾아올 수 있으니, 그 중에 한가지는 소중한 지인을 만나게 된 일이 아닐까 한다. 나의 경우에는 金明信 변리사를 만나게 된 것이 그런 경우라고 할 수 있다. 김변리사는 나와 학연이나 지연 등 세속적 의미에서 알고 지낼만한 공통점이나 인연이 있었던 분은 아니다. 1980년대 초반 우리나라가 빠른 경제성장을 지속적으로 달성하자 선진국들로부터 거센 통상압력을 받고 있었다. 특히 미국은 통상압력의 일환으로 그 당시 만연하고 있던 우리나라의 각종 지적재산권의 침해를 문제삼고 나왔다. 남의 글이나 음악이나 상표 또는 발명은 그저 적당히 베껴서 이용하는 것으로 이해하고 있던 그 시절에는 지적소유권이라는 용어도 생전 처음 들어보았고 정부내에 이 문제의 심각성을 파악하고 정면대응해서 해결할 만한 인재도 아주 희귀한 상황이었다. 나는 나라가 어려울 때 전문가집단이 무엇인가 기여를 해야 한다는 생각으로 널리 국제통상문제와 지적재산권 분야의 전문가들을 수소문하는 과정에서 김변리사를 만나게 되었다. 그 당시 우리 몇 사람은 학계와 실무계의 인물들을 규합하여 지적재산권에 관한 제도와 법리를 체계적으로 연구하는 동시에 당장 급한 정부의 협상 대책 수립에 도움을 주기로 하여 우선 학회를 결성하기로 한 바 있다. 이때 1986년 1월에 출범한 사단법인 韓國知的所有權學會 창립에 흔연히 동참하였고 그 이래 지금까지 斯界의 衆望을 업고 주도적 역할을 해온 분이 바로 김명신 변리사이다. 나는 이 때 김변리사를 처음 만나서 거의 20년간 같이 일하고 교분을 나누는 행운을 잡은 것이다. 우선 그 분의 화끈한 성품이 나를 사로잡기도 했지만, 우리나라가 처한 국제적 어려움의 극복을 위하여 우리의 전문지식을 모으고 정열을 불태우기로 만난 동지 중의 한 분인 김변리사가 우연히 나의 안사람과 이름이 같고 보니 한참 동안 서로 깊고도 남다른 인상과 관심을 갖게 된 것 같다. 또한 김변리사는 타고난 영도력과 경륜으로 조직을 잘 이끌어가는 인물로서도 강렬한 인상을 주는 분이다. 그가 이끌어온 수많은 국내외 굴지의 대표적 단체들이 그의 리더쉽 덕분에 日就月將하고 있음은 참으로 자랑거리이다. 특히 한국지적소유권학회는 김변리사가 회장으로서 이끌어가는 동안 크게 발전하였음은 우리 모두가 잘아는 사실이다. 항상 배짱이 두툼하되 허황하지 아니하고, 호탕한 성품이되 치밀하며 자기 자신에게는 엄정하지만 넉넉한 그릇을 구비하여 사귀는 사람에게 묘한 매력을 주는 인물이다. 뿐만 아니라 라이온스 회장으로서 그가 펼친 자선적, 시민적 봉사활동은 그가 얼마나 따뜻한 가슴을 가지고 있는지 알 수 있게 한다. 내가 짐작하기로는 그의 이 모든 性情과 資質은 그가 문자 그대로 안암골 고려대학교에서 知性과 野性을 겸비한 호랑이로서 크게 咆哮하였기 때문에 형성된 인품에서 나온 것이 아닌가 생각한다.

이제 우리 모두가 존경하고 사랑하는 김명신 변리사가 마침내 회갑을 맞이하셨으니 진심으로 경하의 말씀을 드린다. 그 동안 한 갑자년을 살아오시는 동안 이룩하신 많은 업적과 경륜을 기리어 동료와 후학들이 바치는 정성을 받으시고 그것을 토대로 하여 다시 한 갑자년이 돌아올 때까지 사모님과 함께 더욱 건강하시고 더욱 왕성한 활동으로 우리들의 귀감이 되어주실 것을 당부드린다. 오직 골프를 좀더 잘 연마하시어 그 분야에서도 한 수 지도해주실 것을 기대해 본다.(2004. 1. 30. 네델란드 헤이그에서)

9. 인터뷰: 이회창 후보의 법관시절

그분은 두 번에 걸쳐 대법관을 역임하시면서 소수의견을 자주 낸 대법관으로 특징지워 설명하는 경우가 많다. 소수의견은 대법원의 판례를 바꿀 필요가 있을 때 대법관전원합의체가 사건에 관한 토의를 거쳐 새로운 결론을 내는 수가 있는데 이 때에 다수의견에 반대하는 대법관은 자기 생각을 소수의견으로 따로 써서 판결문에 포함시키는 것을 뜻합니다. 참신한 소수의견은 법학의 학문발전을 선도합니다.

그러나 저는 이 분이 억압적인 시대상황에서 용기있게 소수의견을 내신 판결도 여러 개 있지만, 사건의 주심으로서 시대를 앞서 가는 판결, 형사절차에서 적극적으로 인권을 옹호한 판결, 탁월한 법리를 개발하여 시대적 혼란을 정리해준 판결 등이 많이 있습니다.

공포의 시대에 대법원의 종래 입장에 반대하고 소신있게 장문의 소수의견을 낸 경우들은 주로 계엄법, 국가보안법, 반공법 조항의 해석과 관련된 판결에서였다. 이런 소수의견들은 그 분의 소신과 용기 그리고 정의감을 나타낼 뿐만 아니라 어두운 시대에 국민에게 희망을 주고 국민의 권리보호를 위한 길잡이 역할을 해냈다고 본다.

지금도 제가 법학교수로서 생생히 기억하고 흥분했던 판결은 85. 5. 28.에 선고된 판결의 소수의견이었다.

계엄해제 후에도 대통령이 군사재판권을 1개월간 연기할 수 있다는 계엄법의 규정은 위헌이라는 당시 시대상황에 비추어 대담한 소수의견을 냈다. 그 소수의견에는 "대통령의 통치행위나 국회의 입법권능을 존중하는 사법부의 자기억제의 원칙은 반드시 사법권이 어느 경우에나 소극주의로 일관할 것을 요구하는 것이 아니며 더구나 이에 관련된 헌법문제의 판단에서 가급적 도피하는 것이 사법자제의 본령인 것처럼 안다면 이는 큰 잘못이다. 유능하고 자기 책무를 다하는 사법부는 자기억제와 적극주의 양면성을 갖추고 양자를 적절히 구사할 수 있어야 한다. 사법의 자기억제 자체는 필요한 사법운용의 원리이기는 하나 지나친 자기억제나 일관된 소극주의의 강조는 헌법이 부여한 사법심사의 권능 자체를 유명무실한 것으로 만들고 현상유지를 위한 합리화의 기능으로 타락시킬 우려가 있다. 이러한 태도를 가리켜 어찌 권력분립의 이상적 운용을 기하고 사법권의 독립성과 중립성을 지키는 길이라고 말할 수 있을 것인가…" 당시에는 감히 판결문에 표현하기 어려운 소신이 결연하게 표현되어 있다. 그리고 이러한 입장을 사법적극주의라고 하는데, 국민의 권리를 보호하기 위하여 입법부와 행정부의 권한남용을 경계하고 헌법의 수호자로서의 사법부의 적극적 기능을 강조하는 철학으로서 미국에서도 논의가 많은 심오한 이슈이다.

"대한민국의 존립 안전과 자유민주적 기본질서를 파괴할 구체적이고 가능한 위험이 있는 표현행위만이 국가보안법 제7조 제5항의 이적표현물의 취득 소지죄에 해당하고, 표현물의 반포나 판매와 달리 단순한 취득 소지 등은 그 표현물의 이적성에 대한 인식이 있다는 이유로 이적행위의 목적까지 있다고 추정을 확장할 수 없다고 했다(92. 3. 31.).

소수의견은 아니나 82. 5. 25. 선고된 판결에서 마르크스 저작물을 취득, 복사한 자를 반공법 제4조 제2항 위반으로 기소한 사건에서 "학문연구는 기존 사상 및 가치에 대하여 의문을 제기하고 비판을 가함으로써 이를 개선하거나 새로운 것을 창출하려는 노력이므로 연구자료가 그 사회에서 현재 받아들여지고 있는 기존의 사상 및 가치체계와 상반되거나 저촉되는 것이라고 해도 용인되어야 한다"고 하면서 학문의 자유를 강조한 판결도 있다.

형사절차에서 적극적으로 인권을 옹호한 판결의 예는 많으나 이분이 대법관이 되신 초기인 81. 10. 13.자 판결을 보면 경찰조사에서 고문을 통하여 임의성없는 진술을 하고 그후 검사의 조사단계에서 임의성 없는 심리상태가 계속되어 동일한 내용의 진술을 했다면 비록 검사 앞에서 조사받을 당시는 고문 등의 자백 강요를 당한 바 없었다고 하더라도 검사 앞에서의 자백은 임의성이 없는 진술이 될 수밖에 없다고 하여 사법경찰관의 자백 강요가 검찰에서의 자백에 미치는 영향에 관하여 대법원의 입장을 처음 밝힌 것이고 적법절차와 피의자의 인권에 대한 그분의 소신을 엿볼 수 있다.

그 외에도 피의자를 임의동행하여 영장없이 계속 구금하면 불법구금이라고 하여 당시 잘못된 수사관행을 바로잡는 획기적 계기를 만들었고, 진술거부권이 있음을 고지하지 아니하고 수사를 하면 그 피의자의 진술은 위법하게 수집된 증거로서 진술의 임의성이 인정되는 경우라도 증서능력을 부인해야 한다는 판결은 미국의 유명한 미란다 판결의 원칙을 국내에 최초로 적용한 판결로서 후속판결의 이념적 기초가 되었고, 91. 12. 24. 탁월한 법리를 개발하여 시대적 혼란을 정리해 준 판결의 예로는 토지거래허가제와 관련하여 유동적 무효의 법리를 개발하여 허가의 법적 성격 및 허가를 받지 아니한 계약의 효력과 당사자의 지위를 둘러싸고 논란이 분분했던 것을 일거에 해결하고, 제조물책임법이 제정되기 10년 전인 92. 11. 24. 이미 제조물책임에 관한 요건 등 이론을 제시하였고, 89. 5. 23. 노동법 분야에서도 정리해고의 요건을 집대성하고 이를 근로자의 이익에 부합하도록 엄격하게 해석하여 정리해고 판단에 필요한 명쾌한 가이드라인을 제공하였다.

91. 5. 14. 쟁의행위의 정당성을 판단하기 위해서는 쟁의행위의 시기와 절차에 관한 조항 위반 외에도 그 위반행위로 말미암아 국민생활의 안정이나 사업운영에 예기치 아니한 혼란이나 손해를 초래하는 여부를 살펴서 그 정당성 유무를 판단해야 한다.

이분이 어떻게 선진국의 법률이론에 밝고 사법적극주의와 같은 선진적 재판철학에 정통하게 되었는지는 그 분의 미국 유학 시절을 살펴보아야 한다. 그분은 미국 버클리대학에서 6개월 그리고 하버드 법대에서 나머지 6개월을 유학하면서 공부를 열심히 하고 영어 연마에 노력을 했다고 한다. 내가 91년 하버드 법대교수로서 한 학기 가르치는 동안 하버드 법대 내 연구실 서가에서 우연히 그분이 쓴 법학석사논문을 발견했다. 주제를 미국 행정법적 규제에 관하여 쓴 것으로 기억되는데 이 글을 읽어 보니 이미 미국의 선진법리에 대한 깊은 이해가 배어 있었다. 그 후에도 외국 저명인사를 안내할 기회가 몇 번 있었는데 영어를 유창히 말하고, 그네들의 문화적 이해가 깊음을 느낄 수 있었고 그들에게 조크를 하는 것을 본 일도 있다.(2002. 12. 19.)

10. 姜求眞 교수 추모사

험난한 學問의 길 매진한 生涯 우리 法學界에 새바람 일으켜 姜求眞兄!

평소 우리 모든 동료 제자 및 친구들로부터 존경과 사랑을 동시에 받아오던 그대가 불의의 사고로 갑자기 순직하시다니 너무도 망연자실하여 이 엄청난 슬픔과 충격을 筆舌로 형용할 길이 없습니다. 법과대학 학생 담당 학장보로서 온종일 해가 서산에 기울 때까지 교내사태를 수습하기에 골몰하시고 피곤한 음성으로 내일 다시 만나자는 말을 남긴 채 교문을 나선 것이 그대와 이승에서의 영원한 이별인 줄 어이 알았으리오.

嗚咽을 억누르며 잠시 회고컨대 그대는 우리나라 법학계에 새로운 바람을 불어넣은 인재로서 법조실무와 이론은 물론 형사 실체법과 절차법을 兼全하신 중추적 존재였고 특히 형사법학계에 찬란한 빛을 던진 혜성이었습니다.

일찍부터 타고난 재질과 포부는 굳은 의지와 근면함을 바탕으로 본교를 마치고 국가시험을 통과한 다음 하버드 대학에서 학위를 수여받으실 때까지 수석의 영광으로 이룩된 각고와 학업 성취로 이어졌습니다. 귀국 후 수년간 판사로서 사법적 정의를 세우기 위한 노력을 하시던 그대를 본 대학 교수로 모시게 되었으니 이는 마치 학문적 정열로 충만된 龍이 마침내 물을 얻은 격이었고 뒤떨어진 우리 법학계는 실로 오랜 가뭄끝에 해갈의 단비를 듬뿍 맞은 듯한 경사였습니다. 그로부터 그대는 영재를 가르치는 기쁨의 참뜻을 터득하고 부지런히 연구의 결실을 발표하면서 학계와 법조계를 이끌어 나갔습니다. 또한 외국과의 학문교류를 주도하여 세계속의 학자로서 인정을 받았습니다. 특히 「北韓法의 硏究」, 「刑事訴訟法」, 「刑法各論」 등의 저서는 각각 우리나라 법학계에서 한 시대를 새로 여는 기념비적 勞作입니다.

兄! 형은 公私를 구별하여 공무에 엄격하고 강직하기 이를 데 없으나 또한 선배를 극진한 禮儀로써 받들고 동료나 후학에게 자상한 분이었으며 매우 소탈한 성품의 소유자였습니다. 웃고 떠들어도 한계를 넘지 않았고 오로지 학문의 길이 험난함을 알면서도 이 길로 일로매진할 것을 거듭 다짐하던 그대의 모습을 우리는 이제 다시 볼 수 없게 되었습니다.

오랫동안 몽우리졌던 큰 꽃이 이제 막 피었으되 그 薰香이 천리에 진동하려는 찰나 갑자기 지고 말았으니 어허 슬프도다. 하늘은 어찌하여 姜公에게 天壽를 주시지 아니하였는가.

姜求眞박사!

그대와 같은 탁월하고 지도적인 인재가 갑자기 꺾이었으니 그 막대한 손실을 어찌 메꿀 것이며 이 공허하고 적막한 심정을 어디에 비견하리오. 그대가 이번 중간시험 때까지는 脫稿하리라고 다짐하던 刑法總論은 그대가 가셨으니 어떻게 간행 축하를 해드릴 수가 있겠습니까. 그러나 뒤에 남은 우리는 그대의 학문에 대한 신념과 탁월한 識見, 그리고 철저한 公人情神을 본받아 그대의 업적을 계승하고 드높은 遺志를 펼쳐나갈 것을 다짐하겠습니다.

姜求眞교수!

사람은 누구나 한번 왔다가 가는 것임을 모르지 아니합니다. 그대가 42년으로 마감한 생애는 비록 짧았으나 굵고 찬연한 것이었습니다. 우리의 길이 비색한 것을 슬퍼하나 우리가 어찌 그대를 차마 글 속의 인물로만 만들고 말 수야 있으리오.

이제 萬古에 쌓인 인간의 근심을 다 떨쳐버리고 편안하게 영원한 휴식을 취하소서.(1984. 4. 13.)

宋 相 現(대학신문 1984. 4. 16.)

11. 故 姜求眞교수 20주기 추모 남북협력법제학술회의 인사말씀

법조계의 천재 강구진 교수가 불의의 교통사고로 요절하신 것이 벌써 20년이 됩니다. 1984년 학생들의 반정부데모가 한창인 시절 서울법대 학생부학장으로서 밤낮 애쓰시던 그의 마지막 모습이 아직도 눈에 선합니다. 그 운명의 날 서울법대교수는 모두 모교에서 민사소송법을 가르치시다가 대법관으로 영전하셨던 방순원 선생님의 고희 축하연에 참석하기 위하여 행사장으로 먼저 가시고 저는 강교수와 동행하기 위하여 연구실에서 기다렸습니다. 그러나 학생들의 항의집회가 해산할 기미를 보이지 아니하자 강교수는 직책상 학교에 남아있고 저만 늦게 홀로 출발했습니다. 행사에 가서 잠깐 예의를 표한 후 귀가하자마자 저는 학교에서 늦게 출발한 강교수가 남부순환도로 까치고개 부근에서 교통사고로 순직하신 소식을 들었습니다. 이것은 참으로 우리나라 법학계와 법조계에 거대한 손실을 알리는 비보였습니다. 당시 우리나라는 군사정권하에서 정권유지에 예민한 학문분야는 특히 감시와 탄압을 심하게 받던 시절이었습니다. 법학분야도 예외가 아니었고 특히 형법분야는 마음대로 연구하고 가르칠 수 있는 분위기가 아니었습니다. 그 결과 형사법을 전공하고자 하는 젊은이들도 급속하게 줄어들고 형사법분야의 학문발전 자체가 기본적으로 심각한 위협을 받고 있던 상황이었습니다. 그때 척박하기만한 학문풍토 속에서도 우리에게 혜성과 같이 나타난 신진 형법학자가 바로 강구진이었습니다. 서울법대에서 가장 두각을 나타내어 유기천, 김기두, 황산덕 교수님의 기대를 한몸에 받았고, 1960년대에 드물게 풀브라이트 장학금을 받아 하버드 법대에 유학하여 형사법을 전공하였습니다. 특히 그의 박사논문은 북한법에 관한 연구를 다루었습니다.

이것은 우리나라에서 최초의 북한법 연구이었을 뿐만 아니라 당시의 정치정세에 비추어 용감한 선택이었고 이 분야에 새로운 장을 개척한 의미가 있습니다. 저도 하버드법대에서 강교수를 지도한 Jerome A. Cohen교수가 강구진은 자기가 지도한 어느 학생보다도 창의적이고 근면하고 천재성을 가진 학자라고 극찬하는 것을 자주 들은 바 있습니다. 그가 귀국한 후 잠시 법원에 몸을 담았으나 학문에의 정열을 못 잊어 모교로 돌아왔을 때 서울법대는 형사법을 짊어지고 나갈 학문의 대들보를 확보한 셈이었고 저도 개인적으로 존경하는 동료를 맞이하여 천군만마를 얻은 기분이었습니다. 그러나 가인박명(佳人薄命)이라는 옛말이 하필 우리가 가장 촉망하고 사랑하던 강구진 교수에게 해당되게 되었는지 야속한 생각과 함께 다른 한편으로 그를 기리는 마음이 해가 갈수록 더욱 진해지는 것은 어쩔 수가 없습니다.

그러나 40을 조금 넘게 산 그의 생애는 아직도 값지게 후학들에게 영향을 주고 있습니다. 그가 서울법대를 무대로 이룩한 훌륭한 형사법분야의 업적이 동교 후배교수들에 의하여 계승되고 있고, 특히 그가 처음 시작한 북한법 연구는 남북관계가 코페루니쿠스적 전환을 이룩한 지금에도 국민대 장명봉 교수를 중심으로 하는 북한법연구회로 활발히 맥이 이어져 가고 있습니다. 사단법인 한국법학교수회도 북한법 연구의 중요성을 감안하여 북한법연구특별위원회를 구성한 바 있고 장명봉 교수의 책임하에 그 연구성과는 괄목할 만하게 되었습니다.

이번에 열리는 북한법 학술회의는 강구진 교수를 추모하면서 남북관계의 진전에 따른 남북경협관련법제를 논하는 뜻깊은 학술행사입니다. 부디 알찬 수확을 바라고 끝으로 고인의 명복을 비는 바입니다.(북한법연구 제 7 집-姜求眞 教授 20주기 추모 논문집, 9-10면, 북한법연구회, 2004)

12. 법치의 대명사, '현암법전'의 창시자 현암 조상원 선생 추모사

'현암법전'으로 상징되는 우리나라 출판업계의 사부이신 현암 조상원 선생께서 별세하신지 1년이 되었다. 양질의 책을 만드는 일에 한 평생을 고스란히 바치신 자칭 '책바치'라고 할 만큼, 그 분은 너무도 책을 사랑했고, 또 그 일에 대한 자부심과 소명의식이 투철한 분이셨다. 선생께서는 임종 무렵인 지난 4월에 당신의 생애에서 가장 귀한 이야기들을 뽑아서 소개한 「그래도 길이 있었다」라는 제목의 수필집을 세상에 내어 놓으신 일이 있다. 그 책의 서문인 '바치의 철학'에서 그 분이 50년 동안 '책바치'로 살아오면서 갖은 사회적 역경 속에서도 결코 좌절하지 않고 일어서 이 사회에 기여할 수 있는 반듯하고 좋은 책을 만들겠다는 일념으로 일에 매달렸음을 회고하고 있다.

선생은 법의 지배와 법치주의의 구현을 위한 염원으로 3년간의 피나는 노력 끝에 1959년 3월, 40절판 2,200면이나 되는 한국 최초의 법전인 '현암법전'

을 출판하여 법학계·법조계는 물론 세상을 깜짝 놀라게 했다. 그야말로 심은 대로 거둔다고 하는 진리를 이웃에 일깨워 준 큰 수확이었다. 짧은 기간 동안에 대작을 세상에 선보일 수 있었던 것은, 오로지 선생의 우국충정에 의한 선각자적·선비적 정신자세에서 연유한다고 생각한다. 이 현암법전은 선생께서 때로는 인쇄기술자로서, 때로는 편집교정자가 되기도 하면서 심혈을 기울여 이룩한 걸작품으로서, 현암사가 일취월장의 급성장을 이루는 계기가 되었다. 일찍이 조선왕조를 다스리던 '경국대전'이 28년에 걸쳐서 국가적인 사업으로 만들어졌는데, '현암법전'은 개인이 열악한 형편임에도 3년이라는 짧은 기간의 작업으로 이룩한 쾌거이다. 이제 '현암법전'은 대한민국의 '경국대전'으로서 움직일 수 없는 자리를 차지하고 있다.

선생께서는 학문연구자들에 대한 애정 또한 타의 추종을 불허할 만큼 각별하셨다. 그 한 예로 1994년 현암법학저작상을 제정하여 매년 우수저작물을 선정·시상토록 부상 및 심사경비로 거금 1,500만 원을 쾌척하시는 결단을 내리신 것을 들 수 있다. 다른 전공분야에 비해 법학의 연구여건이 열악함을 통감하시고, 법학의 발전을 위해 꼭 필요하나 사회적 수요에 따르지 못해 법학분야의 우수저작물의 출판이 어려운 우리 학계의 현실을 감안한 것이다. 이 상은 현재 한국의 법학분야에서 최고의 권위를 자랑하는 상으로 우뚝 서서 법학자들의 연구열기를 북돋우고 있다. 2000년도까지 제 7 회 수상자를 배출하였다. 참으로 이 상의 제정·시행은 선각자로서의 선생의 성품을 그대로 나타내신 한 예이다.

필자가 몇몇 교수들과 함께 병상을 찾았을 때도 선생께서는 카랑카랑한 목소리로 우리나라의 법제도와 법의식의 문제점을 말씀하시며, 법학자들이 학문을 사랑하는 마음과 나라사랑하는 마음으로 이러한 점을 개선할 수 있도록 열심히 연구하고 또한 잘 가르치라는 말씀을 잊지 않으셨다. 그리고 법을 공평하고 올곧게 바로 세우라고 말씀하셨다. 그 분은 분명 경영인이기 이전에 우국지사요, 기업인이기보다는 선각자라고 아니할 수 없다.

작년 5월 28일 영면하시는 순간에도 장묘문화의 개선을 위해 솔선수범하시기 위하여 '화장하라'는 유언을 남길 만큼 선생은 나라 사랑과 겨레 사랑을 잊지 않으셨으니, 선생의 일생이야말로 장부의 위대한 삶의 참모습이 아닌가 생각한다.

한 평생을 이 땅의 법치와 법문화의 발전을 위해, 그리고 법학연구의 활성화를 위해 정성을 다하신 그 노고를 치하하여 1999년 5월 한국법학교수회에서는 선생을 명예회원으로 모신 바 있다. 앞으로도 우리 법학교수회에서는 선생의 생애를 통해서 법학계의 발전을 위해 기여하신 바가 너무 크고 높기 때문에 그 뜻을 기리기 위한 기념사업을 영구히 추친할 수 있는 방향에 대한 다양한 검토를 하려고 한다.

타계하신지 1주기를 맞으며 이 땅의 법학발전과 법문화 창달을 위해 평생을 바치신 존경하는 '책바치' 현암 조상원 선생의 명복을 진심으로 비는 바이다.(한국법학교수회장, 2001. 4.)

Ⅵ. 학술봉사활동

1. 민사판례연구회

(1) 민사판례연구회 송년모임 인사말

오늘 민사판례연구회가 세 번째로 기획한 송년의 모임에 그 어느 때보다도 많은 회원들께서 성황을 이루어주시고 특히 전임 곽윤직 회장님 내외분께서 모처럼 임석을 해주셔서 대단히 감사합니다.

잠시 돌이켜보면 민사판례연구회는 오로지 여기 계신 곽윤직 선생님께서 창도하신 이래 탁월하신 리더쉽과 학문적인 권위와 무한대의 희생과 뜨거운 열성에 힘입어서 황무지나 다름없는 우리나라 법률문화의 수준을 한 차원 끌어올리는 이정표를 세웠다고 생각합니다.

우리 민사판례연구회 회원과 그 가족 일동은 이 자리를 빌어 선생님께서 애당초 품으셨던 높으신 이상과 이처럼 이룩하신 업적을 다시 한번 기리고, 선생님께서 회장으로서 지난 열세 해 동안 베풀어주신 은덕과 노고를 만분지 일이나마 보답하려는 정성으로 조그마한 선물을 한 가지 장만했습니다.

우선 선생님께 소품을 헌정하기 전에 한 가지 제안을 하겠습니다. 사실 오늘은 선생님의 생신날이시어서 대소가 어른들과 자서제질들이 모여서 축하드리는 예정이 있으신데도 이처럼 왕림하셨습니다. 그러니 우선 선생님, 사모님의 만수무강과 웅장하게 설계하신 학문적 역사가 순성되실 것을 기원하는 축배를 올리겠습니다.

다음으로 저희 연구회가 선생님께 드리는 소품은 그동안 서정우 부장님 내외분의 전폭적인 주선에 힘입어서 현대식 도자기 한점을 특별히 맞추어 구운 것입니다. 원컨대 선생님께서 저희들의 적은 정성이나마 물리치지 마시기 바랍니다.

다음으로는 매년 하는 방식대로 오늘 귀한 말씀을 해주실 손님을 모셨는데 국립국악원 이승렬 원장님이 그분이십니다. 연말에 분주하신 가운데에서도 이 원장님께서 쾌락을 해주셔서 우선 감사의 말씀을 드리고 전통문화에 대한 관심이 높아지는 요즈음 이원장님의 강연이 여러분께 크게 유익한 말씀이 될 것으로 믿습니다.(1990. 12. 7.)

(2) 민사판례연구회 제14회 연례심포지엄 인사말

금년 여름에도 제14회 年例심포지움을 龍平에서 개최함에 際하여 이처럼 많은 會員께서 가족과 함께 참가하여주셔서 대단히 감사합니다.

이미 아시는 바와 같이 月例發表 외에 이 같은 年例심포지움을 개최하는 의미는 判例硏究 외에 매년 그해에 문제가 되고 중요성이 부각된 테마로서 우리 연구회가 巨視的으로 연구·토론해볼 필요가 있다고 생각되는 것을 골라서 발표함으로써 法曹·法學界를 先導하려는 것입니다. 이번 Jahrestagung에서는 “訴訟에 갈음하는 紛爭解決”이라는 主題를 선택하였습니다. 지금 세계적으로 나라마다 소송사건이 폭주하여 法院의 부담을 덜어주기 위한 방안으로서, 또는 訴訟을 통한 해결에 적합하지 아니한 분쟁들을 좀 더 잘 해결해보기 위한 별도의 절차로서, 또는 각 국가나 민족고유의 전통적 분쟁해결방식의 재발견으로서, 또는 국제거래상의 분쟁을 남의 나라의 사법제도와 절차를 통하여 해결하기보다 이에 갈음하는 대안을 모색한다는 뜻에서 소위 ADR에 대한 연구는 대단히 활발합니다. 또한 우리나라에는 상사중재 민사조정 등이 이미 실정법적 근거하에 이용되고 있습니다. 이와 같은 국내외적 움직임에 발마추어 民事判例硏究會에서도 “訴訟에 갈음하는 紛爭解決”을 그 主題로 선정한 것입니다. 제가 ADR의 이념적 배경, 중요 국가의 실태와 전망 등을 일단 overview한 다음 순서에 따라서 허만判事께서 미국의 ADR에 관한 발표를 하시게 되겠습니다. 도착하시자마자 너무 많은 공부를 하시면 지루하시니까 오늘은 그쯤하여 끝을 맺고 모레에 다시 모여서 張容國부장판사가 民事調停에 대하여, 그리고 睦榮埈판사가 商事仲裁에 관하여 각각 현황을 중심으로 各論的 發表를 하시겠습니다. 바쁜 재판업무에도 불구하고 발표의 수고를 흔쾌히 수락해주신 세분 判事께 감사를 드립니다. 아무쪼록 학문적으로 알찬 모임이 되도록 적극 참여해주시고 모처럼의 나들이가 가족과 함께 심신의 피로를 말끔히 씻어버리는 휴가가 되시기를 바랍니다.

금년도 民事判例硏究會 제14회 年例심포지움에 참석하신 會員들과 그 家

族 여러분을 진심으로 환영합니다. 우선 먼저 다른 해와 조금도 다름없이 참석하셔서 晩餐을 베풀어주시고 격려해주신 郭潤直 名譽會長님께 感謝를 드립니다.

회고컨대 1978년 제1회 심포지움을 春川에서 개최한 이래 해마다 가족과 함께 全國의 名勝地를 돌면서 그해의 가장 중요한 法律的 問題를 主題로 내걸고 研究發表한 이 심포지움 행사는 法曹界와 法學界의 學問發展을 이끌어 왔고 會員과 그 家族들이 化學反應을 일으켜서 마음을 활짝 열고 親睦과 和合을 도모해온 만남의 場이 되었습니다. 앞으로 계속 이와 같이 머리와 마음을 합하는 年例심포지움이 좀더 유익하고 재미있고 손꼽아 기다려지는 行事로 만들기 위하여 적극 노력하겠습니다.

遠路에 오시느라고 피곤하시겠지만 전혀 격식이나 격의없이 곽선생님께서 마련해주신 晩餐을 즐기시고 여흥프로그램을 통하여 피로를 푸시기 바랍니다.

그리고 내일 저녁 만찬은 雙龍그룹의 金錫元 會長께서 베풀어주시는 것이므로 이 機會에 感謝의 말씀을 전하고자 합니다. 끝으로 심포지움의 용평개최에 관하여는 權五坤幹事와 金文煥敎授의 수고가 특히 많았음을 말씀드립니다.

(1991. 7.)

(3) 민사판례연구회 송년모임 인사말

경제위기가 밀어닥쳐서 스산한 연말이긴 하나 그래도 평소에 자주 만나는 사람들끼리 모여서 송구영신하는 풍습은 우리의 미풍양속이 아닌가 생각합니다. 우리 민사판례연구회도 일년내내 귀가길을 늦추면서 공부하느라고 수고하신 회원들을 위하여 예년과 마찬가지로 망년의 밤을 마련하였습니다. 바쁘신 가운데에도 이처럼 많이 참석하여 주시어 우선 감사의 말씀을 드립니다. 특히 평소에 잘 뵙기 어려운 곽윤직 선생님 내외분, 박병호 선생님 내외분과 정귀호, 이용훈 대법관 내외분께서도 참석해주셔서 감사합니다. 회원 여러분께서는 모처럼 참석해주신 이 어른들과 함께 즐거운 한 때를 가지시기 바랍니다. 그리고 원래 이 송년회는 다 아시다시피 우리가 일년내내 편안하게 공부할 수 있도록 조용하게 내조해주신 사모님들을 위한 만찬이기도 하므로 오늘 저녁이 특히 참석하신 사모님들께도 즐거운 시간이 되신다면 다행이겠습니다.

금년은 민사판례연구회가 성년을 맞이한 뜻깊은 해였습니다. 업적집이 빠짐없이 출간되어 중요한 참고문헌으로 자리잡은 것은 물론이고 회원도 100명이 훨씬 넘어섰으며 다른 중요한 약속이 있더라도 매월 셋째 월요일을 최우선시하는 회원들이 많은 것은 참으로 마음 든든한 일입니다. 내년에는 법무부가 진행하고 있는 각종 민사특별법의 개정작업이 입법화될 것 같은 전망이고, 또한 불과 며칠 전 법무부는 또다시 상법 회사법의 재개정작업과 회사정리법, 파산법 및 화의법 등 도산법 체계 전반을 종합적으로 재검토하는 법개정작업 착수계획을 추진하고 있습니다. 어려운 경제여건에 대응하는 법적 환경을 정비하려는 법무부의 계획은 주로 사법 분야를 연구하는 우리들에게는 새로운 도전이 되고 더 많은 연구를 독려하는 촉진제가 될 것 같습니다.

그리고 오늘은 우리나라가 낳은 세계적인 산악인 허영호 선생을 모시게 되어 대단히 기쁘고 오늘 좋은 말씀을 해주실 것으로 기대하는 바입니다. 초청을 쾌락해주신 허 선생님께 감사의 말씀을 드립니다.

끝으로 새해에는 이곳에 참석해주신 여러분의 가정에 건강과 행운이 함께 하시고 하시는 일마다 만사형통하시기를 기원합니다.(1997. 12. 4.)

(4) 민사판례연구회 송년모임 인사말

오늘 우리 민사판례연구회는 월말이고, 1999년 연말이며, 20세기 세기말인데다가 천년말에 열린 마지막 송년회입니다. 그래서 그 뜻이 남다른데다가 자연히 과거를 회고하고 미래의 비젼을 생각하게 하는 순간입니다. 지금 새로운 시대가 도래하고 문명의 전환이 진행중이므로 새로운 삶과 사고방식이 필요한 것은 다 느끼시는 바일 것입니다. 또한 이 같은 변혁을 묘사하는 표현들인 세계화, 시장경제, 디지탈화, 지식사회 등은 익히 들으신 말일 것입니다. 그런데 이러한 담론은 정권이나 매스컴의 홍보, 영업전략과 뒤섞여서 혼란스럽고 혼탁해진 감이 있습니다. 민사판례연구회는 1977년 판사와 교수 20명으로 출발하여 현재 약 130명으로 성장했습니다만 그동안 시대의 변천에도 불구하고 두 가지 일을 흔들림 없이 해냈다고 생각합니다. 하나는 혼란과 시류의 영합추세 속에서도 우리의 중심을 잃지 않고 실정법과 판례의 해석에 꾸준히 정진하여 우리 실무와 학계의 협동과 발전에 크게 기여한 것이고, 다른 하나는 그렇다고 하여 현실과 유리되어 전통적, 수구적 입장에 안주하지 아니하고 매년 그 해에 가장 중요하고 첨단적인 법분야를 선택하고 연구하여 여름 심포지엄에서 이를 소화해냄으로써 변화의 추세에 앞장서왔다고 자부할 수 있습니다. 저는 우리 민사판례연구회가 새천년에는 회원여러분의 열성적인 연구와 참여로 우리 법학계와 실무계를 선도하는 대표적 법학아카데미로 자리잡으리라고 확신합니다.

송년모임은, 회원들이 매월 귀가시간을 늦추어가면서 원만하게 연구발표를 하게 된 것이 그 배우자와 가족들의 이해와 협조가 있어서 가능한 것이기에 그 분들에게 감사의 뜻을 표하기 위하여 마련한 조촐한 자리입니다. 여름 심포지엄 이후 모처럼 여러 달 만에 만나신 기회이오니 마음껏 즐겨주시면 준비한 자의 기쁨이 되겠습니다.(1999. 12. 3.)

(5) 민사판례연구회 창립 20주년 기념사

이 자리를 빛내주신 정귀호, 이용훈 대법관님, 박우동 전 대법관님, 안 회장님! 그리고 회원과 가족 여러분, 민사판례연구회는 1977. 2. 26.에 창립되어 그동안 법학학술연구활동을 꾸준하게 계속해온 결과 금년에 20주년을 맞이하게 되었습니다. 처음에 곽윤직 선생님의 창안으로 그 당시 지방법원 부장판사이신 박우동, 윤일영 두 대법관님을 양편 축으로 모시고 20명 정도의 젊은 판사와 교수가 힘을 합쳐 고고의 소리를 냈었습니다. 그런데 벌써 성년이 되었으니 감개가 무량합니다. 돌이켜보면 민사판례연구회가 오늘날 이만큼 자라서 회원의 수나 연구업적이나 학계 및 실무계에 기여한 면에서 볼 때 우리 나라 법학발전에 깊은 발자취를 남겼다고 생각합니다. 이러한 성취는 곽윤직 선생님의 리더십과 비전, 회원 여러분의 진지한 참여와 연구, 그리고 가족 여러분들의 열성적인 응원의 덕택으로 생각하고 이 자리를 빌어 깊은 감사의 말씀을 드립니다.

여러 가지 학문여건이 척박한 우리나라에서는 깊은 연구를 하여 발표하고 토론하고 이를 글로 써서 출간하는 기본적 활동 자체도 결코 용이한 일은 아닙니다. 그럼에도 불구하고 민사판례연구회 회원들은 지난 20년 동안 한결같이 판례연구나 당면 주요법률문제에 관한 연구를 심도있게 발표하였고 이것이 오늘날까지 19권의 민사판례연구로 집대성되었습니다. 또한 월례모임이나 연례심포지엄의 경우에 회원간에 이루어지는 발표와 질의응답은 아직 토론의 문화가 성숙되지 아니한 우리 풍토에 비추어 볼 때 토론의 활성화를 선도하였고 그 수준을 한층 높여 왔다고 생각합니다. 법률정보가 산더미같이 밀어닥치는 현실에서 판례정보만 해도 과거와 같이 이를 암기하여 학문이나 실무에 활용한다는 것은 농경시대의 사고일 뿐입니다. 이제는 판례와 법령을 분석하고 논리를 개발하고 본질을 탐구하는 자세가 요구되는 정보화시대가 되었으므로 우리 연구회는 이같은 시대 변화를 잘 인식하면서 법학발전을 선도해야 할 것으로 믿습니다. 우리 연구회는 현재 우리나라의 수준에서 다른 대안이 별로 없는 당대 최고의 연구모임인 동시에 법률문화창달을 위한 자유토론의 광장이므로 아무쪼록 우리 모두가 합심하여 한 차원 높은 연구풍토와 토론의 문화, 그리고 산학협동에 비유되는 학자와 실무가의 협동이 정착되도록 노력하여야 할 시대적 사명을 가지고 있습니다.

민사판례연구회는 최고의 실력과 지적 호기심을 가진 우리나라에서 으뜸가는 인재의 집단입니다. 또한 회원들의 풍부한 아이디어, 학문에 대한 정열, 그리고 간사들의 업무처리능력은 참으로 탁월하여 저는 세계 어느 곳을 가나 민사판례연구회를 자랑합니다. 우리는 이처럼 화학적으로 결집된 무한한 잠재능력을 유감없이 발휘하여야 한다고 생각합니다.

과거 군사독재시절 공법분야가 정치의 시녀로 전락하였거나 정치에 오염되어 신음하고 있는 동안 사법분야는 부분적으로나마 어렵사리 명맥을 유지하고 있었고 그런 어려움 속에서 출발한 민사판례연구회는 집회허가를 받아야만 월례모임을 할 수 있었던 상황에서도 중단없이 전진했던 것입니다. 우리가 이룩한 첫 20년은 실로 위대한 출발이었습니다. 지금부터 우리는 그 동안의 성과에 자만함이 없이 다음 세대를 위한 도약의 발판을 마련해야할 임무를 지고 있습니다. 다음 세기로 이어지는 앞으로의 20년은 세계화시대와 정보화시대의 도래로 인하여 새로운 역할을 요구하고 있습니다. 우리는 좀 더 깊이 있는 연구를 하여 세계속에서 한국법학의 정립을 위한 기초를 닦아야하고 정보화와 과학기술의 발전 및 세계화가 법학에 미치는 영향을 신속하게 파악하여 우리가 연구하는 사법의 영역을 더욱 넓혀야 하겠습니다.

끝으로 우리가 안심하고 공부할 수 있도록 이 훌륭한 장소를 비롯하여 물심양면으로 지원해주시는 안 회장님께 깊은 감사를 드리고, 오늘 생일떡 대신에 조촐한 음식을 마련했사오니 많이 드시고 즐거운 한때를 가지시기를 바랍니다.(1997. 2. 17.)

2. 한국지적소유권학회

(1) 韓國知的所有權學會소식 창간호

"韓國知的所有權學會" 創立

1985년 하반기부터 대학교수와 법률실무가 그리고 지적소유권과 관련이 있는 각계 전문가 10여 명이 본 학회를 설립하기 위한 발기모임을 거듭한 바 있다. 이들은 현재 저작권 특허권 기타 공업소유권마다 그 어느 한 분야에 관한 전문적 연구를 목적으로 크게 공헌하는 학회들도 많고 또한 지적소유권과 관련되는 현업계에 종사하는 분들이 뭉쳐서 조직한 각종 이익단체적인 협회도 다수 존재하여 적극적으로 활동하고 있음을 충분히 확인한 바 있다.

그러나 한미간의 무역마찰문제가 점차 심각해지고 특히 포괄적으로 지적소유권 문제가 가장 중요한 경제적, 문화적, 과학적 쟁점으로 등장한 절박한 현실에 대응하기 위하여서는 우리도 좀더 종합적이고 체계적인 연구단체를 발족하여 능동적이고 국제적인 사업수행은 물론 연구방법과 범위에 있어서도 좀더 깊이 있게 입체적인 연구활동을 전개할 필요가 있다는 점에 의견의 일치를 보았다.

그리하여 지적소유권과 관련된 창작 활동이나 실무에 종사하는 분으로서 우리나라의 미비한 현실을 걱정하고 이와 같은 취지의 학회를 발족할 필요성에 공감하는 여러 인사들이 1986. 1. 25. 서울 종로구 당주동 소재 대한변호사회관에 모여 韓國知的所有權學會의 창립총회를 개최하였다. 총회에서는 간단한 수정을 거쳐 회칙을 만장일치로 채택하고 송상현교수를 초대회장으로 뽑는 등 회장단을 선임한 뒤 임원진 구성 기타 나머지 사항은 회장단에게 위임하였다. 또한 창립기념으로 서울법대 黃迪仁 교수가 저작권보호에 관한 강연을 하였다.

학회의 명칭에 관하여서는 韓國知的所有權法學會로 하자는 의견도 있었으나 이 학회는 법리적 연구뿐만 아니라 인접과학분야와의 협동연구도 수행할 것이므로 韓國知的所有權學會로 하기로 결정하였다. 뿐만 아니라 학회를 활성화하고 새로운 기풍을 진작한다는 뜻에서 회장의 임기를 2년 단임제로 한 것도 특기할만한 점이라고 하겠다.

韓國知的所有權學會의 發足에 부쳐

학문이나 산업기술 또는 문화의 발전이 어느 출강한 위인의 공적으로 말미암아 획기적 전환점을 맞이한 경우도 더러는 있다. 그러나 인류가 오늘날 이만큼 높은 수준의 문명을 이룩하기까지에는 몇몇 사람의 개인적 노력보다는 오랜 세월에 걸쳐서 무수히 많은 협동연구와 축적된 기술과 창작에 바쳐진 지혜의 융합을 필요로 하였다. 즉 이와 같은 거대한 역사의 오케스트라가 인류문명의 진보를 가져왔음에 틀림없다. 이러한 역사적 진리 앞에 韓國知的所有權學會는 오늘날 이 나라를 이끌어가는 지적 활동가를 각 분야별로 망라하여 그들의 지적 所産을 한 덩어리로 뭉치고 체계적 연구를 함으로써 우리나라의 문화예술과 산업경제와 과학기술의 르네상스를 위하여 학문적으로 기여하고자 1986. 1. 25. 고고의 소리를 올리게 되었다.

우리가 사는 이 시대를 잠깐 반성하건대 경제성장으로 인하여 물질적인 기반은 마련되었으되 그 바로 뒷면에 해당하는 정신적, 문화적 상황은 너무나도 낙후와 무질서 속에서 방황하고 있으니 이러한 불균형이야말로 지적 창조인들이 당면한 시대적 고민이라고 아니할 수 없다.

따라서 우리는 현재 우리 자신이 안고 있는 이 같은 문제점을 바로 보고 특히 이 시점에서 선진 외국으로부터 밀어닥치는 시장개방압력의 주된 종목이 지적소유권이라는 인식하에 그동안 국내적으로는 이 분야에 대한 연구활동이 거의 없었고 국제적으로는 다른 통상상대국들과의 정보교환과 학술교류를 통한 협력체제를 구축하지 못하였음을 반성해야 했다. 韓國知的所有權學會는 이러한 인식과 반성 위에서 이 분야의 연구 또는 실무에 종사하거나 관심이 깊은 대학교수, 변호사, 변리사, 자연과학자, 공학자, 문인, 음악가, 미술가, 산업디자인전문가, 건축가, 발명가, 정보처리전문가, 판검사나 기타 인문사회과학을 전공한 권위있는 연구진들이 한데 뭉쳐서 출범시킨 인재의 Pool이요 Think Tank이다.

본 학회는 특허권, 저작권, 상표권, 의장권, 실용신안권 기타 무체재산권 전반에 걸친 법률적, 이론적, 제도적 연구를 중심으로 하고 나아가서는 이러한 권리의 균형있는 보호와 이용 그리고 기술이전문제 등에 필연적으로 수반되는 국내·국제경제적 비용효과분석, 사회문화적 충격분석, 산업기술적 효과분석에 관한 연구를 목적으로 삼는 순수 민간학술연구단체이다. 법이론적 연구를 수행하는 경우에는 극히 형식적인 해석법학의 차원에 안주하거나 외국의 입법례를 수집하여 평면적으로 비교하는 수준을 뛰어 넘어서 인접과학분야를 전공한 전문가와 함께 학문간협동연구를 수행하며 기초연구와 정책건의를 할 수 있도록 운영될 것이다.

이러한 연구목표를 영속적으로 달성하기 위하여 국내적으로는 각 대학에 지적소유권법과목에 대한 강좌를 개설하도록 건의, 지원 및 협조를 아끼지 아니할 것이고, 학회자체의 정기적 연구발표회 및 국내외 저명인사 초청강연회를 개최한 다음 그 내용을 중심으로 뉴스레터와 학술지를 발간할 것이다. 이러한 연구활동의 체계화를 위하여 특허, 저작권, 상표, 판례연구, 국제협력, 제도 등 6개 연구분과위원회를 조직하여 그 조직단위를 중심으로 활동하며, 연구활동의 효율화를 위하여 「한국사회과학도서관」을 본 학회지정 자료기탁처로 제휴한 바 있다. 국제적으로는 세계지적소유권기구를 비롯한 선진각국의 저작권 및 공업소유권 연구단체들과 정보 및 자료교환과 인적자원의 훈련과 교류를 통하여 명실공히 韓國知的所有權學會가 이 분야에 관하여 한국 내에 있어서의 연구 및 정보자료의 중심처로서의 기능을 담당할 것이다. 뜻있는 분들의 가입과 물심양면의 협조를 간곡히 부탁드린다.(회장 송상현, 1986. 3. 31.)

⑵ 대한교육연합회, 월간 새교육

지적소유권의 개념

"지적소유권은 그 말 자체부터가 일반인들에게는 생소하게 느껴지는 것입니다. 그래서 그 개념이나 효력 · 의미도 충분히 이해하고 있는 경우가 드뭅니다.

사실 지적소유권이 거론되기 시작한 것은 2-3년 전 한 · 미 무역 마찰이 일면서 신문지상에 보도된 때부터입니다.

이 지적소유권은 '정신적 노작의 결과를 원만하게 이용'하는데 그 목적이 있습니다. 구체적으로는

① 인간의 학문 · 예술적인 작품을 보호하는 저작권

② 과학 · 기술적인 발명을 보호하는 특허권 · 실용신안권

③ 상표권

④ 디자인의 특수성을 인정하는 의장권

⑤ 컴퓨터 프로그램 보호권

⑥ 반도체칩 보호권 등과 같은 인간의 오랜 경험과 창작 및 아이디어가 내포되어 있는 'Know How'를 보호 받을 수 있는 권리입니다."

韓國知的所有權學會 宋相現 회장(서울대 법대 교수)은 지난 7월 1일부터 한국에서도 법적 실효성을 갖게 된 지적소유권에 대해 이렇게 개념을 설명했다.

그러나, 지적소유권에 대한 기존의 실정 근거 법률이 없었던 것은 아니라고 한다. 다만 한국에서는 제 기능을 발휘하고 있지 못하고 있었을 뿐이다. 그리고 韓 · 美간의 통상 마찰이 생기면서부터 지적소유권 보호가 통상 문제 해결의 주된 문제로 부각된 것이다.

즉, 기술을 외국으로부터 도입하여 상품을 제조하고 상표를 붙여 수출 · 소비할 경우, 그 상품의 아이디어와 상표는 우리가 제작 · 생산 · 소비한 것이 아니란 점이다. 이를 모르고 외국 기술을 헐값에 도용하여 판매하면서 창작자에

게 전혀 보상없이 수십년 동안 지내왔던 것이다. 부문에 있어서도 상품제조업 뿐만 아니라 서적·영화·음악·비디오·컴퓨터 등 다양하다.

小倉大失

과거 한국은 경제 규모도 대단히 작았고 기술도 낙후하여 후진국 수준에 머물렀기 때문에, 외국에서도 한국에 대해서는 지적소유권을 무시해 왔다고 한다. 그러나 한국이 경제 대국으로 진입하면서부터 지적소유권을 주장하지 않음으로써 비롯되는 미국, 유럽, 일본 등의 손해가 막대하여 이를 묵과할 수 없게 된 것이다.

이러한 경향에 대해 宋회장은 이렇게 말하고 있다.

"아마도 미국에서 지적소유권에 관련된 손해액을 추산한 결과 무시할 수 없다고 결론을 낸 것 같습니다. 더욱이 현재 미국은 제조업 부문이 쇠퇴하고, 기술 축적 산업으로서 산업구조가 변화해 감에 따라 기술이나 상표마저 그런 식으로 도용당하면 국제시장에서 그들이 설 자리를 잃게 되지 않을까 우려해서 일겁니다."

송회장에 따르면, 지적소유권이 발효한 지난 7월 1일부터 향후 2-3년 동안은 사용료 부담이 가중될 것이라 한다. 그러나 그 사용료 부담의 가중은 단기간이지만, 장기적인 안목으로 볼 때에는 이익도 적지 않을 것이라고 한다.

즉, 한국의 기술·상표도 외국에서 보호받게 되며, 학문·문화·예술 창작 의욕도 고무·촉진된다는 것이다. 뿐만 아니라 대외적 신뢰성이 회복되면 외국에서도 제조업 부문의 대량 주문이 있을 것이라 한다.

한 예로, 인쇄업의 경우 현재 영국은 홍콩에 2억 파운드(한화 3억 6천만 원)에 달하는 인쇄물을 주문하고 있다. 그러나 홍콩은 인쇄기술이 뒤떨어지고 인건비가 비싸며, 자체 제지공장이 없어 상품의 품질이 좋지 못하다. 그래서 한국의 好條件을 이용하여 인쇄를 맡기고 싶어한다.

하지만 한국에서는 서적의 불법 복사·유통이 횡행하기 때문에 안심하고 맡길 수 없다는 것이다. "이러한 문제점을 영국인뿐만 아니라 미국인들도 국제 저작권 심포지엄에서 자주 지적하고 있다"고 송회장은 말하고 있다.

따라서, 저작권이 한국에서 확실히 인정되기만 하면 다양한 채널을 통해 사용료의 단가를 낮추고, 아울러 수억 달러의 산업 분야를 개척할 수 있는 것이다.

서적의 경우 이와 함께 요구되는 것은 문공부·업자들의 자구 노력이다.

다시 말해, 국가 차원에서 통상 채널을 다양하게 개발해 주면서 사용료의 단가를 낮춰주고, 업자들은 정당성을 갖고 상품을 제조하면 된다.

또 업자도 개별적으로 외국의 저작자와 계약을 맺을 수 있도록 노력하면 된다. 이와 같은 업자의 노력에 의해 이루어진 계약이 실효를 거둔 예는 Y·H 출판이 그 대표적인 케이스이다. Y·H 출판사는 약 1천 페이지에 달하는 '서양철학사'를 사용료를 납부하고도 4천5백 원에 공급하고 있어 구매고객에게 거의 부담을 주지 않고 있다. 이러한 방법은 다른 부문에도 모두 적용될 수 있는 것이다.

學會의 결성

지적소유권학회가 정식 학회로서 발족한 것은 지난 '86년 1월 25일. 당시 지적소유권에 대한 논쟁이 최고조에 달했을 때, 실무인·理論人들이 문제의 심각성을 인식, 몇 차례 모임을 갖고 학회를 구성하여 이 문제에 관한 한 사회에 一助하고자 했다.

따라서, 학회의 설립 목적도 '지적소유권 전반에 관한 법리적·제도적 연구와 권리 보호 및 사용에 따른 경제적·산업기술적·사회 문화적 분석을 통하여 지적소유권의 적정한 보호를 도모하고, 이 분야의 연구 체계를 수립·발전시켜 나감'으로 정했다.

사업에 있어서는

· 정기적인 연구발표
· 뉴스레터 및 학회지 발간
· 외국 기관 및 학회와의 학술 및 정보 교환
· 각 대학 및 연구소와의 공동연구 및 협조
· 정부기관이나 기업체 등에 대한 학술적 건의 및 자문 등을 추진하고 있다.

그 실적을 보면, '86년에는 大小 연구발표회를 6회 개최했고, 뉴스레터(격월간)도 8호까지 발간했다. '87년 1월 미국 저작권 청장, 각국 유관학자, 인사를 초청한 가운데 국제 저작권 심포지엄도 개최했다.

현재는 세계 WIPO(세계지적소유권기구)의 지원으로 지적소유권 요원도 양성하고 있다(2명 중 1명은 영국에서 저작권법 전공).

그 밖의 활동 사항으로는

· 과기처 의뢰 Computer program 보호법 작성

· 인도네시아 Computer program 보호법 초안의 자문
· 일본 동경대학, 大阪 변호사회 초청 한국 Computer program 보호법 강연
· 특허청의 국제특허연수원 교육과정 제작 및 강사 지원
· 법대 내 지적소유권학 강좌 개설 촉구 등이다.

그러나, 이 학회를 운영하는 데 있어서 보람은 있지만, 어려움도 적지 않다고 관계자들은 말하고 있다. 그것은 이 지적소유권 분야가 새로운 학문 분야이기 때문에 인식도 부족하고 전문가들도 없다는 점이다. 또 해외 교류가 빈번하기 때문에 상당한 어학실력이 요구되지만, 이 필요충분조건을 고루 갖춘 실무자를 찾는 데는 어려움이 따를 수밖에 없다는 것이다.

현재 이 학회의 회원은 일반회원(200명), 단체회원, 명예회원, 준회원으로 구분되어 있다.

운영비는 지난해의 경우 4백80만 원 정도의 영세성 예산을 벗어나지 못하고 있는 실정이다.(학회탐방－韓國知的所有權學會, 통권 396호, 187-190면, 1987. 10.) <김선호 기자>

(3) 사단법인 한국지적소유권학회 기업비밀보호방안에 관한 세미나 회장 개회 인사

이 자리를 빛내주신 귀빈 여러분,

국제 경쟁이 심화되는 지구촌에서 우리의 살 길은 과학기술의 진흥과 개발된 기술을 상업화하여 우리 기업의 경쟁적 우위를 확보하는 것뿐이라는 점에는 우리 모두가 공감하는 바입니다.

그런데 이 같은 목표에 부응하는 정부정책이나 민간기업 활동의 실제를 자세히 관찰해보면 모두 기술을 개발하는 측면에는 많은 투자를 하고 관심이 집중되어 있는 반면에 개발된 기술을 어떻게 효율적 활용을 위하여 관리할 것인지에 관하여는 관심이 덜하고 전략과 정책이 不在이거나 못 미치는 것을 알 수 있습니다. 각고의 노력으로 개발 또는 개량된 기술이나 정보는 우선 이를 법적으로 잘 보호해 놓아야 질서 있고 실효성 있는 활용, 실시, 이전을 통하여 국가 전체적으로 기술수준 향상, 산업발전, 수출경쟁력확보, 로얄티수입의 증대를 도모할 수 있는 것입니다.

이 같은 맥락에서 볼 때 우리의 기술정보의 관리와 활용은 아주 뒤떨어져 있음을 지적하지 아니할 수 없습니다. 기술과 정보의 관리라는 측면에서 보면

무엇보다도 중요한 기술상, 경영상의 정보, 노하우, 기업비밀 등을 철저히 보호하는 것이 가장 중요한데도 불구하고 아직 그에 대한 인식이 부족한 것은 시급히 탈피해야만 할 과제입니다. 최근에 국내외에서 빈번히 일어났던 산업스파이 사건은 단순한 흥밋거리가 아니고 한 기업이나 국가산업의 존폐를 좌우하는 중대사입니다.

이 같은 필요성을 절감하여 오늘 저희 사단법인 한국지적소유권학회는 기업비밀보호방안에 관한 조그마한 토론의 광장을 마련했습니다.

비밀보호에 관하여 잠깐 말씀드리면, 요즈음 개인의 프라이버시를 보호하기 위한 개인정보보호법안이 제안되고 있습니다. 실명제에 관한 대통령 재정긴급명령은 예금주의 비밀을 보장하고 있습니다. 우리의 관심사인 기업비밀은 부정경쟁방지법에서 보호하도록 규정이 되어있습니다. 이와 같은 각종 비밀의 보호는 모두 개인의 사생활의 편안함을 위한다던가, 경제활동의 안전을 위한다던가 등등 그 나름대로의 목적이 있습니다. 그중에서도 기업비밀보호는 그러한 정보가 갖는 자산적, 기술적 가치가 그 개인이나 기업은 물론 국가산업의 성쇠에 직결되기 때문에 가장 중요하고도 필요한 것입니다.

그러나 트레이드 시크릿이라는 개념은 본래 영미법에서 발달되어 우리에게 생소한 개념이고 우리의 종래의 법이론상으로는 충분히 보호하기가 어려운 것이었습니다. 그리하여 오늘 이 자리에서는 이 분야에 관하여 그 동안 국내외적으로 연구가 깊으시거나 현장경험이 풍부하신 전문가들을 모셔서 기업비밀보호방안에 관하여 최초로 전문적 토론을 해보고자 합니다. 이 세미나가 가능하도록 적극적으로 후원해주신 국가안전기획부 당국자와 바쁘신중에도 발표와 토론을 맡아주신 여러 연사께 깊은 감사를 드리며, 끝까지 경청하시고 활발하게 질의토론을 해주신다면 감사하겠습니다.(1993. 9. 15.)

(4) — 전자정보통신학계를 움직이는 사람들 <7> 저작권 —

표절 심의 잣대 만든 '지식보호' 전도사

-중략-

서울대 송상현 교수(해외파 출신 'WIPO 중재인' 역임, 학회연구 · 자문역 등 '팔방미인')

컴퓨터프로그램보호법의 대가로 평가받고 있는 서울대 법대 송상현 교수(59)는 전공인 민사소송법과 상법을 바탕으로 법조계 · 정부부처 · 재계 등 그야말로 다방면에서 맹활약하고 있는 인물이다.

송교수는 미국에서 법학박사 학위를 받고 현지에서 변호사 및 교수로도 활동하는 등 해외 경험을 바탕으로 지난 94년에는 세계지적소유권기구(WIPO) 중재인을 맡기도 했다.

송교수는 프로그램보호법 · 대법원 송무제도 등 각종 법제 정비를 도맡아 자문 역할을 해왔으며 특허 및 손해보험 분쟁 등에서도 변호사 시절의 역량을 과시해 많은 중재 선례를 남겼다.

지금은 서울대 법대 교수로서 민사소송법 등을 강의중이며 민사판례연구회 · 지적소유권학회 · 국제거래법학회 등 각종 학회활동을 통해 연구 및 저술활동에 주력하고 있다.

-중략-(전자신문 6면, 기획, 2001.3.7.) <정지연 기자>

3. 국제거래법학회

(1) 國際去來法學會 創立 一周年 記念 세미나 개회사 — 貿易紛爭의 解決 —

존경하는 李鳳瑞 상공부장관님, 洪性佐 한국무역협회 부회장님 그리고 내외귀빈 여러분.

지난 10여 년간 우리는 무역규모의 증대와 올림픽개최로 인하여 빠른 국제화 및 개방화 과정 속에서 세계의 주목을 받으면서 새롭고 복잡한 무역환경을 경험해 왔습니다. 이에 따라 각종 국제교역활동으로부터 발생하는 분쟁도 격증하고 그 양상도 점차 어려워지고 있습니다. 이처럼 새로이 형성되는 국제경제질서와 변하는 무역여건에 슬기롭게 대처하여야 함에도 불구하고 현재 각 대학교의 법과대학이나 사법연수원에서의 국제거래법에 대한 교수와 연구가 전문적이지 못하고 국제거래에 대한 법률전문가의 수도 대단히 부족하며, 그 결과 국제거래 실무에 있어서 각종 불이익과 금전적 손실을 입는 경우가 많습니다. 다만 근래에 국제거래에 있어서의 법률문제의 중요성을 인식하게 되어 국내 은행이나 대기업 일각에서 자체 내에 법률전문가로 구성된 국제거래 법무담당팀을 조직하는 예가 늘고 있는 것은 다행한 일이지만, 아직은 양과 질에 있어서 미흡하다고 할 수밖에 없습니다. 그러므로 국가적 차원에서는 물론 교역

당사자들도 분쟁의 예방책은 물론 발생한 분쟁의 신속하고도 무역관행에 맞는 해결방안에 관하여 각별하고 지속적인 관심을 기울여야 할 필요가 있다고 하겠습니다. 이것은 새로운 교역시장의 개척이나 수출증대에 못지않게 중요한 일이라고 생각합니다.

이에 본 학회는 사계의 권위자이신 국내외의 저명한 학자와 법률실무가를 초청한 가운데 이틀에 걸쳐 국제무역분쟁해결에 관한 심포지엄을 마련했습니다. 심포지엄 첫날에는 新國際經濟秩序 내에서의 분쟁해결방안과 국제거래에서 자주 이용되는 분쟁해결의 방법들을 개관하여 그 동향을 파악할 것이며, 둘째 날에는 몇가지 전문적 국제거래 영역에 있어서의 특수한 분쟁해결을 살펴볼 것입니다. 이 토론의 광장에서 국제 무역분쟁이 갖는 제반 문제점이 다각도로 분석되고 그 해결책에 관하여 경험많은 전문가들의 조언과 의견교환이 활발하게 이루어져서 참석하신 분들에게 보람있는 모임이 될 것을 기대합니다.

저희 국제거래법학회는 새로운 무역환경에 대처하는 법률수요의 충족과 이 분야에 관한 체계적 학문연구를 목적으로 학계, 법조계, 실업계, 관계의 관심있는 인사들에 의하여 1990. 11. 17. 창립된 순수 민간학술연구단체입니다.

태어난 지 일천한 학회이지만 그동안 매달 월례회를 개최하여 각종 국제거래에서 발생하는 법률문제에 관하여 발표와 토론을 계속해 왔습니다. 매월 발표회마다 보여주신 높은 출석율과 적극적 호응은 저희 학회가 국제거래법 분야 연구의 구심점이고 전문가의 풀이라는 것을 웅변하는 것이라고 자부합니다. 월례연구발표의 결과는 이번 심포지엄의 결실과 함께 묶어서 정기적 연구논집으로 곧 출간될 것입니다. 내년에는 이와 같은 연구활동과 병행하여 국제거래법 분야에 관한 표준교재를 편찬하고 대외무역법과 기타 관련 법규의 개정에 참여하는 계획을 수행할 것입니다. 또한 국제교류와 공동연구를 통하여 자유무역의 확대를 위하여 저희 학회가 기여할 수 있는 기회를 모색하겠습니다.

끝으로 본 학회가 심포지엄을 개최하는데 물심양면으로 지원을 아끼지 않으신 한국무역협회, 매일경제신문사, 삼성물산주식회사에 깊은 감사를 드리며, 바쁜 일정 중에도 발표 및 토론 사회를 쾌락해 주신 국내외 전문가 여러분께도 충심으로 사의를 표합니다. 이 분들의 발표와 토론이 본 학회의 나갈 길을 인도해 주는 귀중한 밑거름이 되리라고 믿어 의심치 않습니다.

아무쪼록 저희 학회가 학계와 실무계의 간격을 잇는 가교가 되고 협동연구의 구심점이 될 수 있도록 성원하여 주시면 감사하겠습니다.(국제거래법연구 창간호, 국제거래법학회, 415-416면, 1992. 4.)

(영문)

Opening Statement

Honorable Minister Bong-Suh Lee, Vice Chairman Sung Jua Hong of the Korea Foreign Trade Association and distinguished guests,

For the past ten years, Korea has experienced a new and increasingly more complicated trade environment due to its rapid internationalization and market liberalization through the expansion of trade volume and the hosting of the 1988 Olympics. As a corollary to this environment, there has been a sharp increase in both the number of disputes arising from international trade and the complexity of such disputes. While the need to cope wisely with the newly emerging economic order and the changing trade environment is felt deeper than ever, the teaching and researching of laws concerning international trade remain unchanged in Korea's law schools and the Judicial Research and Training Institute, and, thus, there are insufficient number of experts on international trade law. As a result, we have experienced various kinds of disadvantages and have suffered monetary losses in trading. There seems to be some hope for an improvement in the future, for some banks and large trading firms in Korea have recognized the importance of legal affairs in international trade and have internally organized teams composed of legal experts in the area. However, there is much yet to be desired both quantitatively and qualitatively. Accordingly, in addition to the governments of the trading nations, the trading parties themselves need to pay close and special attention to prevent trade disputes as well as to improve the methods for dispute resolutions so as to expedite the process and to push for resolutions which are consistent with trade laws and practices. The need to improve the methods and the results of dispute resolutions is no less important than trade expansion and exploration of new markets.

The Korea International Trade Law Association (KITLA) will bring together several prominent academicians and private practitioners from Korea and abroad for a two-day symposium. On the first day, we will survey the general legal problems and dispute resolutions arising from the international trade and in the new international economic order. On the second day, we will look into dispute resolution in certain specific areas of international trade, which requires specialized skills and knowledge. I expect this symposium will be an enlightening forum for all the participants sharing their insights and expertise in various aspects of dispute resolution in international transactions within the context of both the Korean and foreign markets.

KITLA is a private scientific research body which was founded on November 17, 1990 by those who were interested in international trade law. They came from the academia, the legal profession, the business world and the government to meet the legal needs required to cope with the new trade environment and to conduct systematic research necessary in this field. Although it has only been a year since KITLA was founded, every month since its formation, KITLA has held a forum which concentrate on legal problems arising from various kinds of international trade. The members' high attendance record and their active participation in the discussions at the monthly meetings indicate that KITLA indeed has become the center of research for the field of international trade law and contains the pool of expert in this field. The information gathered from this symposium together with KITLA's monthly presentations will soon be published as a periodical consisting of learned papers. In parallel with these activities, we will compile a standard teaching materials on the international trade law to be used at the law schools and will participate in the revision of the Foreign Trade Act and other related laws in international trade. Furthermore, we will seek opportunities for international cooperation and joint research projects which will further free trade worldwide.

In closing, I would like to express my heartfelt gratitude to the Korea Foreign Trade Association, the Maeil Economic Daily and the Samsung Corporation for their indispensable support and contributions. My sincere gratitude goes out also to the foreign authorities and domestic specialists who readily agreed to present their papers despite their busy schedules.

On behalf of KITLA, I ask all of you to join in support of KITLA so that we may bridge the gap between the academicians and the practitioners and businessmen, and to assist KITLA to become the center of interdisciplinary research. Thank you.(1992. 4.)

(2) 貿易 紛爭의 解決

오늘날과 같이 무역환경이 국내외적으로 급속하게 변하고 통상마찰이 激化되어가는 상황에서 우리나라가 살아날 길은 貿易立國을 다시 한번 강조하는 길이 아닌가 한다. 國際去來法學會는 오늘날 우리의 이러한 상황을 직시하고 國際去來에 능동적으로 대처하기 위하여 필요한 고도의 전문지식을 제공할 뿐만 아니라 法理論的 연구를 수행하기 위하여 이 분야에 관심이 있는 대학교수, 정부공무원, 법조인, 기업인, 금융인 등이 힘을 합쳐 1990년 11월 17일 창립한 순수한 민간학술연구단체이다.

본 학회는 창립 후 매월 월례연구발표의 모임을 갖고 발표와 토론을 하고 있을 뿐만 아니라, 1991년 11월 1일, 2일에는 학회창립 1주년을 기념하여 "國際貿易紛爭의 解決"을 주제로 한 국제세미나를 개최하여 다대한 성과를 올린 바 있다. 나아가 학회의 연구활동이 본 궤도에 오르면 그 업적을 간행할 會誌의 發刊에 대한 준비도 하여 왔다.

특히 학회지는 그 발간이 너무 늦어져도 곤란하고, 지난해 11월 국제회의에서의 발표결과에 대한 국내외의 관심과 요청도 적지 않아서 월례연구모임에서 발표된 것들은 다음 기회로 미루고 우선 학회창립기념 국제세미나에서 발표된 것만을 上梓하여 國際去來法學會誌 창간호를 발행하기로 하였다. 본 창간호의 내용은 국제거래법분야의 세계적 碩學인 뉴욕大의 Andreas Lowenfeld교수, 하바드法大의 William Alford교수, 폴랜드의 Stanislaw Soltysinski교수, 미국의 저명한 변호사 William Weiland박사 및 영국의 중진 변호사 David Perry박사 등 외국 발표자와 국내에서 崔公雄 청주지방법원장, 국제거래분야의 권위인 申雄湜박사, 徐憲濟 중앙대교수, 趙大衍, 孫京漢 변호사 등 학계와 실무계의 지도적 위치에 계신 회원들이 발표를 한 것들이다. 이들 수록된 논문들은 발표자들이 자신의 풍부한 분쟁해결의 경험을 事例로서 취급함과 동시에, 法理論的 體系와 새로운 傾向 등을 다룬 우수한 업적이라고 생각되므로 이 글들이 앞으로 우리나라 법학의 발전과 국제무역분쟁의 해결에 기여할 수 있기를 바란다. 나아가 본 학회지가 앞으로 회원들의 연구결과를 公刊하는 매체로서 국제거래법 분야의 연구 교육 및 국제협력에 커다란 공헌을 하는 공동의 硏鑽場이 되도록 노력할 것을 약속한다.

끝으로 지난 국제학술회의에서 발표되어 本誌에 실린 국내외 논문들이 널리 읽힐 수 있도록 하기 위해 국어논문은 영어로, 영어논문은 국어로 번역 및 편집을 해주신 金容煥 변호사 등 회원여러분의 기여와, 이 창간호를 제작하는 데 책임을 맡아주신 국민대 법대 金文煥 교수의 노고에 대하여 정중한 감사의 뜻을 표하고자 한다.(國際去來法學會會長, 국제거래법연구 창간호 창간사, 국제거래법학회, 3-4면, 1992. 4.)

⑶ 국제거래법학회 창립기념 제2회 국제학술회의 개회사

존경하는 洪性佐 한국무역협회 부회장님 그리고 내외귀빈 여러분!

긴 세월에 걸쳐 꾸준히 추진되어온 유럽共同體(EC)의 단일시장 건설은 지금 최종 마무리단계에 들어서서 인구 3억 4,000만 명의 無國境 단일시장이 우리 앞에 성큼 다가오고 있습니다.

EC내의 관세는 일찍이 60년대에 없어졌지만 非관세장벽들은 남아 있으며 국경을 넘을 때 거치는 절차는 여전히 번잡했습니다. 따라서 각 나라의 고유규정과 표준들을 조정하여 EC가 새로 제정한 270여 가지 지침으로 대체하는 것이 단일시장형성작업의 근간인데 이렇게 함으로써 상품은 물론이고 사람과 서비스와 자본을 마음대로 이동할 수 있는 자유를 누리게 하자는 것입니다. 현재 작업의 진도는 약 90%에 가까우며 이미 제정된 EC지침들은 속속 시행되고 있어 단일시장의 상당 부분이 벌써부터 가동중이라고 봐도 무방합니다. 프랑스의 마스트리히트 조약에 대한 비준은 정치통합과 통화의 통합이 멀지 아니하였음을 뜻합니다.

그런데 EC 12개국이 유럽 통합을 향하여 이러한 巨步를 내딛는 동안 우리나라는 한동안 舊소련과 동구권의 공산정권 몰락, 우리 정부의 북방외교, 중동의 걸프전쟁 등, 그리고 요즘에는 韓中수교와 北美자유무역협정에 밀려 EC의 중요성을 제대로 인식하지 못하고 있지나 않은지 염려가 됩니다.

1990년 한국·EC간의 교역량은 172억 달러로서 1980년에 비하면 300% 이상 증가되었지만 1990년 EC의 대외교역량 전체에 비하면 1.54%에 불과했습니다. 이런 가운데 한국의 對EC수출이 금년 전반기에 심각한 감소현상을 나타내어 작년 같은 기간보다 9.2%나 줄어든 바 있습니다. 한편 EC에 대한 한국기업의 제조분야 투자는 지난 91년말 현재 누계 9,000만달러에 그치고 있어서 91년말 일본의 對EC제조분야 투자총액 550억달러와 너무나 비교가 됩니다.

그러나 결론부터 말해서 만약 우리가 EC를 이해하려는 자세로 접근하여 EC와 경제유대를 강화한다면 큰 이익을 얻을 수 있다고 믿습니다. 따라서 시장통합으로 넓게 트인 유럽에 대한 투자와 수출을 적극 추진하는 한편 선진유럽의 기술을 전수받기 위해서도 유럽 기업들과의 합작과 제휴를 과감하게 늘려야 할 시기인 것입니다. 말할 것도 없이 우리가 EC에 진출하고 그들과 경제협력을 하기 위해서는 우선 그들의 법적 환경을 숙지하여야 할 것입니다.

저희 국제거래법학회는 이 같은 필요성을 절감하여 독일의 가장 저명하신 법학자 네 분과 우리나라의 학계 및 실무계의 전문가들을 모시고 오늘 하루 EC법분야 중 가장 중요하다고 생각되는 몇 개의 주제에 관하여 발표를 하고 우리 기업이 EC에 진출하거나 EC기업이 우리나라에 진출하는 경우에 예상되는 문제점등에 관하여 토론을 할 것입니다.

끝으로 저희 학회가 창립기념 제 2 회 국제학술회의를 개최하는데 물심양면으로 지원을 해주신 교육부, 한국무역협회, 청촌문화재단 그리고 대한무역진흥공사에 깊은 감사를 드리며 바쁜 일정중에도 발표 및 토론을 쾌락해주신 국내외 전문가 여러분들께도 충심으로 사의를 표하고 이분들의 발표와 토론이 본 학회의 나아갈 길을 인도해주는 귀중한 밑걸음이 되리라고 믿어 의심치 않습니다.

아무쪼록 저희 학회가 학계와 실무계를 잇는 가교가 되고 협동연구의 구심점이 될 수 있도록 성원하여 주시면 감사하겠습니다.(1992. 10. 7.)

(4) 國際去來와 法

오늘날 정보통신의 발달과 교통수단의 혁신은 인류사회를 편리하게 할 뿐만 아니라 지구촌이라는 이름에 걸맞게 사람과 財貨 및 資本과 서비스의 국제적 이동을 손쉽게 하였다. 특히 우리나라는 지난 1960년대 이래 輸出立國의 구호아래 개방정책을 취하여 수출에 주력하는 경제체제를 채택하였다. 이에 국제협력을 통한 산업발전을 이루어 왔을 뿐만 아니라, 1980년대에 와서는 개방화, 국제화에 박차를 가하여 왔다. 나아가 올림픽의 성공적 개최 이후에는 우리도 세계의 선진국과 어깨를 나란히 하여 우리의 역할이 증대되었을 뿐만 아니라, 이에 따른 국제사회에서의 우리의 책임도 커지게 되었다.

이러한 시대상황의 변화에 따라 법문화도 현격한 변화를 겪고 있다. 중세 상인법의 현대적 부활이라고 일컬어지는 국제거래 각 영역에서의 세계통일법의 출현이라든지, 전세계를 단일시장화하려는 GATT체제의 다자간 무역협상 등의 세계적 조류는 이러한 변화를 반영하는 것이라 하겠다. 한편으로는 미국이나 EC 등 선진제국들이 우리에게 가해오는 통상압력도 그 파고의 수준이나 정도가 우리의 예상을 훨씬 뛰어넘고 있다. 따라서 국제거래에 관련한 새로운 법적 변화를 인식하고 이를 수용하여야 할 필요성이 그 어느때 보다도 절실한 과제가 되고 있어 법의 내용도 기존의 법체제 뿐만 아니라 국제거래에 관련된 법의 중요성에 대한 인식을 새로이 하게 되었다.

이러한 취지에서 1990년 11월 17일 출범한 우리 국제거래법학회는 지난 2여년동안 매월 국제거래에 관련된 중요한 법적 쟁점에 대한 월례발표회를 개최하였을 뿐만 아니라, 1991년 11월에는 貿易紛爭의 解決, 1992년 10월에는 EC 市場單一化에 따른 法的 對應策이란 제목의 국제학술회의를 개최한 바 있다. 그리하여 1992년 4월에는 "貿易紛爭의 解決"이란 표제의 국제거래법연구 창간호를 발행하였다. 이번에는 지금까지의 월례발표회에서의 논문과 제 2 회 국제학술회의에서의 발표논문을 모아 국제거래법연구 제 2 호라는 한 권의 책으로 이 세상에 내놓게 되었다.

부디 本書가 일천한 국제거래법의 연구에 밑바탕을 마련하는 동시에, 우리 국민과 기업 그리고 정부가 부딪히는 국제거래의 여러 문제점을 해결하는데 미력이나마 보탬이 되었으면 한다. 또한 국제거래와 관련된 법학계, 무역학계, 법조계, 관계 및 업계에 종사하시는 많은 분들이 동참하셔서 이 책을 사랑해 주시기를 바라는 바이다.

이 책이 우수한 연구서가 될 수 있게 훌륭한 논문을 기고해 주신 집필자 여러분과 국제학술회의에서의 발표논문 및 이들을 번역해 주신 분들께 감사를 드린다. 또한 본서를 제작하는데 편집책임을 맡아주신 金容煥변호사와 실무책임을 맡아주신 국민대 법대 金文煥교수의 노고에 대해서도 고마움을 표하고자 한다.(國際去來法學會 會長, 國際去來法硏究 제 2 집 발간사, 국제거래법학회, 3-4면, 1993. 6.)

(5) 제 3 회 국제거래법학회 국제세미나 개회사

존경하는 김철수 상공자원부장관님, 홍성좌 한국무역협회 부회장님, 그리고 내외귀빈 여러분!

저희 國際去來法學會는 國際去來와 國內法의 域外的 適用이라는 주제를 가지고 오늘 제 3 회 국제심포지엄을 개최하게 되었습니다. 그동안 저희 학회는 변화무쌍한 국제통상 및 무역환경을 예의주시하면서 그동안 매월 전문가의 발표와 토론을 통한 연구를 꾸준히 진행하여왔고 매년 한번씩 우리나라가 당면한 중요한 국제거래법상의 주제를 골라 이에 대한 국제심포지엄을 개최하여 많은 성과를 올린 바 있습니다. 그와 같은 연구 및 자문활동을 해오는 동안 배우고 깨달은 점이 많이 있습니다마는 특히 절실하게 느낀 점 중의 한 가지는 다음과 같은 것이었습니다.

그동안 우리나라의 경제규모가 커짐에 따라 시장개방압력이 거세어져왔고, 이에 대하여 정부와 민간기업들은 주로 상대방과의 협상을 통하여 우리에게 유리한 방향으로 교섭하고 교역조건과 시장개방시기 등을 타결하는 데에 주력하여 왔다고 하여도 과언이 아니라고 할 수 있습니다. 지금도 정부는 세계적 무역규범인 GATT체제하에서 우루과이 라운드를 타결하는 데에 노력을 기울이고 있고 기업들은 그 추이를 민감하게 주시하고 있습니다. 이 같은 문제는 국제무대에서 우리 기업들이 각종 통상무역활동을 자유롭게 할 수 있는 일반적 원칙으로서의 전반적인 법적 틀과 모양새를 마련하는 노력이라고 할 수 있는 것입니다. 그런데 이와는 별도로 우리의 각 기업들이 각종 국제거래행위를 할 때마다 당사자간의 계약과 국제규범 이외에 거래 상대방 국가의 국내법이 느닷없이 적용되는 결과 우리에게 예측하기 어려운 문제를 발생시키는 경우가 종종 대두되고 있어서 수출을 비롯한 우리기업들의 국제적 활동에 커다란 차질을 초래하는 경우가 발생합니다. 예컨대 외국수출을 위하여 한국에서 한국인간에 이루어진 행위에 별안간 미국법원이나 관계기관이 미국법을 적용함으로써 우리 기업의 국제거래활동에 심대한 영향을 끼치는 경우가 바로 그것입니다. 이것이 바로 國內法의 域外的 適用의 문제로서 우리나라의 국제화가 급속하게 진행되는 과정에서 빈번하게 발생할 것이 예상되므로 앞으로 우리 기업들의 무역' 기타 국제거래에 대한 접근방법과 그 법적 대응책을 달리 모색하도록 강요받고 있다고 하겠습니다. 따라서 이제는 우루과이 라운드 타결 등의 문제에 대한 관심과 아울러 본 주제인 국내법의 역외적 적용의 문제에 대하여도 세심한 주의를 기울일 시점에 왔다고 믿습니다.

저희 국제거래법학회에서는 이러한 문제에 대한 우리의 대응방안을 모색하고 더 나아가서는 逆으로 우리나라의 국내법을 우리 영토 외의 행위에 적용할 수 있는 적극적인 경우도 검토하기 위하여 세계적인 석학들을 모시고 이와 같은 국제심포지엄을 개최하게 되었습니다.

아무쪼록 이 같은 새로운 문제점에 대한 소개와 심층적 분석을 통하여 국익을 도모하고 우리나라 통상 및 무역정책의 발전에 도움이 될 수 있도록 참석자 여러분께서 고견을 개진하여 주시기 바랍니다.

이와 같은 국제규모의 행사를 개최할 수 있게 된 데에 대해서는 이 자리를 빌어 진심으로 감사드려야할 분들이 계십니다. 우선 여러가지로 지원과 격려를 베풀어주신 김철수장관님과 상공자원부 관계자 여러분께 감사를 드립니다. 또한 준비단계에서부터 시종일관 장소제공을 비롯하여 물심양면으로 지원해주신 한국무역협회에 대하여도 감사의 말씀을 드립니다. 그리고 이 학술활동에 대한 재정지원을 담당해주신 삼성물산주식회사와 청촌문화재단에 대하여도 깊은 사의를 표하는 바입니다.(국제거래법학회장, 1993. 11. 5.)

(6) 國際去來와 國內法의 域外適用

척박한 학문 풍토속에서 창립된 지 일천한 국제거래법학회가 또다시 지난 1993년도에 성취한 학문활동의 결과를 國際去來法硏究 第 3 輯으로 엮어내게 되었다. 지난 해에는 예년과 마찬가지로 매달 회원 여러분의 연구발표회를 개최하였으므로 월례발표회의 원고와 11월에 세계 석학을 모셔서 가졌던 국제학술회의의 결과를 上梓한 것이다.

정부는 물론 온 나라가 국제경쟁력강화를 위하여 국제화 및 세계화를 외치고 있고, 1993. 11. APEC의 구체화 및 1993.12.15. 7년을 걸려서 타결된 UR이 이제는 더 이상 국경의 의미를 무색하게 만들고 있는 현실이다. 이제 우리는 개방된 국제사회에서 무한경쟁의 시대에 살고 있는 만큼 우리 자신이 GATT 체제내에서의 자유무역을 통하여 적극적으로 우리의 國富를 증진하는 기회로 삼아야 할 것이다. 그렇게 하기 위해서는 국제무대에서 이루어지는 다양한 경제활동의 법적 틀이라고 할 수 있는 GATT 규범을 잘 이해하여 우리의 국제적 경제활동의 기준으로 삼아야 할 것이므로 이에 대한 연구와 교육을 담당해야할 國際去來法學會의 임무도 새롭게 그 중요성을 더해간다고 할 것이다. 국제경제나 통상·무역을 담당하는 연구소와 정책입안자들은 많으나 법적인 뒷받침을 할 수 있는 THINK TANK는 없는 우리의 실정에서 본 학회가 중요한 구심점의 역할을 담당할 수 있으리라고 믿고 本誌는 그러한 활동의 일부를 전문지의 형식으로 펴낸 것이다.

끝으로 이 잡지에 게재된 수준높은 논문들이 관계자 여러분에게 도움이 되기를 바라고 앞으로도 계속적인 지원과 참여를 부탁드리고자 한다. 이 기회에 학회에 도움을 주신 商工資源部 金喆壽 長官님과 韓國貿易協會, 그리고 (株)三星物産과 청촌문화재단에 깊이 감사드리고, 탁월한 연구결과를 발표하고 논문을 기고해주신 집필자, 국제학술회의 논문의 번역을 해주신 회원, 그리고 편집과 제작을 위하여 수고를 아끼지 않으신 國民大 法大 金文煥교수 및 弘益大 法大 方碩皓교수에게 고마운 말씀을 드리고자 한다.(國際去來法學會 會長, 國際去來法硏究 제 3 집 발간사, 국제거래법학회, 1993. 4.)

(7) 제 4 회 국제거래법학회 국제심포지엄 모시는 말씀

저희 國際去來法學會는 금년에도 "우루과이 라운드 이후의 重要法律問題와 韓國의 選擇"이라는 주제를 가지고 네 번째로 年例 國際심포지엄을 계획하여 WTO체제가 출범할 경우에 우리나라가 부딪히게 되는 여러 가지 법률적, 정책적 문제점을 점검해보는 발표와 토론의 광장을 마련하였습니다.

1993.12.15. 우루과이 라운드가 타결된 이후 이것이 비준되어 국내법의 일부로 되었을 때에 우리나라의 관련법률과 제도는 어떻게 수정되어야 하고 산업 및 통상정책은 어떻게 변할 것이며 우리의 기업들은 과연 어떤 영향을 받을 것인지 연구하여 대책을 마련하는 것은 우리 정부가 당면한 중요과제 중의 하나입니다. 그리하여 그동안 법학교수, 무역학교수, 판검사, 변호사, 정부 당국자, 경제학자, 기업인 등 각 분야의 국제거래전문가들로 구성된 저희 國際去來法學會는 평소에 매월 월례발표회를 끊임없이 개최하여 연구결과를 쌓아온 바가 있으므로 이를 토대로 하고 외국의 사례와 대응책을 알아보기 위하여 초청된 몇 나라의 권위자들의 발표내용을 묶어서 금번의 심포지엄을 기획하였습니다. 저희는 이번의 국제심포지엄이 그동안 우리 모두가 모색해온 바를 체계적으로 총정리하는 기회라고 생각하고 國際化時代에 貿易 韓國의 나아갈 길이 무엇인지를 거시적으로 제시할 수 있을 것으로 믿습니다. 본 심포지엄에서 발표되고 토론된 내용은 과거에도 그러했듯이 금년 1년 동안의 월례발표내용과 함께 내년초 "國際去來法 硏究" 제 4 권으로 출간되어 관심있는 분들에게 널리 배포될 것입니다. 이 기회를 빌어서 저희 국제거래법학회는 앞으로도 변함없이 국제거

래에 관한 우리나라 최고의 전문지식과 경험을 제공하는 Think Tank로서의 역할을 다할 것을 다짐하는 바입니다.

바쁘신 중에도 아무쪼록 많이 참석하시어 자유로이 질의하시고 전문가들과 토론하시면서 자리를 빛내어 주시면 대단히 감사하겠습니다.

끝으로 본 심포지엄을 개최하기까지 물심양면으로 지원을 아끼지 아니하신 관계기관과 지도해주신 여러분들께 진심으로 감사의 말씀을 드립니다.(國際去來法學會會長, 1994. 10. 5.)

4. 한국디지털재산법학회

(1) 한국디지털재산법학회 창립세미나 회장 인사말

인터넷과 디지털환경의 도래에 따라 경제적 가치있는 디지털재산이 대량 창출되고 있다. 이러한 디지털재산은 일단 창조되면 그 보존과 이용이 용이하고 인터넷 등 정보통신망을 통해 거래되기 적합한 재산이다. 그러나 디지털재산의 침해에는 비용과 시간이 거의 들지 않으며 복제품의 질도 원본과 같아서 디지털재산은 침해에 취약하다. 이러한 디지털재산을 보호하고 그 거래를 원활하게 하여 디지털재산의 창출을 유도함은 국가의 경제발전을 위하여 매우 긴요한 일이다. 이울러 디지털재산의 거래를 둘러싼 분쟁을 적절히 해결하기 위한 새로운 규범을 작성하여 디지털재산의 제작자와 이를 구입한 소비자간의 신속 공정한 해결책을 모색하는 것은 새로운 디지털시대가 요구하는 바이다. 따라서 법률도 이에 초점을 맞추어 변화되어야 정의로운 사회를 구현할 수 있다. 아울러 디지털재산과 관련된 산업은 새로운 산업이자 우리나라가 다른 나라보다 우위에 설 수 있는 새로운 산업이며 정보사회에서 더욱 중점을 두어야 할 산업이다. 본 학회는 디지털재산의 보호 및 거래와 관련된 연구를 함과 동시에 디지털산업의 육성을 위한 법, 제도를 연구함으로써 우리나라가 정보강국으로 나가기 위한 법적 환경정비에 일익을 담당하고자 한다.

본 학회는 우선 디지털콘텐츠 형태의 데이터베이스와 편집물의 제작 및 관리자의 보호를 통한 산업진흥을 도모하고자 한다. 둘째, 그래픽 · 웹 디자인, 네트워크 개발 · 관리, 컴퓨터 엔지니어링, 시스템 엔지니어링, 데이터베이스 설계 개발 · 관리 등 다양한 디지털재산이 창조, 개발, 가공되고 있으므로 이러한 창조활동과 재산에 대한 권리를 보호하고자 한다. 셋째, 인터넷과 전자매체의 발달로 인하여 다양해지는 상표출원에 대한 연구 및 보호를 도모한다. 통계를 보면 상표출원도 디지털시대에는 종래처럼 단순한 문자나 도형으로 구성된 상표가 아니라 기존의 상표에 색채 및 입체적 영상을 부가하여 기업의 이미지를 잘 나타낼 수 있는 색채 및 입체상표의 출원이 폭증하고 있다. 98년에 색채상표가 2,148건, 입체상표가 76건, 색채 · 입체상표가 62건이었으나 작년에는 색채상표 11,250건, 입체상표 96건, 색채 · 입체상표 261건으로 증가되었다. 상품도 제품자체의 품질에 기초하는 명성보다 n세대의 전자매체를 통한 기업홍보가 더 중요함을 의미한다. 넷째, 이용은 복제, 배포 및 전송을 포함하므로 디지털콘텐츠의 제작을 활성화하고 인터넷에서의 이용질서를 확립할 필요가 있다.

본 학회는 디지털경제에 필요한 새로운 법규범과 향후 디지털산업이 나아가야 할 방향을 모색하는 임무를 충실히 수행할 것이며, IT산업과 디지털재산의 보호법리에 관한 세미나를 정기적으로 개최할 것이다.(2000. 10.)

(2) 디지털재산법학회 송상현 교수 "디지털경제에 맞게 법제 개선할 것"

"산학연계를 통해 디지털 경제를 이끌어갈 수 있는 법과 제도를 개선하는데 일조하고 디지털재산을 보호하는데 힘쓸 계획입니다."

6일 코엑스 인터콘티넨탈에서 열린 한국디지털재산법학회 창립기념 세미나에서 동 학회의 초대 회장으로 추대된 서울대 법대 송상현 교수는 "콘텐츠나 음악 등 다양한 지적 재산들이 디지털화하면서, 무단 복제로 인해 큰 피해를 보고 있으며, 이 피해 정도는 기하급수적으로 늘어나고 있어 이에 대한 대책을 마련하기 위해 디지털재산법학회가 출범하게 됐다"고 설립 취지를 설명했다.

또 송상현 교수는 "현재 지적재산과 관련된 법 제도의 한계에 대한 심도 있는 연구뿐만 아니라 미국이나 일본 등 외국에서 개정되고 있는 경향에 발맞춰, 법 제도가 디지털 경제를 제대로 이끌 수 있도록 관련 법령에 대한 정비 등에도 적극적으로 나설 것"이라고 말했다.(디지털타임스, 2001. 4. 7.) <채지형 기자>

3. 매일경제 인터뷰: 디지털재산보호 새법 필요

디지털 재산보호를 위한 법적 환경을 정비하기 위해 각계 전문가가 모인 한국디지털재산법학회(회장 송상현)가 공식 출범했다.

인터넷의 확산과 함께 경제적 가치가 있는 디지털 재산이 대량으로 창출되고 있는 반면 재산권 침해 소지는 날로 높아가고 있는 상황에서 이번 법학회 출범은 의미있는 일로 받아들여지고 있다.

디지털재산법학회 초대 회장으로 추대된 송상현 서울대 법대 교수는 “디지털 재산은 기술발전 정도를 짐작할 수 없기 때문에 법리를 예측하기가 어렵다”고 전제했다.

디지털 재산은 항상 복제 위험에 노출돼 있고 복제된 재산이 원본과 똑같아 심각한 피해를 입을 가능성이 높다.

하지만 디지털 재산권 침해에 적절하게 대응할 만한 법적 환경은 아직 미비한 상태다.

송교수는 “현행 법제도에서는 디지털재산침해와 불법 유통에 대해 만족할 만한 구제책이 없다”며 앞으로 학회의 역할을 설명했다.

학계 법조계 정부 등 각계 전문가가 참여한 디지털재산법학회는 이 같은 법적 맹점을 짚어나가는 역할을 담당한다.

송교수는 ‘프로그램’이란 용어조차 생소하던 지난 87년 컴퓨터 프로그램보호법의 기초를 닦았다. 그는 또 69년 미국 유학 당시 카피라이트(copyright:저작권)란 과목을 수강한 적이 있을 정도로 이 분야에 있어 정통하다.

송교수는 “지난 86년 미국과의 무역협상에서 지적재산권 침해 문제가 거론됐을 때 이에 적절히 대응할 만한 사람이 없어 협상에 나서기도 했다”고 말했다.

이 같은 인연으로 컴퓨터 프로그램 보호법의 초안을 직접 마련했으며 인도네시아 등 다른 나라 정부에 이를 전파하기도 했다.

송교수는 “지난달 창립총회 때 산업계에서 관심이 큰 것을 보고 많이 놀랐다”며 “연구·학술 활동도 중요하지만 산업계 등의 목소리를 많이 들을 것”이라고 말했다.

순수하게 이론만 연구하는 학회가 아니라 실무와 함께 움직이는 학회로 이끌어가겠다는 것이다.

우리나라는 아직 디지털 재산에 대해 공신력있는 감정기관이 없다 해도 과언이 아니다.

송교수는 “전문가 양성을 통해 전문가 풀이 구성되면 감정기관으로서 역할도 할 수 있을 것”이라고 말했다.(2001. 5. 1.) <황형규 기자>

(4) 디지털재산 보호 법제정 시급

인터넷을 기반으로 하는 '디지털 재산'의 유통에 대한 체계적인 법률을 빨리 마련해야 한다는 전문가들의 지적이 나왔다.

특히 미국은 이미 '통일전자정보거래법(UCITA)'을 마련해놓고 상대국이 이와 비슷한 법을 마련하지 않을 경우 미국법을 우선 적용한다는 방침을 세워놓고 있어 대비책을 세워야 할 때인 것으로 분석됐다.

한국디지털재산법학회 회장인 송상현(宋相現) 서울대 법대교수는 13일 서울 강남구 한국과학기술회관에서 이 학회와 UCITA 연구회 공동주최로 열린 '전자정보거래법 제정방안'에 관한 심포지엄에서 이같이 밝혔다.

송 교수는 "디지털 재산이 늘어나고 거래가 활발해지면서 그 재산권을 보호하는 것이 중요한 과제로 떠오르고 있다"며 "늦어도 내년까지는 관련 법률을 제정해 운영해야 법안 미비에 따른 피해를 보지 않게 될 것"이라고 강조했다.

기술과 법연구소 부회장인 손경한(孫京漢) 법무법인 아람 대표변호사도 '전자정보 거래법 제정방안' 발표를 통해 "미국은 UCITA를 제정해 놓고 상대국에 비슷한 법이 없을 경우 이 법을 우선 적용할 방침"이라며 "특히 전자정보를 제공하는 편에 유리하게 돼 있는 이 법은 인터넷 사용률이 높은 우리나라 같은 데는 불리하게 작용할 가능성이 높다"고 내다봤다.

손 변호사는 또 "한국에서도 전자정보 거래에 따른 문제를 기존 민법이나 상법으로 해결하기 어려운 만큼 UCITA에 대응할 만한 전자정보거래법을 만들 필요가 있다"고 주장했다.

이 같은 전문가들의 지적은 컴퓨터 프로그램이나 데이터베이스처럼 불특정 다수를 대상으로 한 전자정보의 거래가 확산되고 있지만 이를 적절히 규율할 수 있는 법률이 국내에서 없어 문제가 많다는 판단에 따른 것으로 풀이된다.

한국디지털재산법학회와 UCITA 연구소 등은 이날 심포지엄 결과를 바탕으로 사이버 공간에 적합한 새로운 법체계인 전자정보거래법의 입법 추진을 제안할 방침이다.(동아일보, 2001. 10. 13) <하임숙 기자>

(5) 사단법인 한국디지털재산법학회 창간호 간행사

본 사단법인 한국디지털재산법학회는 디지털재산의 보호 및 거래와 관련된 연구를 함과 동시에 디지털산업의 육성을 위한 법·제도를 연구함으로써 우리나라가 정보강국으로 나아가기 위한 법적 환경의 정비에 일익을 담당하고자 창설된 단체이다. 이러한 우리의 설립 목적을 다하기 위하여 본 학회는 매년 적어도 2회 이상의 학회지의 발간과 2회 이상의 세미나를 가질 계획으로 있다.

본 학회 창립 첫해인 올해는 모두 세 차례의 세미나를 가진 바 있다. 2001년 4월 6일 창립총회에서의 세미나와 10월 13일 UCITA 연구회와 공동 주최한 「UCITA와 전자정보거래법의 제정방안」에 관한 세미나, 그리고 11월 23일 인하대학교 특성화 사업단과 공동 주최한 「정보공유와 지적재산권」에 관한 세미나가 그것이다.

본 창간호는 이상의 세 차례의 세미나에서 발표한 글과 회원이 기고한 글을 모아 간행하는 것이다. 다만 제 2 회 세미나에서의 모든 발표문은 2002년 「기술과법연구소」에서 별도의 논문으로 간행할 계획으로 있어 본 창간호에서는 본 학회 회원이 발표한 글만을 게재하였다. 아울러 세 차례의 세미나에서 원고가 아닌 파워포인트를 통해 발표한 글은 본 창간호에는 게재하지 아니하였다.

본 창간호를 발간함에 있어 세미나에서 글을 발표한 발표자 여러분과 옥고를 보내주신 회원 여러분, 그리고 창간호 발간을 위해 힘써 주신 본 학회 출판이사 등 출판관계자 여러분에게 심심한 사의를 표하고자 한다. 아울러 본 학회의 발전을 위하여 물심양면으로 도움을 아끼지 아니하시는 학계 및 실무계 여러분, 그리고 정보통신부 관계자 여러분들에게도 이 자리를 빌어 감사드린다.
(사단법인 한국디지털재산법학회장, 2001. 11. 30.)

5. 한국법학교수회

(1) 한국법학교수회장 신임 인사의 말씀

저는 오늘 퍽이나 두려운 마음으로 35년 이상 장구한 역사를 가진 한국법학교수회장의 직책을 맡았습니다. 본회가 고명하신 역대 회장님들의 영도력과 헌신으로 오늘날과 같이 괄목할만한 성장을 했는데, 별 능력이나 경륜도 없는 저에게 이 중요한 기관을 맡으라는 임무를 주셨으니 무거운 책임감을 느끼지 않을 수 없습니다.

우선 그동안 어려운 내외 여건을 헤쳐가면서 한국법학교수회를 이끌어오신 한상범회장님을 비롯한 임원진 여러분께 충심으로 경의를 표합니다. 그분들의 희생과 봉사가 없었던들 한국법학교수회는 오늘의 위상을 확보하지 못하였을 것입니다. 또한 여러 가지로 다망하신 중에도 경향각지에서 총회에 참석해주신 교수님 여러분께 정중하게 감사의 말씀을 드리고자 합니다. 여러분들의 성의와 관심이 한국법학교수회의 위상강화를 위한 초석이 될 것이기 때문입니다.

저는 이 기회에 첫째로 한국법학교수회의 正體性(Identity) 내지 좌표가 무엇인가, 그리고 무엇이어야 하는가에 대하여 근본적인 질문을 던져보고 싶습니다. 한국법학교수회는 옛날 정부의 획일적 국민통제방침에 발마추어 조직된 협회나 단체의 하나입니까? 결단코 그렇지 않을 것입니다. 그러면 이 기관은 법학교수 여러분의 친목단체입니까? 아니면 주로 법학교수의 권익을 옹호하고 대변하기 위한 이익집단 내지 압력단체입니까? 또는 교육과 연구를 통하여 법학의 발전을 추구하는 학술단체라고 생각하십니까? 외람됩니다만 가사 우리 한국법학교수회가 제가 지금 물음으로 제기한 성격을 조금씩은 다 갖추었다고 하더라도 우리 회는 역시 본질적으로 후속세대의 교육과 법학발전을 위한 학문적 성격을 가장 중시해야할 필요가 있다고 믿습니다. 그러기 위해서는 이미 법학 각 분야별로 역사와 전통을 자랑하는 많은 학회를 아우르고 법학분야의 학문연구와 교육에 관한 표준기관 내지 인증기관으로서 그 위상을 고쳐 세워야 한다고 생각합니다.

둘째로 본회는 긴 역사를 자랑할 수 있으나 그동안 그 영속적 존재를 알리고 내부적 실체를 공고하게 다질 수 있는 소위 인프라 스트럭쳐의 구축이 소홀히 다루어졌다고 생각됩니다. 현재 진행중인 한국법학교수회의 사단법인 설립인가 신청도 그와 같은 인프라의 구축작업의 하나라고 하겠습니다. 이러한 기초작업이 어느정도 완결되면 회원 여러분의 협조를 얻어 새로운 활동과 사업을 추진하겠습니다.

아직도 우리의 학문풍토는 척박하기 그지없으나 세계적으로 법학은 엄청난 발전을 계속하고 있고 인터넷에 의한 정보접근 등 국내외 학문환경도 급변함에 따라 우리 자신도 스스로 변화하지 아니할 수 없다고 생각합니다. 뿐만 아니라 도도한 세계화의 물결 속에서 계약사회의 실현과 법의 지배체제가 구축되어감을 봅니다. 이와 같은 대변혁기에 우리의 좌표를 확실하게 설정하여 법학교육과 연구의 진흥, 국내외 환경의 변화에 대한 효율적 대응, 실무법조계와 학계의 긴밀한 협력관계 구축, 그리고 정의와 평화를 실현할 수 있는 법제도의 확립에 한국법학교수회가 선도적 노력을 다할 것을 다짐하는 바입니다. 그러나 궁극적으로는 회원 여러분들께서 주시는 귀한 의견과 사랑이 앞으로 한국법학교수회의 위상을 높이고 새천년을 열어갈 방향을 좌우할 것이므로 회원 여러분의 관심과 협조를 부탁드립니다.(1999. 5. 14.)

(2) 헌법제정 50주년기념 제1회 한국법학자대회 대회장 인사말씀

1998년은 건국 50년을 맞는 뜻깊은 해입니다. 지나간 반세기를 잠깐 회고해보면 건국전후의 혼돈, 6.25 사변의 발발과 휴전, 4.19 학생혁명, 5.16 군사쿠데타, 유산체제 선포와 헌정중단, 광주민주화운동 등 경제발전과 민주주의 확립을 위한 많은 아픔을 수없이 경험하였고 또한 이를 극복해왔습니다. 이러한 국난의 연속에서 우리는 현대국가로서 어떻게 하면 법체제를 바로 세워 법치국가를 이룩할 것인가 하는 시대적 과제를 안고 있습니다. 이에 한국법학교수회는 대한민국 정부수립 50주년 기념행사의 하나로서 정부와 각계의 협조를 얻어, 제1회 韓國法學者大會(가칭)를 1998. 10. 22-23 서울 良才洞 教育文化會館에서 개최하기로 하였습니다. 이틀간 이 대회에서 토의될 대주제는 "憲政 50년과 法學 - 韓國法의 過去, 現在, 未來" 로 결정되었습니다. 금년은 법학을 연구하여 후진양성에 헌신하고 계신 법학교수들의 입장에서는 憲法制定 50주년의 뜻깊은 해이기도 하므로 이를 그냥 넘길 수 없다고 생각됩니다. 따라서 이 기회에 一千餘 法學者들이 모두 한자리에 모여 흉금을 털어놓고 상호간의 유대를 강화하는 일방 그동안 우리가 구축해온 韓國法學의 過去를 반성하고 現在를 다시 점검하며 未來를 전망해보는 大祝祭의 자리를 마련하자는 데에 공감대가 형성되었습니다. 동시에 이 대회는 그동안 법학자가 강단은 물론 사회에서도 법의 지배를 구현함에 크게 기여하지 못하였을 뿐만 아니라 정의에 대한 학리적 조명과 변화하는 사회적 수요에 적절한 대응을 못하였음을 반성하고 앞으로 법치의 확립과 민주주의의 신장에 헌신할 것을 다짐하는 자리가 될 것입니다.

독일, 미국 등 선진 외국에서는 이와 같은 행사가 오랜 세월동안 전체 법조인의 축제로서 전통과 권위를 자랑하고 있으나 우리나라에서는 법학교수들만의 전체행사조차 본격적으로 시도된 일이 없습니다. 그동안 모두 앞만 보고 달려온 반세기였으나 이제 잠깐 숨을 고르고 우리가 이룩한 50년을 체계적으로 회고하여 문제점을 추출 정리하고, 현재의 좌표를 다시 설정하는 동시에 다음 세기의 한국법학 50년을 우리가 어떻게 선도해나가야 할 것인지를 깊이 있게 짚어보는 토론과 사색의 광장을 마련하고자 합니다. 법학 각 분야별로 지난 반세기를 회고하고 앞으로의 반세기를 전망하는 분과별 토론들이 교수님들의 주도로 이루어질 것이고, 아울러 법학교수들의 공통 관심사라고 할 수 있는 법학교육과 사법제도, 법과 정치 또는 여성과 법 등의 주제에 대하여도 특별분과를 운영하여 모든 관심있는 분들을 초청할 것입니다.

금번의 대회는 정부가 건국 50년을 기념하여 계획하거나 승인한 수십 가지 행사중에서는 가장 비중있는 학술행사의 하나입니다. 따라서 이 행사를 성공적으로 완수하고자 그동안 한국법학교수회를 토대로 제 1 회 한국법학자대회 조직위원회가 발족되어 국내외 경제적 여건이 극히 열악함을 무릅쓰고 역사상 초유의 거대한 행사를 추진하고 있습니다. 또한 실무준비를 위한 집행위원회에서는 학술분과위원회 등 각 업무를 분장한 분과위원회를 중심으로 만남의 기쁨을 학문적 정열로 승화시키고 학술행사의 알뜰한 수확을 위하여 구체적 준비에 분망합니다. 첫 술에 배부를 수 없겠습니다만은 후일 이 대회가 재조 및 재야의 법조인을 모두 망라하여 그야말로 명실공히 한국법률가대회로 확대발전되는 날이 곧 올 것을 희망하면서 우선 법학교수들의 손으로 定礎의 주춧돌을 튼튼하게 놓기 위하여 온갖 노력을 경주하고 있습니다. 아무쪼록 우리들 자신을 위한 이 큰 學問的 饗宴이 성공할 수 있도록 시간적으로 촉박한 중에도 선생님의 따뜻하신 이해와 각별하신 관심과 적극적인 협조를 간청하는 바입니다.(헌정 50년 기념 제 1 회 한국법학자대회 대회장 겸 조직위원장, 1998. 8.)

(3) 사단법인 한국법학교수회 정기총회 고문 추대 오찬모임 회장 인사말씀

우선 바쁘신 가운데 사단법인 한국법학교수회의 고문으로 취임을 승낙해주시고 오찬에 참석해주신 고문님들과 명예회장님께 본회를 대표하여 깊은 감사의 말씀을 드립니다. 다 아시다시피 본회는 약 40년 전에 창립되어 역대 회장님들의 탁월하신 리더쉽 덕택에 오늘날 우리나라 법학교수 전체를 망라하는 약 1000여 명의 회원을 가진 단체로 성장하였습니다. 제가 작년에 회장의 소임을 맡은 이래 이제 법인설립인가를 받아 새출발함에 있어서 각계의 지도자이신 여러 선생님들의 가르침을 받고자 고문으로 모시게 되었습니다. 고문님들께서는 높으신 학식과 경륜을 가지고 일찍부터 일생동안 또는 생애의 주요 기간 동안 법학교육의 현장에서 저희들을 이끌어주신 어른들이십니다. 이 자리에는 해외여행중이라 불참하신 이수성, 김철수 두 선생님과 긴급한 일정이 생겨 갑자기

못나오신 서돈각 선생님을 제외한 모든 분들이 자리를 빛내주시어 저희들은 참으로 감읍하고 있습니다.

본회는 재작년 정부수립 50주년 기념으로 제 1 회 한국법학자대회를 개최하여 한국법학 50년을 짚어본 바 있고, 격년으로 금년 가을에는 급속하게 변하는 외부환경에 대응하여 법학의 새로운 좌표를 정립해보는 제 2 회 대회를 개최하고자 준비중에 있습니다. 그리고 본회의 정체성을 재검토한 결과 한국법학교수회를 고작 교수들의 친목단체나, 권익옹호단체 또는 학술연구단체로 성격규정을 하여서는 너무 미흡하다고 생각하게 되었습니다. 따라서 본회는 앞으로 법학교육의 표준인증기관으로 거듭나야 된다고 결론짓고 그런 방향의 실천과제를 작업하고 있습니다. 부디 가르침을 주시기 바랍니다.

끝으로 고문님 그리고 명예회장님의 건강과 만복을 기원합니다. 그런 바램을 담아 제가 감히 건배를 드리겠습니다.(프레지덴트 호텔 19층, 2000. 6. 22.)

(4) 論文作成 및 文獻引用에 관한 標準 간행사

지금까지 우리나라에는 학자나 법률가 또는 학생 등 연구자가 논문을 작성하는 경우에 그 작성방식은 물론 참고문헌을 어떻게 표시하고, 인용할 것인지 통일된 방식이 없어서 불필요한 혼란이 있어 왔습니다. 이러한 사정은 법학계는 물론 법조실무계도 예외가 아니었습니다. 따라서 논문을 작성하는 스타일과 함께 脚註를 붙이는 것부터 서로 다르고, 우리에게 많은 영향을 주는 미국, 영국, 독일, 프랑스, 일본은 물론 국제기관의 법률문헌이 무엇이 있고 어떻게 활용되며 어떻게 표시하고 인용하여야 하는지 정확히 모른 채 임의로 대처해왔습니다. 그러나 이제 우리도 국제적으로 큰 나라가 되었고, 법학의 질과 양이 크게 발전하였으므로 이에 관한 통일된 표준이 시급히 마련되어야 할 필요를 느끼게 되었습니다.

사단법인 한국법학교수회는 이러한 필요성을 절감하여「論文作成 및 文獻引用에 관한 標準案」의 완성을 韓國法學敎授會의 구체적 사업의 하나로 착수하기로 결정하였습니다. 이 사업은 또한 한국법학교수회가 法學敎育의 標準認證機關으로서 거듭나기로 명시한 정관의 정신에도 부합하는 것입니다. 그리하여 이 작업결과는 하나의 案으로서 금년도 총회 개최시에 열린 공청회에 부의된 바 있습니다. 공청회에서는 양명조, 김욱곤, 정인섭, 정종휴 등 여러 교수님들이 표준안에 대한 분석과 비판을 담은 주제발표를 해주셨고 참석하신 많은 교수님들의 고견을 수렴한 바 있습니다. 그 후 공청회의 비판과 토론결과를 반영하여 서민 교수님께서 확정된 표준안을 완성해주셨습니다. 이 案이 2000. 10. 27-28에 개최된 제 2 회 한국법률가대회에 부의되어 만장일치로 채택된 바 있습니다.

이 標準은 법률논문을 작성하는 방법과 각국의 여러 법률문헌을 표시하고 인용하는 방법을 다루고 있습니다. 논문작성방법에 관한 부분은 교육부와 사법연수원의 방식 및 Kate L. Turabian이 지은 A Manual for Writers of Term Papers, Theses, and Dissertations, 6th ed.(The University of Chicago Press, 1996)을 참고하였습니다. 문헌의 표시와 인용에 관한 부분은 Turabian의 위 책과 The Bluebook -A Uniform System of Citation, 16th ed.(Harvard Law Review Association, 1996)을 참고한 바 있습니다. 그리고 프랑스 문헌에 관한 것은 남효순 교수가 정인섭 외 공저, 해외법률문헌조사방법(서울대학교출판부, 2000)에 기고한 부분에서 관련부분만 轉載하였습니다. 그리고 한글로 논문을 작성하는 경우와는 반대로 우리나라 학자가 영어 등 외국어로 논문을 작성하는 경우에 관하여는 윤대규 교수가 많은 노력을 기울여서 한국문헌의 영어표기 및 인용방식과 한글의 로마자 표기방법을 비롯하여 국내에서 발간되는 각종 문헌 및 그 간행자의 총체적 리스트와 그에 대한 영어번역표기를 작성해주셨습니다. 위에 거명한 여러 교수님들께 깊은 감사의 말씀을 드립니다. 또한 오랫동안 기초자료를 모아 번역, 편집, 교열 기타 여러 가지로 많은 도움을 준 서울지법 서정 판사, 김석영 공군본부 법무과장, 서울대학교 21세기 세계속의 한국법의 발전교육연구단 정진석 박사, 서울법대 박사과정 김이수 군과 대학원생 팀(이진영, 손승우, 여하윤, 유영석, 최희준, 이정현, 최서은)에게도 고마운 말씀을 전합니다.

아무쪼록 이 표준이 학문활동을 하시는 여러분들께 다소라도 도움이 되기를 바라는 마음 간절하고, 부족하거나 빠진 점등을 지적해주시면 계속 보완할 것을 약속하는 바입니다.(사단법인 한국법학교수회, 2000. 11. 27.)

(5) 성희롱 기준에서 저작권 문제까지 교수들 '행동 지침서' 만든다

국내에서는 처음으로 대학 교수들이 일상 직업 생활에서 지침으로 삼아야 할 행동의 기준과 준칙을 담은 '업무 편람(Faculty Manual)'이 만들어진다.

전국법학교수협의회(회장 송상현·宋相現 서울대 법대 교수)는 21일 학사규칙에서부터 보건진료에 이르기까지 교수들의 업무 표준화를 위한 매뉴얼을 제작

중이라고 밝혔다.

모든 조직에서 사용되고 있는 매뉴얼을 교수 사회에도 도입, 전임자들이 축적한 노하우와 관례, 절차, 아이디어 등을 전수함으로써 교육 조직의 기초가 부실해지는 것을 막고 후임자들의 낭비와 시행착오를 막자는 것.

현재 초안이 마련된 이 매뉴얼은 특히 최근 대학가에 파문을 일으키고 있는 성희롱 문제와 표절문제, 교수의 외부활동 범위제한 문제 등 지극히 '민감한' 사안도 다루고 있다.

교수들의 '성희롱 지침서'에 해당하는 성희롱 부분은 '대가적 성희롱'과 '교수와 학생사이의 성관계와 연애 또는 성적 관계를 시작하자는 요구를 통한 희롱' '성적 호의와 성적 접근 등을 통한 희롱' 등을 실례와 주석을 달아가며 설명한다.

'교수 A는 여비서 B에게 자신과 술을 마시면 더 좋은 고용수행평가를 해주겠다고 제안한다'거나 '교수 H와 오랫동안 연애관계를 가져온 학생 G는 법대 필수과목을 들으려다가 H의 반에 배정됐다'는 등 조금은 낯뜨거운 문제 상황이 케이스로 주어지기도 한다. 매뉴얼은 구체적인 케이스 연구를 통해 그러한 일들이 어떻게 문제가 될 수 있는지를 제시하고 교수들에게 주의를 환기하고 있다.

매뉴얼은 저작권 문제와 관련, 현실생활과 사이버 공간에서의 저작권의 개념을 설명하고 타인의 저작물을 공정하게 이용하는 방법을 설명한다.

교수의 외부활동은 학문과 사회의 발전을 위해 권장돼야 하지만 강의와 연구 등 교수 본연의 책임과는 상치되는 것이므로 적당한 수준에서 제한돼야 한다고 매뉴얼은 제안한다.

이 밖에 △컴퓨터 소프트웨어 등의 소유권과 로열티 분배 △연구과제를 위한 학교 이름 사용 △학교에서의 프라이버시 및 정보보안 등도 최초로 기준이 제시되는 분야이다.(동아일보 A29면, 2001. 2. 3.) <신석호 기자>

(6) 한국법학교수회 2003년 회장 신년사

2003년 새해를 맞이하면서 법문화 창달과 법치주의의 구현을 위하여 노력하시고 정의가 물흐르듯 하는 사회를 만들기 위하여 헌신하시는 법률가족 여러분의 노고를 치하하며, 만복을 진심으로 기원합니다.

지난 한 해는 월드컵의 열기로 전국민이 하나되어 한국인임을 자랑스럽게 생각하는 뜨거운 애국심이 표출되는 기쁨을 맛보았고, 아울러 21세기 첫 대통령선거를 통하여 새로운 국가지도자를 뽑는 과정에서 선거문화를 선도하며 성숙한 민주시민으로서의 모습을 보인 바 있습니다. 그러나 국가경영의 한복판에서 터진 각종 부정부패와 정치권의 끝없는 정쟁, 국민의 정치 또는 법치에 대한 외면과 질시는 국민의 정치무관심과 아울러 어두운 면도 많이 있었습니다.

이러한 가운데서 우리 법조가족들은 정의를 향한 험난한 길에서 빛과 소금의 역할을 다하였는지에 대한 깊은 성찰을 하면서, 우리의 소임을 다하는 새해가 되기를 다짐하는 마음으로 몇 가지 생각을 정리해 볼까 합니다.

첫째, 현대사회가 복잡·다양해짐에 따라 법의 기능은 국내외적으로 다른 사회규범의 역할보다 더욱 중요시되고 있습니다. 사회생활이 법규범에 의하여 다스려지는 한, 법은 공동생활의 준칙으로서 지켜져야 하고 동시에 사회정의를 실현하는 판단기준으로서 새롭게 인식되어야 할 것입니다. 그러나 아직도 우리 사회에서 일반적으로 통용되는 법에 대한 인식은 어떻습니까? 우선 국민은 법은 억압적·규제적·징벌적이기 때문에 아예 처음부터 법에 의존하기보다는 정치적으로 해결함이 좋다고 생각하는 경향이 있습니다. 또한 정부의 빈번한 사면으로 법집행이 무력해지고 있습니다. 법은 질서유지는 물론 국리민복을 증진시키는 가장 효과적인 수단임에도 불구하고 위정자나 지식인이나 언론도 이를 제대로 이해하지 못하고 있습니다. 민주화시대가 열리면서 억눌렸던 국민의 욕구는 사회 각 분야와 계층에서 한꺼번에 분출되고 있으나 이에 대처하는 우리의 노력과 방법은 아직도 미숙하기만 합니다. 우리는 민주주의는 인내와 관용과 타협을 근간으로 하므로 협상과 조정을 통하여 문제를 해결하고, 무조건 목표달성을 추구하기보다 적법절차의 중요성에 대한 인식의 전환이 필요함을 국민에게 전도해야 할 것입니다.

둘째, 앞으로 우리는 세계 12위의 경제대국에 걸맞게 국제사회의 책임있는 일원으로서 행동해야 함은 물론, 민주화와 경제발전을 동시에 달성해야 할 뿐만 아니라 통일에도 대비해야 합니다. 이 모든 과제를 달성함에 있어서는 우선 그동안 국민의 뜻과 거리가 먼 관주도적·편의주의적으로 만들어진 법령과 제도를 과감하게 개혁해야 할 것입니다. 민생법안을 신속하게 처리하고 법률구조의 강화를 통하여 소외계층을 보호하며, 투명하고 모두에게 접근가능한 법을 만들어서 계약을 포함한 국민의 인권·재산권 및 각종 경제사회적 권리를 보장해야 합니다. 그 과정에는 반드시 국민전체가 언제나 투명한 절차에 따라 고르게 참여할 수 있도록 보장함으로써 민주주의와 법치주의에 관한 국민의 역량을 제고하는데 법조가족이 앞서야 할 것입니다. 또한 우리도 선진국과 동일한 법적 기준과 절차를 받아들여 정부와 기업의 지배구조를 구축하고 이를 가동하는 것이 세계화·국제화의 첩경이 될 것입니다. 나아가서 법은 공정하고 일관되게 그리고 효율적이고도 시의적절하게 적용되어야 합니다. 그래야만 시장경제가 활성화되고 국민들이 법에 대한 신뢰와 애착을 가지고 법이 보장해준 틀 속에서 투명한 절차에 따라 법이 자기에게 공평하게 부여해 준 기회를 활용하여 민주화와 경제발전 그리고 통일을 위한 국내외적 노력에 다같이 힘을 합칠 것입니다.

셋째, 국제적으로 세계평화와 인권보호 및 국제인도주의의 실천에 우리의 소임을 다하여야 할 것입니다. 그래야만 다른 나라와 함께 국제사회에서 전쟁을 억지하고 반인도적 범죄를 예방할 수 있을 것입니다. 그동안 르완다, 앙골라, 코소보, 동티모르, 시에라 리온 등지에서 발생한 인종청소나 집단살해의 예에서 보듯이 인류의 양심에 어긋나는 중대범죄를 예방 또는 단죄하여 평화체제를 유지해가는데 적극적으로 기여할 필요가 있습니다.

새해에는 법의 지배를 정부와 기업경영의 근본으로 삼고 국민생활의 구석까지 확산시키는 노력을 하는데 혼신의 힘을 기울입시다. 법의 지배가 확립되어야 부정부패를 막고 절차적·배분적 정의를 구현할 수 있으며 국민이 골고루 보호될 수 있습니다. 법은 국민의 일상생활을 구속하는 귀찮은 존재가 아니라 예측가능성·안정성·투명성 및 책임성을 보장하고 평화와 질서를 유지하는 규범입니다. 국제적으로도 법의 지배 확립여부는 사법부의 독립성 및 건전성과 함께 외국인투자의 가장 중요한 고려요소로 떠올랐습니다.

우리는 현재 많은 도전과 기회와 격동의 시대에 살고 있는데 이런 것이 모두 글로벌한 성격과 규모의 것입니다. 낡은 사고방식과 제도는 변화의 물결 속에서 사라지거나 변화된 모습으로 갱생하고, 국경을 넘나들면서 활동하는 결과 상이한 관습과 문화가 만나서 충돌하고 용해하고 새로운 모습으로 부상하기도 합니다. 마침내 우리 앞에 눈부시게 일어나는 현상은 최초의 글로벌 문명의 탄생이라 할 수 있습니다. 글로벌 문명은 통일성 및 다양성을 겸유하는 특징이 있고 법도 예외가 아닙니다. 법률가의 활동무대가 자연히 전세계를 아우르게 되므로 법률가들에게는 이에 대한 전방위적 활동을 위한 리베로가 되어야 할 것입니다. 이를 위한 선택과 집중을 통하여, 이처럼 새로운 환경에서 리더가 되어야 하겠습니다.

이 땅의 진정한 민주주의와 법치주의가 뿌리내릴 수 있도록 이끌어 가는 것은 법조가족들의 몫이라는 당찬 다짐을 하면서, 희망의 새해를 맞이하시길 바랍니다.(2002. 12. 23.)

(7) 제 4 회 한국법률가대회 회장 기조연설

정부수립 50주년을 기해서 社團法人 韓國法學敎授會가 법조 각분야의 도움을 얻어 창설한 韓國法律家大會가 격년으로 열려서 오늘 제 4 회 대회를 개최하게 되었습니다. 법을 전공하여 나라에 봉사하는 판사, 검사, 변호사, 법학교수 및 관련 법률전문가들이 상호교류나 이해 그리고 체계적 협력을 제고하기 위하여 마련한 이 축제를 도와주시고 빛내주신 노무현 대통령님, 최종영 대법원장님, 윤영철 헌법재판소장님, 안병영 교육부총리님, 김승규 법무장관님, 박재승 대한변협회장님 등 여러 정부관계자와 법조지도자 여러분께 우선 감사의 말씀을 드립니다.

이번 대회의 주제는 우리 법조·법학계의 국제경쟁력의 제고를 위하여 급변하는 외부환경에 대응하는 지혜를 모아보자는 것입니다. 급변하는 외부환경을 제가 감히 한마디로 정리한다면 법학은 이제 인류의 平和(Peace), 正義(Justice), 人權(Human rights), 福祉(Welfare), 民主化(Democratization) 등 인간사회의 보편적 가치를 구현하는 규범과학으로 거듭나서 엄청난 속도로 발전하고 있고, 날마다 생겨나는 새로운 논의와 수요는 수준 높은 법학교육을 받은 능력있는 법률가를 부르고 있다고 요약할 수 있습니다.

이를 좀 더 자세히 관찰해보면 세 가지 현상을 간파할 수 있습니다. 첫째로는 法의 支配(Rule of Law)에의 의존이 확산되는 현상입니다. 각 국가를 초월하여 지구촌에 형성된 하나의 놀이마당에서 모든 국가와 개인, 국제기구, 다국적기업들이 저마다 국경을 초월하여 공정하게 행동하고 경쟁할 수 있는 준칙은 결국 法밖에 없습니다. 뿐만 아니라 법의 지배는 행위주체에게 安定性, 豫測可能性 및 一貫性을 주고 節次的 公正性 및 透明性을 담보해줍니다. 원래 미국과 같이 다수민족이 混在하는 新天地에서는 역사와 전통이 없고 따라서 자연발생적 관습이나 전통규범 또는 공통된 사회적 금기 등과 같은 통일된 행동기준이 없으므로 공식적인 법만이 平和와 秩序를 유지하기 위한 최후의 수단이고 모든 것을 법에 의존하지 아니할 수 없었습니다. 따라서 法의 支配는 주로 미국적 맥락에서 강조되어온 감이 없지 아니하나, 세계화 현상(Globalization)이

가속화되면서 全世界的 含意를 갖게 되었습니다. 따라서 이제 世界化는 法治라고 해도 과언이 아닙니다.

둘째로는 각 법분야가 세계화로 인하여 국경을 초월하여 적용될 수 있는 통일적, 보편적 규범으로 급속히 개편되고 있는 현상입니다. 사실 지난 수세기 동안 나라마다 主權絶對思想과 屬地主義原則에 따라 자기네의 고유한 법률전통과 제도를 발전시키고 강화해왔습니다. 그러나 최근 급속한 세계화 현상으로 인하여 국경의 의미가 상대적으로 퇴색하자 이제 각국의 법률가들은 모든 분야에서 전세계적으로 통용될 수 있는 國際的 法律制度와 紛爭解決機構를 창안하는데 전력을 경주하고 있습니다. 이런 경향과 관련하여 가장 중요한 최근의 발전을 두 가지 들 수 있습니다. 첫째, 통상, 투자, 지적재산권 등 여러 경제적 활동에 적용되는 법 분야에서는 반세기 이상의 세월이 걸렸지만 결국 법률가들의 지혜와 인내와 노력으로 GATT 규범이 WTO체제로 탈바꿈하여 정착하면서 이미 인류의 공동번영에 크게 기여하고 있습니다. 그리하여 이 협정의 구체적 내용과 분쟁해결절차는 이미 가장 합리적이고도 강력한 국제규범으로 통용되고 있습니다. 처음에는 GATT 협정은 일개 契約으로 이해되어 그 국제법적 효력조차 의심받았으나 1995년 WTO로 계승된 후로는 그 분쟁해결기구(Dispute Settlement Body: DSB)가 내리는 결정은 현존하는 국제기관이나 국제재판소가 내리는 판단 중에서 가장 강력한 國際法上 執行力을 갖게 되었습니다. 아직 국제적 공통규범을 달성하지 못한 資本의 自由移動(Capital movement)과 사람(근로자 및 전문직 포함)의 자유이동(Human Capital Movement)의 분야에서도 지금까지의 국제적 진척상황으로 보아 선후진국간의 격차가 지금보다 줄어들고 여건이 확보되면 장차 WTO에 비견할 수 있는 통일규범이 성립될 것입니다. 뿐만 아니라 조세, 공정거래, 환경, 노동, 소비자보호 등 각 공법적 성격이 강한 법 분야에서도 지구촌 한마당에 공통적으로 적용되는 국제규범의 성립을 위한 노력이 계속되고 있습니다.

둘째, 영토주권성이 가장 강한 형사법절차의 신속한 국제화 경향입니다. 물론 이는 전통적 법개념으로는 이해하기 어려운 발전입니다. 그러나 이에 관하여서는 전쟁 등 몇 가지 반인도적 범죄 등을 저지른 개인을 처단함으로써 국제적 정의와 평화를 이룩하기 위하여 지난 세기부터 꾸준한 연구가 진행되어 왔었습니다. 제 2 차 세계대전 이후 뉴른베르크와 동경에 전범재판소를 설치 · 운영한 것도 잠시이고, 냉전의 와중에서 이러한 움직임에 대한 결실이 없었습니다. 그러나 1989년 냉전종식 이후 지역별로 저질러진 집단살해, 인종청소 등 사태를 단죄하기 위하여 유엔안전보장이사회의 결의에 따라 舊유고전범재판소와 르완다학살재판소 이외에, 시에라 리온, 동티모르 및 캄보디아에 임시특별재판소를 한시적으로 설립·운영 중입니다. 그러나 國際人道法의 획기적 발전과 인류의 보편적 가치개념으로 승화된 人權의 보호를 반영하여 2002년 國際刑事裁判所(International Criminal Court: ICC)를 창설한 것이야말로 세계의 정의와 평화를 위한 가장 획기적 업적이라고 하겠습니다. 이제는 戰爭(War Crime), 集團殺害(Genocide), 侵略(Aggression) 및 人道에 반하는 범죄(Crimes against Humanity) 등 네 가지 범죄를 범한 개인들은 일정한 경우 모두 國際法廷에 세워 처단하는 동시에 피해자를 두텁게 보호할 수 있는 길이 열리게 되었습니다. 이미 국제형사법에 관한 상당한 판례가 쌓였을 뿐만 아니라 이러한 동향에 발맞추어 국제형사변호사회(International Criminal Bar Association)도 이미 성립되어 활동하고 있습니다. 이러한 눈부신 변화는 단순히 형법과 형사절차법의 국제화뿐만 아니라 국제형사집행법, 國際的 搜査共助와 行刑共助 등에 있어서도 급속한 발전을 이룩하고 있습니다. 국제형사재판소 설립에 관한 로마조약(Rome Statute of the International Criminal Court)은 피해자의 재판참여와 권리보호(Victims protection)를 재판소의 또 하나의 고유업무로 삼아 이 분야에서 신기원을 이룩하고 있으며, 人權保護는 물론 특히 전쟁, 집단학살, 강간, 고문, 少年兵 등의 경우 부녀자와 어린이를 우선적으로 보호하는 人道法(gender justice and child protection)의 관점에서도 가장 첨단의 위치에 와 있습니다.

국제적 동향은 이처럼 인류의 공동번영을 위한 각종 거래규범과 분쟁해결장치의 국제화와 인류사회의 정의와 평화를 위한 국제형사법의 발달로 요약할 수 있고, 그 가시적 성과는 WTO와 ICC라고 하겠습니다. 물론 아직도 갈 길은 멀고 쉽지는 아니합니다. 계속 무슨 국제회의를 소집한다, 또는 무슨 국제조약을 초안한다 하는 움직임 등은 모두 전통적 주권절대의 개념과 속지주의를 극복하고 양자협정의 형태를 뛰어넘어서 인류공통의 번영과 복지와 정의와 평화를 위한 다자적 내지 보편적 국제규범을 창조하려는 몸부림에 다름 아닙니다.

셋째, 세계화의 방향으로 줄달음치고 있으면서도 다른 한편 지역별 또는 대륙별로도 여러 가지 공동협력체제와 규범이 제정되어가는 현상을 주목할 필요가 있습니다. 通商分野에서 북미의 NAFTA, 중남미의 MERCOSUR, 동남아의 APEC, 아프리카대륙의 NEPAD 등은 이미 고전적 예에 불과합니다. 또한 人權

分野에서도 각 대륙별 기구가 조직되어 함께 노력하고 있습니다. 유럽의 인권법원(European Court of Human Rights)은 이미 많은 판례를 생산하여 인간의 기본권 증진에 기념비적 공헌을 하고 있고, 중남미대륙의 인권법원(Inter-American Court of Human Rights)도 가동중이며, 금년에는 아프리카 국가들마저도 아프리카 인권법원(African Court on Human and People's Rights)을 설립하였습니다. 아시아는 가장 면적이 크고 인구가 많음에도 불구하고 실효성있는 지역적 통상규범이나 인권보호장치가 없을 뿐만 아니라 이런 과제에 대한 인식수준도 매우 낮아서 유감입니다.

한국의 법률가들은 국제사회의 이러한 변화와 도전에 직면하여 할 일이 참으로 많습니다.

첫째, 아직도 일반적으로 우리나라에서는 법의 기능 및 역할에 대한 올바른 이해가 부족하고, 국민의 법의식도 후진적이며, 정부지도자나 기업의 최고경영자가 법의 중요성과 法律家의 效率的 活用方法을 잘 모릅니다. 그러나 세계의 대세는 法의 支配 내지는 法治의 방향으로 빠르게 전진하고 있으므로 우선 법률가들은 자신의 국내외 역할확대와 사회적 기능의 제고를 위하여 적극적으로 앞장서야 합니다. 그리고 이제 교통 통신수단의 발달 등으로 인하여 지구가 계속 좁아지고 있고 법 분야의 변화도 빠르게 진행되고 있어서 국내 어느 구석에서 일어나는 일도 국제적으로 모두 투명하게 파악되므로 國際的 含意를 무시한 국내법의 독자적 입법이나 그 해석과 적용이 불가능해졌습니다. 과거에는 국제법이란 대외적으로 국가간의 관계를 규율하는 별도의 공법체계이었으나 국제법의 적용을 받는 행위주체가 국가 외에 국제기구, 다국적기업, 개인에게까지 확대되면서 국제법은 이들의 다양한 公私法的 행위에 모두 적용되게 되었습니다. 따라서 국제법은 이제 별도의 공법체계라기보다 公私法원리가 혼재한 채 국내법 각 분야의 국제적 발현이거나 지구촌 한마당에서 두루 통용되는 기준으로 탈바꿈되어가고 있습니다.

둘째, 우리 자신의 존재와 업적을 전세계에 널리 알려야 합니다. 제가 금년 여름 서유럽의 몇 개 선진국의 대법원을 공식 방문한 일이 있습니다. 사법부에 대한 투자가 별로 없어서인지 법관과 검사의 지위와 보수가 아주 낮고, 법원조서를 手記하는가 하면, 판례의 전산화는 먼 훗날의 일인 듯했습니다. 뿐만 아니라 사법인력이 우리처럼 엄정한 선발과정을 거친 우수인력의 집결체도 아니어서 그들의 사법업무 운영능력은 우리에게 미치지 못한다는 인상을 받았습니다. 우리 법률가들이 좀더 개방적 안목과 자세를 가지고 선진국의 장점을 배우되 우리의 업적도 당당하게 알리면서 대등하게 그리고 긴밀하게 국제적 협력의 노력을 강화해야 하겠습니다.

셋째, 국제사회에 부지런히 참여하는 일방, 특히 아시아대륙에서, 아니면 적어도 동북아시아지역에서 지역협력이나 인권보호노력 등을 선도하는 것은 한국법률가들의 몫이어야 합니다. 요르단에서부터 인도대륙과 동남아시아 지역에 이르기까지 출장을 다녀본 결과 한국에 대한 기대는 상상이상으로 큰 것을 발견했습니다. 그만큼 한국의 법률가들이나 NGO에서 활동하는 분들의 역할은 중요합니다.

넷째, 법학교육자는 물론 법조계는 지구촌에서 더불어 살아가는 기본적 생존규범과 윤리를 고취하는 동시에, 平和維持, 正義實現 및 人權保護를 중심으로 하는 普遍的 價値를 가르치고 달성하는데 그 핵심역량을 모아야 합니다. 특히 냉전체제의 붕괴 이후로는 세계화 현상에 가속도가 붙어서 국제교류 및 무역, 매스커뮤니케이션, 문화적 충돌이 빠르게 확대됨에 따라 법학의 발전이 크게 영향을 받고 있으나 위에 열거한 보편적 가치는 변함이 없기 때문입니다.

다섯째, 그동안 우리나라의 대외정책은 수출을 통한 경제성장에 터잡은 通商外交에 최우선순위를 두고 미국과의 안보협력을 중심으로 우리 주변의 4강과 협력하여 북한에 대한 대응책을 강구하는 安保外交를 양대 축으로 하는 우리 자신의 생존이 기본이라고 할 수 있습니다. 그 결과 너무나 오랫동안 유럽이나 다른 지역을 경시하는 한편 경제외교에만 매달려온 감이 있습니다. 그 결과 법학공부를 해야 할 선진국은 美國과 주위의 日本이나 中國 정도인 것으로 인식되어있고 프랑스나 독일유학생은 줄어들고 있습니다. 전공분야도 역시 국제거래나 지적재산권 등을 중심으로 한 法分野에 치중되어 그 동안의 편식 현상은 실로 우려할 정도에 이르렀습니다. 그러나 우리에게 미국 못지않게 중요하고 배울 것이 많은 유럽연합(EU)은 通商外交 외에 人權外交를 가장 중요시하고 있고 그 인권정책의 중심에는 국제형사재판소에 대한 절대적 지지가 핵심입니다. 이제 우리나라는 세계 12위의 무역대국이므로 국제사회의 책임있는 멤버로서 그 의무와 책임과 참여를 열심히 수행해야 합니다. 그러기 위해서는 법률가들은 이러한 지역적, 전공적, 정책적 편식을 시정하고 골고루 전문가를 양성하고 참여하는 방향으로 중지를 모아야 합니다.

끝으로 만일 법학전문대학원이 도입된다면 이는 이론과 실무를 겸비한 교육훈련현장인 동시에 새로이 이룩한 과학기술적 돌파구나 사회경제적 변화에 법적, 제도적, 윤리적 의미를 부여하고 입법과 해석을 할 수 있는 學際間 硏究所(Interdisciplinary research institute)가 되어야 합니다. 성문법국가에서 解釋法學의 필요성은 의연히 존재하나, 법학전문대학원의 학문연구는 조금이라도 부가가치가 창출될 수 있는 創意的 연구이거나 比較法的 연구이거나 批判的 연구이거나 實證的 연구이거나 學際的 연구이어야 합니다. 그리고 전공과목, 필수과목, 고시과목 등의 엄격한 분리공정을 극복하고, 교수의 연구진척에 따라 새로운 강의를 개설할 수 있게 하며, 학과목이나 학과의 장벽을 넘어 학제적으로 다양한 공부를 할 수 있게 함으로써 강의자체가 교수와 학생의 공동연구작업이 되어야 합니다.

그동안 본 대회를 조직하고 준비하신 현병철 조직위원장, 안춘수 집행위원장, 이영란·한상호 학술분과공동위원장 등 여러분과 한국법학교수회 사무국의 노고에 감사하고 이 대회가 우리나라 법률가 모두를 위한 의미있는 잔치 한마당이 되기를 기원합니다.(한양대학교 HIT(국제회의장), 2004. 10. 22.)

(8) 2005년도 한국법학교수회 회장 신년사

또다시 새해를 맞이합니다. 법학교육현장의 지킴이로서 학문전수와 후진양성에 헌신하고 계시는 전국의 법학교수님들께 깊은 경의와 아울러 새해 인사를 드립니다. 지난 한해는 우리 법학교수회로서는 매우 중차대한 해였다고 생각합니다. 무엇보다 그동안 활동해온 사법개혁위원회에서 우리나라 법학교육에 로스쿨 제도를 도입하기로 결정함으로써 그 실시가 거의 확정적인 단계에 도달된 것으로 사료됩니다.

로스쿨제도의 도입을 논의하기 시작한 1995년부터 10년간 우리 법학교육의 현장은 파행의 연속이었습니다. 법조실무가들은 법학교육과 전혀 별개로 양성되었고, 신림동 학원가는 날로 번창해갔으며 대학에서의 법학교육은 공동화 현상을 면치 못했습니다. 또한 각 대학에서의 법학교육도 그 수준과 내용이 각기 다를 뿐만 아니라 학생들이 배워야 할 표준화된 교육지침도 없었습니다. 이러한 척박하고 혼란스러운 사정에서도 법학계나 법조실무계 모두 로스쿨제도가 우리나라 현실에 맞는다 혹은 맞지 않는다고 하는 담론을 계속해왔고 그 논의 또한 새로운 이론이나 대안이 없이 동어 반복의 계속이었습니다.

물론 로스쿨의 도입이 일제시대부터 거의 변화없이 답습해온 법학교육의 제도와 방법에 대한 그럴듯한 하나의 개혁적 대안이 될 수 있다고 하더라도 원론적 논의 속에 정권이 세 번 바뀌고 10년의 세월이 흘렀습니다. 그동안 사단법인 한국법학교수회는 로스쿨제도 도입의 찬성과 반대 어느 편의 입장에도 서지 않았습니다. 전국의 법학교수님들의 의견이 일치되어 있지 않았기 때문입니다. 그러나 법학교육의 황폐화는 더 이상 방치할 수 없는 현실이었고 어떤 형태든지 정상적인 법학교육을 받은 자가 법조인이 되는 제도가 빨리 정착되어야 한다는 입장을 거듭 취해왔습니다. 그러기 위해서 활동일지에 정리된 바와 같이 관계당국과 수많은 접촉을 통하여 법학교육의 정상화를 위한 우리의 종합적이고도 일관된 입장을 전달하였습니다.

이제 정부에서 로스쿨제도를 도입하는 것으로 결론을 내린 바 있습니다. 이와 관련하여 한국법학교수회로서는 회원 여러분들의 의견을 수렴하여 다음과 같이 주장해왔고 앞으로도 그렇게 주장하고자 합니다.

첫째, 로스쿨을 설치하고자 하는 대학의 모든 선정기준이 신뢰할만한 소관기관의 엄격한 시설기준 및 관리기준에 따라 누구나 수긍할 수 있도록 결정되기를 희망합니다.

둘째, 학생선발에 관하여 그 정원은 국가의 장기적이고도 구체적인 인력관리 및 수급계획에 부응하여 가능한 한 많은 수를 선발하기를 희망합니다.

셋째, 지금까지 논의해온 형식적인 하드웨어 구축과 함께 어떤 내용과 방법으로 질높은 법학교육을 실시할 것인지 내용적 소프트웨어에 대한 구체적 방안을 제시하여 국민의 의구심을 덜고 피교육자 및 일반국민의 보호에 만전을 기하기 바랍니다.

넷째, 정부에서 소수의 로스쿨제도를 인가하는 경우 로스쿨을 도입하지 못한 대학의 법학과는 어떻게 되며 그러한 교수와 학생인력의 최대한 활용방안을 적극적으로 마련하기를 희망합니다. 그리하여 그들이 학문으로서의 법학의 발전과 연구를 위하여 기여해온 업적을 어떻게 활용하고 발전시키느냐 하는 점에 대한 대책이 수립되어야 합니다.

새해 우리 한국법학교수회는 앞으로도 이러한 점에 관심을 갖고 계속 노력할 것을 다짐하는 바입니다. 회원 여러분의 건강과 많은 학문적 성취를 기원합니다.(2005.)

⑼ 한국법학교수회 뉴스레터 회장 인사말

존경하는 사단법인 한국법학교수회 회원여러분!

새 학기를 맞아 교육과 연구에 분주한 나날을 보내고 계실 전국에 계신 법학교수회 회원 여러분들에게 먼저 경의와 아울러 진심어린 인사를 올립니다.

저는 지난 1월초 한국법학교수회 회장으로서 법학계를 대표하여 사법개혁추진위원회("사개추")의 위원으로 위촉된 바 있습니다. 대법원이 청와대와 함께 로스쿨 도입 여부를 포함한 각종 사법개혁방안을 마련하여 대통령에게 보고한 것이 작년 말이었습니다. 대통령은 지금까지 마련된 각종 사법개혁안을 구체적으로 추진하고 실천하는 방안을 마련하기 위하여 사법개혁추진위원회를 새로 발족시켰고, 저는 2005년 1월 18일 첫 회의에 참석한 바 있습니다.

로스쿨의 도입은 2008년에 학생을 선발함을 전제로 기획추진단장의 총괄하에 실무추진 제1팀이 구체적 작업을 하고 이를 실무위원회에서 충분히 거른 다음 최종적으로 사개추에 상정되어 의결하는 순서를 거친다고 합니다. 운영규정상 사개추는 2년간 존속하며 2개월에 한번씩 회의를 개최하게 되어 있으나 특히 로스쿨의 도입은 모든 법과대학이 예의 주시하는 중요한 문제이므로 저는 위원으로서의 책임이 막중함을 깊이 절감하고 있습니다.

돌이켜 보면 로스쿨 도입의 필요성을 제기하고 이 논의를 주도적으로 전개한 것이 법학계입니다. 또 많은 교수님들이 로스쿨 교육을 통한 법조인배출이라는 이상에 찬성하십니다만, 로스쿨 도입의 필요성에 대해 근본적인 의문을 가지는 선생님들도 적지 않습니다. 로스쿨의 수와 전체 정원의 규모를 놓고 법학계와 법조계가 대립하고 있는 것은 물론이요 법학계 내에서도 명료한 합의점이 없는 것이 현실입니다. 나아가서 또 로스쿨의 설립기준과 관련하여 이를 허가주의나 인가주의로 할 것이 아니라 준칙주의로 해야 한다는 견해가 많다는 사실도 잘 알고 있습니다.

로스쿨과 관련해서는 전국 곳곳에 소재하는 90여 법학부의 입장이 각기 다르다고 해도 과언이 아닙니다. 이러한 상황에서 한국법학교수회가 법학교육의 현장을 지키는 여러 선생님들의 뜻을 하나로 묶어내고 모든 분들이 처한 입장을 골고루 대변하는 것은 매우 어려운 일이 아닐 수 없습니다. 혹여 로스쿨 도입과 관련한 견해의 대립이 단순한 파열음에 머물지 아니하고 법학계의 구조적 분열로 이어진다면, 이는 한국의 법학과 법학계의 장래를 위해 염려스러운 상황이 될 수 있다고 하는 점입니다. 법학계가 구조적으로 사분오열되어 이익단체로 화한다면, 법학계의 정당한 주장을 관철시키면서 법학교육을 향상시키는데 보탬이 되지 않을 수 있기 때문입니다.

한국법학교수회는 지난 1월 열린 정기총회에서 정관개정특위와 법학교육강화특위를 구성한 바 있습니다. 연세대 박상기 학장이 위원장으로 지명된 정관개정특위에서는 본회의 회장선출절차를 보다 민주적이고 투명하게 만들 것입니다. 새로운 절차에 의해 진행되는 회장선출과정은 전체 법학계를 하나로 묶는 계기가 될 수 있고 보다 민주적 대표성을 지닌 회장과 집행부를 얻게 할 것입니다. 법학교육강화특위는 배병일 영남대 전 학장이 위원장으로서 오늘 한국 법학계가 당면한 현안을 다루면서 학부와 대학원의 법학교육의 강화 그리고 법학연구자의 양성시스템과 관련된 제반 논의를 전개하는 장이 될 것으로 기대합니다. 로스쿨과 관련한 전국의 법학부와 교수님들의 의견수렴 창구가 될 수 있음은 물론입니다.

어렵고도 부담스러운 상황입니다만, 아무쪼록 한국법학교수회에 신뢰를 주실 것을 간곡하게 부탁드립니다. 저 역시 사개추 운영의 전체 과정에서 로스쿨 도입문제가 공정하고 객관적이며 투명하게 처리되도록 전력을 다하여 감시하는 동시에, 학부 법학교육과 전문연구자 양성시스템을 보존, 강화하기 위한 적절한 대책이 강구될 수 있도록 한 최대한의 노력을 기울일 것을 약속드립니다. 부디 회원 여러분께서 기탄없는 의견과 지혜를 주십시오. 열심히 심부름하겠습니다. (2005. 3. 28.)

6. 법과 환경정책연구소

(1) 법과 환경정책연구소 인사말

오늘 바쁘신 가운데 이처럼 성황을 이루어주신 귀빈들을 모신 자리에서 저희 法과 環境政策研究所가 사단법인등록을 마치고 출범함에 맞추어 개최된 창립기념 세미나에서 개회의 말씀을 드리게 된 것을 대단히 기쁘고 뜻깊게 생각합니다. 이미 환경문제가 우리가 사는 당대의 제반 여건개선 차원의 문제임을 뛰어넘어서 미래세대를 위한 正義의 문제라고까지 관념해야 할만큼 미래의 세대를 포함한 인류 최대의 과제로 등장하였음은 부인할 수 없게 되었습니다. 그런데 우리는 지난 30여 년간 개발을 통한 급속한 경제성장을 달성하기 위하여 일로매진하는 과정에서 환경문제에 대한 인식이 전연 없었고 심지어는 경제적으로 넉넉해지면 공해문제 등은 쉽게 해결될 수 있을 것으로 생각하기까지 하였습니다. 지금도 정부나 국민의 인식이 총체적으로 전환되었다고 보기는 어려우나 환경문제의 심각성을 인식하여 여러가지로 고민하고 접근하고 행동하고 연구하고 개혁하고 감시하고 또는 해결책을 제시하는 단체가 많이 생겨나서 환경문제에 공헌을 하고 있음은 참으로 다행한 일이라고 생각합니다.

이러한 상황에서 저희 법과 환경정책연구소는 환경문제를 법률적 관점에서 전문적으로 접근하고 그에 따른 공공정책대안을 제시하는 연구활동을 중심으로 국가사회에 봉사하고자 출범하였습니다. 그 이유는 현재 활동하는 환경관련단체들의 눈부신 업적과 활동에도 불구하고 법적 연구가 결여되어있을 뿐만 아니라 모든 환경정책은 궁극적으로 법령으로 제정되어서 집행되어야 하고 모든 환경보전과 개선을 위한 민·관의 실천적 활동은 법에 근거를 가지고 법에 정해진 기준에 따라 수행되어야만 법치주의의 이념에 맞는 것이기 때문입니다.

환경문제는 인문사회과학과 이공학을 포함하여 그동안의 학문분야구분을 무의미하게 할 정도로 총체적 접근을 필요로 하는 과제이고 따라서 환경법도 역시 모든 법분야를 망라하는 총체적 종합법이라고 볼 수 있습니다. 이러한 인식하에 저희 연구소는 국내법적 연구와 국제법적 연구, 그리고 지역협력연구의 세분야를 기본연구범위로 잡고 환경문제의 총체적 성격에 비추어 국내외 동향과 현실에 대하여도 관심을 기우리고자 합니다. 이를 위하여 저희 연구소는 국내적으로 정부는 물론 여러 환경관련 민간단체와 연구소, 대학과 기업등과 협력하고 이들이 이룩한 많은 성과와 업적과 경험을 배우면서 이를 토대로 법과 정책분야의 연구활동을 수행해나갈 계획입니다. 또한 국제적으로는 세계적 환경연구기관과의 교류와 협력을 통하여 참신한 정보를 제공하고, 현재 부족한 전문가를 양성하는 프로그램을 추진하고자 합니다. 첫 술에 배부를 수는 없겠으나 열심히 노력하겠사오니 변함없는 지원과 편달을 바라마지 않습니다.

끝으로 이 연구소가 탄생할 수 있도록 물심양면으로 지원해주신 여러분께 충심으로 감사의 말씀을 드리고 오늘 저희 연구소의 첫출발을 위하여 공사다망하신 중에 이처럼 자리를 빛내주신 여러 귀빈들께 감사를 드립니다.(1994. 11. 22.)

(2) 인터뷰: '법과 환경정책연구소' 창립 주도한 송상현 서울대교수

"문민정부 환경정책 아직 멀었다"

환경문제에 대한 법적인 접근을 본격 표방한 '법과 환경정책연구소'가 지난 11월 22일 창립기념 세미나를 개최하면서 공식 출범했다.

수차례에 걸친 식수오염사태를 겪은 국민들은 이제 환경문제가 가장 시급히 개선되어야 할 사회문제임을 인식하고 있다. 그에 반해 민간차원에서의 활발한 환경운동이 법제도나 정책에 제대로 반영되지 못했기 때문에 환경운동도 질적인 도약이 필요하다는 문제의식 또한 점차 확산되기에 이르렀다.

'법과 환경정책연구소'는 이와 같은 문제의식에서 출발, 그동안 환경분야에서의 연구성과를 법과 정책으로 완결시키고자 교수, 변호사, 환경기술전문가, 산림정책 전문가, 환경업체 대표 등 각 분야의 전문가들이 주축이 되어 결성된 사단법인이다.

위 연구소의 가장 큰 특징은 법과 정책을 직접적으로 다룬다는 점이다. 다시 말하면 환경문제 해결을 위한 제도적인 틀을 연구하고 이를 통해 문제제기의 수준을 넘어선 보다 근본적인 접근을 모색하고자 하는 것이다.

특히, 국내 환경문제뿐만 아니라 국제적인 환경규제의 동향을 신속히 파악하여 이러한 정보를 정부나 기업체에 제공함으로써 범지구적인 환경문제에 탄력적으로 대응할 수 있는 민간차원 국제협력체제 구축까지도 목표로 하고 있다는 점은 기대를 모으게 하는 부분이 아닐 수 없다.

그동안 '법과 환경정책연구소'의 출범을 주도해온 宋相現(54세) 서울법대 교수를 만나 연구소의 출범 의의 및 앞으로의 활동방향에 관해 이야기를 들어보았다.

- 먼저 연구소의 출범을 진심으로 축하드립니다. 본 연구소를 설립하게 된 동기와 목적은 무엇인지요?

"지난번 창립기념 세미나에서도 밝혔듯이 본 연구소가 표방하고 있는 연구방향은 크게 3가지입니다. 첫째로 들 수 있는 것은 국내법 분야입니다. 국내환경법은 현재 개별적으로만 존재할 뿐 상호통일이 제대로 되어 있지 않습니다. 결국 법제적 틀이 체계적으로 존재하지 않는 셈이죠. '법제 틀을 제대로 짜고 그것이 지켜지도록 하는 일'이 지금으로서는 가장 중요합니다. 쉽게 한번 법의 역할에 대해 얘기해 봅시다. 법은 경기자들에게 '놀이마당과 경기규칙(rule of game)'이라는 두 가지 기본 틀을 제공해줘야 합니다. '놀이마당'은 경기자들이 편히 경기에 임할 수 있도록 해주고 '경기규칙'은 공정한 룰에 의해 경기가 진행된다는 것을 전제합니다. 그리하여 안정성과 예측가능성을 모든 이들에게 공평하게 보장시켜 줍니다. 지금까지 이러한 두 가지 원칙이 우리나라에서 적용된 적이 없었습니다. 다른 분야에서는 물론 환경에서 취약했던 것이 바로 이 문젭니다. 모든 문제는 궁극적으로 법과 제도로써 완성되기 때문에 국내법도 바로 그런 취지에 따라 연구될 것입니다.

둘째, 국제법 분야입니다. 최근들어 생물다양성과 같은 새로운 문제들이 계속적으로 제기되고 있습니다. 생각지도 못한 문제가 발생할 개연성이 점차 높아지고 있습니다. 따라서 국제적 협력에 기반한 국제법의 역할은 앞으로 더욱더 그 중요도가 높아지고 있고 개별국가의 힘만으로 환경문제를 해결하기는 이제 불가능해졌습니다. 세계 유수의 연구소들과의 긴밀한 협력하에 연구할 것입니다.

셋째, 지역협력 분야입니다. 가까운 예로서 중국에서 나타나는 해안오염을 한번 봅시다. 해안에 버려지는 산업폐기물은 한국에 심각한 피해를 입히는데 중국정부가 제대로 책임을 지려고 합니까? 경제개발이다 뭐다해서 환경오염에 대해서는 전혀 신경을 쓰고 있지 않습니다. 그렇다면 이 문제는 현재로선 주변의 이해당사국들이 함께 해결할 수밖에 없습니다. 우리로서는 억울한 입장일 수도 있는 문제죠. 최근까지의 국제적 동향을 환경법의 관점에서 유심히 살펴보면 이 문제가 오염자 부담에서 피해자 부담으로 점차 바뀌어가고 있음을 알 수 있습니다. 오염의 주체인 중국이 책임을 지는 것이 아니라 피해를 입은 주변국들이 어쩔 수 없이 중국과의 긴밀한 협력을 해나가야 된다는 것입니다. 후세들에게 깨끗한 환경을 물려주기 위해서는 결코 소홀히 할 수 없는 분야죠."

- 환경운동연합, 녹색운동연합 등 민간환경단체들의 영향력이 매우 높아졌습니다. 이들 단체와는 어떻게 관계정립을 해나갈 생각이신지요?

"민간환경단체들은 지금까지 큰 역할을 해왔습니다. 그건 부정할 수 없는 점이죠. 본 연구소는 보다 전문적이고 궁극적인 문제인 법률과 정책문제에 치중하겠다는 것입니다. 저희는 민간환경단체들의 활동성과를 충분히 반영하는 작업은 물론 가능하다면 적극적인 교류협력까지도 할 생각입니다."

- 최근 환경처가 환경부로 승격됐고 지자제도 실시되고 해서 문민정부의

환경정책에 커다란 변화가 있을 전망입니다. 이와 관련하여 지금까지 문민정부의 환경정책에 점수를 부여한다면 몇 점이나 줄 수 있을까요?

"환경처가 환경부로 승격됐다고 모든 문제가 잘 풀릴 것이라고 생각한다면 오산입니다. 아직 멀었어요. 당장 95년에 지자제가 실시되면 님비현상이라는 최악의 사태가 곳곳에서 터질 것입니다. 문제는 산적해 있고 처리는 제대로 되지 않고… 문민정부의 환경정책은 아직 멀었습니다. 굳이 환경에 국한된 문제만이 아니라 다른 문제들도 마찬가지고요."

- 그렇다면 환경부와의 관계는 앞으로 어떻게 맺어나갈 생각이십니까?

"본 연구소가 사단법인으로 출발했듯이 정부의 재정적인 지원에 의지하지는 않을 겁니다. 오히려 정부에 앞서서 프로젝트를 만들고 이를 정부가 채택하도록 해 나가야죠."

- 독자적으로 추진하는 프로그램중에 전문가 양성 프로그램이 들어있던데 구체적인 계획을 밝혀 주시지요.

"아직은 시작에 불과합니다. 환경법을 전문적으로 연구해 온 인력도 전무한 상태이고…. 첫술에 배부를 수는 없는 거죠. 다만 수년 전부터 외국에서 환경법을 연구하고 있는 소장학자들이 어느 정도 경험이 쌓이는 시기인 2년쯤 후에는 제대로 된 프로젝트들이 힘있게 추진될 수 있다고 봅니다. 현재 그들과는 수시로 연락하면서 의견들을 교환하고 있습니다. 좀 시간이 지나야죠."

- 페놀사태를 계기로 제기되어 커다란 관심을 불러일으키고 있는 '집단소송법'에 대해서는 어떤 견해를 갖고 계시는지요?

"물론 미약한 개인보다 집단의 힘으로 문제를 해결하는 일은 바람직할 수 있습니다. 다만 소송법을 전공해온 사람으로서 볼 때는 몇 가지 문제들이 있습니다. 첫째가 신탁의 문제인데, 과연 한 사람에게 모든 권한을 맡겼을 때 그 사람이 얼마나 전체의 입장을 잘 고려하면서 소송을 이끌어 나갈 수 있는가하는 문제가 생깁니다. 뒤집어 말하면 이 문제는 얼마나 소송자들의 협동이 잘 이루어질 수 있는가의 문제이기도 합니다. 수임자의 전문성과 전체의 단합을 조화시키는 일은 결코 쉽지가 않습니다.

둘째는 첫 번째와 관련하여 만약에 소송에 졌을 경우에 어떻게 할 것인가의 문제입니다. 누가 책임을 질겁니까? 결론적으로 말해 집단소송의 타당성은 어느 정도 인정할 수 있어도 모든 문제가 집단소송으로 해결될 수는 없다는 점입니다."

宋相現 교수는 1962년 행정고시, 1963년 사법고시에 합격한 후 오랫동안 외국유학생활을 거쳤다. 최근에 들어와서야 사람들의 관심을 끌고 있는 지적소유권 문제, 환경법 문제, 소송법 문제 등을 이미 오래 전부터 남들보다 앞서서 연구해 왔다. 그래서 그는 자신의 삶을 돌이켜 볼 때 항상 '시대에 조금 앞서서 살아온 것 같은 느낌'을 지니고 있다. 국내에서보다는 오히려 외국에서 더 인정을 받고 있는 것도 어쩌보면 당연한 일일지도 모른다.

현재까지도 송교수는 10여 개나 넘는 모임의 대표를 맡아 오면서 재정적인 문제를 거의 혼자 도맡아 오다시피하고 있다. 그동안 정부의 요청에 의해 입안해 준 법률만도 수를 헤아릴 수 없을 정도다.

송교수는 앞으로는 기존의 모임을 대폭 정리해 나가면서 '법과 환경정책연구소'를 뒷받침하는 일에 좀더 신경을 쓸 생각이다. 소장학자들이 마음놓고 연구할 수 있는 분위기를 만들어주는 일이 자신이 할 일이라고 생각하기 때문이다. 국내에선 최초로 환경문제에 대한 법률적 접근을 표방하고 나선 '법과 환경정책연구소'. 앞으로 전문적인 연구활동을 의욕적으로 펼쳐 나가기를 기대해 본다.(세계와 나, 298-301면, 1995. 1.) <김종진 기자>

7. 미래포럼

(1) 미래포럼 창립총회 공동대표 인사말씀

먼저 삼복의 더위가 성큼 다가오고 피서휴가를 가실 무렵인데 만사를 젖히시고 미래포럼의 창립행사를 빛내주신 귀빈 여러분께 진심으로 감사드립니다. 부족한 제가 미래포럼의 공동대표라는 중책을 맡게 되고 저보다 경륜과 인품이 훨씬 뛰어나신 다른 세 분의 공동대표와 존경하는 창립회원들을 대리하여 인사말씀을 드리게 되어 송구스럽기 짝이 없습니다.

다 아시는 바와 같이 미국주도하의 세계화와 지식정보화라는 큰 변화 속에서 선진국들은 저마다 국가비전과 전략을 가지고 자신들의 위상을 지키고 이를 더욱 굳건히 하기 위해 노력하고 있는 실정입니다. 반면에 우리의 실정은 어떠합니까? 지난 수십 년간 우리는 압축성장과 민주화란 큰 흐름 속에서 많은 성취를 이룩해내었습니다. 그러나 시련과 고통도 적지 않게 뒤따랐습니다. 특히 지난 5년간은 IMF 경제위기를 만나 이를 극복하는 과정에서 빈부격차의 심화, 다양한 이해관계집단의 이기적 대립, 지역갈등, 부정부패, 개혁방향을 둘러싼 여야 간 정쟁은 물론 사회계층간의 마찰 등 수많은 문제점이 두드러졌습니다. 이런 상황에서 그 동안 우리 지성인들은 무엇을 하고 있었습니까? 학자들은 상아탑 속에서, 전문가들은 자신들만의 영역 속에 파묻혀서 이런 혼돈의 시대에 우리나라가 과연 어떤 방향으로 어떻게 나아가야 할지에 대해 당당하게 견해를 피력하지 못하고 몸을 사려 오지나 않았나 반성이 됩니다.

이제는 학계 및 실무계를 망라하여 민간분야의 전문가 및 지식인들이 적극 나서서 월드컵으로 고양(高揚)된 국민적 자신감을 미래의 비전에 접목시키는 일을 시작해야 합니다. 우리는 월드컵을 통해서 '대한민국' 국민이라는 정체성과 나라 사랑을 확인했고 그에 따른 일체감과 자긍심으로 우리 사회의 갈등과 분열을 하나로 융합(融合)시킬 수 있다는 소중한 가능성도 보았습니다. 국민의 통합된 에너지를 국가발전의 동력으로 이끌어가기 위한 사회 각계의 꾸준한 노력이 뒤따를 때만이 이러한 가능성이 현실로 변할 수 있으므로 미래포럼은 그러한 사회적 노력을 위한 밑거름이 되고자 합니다.

미래포럼이라는 토론의 광장에서는 세계화에 대한 대응과 세계문명에의 기여방안을 모색할 것입니다. 또한 한반도의 평화와 통일의 기반을 구축하는 방안과 아울러 동북아시아에서 주도적 역할은 물론 한민족의 세계적 네트워크를 형성할 수 있는 청사진에 대한 의견도 모아질 것입니다. 특히 선진국의 문턱에서 헤매고 있는 우리나라가 세계화, 지식정보화 및 민주화가 한창 진행하는 새천년을 맞아 이런 문턱을 넘어서 세계중심에 서기 위한 비전과 전략을 개발하고자 합니다. 이와 같이 수립된 국가의 장래비전과 전략은 개발도상국 수준의 단순한 발전론적 관점에 의존하기보다 고도의 복합시스템을 갖춘 선진국으로 진입하기 위한 더욱 정교한 국가비전과 운용의 틀을 제공할 것으로 확신합니다.

그러나 미래포럼의 창립취지가 아무리 야심차고 다른 유사조직과 차별화된다고 하더라도 이 자리에 참석해주신 지도인사들과 각계의 전문가 및 지성인들의 깊은 이해와 적극적 성원이 없이는 그 목표를 달성할 수 없습니다. 부디 적극 동참하시어 크게 기여해주실 것을 간곡히 부탁드리면서 인사말씀을 마칩니다.(르네상스 호텔, 2002. 7. 8.)

(2) 8일 창립하는 미래포럼 송상현 공동대표

—8일 창립하는 미래포럼 송상현 공동대표 "우리 사회의 큰틀 바꿀 구체적 비전 제시"—

한국의 미래 전략과 장기 비전을 제시하는 '싱크탱크'가 되겠다는 취지를 내건 미래포럼이 오는 8일 창립총회를 갖는다.

사공일(司空壹 · 전 재무부 장관) 세계경제연구원 이사장, 송상현(宋相現) 서울대 교수, 오명(吳明) 아주대 총장, 정종욱(鄭鍾旭 · 전 주중대사) 아주대 교수가 공동 대표를 맡았다.

송 교수는 "그동안 지식인들을 포함, 주요 조직들이 국가의 장기 발전을 위한 비전을 제대로 제시하지 못했고, 각종 학회와 포럼들도 그동안 추상적인 논의들이 많았다"면서 "고도의 시스템에 맞는 장기적인 비전을 제시하기 위해 미래포럼을 세우게 됐다"고 말했다.

공동 대표들은 평소 이런 의견을 나누다 지난 3월부터 논의를 본격적으로 시작했다고 한다.

사공일 이사장은 "취지가 좋았고, 무엇보다 우리 사회는 많은 토론이 필요한데, 미래포럼이 생산적인 토론을 활성화할 것으로 보여 참여하게 됐다"고 말했다.

그는 경제 전문가로서 국내외의 폭넓은 인맥을 동원, 포럼에 힘을 보태기로 했다.

오 총장은 정보통신 분야의 대표적인 전문가로서, 정교수는 정치 · 외교 · 통일 · 안보 분야의 전문가로서 이론과 경험을 쏟을 계획이다.

이밖에 포럼에는 서울대 추광영 · 김동건 · 김상종 교수, 국민대 윤영오 교수, 이화여대 김성이 교수, 동덕여대 홍유진 교수, 이춘호 한국여성유권자연맹 회장, 박용훈 도시교통연구소장, 허신행 전 농림수산부 장관, 이정훈 변호사(한국지적소유권학회장), 김시복 전 국가보훈처 차장 등이 창립 멤버로 참여하고 있다.

포럼은 26개 분과위원회를 두고, 매달 2차례 분과 토론과 전체 포럼을 열어 국가 아젠다에 대한 비전과 전략을 제시할 계획이다.

포럼은 어느 한쪽으로 기우는 것을 피하기 위해, 대기업의 지원이나 정치인들의 참여는 배제하기로 했다.

송 교수는 "미래포럼은 우선 우리 사회의 큰 틀을 바꾸기 위해 정교한 비전을 제시하는 등 미국의 브루킹스연구소나 헤리티지재단에 못지않은 싱크탱크가 될 것"이라고 말했다.

그는 "월드컵을 계기로 창립총회를 계획보다 앞당겼다"면서 "월드컵 4강 열기와 국민들의 자부심을 놓치지 않기 위해서"라고 설명했다.(조선일보 오피니언,인물 23면, 2002. 7. 5.) <손정미 기자>

(3) '한국의 헤리티지재단' 표방 미래포럼 출범

한국의 헤리티지재단을 표방하는 미래포럼이 출범했다.

미래포럼은 8일 오후 서울 역삼동 르네상스호텔에서 500여 명의 회원이 참석한 가운데 창립총회를 갖고 사공일 세계경제연구원 이사장, 송상현 서울대 교수, 오명 아주대 총장, 정종욱 아주대 교수 등 4명을 공동대표로 선임했다.

송 공동대표는 "미래전략은 사회의 어느 한 계파나 정파가 담당하는 것보다 미국의 헤리티지재단과 브루킹스연구소처럼 민간 전문가들이 전면에 나서 정립하고 이를 정부와 국민에 반영시키는 방안이 바람직하다"고 말했다.

이어 "미래포럼도 한국정치의 현실에서 각종 정책의제를 발굴하고 사회 각계층이 공감할 수 있는 합리적이고 실질적인 대안을 제시하는데 주력할 것"이라고 덧붙였다.

미래포럼은 정치 · 경제 · 사회 · 문화 등 분야별로 26개 분과위원회를 두고 매달 2차례 분과 토론회 및 1차례 전체 포럼을 열 예정이다. 미래포럼은 이를 통해 ▲정부와 기업 등 모든 기구와 조직의 투명성을 확보해 부패비리를 근절하는 방안 ▲세계화와 지식정보화 추세에서 대응방안 ▲한반도 평화구축 및 평화적인 통일방안 ▲동아시아에서 한국의 좌표설정 및 주도적 역할 방안 ▲세계 속의 한민족네트워크 구축방안 등을 제시할 계획이다(연합뉴스, 2002. 7. 8). <김문성 기자>

Ⅶ. 공공봉사활동

1. 전자거래분쟁조정위원회

(1) 전자거래분쟁조정위 새 위원장에 송상현 교수

전자거래 분쟁조정위원회는 17일 제 2 차 연례회의를 열고 서울대 법대 송상현(60)교수를 제 2 대 위원장으로 선출했다.

분쟁조정위는 또 위원회의 법적 지위와 조정 효력을 강화키로 의견을 모으고 현재 시행령에 규정된 위원회 설치근거를 법률에 명시키로 했다.

이와함께 위원회가 자료요청권과 의견청취권을 가질 수 있도록 하는 한편 조정결과가 당사자간 합의와 같은 효력을 갖도록 명문화하기로 했다.

산업자원부는 이날 분쟁조정위의 전문성을 높이기 위해 송 교수와 강금실, 전석진 변호사, ㈜로앤비 대표인 이해완 변호사, 이경란 변리사 등 5명을 조정위원으로 추가 위촉했다.(연합뉴스, 2001. 8. 17.) <정준영 기자>

(2) 인터뷰: 전자거래분쟁조정위원회 위원장선임

1) 전자거래분쟁조정위원회의 활동계획 및 방향

전자거래에 관한 분쟁을 해결하기 위해서는 법에 관한 지식뿐만 아니라, 기술적인 지식도 필요합니다. 전자거래분쟁조정위원회가 전자거래와 관련 분쟁에 관한 전문적인 지식과 노하우를 바탕으로 전자거래에 관한 제반분쟁을 해결하는 중추적 기관으로 자리잡도록 할 것입니다. 재판외의 분쟁해결절차(ADR)에 속하는 조정제도의 장점을 살려 전자거래에 관한 분쟁을 신속하고 저렴한 비용으로 해결하도록 노력할 것입니다.

2) 전자거래관련 분쟁에 관한 진단과 대응전략

전자거래가 폭발적으로 증가함에 따라 전자거래에 관련된 분쟁이 급증하고 있을 뿐만 아니라, 분쟁의 양상도 종래의 상거래에서는 상상할 수 없을 만큼 다양합니다. 전자거래는 국경이 없고 다수의 거래가 신속하게 이루어지는 특성이 있기 때문에, 이에 상응하여 분쟁을 효율적이고 신속하게 해결할 시스템을 구축하는 것이 절실합니다.

3) 소비자보호원 등의 분쟁조정위원회에 관하여

각각의 분쟁조정위원회의 업무가 중첩될 우려가 있는데, 각각의 분쟁조정위원회가 전문성을 갖추기 위하여 노력하여야 할 것입니다. 그렇지 못한 분쟁조정위원회는 분쟁당사자들에 의하여 외면당할 것입니다.

4) 전자거래에 관련된 법률의 개정을 위한 선결문제

전자거래를 비롯한 경제여건이 급속하게 변화하는 만큼 관련 법률제도도 빠르게 변화할 수밖에 없습니다. 그리고 유엔 국제거래법위원회나 유럽연합 등을 중심으로 국제적으로 전자거래법제를 정비하는 작업이 활발하게 이루어지고 있습니다. 그리하여 전자거래법제에 관한 국제적 동향을 면밀하게 분석하여 입법에 반영하는 일도 중요하고, 이것이 기존의 우리 법체계에 합치되도록 관련 규정을 정비하여야 할 것입니다.

이번 정기국회에서 IT 산업을 위한 관련법률이 대폭 개정될 것으로 전망되는데, 관련 부처의 협력과 조정이 긴밀하게 이루어져야만 할 것입니다.

5) 비대면거래에 관한 질문

전자거래는 비대면거래라는 특성이 있습니다. 그리하여 자기도 모르는 사이에 다른 사람에 의하여 성명이나 자격이 도용되기도 합니다. 그리고 소비자들이 충분한 정보 없이 전자거래를 하게 됩니다. 그리하여 전자서명에 관한 기술과 법제도를 발전시키고 소비자를 보호하기 위한 제도를 마련해야 합니다.

6) 온라인 조정의 장단점

전자거래분쟁조정위원회에 사이버분쟁조정센터가 설치, 운영되고 있습니다만, 온라인 조정의 장점은 무엇보다도 신속하고 비용이 저렴하다는 것입니다. 그러나 온라인 조정은 당사자들과 조정위원이 얼굴을 맞대고 합의점을 찾는 조정 본래의 이점이 줄어듭니다. 그리하여 온라인으로 충분한 의견교환이 가능하도록 하여야만 온라인 조정이 성공할 수 있습니다.

7) 분쟁발생시 조정에 의한 합의가 이루어지지 않을 경우 이 문제의 해결 방안은?

조정위원회가 조정에 갈음하는 결정을 하는 것이 한 방법입니다. 이러한 결정에도 당사자들이 불복하면 법원의 재판으로 해결할 수밖에 없습니다. 그러나 재판은 비용도 많이 들고 시간도 오래 걸리기 때문에, 당사자들을 설득하여 조정이 성립하도록 노력하는 것이 중요합니다.(2001. 9월호)

(3) 전자거래분쟁조정위원회 사례집 위원장 머리말

디지털 경제와 정보화 사회로 일컬어지고 있는 오늘날, 인터넷을 이용한 전자거래는 새로운 경제 패러다임으로 자리잡아 가면서 국민생활 전반에 큰 영향을 미치면서 생활패턴마저 송두리째 변화시키고 있습니다.

전자거래는 과거의 거래행태와 달리 거래상대방을 직접 대면하지 않고 종이서류에 거래내용을 기재함이 없이 컴퓨터 네트워크를 통하여 인터넷 온라인상에서 거래하는 새로운 거래형태라는 본질적인 특성 때문에 분쟁발생 빈도가 매우 높은 것은 주지의 사실입니다.

전자거래와 관련된 분쟁은 대부분이 소액거래이고 법률적인 부분 외에 전자거래 특유의 기술적 문제까지 고려해야 한다는 점에서 적잖은 시간과 비용이 발생되는 통상의 재판절차에 따른 분쟁해결보다는 저희 전자거래분쟁조정위원회의 전문가에 의한 간이 조정제도와 같은 대안적 분쟁해결방안(ADR)으로 분쟁해결을 추진하는게 세계적인 추세입니다.

저희 전자거래분쟁조정위원회는 사후적으로 나마 신속·공정한 분쟁해결절차를 통하여 전자거래의 신뢰성과 소비자 편의성을 제고시켜 국내 전자거래의 진흥·보급을 통해 전자거래의 활성화를 추진하는 데에 나름대로 최선을 다해 주어진 역할을 수행하고 있습니다.

이 사례집은 전자거래 당사자인 대국민 행정서비스 제공의 일환으로 본 위원회에 접수된 전자거래관련 제반 분쟁을 원활히 해결하기 위하여 2001년도 한해동안 처리해 온 각종 상담과 조정신청 및 조정처리결과와 분쟁해결사례를 정리한 사례집입니다.

아무쪼록 이 책에서 제공되고 있는 다양한 형태의 분쟁사례와 유형별 분쟁해결 사례분석이 전자거래 분쟁발생의 대처방안으로 활용되는 등 전자거래시장에 참여하고 있는 소비자, 사업자, 그리고 유관기관에 다소나마 도움이 되었으면 합니다.(2002. 1.)

(4) 전자거래분쟁조정위원회 창립 제2주년 기념행사 위원장 인사말

안녕하십니까. 전자거래분쟁조정위원회 송상현 위원장입니다.

디지털 경제와 정보화 사회로 일컬어 지고 있는 오늘날, 인터넷을 이용한 전자거래는 새로운 경제 패러다임으로 자리잡아 가면서 국민생활 전반에 큰 영향을 미치면서 생활패턴 마저 송두리째 변화시키고 있습니다.

전자거래는 과거의 거래행태와 달리 거래상대방을 직접 대면하지 않고 종이서류에 거래내용을 기재함이 없이 컴퓨터 네트워크를 통하여 인터넷 온라인 상에서 거래하는 새로운 거래형태라는 본질적인 특성 때문에 분쟁발생 빈도가 매우 높은 것은 주지의 사실입니다.

전자거래와 관련된 분쟁은 대부분이 소액거래이고 법률적인 부분 외에 전자거래 특유의 기술적 문제까지 고려해야 한다는 점에서, 적잖은 시간과 비용이 발생되는 통상의 재판절차에 따른 분쟁해결보다는 저희 전자거래분쟁조정위원회의 전문가에 의한 "간이 조정제도"와 같은 대안적 분쟁해결방안(ADR)으로 분쟁해결을 추진하는게 세계적인 추세입니다.

저희 전자거래분쟁조정위원회는 신속·공정한 분쟁해결절차를 통하여 전자거래의 신뢰성과 소비자 편의성을 제고시켜 국내 전자거래의 진흥·보급을 통한 전자거래의 활성화를 추진하는 데에 나름대로 최선을 다해 주어진 역할을 수행하고 있습니다.

오늘 창립 제2주년 기념식을 맞아 대국민 행정서비스를 제고하고 분쟁조정을 더욱더 원활히 해결하고, 보다 더 보완된 "사이버조정센터"를 운영하기 위하여 "음성화상조정시스템"을 세계 최초로 도입키로 하고 아울러 오늘 이 자리를 빌어 그 동안 준비중인 분쟁조정시스템의 발전방향과 기능강화방안을 제안해 올리면서 참석하신 여러 전문가님의 고견을 수렴한 연후에 적극 추진하고자 합니다.

아무쪼록 오늘 창립 2주년 기념행사에 공사다망하심에도 불구하고, 참석하여 주신 조정위원님과 내외 귀빈께 감사의 말씀을 올립니다. 감사합니다(2002.

4. 12.).

⑸ 전자상거래분쟁조정위 활성화 위한 워크샵

한국전자거래진흥원(원장 정득진)이 전자거래분쟁조정 활동을 활성화하기 위한 '2002년 전자거래분쟁조정위원회 워크숍'을 22일부터 이틀간 강원도 평창군 소재 호텔오대산에서 개최한다.

이번 행사에는 전자거래기본법 개정에 따라 지난 8월 새로 위촉된 신임 조정위원 22명과 비법률 분야에 종사하는 기존 조정위원이 함께 한다. 또 국제거래포럼 회장 겸 국제무역평의회 회장인 사와다 도시오 일본 상지대 명예교수의 초청강연이 마련되며 조정 및 중재 관련 규정과 법칙에 관해 국내외 조정사례 비교 등을 논의할 예정이다.

송상현 전자거래분쟁조정위원회 위원장은 "급증하고 있는 전자거래관련 분쟁을 신속하고 공정하게 해결하기 위해 지난 8월 22명의 신임 조정위원을 선임했다"며 "이번 워크숍은 신임 조정위원과 비법률분야에 종사하는 기존 조정위원에게 분쟁유형별 조정방법, 조정절차 진행요령, 조정인 역할 등에 대해 실제 조정사례를 통해 심층토의함으로써 실질적으로 선진 조정기법을 벤치마킹할 수 있는 기회를 제공할 것"이라고 밝혔다.(전자신문, 2002. 11. 21.) <주문정 기자>

⑹ 전자거래분쟁조정위원회 창립 4주년 기념세미나 위원장 개회사

안녕하십니까?

우선 바쁘신 중에 저희 전자거래분쟁조정위원회 창립 4주년 기념세미나에 참석하여주신 여러분들께 진심으로 감사드립니다.

지난 4년간 저희 분쟁조정위원회는 접수받은 2,500여 건의 사건 중 1,150건을 당사자간의 원만한 합의로 해결하였고 300여 건의 조정을 통하여 분쟁을 해결하는 등 전자거래환경의 신뢰성을 높이기 위하여 무척 많은 노력을 했습니다. 그리고 출범초기부터 인터넷을 통한 조정기법을 국내 최초로 도입하여 온라인환경에 더욱 적합한 분쟁해결을 유도하고 있으며, 언제나 디지털 환경에 더욱 다가서려는 창조적인 시도를 끊임없이 계속하고 있습니다.

오늘의 이 행사는 그간의 노력을 되새겨보고 앞으로 저희 위원회가 어떠한 방향으로 가야 하는가를 생각해 볼 수 있는 뜻 깊은 자리입니다.

전자거래환경에서 인터넷은 모든 문제의 근본이며 동시에 그 문제에 대한 해결책이라고 할 수 있습니다. 상업적인 방법으로 온라인을 통해 이루어지는 다양한 거래행위들은 갖가지 분쟁을 유발할 가능성이 있으며, 이는 지역적으로 서로 떨어져 있는 분쟁 당사자들에게 새로운 분쟁해결방식의 도입의 필요성을 느끼도록 요구하고 있습니다. 오늘의 세미나 주제는 이와 밀접한 관련을 갖고 있는 것이기 때문에 참석하신 모든 분들께 매우 유익한 시간이 되었으면 하는 것이 저희들의 바램입니다.

끝으로 지난 4년 동안 저희 위원회가 이만큼 성장한 것은 산업자원부의 전폭적인 배려와 한국전자거래진흥원의 신속하고도 지속적인 지원에 힘입은 바 컸다고 생각합니다. 이 자리를 빌어 관계자 여러분께 깊은 감사의 말씀을 드립니다. 앞으로 저희 위원회의 발전을 위하여 끊임없는 지도와 격려를 부탁드립니다.

감사합니다.(코엑스 컨퍼런스센터 3층, 2004. 4. 30.)

(7) 전자거래분쟁조정위원회 2004 워크샵 위원장 인사말

안녕하십니까? 전자거래분쟁조정위원회 위원장입니다.

우선 바쁘신 중에 저희 전자거래분쟁조정위원회 2004년 워크샵에 참석하여 주신 여러분들께 진심으로 감사드립니다.

지난 1년간 우리 위원회는 지속적인 전자거래분쟁해결을 통하여 e-비즈니스의 신뢰성을 강화하였고, 많은 상담을 자동화하여 더욱 많은 업무를 처리하였습니다. 또한 관련 국제 동향을 파악하고 위원회의 업무절차개선을 위하여 자체적인 연구를 수행하는 등 매우 분주한 시간을 보내었습니다. 이 자리를 빌어 2004년 한해 동안 분쟁조정과 상담에 많은 노력을 해주시고 우리 위원회 업무를 성의껏 도와주신 모든 위원님들께 진심으로 감사드립니다.

정보통신기술의 발달은 거래에 있어서 더욱 많은 기회를 가져다주었으나, 전자거래에서는 익명성으로 인하여 언제나 위험부담이 존재하고 있으며 이것이 바로 분쟁발생과 연결됩니다. 소비자와 사업자간의 거래(Business to Consumer: B2C) 영역 이외에 인터넷 게시판이나 경매사이트 등을 통한 개인간 거래에서 분쟁 비중이 점점 늘어나고 있다는 사실은 이를 뒷받침해주는 증거라고 할 수 있습니다. 이러한 관점에서 우리 위원회는 매우 중요한 역할을 수행하고 있다고 할 수 있습니다.

금일 워크샵에서 다루어질 첫 번째 주제는 협상기술에 관한 것입니다. 당사자들의 이해관계를 조정하고 그들의 상호 납득할 만한 해결점을 찾아내어서 제시하는 것은 매우 창조적이고 어려운 기술입니다. 여기 계신 위원들께서 분쟁해결의 일선에 계시므로 위 주제는 우리들에게 매우 유익한 주제가 될 것이라 생각합니다.

두 번째 주제는 위원회 조정 및 운영절차에 대한 개선(안)에 관한 것으로, 그 동안의 환경변화 등을 고려하여 위원회 운영을 좀더 신속하고 원활하게 할 수 있도록 만들어진 개선안에 대해 금일 논의해 보았으면 합니다.

그리고 이러한 좋은 자리를 마련해 주신 한국전자거래진흥원장님과 산업자원부 관계자 여러분들께 감사드리며, 앞으로 우리 위원회의 발전을 위하여 끊임없는 지도와 격려를 부탁드립니다.

감사합니다.(인터컨티넨탈호텔, 2004. 12. 21. 10:30-1시)

(8) 2005년 전자거래분쟁조정위원회 창립5주년 기념 세미나 위원장 개회사

안녕하십니까? 전자거래분쟁조정위원회 위원장입니다.

먼저 바쁘신 중에 우리 전자거래분쟁조정위원회 2005년 창립 5주년 기념 세미나에 참석하여 주신 여러분들께 진심으로 감사드립니다.

1990년대 후반부터 인터넷과 컴퓨터의 사용으로 전자거래가 확산됨에 따라 국제적으로 이러한 전자거래에서 파생된 분쟁들을 어떻게 처리할 것인가에 대한 논의가 진행되었습니다. 특히 전자거래는 거래의 주체와 방식이 상당히 다양하고, B2C(Business to Consumer)라 불리는 사업자와 소비자간 전자거래에서는 많은 수의 소액분쟁을 충분히 예상할 수 있기 때문에 신뢰성 측면에서 볼 때 매우 커다란 문제를 야기할 가능성이 있었으며, 그래서 국제적으로 이에 대한 문제를 해결하기 위하여 소송외 분쟁해결방안을 전자거래분쟁에 이용하는 것이 본격적으로 문제되었습니다.

국내에서도 안전한 전자거래를 위하여 신뢰(信賴)있는 거래환경의 중요성이 부각되면서 분쟁의 신속하고 원만한 해결이 중요한 문제로 떠오르게 되었습니다. 이러한 문제점에 대처하고 전자거래 활성화에 이바지하기 위하여 2000년 4월에 창립된 우리 전자거래분쟁조정위원회는 설립 후부터 작년 말까지 3,500여 건 그리고 금년 이 시점에서 이미 500여 건의 조정신청을 접수받아 처리 중에 있는 등 현재까지 매우 활발한 활동을 하고 있습니다.

이미 e-비즈니스는 친숙하게 우리생활에 연관되어 있습니다. 디지털화된 많은 콘텐츠들이 통신·영상매체를 통해 다양하게 서비스되면서 예전에는 미처 생각하지도 못했던 전자거래 사업모델들이 창출되고 있습니다. 또 무선인터넷의 등장 등 정보통신기술의 환경도 지속적으로 발전하고 있습니다.

이러한 변화들은 더욱 다양하고 증가되는 분쟁양태들을 필연적으로 만들어 낼 것이라고 예상되므로, 우리는 가능한 발생할 수 있는 분쟁을 최소화하는 시도와 동시에 앞으로 우리 분쟁조정위원회가 전자거래 신뢰성을 더욱 향상시키기 위하여 어떠한 노력을 기울여야 할지 생각해 봐야 합니다.

오늘 세미나에서 다루어질 첫 번째 주제는 바로 우리 위원회가 그 동안 수행했던 역할을 바탕으로 향후 어떠한 발전 방안을 가지고 나갈 것인지에 대한 것입니다. 두 번째 주제는 인터넷 전자거래영역에서 많은 분쟁이 발생하고 있는 개인간 거래에 대한 부분입니다. 금일 주제발표를 맡아주신 조정위원님들께 감사드립니다.

아울러 이 자리를 빌어 우리 위원회 업무를 성의껏 도와주신 모든 위원님들, 이러한 좋은 자리를 마련해 주신 한국전자거래진흥원 김종희 원장님, 그리고 산업자원부 관계자 여러분들께 감사드리며, 앞으로 우리 위원회의 발전을 위하여 끊임없는 지도와 격려를 부탁드립니다.(그랜드인터콘티넨탈호텔, 2005. 4. 29.)

(9) 2006년 전자거래분쟁조정위원회 연례회의 위원장 개회사

먼저 바쁘신 중에 우리 전자거래분쟁조정위원회 2006년 연례회의에 참석하여 주신 여러분들께 진심으로 감사드립니다.

전자거래분쟁조정위원회가 발족하여 한국전자거래진흥원이 위원회의 사무국을 운영한 지도 벌써 6년이 되었습니다. 그동안 우리 조정위원회는 6,700여 건의 조정사건을 접수받아 이중 3,200여 건은 합의권고을 통하여 당사자간의 원만한 합의로 종결하였으며, 430여 건은 담당조정부 구성을 통한 조정안 제시로 종결하는 등 전자거래에서 발생한 많은 분쟁을 해결하여 왔습니다.

우리는 일상생활에서 e-비즈니스와 친숙하게 연관되어 있습니다. 특히 요즘은 디지털화된 많은 콘텐츠들이 통신·영상매체를 통해 다양하게 서비스되면서 예전에는 미처 생각하지도 못했던 전자거래 사업모델들이 창출되고 있습니다.

또한 유비쿼터스, RFID 등 새로운 정보통신기술 용어들이 생겨나면서 이를 이용하는 비즈니스도 더욱 다양하게 증가됨과 동시에 이와 관련한 분쟁양태들도 필연적으로 발생될 것이라고 예상됨에 따라, 우리 조정위원회는 가능한 한 모든 분쟁을 최소화하려는 노력을 경주함으로써 전자거래의 신뢰성 제고에 일조를 하여야 한다고 생각합니다.

이러한 차원에서 우리 분쟁조정위원회는 새로운 분쟁유형에 탄력적으로 대응하기 위하여 관련 분야에서 활동하시는 전문가분들을 새로이 조정위원으로 모시게 되었습니다.

이번에 새로 위촉되는 14분의 조정위원님들께서는 관련 분야에서 능력이 탁월하신 분들 중 각계의 추천을 받아 모신 분들로서 앞으로 우리 분쟁조정위원회에서 많은 활동을 해 주시리라고 믿습니다.

오늘 연례회의에서는 앞으로 분쟁조정위원회가 어떠한 방향으로 어떻게 발전해야 하는 가에 대하여 개략적으로 나마 논의할 수 있는 자리가 되었으면 합니다.

끝으로 이 자리를 빌어 우리 위원회 조정업무를 성의껏 도와주신 모든 조정위원님들, 오늘 좋은 자리를 마련해 주신 한국전자거래진흥원 한영수 원장님, 그리고 산업자원부 김종갑 차관님과 관계자 여러분들께 감사드리며, 앞으로 우리 위원회의 발전을 위하여 끊임없는 지도와 격려를 부탁드립니다.(그랜드인터콘티넨탈호텔, 2006. 9. 19.)

2. 대법관제청자문위원회

(1) 대법관 제청자문위 12일 첫 개최

대법원은 오는 9월 퇴임하는 서성(徐晟) 대법관의 후임 인선을 위해 윤 관 전 대법원장, 이강국(李康國) 대법원 법원행정처장, 조무제(趙武濟) 선임대법관, 강금실(康錦實) 법무부장관, 박재승(朴在承) 대한변호사협회 회장, 송상현(宋相現) 한국법학교수회 회장 등이 참석하는 대법관 제청자문위원회를 12일 오후 개최할 예정이라고 10일 밝혔다. 대법관 제청자문위 개최는 이번이 처음이다.

자문위는 최종영(崔鍾泳) 대법원장이 제시하는 제청 대상 후보자 3명의 적격 여부 등에 관한 토의를 한 뒤 의견서를 내게 되며, 최 대법원장은 자문위 의견을 수렴, 대법관 후보자 1명을 최종 선정해 오는 13~14일 노무현(盧武鉉) 대통령에게 임명 제청할 예정이다. 대법관후보자는 국회 인사청문회와 동의 절차를 거쳐 대통령에 의해 대법관으로 정식 임명된다.

최 대법원장은 신임 대법관 후보자를 제청하면서 오는 25일 퇴임하는 한대현(韓大鉉) 헌법재판소 재판관 후임자에 대한 지명절차도 함께 밟을 것으로 알려졌다.(한국일보, 2003. 8. 10.)

(2) 양승태, 이공현, 이홍훈씨 신임 대법관 후보 선정

대법관 제청자문위원회(위원장 송상현·宋相現 한국법학교수회장)는 17일 양승태(梁承泰·사법시험 12회) 특허법원장, 이공현(李恭炫·〃 13회) 법원행정처 차장, 이홍훈(李鴻薰·〃 14회) 제주지법원장 등 3명을 신임 대법관 적격 후보자로 선정했다.

자문위는 이날 서울 서초구 서초동 대법원에서 다음달 26일 퇴임하는 변재승(邊在承) 대법관의 후임자 선정을 위한 회의를 열어 이 같이 결정한 뒤 최종영(崔鍾泳) 대법원장에게 전달했다.

최 대법원장은 자문위 심의내용 등을 참조해 임명제청 대상자를 최종 선정한 뒤 이번 주 중 노무현(盧武鉉) 대통령에게 제청할 예정이다.

자문위는 유지담(柳志潭) 선임 대법관과 손지열(孫智烈) 법원행정처장 등 법관 3명과 김승규(金昇圭) 법무부 장관, 박재승(朴在承) 대한변호사협회장 등 법조계 대표 3명, 어윤대(魚允大) 고려대 총장, 송보경(宋寶炅) 서울여대 교수, 장명수(張明秀) 한국일보 이사 등 9명으로 구성됐다.

다음은 후보자 3인의 인적사항.

▽양승태 특허법원장 △부산(56세) △경남고, 서울대 법대 △서울북부지원장 △부산지법원장 △법원행정처 차장

▽이공현 법원행정처 차장 △전남 구례(55세) △광주일고, 서울대 법대 △부산고법 부장판사 △법원행정처 사법정책연구실장 △서울중앙지법 민사수석부장

▽이홍훈 제주지법원장 △전북 고창(58세) △경기고, 서울대 법대 △서울고법 부장판사 △법원도서관장 △서울중앙지법 민사수석 부장.(동아닷컴, 2004. 1. 17.)

(3) '신임 대법관후보 추천' 내달 1~9일 접수

시민단체 대표등 자문위 구성… '적격후보 공개' 원칙

오는 8월 17일 임기 6년을 마치고 퇴임하는 조무제 대법관 후임자를 선정

하기 위한 대법관 후보자 추천이 내달 1일부터 9일간 실시된다.

대법원은 29일 대법관 선정에 국민의 다양한 의사가 반영될 수 있도록 대법관 제청자문기구 구성 등의 개선이 필요하다는 사법개혁위원회의 건의에 따라 제청자문 위원회 내규를 개정, 조 대법관 후임자 임명제청을 위한 절차에 착수했다고 밝혔다.

대법원은 개정내규에 따라 변재승 선임대법관, 손지열 법원행정처장 등 법관 3 명과 강금실 법무장관, 박재승 변협회장, 송상현 법학교수회장 등 법조계 대표 3명 외에 경실련 공동대표인 김성훈 전 농림부 장관, 환경운동연합 공동대표인 신인령 이화여대 총장, 장영섭 연합뉴스 사장 등 법조 외부인사 3명을 자문위원으로 위촉했다.

위원장에는 송상현 회장이 지명됐고 법관 3명 중에는 판사들의 다양한 의사를 반영한다는 취지에서 부장판사인 우성만 창원지법 진주지원장이 포함됐다.

대법원은 내달 1~9일 사이 총무과를 통해 법관 및 법원공무원, 자문위원을 비롯, 개인이나 단체로부터 대법관 후보자를 서면접수한 뒤 명백한 결격사유가 없는 한 추천자 전원을 자문위원회에 넘길 방침이다.

추천되는 후보자는 법조경력 15년 이상으로서 40세 이상이면 누구나 자격이 되며, 추천방법과 추천서 양식 등은 대법원 홈페이지(www.scourt.go.kr)에 게시된다.

자문위는 내달 16일께 회의를 열고 법원 안팎에서 추천된 후보자와 함께 최종영 대법원장이 제시한 후보자를 대상으로 심의를 한 뒤 그 결과를 최 대법원장에게 자 문할 예정이다.

개정 내규는 자문위가 적격으로 판정한 후보자의 이름을 공개하는 것을 원칙으로 하고 있고, 판정사유에 대해서는 의결을 통해 공개할 수 있도록 규정하고 있어 후보자 심의가 한층 투명하게 이뤄질 것으로 대법원은 기대하고 있다.

최 대법원장은 자문위의 심의결과를 토대로 내달 중순 이후 신임 대법관 후보자를 노무현 대통령에게 제청하게 된다.(연합뉴스, 2004. 6. 29.) <고웅석 기자>

(4) 법원노조-시민단체 추천 대법관 후보 10여명 확정

법원공무원노조와 인권실천시민연대, 교수협의회, 환경운동연합, 사법개혁시민연대 등 시민단체연합이 대법관제청자문위원회에 추천할 10여 명의 대법관

후보를 확정한 것으로 16일 알려졌다.

제청자문위원회는 송상현(宋相現) 서울대 법대 교수를 위원장으로 해 15일 구성됐으며 23일부터 29일까지 일주일 동안 법조계와 시민단체 등으로부터 대법관 후보를 추천받는다.

법원노조 등이 추천한 후보는 송광수(宋光洙 · 사법시험 13회) 전 검찰총장, 이홍훈(李鴻薰) 서울중앙지법원장, 양동관(梁東冠 · 이상 사시 14회) 서울가정법원장, 양창수(梁彰洙 · 사시 16회) 서울대 법대 교수, 안대희(安大熙) 서울고검장, 차한성(車漢成) 청주지법원장, 손용근(孫容根) 춘천지법원장, 김관재(金琯在 · 이상 사시 17회) 전주지법원장, 전수안(田秀安 · 사시 18회) 광주지법원장, 목영준(睦榮埈 · 사시 19회) 법원행정처 차장, 송두환(宋斗煥 · 사시 22회) 변호사 등이다.

법원노조는 18일 시민단체 대표들과 최종 회의를 하고 3, 4명의 후보를 추가해 모두 15명의 최종 후보 명단을 확정할 예정이다.

이번 대법관 후보 추천은 강신욱(姜信旭) 대법관 등 7월 퇴임하는 5명의 대법관 후임을 임명하기 위한 것이다.(동아일보, 2006. 5. 17.) <전지성 기자>

3. 사법개혁추진대통령위원회

(1) 사개추委 18일 출범… '사법개혁 로드맵' 마련

사법개혁위원회의 논의결과를 실행에 옮기기 위한 사법제도개혁 추진위원회가 오는 18일 첫 회의를 갖고 공식 출범합니다.

사개추위는 지난해 사개위가 합의한 '로스쿨'과 '국민의 사법참여제' 도입 등을 최우선과제로 삼고, 대법원의 기능을 대신할 상고부 설치와 '징벌적 손해배상제도' 등에 대한 구체적 검토작업도 함께할 예정입니다.

사개추위의 실무위원회 위원장은 당연직으로 한덕수 국무조정실장이, 기획추진단 단장은 사법개혁 담당비서관으로 내정된 김선수 변호사가 각각 맡게 될 것으로 알려졌습니다.

사개추위 위원에는 당연직인 교육, 법무부 장관 등 관련부처 장관 외에 송상현 법학교수회장, 김금수 노사정위원장, 박삼구 금호아시아나회장 등이 내정된 것으로 전해졌습니다.

사개추위는 오는 18일 이해찬 국무총리와 공동위원장을 맡게 된 한승헌

전 감사원장 등에 위촉장을 수여한 뒤 서울 수송동 삼성수송타워에서 현판식을 갖고 내년 12월말까지 예정된 활동에 들어갈 예정입니다.(KBS, 2005. 1. 11.) <사회부 홍희정 기자>

4. 무역위원회

(1) 송상현 서울대 교수 산자부 무역위원장 위촉

산업자원부 무역위원회는 송상현 서울대 법과대학 교수를 무역위원회 위원장으로 위촉했다고 11일 밝혔다.

이와 함께 김인모 서울경제 논설위원, 박보영 변호사를 각각 위원(비상임)으로 선임했다.

송 신임 위원장은 1963년 서울대 법대를 졸업한 뒤 1970년 미국 코넬대 대학원에서 법학박사 학위를 취득했다. 미국 뉴욕법률사무소・국제거래법학회장・세계지적소유권기구(WIPO) 중재위원・서울대 법대학장 등을 역임했으며, 1972년부터 현재까지 서울대 법대 교수로 재직중이다.

무역위는 신임 송 위원장이 다양한 분야의 오랜 경험을 바탕으로 WTO 체제 하에서 그 중요성이 더해 가는 무역위원회를 원만히 이끌어 나갈 것으로 기대하고 있다.

무역위는 또한 언론 및 법조분야에서 국내 최고 수준의 전문가 모색 과정을 거쳐 김인모 서울경제 논설위원, 박보영 변호사를 각각 무역위 위원으로 위촉했다고 설명했다.(디지털타임스, 2005. 12. 12.) <강희종 기자>

(2) 무역위원회 홈페이지 위원장 인사말

안녕하십니까?

무역위원회 무역구제포털사이트 방문을 진심으로 환영합니다.

무역구제제도는 국가간 무역장벽 철폐와 자유무역주의를 지향하는 세계무역기구(WTO)가 유일하게 인정하는 국내산업보호제도입니다. 무역위원회는 각종 무역구제서비스를 통해 치열한 무역경쟁이 벌어지고 있는 국내 시장에 규범이 지배하는 공정경쟁 환경을 확립하고자 최선의 노력을 다하고 있습니다.

무역위원회는 덤핑수입 및 외국정부로부터 보조금을 지급받는 물품의 수입 또는 특정물품 서비스의 수입급증 등으로 국내산업이 피해를 입거나 입을 우려가 있을 경우 이를 조사판정하여 적절한 구제조치를 도모하는 무역구제기관입니다.

또한 무역위원회는 원산지표시위반, 지적재산권 침해, 수출입질서저해행위 등 불공정무역 행위에 대한 조사 및 시정조치 뿐만 아니라 교역 상대국의 WTO 규범 위반사건 조사 및 시정 또는 보복조치 등 다양한 무역구제제도를 운용하고 있습니다.

아울러 산업경쟁력 영향조사, WTO/DDA 규범협상 및 기타 국제무역관련 조사연구, 수입시장 실시간 감시 및 조기경보체제 구축운용 등을 통해 국내산업의 국제경쟁력 제고를 위해 노력하고 있습니다.

이 무역구제포털사이트는 무역구제제도의 활성화를 위해 온라인을 통한 정보제공, 수입감시, 민원처리 등이 가능한 혁신적 전문 포털사이트로 무역구제 신청, 조사, 판정 등 일련의 업무프로세스를 온라인화하였습니다.

기업이나 단체, 대리인 등이 기존의 종이문서로 직접 방문하여 신청하고 결과를 확인하는 등의 방식에서 회원 가입시 등록한 전용 ID만 있으면 인터넷이 가능한 전국 어느 곳에서나 이용할 수 토털행정체계를 구현함으로써 대국민 서비스를 크게 개선할 것으로 기대합니다.

저희 무역위원회가 적법하고 공정한 무역구제기관으로서 제 역할을 다할 수 있도록 지속적인 관심과 참여를 부탁드립니다. 감사합니다.

무역위원회 위원장 송 상 현

Ⅷ. 국제봉사활동

1. 한국법의 세계화

(1) 한국법으로 세계 법시장 공략해야 한다

한국법학원 50주년 행사… '법조3륜' 수장 참석

한국법은 시장성이 충분한 만큼 우리 법 체계에 대한 관심과 수요가 많은 국가를 중심으로 '세계 법시장'을 공략하기 위해 적극적인 세계화를 추진해야 한다는 의견이 제기됐다.

국내 최대 법률가 단체인 한국법학원(원장 이재후, 김앤장 대표변호사)이 창립 50주년을 맞아 22일 서울 프레스센터에서 '한국법의 세계화'를 주제로 연 학술대회에서 헌·민·형법과 상법·지적재산권법 등 15개 분야의 법학 전문가들은 국내법의 세계화 수준을 짚어보고 세계화를 위한 추진 과제를 제시했다.

국제형사재판소 재판관인 송상현 서울대 법대 교수는 기조강연에서 "한국법은 영미법과 독일식 대륙법 등 각국의 법과 제도를 소화해 독특한 체계를 발전시켜 왔다. 우리의 법률 노하우를 수출할 수 있는 틈새시장을 개척해야 한다"고 말했다.

그는 현재 북미와 일본·호주·서구 등 5~6개 선진 지역에서 한국법에 대한 수요가 존재하며 냉전 종식 후 경제성장과 민주화를 추진 중인 개발도상국도 한국법의 성공적인 전파가 가능한 틈새시장이자 '황금어장'이라고 평가했다.

그러나 그는 미국 등 선진국에 한국법 전공 외국인이 한 명도 없고 한국법 교재가 부족하며 영어로 된 한국법 전문 웹사이트는 찾아보기 힘들다면서 세계화를 위해 이 같은 전제조건의 충족과 함께 '한국법 석좌교수제' 도입이 필요하다고 지적했다.

'재판제도의 어제와 오늘, 그리고 내일'을 주제로 발표에 나선 임성근 부장판사는 "2000년대 이후 법원은 국민의 신뢰를 받는 사법제도를 만들기 위해 노력하고 있다. 국회 계류중인 사법개혁 법률안이 통과되면 가시적인 성과가 나타날 것이다"며 국회의 신속한 법안 처리를 주문했다.

최윤희 건국대 교수는 여성법 분야 발표를 통해 자녀가 부모 중 어느 일방의 성이나 본적을 따를 수 있도록 하는 규정의 도입이 필요하며 이혼 제도를 보완해 자녀 양육과 배우자의 생활 보장을 강화해야 한다고 주장했다.

이완규 대검 검찰연구관은 '공판중심주의 실현방안' 발표에서 "최근 검찰·법원이 서울·대전·대구·광주 등 4개 지역에서 공판중심주의 시범 재판을 운영 중인데 검찰의 증거서류 분리제출 및 구두변론 강화에도 법원의 재판 운영방식은 크게 개선되지 않고 있다"고 지적하고 집중심리가 강화돼야 한다고 주문했다.

이 행사에는 이용훈 대법원장과 천정배 법무부 장관, 천기홍 대한변호사협회 회장 등 '법조 3륜'(법원·검찰·변호사) 수장과 윤영철 헌법재판소장, 이기수 한국법학교수회장 등 법조계 요인들이 대거 참석했다.

또 양창수·박정훈 서울대 법대 교수, 이호원 제주지방법원장, 정진경 의정부지법 부장판사, 한수웅 홍익대 교수 등이 발표자로, 이석연 변호사와 이태종 서울행정법원 부장판사, 제프리 존스 미국 변호사 등이 토론에 참가했다.(중앙일보(연합), 2006. 6. 22.) <서울=연합뉴스>

⑵ UH 로스쿨서 한국법 강의하는 송상현 서울대 교수

"내 꿈은 미국에 한국법 전문 인력 양성"

하와이대학교(UH) 로스쿨은 이번 가을학기에 한국법 강좌를 개설했다. 담당교수는 한국법을 해외에 알리는 선구자로 유명한 서울대학교 법대 송상현(60·사진) 교수로 한국법 전반과 투자나 지적재산 등 경제분야와 관련된 법, 그리고 법이 한국의 사회 및 경제발전에 어떤 영향을 미쳤는지 등을 강의한다.

UH 로스쿨 연구실에서 만난 송교수는 2가지의 꿈을 가지고 있었다. 한국이 법이 통하는(rule of law) 사회가 되는 것과 미국에 한국법 전문 인력양성 프로그램을 개설하는 것이다.

"법대로"라는 말은 미국에선 일상적으로 받아들여지지만 한국에선 "최후수단"일뿐, 아직도 "법보다는 주먹이 가깝다"는 인식이 뿌리깊게 깔려있기 때문이라고 한다.

실제 지난 6월 한국형사정책연구원이 발표한 '국민 준법의식 실태조사'에 의하면 개인문제 혹은 사회분쟁 해결을 위한 유용한 방법으로 '법'을 꼽은 사람은 20%에 불과했다. 반면 권력(39.6%), 돈(30.4%), 연줄(6.3%) 등 소위 '빽'이 76.3%를 차지했다. 권력과 돈의 위력이 법보다 강하다는 인식을 잘 반영해준다.

송교수는 법보다 '빽'이나 정치논리가 앞서는 한국의 국민의식과 정치권의 현실을 개탄하면서, '법은 최소한의 규범'이라고 외치는 강단의 주장은 공허한 메아리가 된다며 한숨지었다. 그의 이런 주장에 미국, 호주, 영국 등 해외 대학이 큰 관심을 보여 지난 91년부터 하버드대학을 비롯한 미 주요대학에서 한국법 강좌를 개설하고 송교수는 각 대학을 순회하며 강연을 해왔다.

송교수의 이런 해외강연은 대학측의 요구로 인한 것이긴 하지만, 지난 사반세기 동안 꿈꿔온 미국내 한국법 전문 인력양성이라는 그의 꿈과 맞물렸기 때문이다. 그는 "법에 의한 정치"를 하고 있는 미국에 한국법 전문 인력을 양성하는 것은 한국을 진정한 법치국가로 만드는데 도움을 주는 것은 물론 미국정부의 '한국에 관한 정책결정' 과정에도 이들이 영향력을 행사할 수 있을 것이라고 믿고 있다.

그러나 한국법을 미국에 알리려는 그의 노력은 첫걸음부터 벽에 부딪혔다고 한다. 미국 대학에서 한국법 강좌를 개설하기 위해서는 우선 배우려는 학생들이 있어야 하며, 영어로 된 교재, 영어로 강의할 수 있는 교수진, 그리고 자금지원 등 4가지의 요소가 필요한데 현재까지는 배우려는 학생들의 수요는 충분하지만 나머지 3가지에 대한 해결책이 없다는 것, 그래서 직접 한국법을 영어로 번역해 교재를 만들고 미국내 대학 강단을 찾아 나선 것이다. 그러나 급변하는 한국정세 탓인지 법도 하루가 다르게 변해, 심지어 어떤 법은 1년에 4번씩 바뀔 정도여서 국제화, 세계화에 걸맞는 한국법의 영문화 작업은 정부차원에서 시행되어야 한다고 역설하고 있다.

한국이 '법이 만능인 사회'가 되고 더불어 한국법의 국제화가 이루어지는 날을 기다리며 송교수는 오늘도 좁은 연구실 한쪽에서 법전과의 씨름을 계속하고 있다.

송상현교수는 서울대 법대와 영국 케임브리지대, 미국 코넬대(법학박사)를 졸업하고 1962년에 행정고시, 1963년에 사법고시에 합격한 후 지난 72년부터 지금까지 서울대 법대교수로 재직해오고 있다.(중앙일보 하와이판 <사람과 사람들>, 2001. 9. 4.) <서상복 기자>

(3) '세계화시대 法문화' 학술토론

한국법학교수회(송상현 · 宋相現 회장)가 주관하고 대법원 헌법재판소 법무부 등이 주최하는 제 3 회 한국법률가대회(대회장 김정후 · 金井厚)가 26일 오전 서울 성북구 안암동 고려대 신법학관 5층 세미나실에서 열린다.

'세계화 시대의 법 · 법률가'라는 주제로 열리는 이번 대회에는 판사 검사 변호사 법학교수 등 법률 전문가 110여 명이 △최근 국제 법문화 환경의 변화 △세계화 시대의 국가와 국민 △세계화 시대의 국제질서 △사법 생활과 정보화 시대의 국제적 동향 △국제노동환경의 변화와 법적 대응 △국제 거래와 국제 분쟁에 관한 법적 대응 등의 주제를 놓고 학술 발표회를 갖는다.

이날 행사에는 김정길(金正吉) 법무부 장관이 참석해 축사를 할 예정이며 제프리 존스 주한미상공회의소 회장이 '적법절차냐? 떼 법이냐?'라는 주제로 기조 강연을 한다.(동아일보, 2002. 10. 25.) <이상록 기자 >

(4) Harvard Law Bulletin, p. 10

The United States and East Asia: An Uncertain Relationship

Participants: **Sang-Hyun Song, Professor of Law, Seoul National University, Korea**; Visiting Professor Yukio Yanagida LL.M. '66, partner, Yanagida & Nomura, Tokyo; Professor William P. Alford '77, Director, East Asian Legal Studies (moderator); Alice Young '74, partner, Milbank, Tweed, Hadley & McCloy.」

U.S. position in the region must be redefined.

In response to Professor William Alford's questions, panelists addressed economic interaction focusing on trade, diplomatic intercourse with attention to the formation of a post-Cold War world order, and the interplay of industrialization and traditional cultural mores. Yukio Yanagida stressed the need to transform the Japanese economy from a producer to a consumer-oriented system and to make Japanese business practices conform to international standards and expectations. According to **Sang Hyun Song**, major challenges facing Korea in the nineties are democratization and the control of one-person and one-family conglomerates. Alice Young noted the strengthening of economic and diplomatic relations among Taiwan, Hong Kong, and the PRC and suggested that the United States' position in the region must be redefined in the next decade. Several issues involving Japan prompted lively debate. Particularly lively were exchanges about the extent to which "culture" provides an explanation for Japanese trading practices inconsistent with international norms, and of Japan's appreciation of the importance of assuming diplomatic and foreign aid responsibilities consistent with the country's economic position. (1991. 10.)

(5) The University of Melbourne, Faculty of Law, Graduate Studies and Continuing Education, p. 44, 1995

730-660 Korean Law

Lecturer: Ms. Veronica Taylor
Professor Song Sang Hyun

Semester 2: Intensive: 9-13 October
Preliminary Session: Saturday 23 September
9:00 am - 1:00 pm
Follow-up Session: Saturday 18 November
9:00 am - 1:00 pm

Time: 9:00 am-12:00 noon

Location: University

Course: Master of Laws; Graduate Diploma in Asian Law; Graduate Diploma in Transnational Law

Prerequisites:

None. A knowledge of the Korean language is not required. A knowledge of commercial and economic law is desirable.

Objectives:

A candidate who has successfully completed the subject should:

- Understand the political, economic and historical factors which continue to influence the development of the legal system in the Republic of Korea
- Have an overview of the commercial laws of Korea, particularly those affecting foreign trade

· Be able to identify and analyse English language materials on Korea and to apply them in the critical evaluation of an aspect of Korean law
· Understand the significance of the legal system in the Republic of Korea for Australia.

Syllbus:

This subject will introduce the legal system of Korea with particular emphasis on Korean Community Law.

The subject will include the following areas:

· Law and development in Korea
· Korean Legal History
· The Korean Constitution and Government
· The role of the Judiciary
· General private law
· Basic corporation law
· Economic regulation
· Commercial arbitration
· Industrial relations and labour law.

This subject is being offered as a study tour led by the Asian Law Centre. Please see the note on page 20.

Assessment:

Research paper - 10,000 words (100%)

2. 국제형사재판소

(1) KBS 뉴스광장

[사회] 한국인 첫 국제형사 재판관

⊙ 앵커: 내년 봄 신설되는 국제형사재판소에 처음으로 한국인 재판관이 탄생할 것으로 보입니다. 김진우 기자가 소개합니다.

⊙ 기자: 옛 유고슬라비아 내전기간 동안 이른바 인종청소라는 명목으로 잔혹한 대량학살이 자행됐습니다. 내전이 끝난 뒤 학살이라는 반인류범죄를 응

징해야 한다는 국제적인 목소리가 높아지면서 탄생한 것이 구 유고전범재판소입니다. 그러나 2차대전 후 뉘른베르크와 도쿄의 전범재판소와 같이 한시적인 기구에서 관련자 일부만 처벌하는 한계를 지녔습니다.

이에 따라 반인도적인 범죄자에 대해 국제적인 형사책임을 묻기 위한 상설기구의 설립이 국제사회에서 논의됐고 국제형사재판소의 출범이라는 결실을 맺었습니다.

바로 내년 2월에 문을 여는 국제형사재판소는 서울대 송상현 교수가 재판관으로 선출될 것이 확실시되면서 더욱 우리의 관심을 끌고 있습니다.

⊙ 송상현(서울대 교수): 제가 당선된다면 그야말로 국제평화, 인권옹호, 인도주의 실천을 위해서 저의 한 몸을 다 바칠 각오입니다.

⊙ 기자: 아시아 몫의 두 명 가운데 한 명으로 선출됨으로써 세계평화와 인권옹호에 한국의 위상이 크게 높아질 것으로 예상됩니다.

⊙ 김현(변호사): 이 같이 중요한 국제기구에 우리 한국인이 진출한다면 우리 국가로서도 명예가 될 것이고 인권옹호 국가, 평화국가를 지향하는 우리 정부의 가시적인 성과를 올리게 될 겁니다.

⊙ 기자: 이 쾌거는 인권후진국의 오명을 안고 있는 우리나라의 인권개선에도 큰 도움이 될 것으로 기대됩니다. KBS뉴스 김진우입니다.(2002. 12. 28.)

(2) 국제형사재판소 재판관 출마한 서울대 송상현 교수

"법을 공부한 사람이면 누구나 한번쯤 꿈꿔 볼 만한 자리죠." 올 3월 출범을 앞두고 있는 국제형사재판소(ICC) 재판관 선거에 출마한 서울대 법대 송상현(宋相現 · 62 · 소송법) 교수는 "개인적인 소망도 그렇지만 지난 수년 동안 ICC 개설에 앞장서 온 우리 정부를 봐서라도 꼭 좋은 결과가 있었으면 좋겠다"고 말했다. ICC는 앞으로 인종 청소나 집단 학살과 같은 국제인도법 위반 범죄자들을 사법 처리할 국제기구. 85개국의 비준을 받은 ICC는 18명의 재판관을 선출할 예정이다. 아시아 지역에는 2명이 배당됐는데 6명이 입후보했다. 3일 동아일보 세종로 사옥에서 송 교수를 만났다.

- ICC는 기존 국제재판소들과 어떻게 다른가.

"ICC는 국제법상 범죄자로 취급되는 개인을 재판하는 상설형사재판기관이다. 과거의 한시적 국제재판소들과는 성격이 다르다."

- 정부의 추천을 받았는데….

"미국 프랑스 영국에서의 유학, 법조실무에서 얻은 지식, 30여 년간의 교직생활 등 상대적으로 다양한 경험을 인정한 것 같다."

- 경쟁자들은 누구이고, 당선 가능성은….

"키프로스, 캄보디아, 몽골, 피지, 사모아에서 각각 사법계 최고 인사들이 출마했다. 서울에 주재하는 ICC 비준국 대사들을 상대로 한 표를 호소하고 있다. 이 달 안으로 뉴욕의 유엔 본부에 가서 관계국 인사들과도 접촉할 예정이다. 꼭 당선되라고 각계 인사 150여 명이 후원회(회장 한승주·韓昇洲 고려대 총장 서리)까지 결성해 주었다."

- 미국 중국 러시아는 ICC를 비준하지 않았는데….

"ICC를 개설하는 데 주도적인 역할을 해온 유럽연합(EU)의 위상이 갈수록 높아지고 있다. 개인적으로 ICC의 미래가 밝다고 본다."

-미래의 ICC 재판관을 꿈꾸는 젊은이들에게 한마디 조언한다면….

"ICC만 해도 국제감각을 갖춘 한국의 젊은 인재들이 일할 수 있는 자리가 꽤 있다. 국가적 차원에서 인적 자원 관리가 잘 돼 있지 않아 적임자가 있어도 국제기구와 연결되지 않는 측면이 있다. 재판관이 된다면 인재들의 ICC 진출을 적극 돕고 싶다."(동아일보, 2003. 1. 3 18:53) <김정안 기자>

(3) 한국인 국제기구 진출현황

이종욱 박사가 세계보건기구(WHO) 사무총장에 선출된 것을 계기로 한국인의 국제기구 진출현황에 관심이 쏠리고 있다. 이박사는 한국인으로서는 처음으로 국제기구의 최고경영자(CEO)격인 사무총장에 올랐으며, 특히 임명직이 아니라 선거를 통해 이 같은 고위직에 진출했기 때문에 의미가 더 크다.

외교부 관계자는 "국제기구 사무총장은 예산편성과 인사권을 쥐고 있어 형식적인 권한만 갖는 총회의장과 달리 국제기구의 실질적인 수장"이라고 평가했다. 지난 2001년 한승수 당시 외교부 장관이 전세계 유엔 회원국을 대표하는 임기 1년의 유엔총회 의장에 선출되긴 했지만, 지역별 사전조율을 거쳤고, '지역 순환보직'성격도 있어 엄밀한 의미의 선출직은 아니었다. 지난해 9월 현재 유엔 사무국과 산하단체, 각종 국제기구에 진출한 한국인은 35개 국제기구 221명으로 집계됐다. 이 중 2000년 유엔 사무차장급인 아시아·태평양 경제사회위원회(ESCAP) 사무총장에 임명된 김학수 전 외교부 국제경제담당대사가 지금까지 한국인으로는 국제기구 최고위직에 오른 케이스다.

또 황진하 육군소장이 유엔 키프로스 평화유지군(UNFICYP) 사령관으로 임명돼 활동중이며, 국제원자력기구(IAEA)의 전풍일 원자력국장, 김병구 기술협력국장, 구삼열 유엔아동기금(UNICEF)도쿄(東京)사무소장 등 한국인의 국제기구임명직 진출이 최근 잇따르고 있다.

선출직으로는 국제해양법의 거두인 박춘호 고려대 석좌교수가 국제해양법재판소(ITLOS) 재판관에 선출돼 활동하고 있으며, 박수길 전 유엔대사도 유엔인권소위 위원을 맡고 있다.

또 대구지법 부장판사로 있던 권오곤씨가 구 유고슬라비아의 전범재판을 담당하는 구유고 전범재판소(ICTY)의 재판관으로, 신혜수 전 한국여성의 전화연합 대표가 유엔 여성차별철폐위원회 부의장으로, 김두영 전 외교부 과장이 국제해양법재판소 사무차장 등으로 각각 선출돼 활동을 벌이고 있다.

최근에는 송상현 서울대 법대교수가 전범처벌 및 국제인권 강화를 목적으로 네덜란드 헤이그에 본부를 둔 국제형사재판소(ICC)의 재판관 선거에 출마, 결과가 주목되고 있다. 국제형사재판소 재판관은 다음달 3일 유엔총회에서 각국 유엔대사들의 투표를 통해 18명이 선출된다.(문화일보, 2003. 1. 29) <서의동 기자>

(4) MBC 저녁뉴스

앵커: 이종욱 씨가 세계보건기구 사무총장에 당선된 데 이어서 서울법대 송상현 교수가 국제형사재판소 재판관에 선출됐습니다. 국제기구 고위직 진출은 우리나라의 높아진 위상을 보여주는 것으로 평가됩니다. 김경중 특파원이 보도합니다.

기자: 집단살해, 전쟁범죄를 범한 개인을 사법처리하기 위해 신설되는 국제형사재판소. 그 초대 재판관에 송상현 서울법대 교수가 당선됐습니다.

인터뷰: 우리나라 국력이 세계적으로 컸고 우리나라의 위상이 이렇게 높아져서 그 덕에...

기자: 항일운동을 펼치다 암살당한 고하 송진우 선생의 친손자이기도 한 송 교수는 전쟁이 없는 세계를 만드는 데 온힘을 바치겠다고 밝혔습니다.

인터뷰: 인권옹호라든가 법을 통한 세계평화 유지라든가 이런 것에 기여해 볼 수 있는 기회가 아닌가...

기자: 세계보건기구 사무총장에 이종욱 씨가 당선된 데 이어 송 교수가

형사재판관으로 선출된 것은 UN가입 후 11년 반 만의 쾌거로 평가됩니다.

인터뷰: 내주에는 세계아동권리위원회 위원을 뽑게 되어 있습니다. 그래서 폭발적으로 우리나라 인사들이 높은 지위로 국제기구에 진출하게 되겠습니다.

기자: 송 교수의 재판관 당선은 특히 한국의 인권상황에 대한 국제사회의 평가를 반영한 것으로도 풀이됩니다. UN본부에서 MBC뉴스 김경중입니다.(2003. 2. 5.)

(5) KBS 뉴스 9

[국제] 송상현 교수, ICC 초대 재판관

⊙ 앵커: 초대 국제형사재판소 재판관에 서울 법대 송상현 교수가 선출됐습니다.

세계보건기구 사무총장에 이종욱 박사가 당선된 데 이은 겹경사가 아닐 수 없습니다.

화제의 인물을 뉴욕의 배종호 특파원이 만났습니다.

⊙ 기자: 국제형사재판소, ICC 초대 재판관에 선출된 송상현 서울 법대 교수입니다.

85개 당사국 가운데 63개국이 지지해 당당히 1차 투표에서 뽑혔습니다.

⊙ 송상현(ICC 초대 재판관): 저는 이것을 성숙된 우리나라 외교의 큰 개가이고 결실이라고 생각을 합니다.

⊙ 기자: 고하 송진우 선생의 친손자이기도 한 송 교수는 전쟁 없는 세계를 만드는 데 혼신의 힘을 기울이겠다고 밝혔습니다.

⊙ 송상현(ICC 초대 재판관): 법을 통한 세계평화라든지 또는 인도주의 실천이라든가 또는 부녀자나 어린이가 중심이 되겠습니다마는 모든 인권에 골고루 인권을 옹호한다든지...

⊙ 기자: 세계보건기구 사무총장에 이어서 초대 국제형사재판관에 한국인이 선출된 것은 UN 가입 11년 만의 쾌거로 평가됩니다.

국제형사재판소는 전쟁범죄와 집단살해범죄 등 반인류범죄를 처벌하기 위해서 지난해 7월 1일 출범한 상설 국제기구로써 초대 재판관 취임식은 다음 달 11일 네덜란드 헤이그에서 열릴 예정입니다. 송 교수가 동양인으로서는 유일하게 초대 재판관에 선출됨에 따라 앞으로 우리나라는 국제형사재판소의 활동에 주도적으로 참여할 수 있게 됐다는 평가를 받고 있습니다. 뉴욕에서 KBS

뉴스 배종호입니다.(2003. 2. 5.)

[사회] 한국인 국제기구 진출 러시

⊙ 앵커: 이렇게 한국인이 연이어 국제기구 고위직에 진출하고 있는 것은 그만큼 우리나라의 국제적 위상이 높아졌음을 의미합니다. 계속해서 조일수 기자입니다.

⊙ 기자: 송상현 교수가 국제형사재판소 재판관에 취임하면 현재 우리나라에서 국제기구에 진출한 18번째 인사가 됩니다. 특히 주목할 점은 우리 인사들이 최근 국제적인 지지를 필요로 하는 고위급 선출직에 진출하고 있다는 점입니다.

지난달 WHO 사무총장에 당선된 이종욱 박사가 그렇고 박춘호 국제해양법재판소 재판관, 권오곤 구 유고전범재판소재판관 등 그 어느 때보다 많은 9명이 국제기구에서 선출직으로 활동중입니다.

⊙ 김현(국제 변호사): UN이 최초로 만든 상설 국제사법기구에 우리 국민이 진출한 것은 우리나라의 국제적 위상을 높이는 데 크게 기여할 것입니다.

⊙ 기자: 이렇게 볼 수 있는 이유는 국제기구의 고위직일수록 여러 나라의 이해를 조정해야 하는 만큼 많은 나라의 지지가 필요하기 때문입니다. 고위직 당선 자체가 국제사회에서 우리나라의 국제적 지명도와 영향력을 인정받았다고 볼 수 있다는 얘기입니다.

⊙ 남관표(외교통상부 심의관): 그 동안에 축적된 우리 외교 교섭의 역량을 충분히 활용해서 제3, 제4의 고위직 진출이 가능하리라고 생각합니다.

⊙ 기자: 따라서 이제는 국제사회 진출을 뒷받침하는 정부의 측면지원과 함께 세계 각국의 현안에 대해 관심을 갖는 국제적 시각을 길러야 할 때가 됐습니다. KBS뉴스 조일수입니다.(2003. 2. 5.)

(6) 金大中대통령 宋相現 재판관 면담

김대중(金大中) 대통령은 13일 오전 청와대에서 새로 출범할 국제형사재판소(ICC) 초대 재판관에 선출된 송상현(宋相現) 서울대 교수를 면담하고 격려했다.

김 대통령은 이 자리에서 "송 교수가 새로 출범할 인권관련 국제사법기구인 국제형사재판소 초대 재판관에 선출된 것은 개인의 영광이자 국제사회에서 날로 높아지고 있는 우리나라의 위상을 보여주는 일"이라면서 "앞으로 적극적인 활동을 통해 국제사회에서 인도주의와 인류의 인권이 증진될 수 있도록 헌신해 달라"고 당부했다.

네덜란드 헤이그에 설치될 국제형사재판소는 집단 살해죄, 인도에 관한 죄, 전쟁범죄 등을 다루며 오는 내달 11일 공식 출범한다.(연합뉴스, 2003. 2. 13.) <정재용 기자>

(7) 盧武鉉대통령당선자 宋相現 ICC재판관 면담

노무현(盧武鉉) 대통령 당선자는 15일 오전 정부중앙청사 별관 당선자 접견실에서 국제형사재판소(ICC) 초대 재판관에 선출된 송상현(宋相現) 서울대 교수를 면담했다.

노 당선자는 "우리나라에 최근 줄줄이 영광스러운 일이 생겼다"면서 "제가 덕을 보는 것 같고, 훌륭하신 분들이 좋은 성과를 거두니 덩달아 기분이 좋아진다"며 축하했다.

노 당선자는 오후엔 리카르도 라고스 에스코바르 칠레 대통령의 예방을 받고 이날 체결된 한·칠레자유무역협정(FTA) 등 양국 관심사에 대해 의견을 교환한다.(연합뉴스, 2003. 2. 15.) <김범현 기자>

(8) 盧武鉉대통령, 宋相現 국제형사재판소 재판관 접견

노무현 대통령은 오늘 청와대에서 송상현 국제형사재판소(ICC) 상소심 재판부 재판관을 접견하고, ICC의 현황을 설명받은 뒤 계속 노력해 달라며 노고를 격려했습니다.

송 재판관은 이에 대해 2003년 재판관 18명을 뽑는 ICC 선거에서 우리 정부의 외교력 덕분에 당선된 것으로 본다고 말했습니다.

국제형사재판소는 재판소가 생긴 2002년 7월 이후 발생한 집단 살해죄와 전쟁 범죄 등에 대한 관할권을 갖고 있으며, 송 재판관은 ICC내에서 IT 추진 위원장도 맡고 있습니다.(KBS, 2005. 1. 7.) <정치부 송현정 기자>

(9) 최초의 전범재판소 출범

[앵커멘트]

세계 최초의 상설전범 재판소인 국제형사 재판소가 네덜란드 헤이그에서 공식 출범했습니다.

2차대전 이후 나치 전범재판 이래 가장 큰 진전이라는 평가도 있지만, 정작 미국과 러시아 중국 등은 이 재판소의 활동에 대해 회의적입니다.

이기정 기자의 보돕니다.

[리포트]

세계 최초의 상설 전범재판소인 국제형사재판소가 공식출범했습니다.

[녹취: 재판관] "나는 국제형사재판소의 재판관으로써 명예롭고 충실하고 불편부당하게 나의 권한을 수행할 것입니다."

국제 형사재판소의 초대 재판관 18명 가운데는 우리나라의 宋相現 서울대 법대 교수도 포함됐습니다. 이들 재판관들이 비공개회의를 통해 캐나다 출신의 필립 커쉬 재판관을 재판장으로 만장일치로 선출했습니다. 국제형사재판소는 지난 98년 120개 국가들이 로마조약에 서명함으로써 태동이 됐고, 지난해 7월 발효가 됐습니다. 이에 따라 집단살해와 반인도적 범죄, 전쟁범죄를 재판할 수 있게 됐습니다. 이 재판소는 제 2 차 세계대전 전범처벌을 위해 열렸던 도쿄 법정이나 뉘른베르크 법정 등과는 달리 항구적인 법정이라는 점이 가장 큰 특징입니다.

[녹취: 코피 아난 유엔사무총장] "무엇보다 이 법정은 미래에 있을지 모를 희생자를 위한 것입니다"

그러나 미국은 세계 각처에 주둔한 미군이 인권문제 등과 관련해 재판에 기소될 것을 염려해 국가간 쌍무협정 체결을 통해 자국민에 대한 면책을 꾀하고 있습니다. 러시아와 중국도 자국민이 재판정에 서는 것을 우려하며 미온적인 태도를 보이고 있어 이러한 강대국의 비협조는 국제형사재판소가 해결해야 할 과제로 남았습니다.(YTN, 2003. 3. 12.)

(10) 송상현 교수, ICC 초대 재판관 피선

송상현(宋相現, 61) 서울대 법대 교수가 새로 출범한 국제형사재판소(ICC)의 초대 재판관으로 선출됐다.

송교수는 4일 미국 뉴욕의 유엔본부에서 열린 ICC 재판관 선거에서 투표권을 가진 85개 당사국 가운데 63개국의 지지를 얻어 1차 투표에서 당선됐다.

이날 1차 투표에는 43개국의 지망자들이 후보로 나서 송 교수를 비롯해 아일랜드 · 말리 · 브라질 · 가나 · 코스타리카 · 남아프리카공화국 등의 후보들이 선출됐다. 송 교수 이외의 당선자들은 모두 여성이다.

ICC 재판관은 모두 18명이며 5일 나머지 11명을 선출할 예정이다.

ICC는 집단살해죄, 반인도 범죄, 전쟁범죄 등 중대한 국제법을 위반한 개인을 국제사회의 이름으로 처벌하기 위해 2002년 7월 1일 설립된 사상 최초의 상설 국제형사사법기관이다.

송교수는 고등고시 행정과(1962년)와 사법과(1963년)에 합격했으며 1972년부터 현재가지 서울대 법대 교수로 재직중이다.

송교수는 국제중재 등 국제소송분야에서 탁월한 연구업적을 이룩한 것으로 평가받고 있으며 하버드대 법대를 비롯해 미국과 호주, 뉴질랜드 등의 명문대학에서 한국법을 강의해 오고 있다.

송교수는 "한국에서 ICC 초대 재판관을 배출한 것은 신장된 국력과 외교력의 반영"이라면서 "인도주의와 정의를 실천하기 위해 임기동안 최선을 다할 것"이라고 말했다.(디지틀조선일보, 사회, 2003. 2. 5.) <뉴욕=연합뉴스 추왕훈 특파원>

(11) 송상현 ICC 초대재판관 일문일답

4일 국제형사재판소(ICC) 초대재판관으로 선출된 송상현(宋相現, 61) 서울대 법대 교수는 "국제사회에서 법과 정의의 실천을 위해 최선을 다하겠다"고 밝혔다.

송교수는 ICC 재판관 선출이 확정된 후 미국 뉴욕의 유엔주재 한국 대표부에서 연합뉴스와 인터뷰를 하고 소감과 포부를 밝혔다. 송교수는 미국이 ICC 창설협정에 반대하고 자국민 면소를 위해 주요국들과 양자협정 체결을 추진하는 데 대해 개인의견을 전제로 하고 "원칙에 어긋난다"고 비판했다.

송교수는 또 북한 인권문제가 ICC에서 다뤄질 가능성에 관해서는 "ICC 창설 원칙에 정확히 부합하는 사건은 아니지만 이 문제가 다뤄져야 한다는 여론이 높다는 점을 알고 있다"고 신중한 자세를 보였다.

다음은 송교수와의 일문일답.

-ICC 초대 재판관으로 선출된 소감은.

* 개인적으로 기쁘지만 개인의 영광을 넘어서는 일이기도 하다. 한국에서 ICC 초대 재판관을 냈다는 것은 외교역량의 반영이라고 볼 수 있으며 국력이 뒷받침된 결과다. 우리 외교 및 법조 인력이 실력과 자세 양면에서 국제적으로 인정을 받고 있다는 반증이기도 하다. 이번 일이 돌파구가 돼서 앞으로 후배들

도 국제기구에 활발히 진출하게 되기를 바란다.

－초대 재판관으로서 포부는.

*ICC는 국제사회에서 법과 인도주의를 실천하기 위해 창설된 기관이다. 특히 집단살해죄, 전쟁범죄, 반인도범죄 등은 국내 문제라고 해서 방관하면 인도주의와 양심, 정의는 실현할 수 없다. 이런 중죄를 인류 이름으로 단죄해야 한다는 필요성과 개별국가의 주권보장 사이에서 어떻게 균형을 이룰지에 관해 50년간 계속돼온 국제사회의 논의 결과가 바로 ICC 창설이다. 새로운 임무를 훌륭히 수행해내기 위해 동료 재판관들과 함께 노력하겠다.

－광범위한 지지를 얻어 1차 투표에서 당선됐는데.

*다른 후보보다 늦은 1월초에야 선거운동을 시작했지만 성의를 다했으며 유엔대표부도 협조를 아끼지 않았다. 하루 15-30분 단위로 각국 대표들을 만나 설득하는 등 나름대로 열심히 선거운동을 했다. 개인적인 자격도 다른 후보들에 비해 손색이 없었다고 본다.

－ICC 재판관에 뜻을 두게 된 계기는.

*법을 전공한 학자로서 ICC 재판관은 영광스러운 직무이며 누구라도 품을 수 있는 목표라고 생각한다. 그러나 이 자리는 개인의 희망만으로 차지할 수 있는 것이 아니며 정부의 추천이 있어야 한다. 정부에서 특히 나의 국제적 경험을 고려해 후보로 선정한 것으로 이해하고 있다.

－미국이 ICC의 창설을 못마땅하게 여기고 자국민을 ICC에 기소되지 않도록 주요국과의 양자협정을 추진중인데.

*미국이 세계 각국에 주둔군 또는 평화유지군을 보내고 있어 혹시라도 ICC의 관할권에 복종하게 되면 하루도 편할 날이 없을 것이라는 우려를 한다고 보인다. 개인의견으로는 법이 평등하게 적용돼야 한다는 점에서 양자협정을 통해 미국인들에게 면소권을 부여하는 것은 원칙에 어긋나는 일이라고 생각한다. 그러나 국제사회의 현실을 감안해 정부간 대화와 타협도 있을 것이다.

－북한 인권문제가 ICC의 심리대상이 될 수 있나.

*ICC의 창설취지에 정확하게 부합하는 사안은 아니지만 이 문제도 다뤄야 한다는 여론이 있는 것은 알고 있다.

－ICC의 현안은.

*공식 출범일인 지난해 7월 1일 이후 발생한 사건들만 다룰 수 있으므로 당분간 사건은 많지 않을 것으로 예상한다. 재판관 18명의 선출이 완료되면 오

는 7일 이들의 임기를 정하는 추첨을 하게 되고 결과에 따라 각 재판관은 9년이나 6년, 3년 임기를 받게 된다. 연임은 3년임기를 받은 재판관만 한 번 가능하다. 3월 11일에는 헤이그에서 취임선서를 하게 된다. 소장과 두 명의 부소장, 사무총장 선임과 검찰 역할을 할 소추관 선출도 중요한 과제 가운데 하나다.(연합뉴스, 2003. 2. 5.) <뉴욕=연합뉴스 추왕훈 특파원>

(12) "한국 국력 · 외교력 신장 실감"

■ 국제형사재판소 초대 재판관 선출 송상현교수

다음달 11일 공식출범하는 국제형사재판소(ICC) 초대 재판관에 뽑힌 송상현(61) 서울대 법대 교수는 4일 뉴욕 유엔주재 한국대표부에서 <연합뉴스>와 기자회견에서 "초대 재판관에 선출된 것은 신장된 한국의 국력과 외교력의 반영"이라며 "국제사회에서 법과 정의의 실천을 위해 최선을 다하겠다"고 소감을 밝혔다.

지난해 11월에야 국제사법재판소 설립에 관한 로마규정이 국회에서 비준돼 뒤늦게 선거전에 뛰어들었던 송 교수는 남성후보로서는 유일하게 1차투표에서 선출된 데 대해 놀랍다는 반응을 나타냈다. 외교부 관계자는 "송 교수의 재판관 선출은 개인적인 자질에 대한 당사국들의 평가가 우선된 것"이라며 "본인이 적극적으로 선거운동을 했을 뿐 아니라 정부와 후원회 차원에서도 선거용 홍보물을 특별 제작해 배포하는 등 물심양면의 지원을 아끼지 않은 결과"라고 말했다.

송 교수는 서울대 법대 재학시절 고등고시 행정과와 사법과에 합격했으며, 이후 군법무관을 거쳐 영국 캠브리지대에서 석사학위를 받고 미국 코넬대에서 박사학위를 받았다. 그는 미국에서 변호사로 활동하다 지난 72년부터 서울대 교수로 재직해 왔다.

그는 전공이 민사소송법이면서도 국제중재 등 국제소송 분야에서 왕성한 활동을 벌여 법조계와 정부 부처, 재계 등 다방면에서 활약해왔다. 그는 하버드 법대, 오스트레일리아 멜번대, 뉴욕대, 컬럼비아대, 하와이대 등에서 강의를 통해 한국법을 알리는 역할을 해왔다.(한겨레, 2003. 2. 6.) <류재훈 기자>

(13) "국제사회 양심 — 인권 파수꾼 돼야죠"

"국제사회 양심 — 인권 파수꾼 돼야죠" 국제형사재판소 초대 재판관 송상현 서울대교수

4일 국제형사재판소(ICC) 초대 재판관으로 선출된 송상현(宋相現 · 61) 서울대 법대 교수는 "개별국가의 문제라도 인종청소나 전쟁범죄 등을 저지른 개인에 대해서는 국제사회가 간섭해 처벌하는 것이 마땅하다"면서 "인도주의적 차원에서 정의실현에 최선을 다하겠다"고 포부를 밝혔다.

1월부터 한 학기 예정으로 하버드대에서 강의 중인 송 교수는 이날 뉴욕의 유엔주재 한국대표부에서 "선거를 지켜보느라 오늘 강의를 빼먹게 돼 학생들에게 미안하다"는 말로 당선의 기쁨을 대신했다.

송 교수는 "집단살해죄 전쟁범죄 반인도범죄 등은 개별국가의 문제라고 해서 방관하면 국제사회의 양심과 인권을 지킬 수 없으며 이를 국제사회가 처벌하는 방안을 50년간 논의한 끝에 창설된 것이 바로 ICC"라면서 "ICC 재판관은 법을 공부한 사람이면 누구나 꿈꿔볼 자리인 만큼 새로운 임무를 성실히 수행하겠다"고 다짐했다.

송 교수는 미국이 ICC 창설협정에 반대하고 자국민 면소를 위해 주요국들과 양자협정 체결을 추진하는 데 대해 개인 의견임을 전제로 "원칙에 어긋난다"고 말했다.

송 교수는 85개 회원국들로부터 63표의 찬성을 얻어내 당선 요건(투표국의 3분의 2 이상 득표)을 가볍게 충족시켰다.

유엔 한국대표부 관계자는 "경력 자격면에서 전혀 손색이 없는 송 교수가 입후보해 한국이 얻을 수 있는 최대의 표를 얻은 셈"이라고 분석했다. 외교통상부 관계자는 "송 교수는 대륙법과 영미법을 균형감 있게 꿰고 있으며, 형사소송절차법을 30년 이상 전공한 학자로서 아동과 여성의 지위향상을 위해 열심히 사회활동을 해 왔기 때문에 ICC 재판관으로서 최적의 인물"이라면서 "이런 점을 각국 대표들이 높이 샀을 것"이라고 해석했다.

초대 재판관은 모두 18명인데 43개국이 후보를 냈다. 이날 1차로 당선된 재판관은 송 교수를 포함해 7명이며 이중 6명이 여성이다. 초대 재판관들은 3월 11일 네덜란드 헤이그에 있는 재판소에서 취임선서를 한 뒤 소장, 부소장(2명), 사무총장을 호선하고 소추관(검찰)을 선출함으로써 재판부를 구성한다. 임기

는 7일 추첨을 통해 3, 6, 9년 세 종류로 결정된다.

독립운동가이자 동아일보 사장을 지낸 고하 송진우(古下 宋鎭禹) 선생의 손자인 송 교수는 고등고시 행정 사법과에 합격하고 1972년부터 서울대 법대 교수로 재직해 왔다. 국제중재 등 국제소송분야에서 많은 연구 업적을 남겼으며 하버드 법대를 포함해 미국 호주 뉴질랜드 등 유수의 대학에서 한국법을 강의해 왔다.(동아일보 오피니언/인물 23면, 2003. 2. 6) <뉴욕=홍권희 특파원>

(14) 국제형사재판소 초대 재판관된 송상현 교수

"전쟁범죄·인종청소·반인도적 범죄 등 ICC가 취급하는 국제범죄에 가장 취약한 계층이 여성과 어린이입니다. 앞으로 판결을 할 때 여성과 어린이 권익을 더 강하게 옹호하는 방향으로 최선을 다할 생각입니다."

송상현(宋相現·61) 서울대 법대 교수가 지난해 출범한 국제형사재판소(ICC) 초대 재판관으로 선출됐다. ICC는 반인도범죄·전쟁범죄·집단살해죄 등 중대한 국제법을 위반한 개인을 국제사회의 이름으로 처벌하기 위해 2002년 7월 1일 설립된 상설 국제형사사법기관이다.

송 교수는 4일(현지시각) 미국 뉴욕 유엔본부에서 실시된 18명의 초대 재판관을 선출하는 ICC 재판관 선거에서 투표권을 가진 85개 당사국 중 63개국의 지지를 얻어 1차 투표에서 당선됐다. 이날 1차 투표에는 43개국의 법률 전문가들이 후보로 나섰으며 투표 결과 송 교수를 포함, 아일랜드·말리·브라질·가나·코스타리카·남아공 후보 등 7명이 선출됐다. 송 교수 이외의 당선자들은 모두 여성이다.

한국 법조계에서는 송 교수의 ICC 재판관 선출에 대해 "우리나라 법학의 위상을 세계에 드높인 사건"이라며 흥분하고 있다. 안경환(安京煥) 서울법대 학장은 "지금까지 일부 국제재판소에서 한국인 재판관이 뽑힌 사례가 두세 차례 있었지만, ICC 같은 비중 있는 국제재판소에서 한국인이 재판관으로 선출된 것은 획기적인 일"이라며 "장기적으로 우리나라와 북한의 인권문제에도 긍정적인 영향을 줄 것"이라고 말했다.

이번 선거를 앞두고 한승주(韓昇洲) 고려대 총장, 이세중(李世中) 전 대한변호사협회 회장, 안경환 서울법대 학장 등 각계 저명인사 100여 명은 작년 12월부터 송 교수의 후원인으로 나서 국제적 인맥을 통해 송 교수의 업적을 적극적으로 홍보해 왔다. 일제시대의 독립운동가였던 고하(古下) 송진우(宋鎭禹) 선생의 친손자인 송 교수는 상법·민사소송법을 전공해 서울대 법대와 미국 튤레인대에서 법학석사를 받았으며, 미국 코넬대학에서 법학박사 학위를 취득했다.

송 교수는 행정고시(1962년)와 사법고시(1963년)를 합격하고도 교육자의 길을 택해 1972년부터 30여 년간 서울대 교수로 재직했다. 그는 미국, 호주, 일본, 뉴질랜드 등 세계 각국에서 1년에 2~3개월씩 한국법을 강의하는 등 활발한 대외활동을 해왔다.

송 교수는 ICC 재판관 선출이 확정된 후 가진 인터뷰에서 "제 능력보다는 한국 국력의 성장이 뒷받침된 것"이라며 "법을 전공한 학자라면 누구나 꿈꾸는 자리인 ICC 재판관에 선출돼 개인적으로도 영광이지만, 그보다 우리 외교와 법조 인력이 국제적으로 인증받고 있다는 의미가 더 크다"라고 말했다.

송 교수는 미국이 ICC 창설 협정에 반대하고 자국민 면소를 위해 주요국들과 양자협정 체결을 추진하는 것과 관련, "법은 만민에게 평등하게 적용돼야 하므로 원칙에 어긋난다고 생각한다"고 신중하게 말했다. 송 교수는 또 북한 인권문제에 대해 "ICC 창설 원칙에 정확히 부합하는 사건은 아니지만 이 문제가 다뤄져야 한다는 여론이 높다"고 말했다.

지난 1월부터 선거운동을 시작한 송 교수는 투표권을 가진 85개 국가 관계자들과 하루 15~30분 단위로 면담 약속을 정해 설득에 나서는 등 똑같은 이야기를 수백 번도 더 했다고 한다. 송 교수는 "이번 일이 돌파구가 돼서 앞으로 후배 학자들도 국제기구에 활발하게 진출하는 계기가 되길 바란다"고 말했다.(조선일보 오피니언/인물 A22면, 2003. 2. 6.) <이세민 기자>

(15) LOWLAW Vol. 41

"ICC 출범은 인류의 숙원… 항구적 세계평화 위해 기여하겠습니다"

『정의 없이는 평화가 없으며, 법 없이는 정의가 없으며, 또한 주어진 상황에서 무엇이 정당하고 법적인가를 결정할 재판소가 없이는 의미있는 법은 존재하지 않는다.

제 2 차 세계대전의 전범을 처벌하기 위해 설치된 '뉘른베르크 전범재판소'의 벤자민 페렌쯔(Benjamin B. Ferencz) 재판관의 말이다.

국제사회에서 전쟁범죄나 집단살해죄와 같은 극악무도한 범죄를 처벌함으로써, 폭력을 종식시키고 항구적 세계 평화를 수호하기 위해 설치된 국제형사재판소(International Criminal Court). 지난 98년 로마규정에 의해 네덜란드 헤이

그에 설치된 국제형사재판소가 내달 11일 공식 출범한다. 그리고 지난 2월 4일 미국 뉴욕의 유엔본부에서는 국제형사재판소(ICC)의 초대 재판관 선출이 있었다. 이날 총 85개국 가운데 63개국의 압도적 지지를 얻어 당선의 영광을 얻은 송상현(61) 서울대 법대 교수를 만났다.』

"국제형사재판소의 출범은 인류가 지향하는 보편적 가치인 인권옹호, 법을 통한 세계 평화와 유지, 그리고 인도주의를 목표로 설립된 것이라는 점을 항상 인식하고 그에 맞는 업무를 수행하도록 노력하겠습니다"

지난 2월 17일 하이얏트 호텔에서는 송상현 교수의 국제형사재판소 초대 재판관 당선 축하연이 있었다. 이날 소감을 발표한 송상현 교수는 "30년 동안 소송법을 가르쳐온 소송절차의 전문가로서, ICC 재판관으로 취임해 재판의 집행 절차가 공정하고, 정의롭고 효율적으로 운용될 수 있도록 앞장서서 이끌어 가겠다"고 포부를 밝혔다.

송교수는 또, "지난 연말 우리나라의 ICC 재판관 후보로 지명받아 뉴욕으로 떠날 때만 해도 퍽 무거운 마음이었다"고 말하며, "오늘날 당선된 것은 한국의 국력이 커졌고 한국의 위상이 국제사회에서 그만큼 강화되었음을 반영한 것이라고 생각한다"고 덧붙였다. 송교수는 그동안 당선을 위해 많은 노력을 기울인 외교통상부와, 산업자원부, 감사원, 국정원 등과 송교수 후원회의 노고를 일일이 언급하며 감사의 뜻을 표하기도 했다.

43개국 후보 중 사실상 최다득표

이번 재판관 선출은 국제기구 사상 유례 없이 경쟁이 치열했다. 총 18명의 재판관을 선출하는 데 당사국의 절반이 넘는 후보자가 나와 33차례 투표를 거쳤고, 송교수는 1차 투표에서 투표권이 있는 85개국 가운데 63개국의 지지를 얻었다. 모두 43개국 후보가 참여한 이번 선거에서 여성은 10명, 남성은 33명이 후보로 나섰으며, 송교수는 남성후보로서 유일하게 3등으로 당선되었다. 그러나 여성후보의 경우 의무적으로 6표를 찍어야 하기 때문에 "송교수의 득표는 실질적인 최다 득표였으며 압도적 당선이었다"는 후문이다.

이로써 송교수는 내달 11일 네델란드 헤이그에서 출범하는 ICC 초대 재판관으로 재임하게 된다. ICC 재판관의 임기는 3년, 6년, 9년인데 송교수는 3년 임기로 결정되었다. 이날 송교수의 재판관 당선까지의 과정을 보고한 신각수 외교통상부 조약국장은 "6년, 9년 임기의 경우 재선이 불가능하기 때문에, 송교수가 3년 임기가 된 것은 사실 12년을 확보한 것이 아니겠습니까?"라고 말해 참석자들의 즐거운 웃음을 자아냈다.

또 축사를 맡은 이종남 감사원장은 "송교수의 압도적 당선은 개인의 영광을 떠나 우리나라의 위상과 법조인의 명예를 세계에 떨친 것"이라며, "국제사회의 정의구현과 인류평화를 위한 송교수의 활약을 기대한다"고 말했다.

송교수는 "50년 넘는 시간 동안 세계적 숙의를 거쳐 ICC가 출범하게 된 것은 인류의 역사상 의미있는 출발"이라며, "전쟁 등 세계평화를 위협하는 범죄가 발생했을 경우, 부녀자나 어린이를 살해하는 행위에 대해서는 더 엄하게 벌함으로써 억제 효과를 낼 수 있도록 노력하겠다"고 밝혔다.

송교수는 서울대 법대 재학 당시 고등고시 행정과(1962년)와 사법과(1963년)에 합격했으며 1972년부터 현재까지 서울대 법대 교수로 재직중이다. 민사소송법 전공인 송교수는, 그동안 국제중재 등 국제소송분야에서 탁월한 연구업적을 일궈왔으며, 미국의 하버드대 법대와 뉴욕대, 컬럼비아대, 하와이대 및 오스트레일리아 멜버른 대 등에서 한국법 강연을 해왔다. 올해 안식년을 맞아 미국 하버드대에서 강의를 하는 중이다.

이나영 기자(Law & People (The First), 30-31면, 2003. 3.)

국제형사재판소(International Criminal Court)

국제형사재판소는, 집단살해죄(Genocide), 인도에 반한 죄(Crime against Humanity), 전쟁범죄(War Crime) 및 침략범죄(Crime of Aggression) 등 가장 중대한 국제인도법 위반 범죄를 저지른 개인을 처벌할 수 있는 최초의 상설 국제재판소이다.

1990년대 들어 탈냉전과 함께 르완다나 유고슬로비아에서 범해진 극악한 반인도적 사건을 처벌하기 위해 특별재판소의 형태로 유엔임시재판소가 설립되면서, 이러한 범죄에 보다 근본적인 대책과 신속한 조치를 취하기 위해서는 상설 국제재판소가 필요하다는 의견에 대부분의 국가가 동의하여 국제형사재판소의 설립이 본격적으로 추진되었다.

98년 7월 로마에서 열린 외교회의에서 "국제형사재판소에 관한 로마규정(Rome Statute of the International Criminal Court)"이 채택되었고 2002년 7월 발효되었다. 당사국은 EU, 캐나다, 호주, 뉴질랜드 등 87개국이며, 83번째 당사국인 우리나라에서도 지난 2월 1일부터 로마규정이 발효되고 있다.

(16) [뉴스 메이커] "反인류 범죄 끝낸다"

네덜란드 헤이그에서 11일 출범한 국제형사재판소(ICC)의 초대 소장에 캐나다 출신의 외교관이자 법률가인 필립 커쉬 재판관이 선출됐다.

ICC의 산파역을 맡아 온 커쉬 재판관은 이날 열린 비공개회의에서 재판관들(18명)의 전폭적인 지지를 얻으며 만장일치로 소장의 자리에 오르게 됐다. 부소장에는 코스타리카 출신의 엘리자베스 오디오 베니토 재판관과 가나 출신의 아쿠아 쿠엔예히아 재판관 등 2명이 선출됐다.

커쉬 초대 ICC 소장은 ICC의 창설을 규정한 로마조약(1998년)의 위원장으로서, 또한 ICC 창설 준비위원회 위원장으로 ICC 출범에 결정적인 역할을 했다.

캐나다 몬트리올대에서 법학을 전공한 후 1972년부터 캐나다 외교부에서 근무하기 시작한 그는 외교관으로서, 또한 국제 법률가로서 화려한 길을 걸어왔다.

그는 스웨덴 대사, 외교부 법률담당 차관보, 국제재판소 캐나다 대표 등을 역임했으며, 특히 국제법 관계 분야에서 두각을 나타낸 국제법 전문가이다. 그는 오랫동안 환경과 국제범죄 등과 관련된 유엔 산하 국제법 단체의 리더로서 활약해 왔으며, 최근에는 핵무기 테러의 방지를 위한 임시 위원회(98년) 위원장으로 일하기도 했다.

법을 통한 국제사회의 안정을 추구해왔던 그는 ICC의 출범에 고무돼 있다. "오랜 꿈이 실현된 느낌"이라고 감회를 밝힌 그는 "(ICC의 출범으로 인해) 반인륜적 범죄자의 처벌이 가능해지고, 그 같은 범죄를 제어할 수 있으며, 결과적으로 국제적인 안정을 도모할 수 있게 됐다"고 말했다.

한국에서는 송상현(宋相現) 서울대 법대교수가 아시아지역 대표 재판관으로 선출돼 특히 관심을 모았던 ICC는 세계 최초의 상설 형사재판소라는 점에서 그 출범은 커다란 의미를 갖는다. ICC가 발족함에 따라 앞으로 집단살해와 반인도적 범죄, 전쟁범죄자는 발을 펴고 자지 못하게 됐기 때문이다.

ICC는 지난해 7월 이후 발생한 범죄들을 재판할 수 있는데, 조약 비준국들이 이러한 범죄에 대한 법적인 정의에 동의하지 않더라도 재판할 수 있다.(한국일보, 2003. 3. 12.)

(17) 인터뷰: 동문을 찾아서

－국제형사재판소(ICC) 宋相現재판관 "개인의 반인륜 범죄 묵과 않을 것"

지난 2월 4일 미국 뉴욕 유엔본부에서 열린 ICC 재판관 선거에서 宋相現(63년 법대졸 · 모교 법학부 교수) 동문은 투표권을 가진 85개 당사국 가운데 63개국의 지지를 얻어 1차 투표에서 당선됐다. 송동문을 만나 ICC에 대한 궁금증과 재판관으로서의 포부 등을 들어보았다.

－국제형사재판소(ICC) 소개를

「2차대전 직후 국가간의 분쟁이 생겼을 경우 전쟁이 아닌 평화적인 사법심판으로 해결하자는 뜻에서 국제사법재판소가 만들어지게 됐죠. 국제사법재판소가 그동안 여러 문제를 해결해 온 것은 사실이지만 그 내재적인 한계로 인해 국제 사회에서 반성의 기운이 감돌았습니다. 가령 국제사법재판소의 대상은 국가로 한정돼 있기 때문에 인륜에 반하는 범죄를 저지른 재판의 당사자가 개인인 경우 처벌하기 어렵고 국가간의 분쟁도 소를 제기하는 국가나 피소국가 모두 동의했을 경우에만 재판이 이루어진다는 등의 한계가 있죠. 이런 논의가 제기된 후 50년 끝에 ICC가 네덜란드 헤이그에 세워지게 됐습니다」

－선거 당시 상황은

『85개 국가에서 43명이 입후보한 치열한 접전이라고 말할 수 있습니다. 총 18명의 재판관을 선출해야하는데, 1명의 유권자가 18명을 뽑는 연기명 투표였죠. 지역과 성비, 전공 등의 비율을 맞추어 후보를 선택해야 합니다. 1차 투표 결과 남자후보로서는 유일하게 제가 뽑혔고 나머지는 여자 6명이 선출됐지요. 이후 33차에 걸쳐 18명의 재판관이 겨우 선출된 어려운 선거였습니다.』

－임기는 몇 년으로 추첨됐는지

『원칙적으로 임기는 9년으로 규정돼 있습니다. 그러나 초대 재판관들은 3년, 6년, 9년으로 나눠 추첨식으로 임기를 정함으로써 연속성을 띄도록 했죠. 저는 3년으로 추첨됐는데, 재선이 된다면 9년의 임기를 더 맡게 됩니다. 참고로 6년과 9년을 추첨한 재판관들은 재선이 불가능합니다.』

－미국이 ICC에 반대하고 있는데, 그 위상은 어떻게 정립될지

『미국 행정부 내에서도 강력히 반대하는 국방부로서는 현재 80여 개국에 평화유지군을 포함해 주둔군을 배치하고 있는 현실로 볼 때 미국이 ICC에 복종하게 된다면 하루도 편할 날이 없을 것이라는 우려를 하겠죠. 미국은 지금 각국과 기소면제 협정을 체결함으로써 대책을 강구하고 있는 것으로 알고 있습니다. 법에 있어서 예외 규정을 둔다는 것은 법의 기본 원칙에 어긋나는 일이라고 개인적으로 생각합니다. 하지만 현실을 무시할 수 있는 입장이 아니기 때문에 미국과 타협도 있을 것으로 전망됩니다. 현재 이런 상황 속에서 독립성과 공정성을 지켜야하는 ICC의 위상이 흔들린다고 생각할지 모르지만 앞으로 일년 내에 1백여 개국이 비준하게 되면 미국 없이도 자립이 가능할 뿐만 아니라 미국이 ICC를 더 이상 배제할 수 없으리라 예상합니다.』

—앞으로 ICC 재판관으로서 포부는

『ICC가 지향하는 목표는 법을 통한 세계 평화, 인도주의의 실천, 인권옹호 등이기 때문에 재판관으로서 이 목표를 달성하도록 최선을 다하는 것이 사명이겠죠. 특히 저는 절차법 전문가로서 앞으로 재판 절차를 효율적으로 운영하여 낭비적인 요소를 없애려고 합니다. 이와 함께 독립성이라는 기본원칙을 지키기 위해 미국과 같은 강대국의 압력으로부터 초연할 것이며, ICC가 지향하는 고귀한 가치를 실현하는 데 이바지할 각오가 돼 있습니다.』

송 동문은 미국 코넬대 대학원에서 법학박사 학위를 받았으며, 62년 행정고시와 63년 사법고시에 합격했고, 모교 법과대학장을 역임했다. 현재 (사)한국법학교수회 회장, 미하버드대 법과대학 교수를 맡고 있다.(서울대동창회보, 제300호 8면, 2003. 3. 15.) <亨>

(18) 인터뷰: 이사람

국제형사재판소 재판관 송상현 교수(3650 · 서울한강RC)

"로타리 인도주의 경험으로 세계 인권보호에 앞장"

서울漢江RC 소속의 송상현 교수가 지난 2월 4일 출범한 국제형사재판소(ICC)의 초대 재판관으로 당선됐다.

ICC(International Criminal Court)는 중대 국제법을 위반한 개인을 국제사회의 이름으로 처벌하기 위해 지난해 7월 1일 설립된 최초의 상설 국제형사재판소이다. 국제형사재판소 재판관이자 로타리안인 송교수의 각오를 들었다.

국제형사재판소(ICC)의 역할과 송 교수님의 활동에 대해 말씀해 주십시오.

—국제형사재판소는 2차대전후 지금까지 50년 이상 논의해온 국제적 현안이 결실을 맺은 것입니다. 남의 나라의 국내문제에 간섭할 수는 없으나, 아무리 국내문제라고 하더라도 집단살해, 인종청소, 전쟁, 침략, 인도주의에 반하는 중

대한 범죄가 자행되고 있는 경우에 인도적 개입을 할 수 있다는 논리하에 범죄를 저지른 개인을 인류의 이름으로 처벌하자는 취지에서 발족한 인류최초의 상설 국제법정입니다.

이를테면 현재 진행중인 밀로세비치에 대한 재판과 같은 일을 하는 것입니다. 다만 밀로세비치에 대한 재판은 국제형사재판소가 창설되기 전에 일어난 범죄를 단죄하기 위하여 별도로 만들어진 한시적 법원에서 재판을 진행중인 것으로 이 유고전범재판소는 2008년경에 없어지게 되어 있습니다.

국제형사재판소 활동은 로타리의 인도주의 정신과도 일맥상통하는데 로타리에 대한 평소의 견해는?

－국제형사재판소는 법을 통한 세계평화, 인권옹호 및 인도주의 실천이라는 숭고한 목표를 달성하기 위한 법원이므로 로타리 정신과 상통하는 데가 있습니다.

특히 대량살육이나 전쟁범죄가 발생하면 부녀자와 어린이들이 가장 취약한 입장에 서게 되므로 이들을 특별히 보호하는 조치도 아울러 강구해야 할 것입니다.

특히 제가 속한 서울한강RC는 아픈 어린이의 복지에 관심을 가지고 한국백혈병어린이재단을 도와주는 등 국제형사재판소가 추구하는 정신과 맞닿는 활동을 펴고 계셔서 항상 감사하게 생각하고 있습니다.

앞으로의 계획과 포부는?

－30년 이상 소송절차법을 가르쳐온 학자이므로 국제형사재판소가 공정하고, 불편부당하고, 효율적으로 운영될 수 있도록 저의 경험과 지혜를 모아갈 것입니다.

또한 국제형사재판소는 강한 나라들로부터의 정치적 압력을 배제하여 국제법원 설립의 본래적 목적에 맞게 운영되어야 하므로 그러한 점에 주의를 기울이도록 하겠습니다. 그리하여 모처럼 인류역사의 한 획을 긋고 탄생한 국제형사재판소가 인도주의 실천을 보루로서 기대를 저버리지 않고 신뢰를 구축해나갈 수 있도록 헌신할 각오입니다(3650 총재월신 발췌).

<송상현 교수는 1963년 서울대 법학과 졸업후 70년 미 코넬대에서 법학박사 학위를 취득했으며, 행정고시(62년)와 사법고시(63년)에 합격후 72년부터 서울대 법대 교수로 재직중이다. 독립운동가이자 언론인이었던 송진우 선생의 손자로, 국제소송분야에서 탁월한 업적을 이룩한 학자로 평가받고 있고, 미국과 호주,

뉴질랜드 등의 명문대학에서 한국법을 강의하고 있다.>(로타리 코리아, 344호, 57면, 2003. 4.)

(19) 글로벌 코리안! 송상현 국제형사재판소 초대재판관

<시사플러스 집중인터뷰>

"국제형사 재판소 초대 재판관 송상현 교수"

후세인 전대통령이 미군에 의해 생포되면서 전범재판과 관련한 논란이 일고 있는 가운데 전범재판을 관할하는 국제형사재판소의 재판관을 맡고 있는 송상현교수를 만나본다.

－전화: 송상현 교수(서울대 법대)

한국인 최초로 국제 형사재판소(ICC) 재판관을 맡고 있는 송상현 서울대 법학과 교수(61)는 22일, "후세인 전 이라크 대통령을 맡겨준다면 재판을 진행할 수도 있다"고 밝혔다.

송상현교수는 22일 CBS 뉴스레이다에 출연, "현재 이라크가 국제형사재판소의 설치근거가 된 로마 협약을 비준한 국가가 아니어서 법 원칙적으로 보면 후세인에게는 관할권을 행사할 수 없지만 유엔안보리가 맡기면 이 사건을 재판할 수도 있다"고 말했다.

송교수는 또 "ICC는 인류 역사상 많은 전쟁과 살육을 저지르거나 악독한 집단 살육의 범죄를 저지른 사람들을 법정에 세워서 응분의 조치를 취함으로 정의를 세우고, 특히 부녀자와 어린이들의 권리를 보호하고 세계 평화를 유지하자는 목적으로 작년에 발족했다"며 "현재 전세계 92개국이 가입했다"고 설명했다.

송교수는 그러나 "미국의 경우 세계 수십개국에 군대를 주둔하면서 혹시라도 국제형사재판소에 어떤 정치적 동기로 자국민, 자기네 군인이 기소될까봐 로마협약에 반대를 하고 또 더 나아가서 회원국을 포함해 각 나라와 양자협정을 맺어서 미군은 기소 면제를 해달라는 요청을 하고 있다"며 그러나 "미국이 로마 협약에 가입하도록 열심히 설득하고 있다"고 덧붙였다.

송교수는 "한국인으로는 처음으로 국제형사재판소 재판관이 된 것은 개인의 영광이 아니라 인권이 신장된 한국의 위상에 기인한 것"이라고 밝혔다.

송교수는 일제시대 언론인이자 교육자인 고하 송진우 선생의 손자다. 서울대 법대 재학시절 고등고시 행정과와 사법과에 합격했으며, 영국 케임브리지대에서 석사학위를 받고 미국 코넬대에서 박사학위를 받았다. 미국에서 변호사로 활동하다가 1972년부터 서울대 교수로 재직해왔다.

그는 전공이 민사소송법이면서도 국제중재 등 국제소송분야에서 왕성한 활동을 벌여 법조계와 정부 부처, 재계 등 다방면에서 활약해왔다. 그는 미국의 하버드대 법대와 뉴욕대, 컬럼비아대, 하와이대 및 오스트레일리아 멜버른대 등에서 강의를 통해 한국법을 알려왔다.

송 교수는 ICC재판관 선출당시 투표권이 있는 85개국 가운데 63개국의 지지를 얻었다. 그는 1차 투표에서 당선이 확정된 7명 가운데 유일한 남성이었다. 18명을 뽑는 재판관 자리에 모두 43개국에서 한명씩 후보를 냈는데, 이 가운데 여성이 10명, 남성은 33명이었다.(CBS 뉴스레이다 4부, 2004. 1. 22.) <CBS노컷뉴스 민경중 기자>

(20) 집중조명 국제재판소의 한국인들 — '세계의 정의'를 심판하는 한국인 재판관 —

-중략-

한국 위상에 비해 국제기구 활동 적어

국제형사재판소(ICC)는 반인도범죄, 전쟁범죄, 집단살해죄 등 중대한 국제법을 위반한 개인을 처벌하기 위해 2002년 7월 설립된 상설 국제사법기구다. 서울대 송상현(宋相現 · 63) 교수가 2003년 초대 재판관으로 당선되어 활동하고 있다. 국제형사재판소의 재판관은 모두 18명.

서울대 법대를 나온 송 재판관은 행정고시(1962년)와 사법고시(1963년)를 동시에 합격하고도 학문의 길을 택해 미국 튤레인대에서 법학 석사, 코넬대에서 법학 박사학위를 땄다. 1972년부터 30여 년간 서울대 법대 교수로 있으면서 미국 호주 일본 등 세계 여러나라에서 한국법을 강의하며 왕성한 대외활동을 벌여왔다.

송재판관은 국제형사재판소 상소심 재판부에 배속되어 현재 기초작업에 전력하고 있다고 한다. 국제형사재판소에는 아직 기소된 사건이 없다. 현재 국제형사재판소 소속 소추관이 수단의 다르푸르 사건, 우간다 사건 등을 수사중이다. 다르푸르 사건이란 수단 서부 지역 다르푸르에서 2년간 벌어진 인류적 재앙을 말한다. 공식적으로는 7만 명, 비공식적으로는 18만 명이 희생되었고 이

지역의 200만 주민이 자신의 생활터전을 잃은 채 유엔의 구호 손길을 기다리고 있다. 국제형사재판소 소추관은 다르푸르 사건의 책임자로 알려진 10명의 범죄자(이슬람 지도자들과 군사적 지원자들)를 수사 중이다.

국제형사재판소와 구 유고 전범재판소는 모두 네덜란드 헤이그에 본부를 두고 있다. 송상현 교수가 ICC 재판관으로 네덜란드에 부임하면서 서울대 법대의 스승(송상현)과 제자(권오곤)가 헤이그에서 해후하게 되었다. 권 재판관은 "송교수님이 옆에 계셔서 얼마나 큰 힘이 되는지 모른다"고 말한다.

—하략—(주간조선 1881호, 48면, 2005. 11. 28.)

(21) 송상현 교수 특별세미나

5월 4일 수요일에 140동 국제대학원(GSIS)에서 "21세기의 국제형사사법: 국제형사재판소의 역할(International Criminal Justice in the 21st Century: the Role of the International Criminal Court)"이라는 주제로 특별 세미나가 개최되었다. 이번 세미나는 국제형사재판소(ICC)의 판사로 재직 중이기도 한 송상현 교수의 발표를 중심으로 진행되었다. 진행을 맡은 이시영 방문교수 겸 전 외무부 대사는 수단 사건을 예로 들며 근래 ICC의 중요성이 커지고 있다며 송교수를 소개했다. 이 세미나에서 송상현 교수는 국제형사재판소의 연혁과 구조를 개괄적으로 설명하여 ICC에 대해 전반적으로 살펴볼 수 있는 기회를 제공하였다.(정의의 종, Vol.4, 21-21면, 서울대학교 법과대학, 2005. 6.)

(22) 국제형사재판관 9년 임기 재선 송상현 교수

상설 국제형사사법기관인 국제형사재판소(ICC) 초대 재판관으로 활동 중인 송상현(宋相現·65) 서울대 법대 교수가 26일 9년 임기의 재판관에 재선됐다.

송 교수는 이날 유엔본부에서 열린 투표에서 재선이 확정된 뒤 기자들과 만나 "개인의 영예라기보다는 한국 국력의 표현이라고 본다"고 소감을 밝혔다.

이번에 6명을 뽑는 선거에는 10개국의 후보자들이 입후보해 경합을 벌였다.

네덜란드 헤이그에 있는 ICC는 집단살해죄, 전쟁범죄 등 국제법을 위반한 개인을 국제사회 이름으로 처벌하기 위해 2002년 7월 설립된 최초의 상설 국제형사사법기관.

2003년 2월 초대 재판관 선거에서 당선된 송 교수는 추첨을 통해 임기가 3년으로 결정된 뒤 현재 ICC 최종심인 상소심재판부에 재직 중이다.

ICC의 현안은 수단과 우간다 등 아프리카 4개국에서 자행된 대량학살사건. 이미 주동자 5명에 대한 구속영장을 ICC가 발부했고 현재 수사가 진행 중이다.

송 교수는 "한국은 대륙법 계통이고, 저는 영미권에서 공부를 했기 때문에 양쪽의 법체계에 익숙한 편"이라며 "그래서 법률적 문화적 차이에 따른 재판관들의 의견을 조정하는 역할을 많이 했다"고 말했다. 송 교수는 또 ICC에서 소송서류 일체를 전산화하는 '정보기술(IT)추진위원장'을 맡고 있다.

그는 "ICC만 해도 한국 재정부담금 순위가 전체 회원국 100개국 중 7위에 이르고 있지만 400여 명의 직원 중 한국인은 정규직원 1명, 임시계약직 3명에 불과하다"며 "젊은이들이 국제기구에 진출하는 데 좀 더 적극적이어야 한다"고 강조했다.

송 교수가 재선에 성공한 데는 본인의 역량도 큰 역할을 했다는 후문. 서울대 법대를 나온 송 교수는 행정고시와 사법고시에 잇따라 합격하고도 학문의 길을 택해 미국 코넬대에서 박사학위를 받았다. ICC 공식언어인 영어와 프랑스어에 능통하다. 미국, 호주, 일본 등에서 한국법을 강의하기도 했다.(동아일보, 2006. 1. 28.) <뉴욕=공종식 특파원>

(23) 낙산회보 제80호 8면

제17회

宋相現(서울법대 교수, 본회 고문)=지난 1월 26일 미국 뉴욕 UN본부에서 열린 국제형사재판소(ICC) 재판관 투표에서 당선에 필요한 유효 투표수의 3분의 2 이상인 70개국의 지지를 얻어 9년 임기의 재판관에 재선됐다. 宋동문은 2003년 2월 초대 재판관에 당선돼 ICC 최종심인 상소심 재판부(임기 3년)에 재직하고 있으며 재판소의 소송서류전산화 시스템 구축을 위한 정보기술위원장도 맡고 있다.

宋 동문은 미국 하버드대와 호주 · 뉴질랜드 등 명문대학에서 한국법을 강의하는 등 국제사회에 한국법을 소개하는데 크게 기여했다는 평가를 받고 있다. (2006. 4. 3.)

(24) 정의의 종, Vol.6, 서울대학교 법과대학, 57면

교수동정

1) 국제형사재판관 재선

현대 상설 국제형사사법기관인 국제형사재판소(ICC)의 초대 재판관으로 재임 중인 법과대학 宋相現 교수가 지난 1월 26일(현지시각)에 9년 임기의 ICC재판관으로 재선됐다. 송교수는 이날 유엔본부에서 열린 ICC재판관 선거 1차 투표에서 70개국의 지지를 얻어 무난히 재선에 성공했다. 송교수는 중앙일보와의 인터뷰에서 "한국은 원래 대륙법 계통을 택하고 있고 나는 영미법을 전공해 양쪽 법체계에 익숙하다"며 "재판관들 사이에서 대륙법과 영미법이 충돌할 경우 나름의 조정 역할을 해왔는데, 이번 선거에서 이같은 점이 인정을 받은 것 같다"고 말했다.

2) 5월 16일 '자랑스러운 서울법대인' 수상

지난 5월 16일 서울프라자호텔 덕수홀에서 법과대학 宋相現 교수가 법과대학 동창회에 의해 제14회 서울법대 '자랑스러운 서울법대인'으로 선정되어 수상하였다. 법과대학 동창회는 송상현 교수가 한국법을 발전시키기 위한 노력으로 세계 여러 대학에 한국법강좌를 개설하였고, 80년대 무역 마찰 해소를 위한 각종 정부 및 민간 협상에 참가하였으며, 국제거래법학회, 한국지적소유권학회 등을 창립하는 한편, 초대 국제형사재판소재판관으로 당선되고 이번에 연임 당선되어 한국법학계의 자랑은 물론 서울법대인의 귀감이 되고 있다고 선정이유를 밝혔다.(2006)

(25) 외국어보다 전문 지식이 중요 한국인 국제기구 진출 늘어야

송상현 국제형사재판소 재판관

네덜란드 헤이그 국제형사재판소(ICC)의 유일한 한국인 재판관인 서울대 법대 송상현(64) 교수. 요즘 그가 가장 아쉬워하는 것은 한국인들의 국제기구 진출이 너무 적다는 점이다. ICC에서 일하는 670여 명의 일반 직원 가운데 한국인은 고작 3명이란다. ICC 탄생에 한국이 큰 공헌을 했다는 점을 감안하면 턱없이 적은 숫자라는 설명이다.

최근 일시귀국한 그는 "국제기구에 지원했다 떨어진 한국 사람들은 대부분

'언어 장벽'을 탓하더라"면서 "그건 핑계에 불과하다"고 말했다. 송 재판관은 "ICC에서는 70여 개 나라 출신들이 일한다"며 "때로는 말도 안되는 영어, 불어로 의사소통을 하기도 한다"고 덧붙였다. 한국인 지원자들의 낙방 사유는 대부분 전문 분야 실력의 부족 때문이라는 것이다.

특히 자신의 능력·경력에 비해 다소 높은 지위에 지원하는 경우도 적지 않다고 했다. 준비 부족도 문제란다. 그는 "해당 국제기구 홈페이지만 잘 살펴봐도 얻을 수 있는 정보조차 모르고 지원하는 사람도 많더라"고 안타까워했다.

송 재판관은 2003년 ICC 초대 재판관(임기 3년)에 뽑힌 데 이어 올해 초 재선(임기 9년)에 성공했다. ICC의 재판관 18명은 회원국들의 투표로 뽑는다.

그는 행정고시(1962년)와 사법고시(63년)에 모두 합격한 뒤 학문의 길을 택한 특이한 경력의 소유자다. 이런 이력이 그가 ICC에 진출하는 데 도움이 됐다. 재판관 자격에 '해당 국가 최고법원의 법관이 될 자격·경력을 갖춘 자'라는 조항이 있기 때문이다. 그는 미국 하버드대에서 강의했던 경험도 도움이 됐다고 설명했다.

ICC는 1998년 채택된 '로마 협약'에 따라 2002년 만들어졌다. 국가 간 분쟁을 처리하는 국제사법재판소(ICJ)와 달리 전쟁·집단학살 등 반인도적 범죄를 저지른 개인을 심리·처벌한다. ICC 재판관의 연봉은 18만 유로(약 2억2000만원)이며 국제 사회에서의 발언권도 상당한 편이다.

송 재판관은 "내 임기가 끝난 뒤에 한국인 재판관이 다시 나왔으면 좋겠다"며 "관심있는 후배들이 지금부터 철저히 준비했으면 한다"고 말했다.(중앙일보, 2006. 8. 5.) <김선하 기자>

(26) 송상현 국제형사재판소 재판관 단독인터뷰… "고시제도, 준비없는 로스쿨 모두 문제," "교육 질보다 정원싸움 변질"

"청년들을 법전만 보는 '낭인'으로 만드는 고시제도는 물론, 준비 없이 추진되는 로스쿨도 큰 문제다." 지난 14일 방한한 송상현 국제형사재판소(ICC) 재판관은 국제 사법정의의 수호자로 활동 중이지만 여전히 우리 사회의 법학교육 바로 세우기에 깊은 관심을 보였다. 1972년 31세에 서울대 법대 교수로 부임해 30년간 수많은 법조인을 길러낸 그의 경력을 감안하면 자연스러운 일일지도 모른다. 송 재판관은 지난 2003년 임기 3년의 초대 ICC 재판관으로 선출됐으며 올 3월에는 임기 9년의 재판관으로 재선됐다. 송 재판관은 18일 서울 서초구 서초동 대법원에서 문화일보와 단독 인터뷰를 하고 국내에서 논란이 끊이지 않는 사법제도 개혁 등에 대해 자신의 견해를 밝혔다.

—사법제도개혁추진위원회(사개추위) 위원으로서 도입을 추진한 로스쿨 제도가 국회에서 법안이 처리되지 않아 허공에 뜬 상태다.

"법조인 양성은 구한말 이후 1세기 동안 변한 게 없다. 시험으로 뽑고, 연수를 거쳐 판·검사를 시켜준다. 그동안 국가시험을 통해 법조인을 양성해왔다면 제대로 된 법학교육을 통한 양성으로 패러다임을 바꾸자는 게 로스쿨이다. 그런데 교수와 변호사들의 '정원싸움'으로 변질됐다. 1명이라도 더 뽑겠다는 교수와 밥그릇 걸고 로스쿨 학생수를 줄이겠다는 변호사들의 싸움이 계속되면 어떤 방안도 효과가 없다."

—하버드대 로스쿨 교수도 지내셨는데 로스쿨 해법은.

"시험 대신 교육을 통해 법학도의 실력을 키우는 게 관건이다. 그러나 사개추위 방안과 최종 법안에는 로스쿨 법학교육의 질을 높이기 위한 방안에 대해서는 한마디도 언급이 없다. 간판 바꾸고 건물 짓고 교수 몇 명 더 뽑는다고 될 일이 아니다. 법학 교수들이 심기일전해서 10~20년 된 강의노트를 던져버려야 한다."

—국내에서는 공판중심주의를 둘러싼 논란도 끊이지 않고 있다.

"공판중심주의의 방향은 옳다. 속도 논란에 대해서는 내가 말할 입장이 아니다. 서류재판에 익숙한 판사들에게는 부담이 많아진다. 최근 ICC에서 내가 맡았던 콩고 사건 판결로 미뤄볼 때 증거개시제도 등에 대한 논란도 계속될 것이다. 콩고사건에서 피고인 방어권을 위해 검찰측 증거목록을 피고인측에 개시할 경우, 핵심 증인이 피살될 수도 있다. 국내에서야 증인 매수 정도가 이뤄지겠지만, 어쨌든 피고인의 방어권과 검찰 수사권 등을 제한해야 할 때도 있다."

—2002년 7월 발효된 로마규정에 따라 네덜란드 헤이그에 설립된 ICC는 인류의 이름으로 전쟁범죄, 반인도적 범죄를 단죄하겠다는 취지에서 출발했다. 북한의 인권유린과 핵실험 사태 등에 대해 대응할 계획은 없나.

"ICC는 로마규정 발효 이후 발생한 범죄 및 조약 가입국 문제에 대해서만 개입할 수 있다. 102개 국가가 ICC 조약을 비준했는데, 북한은 빠졌다. 현재 해당국에서 사건을 회부한 우간다, 콩고 사건과 유엔이 회부한 수단 다푸르 사태 등을 검토하고 있다. 유고의 독재자 슬로보단 밀로셰비치에 대해서는 유엔 안보리 특별결의로 전담 재판소를 만드는 등 구유고전범재판소, 르완다재판소, 캄보디아재판소도 있지만 향후 국제사회에서 북한문제가 어떻게 다뤄질지는 현재로선 단정할 수 없다."

—미국은 당초 ICC 조약에 서명했음에도 불구하고 여전히 비준을 하지 않고 있는데.

"빌 클린턴 정부의 조약 서명을 철회한 게 조지 W 부시 행정부다. 미국은 80여 개국에 군대나 군속이 나가 있는데, 각종 고소·고발로 끊임없이 ICC에 불려갈 가능성을 우려한 것 같다. 실제 여러 사건들이 ICC에 회부될 수 있는데 미국쪽에서 감당이 안될거다. ICC측에 자국민 면책권을 요구하던 미국은 급기야 동맹국들에 ICC 조약을 비준했어도 미국과 양자면책협정을 맺자고 요구한 것으로 알고 있다. 미국이 ICC 관할 범죄를 저지르더라도 ICC로 가져가지 말아달라는 요구다. 실제로 80여 개국이 미국측 요구를 수용했다."

사시와 행시에 합격하고도 유학을 선택했던 송 재판관은 "남을 심판할 자신이 없어서 법조인이 되지 않았다"며 "ICC 일도 안 한다고 버티다가 우여곡절 끝에 국가 후보로 뽑혀 재판관이 되었으니 결국 팔자 같다"고 말했다.(문화일보 29면, 2006. 10. 19.) <정혜승·김재곤 기자>

(27) 송상현 재판관 경향신문 인터뷰: "공판중심주의는 시대의 흐름"

"나는 헤이그에서 가장 고독한 사람입니다."

송상현 국제형사재판소(ICC) 상소심 재판관은 "네덜란드 생활은 어떤가"라는 질문에 다소 감상적인 대답을 내놨다. 비단 가족과 떨어져 헤이그에서 혼자 지내고 있기 때문만은 아니다. 그는 주변과 교류를 거의 하지 않는다고 했다.

송재판관은 "판사로서 나름대로의 자기 관리"라고 설명했다. 그는 "내가 내린 판결은 재판소 자체의 판례이면서 동시에 국제법을 새로 쓰는 것"이라며 "글 한 줄, 말 한 마디가 조심스럽다"고 밝혔다.

2002년 설립된 ICC는 유엔과는 독립된 별도의 기관으로 ▲대량학살 ▲인도에 반한 죄 ▲전쟁범죄를 저지른 개인을 다루는 국제재판소이다.

송재판관은 고시 행정·사법과에 합격하고 서울대 법대 교수를 거쳐 2003년 아시아 그룹 재판관으로 선출됐다. 올 초에는 임기 9년의 재판관으로 재선됐다. 지난 14일 대법원과 국제형사재판소간 '형사사법제도 미래를 위한 협력' 심포지엄 참석차 방한한 송재판관은 이번 주말 돌아갈 예정이다. 다음은 송재판관과의 일문일답.

—미국, 중국 등이 ICC에 가입하지 않아 실효성에 대한 지적이 있다

"현재 102개국이 ICC회원국이다. 미국, 일본, 중국은 아니다. 일본은 내년 7월에 회원국이 되지만 중국은 당분간 어려울 것 같다. 미국은 부시 행정부가 끝나면 태도가 바뀔지 모르겠다. 강대국이 안 들어오면 어쩌나 하는 걱정도 했지만 이들이 없어도 잘 굴러가고 있다."

—영국 인권단체에서 김정일 북한 국방위원장을 반인륜 범죄 혐의로 ICC에 제소하겠다고 했는데

"현재 ICC에는 2,000건도 넘는 고소·고발이 접수돼 있다. 세계의 웬만한 지도자 중 제소당하지 않은 사람이 없다. 조지 부시 미국 대통령, 토니 블레어 영국 총리, 아리엘 샤론 이스라엘 총리, 장쩌민 전 중국 주석 등은 수십번씩 고발당했다."

—북한에 대해 ICC가 관할권을 갖고 있나

"북한은 ICC 회원국이 아니다. ICC는 로마조약에 가입해서 비준·발효가 되면 그 이후에 생긴 범죄에 대해서만 관할권을 갖는다."

—ICC 재판과 한국의 형사재판은 어떻게 다른가

"처음부터 철저한 공판중심주의라는 점에서 가장 큰 차이가 있다. ICC에서는 검사가 수사 후 기소할 내용과 증거목록을 만들어 전심 재판부에 제출하고, 피의자측도 반박자료를 내면 판사의 주도하에 다같이 모여서 공판준비를 한다. 쟁점을 정리하고 증거가 적절한지 살펴 혐의를 최종 확정한다. 따라서 ICC는 검사가 만들어준 조서 중심으로 재판을 하지 않는다. 이것이 공판중심주의다."

—공판중심주의에 대한 견해는

"공판중심주의는 시대의 흐름이다. 다만 본래적 모습의 공판중심주의가 왜곡되고 변형된 모습으로 정착되는 것 아닌가 하는 우려가 든다."

—ICC 법정의 모습은

"전부 전산화됐다는 특징이 있다. 재판관, 검사, 피고인, 변호사 등 모든 관계자들 앞에 노트북이 하나씩 있다. 노트북 화면에 실시간으로 증인의 진술, 재판장의 말, 기침소리 하나까지 나타난다. 재판상황은 전세계에 동시중계된다. ICC에서는 증인이 출석하면 헝겊막으로 사면을 둘러싸고 음성을 변조해 신원을 철저히 숨겨준다. 증인의 신변 안전을 위해 증인과 가족을 다른 나라로 옮겨 살 수 있도록 도와주는 경우도 있다."

－현재 ICC가 맡고 있는 주요 사건은

"중앙아프리카공화국, 우간다, 콩고 등 4개 국가의 사태가 ICC에 회부돼 있다. '우리들 힘으로 도저히 내전상황을 해결할 능력이 없어 ICC에 통째로 회부할 테니 알아서 처벌해 달라'는 것이다."

－한국 법원에 점수를 매긴다면

"ICC 재판관들이나 외국변호사들이 하나같이 나에게 물어보는 얘기가 있다. 왜 한국사람들은 '한국 것은 다 나쁘다'고 비하하느냐는 거다. 한국은 잘 하는 측면도 많다. 괜히 자책할 필요는 없다."(경향신문 사람과 사람들 23면, 2006. 10. 24.) <글|김용석 · 이인숙 기자 · 사진|김문석 기자>

(28) 세계일보 인터뷰: "법관에겐 도덕성이 최고 덕목" 국제형사재판소 유일한 한국인 판사 송상현 재판관

"아마도 제가 헤이그에서 가장 '외로운 사람'일 겁니다."

네덜란드 헤이그 국제형사재판소(ICC)에서 유일한 한국인 판사로 활약 중인 송상현(65) 재판관은 23일 세계일보와 가진 단독 인터뷰에서 법관들의 바른 몸가짐을 거듭 강조했다.

그는 "판사가 변호사와 술자리를 같이하고 골프를 쳤다는 얘기를 외국에서 들으면 기절할 것"이라며 "혹시라도 내 견해가 드러나 재판에 영향을 미칠까봐 헤이그에 있는 검찰 쪽 사람들은 물론이고 하급심 재판관들조차 만나지 않는다. 그래서 참 외롭다"고 말했다.

송 재판관은 대법원과 국제형사재판소가 주최한 심포지엄 참석차 지난 14일 필립 키르시 ICC 소장을 비롯한 10명의 재판관과 함께 방한했다. 국제 사법정의의 수호자이자 대한민국의 '준외교관' 역할까지 겸하고 있다.

국내에서 30여 년간 서울대 법대 교수로 재직하면서 수많은 법조인을 길러낸 송 재판관은 '국제적 안목'에서 국내 사법개혁과 한국 사법의 국제화, ICC 현안 등에 대한 지론을 허심탄회하게 피력했다. 그는 2003년 임기 3년의 초대 ICC 재판관으로 선출됐고, 올 3월에는 임기 9년의 재판관으로 재선됐다. ICC의 재판관 18명은 회원국들의 투표로 선출된다.

－한국 법조계에선 올 한 해 법조비리 사건으로 자성 목소리가 높은데.

▲우리나라에서 근무한 외국 변호사들을 만나면 모두들 판사와 변호사가 친구 사이로 지내면서 함께 식사하고 술을 마시기도 하며, 변호사가 판사실로

서슴없이 찾아가는 것에 굉장히 놀랐다는 이야기를 자주 한다.

IMF 위기가 찾아왔을 때 미국외교협회에서 연설한 적이 있다. 그 당시 우리나라에 투자해야 할 장점으로 아시아 다른 국가들보다 탁월하게 갖춰진 한국 사법부의 우수성과 건전성을 설명했는데, 씨티그룹의 한 고위 인사가 '의정부 법조비리 사건을 어떻게 보느냐'고 질문해 당황했던 기억이 있다.

—국제적인 관점에서 한국 사법부의 건전성은 어떤가.

▲사실 법조비리 사건은 극히 일부의 일이라고 본다. ICC에 있다 보니 자연스럽게 각국의 사법부 수준을 비교해 보는데, 한국 사법부처럼 건전하게 기능을 하는 곳도 그리 많지 않다.

사실 외국인이 어느 나라에 투자할 때 가장 큰 인센티브는 지원책이 아니라 그 나라 사법부의 건전성이다. 기업을 하다 보면 분쟁이 생길 수밖에 없는데 그럴 때 공정하게 재판을 받을 수 있다는 믿음, 즉 사법부의 건전성에 확신이 생겨야 마음놓고 투자하지 않겠는가.

—반기문 외교통상부 장관이 유엔 사무총장에 선출되는 등 한국인의 국제무대 진출이 활발해졌다. 국제사회에서 우리나라의 지위는 어떤가.

▲우리나라의 국제적인 위상이 높아진 것은 사실이나 아직 국제사회에서 큰 역할을 담당하지 못하고 있다는 생각이 든다. 우리나라는 ICC에 세계 7위 수준의 분담금을 내고 있다. 설립 과정에서 의견 대립이 일어나자 '코리아 프로포절(Korea Proposal)'이라는 절충안을 제시해 교착상태를 타개했을 정도로 영향력도 갖고 있다. 그러나 현재 ICC에 근무하는 한국인은 3명에 불과하고 그나마 2명은 임시직인 형편이다.

—왜 우리나라의 국제무대 진출이 잘 이뤄지지 않고 있다고 보는지.

▲우리나라에는 아직 국제 감각을 갖추고 관련 분야의 전문성을 지닌 인재가 부족하다. 국제무대에서 활약할 수 있는 역량을 갖춘 인재는 우리 사회에서도 인정받고 있기 때문에 굳이 힘들게 국제무대로 진출하려고 하지 않는다. 간혹 의지를 보이는 인재들도 지나치게 획일적인 경력을 갖고 있거나 준비가 안 된 경우가 대부분이다.

—한국 법조계의 국제화 노력이 미흡한 것 같은데 .

▲하버드 로스쿨에서 강의를 하는데 우리나라 법전이 외국어로 제대로 번역된 것이 없었다. 우리나라에서 제대로 된 법학 논문이 외국어로 쓰여진 것도 없어서 강의하는 데 엄청난 자료를 손수 준비할 수밖에 없어 무척 힘들었다.

미국 등에서 법조인은 사회적 결정력을 쥐고 있는데, 이들에게 한국 법을 가르칠 준비가 안 돼 있다는 뜻이다. 지금과 같은 북핵 사태가 터졌을 때 미국의 법조계에 영향력 있는 지한파가 있어야 한국의 입장을 알리고 국제법상 사건의 의미를 분석할 수 있는데 하나도 없지 않나. 법무부, 외교통상부 등 정부는 국제무대에서 활동할 수 있는 사람을 지금부터 물색하고 길러야 한다.(세계일보 사람들 26면, 2006. 10. 24.) <이천종 · 신미연 기자>

(29) 송상현 국제형사재판소 재판관

미국 로스쿨에 진학하고자 하는 법조인들에게 가을은 바쁜 계절이다. 미국 로스쿨 순위에 따라 가고싶은 학교를 골고루 선정해야 하고, 영문으로 신청 서류를 작성해야 하고, 여기저기 증명서도 영문으로 번역하고 공증을 받아야 하고, 추천서도 받아야 하고, 그래서 정신 없이 한 두 달을 보내게 된다. 미국 로스쿨 입학신청서류에 꼭 필요한 것 중 하나가 바로 추천서다. 추천서는 대부분 모교 교수나 그 대학을 마친 한국의 저명인사들에게서 받아 보내는 게 관례로 되어 있는데 미국 로스쿨에서 가장 알아주는 한국인 교수의 추천서가 宋相現 교수의 추천서이다. 그래서 매년 가을이면 송 교수에게서 추천서를 받으려는 학생이나 법조인들이 넘쳐난다. 송 교수의 추천서는 다른 교수들의 추천서와는 달리 자신이 직접 작성하고 내용을 의뢰인에게 공개하지 않으며 곧바로 입학신청 대상 대학으로 발송하는 특징을 갖는다고 한다. 그런 만큼 의뢰한 법조인은 자신에 대해서 어떤 평가를 담아 추천하였는지를 알 수도 없고 입학에 어떤 영향을 미쳤는지도 나중에야 미루어 짐작할 수밖에 없다 한다. 한편으론 답답한 일일 수도 있겠지만 어쨌든 매년 가을이면 추천서를 받기 위해 송교수의 연구실을 찾는 법조인은 늘고 있다.

지난 2월 4일(미국 현지 시간) 宋相現 교수가 국제형사재판소(ICC) 재판관에 당선되었다. 송교수는 이날 투표권이 있는 85개국 가운데 63개국의 지지를 얻었다. 1차 투표에서 당선이 확정된 7명 가운데 유일한 남성이었다. 재판관의 임기는 3년, 6년, 9년 가운데 재판관들이 직접 제비뽑기를 해서 결정한다. 상근할 경우 연봉은 유엔 사무차장 수준인 20만달러(약 2억4천만원) 선이지만, 송교수는 상근을 하지 않을 계획이라고 인터뷰에서 밝혔다. 송교수는 당선된 직후 언론과의 인터뷰에서 "초대 재판관에 선출된 것은 한국의 신장된 국력과 외교력의 반영이다. 국제사회에서 법과 정의실현을 위해 최선을 다하겠다"고 소감을 밝혔다. 언젠가 이 난을 통해 박춘호 교수와 권오곤 부장판사에 대한 글에 썼듯이 법조인들이 대한민국이라는 울타리를 넘어 국제사회로 나아가 서로 경쟁하고 세계평화에 이바지 할 수 있다면 이 또한 자랑스러운 일이 아닐 수 없기에 이번 일을 참으로 경사스럽게 받아들인다. 법조인으로서의 성공과 기여도를 지나치게 고시위주, 그것도 한국에서의 활동으로 한정짓는 경향이 있는 우리들에게 또 하나의 모범이 되는 사건이 아닐 수 없다.

잘 알다시피 송교수는 일제시대 언론인이자 교육자인 고하 송진우선생의 손자로서 고등고시 양과를 합격하고 미국 코넬대에서 박사학위를 받았으며, 미국 변호사를 거쳐 서울대 교수로 일해왔다. 고시 합격자이면서도 우리 사회의 통상적인 경우와는 다르게 학계로 가 30여 년간 제자를 양성해 온 송교수가 다시 한번 우리 법조계에 모범을 보였다는 게 필자의 생각이다. 하지만 이런 축하와는 별개로 또 다른 시각이 있음도 알아두어야 할 것 같다. "우리나라 인권단체들은 송교수가 재판관으로 선출된 데 대해 대체로 냉담한 반응을 보이고 있다. 그가 재판관으로 선출된 것은 영어를 잘하기 때문이지, 인권의식이 투철하거나 관련활동이 활발했기 때문은 아니라는 이유에서다. 게다가 그를 재판관으로 추천한 정부도 '국제기구 자리 차지하기' 이상의 의미로 보지 않고 있다." 지나친 느낌이지만 어쨌든 지난 주 「한겨레21」 기사의 일부분이다.(법률저널, 최재천 변호사의 법률산책(80회), 2003. 2. 18.)

(30) 법률신문

◇국제형사재판소 재판관 대거 초청= 대법원은 오는 10월 14~18일 5일간 국제형사재판소(International Criminal Court) 재판관 18명 중 필리페 키르쉬 ICC 소장 등 15명을 초청해 우리의 형사사법 체계를 소개하고, 심포지엄을 열어 ICC의 기능과 국제 형사규범 등을 논의할 예정이다.

국제사법기관의 재판관들이 대법원의 초청으로 대거 방한하는 것은 전례가 없는 일로 대법원은 이번 행사가 국제 사회에 우리 사법부의 위상을 높이고, 우리 형사사법체계를 알리는 좋은 기회가 될 것으로 기대하고 있다.

송상현 서울대 법대 교수(국제형사재판소 재판관)는 "영미법과 대륙법의 특성을 소화해 독특한 체계를 발전시켜온 우리의 법률 노하우를 수출할 틈새시장을 개척해야 한다"고 말했다.(2006. 7. 3.)

(31) 국제형사재판소장 내일 방한

대법원은 국제 전쟁 범죄 등을 다루는 국제형사재판소 필립 키르쉬 소장과 재판관 9명이 내일부터 4박 5일 일정으로 방한한다고 밝혔습니다.

이번 방문단에는 지난 2003년 초대 재판관으로 선출된 뒤 올해 3월 재선된 서울대 법대 宋相現 교수도 포함됐습니다.

대법원은 오는 16일 이들이 참석한 가운데 우리나라의 형사사법제도 개혁과 인권 보호 개선 실태 등을 논의하는 심포지엄을 열 예정입니다.(YTN, 2006. 10. 13.) <김준영 기자>

(32) "집단살해죄·전쟁범죄 등 공소시효 배제"

대법원은 16일 '형사사법제도의 미래를 위한 협력'이라는 주제로 심포지엄을 열었다. 특히 이날 심포지엄에는 국제형사재판소(ICC) 필립 키르시 소장과 우리나라의 宋相現 재판관 등 10명의 재판관도 참석했다.

심포지엄에서 황철규 법무부 국제형사과장은 법무부가 'ICC관할 범죄의 처벌 등에 관한 법률안'을 확정했다고 밝혔다. 법률안에는 집단살해죄, 반인도적 범죄, 전쟁범죄에는 공소시효나 형의 시효를 모두 배제하며 외국인이 국외에서 집단살해죄 등을 저지른 뒤 입국하더라도 우리나라에서 처벌할 수 있도록 한 법적 근거가 담겨 있다. 또 법률안은 집단살해죄 등이 고소나 피해자의 요구가 없을 때는 처벌할 수 없는 친고제와 반의사불벌죄에 해당하더라도 공소 제기가 가능하도록 규정하고 있다.

ICC 재판관들은 우리나라의 법률안에 대해 외국인이 해외에서 저지른 범죄도 처벌할 수 있는 등 보편적 관할권을 도입한 것을 높게 평가했다. 고문 등 국가기관에 의한 인권침해 행위에 대한 민·형사 공소시효 배제가 이번 법률안에 빠진 것에 대해 송 재판관은 "국가에 의한 인권침해 행위가 여러 논의가 있었지만 관할범위에는 명확히 해당하지 않는다. 이행입법 제정 뒤에 더 논의해야 된다고 본다"고 의견을 밝혔다.

심포지엄에 참석한 필립 키르시 소장과 송 재판관 등은 지난 14일부터 4박5일 일정으로 우리나라를 방문, 노무현 대통령을 예방하고 법무부 등 관련 기관도 방문할 계획이다.

네덜란드 헤이그에 위치한 ICC는 대량학살죄, 전쟁 범죄, 반인도 범죄를 저지른 개인을 재판하는 국제 재판소로 각국의 재판관 18명이 활동하고 있다. 우리나라는 2002년 11월 비준 절차를 거쳐 당사국이 됐다.(서울신문, 2006. 10. 17) <김효섭 기자>

(33) 국제형사재판소 재판소장 및 재판관 접견 결과

노무현 대통령은 대법원 주최 대법원-국제형사재판소 심포지엄(10.16) 참석을 계기로 10월 14일~18일간 방한중인 필립 키르쉬(Philippe Kirsch) 국제형사재판소(ICC) 재판소장 및 한국 출신 宋相現 재판관 등 재판관 9인을 접견하고, 한국 정부와 국제형사재판소 간의 상호 협력방안, 국제형사재판소 로마규정의 국내 이행입법 등 상호 관심사에 대해 의견을 교환했다.

노무현 대통령은 ICC는 인류를 폭력과 부당한 인권침해로부터 보호하고자 하는 국제적 노력의 제도적 결실이자 인류 문화 발전의 큰 진전이라고 평가하고, 키르쉬 재판소장은 ICC 설립 당시부터 지금까지의 한국 정부의 지원에 감사의 뜻을 표하고, 국제형사재판소 로마규정의 국내 이행입법 노력을 높이 평가했다.(연합뉴스 보도자료, 1006. 10. 18.)

(34) <2006 한국을 빛낸 인물> (5) 송상현 ICC재판관 재선

국제사법정의 지키는 '양심'

그에겐 '국제 사법정의의 수호자'라는 말이 부담스러울지도 모릅니다. 2003년 임기 3년의 국제형사재판소(ICC) 초대 재판관으로 선출된데 이어 올 3월 102개 ICC 회원국 투표를 통해 임기 9년의 재판관으로 재선된 송상현(65) 재판관 얘기입니다.

젊은 시절 사시와 행시에 동시 합격했던 송 재판관이 당시 잘나가는 법조인 대신 학자의 길을 택했던 것은 '남을 옳다 그르다 심판할 자신이 없었기 때문'이었다고 합니다. 이런 그의 조심스러움은 ICC 본부가 있는 네덜란드 헤이그에서 그를 '가장 외로운 사람'으로 만든 이유이기도 합니다. 그에 따르면 그곳에서는 한국에서처럼 판사가 변호사와 함께 술을 마시고 골프를 치는 것을 상상할 수도 없다고 합니다.

이런 풍토에서 대한민국을 대표하는 '준외교관'이란 자존심까지 더해져 송 재판관은 변호사 등 사건관계자는 말할 것도 없고 아예 사람 만나는 일을 극도로 자제한다고 합니다. 혹시 자신의 견해가 드러나 재판에 영향을 미치는 일은 원천 봉쇄하겠다는 거죠. 74세까지 향후 9년간 고독한 국제 재판관의 운명이 그를 기다리는 셈입니다.

그는 1972년 31세에 서울대 법대 교수로 부임, 30여 년간 법학도들을 가르쳤습니다. 그 와중에 하버드대를 비롯해 뉴욕대, 컬럼비아대, 플로리다대 등 미국 유명대학 로스쿨 교수로서도 학생들을 가르친 한국인입니다. 사시합격자이자 법학자, 여기에 뛰어난 영어감각까지 30여 년 성실하게 키워온 국제경쟁력은 "은퇴를 준비하고 있는데 무슨 '감투'를 더 쓰냐"며 버티던 그를 ICC 재판관 국가 후보로 세우게 했습니다. 결국 젊은시절 마다했던 심판관의 자리에 서게 됐죠. 그는 "팔자인가 보다"고 웃지만, 누구보다 치열한 재판관의 도덕성과 균형을 갖추고 있다는 평입니다.

2002년 설립된 ICC는 유엔과는 독립된 별도의 기관으로 ▲대량학살 ▲인도에 반한 죄 ▲전쟁범죄를 저지른 개인을 다루는 국제재판소입니다. 국제 사회의 손길이 미치지 못한 채 반인도주의 범죄가 곳곳에서 자행되는 21세기를 맞아 사법정의를 살려보겠다고 만든 단체죠. 미국은 자국 군대가 주둔한 곳 등에서 각종 범죄에 휘말릴 경우, '심판'받을 것을 우려해 아직 가입하지 않았습니다. 하지만 ICC는 우간다, 콩고 등의 내전 사건을 맡아 명실상부 국제 정의를 바로잡고 있습니다. 송 재판관이 국제사회를 위해 9년 임기를 마치고 우리 사회의 '어른'으로 돌아올 날이 기다려집니다.(문화일보, 2006. 12. 15.) <정혜승 기자>

Ⅸ. 사회봉사활동

1. 정해복지

(1) 正海會誌 제 1 호 격려사, 창립1주년을 맞으며, 사단법인 정해복지연구회

正海俱樂部의 돌맞이에 부쳐

역사적 올림픽대회를 몇 달 앞둔 화창한 5월 어느 날 고고의 소리를 낸 正海俱樂部가 벌써 한 돌이 되었다고 하니 감회가 깊고 그 튼튼한 성장을 축하한다.

젊은이들이 꿈과 뜻을 모았고, 나의 가장 사랑하고 촉망하는 제자의 한사람인 李忠範 변호사의 리더쉽이 어우러져서 힘찬 첫발을 내디딘 정해는 그동안 우리 사회의 그늘진 구석에 빛을 밝히는 봉사활동을 하고 무료법률상담을 적극적으로 펴나가면서 그들의 정열을 불태운 1년을 보냈다고 하겠다. 이는 名利만을 추구하거나 말만 무성하게 내뱉는 사람이 많은 오늘날 여러 가지 희생을 무릅쓰고 뭉친 힘으로 자기들의 이상을 말없이 실천에 옮겨가는 젊은 일꾼들의 위대한 승리를 뜻한다.

앞으로 정해는 내부적으로 끊임없는 실력배양과 자기성찰을 통하여 흥분보다는 냉철하게, 독주보다는 타협으로, 회고적이기보다는 전진적으로, 좌절보다는 극복을 통하여 무한한 에너지를 충전하여야 할 것이다.

또한 외부적으로는 소외된 사람들의 인권과 사회정의를 위한 사업목표를 재정립 강화하고 여러분들의 희생과 정열과 사랑과 봉사가 바로 그네들의 삶의 질을 높이는 효과적 토대가 되도록 효율성과 계속성을 향상하는데 전력을 다하여야 할 것이다.

정해의 영광과 무궁한 발전을 기원하고 멤버들의 건투를 빈다.(1989. 5.)

⑵ 정해복지 격려사, 사단법인 정해복지연구회

正海의 福祉法人됨에 부쳐

드높은 이상을 지닌 채 뜻을 같이 하는 젊은이들이 맨주먹으로 이끌어 온 正海俱樂部가 이제 사회복지문제를 연구하고 실천하는 法人으로서 기초를 확립한 데 대하여 진심으로 축하한다.

사회복지는 이웃에 대한 인정과 사랑이 아니며, 한 국가나 사회에 한정된 자선이나 빈민구제가 아니라 오늘날 인류공통의 대과제요 궁극적 목표라고 할 수 있다. 현대적 의미의 복지는 인간의 존엄과 사회의 연대와 대등한 참가에 이념적 기초를 삼고 적극적으로 산업사회의 모든 구성원을 自活能力이 있는 능동시민으로 형성하여 이들로 하여금 마음껏 자기실현을 할 수 있는 기회와 가능성을 부여하는 자유개방사회를 건설하는데 그 뜻이 있다고 하겠다.

그리하여 우선 근대적 산업화과정에 도달한 개인주의적 자본주의 경제에서 생겨난 소득의 심한 격차를 바로잡으려는 체계적 노력을 기울여야 한다. 또한 산업사회가 시장메카니즘을 통하여 계속 발전하기 위하여는 경제적 합리주의에 따라 경제성장과정에서 발생한 실업, 질병, 재해 등의 고통과 불안을 해소하고 소득, 건강, 주택, 영양, 교육 등에 관하여 국민적 최저생활수준을 보장하여 줌으로써 완전고용과 산업평화를 유지하는 동시에 생산성 향상을 도모해야 할 절실한 필요가 있다. 이외에도 산업화 과정에서 생겨나는 인간소외현상과 함께 환경파괴문제도 사회복지연구의 새로운 도전으로 등장되었다.

오늘날 기대되는 복지사회의 인간상은 근면과 성실과 개발된 능력으로 자기생활을 관철할 수 있는 민주적 인간이며, 동시에 복지적 연대와 책임을 다하는 사회적 인간이어야 한다. 이와 같은 인간상을 창조하기 위하여서는 사회복지의 基地로서 개개인보다는 가정을 단위로 한 본원적 역량개발에 힘써야 하고, 후세대의 능력향상을 위하여 학교교육과 사회교육의 역할에 관심을 가져야 한다. 가정은 몸과 마음의 고향이고, 교육은 모든 국민을 능력 있는 대등한 참가자로 육성하는 가장 중요한 수단이기 때문이다. 뿐만 아니라 대자연이 만인에게 골고루 내려준 자연복지의 축복을 향유하면서 복지 樂土를 건설하기 위하여서는 공해와 오염의 추방에도 깊은 관심을 베풀어야 한다.

우리에게는 한국동란을 겪은 이래 농촌의 황폐화와 인구의 도시집중, 주택난과 교통난, 환경파괴, 노사분규, 소득격차 등 산업사회에 나타나는 모든 문제들이 하나도 빠짐없이 등장하였고 너무나도 심각한 상태에 와있다. 또한 우리의 현실은 적은 인구와 풍부한 자원을 가지고 국방비의 부담없이 복지사회 건설에 진력한 북구라파와는 달리 경제발전과 국방에 대한 투자가 복지재원을 모두 앗아가 버리는가 하면 협동조합운동을 통한 사회적 연대의식의 개발도 경험하지 못하였다. 따라서 이제라도 우리정부는 사회정의를 실현하기 위한 위대한 실천적 결단을 내려야하며, 그와 같은 국가적 틀 안에서 正海는 국민의 지혜와 소망을 결집하고 반영하는 토론과 연구와 실천의 場이 되어야 한다. 이와 같은 설계는 전체적 이데올로기의 수립이 아니라 과학적 분석에 기초를 둔 점진적 사회개혁의 구체적 방안이어야 하며, 결코 급진적 혁명가의 독선적 절규가 아니라 사회적 양심에 기초를 둔 학문적 진단과 민주적 협의과정을 거쳐서 合一된 새 역사 창조의 의지를 불태우는 것이어야 한다.

그동안 정해가 실천해온 무료법률상담, 정해놀이방 기타 사회봉사 활동은 사회적 취약계층을 위한 생존권 보호와 건전한 사회공동체 구축에 기여한 소중한 실천 기록이다. 이와같이 정해인들의 축적된 힘은 이데올로기를 초월해서 마침내 민족적 동질성을 증대시켜 이질적 체제와의 대립마저도 흡수해 낼 수 있는 귀중한 터전을 마련할 수 있게 할 것이다.

정해 앞에 가로놓인 과제와 도전은 참으로 많다. 스스로의 실력을 가다듬어 앞서 제시한 복지조건을 이념적으로 연구하고 우리나라의 현실을 정확하게 분석하여 그들의 정열을 불태울 수 있는 기회는 많고 사명은 중차대하기 때문이다.

정해의 제2의 탄생에 즈음하여 다시 한번 이를 축하하고 기대하는 마음을 가져 본다.(1990. 11.)

(3) 송상현 교수님을 찾아뵙고, 정해복지, 사단법인 정해복지연구회 -탐방-

지난 3월 28일에는 본 연구회 명예회장으로 계시는 송상현 교수님을 찾아뵈었다. 현재 서울법대 교수로 재직중이신 교수님께서는 미국 하버드 법대 교수로 임명 받으셔서 91년도 1학기 동안 그 곳에서 '한국법' 강의를 맡으셨다. 25일부터 일주일간 잠깐 귀국하셔서, 인사도 드릴겸 만나 뵙고 간단히 몇 말씀 여쭈었다.

＊한국법을 강의하시면서 느끼신 점에 대해서 알고 싶습니다.

경제성장이 되어서인지 또는 올림픽이 개최되어서인지 세계적으로 한국을 과대평가하는 분위기가 되었습니다.

법학계 쪽에서도 마찬가지로 한국에 대해서 알고자, 미국·호주·캐나다·독일 등에서는 '한국법'이란 정규 과목을 개설하고 있습니다. 여기에는 자격있는 교수, 적절한 교재, 일정한 기금의 3요소가 적절히 잘 어울려야 하는데 그렇지가 못해 '한국법' 교육프로그램을 영속화 시키는데 어려움이 있습니다.

지금 제가 가르치는 학생들은 "한국법"에 관심이 많으며, 영어로 된 한국법의 용어로는 그 법을 이해하는데 어려움이 있다고 사적으로 "한국법 원서 강독"도 의뢰해 옵니다. 그들은 주로 한미통상관계, 지적소유권, 남북통일에 대해 질문을 많이 하는 편입니다. 남북통일에 대해서는 제가 아는 것이 있습니까? 한 10년 후엔 통일 될 것 같다는 말밖에……

＊5월은 청소년의 달입니다. 그래서 청소년에 대해 모두들 많은 관심을 가지고 있는데 미국의 청소년들과 비교하여 몇 말씀해 주십시오.

청소년에 관해서는 많이 아는 것이 없지만, 최대의 관심사가 대학입시제도이니만큼 그것에 대해 몇마디 할까 합니다.

미국 학생들은 자율성을 강조하는 분위기에서 자라나며, 개인별로 학업진도를 나가고 있습니다. 학력적성고사(S·A·T)에서 적정 수준 이상의 점수를 받으면 조기 입학이 가능합니다. 이 고사가 우리나라의 대입과 틀린 점은 점수이외에 정서생활의 함양활동(예능)과 체력증진을 위한 운동, 그리고 지역봉사, 공공봉사의 경험이 얼마나 많은지를 참작한다는 것입니다.

이에 반해 우리나라의 경우, 대학입시로 인해 학생들이 점수받는 기계로 양성된다는 느낌을 받습니다. 이로 인하여 인간의 기본적인 정서까지 황폐화되어 가고 있습니다.

학생 스스로도 물론이지만 부모나 학교 자체에서 나아가 정부 차원에서도 학생들의 정서를 윤택하게 하기 위해 노력을 해야 합니다. 그 노력 방법 중의 하나가 이웃을 위한 봉사활동을 권유, 지도하는 것이라고 봅니다. 그리고 대입점수만으로 학생을 평가하기 보다는 성실성, 지도력 등 여러 전반적인 면을 종합하여 평가하는 방향으로 나아가야 한다고 생각합니다.

이 나라의 장래가 오늘의 청소년들에게 달려있는 만큼 제도적으로의 변화

뿐 아니라, 기성인들도 청소년들이 자율성을 띠어 바람직하게 성장할 수 있도록 많은 관심을 기울여야 하겠습니다.

미국에 언제까지 계실 것이냐는 질문에 "6월말에 올 겁니다. 거기서 뭘 하겠어요. 한국에 있는 것이 더 낫지요"하시며 웃으시곤, 월간 "정해복지"를 보니 활동량이 많이 늘어날 것 같다며 열심히 하라고 격려해 주셨다. (1991. 4.)

(4) 정해복지 신년사, 사단법인 정해복지연구회

의지와 정성과 사명감으로

正海바다의 저 수평선 너머로 장엄한 1992년의 해가 솟아오른다. 찬란한 햇살이 壬申年의 기대와 희망을 온누리에 가득하게 채운다.

지난 한 해동안에는 혼란한 정치와 무너져내리는 경제기반 그리고 느슨해진 사회기강으로 인하여 국가전체적으로 침체와 좌절을 맛보았고 소득 및 계층간 격차가 점점 벌어짐에 따라 사회적 연대의식이 약화되었으며 특히 복지사회를 지향하기 위한 큰 걸음을 내딛지도 못하고 해를 넘기고 말았다. 풍요속의 빈곤과 성장속의 소외가 그 어느 때보다도 큰 한해였건만 농촌에서 대량유입된 도시빈민과 산업현장의 근로자들을 위한 정부의 복지정책의지는 거의 느낄 수 없었고 오히려 인프레이션으로 인하여 이들의 생존이 위협받음과 동시에 소수의 과소비로 인한 위화감만 심화되었다.

우리나라에서 복지화의 문제를 사회보장제도의 확립이라는 맥락에서 논의하면 이는 사회개발정책수립의 일환으로 이해되지만 복지화의 역사성은 산업화와 대중화의 두 측면으로부터 파악하여야 한다. 급속한 도시화와 산업화는 노동계층과 빈민층을 집중적으로 노출시키는 대중화를 초래하여 정치적 불안요소를 조성하므로 이처럼 생겨나는 갈등과 불평등을 해결하는데 복지화의 정치적 의의가 있다. 즉 자본주의경제체제를 발전시켜온 종래의 시장조절기능만으로써는 심화되는 소득격차를 시정할 수 없고 전통적인 자유방임주의와 야경국가관에 의존하기보다는 정부의 후견적 개입을 통하여 자본주의 사회경제체제의 구조적 모순을 시정 또는 예방하여 전 국민이 인간다운 삶을 영위할 수 있게 하는 데에 그 이념적 배경이 있음은 주지의 사실이다.

한국형 복지사회의 주요과제를 고용의 극대화, 의료전달체계의 완비, 노인복지와 가족제도의 보전, 고등교육과 문화의 질적 보편화라고 본다면 과연 우리는 복지사회구현의 정치적 경제적 사회문화적 기초를 갖추고 있는가, 우리나라에서도 역사적으로 星湖 李瀷이나 磻溪 柳馨遠의 민족적 복지국가를 추구하려는 노력이 일찍부터 있어왔다. 또한 만일 불우이웃돕기를 복지사회구현의 핵심이라고 보고 약자에 대한 동정이 복지사회가 요구하는 심성의 으뜸이라면 우리나라는 복지사회건설을 위한 사회문화적 기초가 튼튼한 나라라고 볼 수 있다. 우리는 전통적으로 미풍양속을 유지해왔고 오랜 농경의 역사를 통하여 배양된 따뜻한 마음씨와 상부상조정신이 강하다. 그러나 산발적이고 충동적인 동정심의 발로나 감상적 마음에 따른 시혜만으로 복지사회가 구현된다고 믿는 사람은 없을 것이다. 한 차원 더 중요한 것은 나의 것을 남에게 준다는 우월감을 동반하지 않는 인권존중에 대한 의무감이다. 나의 것을 남에게 베푼다는 시혜의식보다는 평등한 인권이 요구하는 각자의 몫을 재분배하기 위하여 맡았던 것을 사회로 환원한다는 의식이 중요하다.

그러면 우리의 현상은 어떠한가 살펴보자. 우선 정부는 사회복지이념의 실현을 위한 정책의지가 부족하기 이를 데 없다. 민간부문의 경우에는 과거 수십년 동안 한 해에 근 백만 명의 고졸자가 배출되고 수십만 명의 젊은이가 학사모를 써도 그 기나긴 교육과정 중 사회봉사를 배우고 실천해볼 기회를 가져보지 못하고 사회에 진출한 채 팽배한 개인적 집단적 이기주의에 휩쓸려버리고 만다. 이와 같이 민간과 정부가 모두 사회복지의 중요성에 대한 정책의지와 실천적 인식을 갖고 있지 못한 것은 참으로 안타까운 일이 아닐 수 없다.

새해에 正海가 할 일은 이 같은 불모지적 복지환경에서 그동안 스스로 이룩한 업적을 재평가하면서 좀더 큰 복지의 물결을 출렁이게 하는 노력을 배가하여야 한다. 그동안 이상을 같이 하는 젊은이들이 비록 조그맣게 시작했지만 그들의 노력은 힘차게 여러방향으로 뻗어 나갔고 한정된 자원에 비하여 귀중한 성과를 올렸다고 생각한다. 올해에도 흔들림 없는 의지와 정성과 사명감을 지닌 채 엄정하게 복지사업에 대한 우선순위를 정하고 좀더 파급효과가 큰 전략을 구사하여 지속적으로 사업을 추진하여 나아가야 한다.(1992. 1.)

(5) 정해복지(정해칼럼), 사단법인 정해복지연구회

정해의 법인화 2주년에 즈음하여

정해가 법인으로 탈바꿈한지 두 돐이 되었습니다. 사실 조그마한 뜻이 서로 손을 맞잡고 힘차게 첫 발을 내디딘 것은 이미 5년째가 되고, 모두들 남과 나누어 더불어 사는 후원자와 자원봉사자들의 지원과 헌신으로 정해는 점차 그 기반을 다질 수 있었으니 이 기회에 무한한 치하와 격려의 말씀을 드리고자 합니다.

돌이켜 보건대 정해가 고고의 소리를 내고 탄생하였을 때에는 우리나라가 1990년대의 문턱에서 민주화의 새 시대를 경험하면서 어떤 방향으로 나가야 하고 21세기가 오면 우리는 어떠한 나라에서 살아야 할 것인가에 관하여 다같이 심각하게 모색하고 몸부림을 치고 있던 무렵이었습니다. 우리는 미래지향적 선택에 대한 자주적 민주적인 대답으로서 복지국가의 모습을 그려보면서 희망에 넘치기도 하였고, 또한 이에 앞서 우리나라의 교육, 문화, 기본인권, 주거, 농촌, 의료보건, 환경, 빈곤, 산업복지, 장애자 복지 등의 현상을 점검하고는 퍽 참담한 생각이 들기도 하였습니다. 오늘날의 민주화와 국제화를 중심으로 한 일대 전환기에서 복지란 결국 정치적·경제적·사회문화적 민주발전의 종합개념이라고 파악하고 그러한 취지에 걸맞는 첫걸음을 내디딘 것이 무료법률상담이요, 중간의 집이요, 어린이 놀이방인 것입니다. 그동안 의욕이 앞선 실수가 없지 아니하였고, 이데올로기적 자리매김에서 혼란이 있기도 하였으나 순수하게 공공봉사정신 한 가지로 모든 어려움을 감내하고 이 척박한 우리나라의 풍토에서 이만큼 착실하게 성장한 정해는 대견하기 짝이 없습니다.

서구의 국가들은 극심한 빈곤과 실업의 문제를 해결하고 최저생활을 보장함으로서 1950년대에 먼저 복지국가를 건설하였습니다. 다만 인간의 욕구란 계속 팽창되고 새로워지기 때문에 일정한 목표의 달성은 곧 새로운 목표를 창출하게 되고 따라서 다시 노인문제와 인플레이션의 위협에 봉착하고 있습니다. 이처럼 복지는 이를 누가 주도하든지 간에 끊임없이 제기될 뿐만 아니라 영원히 만족될 수 없는 문제가 아닌가 생각합니다. 선진국의 경우에 진보적 정치이데올로기가 풍미하게 되면 복지문제에도 정부가 적극적으로 관여하게 되고 반대로 보수주의적 물결이 휩쓸게 되면 복지문제에 민간부문의 자발적 참여를 강조하는 등 시대사조의 변화에 따라 복지사회의 건설을 위한 모색방법이 달라지곤 하였습니다. 우리나라의 경우에는 그동안 정부주도의 복지정책이란 방향도 관심도 실효성도 없었고, 민간부문의 자발적 참여도 외국과 비교하면 너무나 미미하여 부끄럽기 짝이 없는 실정입니다. 정해는 너무나 어려운 여건에서 출발하여 작은 일을 하고 있으나 젊은이들이 품고 있는 높은 이상과 정의감, 인간의 존엄성에 대한 믿음, 인간의 평등에 대한 신념을 미래지향적으로 실현하고자 하는 순수한 복지연구와 실천의 모임입니다.

사회복지의 개념, 역할, 내용, 방법 및 전달체계의 형성 등은 모두 그 사회의 특수한 환경이나 상황속에서 제기되는 사회적 욕구나 경제구조에서 연유되는 문제들을 처리하는 과정에서 형성 또는 재정립됩니다. 그러므로 정해도 점차 사회복지사업이나 서비스의 기초가 되는 사회적 욕구가 무엇이고 그 성격이나 중요성이 어떠하며 우선순위는 어디에 두어야 할 것인지 보다 과학적 방법으로 파악하여 부족한 인적 재정적 자원을 효율적으로 사용할 수 있도록 체계적 연구와 학문적 접근에 힘써야 할 것으로 생각합니다.

또한 사회복지의 동태적 측면에서는 무엇보다도 복지재원의 확대를 위한 정부와의 협력방안이나 민간자원의 동원에 관한 다양한 접근방법을 모색하는 것이 긴요한만큼 정해도 이 점에 대하여 좀더 적극적으로 검토해야 할 것입니다.

어떤 의미에서는 복지라 함은 미래를 꿈꾸는 것이라고 할 수 있습니다. 그렇다면 정해는 우리 모두의 미래를 함께 고민하고 꿈꾸고 발견하고 실천하는 공동체인 동시에 선구자라고 자부할 수 있다고 생각합니다. 정해는 부디 미래의 꿈을 소중하게 간직하면서 치밀한 계획과 용기있는 실천으로 끝없이 뻗어나가기를 기원합니다.(1992. 7.)

(6) 정해복지 신년사, 사단법인 정해복지연구회

正海에게 바란다

우리나라의 역사상 가장 암울했던 일제 식민지 시절인 1929년 4월 3일 동아일보에는 인도의 독립운동가인 동시에 노벨상 수상 시인인 라빈드라나트 타고르가 우리나라의 젊은이들에게 희망을 주고 그들의 앞날을 격려하기 위하여 지어보낸 詩가 게재되었다. 오랜 세월동안 人口에 膾炙되던 그 유명한 시는 다음과 같이 시작된다.

> 일찍이 아시아의 황금시기에
> 빛나던 등불의 하나인 코리아,
> 그 등불이 다시한번 켜지는 날엔
> 너는 동방의 밝은 빛이 되리라…

이 詩는 온갖 열악한 여건을 무릅쓰고 숭고한 복지이념의 실현을 위한 첫걸음을 대담하게 내딛은 社團法人 正海福祉研究會의 젊은이들에게 바쳐야 된다고 생각한다. “젊음의 빛이여! 그대 이름은 正海이다”라고. 그들은 모닥불같은 열정으로, 냉철한 두뇌로, 꺾이지 않는 실천의지로, 그리고 넉넉한 이웃사랑으로 현대사회가 당면한 사회복지문제를 한아름 부여안고 나름대로 차근차근 실천하여 의미있는 업적을 이룩하고 있기 때문이다.

필자가 미국에 있는 하버드 법대 교수를 하는 동안 신입생을 뽑기 위한 서류전형에 참가한 일이 있었다. 미국 전국은 물론 세계각지에서 가장 우수한 인재들이 구름같이 지원하여 우열을 가리기가 굉장히 힘들었다. 물론 학교성적이 뛰어나고 운동이나 음악 또는 미술 등 다방면으로 남의 추종을 불허하는 특기를 보유한 자를 뽑지만 이 같은 기준에 못지않게 고려하는 사항은 학생으로서 얼마나 지역봉사에 적극적으로 나서서 리더쉽을 발휘했는가 하는 점이다. 그들이 양로원, 보육원, 정신병원, 재활원, 직업훈련원, 교도소, 각종 수용소 등에서 성심성의껏 효과적 봉사활동을 한 각종 기록은 고작 수재의연금이나 연말불우이웃돕기 명목으로 돈 몇 푼 희사하고 마는 우리를 너무나 부끄럽게 만들고도 남는다. 그들은 일단 법대에 입학한 후에도 법을 통한 사회개혁을 시도하고 법을 통한 빈곤 퇴치운동 외에 무료법률상담을 하는 등 젊은이가 지니는 이상의 실현을 위한 노력을 계속한다. 이처럼 어려서부터 가정과 학교교육과정에서 실천을 통하여 사회적 정의와 복지의 중요성을 깨닫고 봉사정신이 몸에 밴 채 사회에 진출한다. 여기에다가 정부의 체계적 노력과 민간부문에서의 자선적 기부가 어우러져서 광범위한 사회복지시책이 실현되어가고 있는 것이다. 다만 민주당 정부가 들어서면 이같은 복지정책을 좀더 정부주도로 이끌어가고 공화당이 집권하면 민간주도로 유도하는 점이 다를 뿐이다.

그러면 우리의 실정은 어떠한가. 가정과 학교의 어느 곳에서도 지역사회를 위하여 기여하거나 불우한 이웃에게 봉사하는 교육과 실천이 전혀 없고 객관식 시험에 알맞는 지식을 암기하여 좋은 대학에 들어가고 경쟁에서 이기는 훈련을 반복한 나머지 젊은이가 공통적으로 관심을 가질 수 있는 사회정의와 복지 등의 개념에는 생소하기만 하다. 다소 형편이 넉넉한 자가 얼마간 기부하는 것이 자선활동의 전부인 것처럼 일반적으로 생각하지만 민간주도의 기부나 프로그램도 거의 없고 복지문제에 전념할 수 있는 요원도 흔치 아니하다. 정부의 복지예산이나 활동은 국민소득 6천 달러를 무색하게 할 정도로 나라체면을 손상시킬 뿐이다.

우리의 세태와 복지활동여건이 이와 같을진대 과연 누가 자기의 전문가적 지식과 헌신적 신념을 바탕으로 복지활동에 인생의 승부를 걸겠다고 할 것인

가. 나는 서슴지 아니하고 正海의 몇몇 젊은이들과 후원자 및 자원봉사자들이 바로 그들이라고 단언할 수 있다. 그들은 다른 할 일이 없어서 한없이 어렵기만한 복지활동에 투신한 것도 아니고 경제적으로 여유만만하여 기부를 하거나 자원봉사를 하는 사람들이 아니다. 그들은 자기의 이상과 사랑을 실천하고자 하는 사람들이고 배운 전문지식을 실제에 활용하려는 젊은이들인 것이다.

돌이켜 보건대 이들의 적극적 참여와 리더쉽으로 인하여 그동안 무료법률상담 및 무료변론사업, 비영리 탁아사업, 지역의료 봉사사업, 그리고 시설퇴소자를 위한 생활자립관 마련 사업 등 다양한 실천사업에 큰 성과를 올리고 있으며 이제 막 시작한 베트남의 한국인 2세 혼혈고아들의 기술교육계획도 萬難을 무릅쓰고 성공하리라 믿어 의심치 아니한다.

계유년 첫 새벽에 닭울음이 들리거든 正海도 새로운 각오로 一年之計를 세우자.

첫째, 正海는 그 다양한 활동과 괄목할만한 업적에도 불구하고 실천사업계획을 세움에 있어서 優先順位를 엄격하게 다시 선정하여야 할 것이다. 때로는 국가가 담당해야 할 복지과제까지 정해가 짊어진다면 이는 너무나 힘든 일이어서 소기의 성과를 달성하기 어렵고 오히려 효과가 반감될 수도 있기 때문이다.

둘째, 정해가 이용할 수 있는 여러가지 인적, 물적 자원이 대단히 한정되어 있는 만큼 이 같은 자원의 보다 효율적인 활용을 위한 조직과 방법론을 끊임없이 연구하여야 할 것이다. 자원봉사자를 짜임새있게 조직하여 적절한 사업에 투입하거나 예산과 후원금의 집행을 엄선된 우선순위에 따라 집중투입한다면 능률의 극대화를 도모할 수 있기 때문이다.

셋째, 대외적으로 정해의 존재와 목적사업을 좀더 적극적으로 홍보하고 모금을 위한 노력을 배가하여야 한다. 정해의 젊은이들이 가진 무한한 아이디어를 제대로 실천하기 위하여서는 재정적 뒷받침이 가장 중요하기 때문이다.

넷째, 정해는 사회복지사업의 실천단체이지만 동시에 복지정책이나 사회사업방법론 등에 관한 학술연구단체이다. 따라서 우리나라의 현상을 파악하여 분석하고 이론적 무장을 하며 참여자들의 전문지식 배양을 위한 연구, 교육 및 훈련 프로그램을 실시할 필요가 있다. 이에 곁들여서 매년 한 해의 활동을 마감한 다음 반성과 평가를 위한 기회를 스스로 마련하여 장래 발전의 지표로 삼는 관행을 확립할 필요가 있다.

1993년 닭의 해에는 그동안 축적된 힘으로 正海가 한단계 높이 도약할 수 있는 계기가 마련되기를 바라면서 다시한번 격려의 말씀을 보낸다.

동방의 빛은 코리아이지만 "젊음의 빛이여! 그대 이름은 정해이다"라고. (1992. 12.)

⑺ 정해의 법인화 2주년 격려사

오늘은 正海가 法人으로 창설된 제2의 탄생을 기념하는 날이기에 우선 진심으로 축하를 드립니다. 혼돈과 갈등으로 점철된 1980년대에 대학교육을 받고 21세기를 내다보는 젊은이들이 드높은 이상과 늠름한 패기를 바탕으로 미래지향적 역사창조를 위하여 굳게 손을 잡은 것이 正海의 출발이었습니다. 그동안 눈앞의 위기에 좌절하거나 기성관념과 권태 속에 체념하거나 자학하지 아니하고 성장과 번영, 자유와 복지 그리고 평화와 통일의 큰 목표를 위하여 분발과 헌신과 용기를 보여준 李忠範회장 이하 正海가족들에게 찬사와 경의를 표하고자 합니다. 正海가 연구와 실천을 통하여 추진하는 사업목표는 社會福祉의 달성입니다.

福祉社會의 건설은 우리나라가 어느 정도의 경제성장을 이룩한 이 시점에서 온 국민이 뜻을 모아 최우선적으로 추진해야할 과업입니다. 正海人들의 슬기와 통찰력은 21세기로 가는 길목에서 가장 중요한 이 과제를 놓치지 아니하고 그들의 사업목표로 삼았으니, 앞으로는 오직 학문적 분석과 정확한 진단을 토대로 한 무한대의 봉사와, 심오한 연구 및 어김없는 실천이 있을 뿐입니다. 돌이켜 보건대 우리의 근대사는 줄기찬 反封建, 反植民 항쟁과 反獨裁 투쟁을 거쳐서 이제 자유민주주의와 사회복지국가를 건설해야할 단계에 와 있다고 하겠습니다.

이러한 역사의식과 시대적 召命을 일찍부터 깨닫고 봉사와 희생을 마다하지 아니한 正海人들은 소영웅주의와 이기주의로 얼룩진 세태를 떨치고 일어나 인간보호와 인간회복을 이룩하는 첨병이며, 갈등속에서도 正道를 찾아내고 회의속에서도 해답을 찾아내는 의지와 용기의 사람들입니다. 人生은 영원한 미완성이란 말도 있다시피 정해인들 중에도 의욕부터 앞서는 혁명가도 있고 몰이해와 否定과 좌절속에서 분한 눈물을 닦는 능동적 실천가도 있을 수 있습니다. 그러나 正海人들은 성스러운 정의의 힘과 大經大道의 명분만으로 모든 일이 성공적으로 이루어지는 것이 아니라 반드시 때를 알아보고 시기를 잘맞추어 융통성있게 일을 처리해 나가는 지혜와 기량을 겸비한 인재의 집단이어야 하겠습니다.

이들은 그들이 가진 이상과 실천력, 가능성과 기회, 치밀한 계산과 우직한 의리, 그리고 合理主義와 人本主義를 한데 조화시켜 아름다운 교향악이 울려 퍼지도록 끊임없는 노력을 다할 것입니다. 이제 우리는 다같이 21세기를 사는 이 젊은 세계인들이 自强과 自成의 기틀을 다질 수 있도록 아낌없는 격려의 박수를 보내야 할 것입니다.(1992.)

(8) "젊음의 빛이여! 그대 이름은 正海이다," 정해칼럼

역사적으로 볼 때 귀족계층에 의한 충동적 자선행위가 자본가에게로 넘겨졌다가 이제는 복지사회건설이라는 명분아래 정부의 수중으로 옮겨졌음에도 불구하고 얄팍한 인정마저도 맛보기 어려운 열악한 상황에 처하게 된 실정을 우리는 잘 알고 있다. 그러나 오늘날 일대 전환기에서 福祉란 결국 정치적 경제적 사회문화적 민주발전의 종합개념이라고 파악하고 그러한 취지에 걸맞는 첫 걸음을 내디딘 것이 社團法人 正海福祉硏究會라고 할 수 있다. 正海는 소외된 사람들이 단순한 충동적 자선의 대상이 아니라 국민공동체의 당당한 민주시민으로서 함께 걸어갈 수 있도록 돕기 위하여 합리적 방안을 개발하고 책임있게 실천하는 젊은이들의 단체이다. 그들은 모닥불같은 열정과 냉철한 두뇌와 불굴의 실천의지, 그리고 넉넉한 이웃사랑으로 현대사회가 당면한 사회복지문제를 한아름 부여안은 채 비록 조그맣게 시작했지만 힘차게 여러 방향으로 뻗어 나갔고 한정된 자원에 비하여 나름대로 차근차근 실천하여 의미있는 업적을 이룩하고 있다.

正海의 기초자산은 이처럼 뜻을 같이 하여 뭉친 젊은이들의 드높은 이상과 뜨거운 정열과 조건없는 헌신과 무한한 사랑이 탁월한 리더쉽과 함께 어우러진 역동성이라고 할 수 있다. 이로부터 복지사업추진의 계획과 원동력이 도출되었고, 갖가지 어려움을 딛고 시의적절한 프로그램을 실천하였으며, 행동을 통하여 후기산업사회에서 복지문제의 중요성을 일깨우는 데 성공하였다고 말할 수 있다. 따라서 정해의 업적은 몇몇 젊은이의 일시적 이상주의나 자비심만으로 또는 돈만으로도 이룩할 수 없는 민간부문의 귀중한 성공사례이며 비전문가들이 달성해낸 소박한 승리라고 할 수 있다.

다만 국내외 환경의 급격한 변화에 따라 복지의 이념은 물론 그 서비스 전달체계에 관한 기술도 끊임없이 확대되고 발전해나간다는 사실을 잠시라도 잊지 말고 구성원 모두가 끊임없이 연구하고 토론하고 공부하고 새로운 지식으로 무장하여 국내외적으로 새로운 기회를 포착하는데 과감하면서도 추호도 차질이 없어야 할 것이다. 복지사업활동의 성패는 복지이념과 사상에 대한 깊은 이해와 이론무장과 경험축적을 토대로 이 사회에 일정한 경륜과 방향을 제시할 수 있어야만 진정한 호응을 얻을 수 있고 올바른 봉사를 할 수 있기 때문이다.

(9) 정해복지 1994년 신년사, 사단법인 정해복지연구회

1994년 甲戌年의 새아침이 힘차게 동터서 밝아온다. 시간은 쏜살같아서 다사다난했던 계유년은 기대와 희망의 새날에게 자리를 사양하고 물러난다. 충직한 개의 해에 우리는 무슨 꿈을 꾸어야 할까? 正海는 어떤 새로운 설계를 하여야 할까? 신한국 창조의 목표 중에는 건강한 사회의 건설이 있다고 하니 正海도 우리 사회에 그늘진 구석이 없도록 나름대로 새삼 노력하여 볼까? 아니면 미국의 클린튼 대통령이 그 부인인 힐러리 여사를 주축으로 삼아서 국민건강계획을 획기적으로 개혁한다고 하니 正海도 의료서비스에 힘써서 소외계층의 건강을 지키는데 노력을 기울일까? 아니면 작년도에 시작한 베트남 한인 2세의 자립을 위한 사업을 완성하는데 심혈을 다할 것인가?

설립한 지 일곱 돌에 즈음하여 돌이켜보면 장애도 많았을 것이고 곤경 또한 어찌 없었겠는가. 그러나 正海는 무료법률상담을 중심으로 출발하여 탁아소와 중간의 집 운영에서부터 지역의료봉사와 베트남 한인 2세의 자립을 위한 기술전문학교 설립사업에 이르기까지 지난 한 해 동안 지속적으로 추진중인 사업들이 어떤 것은 제법 자리를 잡는가 하면 새로 시작한 봉사활동은 그 기지개를 펴는 모습이 참으로 대견스럽게 보인다. 이 어찌 척박한 우리 사회풍토에서 크나큰 희망이요 일종의 광명이라고 아니할 수 있겠는가.

正海의 기초자산은 뜻을 같이 하여 뭉친 젊은이들의 냉철한 두뇌와 드높은 이상과 뜨거운 정열과 조건없는 헌신과 무한한 사랑이 이충범 창립회장과 김준식회장의 탁월한 리더쉽과 함께 어우러진 역동성이라고 할 수 있다. 이로부터 복지사업추진의 계획과 원동력이 도출되었고, 갖가지 어려움을 딛고 시의 적절한 복지프로그램을 실천하였으며, 진실한 복지실천의 행동모델을 보여 후기산업사회에서 복지문제의 중요성을 일깨우는 데 성공하였다고 말할 수 있다. 이는 몇몇 젊은이의 일시적 이상주의나 자비심만으로 또는 돈만으로도 이룩할 수 없는 민간부문의 귀중한 성공사례이다. 또한 전문적 사회복지사업가들도 아니면서 종교단체나 정부의 뒷받침도 없이 달성해낸 소박한 승리라고 할 수 있다. 따라서 김준식 회장체제하에서는 우선 더욱 내실을 다지되 조직의 관료화는 회피하고, 사명감은 고취하되 교만과 나태는 경계하고, 반성과 평가는 계속하되 실패와 시행착오는 최소화하며, 장래의 방향은 통찰하되 허황된 나열은 방지함으로써 복지사업의 개량된 소프트웨어를 계속적으로 창출하고 실행하여야 할 것이다.

급변하는 국내외의 경제적·사회적 환경에서는 복지의 이념은 물론 그 서비스 전달체계에 관한 기술도 끊임없이 확대되고 발전해나간다는 사실을 잠시라도 잊지 말고 구성원 모두가 끊임없이 연구하고 토론하고 공부하고 새로운 지식으로 무장하여 국내외적으로 새로운 기회를 포착하는데 과감하면서도 추호도 차질이 없어야 할 것이다. 복지사업활동의 성패는 복지이념과 사상에 대한 깊은 이해와 이론무장과 경험축적을 토대로 이 사회에 일정한 경륜과 방향을 제시할 수 있어야만 진정한 호응을 얻을 수 있고 올바른 봉사를 할 수 있기 때문이다. 이는 마치 名馬가 지나가도 이를 알아보는 안목이 없으면 노새가 지나가는 것과 다름이 없고 대들보감이 빽빽하게 서있어도 그 용도를 모르면 한낱 서까래감으로 보이는 것과 같으므로 복지에 대한 투철한 이념과 원대한 경륜이 있어야 올바른 방향으로의 실천이 가능해지는 것이다.

새해는 정녕 正海가 그동안 튼튼하게 다진 내실을 딛고 일어서서 四海에 발돋움하고 줄기차게 뻗어나가는 해가 되리라고 믿어 의심치 아니한다. 첫째, 국내적으로는 이미 경향각지의 호응과 성의를 모아 지부들을 새롭게 탄생시킴으로써 복지서비스의 평면을 넓혔으며 이들은 앞으로 지역사회에 파고들면서 밀착된 봉사의 중심처로서 성장할 것으로 믿기 때문이다. 둘째, 국제적으로는 우선 우리가 뿌린 씨를 우리 스스로가 거둔다는 의미에서 재월 따이한 2세의 자립기반구축사업을 시작하였으니 여기서 한 걸음 더 나아가서 해외동포들을 위한 서비스를 펼쳐나가는 새로운 지부들이 결성되어 현지의 봉사단체들과 힘을 합쳐 나간다면 正海는 문자 그대로 오대양 육대주에 그 봉사의 나래를 펼 수 있게 될 것이기 때문이다.

우리는 과거의 역사에서 볼 때 자선행위가 귀족에게서 자본가에게로 넘겨졌다가 이제는 복지사회라는 이름 아래 정부관료들의 수중으로 옮겨져서 얄팍한 인정마저도 맛볼 수 없는 인간사육장화된 실정을 알고 있다. 그러나 正海는 소외된 사람들이 단순한 충동적 자선의 대상이 아니라 국민공동체의 당당한 성원으로서 함께 걸어갈 수 있도록 합리적 방안을 개발하고 책임있게 실천하는 우리 모두의 단체이다. 과연 그렇다면 스위스의 신학자 에밀 브루너가 이상적 복지국가를 사랑의 단원인 가족공동체의 확대된 외연기능에 비유한 바와 같이 正海도 우리나라 전통사회의 귀중한 유산을 현대사회에 합리적으로 접목·변용시켜서 온 국민의 사랑과 믿음을 한 몸에 받는 동시에 세계에서 모범이 되는 복지단체로 성장하리라고 확신한다.

새해는 진정코 正海가 한 차원 높게 온누리에 힘차게 비상하는 원년이 되기를 희망한다.(1993. 12.)

(10) 한·베트남 문화예술제 한국 홍보사절단 선발대회 축사

오늘 저녁 바쁘신 가운데 이처럼 성황을 이루어주신 귀한 자리에서 社團法人 正海福祉硏究會와 한국문화예술진흥회 주최 한·베트남 문화예술제를 개막하기에 앞서 치하의 말씀을 드리게 된 것을 대단히 기쁘고 뜻깊게 생각합니다.

다가올 21세기의 아시아·태평양 시대에는 東北亞의 한국과 東南亞의 베트남이 각각 중요한 역할을 떠맡게 될 것이며 양국이 과거의 기억을 딛고 일어나 서로 굳게 협력한다면 아시아 지역의 장래는 한없이 밝고 무궁한 발전을 다질 수 있다고 생각합니다. 우리나라와 베트남간에는 1992년 말경 이미 대사급 외교관계가 수립되었고 작년 5월에는 베트남의 키에트 총리께서 우리나라를 방문하셨으며 작년의 양국간 무역규모는 도합 8억 달러에 육박하였습니다. 이처럼 양국간에는 경제협력을 비롯하여 빈번한 교류가 이루어지고 있을 뿐만 아니라 그 규모가 급속히 확대되고 괄목할만한 성과가 나타나고 있음은 우리 모두가 기뻐할 일입니다. 현재 베트남에는 수많은 우리나라의 기업이 진출하여 교역을 하고 투자를 하면서 "도이모이"의 기치하에 경제재건에 힘쓰는 베트남을 돕고 양국간의 공동번영을 위하여 땀흘리고 있습니다. 또한 우리나라에는 약 2,500여 명의 베트남 국민이 각방면에서 열심히 일하고 배우고 있는 것으로 알고 있습니다. 그런데 제가 생각하기로는 이와 같은 政治的, 經濟的 交流는 文化的, 藝術的 交流와 함께 이루어질 때에 비로소 서로 상대방을 좀 더 잘 이해하게 되어서 총체적으로 더욱 믿음직하고 견고한 同伴者的 關係로 발전될 수 있을 것으로 믿습니다.

사단법인 정해복지연구회가 평소에 민간차원에서 다양한 프로그램을 기획하여 양국간의 우의도모와 이해증진을 위한 사업을 벌려오던 중 이와 같은 양국간의 문화예술적 교류의 중요성에 착안하여 오늘밤 文化藝術祭를 열게 된 것은 참으로 시의적절한 일이라고 아니할 수 없습니다. 나아가서 원래 소외계층을 돕는 실천적 정열과 복지사회건설의 꿈으로 뭉친 젊은이들의 활동체인 정해복지연구회가 특히 그들의 역점사업의 하나로서 베트남에 사는 韓人 2세의 自立을 위한 技術學校의 설립을 돕고자 이와 같은 한·베트남 문화예술제를 준비한 것은 이중으로 뜻깊은 일이라고 하겠습니다.

오늘밤 정해복지연구회가 마련한 이 양국교류의 한마당에서 한국과 베트남은 모두 그들이 자랑하는 오랜 역사와 전통, 그리고 수준높은 문화와 예술을 서로 뽐낼 수 있을 것입니다. 뿐만 아니라 오늘 엄선될 韓國 弘報使節團은 앞으로 베트남에 한국을 알리고 양국친선을 위하여 중차대한 임무를 수행해내실 것으로 기대하여 마지않습니다. 아무쪼록 오늘 밤 이 행사가 양국국민들을 우정과 희망과 번영의 미래로 향하는 첫걸음이 되기를 간절히 바랍니다.

끝으로 이 뜻깊은 행사가 성공할 수 있도록 도와주시고 참여해주신 협찬사와 후원단체 여러분께 진심으로 감사드리고, 심사위원 여러분과 공사다망하신 가운데 이처럼 성황을 이루어주신 내빈 여러분께 감사드립니다.(하이얏트호텔, 1994. 11. 13.)

(11) 베트남 한인 2세를 위한 기술학교 운영기금마련 자선 디너쇼 축사

오늘 저녁 이 귀한 자리에서 社團法人 正海福祉가 주최하는 베트남 한인 2세를 위한 기술학교 운영기금마련 자선 디너쇼를 개막하기에 앞서 축하와 격려의 말씀을 드리게 된 것을 대단히 뜻깊게 생각합니다.

다가올 21세기의 아시아·태평양 시대에는 東北亞의 한국과 東南亞의 베트남이 각각 중요한 역할을 떠맡게 될 것이며 양국이 과거의 기억을 딛고 일어나 서로 굳게 협력한다면 동반자적 관계를 구축하여 모두가 무궁한 발전을 다질 수 있다고 생각합니다. 우리나라와 베트남간에는 1992년 말경 대사급 외교관계가 수립된 이래 무역과 각종 경제협력을 비롯하여 빈번한 교류가 이루어지고 있을 뿐만 아니라 그 규모가 급속히 확대되고 괄목할만한 성과가 나타나고 있음은 우리 모두가 기뻐할 일입니다. 현재 베트남에는 수많은 우리나라의 기업이 진출하여 "도이모이"의 기치하에 경제재건에 힘쓰는 베트남을 돕고 양국간의 공동번영을 위하여 땀흘리고 있습니다. 또한 우리나라에는 약 2,000여 명의 베트남 국민이 각방면에서 열심히 일하고 배우고 있는 것으로 알고 있습니다. 그런데 우리나라와 베트남간에는 다른 나라와의 관계에서는 보기 어려운 특수한 유산이 남아서 우리의 해결의 손길을 기다리고 있습니다. 결자해지라고나 할까요? 우리의 핏줄을 이어받은 베트남 한인 2세들이 오랫동안 방치되어 왔었으나 이는 결국 우리 자신이 해결해야 할 문제라고 생각합니다.

그런데 10년 전에 설립되어 소외계층을 돕는 자선사업을 펼쳐오던 사단법인 정해복지가 5년 전에 이미 눈을 나라 밖으로 돌려 베트남 한인 2세의 자립을 위한 기술학교 설립을 구상한 바 있습니다. 우리의 핏줄을 이어받은 베트남의 韓人 2세가 성년에 달하여서도 소외되고 자립기반을 갖추지 못하여 베트남 사회에서 낙오된다고 하는 것을 외면할 수 없었기 때문이었습니다. 여러 해 동안 이사장 이충범 변호사의 헌신적인 리더쉽과 취지에 공감하신 여러 후원자들의 도움으로 금년 4월에 베한기술학교 입학식을 거행하였고 120명의 라이따이한 학생이 새로운 희망을 가지고 열심히 공부하고 있습니다. 이는 원래 소외계층을 돕는 실천적 정열과 복지사회건설의 꿈으로 뭉친 사단법인 정해복지의 젊은이들로서도 대단히 뜻깊고 귀중한 첫걸음이었습니다. 아무쪼록 모처럼 설립한 기술학교가 계속 성공적으로 운영될 수 있도록 이자리에 참석해주신 여러분들의 박애와 헌신과 보편적 인간존중정신에 입각한 적극적 지원을 기대하여 마지않습니다. 나아가서 오늘 밤 이 행사가 양국국민들을 우정과 희망과 번영의 미래로 향하는 디딤돌이 되기를 간절히 바랍니다.

끝으로 이 뜻깊은 행사가 성공할 수 있도록 도와주시고 참여해주신 협찬사와 후원단체 여러분께 진심으로 감사드리고, 공사다망하신 가운데 이처럼 성황을 이루어주신 후원자 여러분께 깊은 감사를 드립니다.(1997. 12. 8.)

(12) 정해복지 발자취, 정해복지 설립 15주년 기념 격려사, 사단법인 정해복지

먼저 社團法人 正海福祉가 15주년이 된 것을 진심으로 축하하며 이 글을 쓰게 된 것을 기쁘게 생각합니다. 혼돈과 갈등으로 점철된 1980년대에 대학교육을 받고 21세기를 내다보는 젊은이들이 드높은 이상과 늠름한 패기를 바탕으로 미래지향적 역사창조를 위하여 굳게 손을 잡은 것이 正海福祉의 출발이었습니다. 그 동안 눈앞의 위기에 좌절하거나 기성관념과 권태 속에 체념하거나 자학하지 아니하고 성장과 번영, 자유와 복지 그리고 평화와 통일의 큰 목표를 위하여 분발과 헌신과 용기를 보여준 이충범 이사장 이하 정해 가족들에게 찬사와 경의를 표하고자 합니다.

正海福祉가 연구와 실천을 통하여 추진하는 사업목표는 社會福祉의 達成입니다. 사회복지의 건설은 우리나라가 어느 정도의 경제성장을 이룩한 이 시점에서 온 국민이 뜻을 모아 최우선적으로 추진해야할 과업입니다. 正海福祉 가족들의 슬기와 통찰력으로 21세기를 지내면서 가장 중요한 이 과제를 놓치지 않고 그들의 사업목표로 삼았으니, 앞으로는 오직 학문적 분석과 정확한 진단을 토대로 한 무한대의 봉사와 심오한 연구 및 어김없는 실천이 있을 뿐입니다.

돌이켜 보건대 우리의 근대사는 줄기찬 反封建, 反植民 항쟁과 反獨裁 투쟁을 거쳐서 이제 자유민주주의와 사회복지국가를 건설해야할 단계에 와 있다고 하겠습니다.

이러한 역사의식과 시대적 사명을 일찍부터 깨닫고 봉사와 희생을 마다하지 아니한 正海人들은 소영웅주의와 이기주의로 얼룩진 세태를 떨치고 일어나 인간보호와 인간회복을 이룩하는 첨병이며, 갈등 속에서도 正道를 찾아내고 회의 속에서도 해답을 찾아내는 의지와 용기의 사람들입니다.

그간 많은 어려움 속에서도 꿋꿋이 주위의 소외된 이웃들과 함께한 正海福祉의 15주년을 진심으로 축하하여 앞으로도 합리주의와 인본주의를 한데 조화시켜 아름다운 복지의 교향악이 울려 퍼지도록 끊임없는 노력을 다해 줄 것이라고 믿습니다. 이제 우리는 다같이 현시대를 열심히 살아가고 있는 正海福祉가 自强과 自成의 기틀을 다질 수 있도록 아낌없는 격려의 박수를 보내야 할 것입니다.(정해복지 명예이사장, 2001. 12.)

(13) 베트남 정해기술학교 돕기 자선행사(동아일보)

민간 복지단체인 정해복지(이사장 이충범·李忠範)가 주최하는 베트남 정해기술학교 운영기금 마련 자선디너쇼가 13일 오후 7시 서울 강남구 인터컨티넨탈호텔 그랜드볼룸에서 열렸다.

이날 행사에는 서울대 법대 송상현(宋相現) 교수, 한국방송공사 김동건(金東鍵) 방송위원 등 후원 회원 900여 명이 참석했다.

정해복지가 베트남 호치민시 근교 투우덕 지역에 한국계 혼혈아(일명 라이따이한)와 전쟁 고아들을 위한 기술학교를 세우기로 한 것은 1992년 7월.

이로부터 6000여 평의 버려진 땅을 갈아 3층짜리 학교와 기숙사, 부대시설을 마련하는 데 수억 원의 돈과 4년이란 시간이 들었다. 하지만 이 학교를 거쳐간 420여 명이 되찾은 꿈과 희망, 그리고 한국에 대한 호의는 이보다 훨씬 값진 것이었다.

정해복지는 청와대 수석비서관을 지낸 이 이사장(변호사) 등 사법연수원 17기생 40여 명이 1987년 11월 만든 사단법인. 올해로 만 14년이 된 정해복지는 그동안 지체 장애인들에게 휠체어 400대를 무료로 보내주고 청소년들에게 자원봉사 장애체험 등의 기회를 제공했다. 지금의 회원은 5000여 명.

이 이사장은 "사회가 사람들을 둘러싼 숲이라면 복지는 그 숲을 푸르게 만드는 영양분"이라며 "우리가 베트남에 남긴 상처와 흔적들에 관심을 갖고 영양분을 나눠주는 것도 우리의 책임"이라고 말했다.(2001. 12. 13) <최호원 기자>

(14) 사단법인 정해복지의 후원 자선디너쇼 및 '02 송년의 밤 행사 격려사

본인은 오늘 "사단법인 정해복지의 후원 자선디너쇼 및 '02 송년의 밤" 행사에 참석하여 격려의 말씀을 드리게 된 것을 매우 뜻깊고 보람있게 생각합니다.

사단법인 정해복지가 민간복지활동을 실천한지도 어느덧 15주년이라는 시간이 흘렀습니다. 그간 정해복지의 활동들을 보면서 정부의 지원이 없이 후원회원 여러분의 관심과 참여로 오늘에 이르게 된 것은 사단법인 정해복지 뿐 아니라 함께 해주신 모든 후원회원 여러분들의 기쁨이라고 생각됩니다.

국내에서의 장애인 복지, 청소년 복지, 의료 복지활동과 더불어 여러분들이 아시는 바와 같이 해외지원사업도 꾸준히 진행하고 있으며, 이러한 노력들은 국내외적으로 인정받고 있습니다. 베트남 전쟁으로 인한 한국인 혼혈아 및 전쟁고아, 불우 청소년들을 위한 정해기술학교의 설립 및 지원에서 시작하여, 몽골에서도 IT교육 센터 건립을 추진하고 있으며, 휠체어 보내기 운동과 마라톤 대회를 몽골의 장애인들과 함께 실시하려고 준비하고 있습니다. 그리고 캄보디아에도 의료봉사단을 파견하여 의료지원을 하고 있습니다.

이러한 정해복지의 노력은 국내에서 뿐 아니라 가난과 무지로 인해 생존의 문제에 직면해서 고통받고 있는 해외의 어려운 국가들에 대한 인류애 실천의 의미와 더불어 그들과 하나될 수 있는 중요한 민간의 통로를 마련하는 것임에 더욱더 중요하다 하겠습니다.

아무쪼록 베-한 정해기술학교가 앞으로도 성공적으로 운영될 수 있도록 이 자리에 참석해 주신 여러분의 박애와 헌신, 그리고 인간존중정신에 입각한 적극적 지원을 기대해 마지않습니다.

이 뜻깊은 행사가 성공할 수 있도록 도와주시고 참여해 주신 여러분께 다시 한번 감사드리며, 사단법인 정해복지의 국내외에서의 복지활동에 대한 여러분의 지속적인 후원과 사랑을 아끼지 말아주시길 부탁드립니다.

감사합니다.(2002. 12. 11.)

(15) 이충범, 나는야, 자랑스런 앵벌이 대장, Ewincom, 2003.

98-99면

서울법대 은사님이신 宋相現 교수님으로부터 전화가 걸려왔다. 전화를 끊고 난 뒤 새삼스럽게 선생님이야말로 나한테는 스페셜 중에서도 스페셜이 아닌가 하는 생각을 한다.

사법고시에 합격했을 때 나를 불러 '충범이 고생했다'라는 말씀을 하시는데 그 한 마디가 얼마나 따뜻했던지 그 동안 힘들었던 일이 봄철 눈녹듯 다 녹아내렸다.

그로부터 선생님은 지금까지 죽 함께 해주고 보살펴 주셨다. 선생님은 내가 하는 일이라면 팥으로 메주를 쑨다고 해도 '좋아 좋아' 하시며 흔쾌히 밀어주신다.

좋았던 시절은 물론이거니와 어려웠던 시절에도 항상 내 편이 되어 나를 지켜 주셨다. 버팀목이 되어주신 선생님께 진심으로 감사를 드린다.

선생님이 얼마 전 국제형사재판소 재판관이 된 일은 우리나라에 더없이 영광된 일이었고 나에게도 내 일보다 더 감격스러운 일이었다. 역시 선생님은 위대하시다.

164-165면

한국의 브루킹스를 꿈꾸며 - 미래포럼

<미래포럼>의 설립 취지는 세계화, 지식 정보화 그리고 민주화가 주도하는 21세기의 새로운 시대적 여건 하에 통일 대한민국이 가져야 할 비전과 역할, 발전전략을 제시하고 국가 미래 경영에 필요한 지도자를 양성하는 것이다.

2002년 3월 즈음, 나는 '영소사이어티'에서 심혈을 기울여 토론하던 일이 문득 떠올랐다. 영소사이어티는 미국의 대표적 씽크탱크인 헤리티지 재단이나

브루킹스 연구소처럼 국가 미래전략과 정책 제언을 목적으로 설립된 전략팀이었다.

출발은 좋았으나 끝까지 팀을 이끌어가지 못했던 아쉬움이 남아 있던 나는 언젠가는 반드시 그 일을 다시 하겠다고 벼르고 있던 차였다. 그러던 것이 엊그제 같은데 벌써 10여 년이라는 세월이 성큼 흘러버리고 만 것이다.

나는 더 이상 머물 수 없다고 생각하여 두 팔을 걷어 부치고 일을 저질러(?) 보기로 결심했다. 먼저 늘 존경하는 스승이신 서울대 법대 宋相現 교수님께 상의를 드리고 뜻이 맞는 사회 각 분야 전문가들과 상의하여, 국가 미래에 대해 토론할 수 있는 장을 마련하기로 했다.

그것이 바로 국가미래전략포럼(약칭 미래포럼)이다.

그동안 알고 지냈던 지인들을 필두로 준비위원회를 구성하고 발기인 대회를 거쳐 지난 2002년 7월 8일 500여 명의 회원 및 각계 인사들과 함께 창립대회를 가졌다.

창립대회에서 사공일 세계경제연구원 이사장, 오 명 아주대 총장, 한승주 고대총장을 고문으로 모시고 宋相現 교수, 정종욱 교수를 공동대표로 추대하여 24개 분과위원장을 선임하였고 윤영오 교수가 상임운영위원장을, 내가 집행위원장직을 맡았다.

지난 7월 창립대회 이후 본격적인 포럼을 진행시켰다. 16대 대선을 위해 생겨났다는 주위의 의구심 어린 시선에도 아랑곳하지 않고 우리는 언제나 개혁적이며 중립성을 지향하는 단체로 성장하고자 노력을 기울였다. 24개 분과위원회별 소포럼이 진행되자 늘 배우고 토론하기를 좋아하는 나에게는 잊지 못할 소중한 시간이었다. 토론회는 주로 저녁시간에 이루어졌으며 끝나면 식사를 같이하는 시간도 가졌다.

하루는 열띤 토론을 하다 시간이 흘러도 토론이 끝나지 않자 다수가 저녁 식사를 하면서 계속하자는 의견에 근처 식당으로 가서 간단한 식사를 하면서 토론의 열기를 이어나가기로 했다. 갑자기 식사 도중 한 회원이 나에게 물었다.

"이 변호사는 본업도 아닌 포럼을 어쩌면 그렇게 자기 시간과 사비까지 쪼개어 가며 열정적으로 이끌어 갈 수 있습니까?"

"얼마나 좋은 일입니까? 국가 미래를 위해 전략을 짜고 정책을 제시해서 발전할 수 있도록 원동력이 된다는 게 쉬운 일이 아니지 않습니까? 또 훌륭하신 분들도 만날 수 있고 국가정책에 대해 여러 의견을 개진하고 배울 수 있는 좋은 기회라 생각돼서 저도 모르게 열정이 생깁니다."

갑작스런 질문이었지만 나는 선뜻 대답했다. 그리고 그것은 조금의 가감도 없는 솔직한 내 생각이었다.

<미래포럼>, <미래아카데미>의 설립취지는 세계화, 지식 정보화 그리고 민주화가 주도하는 21세기의 새로운 시대적 여건 하에 통일 대한민국이 가져야 할 비전과 역할, 발전 전략을 제시하고 국가 미래 경영에 필요한 지도자를 양성하는 것이다.

나는 한세기 전 일본을 근대화시킨, 명치(明治)개혁의 지사(志士)들을 키워낸 요시다 요잉을 주목한다. 선각자 시카모토 료마 역시 좋아한다. 현대 일본은 '일본전기'의 창립자 마쓰시다 고노스케가 요시다 쇼잉과 그의 촌숙을 계승하여 팍스월드(Pax world)를 꿈꾸며 사재를 몽땅 털어 마쓰시다 정경숙(松下 政經塾)을 설립한 지 벌써 30년이 되었다.

도산 안창호선생은 암울한 식민지 시절에도 광복을 꿈꾸며 민족을 지도자를 길러내기 위하여 흥사단을 조직했다.

우리도 이제 한민족의 미래를 위한 젊은 엘리트 양성에 힘을 기울일 때다. 이 소명을 위해 작은 힘이나마 보태야겠다는 각오를 해본다. <미래포럼>, <미래아카데미>가 우선 그 시작이다.

2. 한국백혈병어린이재단

(1) [단신] 백혈병어린이재단 출범

한국백혈병어린이재단이 최근 출범했다.

지난 91년 설립된 백혈병어린이후원회가 더욱 체계적이고 공신력있는 활동을 펼치기 위해 재단법인으로 새출발한 것. 한국정보통신(회장 박헌서)이 재산을 출연했고 宋相現 교수(서울대 법대) 안효섭 교수(서울대 의대) 등이 이사진을 맡았다.

백혈병재단은 서울 연건동과 용문동, 광주 서석동, 부산 동대신동, 대구 동인동에 백혈병 어린이를 위한 쉼터를 운영하고 있다. (02)766-7671.(한국경제신문 2001. 1. 11.)

(2) - 백혈병어린이돕기 성금 21,664,000원 전달 -

매년 개최하는 京畿家族 걷기대회에 참가한 동문과 가족들이 모아준 성금을 백혈병 어린이를 돕기 위한 기금으로 전달하여 왔는데 금년 제10회 걷기대회에서는 동문·가족들이 행사중 모금한 성금과 본회 회장단 및 각 동기회에서 보내준 협찬금을 합한 21,664,000원을 백혈병어린이후원회 宋相現회장(55회, 서울법대 교수)에게 전달하였다. 이날 성금을 전달받은 宋회장은 「京畿동문과 그 가족들의 따뜻한 사랑에 감사드린다」고 전제하고 「금년에 보내주신 21,664,000원 중 10,000,000원은 만일의 경우 우리 京畿동문 가족 중에 불행히 백혈병에 걸려 고생하는 경우가 생기면 그들을 위해 쓰겠다」고 말해 참석한 동문과 가족들로부터 뜨거운 박수를 받았다.(경기동창회보 제79호, 2000.6.10.)

(3) 경기동창회보 제84호 -새롭게 태어나는 인연-

91년 백혈병어린이후원회 활동이 시작되고, 해를 거듭하면서 많은 사람들의 관심에 감동도 많이 했지만, 나빠진 국가경제 사정으로 사람들의 관심이 감소되면서 도움의 손길을 기다리는 어린이들의 눈망울에 가슴을 졸이는 것은 더부지기수였습니다. 그럴 때마다 경기가족들은 항상 함께 해주셨습니다. 93년 처음 인연이 되어 올해로 8번째를 맞는 '백혈병어린이돕기－京畿가족걷기 대회'를 통해서 보여주신 京畿가족들의 지속적인 관심과 사랑은 늘 든든한 후원자가 되었습니다.

항상 유난히 화창했던 것으로 기억되는 4월의 마지막 일요일, 올림픽 공원에 모인 京畿가족들은 손을 맞잡고 공원을 함께 걸으며 백혈병과 소아암 어린이들에게 희망을 주었습니다. 올해는 가정의 달인 5월에 이 행사를 함께 한다니 더욱 뜻깊은 것 같습니다. 새 봄을 맞을 때마다 京畿동문의 사랑은 새싹을 틔우는 봄비처럼 백혈병을 비롯한 소아암 어린이생명을 틔우는 데에 힘이 되어줄 수 있을 것입니다.

京畿가족들의 이러한 힘이 뒷받침되어 백혈병어린이후원회는 2000년 12월 28일자로 財團法人 한국백혈병어린이재단으로 다시 태어났습니다. 그 동안의 우리 활동이 더욱 공신력을 얻게 된 것입니다. 이로써 이 땅의 백혈병 및 소아암 어린이들을 위한 복지수준이 한단계 발전하는 기회가 되도록 해야겠다는 것을 다짐하고 또 다짐해봅니다.

참으로 감사한 일은 경제적 기반이 전혀 없는 상태에서 시작된 후원회 활동이 많은 난항을 거치면서도 여기까지 올 수 있었다는 것입니다. 이는 후원회가 백혈병, 소아암 어린이들의 꿈을 소중히 지킬 수 있도록 도와준 많은 후원자, 그 중에서도 京畿高等學校 동문과 가족들이야말로 든든한 후원자이며, 한 가족임을 의심할 수 없습니다. 새롭게 시작하는 한국백혈병어린이재단에도 역시 우리 여러 京畿동문들이 이사로 참여하고 있습니다.

이렇게 그동안 도와주신 여러 동문께 보답하는 길은 첫째가 투병중인 어린이들이 완치되는 것이고 둘째가 그런 일을 하도록 위임받은 우리 한국백혈병어린이재단이 더욱 투명하고 공신력 있는 단체로 운영되는 것이라고 생각합니다.

지난해, 우리는 정보통신부의 후원으로 각 지방의 대도시에 백혈병, 소아암 어린이들이 치료기간 동안 머무를 수 있는 쉼터 4곳을 새로이 문을 열었고, 진료비, 헌혈증, 가발, 모자, 교육책자 등도 지원하고 있습니다. 우리는 京畿가족들의 관심에 보답하기 위해, 한국백혈병어린이재단이 백혈병 및 소아암 어린이들을 위한 국내에서 가장 좋은 사회복지기관이 되도록 노력을 아끼지 않을 것입니다.

『덮치는 많은 파란 다 겪어나며....』라는 모교의 교가 한 구절처럼, 우리 백혈병어린이가족들도 아무리 어려운 시련이 덮쳐도 京畿가족의 사랑 속에 완치 희망을 품을 수 있으리라 믿으며, 지난날 백혈병어린이후원회와 함께 한 인연이 한국백혈병어린이재단과 새롭게 시작하며 더욱 자랑스러운 모습으로 영원히 지속되길 바랍니다. 햇살이 따사로울 5월 다시 만나는 날을 기약하며, 京畿동창회 회장님을 비롯한 동문가족들께 진심으로 감사드립니다.(재단법인 한국백혈병어린이재단 이사장, 2001. 4. 10.)

(4) -박세리 1억 원 쾌척(백혈병어린이 수술비 소년소녀가장 돕기에)-

"불우한 이웃을 돕는 사람이 있기에 세상은 아름답다."

지난해 말 '2001 코리아스포츠대상'을 받은 박세리(25 · 삼성전자)가 상금 1억 원을 불우이웃돕기에 내놓았다.

박세리는 4일 오전 11시 韓國白血病어린이財團(理事長 宋相現)에서 운영하는 '우체국 한사랑의 집'에서 백혈병 등 불치병을 앓고 있는 어린이 6명에게 5천만 원을 수술비로 전달할 예정이다. 나머지 5천만 원은 대전시 유성구청과 공주시에 기부해 소년소녀 가장에게 전달하기로 했다.

박세리의 온정으로 새 생명을 찾게 될 어린이와 청소년은 여용기(2 · 급성골수성백혈병), 석도경(7 · 신경모세포종), 김화랑(9 · 〃), 홍기혁(13 · 급성림프구성백혈병), 박현종(16 · 급성골수성백혈병), 이창엽(16 · 〃) 등 6명이다.

박세리는 "평소 백혈병을 앓고 있는 어린이에게 깊은 관심이 있던 차에, 지난달 한국방송(KBS)의 '사랑의 리퀘스트'에 출연해 어렵게 살면서 해맑은 눈동자와 미소를 잃지 않고 있는 어린이들을 보게 됐다"며 "이들에게 용기를 주기 위해 돕게 됐다"고 말했다.

박세리는 "몸이 아픈 아이들의 얼굴을 생각하니 가슴이 뭉클해진다"며 "적은 돈이지만 수술이 잘 돼 밝은 모습으로 다시 만나 함께 뛰어노는 모습을 보고 싶다"고 눈시울을 글썽였다.(한겨레신문 2002. 1. 4.) <김경무 기자>

(5) 경기동창회보(2002. 4. 28. 경기걷기 대회)

Noblesse Oblige!

최근 신문이나 방송에서 나눔의 문화에 대하여 많은 관심을 나타내고 있습니다.

외환위기 사태이후 갑자기 어려움에 처한 이웃들이 늘어난 것이 이유일 것입니다.

그러나 사회의 발전과 변화의 과정에서 정부가 일일이 챙길 수 없는 상황이 빈번하게 발생합니다. 혼자서 감당할 수 없기에 누군가의 도움이 필요한 경우가 매우 다양한 형태로 나타나게 됩니다. 이러한 어려움을 공동체가 어떻게 슬기롭게 해결할 능력이 있느냐가 그 사회의 진정한 성숙도를 나타낸다고 할 수 있습니다.

이런 점에서 경기가족걷기대회는 해를 거듭하며 경기인과 동문 가족들에게 뿌듯한 자긍심을 심어주는 행사로 발전하고 있습니다. 특히 우리끼리만 나누는 행복에 만족하지 않고 평범한 동창회 행사에서 10년 동안 백혈병어린이돕기 캠페인을 전개한 사실은 경기인 모두가 자랑스러워해야 할 일입니다. 우리 경기인들이 다이아몬드 명찰에 이름 석자를 새기고 당당하게 어깨를 펼 수 있었던 것은 단지 역사가 오래고 많은 인재를 배출하였다는 사실뿐 아니라 이 민족과 국가에 대한 남다른 사랑과 책무를 두 어깨에 지고 있다는 자부심 때문이었습니다. 우리나라 최초의 백혈병소아암어린이 관련 재단법인인 한국백혈병어린이재단의 출발도 경기인의 자긍심과 무관하지 않았습니다.

52회 이순형(전 서울대학교 의과대학 학장) 선배님께서 백혈병어린이후원회 회장직을 수행하시며 재단의 기초를 마련해 주셨고, 56회 이 항 한양대학교 소아과 과장을 필두로 하여 67회 서종진 서울중앙병원 소아과 교수, 70회 신희영 서울대학병원 소아과 교수, 71회 구홍회 삼성서울병원 소아과 부교수 등 동문들께서 백혈병어린이들을 직접 치료하고 계십니다. 재단에는 70회 신희영 교수가 이사로, 71회 강 현 서울남부지원 부장판사가 감사로 그리고 73회 홍순각 동문이 사무국장으로 일하고 있습니다.

경기가족 여러분!

여러분들의 사랑으로 한국백혈병어린이재단은 Equitable 잡지가 선정한 2001년도 최우수자선단체에 선정되었습니다. 이는 권력의 힘으로 모은 후원금이 아니라 점심값을 아껴서 백혈병어린이를 돕는 여직원들의 따뜻한 마음씨와 경기가족 여러분들 같은 끊임없는 관심을 보여 주시는 후원자들이 있었기 때문에 가능하였습니다.

새 봄을 맞이하여 항상 희망을 이야기합니다. 어려운 이웃의 간절한 소망이 이루어지기 위해서는 현실적인 도움이 필요합니다. 재단에서 백혈병어린이들의 수술비를 지원해주는 천사백운동이 있습니다. 천사 같은 이웃이 되어 백혈병어린이를 돕자는 운동입니다. 5,000여 명의 후원자들이 매달 한 구좌에 1,400원씩 도와주시고 있습니다. 1,400원 많은 액수는 아니나 細流長江이라고 97년 사업 시작이후 지금까지 총 74명의 어린이에게 4억 4천만 원의 수술비를 지원하여 주었습니다.

올해는 월드컵이 우리나라에서 개최됩니다. 재단에서는 이 전세계인의 축제에 병원에 오래 입원하여 위축되기 쉬운 백혈병어린이들을 격려하고 사회의 관심을 나누기 위하여 '코리아 만세, 백혈병어린이 만세!' 운동도 전개하고 있습니다.

경기가족여러분께서 보내주시는 사랑에 다시 한번 깊은 감사를 드리며 앞으로도 더 큰 관심과 애정을 부탁드립니다. 감사합니다.(2002. 4. 28.)

(6) 서울대동창회보 Noblesse Oblige

"지속적인 관심이 더 큰 힘이 됩니다"

올바른 기부문화 정착 위해서도 한몫

최근 회갑기념 논문 봉정식에서 마련된 축의금 3천여 만원을 20여 학회 및 후원단체에 기부한 교수가 있다. 모교 법학부 교수이자 무려 20여 학회 및 단체에 몸담고 있는 宋相現(63년 법대졸) 동문이 그 주인공. 하지만 그는 이날의 사건(?)에 대해 그저 부끄럽다는 말만 되풀이한다.

『창피합니다. 창피해요. 대단한 일도 아닌데 어떻게 알아 가지고는 신문에 났나 봅니다. 회갑 행사를 할 생각이 없었는데, 제자들이 자꾸 준비하겠다고 하는 바람에 어쩔 수 없이 하게 됐어요. 제자들이 수고를 하니까 다른 것은 모두 제가 부담하기로 하고, 그날 현장에서 단돈 10원이라도 받지 못하도록 당부했습니다. 그럼에도 축의금을 놓고 도망간 사람, 멀리 해외에서 온라인으로 송금해 주신 분들, 나 모르게 돈을 모은 제자들이 있어 모으니까 이만큼 되더라고요. 생각한 끝에 내가 관계하고 있는 학회나 자선단체에 기부하면 그 의미가 훨씬 크리라 생각했습니다.』

다방면으로 응용 가능한 법학을 배우면 살아가면서 어느 분야에서 일하더라도 배운 지식을 유용하게 사용할 수 있으리라 생각했던 宋 동문. 그는 독자적인 우리나라 법체계를 구축하고, 국제사회에서 다른 나라와 어깨를 나란히 견주고 싶었다. 그래서 택한 것이 좀더 융통성 있고, 창의성이 있는 학계였다.

학교 강의 및 연구, 수많은 학회 활동으로 어느 하나 소홀히 하지 않기 위해 시간을 쪼개가며 투자하는 宋 동문이지만 그가 남다른 노력과 인내심을 가지고 몸담고 있는 곳은 현재 이사장으로 있는 한국백혈병어린이재단이다. 『40대쯤 되어 집에서 저의 처와 함께 이런 얘기를 나눴어요. 부모를 마음대로 선택해서 태어날 순 없는데, 운좋게도 우리는 좋은 부모를 만나 교육도 받고, 잘 자랐으니 그 감사의 마음을 남한테 조금이라도 표현하자고요.』

처음부터 특별한 인연이 있어서 백혈병어린이에 대해 관심을 가진 것은 아니다. 우선 宋 동문은 도움이 필요한 곳이 어디인지 찬찬히 살펴보기로 했다. 노인, 장애우, 어린이, 외국인 근로자, 그리고 탈북한난민이었다. 우리나라의 재단 및 기관, 정부지원의 현황 등을 꼼꼼히 따져본 결과, 宋 동문은 어린이에게로 관심이 쏠리기 시작했다. 결식 아동에 대한 일반인의 관심은 높았지만 「아픈」아동에 대해서는 인식이 거의 없었다. 대표적인 아동질환은 심장병과 소아암 · 심장병 관련 재단 및 지원은 지속적으로 이뤄지고 있었지만 일반인에게 소아암이라고 하면 대뜸 『어린이도 유방암과 자궁암이 걸리느냐』며 단어조차 알지 못하는 경우가 대부분이었다.

백혈병, 재생불량성 빈혈 등 소아암의 종류는 수십 가지에 이른다고 한다. 그 중 하나가 백혈병이며, 宋동문은 우선 사람들에게 인식시키기 위해 재단 이름을 백혈병어린이재단이라고 지었다. 『골수이식이라고 하면 그때서야 사람들이 아~ 하며 관심을 가지는 정도예요. 한해 1천5백-2천여 명의 아이들이 이러한 병에 걸리고 있습니다. 사실 법을 하는 제가 소아암에 대해 뭘 알겠습니까. 서울대병원 소아과학교실 교수로 계시는 安孝燮·申熙泳 교수님이 정말 성심성의껏 아이들을 진료하며 웹사이트(www.childcancer.or.kr)에 매일 좋은 의견을 올려주고 계시지, 저는 그저 이곳에서 이름만 이사장으로 있을 뿐』이라며 모든 공을 두 교수에게 돌린다. 이 재단은 단순히 개인 및 자선단체로부터 돈을 받아 그러한 아이들에게 전달해주는 곳이 아니라고 宋동문은 강조한다. 재단의 가장 큰 특징은 서울, 대구, 광주, 부산에서 「사랑의 쉼터」를 운영하고 있다는 점.

『듣지도 못한 먼 시골에서 병이 걸린 아이가 있다고 칩시다. 부모가 정신없이 아이를 업고 부근 대도시 병원에 들러 우리 아이 살려달라고 해봤자 당장 병실도 없고, 아는 사람은 더군다나 없는데 거기서 아무나 붙잡고 사정할 수 있나요? 그렇다고 호텔 같은 데 들어가서 마냥 기다릴 수도 없고, 사랑의 쉼터는 이러한 오갈 데 없는 부모와 어린이를 받아 입원하기 전 과정인 오리엔테이션을 합니다. 이러한 병은 1년이고 5년이고 장기전이기 때문에 우선 집안을 정리하고, 질병·위생 등에 대해 철저한 교육을 받습니다. 오리엔테이션을 받은 뒤, 입원을 주선하고 치료비를 지원합니다. 또 오랫동안 병원생활을 하다보면 엄마와 아이 모두 지치기 일쑤입니다. 그럴 땐 우리 쉼터에 오셔서 편안히 잠도 자고, 음식도 드시고 그렇게 편의를 제공하는 곳입니다.』

『그 다음으로는 병원학교를 운영하고 있어요. 자원봉사 하시는 학교 교사들이 아이 한 명을 맡아 공부를 가르칩니다. 이를 전부 기록하여 교육청에 제출, 공인을 받아 다시 복학하는데 어려움이 없도록 하기 위해 만든 것인데, 아직 협의 단계에 있습니다.』

수많은 자원봉사자들과 사명감으로 무장한 직원들이 있기에 한국백혈병어린이재단이 존재한다고 한다. 하지만 무엇보다 치료비가 가장 시급한 문제. 宋동문은 일회성, 한탕주의 기부보다는 적은 금액이라도 지속적으로 지원해주시는 분들이 더없이 고맙다고 말한다. 『매달 만원을 5년 동안 보내주신 분들은 비록 넉넉한 치료비는 못되지만, 5년이라는 기간동안 변함 없는 관심을 보여주셔서 도움 받는 아이들은 이러한 분들로부터 더 많은 힘과 용기를 얻는다』고.

宋동문은 또 깨끗한 기금운용 방법, 돈을 아름답게 쓸 수 있는 방법을 알려주기 위해 출범한 「아름다운재단」에서 활발한 활동을 하고 있다. 『어려운 이웃을 돕고, 올바른 기부 문화를 위해 노력하는 것은 당연히 우리 같은 사람들이 해야 할 몫』이라고 덧붙였다.(제295호 5면, 2002. 10. 15.) <表>

(7) 웰라코리아 백혈병어린이 성금

웰라코리아 백혈병어린이 성금

(주)웰라 코리아는 27일 백혈병 어린이를 위한 성금 1억 원을 한국백혈병어린이재단(理事長 宋相現)에 전달했다. 이번 성금은 웰라 코리아가 후원한 세계적인 자선헤어쇼 '얼터너티브 헤어쇼' 수익금 2억 원 중 일부로 나머지 1억 원은 영국의 혈액암 연구지원재단인 루케미아재단에 전달됐다.(한국일보 생활/여성 46면, 2002. 11. 29.)

(8) Korea 2002, Alternative Hair Show, WELLA

It is the most serene season with autumnal tints.

We will be in an evening air full of fantasy and enchantment that makes the season all the more charming. Welcome to the Alternative Hair Show! An extraordinary festival that is a symphony of passion and joy. The spectacle produced by world famous hair artists will take us to a fantastic world which we have never experienced before. The true sense of beauty may shine only if it is attended with virtue. There are many children who lose their beautiful smile while they suffer from leukemia. We need to gather our warm hearts to bring their smile and dreams back to them. The most beautiful part of the Alternative Hair Show is the love expressed for the children suffering from leukemia. We would like to thank everybody who has helped to complete this event of beauty and love. Chairman Tony Rizzo's passion and devotion have given the children suffering from leukemia around the world great hope and courage. The overwhelming support of Wella Korea, including Wella Korea President Noh, Tae-Deok (Detlef Nolden), will help us to find again a radiant smile on the children's faces. The joy of new life may be realized by the unswerving love and encouragement of all the participants. We offer you our heartfelt thanks for your kindness.(Sang-Hyun Song, Chairman, Korea Childhood Leukemia Foundation)

단풍이 아름다운 계절입니다.

이 아름다운 계절을 더욱 황홀하게 수놓을 환상의 밤이 준비되었습니다.

얼터너티브 헤어쇼! 우리는 세계에서 몇 안되는 열정과 환희가 어우러진 미의 제전을 보게 될 것입니다.

세계적인 헤어 아티스트들이 연출하는 꿈의 무대는 우리 가슴 깊이 감추어 있던 환상의 나라를 직접 현실에서 경험하게 될 것입니다.

진정한 아름다움은 진실하고 선한 마음이 함께 할 때 더욱 빛나게 됩니다. 백혈병으로 인하여 웃음을 잃고 고통스러워하는 어린이들이 있습니다. 백혈병 어린이들의 웃음과 꿈을 찾아주기 위하여 선한 이웃들의 따뜻한 마음이 필요합니다.

얼터너티브 헤어쇼가 진정으로 아름다운 것은 백혈병 어린이들을 위한 사랑이 함께 하기 때문입니다.

환상적인 아름다움과 넘치는 사랑의 자리를 만들어 주신 여러분께 진심으로 감사드립니다. 토니 리조 회장님의 열정과 헌신은 전 세계 백혈병 어린이들의 커다란 희망과 용기가 되었습니다. 노태덕 사장님을 비롯한 (주)웰라코리아 임직원 여러분들의 크나큰 후원은 백혈병 어린이들의 환한 미소로 피어날 것입니다. 그리고 미용인 여러분들의 아낌없는 사랑과 격려는 백혈병 어린이들의 새 생명의 기쁨으로 피어날 것입니다. 정말 감사합니다.(재단법인 한국백혈병어린이재단 이사장 송상현, 2002. 11.)

(9) 우체국 한 사랑의집 개소

우정사업본부(본부장: 李敎鎔)는 먼 거리에서 병원을 오가며 장기간 치료를 받아야 하는 백혈병. 소아암 어린이 환자와 그 가족들을 위해 신촌 세브란스병원 가까이(이화여대 후문과 금화터널 사이)에 "우체국 한 사랑의집"을 마련하고, 송상현(宋相現) 韓國白血病어린이財團 理事長과 조범구(趙範九) 신촌세브란스병원 원장 및 백혈병 환아 부모 등이 참석한 가운데 21일 오전 11시 개소식을 거행한다.

따라서, 세브란스 병원에서 치료를 받기 위하여 먼 거리를 오가야 했던 불편함과 소아암의 특성상 장기간의 치료로 인해 병원 가까이에서 셋방이나 여관 등을 전전해야만 했던 도서벽지나 지방에 거주하는 백혈병 어린이와 그 가족들이 병원 가까이에서 안심하고 치료를 받을 수 있게 되었다.

"우체국 한 사랑의집"에는 숙박. 취사, 컴퓨터 교실 및 놀이방 등 휴식을 위한시설이 완비되어 있음은 물론, 환자와 그 가족들은 사회복지사와 자원봉사자들에 의해 학습지도, 위탁보호 및 각종 상담 등의 다양한 서비스까지 받을 수 있다.

"우체국 한 사랑의집"은 우체국에서 판매하고 있는 "사랑교통안전보험" 수입금의 1%를 재원으로 하여 우정사업본부에서 시설과 운영후원금 일부를 한국백혈병어린이재단에 지원하고, 운영은 한국백혈병어린이재단에서 전담하게 된다 우정사업본부는 이미 지난 2000년부터 서울, 부산, 대구, 광주지역의 종합병원인근에 "우체국 한 사랑의집" 4개소를 설치·운영하여 지난해에는 연인원 4,700여 명이 이용하였다.

한편, 이날 개소식에서 이교용 본부장은 지난해 12월 11일부터 이달 10일까지 우체국 집배원 등 전 직원을 대상으로 백혈병 소아암 어린이 돕기 "사랑의 헌혈증서 기증운동"을 전개하여 모은 헌혈증서 660매(297,000)를 백혈병 소아암어린이 환자들을 위해 사용해 달라며 宋相現 韓國白血病어린이財團 理事長에게 전달했다.(한국경제신문, 2003. 1. 20.)

(10) 100% 완치와 건강한 복귀(사랑이 있는 푸른 우리마을, 한국백혈병어린이재단)

새 봄이 희망과 함께 시작되었습니다. 재단도 2003년 사업계획을 수립하면서 많은 검토와 의견을 나누었습니다. 그리고 재단의 사명과 역할을 다시 확인하였습니다.

완치와 복귀! 그렇습니다. 재단이 이 땅의 백혈병을 비롯한 소아암 어린이와 가족들에게 해야 할 최고의 목표입니다. 한 생명도 경제적 사정이나 그 어떤 이유로 소아암 치료를 받지 못하는 안타까운 일이 있어서는 안됩니다.

이를 위해 의료보험제도 및 국가복지 예산이 확대되어 치료비 걱정 없이 충분한 소아암 치료를 받아야합니다. 현재 국가에서 저소득층 백혈병 어린이들에게만 의료비 지원을 하고 있는데 하루빨리 모든 소아암 어린이들에게 확대 적용되어야 합니다. 또한 골수은행이 제 역할을 다할 수 있도록 골수기증운동이 활발히 전개되어야 합니다. 국내에서 일치하는 골수가 없어 2,000만 원 이상의 비용을 들여 일본이나 대만에서 골수 기증자를 찾는 일들이 없어야 합니다.

소아암은 70% 이상 높은 완치율을 보이고 있습니다. 그러나 짧게는 2-3년, 길게는 5년 이상 장기간 치료를 받아야합니다. 재단은 소아암의 치료뿐 아니라 이 어린이들이 치료를 끝내고 또래 집단으로 건강하고 당당한 모습으로 복귀할 수 있도록 최선을 다하려고 합니다. 소아암 치료는 소아암 어린이들의 신체적, 정서적, 사회적 발달상의 어려움을 주어 소아암 어린이들은 완치 후에 정상적인 학교생활과 사회생활을 하는데 많은 어려움을 겪게 됩니다.

'어린이 병원학교' 일반인들에 생소한 이름입니다. 재단을 찾은 삼성SDS, 제일기획, 한양대학교 자원봉사자들의 시작을 기초로 1999년 7월 개교한 서울대학병원 어린이병원 병원학교를 비롯, 일부 병원에서 장기간 투병생활을 하는 어린이들을 위해 운영하는 일종의 대안학교입니다. 재단은 소아암 어린이들의 정서적, 사회적 발달을 위해 입원어린이들을 위한 병동 프로그램과 전국에 운영하고 있는 우체국 한사랑의집에서 학교의 역할을 대신하고 있습니다. 소아암 어린이들이 힘든 치료를 받고 있는 상태이기 때문에 지속적이고 효과적인 교육 진행이 어렵지만 아동 특성에 맞는 다양한 프로그램을 개발하여 시행하고 있습니다. 이러한 노력으로 국가에서도 병원학교의 제도적 인정과 예산 지원을 하는 등 긍정적 발전을 검토하고 실행에 옮기고 있습니다.

소아암 어린이들이 암을 극복하고 해맑은 모습으로 친구들과 뛰어 노는 모습은 한편의 기적 같은 이야기만은 아닙니다. 바로 우리 주위에서 쉽게 볼 수 있는 일이 되었습니다. 이는 이들의 고통을 사랑으로 감싸 안아주시는 후원자와 자원봉사자 여러분들이 계시기에 가능한 일들입니다.

우리사회에 새로운 변화와 발전이 놀랍게 이루어지고 있습니다.

소아암 어린이들에게도 항상 새로운 기쁨과 희망이 계속될 수 있도록 최선을 다하겠습니다.(송상현 한국백혈병어린이재단이사장 2003 봄호(36))

(11) 독자들 사랑이 소아암 투병에 희망

Have a Dream 2006 성금 백혈병어린이재단에 전달

독자들의 사랑이 백혈병 어린이에게 '자동이체'됐다. 중앙일보는 25일 'Have a Dream 2006' 행사를 통해 모은 2720만 원을 한국백혈병어린이재단에 전달했다. 행사기간(2월 6일~월 10일) 중 독자들이 구독료 자동이체를 신청하면 건당 2000원씩을 적립해 모은 돈이다. 독일 월드컵 토고전 승리에 따라 성금 1000만

원도 보태졌다. 축구대표팀이 1승을 할 때마다 1000만원을 추가 기부한다는 약속에 따른 것이다.

기부금은 전국 5개 소아암 어린이 가족 쉼터의 운영비로 쓰인다. 소아암 환자 중 약 40%는 백혈병이고, 완치율은 70%에 이른다. 宋相現 한국백혈병어린이재단 理事長은 "조그마한 관심이 암을 앓고 있는 어린이들에겐 큰 희망이 될 수 있다"고 말했다.(중앙일보, 2006. 7. 26.) <김영훈 기자, 사진=김상선 기자>

3. 유니세프

(1) Welcoming Remarks for Roger Moore, a UNICEF Goodwill Ambassador

Good evening, ladies and gentlemen!

May I begin by warmly welcoming Mr. Roger Moore and 007 to Korea on behalf of the Korean National Committee for UNICEF.

On behalf of the Committee, I would like to say a few words of appreciation about Mr. Moore's timely and meaningful visit to Korea, and express our deep sense of gratitude to the UNICEF Goodwill Ambassador.

I guess that everyone in this room knows Mr. Moore. He played important acting roles on both sides of the Atlantic for the past 50 years. In particular seven extremely popular James Bond films in which he starred made 45 million Koreans his enthusiastic fans and gave them a feeling of closeness. However, his lofty goals did not allow him to remain "only" a world class actor. For more than 20 years Mr. Moore actively participated in various humanitarian activities for children of developing countries such as fund-raising activities, advocacy for children's rights and campaigns to eliminate child hunger and iodine deficiency disorder.

He was a UNICEF spokesperson for children's song festivals, TV shows and sports events such as the FIFA All-star UNICEF Benefit Match in Munich and the World Cup Qualifying Draw in New York. I hope to see him do the same once again for the World Cup that Korea will host in 2002.

In 1991 he was appointed UNICEF Special Representative for the Film Arts, and in that capacity rendered outstanding service on behalf of disadvantaged children around the world.

In the 1990s UNICEF field missions took him to Central America, Mexico, Brazil, the Philippines, and Ghana to assist UNICEF-supported programs and projects, and to promote improvement of the environment for children.

His strong support for the Check Out for Children initiative of the Sheraton Hotels and Resorts on the one hand and for the Change for Good Program on the British Airways (similar to the Asiana Airlines' program) have been a major driving force of their respective successes.

Mr. Moore regularly uses speaking engagements and public functions to promote UNICEF concerns and greeting card products. Last year he visited Slovenia to give a speech in support of the National Committee's fund-raising campaign for the prevention of child malnutrition, and the year before he visited UNICEF-supported projects in refugee camps in the former Yugoslav Republic of Macedonia.

It is truly an honor to have such a visionary and activist for children's rights and humanitarian achievements with us tonight.

We sincerely wish our goodwill ambassador and his companion good health, and happiness and trust he will continue to lend such crucial support for UNICEF.

Please join me in giving him a big hand. Thank you.(Sang-Hyun Song, Vice-President of UNICEF/Korea 2001. 4. 18.)

(2) 스타룸 운영 소년소녀가장 도와요

"스타룸 운영 소년소녀가장 도와요"… 이랜드 설악 켄싱턴호텔 선행

믿음의 기업인 이랜드 계열의 설악 켄싱턴호텔은 12일 지난 1년간 자사 스타룸에서 발생한 수익금의 2%를 속초지역 소년소녀가장과 유니세프 한국위원회에 기부하는 스타자선기금 전달식을 가졌다.

이날 행사에는 호텔 객실에 자신의 이름을 부착한 스타 회원 중 윤형주, 조훈현, 박철순, 김수녕, 김창완, 유진박 등 국내 각 분야 스타와 宋相現 유니세프 韓國委員會 副會長, 이응복 켄싱턴호텔 사장 등이 참석, 기금 전달 및

감사패 증정식을 가졌고 스타들은 일일이 티셔츠에 사인한 뒤 소년소녀가장 3명에게 '스타장학금'을 전달했다.

특히 이날 문학·방송·코미디계를 대표해 소설가 박완서씨, 아나운서 손범수 진양혜 부부, 개그우먼 김미화씨가 스타회원 입회식을 가졌고 월드컵 4강 신화를 이끈 '기도하는 용사' 이영표 최태욱 선수는 유니폼과 축구화를 호텔에 기증했다. 또 프로야구 원년 MVP 박철순 투수의 '21번 영구 결번 유니폼' 기증식도 함께 가졌다.(국민일보, 2002. 7. 15)<속초=노희경 기자>

(3) 한류스타 이병헌이 난민촌 어린이를 돕는데 앞장섰다.

13일 저녁 7시 서울 밀레니엄 힐튼호텔에서 열린 '에이즈 고아를 위한 2005 유니세프 자선의 밤' 행사에 참석한 이병헌은 이날 유니세프 특별대표로 임명됐다.

宋相現 유니세프 韓國委員會 副會長으로부터 대표 임명장을 수여받은 이병헌은 "불우한 환경에 처해 있는 어린이들을 보면서 돕고 싶다는 마음은 본능적으로 있었다"며 "많은 분들이 어디서 어떻게 도와야 하는지 모를 때가 많이 있는 것 같다. 저도 그 중 한사람이었다. 미약하게나마 (난민촌)아이들을 도와줄 수 있는 것이 너무 기쁘고, 제가 할 수 있는 최대한의 노력을 기울이겠다"고 소감을 밝혔다.

세계적인 자선단체 유니세프 특별대표로 임명된 이병헌은 영화배우 이영애, 개그우먼 김미화, 손범수 아나운서 등과 함께 특별대표로서 다양한 홍보활동을 벌일 예정이다. 한편 이병헌은 지난 2003년부터 유니세프 카드후견인으로 3년째 활동하고 있다.

이병헌이 임명된 특별대표는 유니세프 본부에 속한 나라별 유니세프 위원회가 예술과 문학, 문화 등 사회 여러 분야에서 활동 중인 유명 인사에 대해 선정하고 있다.

한편 700여 명의 후원자들이 참석한 이날 행사의 사회는 유니세프 친선대사로 활동중인 영화배우 안성기가 맡았으며, 임명식에 이어 열린 앙드레 김 특별 자선 패션쇼에는 이영애가 특별모델 자격으로 오프닝 무대를 장식했다.

또 탤런트 김래원과 이세은이 앙드레 김 메인 컬렉션의 메인모델로 등장해 피날레를 화려하게 수놓았다. 이날 열린 유니세프 자선의 밤 행사는 에이즈 고아들을 돕자는 취지에서 마련됐으며, 수익금은 사하라 이남 아프리카의 에이즈

고아들을 위한 지원사업에 쓰이게 된다.(마이데일리, 2005. 12. 13.) <남안우 기자>

4. 아름다운재단

(1) [미담] 기부문화 확산 '아름다운 재단' 22일 창립

기부문화 확산을 추구하는 아름다운 재단(이사장 박상증·朴相增)이 22일 오후 6시반 서울 종로구 소격동 아트선재센터 소극장에서 창립총회를 연다.

참여연대가 중심이 되어 출연한 이 재단은 공익적 활동가와 소외되고 상처받은 이웃 등을 지원하는 국내최초의 모금형 재단. 문국현(文國現) 유한킴벌리 사장, 송상현(宋相現) 서울대法大教授, 유영구(兪榮九) 명지학원이사장, 장하성(張夏成) 고려대교수, 김승유(金勝猶) 하나은행장, 김영태(金暎泰)역사문제연구소이사장, 안경환(安京煥) 서울대법대교수, 박원순(朴元淳) 변호사 등이 이사진으로 참여한다.

총회를 마친 뒤 재단 후원자들이 기증한 물품을 경매하는 '아름다운 장터' 등 이색모금행사가 마련된다.(동아일보, 2000. 8. 17) <서영아 기자>

5. 어린이도서관 및 한국사회과학도서관

(1) 행복배달부, 원자력문화 9면

인표어린이도서관 이인표회장, 석현호 이사장 인터뷰내용

"지금이야 국내외를 합쳐 스무 군데에 달하는 분관을 내고 있지만 처음에는 아주 사소한 대화가 계기가 되어 출발한 일로 알고 있습니다. 1980년대 초반이었는데, 운동 삼아 다니시던 한 체육관에서 회장님과 평소 잘 알고 지내던 대학 교수들로부터 '우리나라에서는 전문서적을 구하기가 너무 어려워 제대로 공부하기가 쉽지 않다'는 말씀을 듣게 되셨대요. 강단의 석학들도 그럴진대 배우고자 하는 일반 학생들의 경우는 어떠했겠습니까. 그 순간 남미의 후진국을 여행했던 기억이 떠오르셨다는군요. 배우지 못한 원주민은 산으로 쫓겨나고, 배움으로 인해 부를 획득한 백인들은 좋은 땅을 차지해 살고 있었다죠. 그 때부터 '민족이 번영하려면 많이 배워야 하고, 그를 위해 투자가 가장 우선되어야 할 부분은 무엇보다도 사람'이라며 '배움을 통해 인재를 양성하는 일에 동참하겠다'는 뜻을 세우셨습니다."

고(故) 이인표 회장(1922-2002)의 도서관 사업은 1983년 서울시 종로구 사직동에 사회과학분야 전문정보센터인 '한국사회과학도서관'이 건립되면서부터 그렇게 시작되었다. 자신은 이윤을 목적으로 하는 대기업을 경영하고 있었지만, 도서관 사업만큼은 처음부터 사회공익차원의 비영리 단체로 운영되었다.

"이후 서울대 法學科의 宋相現 교수가 자기 집 차고에 동네 어린이들을 위한 무료도서관을 차린 것을 보고 '아, 그래. 이것 참 해볼 만한 일이다'며 거기에서 어린이도서관에 대한 아이디어를 얻으셨다죠. 아이들이 삼삼오오 몰려와서 다소곳이 책을 읽는 그 모습이 어찌나 기특한지 큰 감동을 받으셨다고 합니다. 각종 사례 연구를 비롯, 선진국의 경험과 실태를 파악하는 등 준비기간만 3년이 걸렸습니다. 마침내 1990년 5월 5일 어린이날, 상계동에 '북부 인표어린이도서관'이 제1호로 탄생했죠. 그날은 회장님 뿐만 아니라 동네 주민들과 관계자 모두에게 참으로 기쁘고 가슴 벅찬 하루였어요."

인표어린이도서관의 태동 때부터 자문위원으로 함께 참여해 온 석현호 이사장(65)이 희미한 미소를 지으며 지나간 옛 기억을 더듬는다. 그 역시 아내와 함께 경기도 광주에 있는 동네 마을회관에 무료 어린이도서관을 마련하여 수년간 운영해 본 경험을 가지고 있었기에 누구보다도 어린이도서의 중요성을 인식할 수 있었다고 한다. -하략-(2006. 5.)

(2) 한국사회과학도서관 10주년 기념 국제회의 기조연설

1) 한국사회과학도서관의 출범과 우리의 경험

한국사회과학도서관이 발족하여 그 서비스를 시작한지 10년 동안 우리나라의 중심적 도서관으로 성장하였음을 진심으로 축하합니다. 도서관의 필요성과 중요성이 제대로 인식되지도 못한 시기와 환경임에도 불구하고 에스콰이어 그룹 李寅杓 會長의 전문가 의견을 과감하게 수용하는 용기와 거액출연을 바탕으로 10년 전에 이와 같은 전문도서관을 출범한 것은 굉장한 모험이었습니다. 더구나 그 후 그분의 계속적인 지원, 그리고 관계자 여러분의 헌신적 봉사로 말미암아 도서관이 오늘날과 같이 성공적으로 발전한 것은 우리나라 도서관문화의 척박함에 비추어 볼 때 경이적인 일이라고 생각합니다. 10년 전 첫 자문위원회가 소집되었을 때 많은 토론을 거쳐서 현재의 건물을 각종 수험준비생들의 공부방이 아니라 낙후된 6개 사회과학부문, 즉 정치학, 행정학, 경제학, 경영학, 법학 및 사회학에 관한 각종 정보 및 지식의 저장 및 활용장으로 만들기로 하고 단행본이나 교과서보다는 정기간행물, 연구보고서, 학위논문, 마이크로필름이나 DB형태의 각종자료 등을 갖추어 전문화하기로 합의하였습니다. 그러나 우리나라에서 이와같이 학문분야에 따른 전문도서관이 제대로 시도된 일도 없고 이공계통의 전문도서관이나 정보센터도 실패한 점에 비추어 과연 민간부문에서 이 같은 도서관을 시작할 필요가 있으며 성공할 것인지 우려의 목소리도 없지 않았습니다. 실제로 도서관의 개관후 수년간은 이용자도 별로 많지 않았고 오히려 부설 각 회의실공간을 빌려 사원연수용으로 이용하는 경우가 더 빈번했습니다. 또한 한국에서 최초로 미국의 데이타 베이스인 록키드사의 다이알로그 프로그램을 비싼 비용부담에도 불구하고 미국의 네트워크에 연결하여 참신한 서비스를 제공하였으나 그 이용률이 너무나 저조하여 결국 이를 중단할 수밖에 없었습니다. 그러나 우리는 끊임없이 원인을 분석하고 과감하게 개선하며 계속적인 투자를 거듭하였습니다. 오늘날 한국사회과학도서관은 국내 어느 국공립도서관이나 대학 도서관보다 이용자에게 능동적으로 연구지원 서비스를 하고, 분야별 자문위원의 추천이 있으면 정기간행물 등을 즉각 구독하여 신속하게 이용할 수 있게 만들며, 지방과의 교류 및 국제간의 협력에 적절하게 기여하는 사랑받는 도서관이 되었습니다. 이를 바탕으로 어린이도서관사업을 시작하여 이제는 국내각지는 물론 사할린, 만주, 중앙아시아 등 20여 군데의 불우한 어린이들을 위하여 어린이 도서관과 놀이시설을 건설하여 그들에게 꿈을 익히고 새로운 지식을 얻는 값진 기회를 부여하였습니다.

한국사회과학도서관의 운영경험을 토대로 분석해보면 아직도 우리나라에서는 도서관을 각종 지식과 정보의 원천으로 이해하기보다는 단순한 독서공간으로 생각하는 경향이 아주 강하다는 것입니다. 물론 사회과학도서관도 한정된 공간을 고시준비생의 공부방이나 문필인 또는 지방에서 연구차 상경한 학자들의 집필공간으로 대여하고는 있으나 사회과학도서관의 효율적인 참고문헌 조사 및 제공, 기타 연구지원서비스로 말미암아 점차 연구자들간에도 관계문헌수집과 목록작성은 그들의 연구활동의 일부를 구성하지 아니한다는 인식을 가지게 만들었습니다. 그러나 아직도 도서관 기능과 정보서비스의 활용에 대한 이해부족, 국내 DB의 희귀성, 지적소유권문제, 정보제공자와 이용자간의 관계개선, 홍보와 이용자교육의 문제, 봉사자세의 재정립 등은 마치 바람직한 의사와 환자간의 관계를 논의하듯이 재고하고 개선되어야 할 여지가 많습니다.

2) 국가정책과 도서관의 일반적 과제

한국정부는 금년을 책의 해로 선포하여 책읽는 나라 만들기 캠페인을 벌이고 있습니다. 모든 국민이 책을 사랑하고 읽음으로써 삶의 질을 향상시키고 독서를 통하여 나라를 새롭게 일으키자는 운동인 것입니다. 기본적으로 책을 읽는 것은 물론 모든 정보의 활용을 극대화하여 국제화, 개방화 및 민주화시대에 걸맞는 시민을 양성하고, 학문발전에 밑거름이 되는데 그 목적이 있습니다. 이 운동은 단순히 책의 판매를 촉진하는 것이 아니라 좀더 본질적으로는 학문진흥과 문화창달을 위하여 도서관이 갖는 의미를 다시 발견할 수 있는 기회를 제공하며, 이러한 시점에서 본 세미나를 갖게 된 것은 매우 시의적절하다고 생각합니다.

어떤 학자는 21세기를 정보화시대라고 합니다. 또 다른 사상가는 다음 세기에는 지식사회가 도래할 것이라고 합니다. 다니엘 벨에 의하면 정보화사회의 특징으로서 서비스경제의 창출, 전문적이고 기술적인 계층의 우월, 사회혁신과 정책형성의 원천으로써 이론적 지식의 중심적 역할, 자립적 기술성장의 가능성, 새로운 지적 기술의 개발을 들고 있습니다. 과연 정보는 물질이나 에너지 못지않게 중요한 현대사회발전의 기본요소가 되었습니다.

인구증가와 창조활동의 확대로 인하여 정보발생 및 공급의 기회가 증가합니다. 또한 정보에 대한 수요는 무한대입니다. 급격한 사회변동으로 인하여 장래에 대한 불확실성이 지배하고 선택의 여지도 많아지게 되므로 의사결정을 위한 판단자료로서 정보의 가치가 인식되고 점점 합리주의적 생활양식의 보급으로 정보를 존중하는 사고방식이 발달되었습니다. 즉 현대인은 폭발되는 정보속에서 시시각각 선택과 의사결정을 강요받고 있습니다. 정보자체도 다양성과 관련성이 높아지고 정보 그 자체는 물론 그 생산과 수요의 구조적 변화뿐만 아니라 정보의 기록, 처리, 전달기술 등도 고도로 발달하게 되었습니다.

정보전달경로는 두 가지인데 말로써 직접 수용자에게 전달하는 방법이 있고, 도서관이나 정보센터에 정보를 축적정리해 두었다가 요구에 따라 검색제공하는 간접적 형태가 있습니다. 도서관이 정보자료를 선택·수집·정리하고 이용자에게 제공·배포하는 기능은 검색과정인데 도서관은 이 기능을 적시에 효율적으로 정확하고 적합한 정보를 제공하기 위하여 보다 나은 서비스 시스템을 설계하여야 하는 것은 가장 기본적 기능입니다. 이용자는 자기가 필요한 정보를 얻기 위하여 질의하고 의사표시를 하는데 도서관은 이 요구를 정확하고 신속하게 파악하고 이용자의 심리를 분석하여 이용자의 사고과정에서 발생된 의문을 정확히 대답해주어야 합니다. 즉, 정보생산자의 사고를 언어로 정확하게 표현하는 문제에서 시작하여 정보생산자가 그와 같이 표현한 정보가 도서관을 통하여 간접적 경로로 수용자에게 전달되는 통로의 원활한 확보, 그리고 그 정보의 수용과정에서 수용자의 반응을 확인하는 문제에 이르기까지 여러가지 문제를 분석적으로 검토해야 합니다. 그리고 보면 도서관의 주된 기능은 정보유통과정중에서 검색과정에 주로 한정되어 왔다고 할 수 있습니다. 오늘날 도서관의 기능은 이보다 확대되어야 함은 분명하므로 우리에게 주어진 명제의 하나는 도서관이 정보의 생산, 유통, 분석센터의 기능도 해야 하는가와 과연 그렇다면 어느 범위까지 할 것인가를 생각해보아야 합니다.

도서관이 단순한 documentation을 넘어 정보채널의 중심이 되어야 하므로 도서관의 기능확대와 성공적 운영을 위한 실천과제는 그 밖에도 도처에 있습니다. 정보이용의 가장 중요한 요인은 접근의 용이성과 정보의 질 및 신뢰성이므로 앞으로 전통적 자료정리의 효율화, 이용자를 위한 도서관환경개선, 정보시스템의 설계 또는 개선, 연구자, 정보관리자, 정보시스템 설계자의 상호협력체제 구축, 도서관 네트워크구성을 위한 시스템분석, 인간과 시스템의 상호작용개선 등 무궁무진하다고 생각됩니다.

3) 사회과학전문도서관의 과제

우리가 창립당시 왜 사회과학 6개분야로 한정하였는가는 오히려 임의적이나 그후 교육학, 인류학, 심리학 기타 관련된 여타 기초학문에 관한 자료도 필요한 범위 내에서 수집을 게을리 하지 않았습니다.

일반적으로 사회과학전문도서관은 그 이용자가 대부분 전문연구자이므로 그 정보서비스체계는 사회과학의 발전에 따른 도서관 역할의 변모, 정보자료의 특질, 이용자의 이용경향과 현황에 따른 운영과 서비스체계의 개선, 그리고 이용자와의 전문적 관계설정 등의 관점에서 따로 연구검토 되어야 합니다.

우선 전문도서관은 그 도서관이 봉사하고 지원하는 학문분야의 특성에 맞게 지원하고 봉사하여야 합니다. 따라서 끊임없이 그 학문분야의 발전과 방법론적 변화를 파악하여 밀착된 서비스를 제공하는 것이 중요합니다. 사회과학도서관도 사회과학분야의 연구경향, 연구대상의 변화, 당대의 쟁점, 방법론적 추이를 적극적으로 추적하면서 그에 따른 새로운 정보와 연구결과를 전문적으로 공급하여야 합니다.

사회과학은 본래 사회구성원으로서의 인간의 대인관계(interpersonal relationships)와 인간사회의 관습과 기능(institutions and functioning)을 다루는 과학의 한 분야이나 오늘날에 와서는 학문분야가 분리독립하는 일방 좀더 사회현상의 변동을 거시적, 행태적, 과학적으로 연구하여 그 시대가 요구하는 해답을 추구하는 경향을 띠게 되었다고 할 수 있습니다. 또한 사회과학은 대체로 기초적이라기보다는 응용적 성격이 강하고 순수이론적이라기보다 현실관련성이 강하다고 할 수 있습니다. 오늘날의 사회과학이 연구대상으로 삼고 있는 대상은 대단히 사실적이고 과학적이고, 합목적적일 뿐만 아니라 방법론도 동태적, 계량적, 현실조사적이어서 사회과학도서관은 수동적 자료의 수집과 제공기능만 하는 것이 아니라 실험실로서의 기능도 무시할 수 없습니다. 따라서 자료도 기초적이고 일반적인 것부터 전문자료 및 정보를 제공해야 하는 이중적 과제를 안고 있다고 하겠습니다. 사회과학의 발달에 따른 사회과학도서관의 변모문제는 이러한 경향을 염두에 두고 다각도로 검토하여야 합니다.

사회과학자들이 연구목적으로 요구하는 자료의 종류는 몹시 다양합니다. 연구경향은 변하더라도 전통적인 것과 최신의 것, 각종 문헌과 일차자료 등을 동시에 수집정리하여 제공하여야 하므로 그 범위도 또한 광범위합니다. 애당초 한국사회과학도서관은 수집자료의 주된 범위를 단행본이나 교과서보다는 정기간행물, 학위논문, 전문연구보고서, 일차자료, 회의자료 등으로 정하고 출발하였습니다. 그런데 이러한 자료는 과거에서부터 계속적으로 모아서 보존하여야할 필요가 있으므로 과거의 기본자료는 마이크로필름에 수록하고 있습니다. 그리고 각 학문분야의 최신발전을 카바하기 위하여 분야별 자문위원이 있어서 정기적, 계속적으로 새로운 자료나 저널의 선택과 구독에 관한 의견을 받아 신속하게 구독결정을 내리는 정책을 실시하고 있습니다.

또한 국내 석박사 학위논문의 수집은 한국사회과학도서관이 대학과의 협조시스템이 갖추어져 있지 아니한 상태에서 만난을 무릅쓰고 노력을 기울이는 역점사업의 하나로서 이용자의 대환영을 받고 있는 서비스입니다. 이용자의 자료선호도나 사회과학의 연구방법론의 변화에 비추어보면 각종 유인물, 회의록, 편지, 연설문, 통계, 일기, 신문, 백서 등 각종 일차자료의 수집에 힘써서 연구자에게 생생하고 밀착된 정보를 제공하는 노력을 배가할 필요가 있습니다. 그런데 이 같은 자료의 수집과 조직화는 우리나라 실정에서 도서관에 대한 상당한 도전이 됩니다. 이처럼 특성화되고 전문화된 자료의 수집과 제공은 아직 완벽한 것은 아니나 도서관 전문화의 방향을 제시하는 지표라고 할 수 있습니다.

구슬이 서말이라도 꿰어야 보배라는 속담도 있다시피 이 같은 자료의 수집, 보관, 이용, 전달의 체계와 기술을 비용절감과 이용의 효율화의 관점에서 과감하게 도입 개발하는 것이 그 다음 과제입니다. 전산망구축은 고전적 예에 지나지 아니합니다. 아직 사회과학도서관은 정기간행물 등의 소재를 알 수 있는 전국적 네트워크를 초보적으로 독자운영하고 있으나 정부가 추진하는 국가 5대전산망 구축사업 중에 학술정보전산망이 있으므로 이것이 완성되면 여타 종합적 자료협력망이나 지역별 일반적 자료협력망, 기타 분야별 전문자료협력망과의 협조체제가 그 본래의 기능을 발휘할 수 있을 것으로 기대합니다.

이에 대비하여 자료이용경로 중에서 맨 처음의 접근점인 색인 등 각종 참고자료의 존재와 그에 대한 손쉬운 접근방법을 연구자들에게 널리 홍보하고, 마이크로필름이나 CD-Rom에 담긴 자료의 우선적 활용을 유도하여 도서관이 친절하고 능률적이고 보람있는 방문처가 되어야 할 것이며 문명의 이기를 쉽게 조작할 수 있는 간단한 훈련프로그램도 운영하여야 할 것입니다.

도서관의 전문화는 필연적으로 사서직의 전문화를 초래합니다. 필자는 미국에서 변호사실무를 하는 동안 각종 데이타 베이스의 활용 외에 법률사서의 도움을 받아 법률의견서작성을 위한 연구를 아주 편리하고 즐겁게 일한 경험이 있습니다.

4) 결　론

앞으로 학문의 다양한 발전에 발마추어 이를 효율적으로 지원하는 전문도서관의 육성, 정보저장 및 이용체계의 컴퓨터화, 국제적 협력과 교류, 사서직의 전문화, 연구기관과의 효율적 협동체제 구축은 모두 정부의 확고한 도서관정책의 수립, 충분한 재정지원, 도서관학의 교육과 실무의 협동연구, 그리고 이용자들을 훈련하고 확보할 수 있는 부수적 프로그램의 개발 등에 달려있다고 하겠습니다. 오늘의 이 세미나가 그와 같은 우리의 당면과제를 실현시킬 수 있는 시발점이 되기를 간절히 기원합니다.(1993. 4. 1.)

6. 古下 宋鎭禹선생기념사업회

(1) 古下 宋鎭禹선생 추모·기념재단 설립식

「古下 宋鎭禹선생(1890-1945)」 추모 및 기념재단 설립식이 30일 낮 프라자 호텔 도원에서 열렸다. 古下선생은 일제치하에서 항일독립운동을 주도하고 해방무렵엔 한민당을 조직, 민주정부를 수립하고자 했던 독립운동가, 지금까지는 「古下 宋鎭禹선생 기념사업회」가 전기출판, 유해국립묘지이장, 동상건립 등 기념사업을 벌여왔으나 좀 더 체계적인 추모·계몽사업을 전개하기 위해 최근 국가보훈처의 지원을 받아 재단법인을 공식발족하게 된 것이다.

이날 행사에는 재단이사장인 權彛赫 학술원회장, 이사인 金相浹 전국무총리, 金昶植 전교통부장관, 奇世勳 인촌기념회이사장, 金炳琯 동아일보 회장, 金學俊 단국대이사장, 宋相現 서울대교수(법대), 감사를 맡고 있는 洪一植 고려대총장, 金有厚 변호사, 黃昌平 국가보훈처장이 자리를 함께 했다. 참석자들은 이날 재단설립을 계기로 항일독립운동사·해방전후건국사 자료수집 및 발간, 기념관 건립 등 학술문화사업을 지속적으로 벌여 나갈 것을 다짐했다.(한국일보 1994. 12. 31.) <朴正喆 기자>

(2) 고하 송진우선생 탄생 110주년 추모식 열려

애국지사로 동아일보사장을 지낸 고하 송진우(古下 宋鎭禹·1890~1945)선생 탄생 110주년 추모식이 8일 오전 11시반 서울 동작구 동작동 국립묘지 애국지사묘역에서 열렸다.

고하기념사업회 권이혁(權彛赫·성균관대 이사장)회장은 추모사에서 "고하선생은 굴욕과 절망, 무지와 빈곤 속에 헤매는 겨레의 품속에 뛰어들어 나라의 독립을 위해 피투성이의 투쟁을 계속했다"며 "올해는 새 천년의 첫 해일뿐더러 광복 55주년이 되는 해이니 만큼 한국정치학회에서 광복절 이후 '건국의 지도자'라는 주제로 학술심포지엄을 열어 선생을 재조명할 계획"이라고 밝혔다.

이날 추모식에는 서영훈(徐英勳) 새천년민주당대표 홍일식(洪一植) 고려대 민족문화연구원장, 최규학(崔圭鶴) 국가보훈처장, 김창식(金昶植) 전교통부장관을 비롯 김상홍(金相鴻) 삼양사 명예회장, 김상하(金相廈) 삼양사회장, 기세훈(奇世勳) 변호사, 이현락(李顯樂) 동아일보전무 등 각계 인사와 고인의 장손인 송상현

(宋相現) 서울대 법대교수 등 250여 명이 참석했다.(동아일보, 2000. 5. 8) <이헌진 기자>

(3) 의협신보 제3720호, 又岡雜文 31, 권이혁<성균관대 이사장>

5월 8일(목요일)

오늘은 고하(古下) 선생 탄신 113주년이 되는 날이자 '부처님 오신날'이고 '어버이날'이기도 하다. 어제까지 수일 동안 봄비답지 않게 폭우와 같은 기세로 내리던 비가 어젯밤을 기해 멈추더니 오늘은 화창한 봄날씨로 변했다.

11시 30분부터 국립현충원 애국지사묘역에서 개최된 고하 송진우 선생 추모 모임에는 예상보다 훨씬 많게 300명 가까운 인사들이 모여 준비된 도시락이 모자라는 사태가 벌어지기도 했다. 김종성 국가보훈처차장을 비롯하여 이동욱·권오기 전동아일보 사장, 김학준 현사장 등 많은 내빈들이 참석했다. 어제 미국에서 귀국했던 고하 선생의 장손 송상현 교수와 전화통화를 했을 때만 해도 휴일인데다가 일기가 고르지 않아 추모객들이 모이지 않으면 어쩌나 하고 걱정도 했지만 이날따라 지나치게 많은 추모객들이 전국 각지에서 모여들어 당황하기도 했다. 고려대 총장을 지내고 한국외국어대학 재단이사장을 맡고 있는 홍일식 박사의 약력보고에 이어 나는 추모사를 읽었다.

추모사 벽두에서 나는 고하 선생은 참으로 위대하시다고 했다. 그렇게도 염려했던 날씨가 말끔히 가셨으니 말이다. 언제나와 같이 고하 선생의 업적 중 중요한 몇 가지를 소개한 후 두 가지를 덧붙였다. 하나는 장손 송상현 교수가 국제형사재판소 재판관으로 선출된 일과 둘째로는 선생의 생가를 복원하는 일에 관해서였다.

송상현 교수는 지난 2월 4일 뉴욕 UN본부에서 실시된 선거에서 국제형사재판소 초대 재판관으로 선출된 바 있다. 국제형사재판소는 전쟁범죄·비인도적범죄·집단살해범죄 등 중대한 국제법을 위반한 개인을 국제사회의 이름으로 처벌하기 위하여 작년 7월 1일 설립된 상설 국제사법기관이다. 송교수는 85개 당사국 중 63개국의 지지를 얻어 1차 투표에서 당선되었다. 18명의 재판관을 선출하는데 33차례 투표가 있었다고 하니 송교수가 1차에서 당선된 것은 획기적 사건이라고 아니할 수 없다. 서울대 법대에서의 강의와 더불어 미국을 비롯하여 여러 나라에서 강의를 계속하고 있는 송교수는 더욱 바빠질 것이다. 국제형사재판소 본부가 네덜란드 헤이그에 있으니 말이다.

고하 선생은 1890년 5월 8일 전남 담양군 금성면 대곡리에서 탄생하였는데 기념사업회가 생가를 복원하여 기념관을 건립하기로 한 것이다. 이미 관계 당국에도 그 뜻을 전한 바 있다. 이 계획이 실현되면 청소년은 물론이고 여러 방문객들에게 역사적 사료를 통하여 애국혼이 살아 있는 교육의 장이 될 것이라고 했다.

이날 펜실베니아 대학교 정치학 명예교수이며 경희대학교 객원석좌교수인 이정식 박사가 '고하의 혜안'이라는 제목으로 특강을 맡아주었는데 이 특강을 통해 나는 새로운 사실을 많이 알게 되었다. 1945년 12월 30일 선생이 폭도에게 암살당하기 전전날 경교장에서 김구선생, 김규식 선생 등 민족 지도자들이 모여 모스크바 3상회의 결과인 신탁통치에 관하여 논의하였는데 모든 분들이 흥분하여 반탁을 외쳤다는 것이다. 아무말 없던 고하 선생이 끝머리에 가서 "지도자들이 감정적으로만 대처하려 해서는 곤란하다. 지도자들은 냉철하고 이성적인 판단을 해야 한다"고 설파하셨다는 것이다. 누구도 이런 말을 할 수 있는 분위기가 아니었는데 고하 선생은 당당하게 자기 소신을 개진하더라는 것이다. 이 이야기는 당시 청년 참석자로 배석했던 강원룡 목사로부터 직접 들었다고 소개하면서 고하 선생이야말로 이성적이고 합리적인 지도자이며 그야말로 앞을 내다볼 줄 아는 분이라고 극찬을 아끼지 않았다.

기념행사에 이어 도시락을 나눠 먹었는데 옆에 앉아 있던 백승룡 고려대 명예교수가 집사람이 '삼성국수'에 가서 만두를 먹었다는 이야기를 들었다며 축하한다고 했다. 과장된 소문이다. 둘째딸 성택의 이야기로는 집사람이 만두를 좋아하는 까닭에 몇 번인가 '삼성국수'에서 만두를 가져와 먹여 본 일이 있다. 물론 자기 힘만으로는 불가능하며 간병인 양기신 여사가 먹여준다. 오후 4시경에는 튜브를 통해서가 아니고 죽이나 이에 가까운 음식을 직접 먹여 준다고 양 여사는 말한다. 전에 비하면 호전된 것이 분명하다. 그러나 나의 눈에는 별로 호전된 것 같은 느낌이 들지 않는다. 항상 옆에서 보고 있는 까닭일 것이다. (2003. 6. 2.)

7. 대학골프연맹

(1) 한국대학골프연맹회장 就任 人事말씀

별로 능력이 없고 또한 여러가지로 모자라는 제가 갑자기 한국대학골프연맹회장의 중책을 맡게 되어 대단히 송구스럽습니다. 특히 연맹창립 이후 지난 8년간 연맹을 확고하게 이끌어오신 이호왕 선생님의 커다란 리더쉽이 남기신 공백을 과연 제가 메꿀 수 있는지 걱정이 됩니다. 그러나 다행히도 우리나라 당대에 가장 뛰어난 골프 지도자인 동시에 이론가이신 박영민 선생님과 황인승 선생님, 그리고 여러가지 바쁘시고 어려우신 사정을 무릅쓰고 우리 연맹을 물심양면으로 지원해주신 김동건 위원님과 김문규 사장님께서 부회장직을 수락해주셨기에 저로서는 이관, 이호왕 두 고문님을 모시고 네 분 부회장 및 김시덕 전무이사님과 함께 연맹을 위하여 일할 수 있게 되어서 마음 든든한 바 있습니다.

잘 아시는 바와 같이 우리 연맹이 초대 집행부에서 초창기의 자리매김과 발전의 기틀을 만들어주신데 힘입어서 앞으로는 국내외적으로 도약해야할 시점에 와있음을 저는 잘 인식하고 있습니다. 우리 연맹은 국내적으로 대학스포츠로서의 골프가 발전할 수 있도록 여러가지 여건을 개선해야 하겠고, 국제적으로도 뻗어나가야 하겠으며, 대학인의 모임에 걸맞게 신선한 기풍과 이론적 무장을 해야한다고 생각합니다. 여러 이사님들께서도 도와주신다면 미력이나마 성의를 다하겠습니다.(1992. 4. 1.)

(2) 인터뷰: 주간 골프신문, 48면

"경기위주의 소극적 사업에서 탈피, 각종 학술대회도 개최해 명실공히 대학골프의 구심점 역할을 다하겠습니다."

한국대학골프의 모태라 할 수 있는 한국대학골프연맹 제2대 회장으로 선출된 宋相現교수(52 · 서울대 法學科)는 앞으로 4년 임기중 대학골프 발전을 위해 더욱 열과 성을 다하겠다고 취임소감을 밝혔다.

대학골프의 대중화보다는 건전한 스포츠로의 정착이 더 급선무라는 그는 지난 84년부터 부회장을 맡아온 경험을 바탕으로 재임중 골프를 건전 스포츠로 정착시키는데 앞장서겠다는 의지를 보였다.

"골프에 대한 일부 학생들의 시각이 긍정적으로 바뀔 때 대학골프 발전이 가능하다"고 강조하는 그는 골프가 소수 특정인들만이 즐기는 스포츠라는 인식에서 탈피, 지금은 누구나 즐기는 운동인만큼 골프문화의 올바른 정착을 위해 연맹이 앞장서겠다고 말했다.

이를 위한 한 방안으로 연맹산하에 학술연구회를 설치, 비뚤어진 시각을 바로잡고 경기력 향상에도 힘을 기울이겠다고 말했다.

"대학골프는 이제 시작단계입니다. 지금부터 큰 걸 행하기보다 조그만 현안 문제를 하나씩 풀어가겠습니다."

그는 대학골프가 풀어가야 할 첫 번째 문제를 이론개발이라고 지적하고 완벽한 이론무장이 있으면 어느 곳에서도 골프에 대한 부정적 논리에 의연히 대처해 갈 수 있다고 믿고 있다.

연맹 창단멤버로 84년부터 대학골프의 산파역할을 해온 그는 대학에서 강의도 해야 하는 어려움도 있지만 임무가 맡겨진 이상 최선을 다해 회장직을 수행하겠다고 다짐했다.

골프구력 20년에 핸디캡은 15정도. 남서울CC와 한양CC를 즐겨 찾는다는 그는 법학박사이기도 하다.(1992. 4. 24.)

(3) 이사람, 신임 한국대학골프연맹 회장 서울대 법학과 송상현 교수

한국대학골프연맹은 지난 4월 1일 정기대의원총회에서 임기가 만료된 이호왕 전 회장의 후임으로 宋相現 서울대 교수를 선출했다.

또한 올해 3개의 국내대학골프대회와 3개의 국제대회에 선수단을 선발, 파견키로 확정했다.

한국대학골프연맹 2대 회장에 취임한 宋相現 교수는 대학연맹 창립멤버로서 지난 8년간 대학연맹 발전에 동참해와 전혀 낯설지 않으면서 한편으로 새롭게 다가선다.

그간 대학연맹은 대학생 골퍼들의 맥을 이어주고 국제교류 협력증진에 획기적 발전과 국위선양에 구심점 역할을 해 왔다.

또한 대학생 골퍼 인구가 늘어나는 일반적 추세에 따라 정보나 진로, 골프에 제기되는 여러 문제의 촉매구실을 하기도 했다.

宋相現 교수는 선수들의 기술적 향상, 우수선수 양성은 1차 목표에 속하지만 앞으로 대학인으로서 새로운 이미지 변신을 시도, 골프관련 인접분야의 기

초자료 마련의 시급함이 절실하다고 강조한다.

일례로 회원권문제, 토지초과이득세, 환경오염문제 등 관련분야의 자료를 체계화하여 제공함으로써 학구적 면모의 모양새를 갖추는 대학연맹 추진계획을 세워놓고 있다.

임기내 골프의 부정적 시각을 바로잡는데 최선을 다하며, 골프의 건전화, 대중화를 위해서 대학인들의 정신적 재무장의 필요성을 강조했다.

1941년 서울에서 출생한 宋相現 교수는 서울대 법대를 졸업하고 미국, 영국, 프랑스를 유학하고 돌아와 서울대에서만 20년간 재직하고 있다.

현재 정부 각 부처의 자문위원과 민사판례연구회장, 국제거래법학회장, 한국지적소유권학회 명예회장을 겸직하고 있는 법학박사로서 앞으로 법과 관련된 골프에서 파생되는 문제에 남다른 관심을 가질 것으로 기대된다.

가족은 김명신 여사와의 사이에 1남 1녀를 두었으며 취미는 꽃가꾸기.(골프매거진, 1992. 5, 64면)

(4) 인터뷰: 골프와 인생

일반적인 통념으로 법조계에 있는 사람들이라면 사사로운 인정에 치우치지 않는 엄격하고 딱딱한 세계의 사람들로 알려져 있는데 宋相現 교수에게서는 '관료'보다는 '학자'풍의 느낌이 더한 자유로움이 있다.

올해 4월 한국대학골프연맹 2대 회장에 취임한 서울대 법학과 宋相現 교수(50세).

대학연맹의 창립멤버로서 지난 8년간 연맹발전에 동참해 와 전혀 낯설지 않으며 한편 새롭게 다가선다.

1941년 서울에서 출생한 宋相現 교수는 서울대 재학시 이미 고등고시 행정과와 사법과에 합격, 졸업과 동시에 중앙청 행정사무관으로 첫발을 디뎠다. 개발도상국가의 행정관료로서 큰 책무를 느끼면서 근무하다 미국 유학을 떠났다.

미국 코넬대학에서 박사학위를 취득하고 뉴욕에서 2년간 변호사로 분주한 나날을 보낸 뒤 귀국, 서울대 교수로 부임하여 현재까지 20년간 재직하고 있다.

"법관보다는 교수를 택한 것은 자유롭고 창의성있는 학문정진에 더욱 끌렸기 때문입니다. 학위취득 목적도 그 때문이지요. 법학은 한마디로 팔방미인격입니다. 사회과학 분야로서 학문적 접근이 항상 가능하니까요."

예전이나 현재의 학생들이나 시국에 관한 인식변화는 다를 게 없다.

지난날 자유당 정권에 반대해 피를 흘린 시절이나 7, 80년대의 숨찬 분노들을 뒤로하고 지금은 냉소주의나 허무주의로 양분되어 있는 듯하다.

가을볕이 따가운 오후의 대학캠퍼스도 시국에 관한 여러 글귀들이 넓은 벽면과 마루바닥을 차지하고 있어 읽어보면 오히려 일간지 사회면보다 구체적이다.

"당시의 법학도들도 시국에 관한 주장은 지금의 학생들과 다를 게 없었습니다. 법대 학생들이라면 고시패스를 당면과제처럼 생각하던 때였어요. 현재는 지식이나 정보, 경제적인 면에서 더 많은 혜택을 누리고 그만큼 진로 선택의 폭이 넓어져 저희 세대들보다는 행운아들이지요."

현재 정부 각 부처의 자문위원과 민사판례연구회장, 국제거래법학회장, 한국지적소유권학회 명예회장 등을 겸직하고 있는 송교수는 올해 4월 한국대학골프연맹 2대 회장에 취임해 대학연맹 창립멤버로서 지난 8년간 동참, 대학선수들의 국제교류협력증진과 국위선양에 구심점 역할을 해왔다.

"골프에 많은 관심을 기울였던 초대회장을 지낸 이호왕 고려대 교수, 이관전 울산대총장, 나봉진 중앙대 학장, 황인승 연세대 교수, 박영민 고려대 교수 등 각 대학의 교수들과 뜻을 같이했습니다. 제가 법대교수라고 정관을 만들라고 해서 정관과 함께 대학연맹 로고를 만들었지요."

한국대학골프연맹은 3개의 국내골프대회와 캐나다 벤쿠버, 일본 시세이도 대회 등 3개의 국제대회에 선수단을 파견하고 있다.

대학연맹 회장을 맡고 나서 절실히 부딪힌 문제는 재정지원의 어려움이었다.

어디서나 재정지원은 대중적 기반의 뿌리가 있을 때 효력이 발휘되듯이 골프선수 육성차원에서의 관심이 아직은 요원하다.

골프라는 스포츠가 부유층의 전유물로 인식되어온 까닭에 순수 아마추어들이 겪는 여러 가지 폐단도 적지 않다.

특히 국제적 교류 선수단 파견에 있어서 협회등록선수 130명 중 우수선수를 가리는데 소수정예론을 펼 수 있지만 외국에 비해 선수층이 엷어 걱정이 앞선다.

한편 국제대회에서 자신의 위치를 발견, 파악한다는 것은 좋은 점이지만 우수선수들이 국내에 적응치 못하고 외국 유학을 떠나는 것을 종종 보아올 때는 회장으로서 자책과 갈등을 느낀다는 것.

宋교수는 우수선수 양성은 1차 목표에 속하지만 대학인으로서 새로운 변화를 시도, 골프관련 인접분야의 기초자료 마련의 시급함이 앞서, 일례로 토지초과이득세, 환경오염문제, 회원권문제 등 관련분야의 자료를 체계화하여 학구적 면모의 모양새를 갖추는 대학연맹이 되고자 한다.

宋교수는 미국에서 변호사로 있을 때 처음 골프를 접했는데 마구잡이로 배워 스윙 등도 엉망이었다고.

"골프는 교수라는 직업의 인품조성에 도움을 주는 스포츠입니다. 교수는 마음의 안정이 가장 중요하지요. 강단에 서거나 책을 읽거나 글을 쓰거나… 골프에서 욕심을 내듯이, 인간적으로 모자라는 생각에 치우칠 때 반드시 표가 나지 않습니까? 그래서 저는 18홀 도는 운동조건의 골프보다는 마음의 평정 되찾기에서 오히려 더 친근함을 느낍니다."

'돈과 여자문제에 깨끗하라' 라는 말을 삶의 실천강령으로 삼고 살았다. 그의 조부와 장인은 국가와 나와의 관계, 동료와 나, 등 대상 기준을 마련해 놓고 상대에게 얼마나 충실히 대해 왔는가를 생각하며 살게 영향을 준 분들.

부인 김명신(46세) 여사는 사회학을 전공하던 유학생 신분으로 송교수가 변호사생활로 분주할 때 만나 귀국하여 결혼했다. 아들 재혁(대학2년)군과 딸 유진(고3) 남매를 두고 있는데 이들의 눈에 비친 송교수는 아마 '항상 바쁘고 엄한 아버지'로 기억될 것이라며 웃는다.

젊은 지성인들의 터전, 그곳에서 보람을 찾고 끊임없는 탐구의 가치있는 삶을 추구하는데서 희열을 찾는다.(골프매거진, 1992. 10.)

(5) 한국대학골프연맹의 운영방향

나라마다 각 운동경기 종목별로 전국적인 단체가 조직되어 있다. 그리고 그 산하에 대학연맹, 중고교연맹, 실업연맹 등이 있어서 각 분야마다 소속선수의 양성과 관리, 각종 선수권대회 개최, 국내외 교류 등 나름대로 경기력 향상과 체육발전에 노력하고 있다.

골프종목의 경우에도 예외는 아니다. 한국대학골프연맹은 비교적 뒤늦게 1984년에 설립되었으나 지금까지 매년 각종 각급 선수권대회를 개최하고 국제교류를 실현하는 등 대학생 선수의 발굴과 기량향상에 전력을 기울여 괄목할만한 성과를 거두었다고 생각한다.

우리나라의 대학선수는 총 100명을 좀 넘는 수준이어서 이웃 일본의 50분의 1 정도에 불과하다. 본 연맹이 작년 말과 금년도 초에 여러가지 난관을 무릅쓰고 실현한 美國轉地競技와 韓日交換競技에서는 우리나라 대학선수들이 빼어난 성적을 올린 바 있다.

이는 수도 적고 국제시합의 경험이 풍부하지 못하다는 것 등 여러가지 불리한 여건에도 불구하고, 우리 대학선수들의 국제적 大成 가능성을 증명하는 것이라고 판단된다. 따라서 본 연맹은 우수한 우리 대학선수들이 국내외 아마추어 골프계에서 두각을 나타낼 수 있도록 모든 가능한 人的, 物的 資源을 투입하여 국제교류를 강화하고자 한다.

대학골프연맹은 다른 많은 경기단체와는 달리 전문경기인이나 재력있는 실업가에 의하여 창설, 운영되고 있는 것이 아니라 대학인들에 의한 대학인에 의한 대학인의 스포츠 단체이다.

따라서 대학연맹은 나름대로 새롭고 진취적이고 학구적이며 도덕적으로도 좀더 엄격한 리더쉽을 발휘해 나가야 한다고 생각한다. 앞으로 대학연맹은 선수와 지도자 양성의 경우 실기에 못지않게 이론과 정보의 체계적 개발과 무장에 조금의 소홀함이 없도록 공부하는 대학연맹의 분위기를 조성할 생각이다.

대학연맹이 학구적으로 연구하여야 할 대상은 참으로 많이 있다. 기량향상을 위한 이론개발은 물론이고 교육학적 방법과 효과를 개선하기 위한 노력도 필요하다. 왜냐하면 선수를 보유한 대학뿐만 아니라 골프학과를 창설한 대학도 생겨나고 있고, 궁극적으로는 대학생 선수의 수가 대폭 늘어나야할 것이기 때문이다. 또한 골프사회학의 관점에서도 환경문제, 행정규제문제 등 좀더 종합적으로 연구하여 정책당국에 건의하고 골프대중화를 위한 아이디어를 제시하는 등 연구해야할 과제는 실로 많다. 대학연맹은 이와 같은 맥락에서 싱크탱크(think tank)로서의 역할을 提高하고자 한다.

골프를 사치스러운 운동으로 여기는 우리나라의 풍토에서 대학인들이 골프를 할 수 있고 대학연맹이 존재한다는 사실 그 자체만으로도 골프가 대중화되어가고 있음을 웅변하는 것이라고 생각한다. 대학연맹이 학구적으로 뒷받침하는 기능을 효율적으로 수행하기 위해서는 정부관계기관, 대한골프협회와 관련 골프단체들, 골프장 사업자 제위, 기타 골프를 사랑하는 동호인들의 절대적인 지원과 너그러운 이해가 절대적으로 필요하다. 이 기회를 빌어 전폭적으로 성원해주실 것을 간곡히 부탁드린다.(Golf 제 8 호(92(1호)), 대한골프협회, 1992. 8.)

(6) 지 · 덕 · 체 고루 갖춘 골퍼 만들기 10년

한국대학골프연맹이 창립 10주년을 맞았다.

"골프만 잘하면 뭐합니까? 지식과 예절도 겸비한 선수가 되어야지, 우승만 했다고 해서 진정한 승자라고 할 수 있습니까"

요즘 대학연맹 소속 선수들이 운동에만 치우치는 것과 운동선수라 하면 그 외의 것들을 도외시하는 사회적 풍토가 안타깝다고 말하는 宋相現(54) 회장.

한 선수가 중학교나 고등학교를 특기자로 입학, 골프세계로 접어들면 이후의 대학졸업 때까지 학교 교실에서 수업을 받는 경우가 드문게 현실이다.

"특기자로 입학한 바로 그 순간 골프를 배우는 것 이외에는 지식흡수과정이 중단되지요. 결국 그 학생들도 시간이 흐른 뒤 지도자의 위치에 서게 됐을 때 올바른 교육과정의 전달이 어렵게 되고 단순히 과정의 반복에 불과한 교육이 될테니까요."

한 알의 씨앗을 뿌려 수확을 얻듯이 한사람의 유능한 선수는 선수 혼자만의 기량만으로 되는 것이 아니라 둘러싼 제반 환경, 부모님이나 학교선생님도 지식과 예절을 갖춘 선수로 키우는 데 노력해야 한다.

우리나라 체육선수들은 유도나 양궁, 스케이팅 등에서도 볼 수 있듯이 개인운동에 강한 편이다.

골프도 개인운동적 성격이 강해 국제대회에서의 입상은 비교적 타 스포츠 종목에 비해 쉬워 선수들에게 많은 후원이 뒤따랐으면 하는 것이 宋會長의 솔직한 심정이다.

대학연맹소속 선수들이 많은 경기에 참가, 기량을 닦는 것도 중요하나 우수선수들을 해외에서 전지훈련시키는 것과 외국과의 친선대회 개최로 실력을 키워 세계적인 선수가 되는데 더 많은 지원을 하고 싶은 것 또한 그의 욕심이다.

골프 동호인 모임에 나가 수양하는 마음으로 가끔씩 라운딩 하던 것이 골프와 인연, 10년전 대학연맹창립 발기인 중 법률적인 문제를 맡은 것이 대학연맹과의 인연이다.

宋相現 會長은 현재 맡고 있는 회장 직책만도 10여 개 단체가 넘는다.

많은 단체를 맡아 일을 할 수 있는 것은 단체 조직원들이 협조가 있고 능력을 발휘할 수 있도록 적재적소에 사람을 배치했기 때문으로 분석되고 있다.

"운영상의 가장 큰 어려움은 각종 선수권대회를 증설하려고 해도 골프장 장소섭외의 어려움이 너무 커 선뜻 계획하기도 힘듭니다."

그래서 대학연맹 내 선수들을 국외로 나가 국제 감각을 키우고 분위기를 익히는데 많은 기회를 만들도록 현재 추진중에 있다는 것.

한편 지난해 6월 1일 골프를 학문의 장르로 연구, 활동해 나간다는 취지로 발족한 골프학회의 회장이기도 한 그는 그동안 이렇다 할 활동이 없는 점에 대해 우선 재정자립의 어려움을 들고, 계획 선행이 쉽지 않고 여러 계통의 종사자로 구성돼 실질적인 학술 연구가 원활치 않음을 피력했다.

宋相現 會長은 서울대 사법학과 교수로 재직중이며 지난 3월 뉴욕대로부터 석좌교수로 임명되는 명예를 얻기도 했다.(월간 Golf Focus 휴먼포커스, SBS골프뉴스자매지, 90-91면, 1994. 5.)

(7) 한국대학골프연맹 창립 10주년 기념사

새봄의 넉넉한 기운이 온누리에 감도는 이 시점에 저희 한국대학골프연맹이 태어난지 열 돌을 맞이하게 되었습니다. 지금보다도 여러가지 골프 여건이 훨씬 열악한 10년 전에 선견지명이 있으신 이호왕 초대회장님을 비롯하여 각계의 중진 교수님들과 체육계 선생님들 그리고 골프를 사랑하는 동호인 여러분의 적극적 참여와 성원속에서 아마츄어 골프의 구심점을 마련하기 위하여 본 연맹이 결성되었습니다. 개인적으로 창립발기인으로서 말석을 더럽혔던 저로서도 참으로 감회가 남다르고 또한 이만큼 성장한 연맹의 모습이 대견하기도 한 느낌입니다.

지난 10년의 세월을 회고해보면 저희 연맹은 사회의 이해부족과 재정적 어려움 속에서도 매년 네 차례 각종 각급 선수권대회를 개최하여 대학에 재학중인 선수들의 기량향상과 사기진작을 위하여 많은 성과를 올렸으며 금년에 이들 대회는 골프장 대여의 어려움에도 불구하고 11회를 맞이하게 됩니다. 또한 골프종목의 국제적 중요성에 비추어 한일간 및 한미간에 교류와 전지훈련도 적극 주선하고 참여함으로써 장래의 중요한 국제대회에 대비하는 준비도 게을리하지 아니하고 있습니다. 나아가서 저희 연맹은 대한골프협회 산하단체로서 가입하여 다른 프로단체들이나 사업장과 아울러 골프를 통한 체육의 진흥을 위하여 사심없이 노력해왔다고 자부하고 있습니다.

지난 세월동안 저희 연맹이 이만큼 성장한 데에는 각계각층에서 물심양면으로 지원해주신데 힘입은 바가 컸으므로 이 자리를 빌려 머리숙여 감사의 말씀을 드리고자 합니다. 대한체육회, 대한골프협회, 한국프로골프협회, 그리고 이우교역을 비롯한 많은 후원임원들께서 항상 재정적으로 지원해주셨고, 여러 골프장에서는 수익상의 어려움을 무릅쓰고 흔쾌하게 골프장 사용을 허락해 주었으며, 일간스포츠를 비롯한 각종 매체에서는 저희 연맹의 활동을 자세하게 보도해주는 등 각계각층의 관심과 후원속에서 이만큼 컸음을 감사의 마음과 함께 보고말씀 드립니다.

일본의 7000명에 육박하는 대학세와 견주어 초라하기 그지없으나 골프는 개인운동인만큼 우수한 지도자와 많은 훈련과 경기, 그리고 대학골프인으로서의 예의를 모두 갖춘다면 일당백의 투지로서 우리의 젊은이들이 세계무대를 제패할 수도 있다고 굳게 믿습니다.

또한 젊은 남녀 선수 중에서 실제로 그와 같은 가능성을 보여주는 학생들도 여러 명 있습니다. 구슬이 서말이라도 꿰어야 보배라는 속담이 있듯이 저희 대학연맹은 이러한 점에 유념하여 이와 같은 필요조건들을 모두 조성하고 종합적으로 수렴하여 대학골프, 나아가서는 우리나라 골프의 도약을 위한 구심점으로서의 역할을 담당하고자 합니다. 부디 저희 연맹의 이 같은 열의와 충정을 통찰하시어서 앞으로도 지원과 충고를 해주신다면 대단히 감사하겠습니다.(한국대학골프연맹 10년사, 한국대학골프연맹, 1면, 1994.)

(8) 한국 골프학회회장 취임사

오늘 여러 귀빈을 모신 골프학회 창립의 뜻깊은 자리에서 별로 능력이 없고 골프를 잘 알지도, 칠줄도 모르는 제가 갑작스럽게 회장의 중책을 맡게 되어 대단히 송구스럽기 짝이 없습니다. 아마도 제가 10여년 전 한국대학골프연맹의 창립에 관여한 이래 작년부터 연맹의 회장직을 수행하고 있기 때문에 골프학회 회장의 중책을 맡겨 심부름을 시키시려는 뜻으로 생각됩니다.

혹시 골프는 스포츠인데 골프학이라고 하는 학문의 장르도 있느냐고 의문을 가지실 분도 계실지 모르겠습니다. 그러나 골프를 학술적으로 연구, 조명하는 골프학은 새로운 개념은 아니고 이미 일본 등 외국에서 인정되고 학회도 활발한 실정에 있습니다.

골프학회는 비록 그 출범이 늦은 감이 있으나 앞으로 골프역사, 골프문화, 골프지리, 골프교육, 골프경제, 골프경영, 골프정치, 골프행정, 골프외교, 골프윤리, 골프법률, 골프사회학, 골프의학, 골프공학, 골프철학 등 골프에 관한 총체적 현상에 대한 심도 있는 조사연구를 통해서 골프의 모든 것을 학문적으로 집대성하고 이를 토대로 바람직한 발전방향을 제시하는 것을 그 목표로 하고 있습니다. 우리는 골프학을 단순한 개념에 그치지 아니하고 실질적인 학문으로 정립시키기 위하여 구체적인 연구계획을 마련할 생각으로 있습니다. 이를 위하여서는 우선 골프와 관련된 각종 자료를 국내외적으로 수집하여 목록화하는 등 기초작업을 다져야 할 것입니다. 더 나아가서는 수집된 자료를 토대로 연구논문을 발표하고 세미나 등을 개최하여 골프학총서를 발간하도록 노력하겠습니다.

이 같은 학술활동을 통하여 골프 본래적인 건전한 스포츠로서의 위상을 회복하며 이 신사 스포츠의 올바른 발전을 위한 나침판 역할을 다하고자 합니다. 골프는 본래 건전하고 신사적이고 자기자신에게 엄격하여 스스로의 인격도야에 도움이 되는 스포츠이지만 우리의 현실에서 이것이 여러가지로 왜곡되고 잘못된 인상을 주고 있기 때문입니다. 정부관계부처, 골프협회, 골프사업장, 기타 골프관계자와 골프동호인 제위의 전폭적인 지원과 협조와 적극적인 참가를 부탁드리면서 간단히 인사말씀에 대신하고자 합니다.(1993. 6. 1.)

(9) 한국골프학회 세미나 회장 인사

한국골프학회가 탄생한 것은 작년 6월 1일이었습니다. 저희 학회는 각 대학의 교수, 골프지도자와 후원자는 물론 골프를 생업으로 하거나 이 운동을 아끼고 사랑하는 각계 각층의 인사들이 골프에 대한 모든 것을 학문적으로 접근하여 연구해야 할 필요성을 느낀 나머지 결성된 종합적 학술연구모임입니다. 이 학회는 또한 세계적으로 급격하게 커지는 골프의 비중과 국내적으로 골프를 정규과목으로 채택하여 이론과 실기를 가르치는 대학의 증가추세에 비추어 이를 학구적으로 체계적으로 뒷받침하기 위하여 출범한 우리 모두의 토론광장입니다.

지난 10여 년간 한국대학골프연맹을 운영하면서 연맹이 주관하는 선수권대회를 중심으로 대학선수들의 훈련과 기량향상을 위하여 미력을 다하였읍니다마는 여러가지 여건의 불비와 연맹의 운영에 몰두하다 보니 진지한 학문적 활동을 병행하기 어려워서 그동안 1년여의 공백이 있었음을 죄송하게 생각합니다.

다소 만시지탄이 있습니다마는 오늘은 한국골프학회의 학술활동의 일환으로 골프의 발전을 위하여 오랫동안 현안문제로 거론되어 왔던 몇 가지 문제점을 선택하여 연구결과를 발표하고 이에 대한 토론을 집약하여 적극적인 개선 내지 활용방안을 모색해보고자 제 1 차 세미나를 준비하였습니다. 앞으로 저희 학회는 대학연맹과 함께 실기기술과 학술이론의 양면에서 상호보완하여 한차원 수준높은 골프의 발전을 위하여 노력하고자 하오니 항상 격려와 후원을 해주시기 바랍니다.

귀하신 시간을 내어 참석해주신 여러분께 감사드리며 아무쪼록 오늘의 세미나가 좋은 결실을 거둘 수 있도록 적극적으로 참여하시어 고견을 주시기 바랍니다.

끝으로 이 행사를 위하여 장소를 제공해주신 고려대학교와 후원해주신 여러분께 깊은 감사의 말씀을 드립니다.(한국골프학회회장, 1994. 11. 5.)

(10) 한국골프학회 창립과 발전방향

1993년 6월 1일 마침내 한국골프학회가 한국대학골프연맹을 주축으로 하여 탄생하였습니다. 지난 10년간 한국대학골프연맹의 창립과 그 운영에 관여하면서 느낀 점이 여러가지가 있었고 연맹의 현안문제 중의 하나가 골프학회의 창립이었습니다. 연맹은 기본적으로 대학생 선수를 위한 체육단체이므로 그동안 그들의 기량을 향상시키기 위한 훈련과 경기기회의 확보를 위하여 주된 노력을 경주하여 왔습니다. 그러한 과정에서 선수권대회 개최를 위한 골프장 사용교섭 등 어려운 일에 몰두하다가 보니 각 대학의 교수와 지도자 및 후원자들로 구성된 연맹이 진지한 학문적 연구활동을 병행할 엄두를 내지 못한 것이 사실이었습니다. 따라서 오래전부터 연맹을 위하여 봉사하시는 교수들은 물론 골프를 생업으로 하거나 이를 사랑하고 관심이 있는 각계각층의 인사들을 포용하여 골프에 대한 진지한 연구활동을 수행할 종합적 학술단체를 구성할 필요를 절감하여왔던 것입니다.

혹시 골프는 스포츠인데 골프학이라고 하는 학문의 장르도 있느냐는 의문을 제기할 수도 있으나 골프를 학술적으로 연구하고 조명하는 골프학은 새로운 개념은 아니고 이미 일본 등 외국에서는 인정되고 학회도 활발한 실정에 있습니다. 한국골프학회의 창립은 국제적으로도 관심사여서 일본골프학회회장도 창립총회에 참석한 바 있습니다. 또한 앞으로 골프를 올림픽 종목으로 편입할 가능성에 대한 논의도 계속되고 있습니다. 다만 골프는 본래 건전하고 신사적이며 자기자신에게 엄격하여 스스로의 인격도야에 도움이 되는 스포츠임에도 불구하고 우리의 현실에서 이것이 여러가지로 왜곡되고 잘못된 인상을 주고 있는 것도 사실입니다. 골프학회는 이 같은 여러가지 인식부족과 여건미비로 인하여 그 중요성에도 불구하고 출범이 늦은 감이 있습니다.

앞으로 한국골프학회는 골프역사, 골프문화, 골프지리, 골프교육, 골프경제,

골프경영, 골프정치, 골프행정, 골프외교, 골프윤리, 골프법률, 골프사회학, 골프의학, 골프철학, 골프공학 등 골프에 관한 총체적 현상에 대한 심도있는 조사연구를 통해서 골프의 모든 것을 학문적으로 집대성하고 이를 토대로 국민의 인식을 바로잡는 일방 바람직한 발전방향을 제시하는 것을 그 목표로 하고 있습니다. 이미 많은 대학에서 골프를 학문으로서 가르치고 이론과 실기의 양면에서 괄목할만한 업적을 내고 있는 것이 현실이므로 골프학을 단순한 개념에 그치지 아니하고 대학과 연계하여 실질적인 학문으로 체계화하기 위하여 구체적인 연구계획을 마련할 생각으로 있습니다. 이를 위하여서는 우선 골프와 관련된 각종 자료를 국내외적으로 수집하여 목록화하는 등 기초작업을 다져야 할 것입니다. 더 나아가서는 수집된 자료를 토대로 연구논문을 발표하고 세미나 등을 개최하여 골프학총서를 발간하도록 노력하겠습니다. 이 같은 학술활동을 통하여 각종 제도나 운영관행의 개선을 추구하고 골프 본래적인 건전한 스포츠로서의 위상을 회복하며 올바른 발전을 위하여 학문적이고 이론적으로 나침판 역할을 다하고자 합니다.

한국골프학회의 이와 같은 계획은 정부관계부처, 각종 체육단체, 골프협회, 골프사업장, 기타 골프지도자와 골프동호인 제위의 전폭적인 이해와 협조가 없이는 불가능하므로 이 기회에 관계자 여러분의 관심과 적극적인 지원을 부탁드리고자 합니다.(한국대학골프연맹 10년사, 한국대학골프연맹, 104면, 1994.)

X. 감사한 마음으로

1. 서울법대 이모저모

(1) 근대법학교육 100주년 기념관 준공식 학장 식사

이 자리에 참석하신 귀빈 여러분,

오늘 저희는 100년의 자랑스러운 역사를 가진 우리나라 최초의 법과대학이 다시한번 맞이한 도약의 기회를 축하하기 위하여 이처럼 귀빈들을 모셨습니다. 여러 가지 우여곡절에도 불구하고, 동문 및 각계각층의 노력이 결실을 맺어 역사적인 近代法學敎育 100周年 紀念館과 正義의 鍾이 기공의 첫 삽을 뜬지 2년여만에 마침내 완성되어 그 산뜻한 모습을 드러내게 된 것입니다.

이 뜻깊은 자리에서 저희 법대 교직원과 학생들은 무엇보다도 먼저 서울법대라는 영원한 생명체를 육성하고 아껴주신 총장님을 비롯한 전 교직원 여러분, 그리고 동문 및 후원자 여러분의 헌신적 봉사와 애정이 얼마나 두텁고 무한한 것인가를 다시 한번 음미하지 않을 수 없으며, 이 자리야말로 그 기나긴 역사를 회고하면서 밝은 미래를 다짐하는 기회라고 생각합니다.

1895년에 설립된 法官養成所로부터 일세기 이상의 세월 동안 온갖 고난과 굴절속에서도 우리에게 보내준 민족의 정성과 보람에 걸맞게 정의와 자유의 수호를 위한 역사의 주역으로서 그 역할을 수행해 온 이래, 서울법대는 근대법학교육 100주년 기념관이라고 하는 또 하나의 웅비의 터전을 마련하게 되었습니다. 실제로 기념관에 들어서면 한편에서는 귀중문서를 전시한 同窓기념홀에서 과거의 영광과 고난의 세월을 회고할 수 있고, 다른 한편으로는 宙山기념홀의 첨단 국제회의장에서 21세기의 무한경쟁, 무한가능의 세계를 맞이하여 착실하게 실력을 갈고 닦아, 세계로 미래로 힘차게 뻗어감을 느끼실 수 있을 것입니다.

저희 서울법대는 결코 자만하지 않고, 영원한 미완성체임을 깊이 인식하여, 날로 새로워지고 날로 젊어지는 진취적 기상으로, 급변하는 세계사의 진운에 조금도 뒤지지 않는 수준높은 법학교육과 새로운 차원의 법률문화를 선도하기 위하여 온갖 지혜와 정성을 다할 것입니다. 특히 그 동안의 논의를 발전적으로 수렴하여 법학교육과 국가시험 및 연수제도의 새로운 개혁을 이끌어내기 위하여 서울법대가 주도적 노력과 연구를 할 것임을 이 자리를 빌어 다짐하는 바입니다.

오늘 우리 모두가 기뻐하는 이 성과는 대학과 동문이 서로 손잡고 이루어낸 장엄한 오케스트라로서 서울법대 역사에 길이 남을 한 章이라고 생각합니다. 이렇게 기념관 준공과 현판제막 그리고 정의의 종 타종과 아울러 귀중법학교육자료전시 등 여러가지 행사를 하는 기쁨은 실로 많은 분들의 지원과 노력이 있었기에 가능한 것이었으며, 이 분들께 감사의 말씀을 드리지 않을 수 없습니다. 먼저 기념관의 건립 등을 계획하고 추진하여 이처럼 훌륭한 시설물을 기부채납해주신 서울법대 동창회에 우선 감사의 말씀을 드리고, 어려운 여건에도 거액을 쾌척하여 법학교육의 발전에 크게 공헌해주신 대우그룹, 서울방송, 동아그룹 그리고 삼성생명께 심심한 사의를 표하는 바입니다. 또한 이 역사적인 건물이 아름답고 튼튼하게 완성되도록 남다른 성의로써 설계와 시공을 맡아주신 서울건축과 태영 관계자 여러분께도 그동안의 노고에 위로와 감사의 뜻을 전합니다. 그리고 기념관이 이처럼 우뚝 솟기까지 여러모로 지혜와 노고를 제공해주신 서울대 가족이 여러분 계십니다. 기념관에 걸맞게 서울법대 100년의 역사를 압축하여 상징하는 정의의 종을 제작해주신 공대 정밀기계설계공동연구소 이영배 명예교수님, 건물의 題字와 연혁기를 짓고 써주신 박병호 교수님, 기념관의 귀중문서전시에 즈음하여 경국대전 등 조선시대 법률문서를 기증해주신 이태로 교수님, 조경을 도와주신 농생대 이돈구 교수님 그리고 항상 시설물의 미적 감각을 위하여 계속적으로 도움 말씀을 아끼지 않으신 미대 최만린 교수님 등께 모두 감사의 말씀을 드립니다. 그리고 기념관 입구에 걸도록 대작의 유화를 기증해주신 이대원 선배동문께도 귀한 작품을 영구히 잘 보존하겠다는 약속으로 감사의 말씀에 대할까 합니다. 끝으로 저희들의 이 행사를 축하하기 위하여 귀한 걸음을 아끼지 않으신 여러 내빈 여러분께 진심으로 감사의 말씀을 올리며 이상으로 간단하나마 식사에 갈음할까 합니다.(1996. 12. 18. 오후 2시)

(2) 제50회 서울법대 후기 졸업식사

내외귀빈 그리고 학부모님과 교수 및 직원 여러분!

오늘 여러분을 학문의 제1요람인 관악의 교정에 모시고 서울대학교 법과대학 제50회 졸업식을 거행하게 되었음을 무한한 영광으로 생각합니다.

오늘 영예로운 학위를 받는 자랑스러운 56명의 학사, 5명의 석사 그리고 8명의 박사 여러분!

그동안 한마음으로 매진하여 학문을 닦아온 여러분이 교문을 나서게 될 이 엄숙하고 영광스러운 자리에서 여러분을 가르치고 키우며 아껴온 모든 분들과 함께 여러분의 기쁨과 성취를 같이 나눌 수 있게 되었으니 이보다 더 축하할만한 일이 또 어디 있겠습니까. 충심으로 축하해 마지않습니다. 또한 여러분의 오늘이 있기까지 지극한 자애와 정성으로 보살펴오신 학부모님들과 여러분에게 학문을 익혀주고 인격을 키우는데 헌신적 지도를 다해오신 교수 여러분들께 아낌없는 찬사와 함께 심심한 경의를 표합니다.

우리의 기대를 한껏 모으고 있는 졸업생 여러분!

지금 여러분들은 삶의 거대한 새 걸음을 내딛는 자리에 서 있습니다. 이제부터 개개인이 하나의 독립된 인격자로서 모든 권리와 의무, 자유와 책임을 스스로 감당해나가야 할 그 출발의 순간에 와 있습니다. 지금은 남과 더불어 자신을 스스로 채찍질하면서 이끌어나가는 새로운 과정이 시작되는 순간입니다.

회고해보면 이 새로운 출발점에 이르기까지 여러분은 결코 평탄한 길만을 걸어온 것은 아니었습니다. 우리나라 전체가 겪어온 발전과 위기의 소용돌이 속에서 모든 부문이 도전과 시련을 회피할 수 없었듯이 우리 학교의 경우도 그 예외가 아니었음을 잘 아실 것입니다. 그러나 이러한 도전을 극복하는 동안 우리 학교는 끊임없이 성장하고 내실을 다져왔다고 생각합니다만 이제 여러분을 사회에 내보내는 이 시점에서 우리 서울대학교 법과대학의 장래와 여러분의 사회적 역할을 곰곰 생각해보고자 합니다.

사랑하는 졸업생 여러분!

우리가 사는 오늘의 국가·사회환경의 변화는 민주화와 세계화로 요약할 수 있다고 봅니다. 서울대학교 법과대학은 이처럼 변화해가는 사회환경에 부응하는 대학교육의 개혁을 꾸준히 추구함으로써 건전하고 실력있으며 진취적인 법조인력을 공급하여 민주화와 세계화를 선도하는 한편, 민족문화의 진정한 기반이 될 수 있는 법률문화를 정립해나가야 할 것입니다. 그러기 위해서 오늘 새출발을 하는 여러분은 참으로 할 일이 많습니다. 첫째로 수십년간 쌓여온 독재와 탄압의 법률상, 관행상, 국민의식상 잔재를 조속히 말끔하게 청산하고 진정한 민주주의의 틀과 제도를 하루 빨리 구축하여야 합니다. 그리하여 국가사회의 각 부문이 폭력과 독선과 야합에 의해서가 아니라 인내심을 동반한 대화와 타협에 의한 전국민적 합의에 따라 운영되도록 여러분은 기획하고 참여하고 감시하여야 합니다. 둘째로 세계화는 바로 法治, 즉 법의 지배입니다. 바야흐로 세계는 체제도 무너지고 국경도 점차 없어져가면서 시장경제체제에 입각한 경쟁 한마당을 이루어가고 있습니다. 이처럼 단일화된 지구촌의 경쟁마당에서 능력에 따른 무한경쟁을 해야만 하는 세계화과정에서 가장 절실하게 요구되는 것은 공정한 경기규칙의 확립일진대 이 경기규칙이 바로 법이고 그런 의미에서 세계화는 바로 법의 지배를 뜻하는 것입니다.

졸업생 여러분!

민주화를 위한 국내환경과 세계화로 가는 국제환경 모두가 여러분에게 과거 어느 때보다도 배전의 헌신과 지혜를 요구하는 이 때, 용기와 신념을 가지고 새로운 개혁의 길로 정진해줄 것을 다시한번 당부합니다.

존경하는 학부모님 그리고 내빈 여러분!

기성세대가 살아온 것보다 새로운 차원에서 더 막중한 일을 해내야할 이 자랑스러운 인재들이 가는 길에 더 큰 사랑과 격려를 베풀어주시기 바라면서 이상 졸업식사에 대하고자 합니다.(법대 201강의실, 1996. 8. 30. 11:00)

(3) 1997학년도 신입생 환영사 및 개강사

이 자리에서 처음으로 얼굴을 대하는 신입생 여러분과 긴 겨울방학을 무사히 보내고 새학기를 맞이한 재학생 여러분! 이렇게 지면으로나마 새학기를 맞는 인사를 나누게 되어 무척 기쁩니다.

우선 우리 서울법대의 일원으로 새로 들어온, 새내기 여러분들의 영광스러운 입학에 대하여 아낌없는 축하와 아울러 뜨거운 환영의 말을 보냅니다. 이곳에 이르기까지 여러분 스스로의 힘과 결정에 따라 능동적으로 이 학교를 선택한 그 자기결정, 자기노력, 자기실력을 무한히 칭찬하는 바입니다. 여러분은 이 시간부터 앞으로 수년 동안 법학강의동, 연구동, 국산도서관 그리고 이제 막 완성된 근대법학백주년기념관 등으로 구성된 국내 최고 수준의 'LAW TOWN'에서 즐겁기도 하고 쓰라리기도 한 대학생활을 꾸려나가게 되었습니다.

그러면 대학이란 어떤 곳인가, 특히 서울법대는 어떤 곳인가에 대하여 몇 마디 보탤까 합니다.

첫째, 대학은 진리탐구의 전당입니다. 각 분야에 걸쳐 축적되어온 모든 진리를 계승하고 비판적으로 탐구하며 때로는 새로운 진리를 창조하기도 해야합니다. 이러한 진리의 계승, 비판, 창조의 힘겨운 무한궤도를 달려가기 위해서 여러분은 기존의 기계적 지식습득과는 차별되는 지적인 충격과 변혁을 감당해야만 합니다. 이것은 결코 쉬운 일이 아닙니다. 고독과 자유를 통한 진리의 탐구, 'VERITAS LUX MEA(진리는 나의 빛)'의 의미를 마음속에 되새겨 보면서, 여러분은 지적 긴장을 유지하며 학문적 시련에 과감히 맞설 수 있도록 각오를 단단히 할 필요가 있습니다. 이곳은 안일한 휴식, 비겁한 타협, 값싼 온정이 배척되고 냉엄한 비판, 끊임없는 도전, 치열한 자기노력과 계발이 존중되는 숭고한 진리의 전당이기 때문입니다.

둘째, 대학은 미래지향적인 새로운 지도자의 인간형성을 위한 도장입니다. 진취적 영도력과 합리적 의사결정 그리고 사명감에 불타는 인간수련의 장소입니다. 여러분은 이곳에서 여러 스승, 선배, 동료와 함께, 理性이 무엇이고 민주적 소양이 무엇인가를 배우고 인격의 기초를 닦아 나가게 될 것입니다. 어떤 곤경이 오더라도 끝끝내 예지와 자존과 활력으로 줄기차게 자기완성, 자기수양, 자기도야의 길을 모색해나가야 합니다.

이처럼 대학의 2대 사명은 진리탐구와 인간형성이고 이러한 사명의 달성을 위하여 대학에는 무질서에 가까운 자유의 특권을 부여하고 있는 것입니다.

그러나 상아탑이 누리는 이 자유의 특권은 남용 또는 오용되어서는 안됩니다. 자유는 방종이 아니며, 나태를 은폐하거나 책임을 회피하거나 분수를 모르는 영웅심리를 합리화하는 변명의 방패로 쓰여서는 안된다는 뜻입니다. 입학후 한두 달이 지나 처음의 흥분이 가시고 나면 아마도 여러분은 이 처음 맛보는 자유 앞에서 상당한 공허감을 느끼게 될 것입니다. 이 때의 방황은 필수적인 것이긴 하겠지만 자칫 안이한 자만심에 빠지거나 자학적인 感傷에 빠져 자신을 합리화하며 그토록 소중한 젊음을 낭비하는 愚를 범해서는 절대 안됩니다. 성실은 언제나 소중한 덕목이며 여러분의 그런 공허감을 메워 줄 수 있는 것은 오직 치열한 노력으로 스스로를 개발하고 실력을 쌓아가는 데서 오는 성취감밖에 없음을 명심하시기 바랍니다.

우리 서울법대는 1895년 설립된 법관양성소로부터 시작하여 비록 역사의 굴절과 혼돈과 분열은 있었지만 이를 모두 극복하고, 오늘날 100여 년간 연면하게 이어오면서 나라를 경영하고 정의를 세우는데 이바지한 수많은 선배를 배출한 자랑스러운 역사를 가지고 있습니다. 작년말 개관한 근대법학백주년기념관이 우리의 자랑스러운 역사를 웅변하고 있고, 정의의 종이 우리가 잠시라도 자만에 빠졌거나 비뚤어진 마음을 갖게 되었을 때에는 우리를 깨우치는 경종을 울릴 것입니다. 관악의 LAW TOWN에는 공연한 우월의식이나 편향된 이념적 성향은 배제되어야 하고, 왕자병이나 공주병에 걸린 학생이나 학부모는 없어야 합니다.

여러분들은 학창생활에서 그 귀중한 시간과 청순한 활력을 조금이라도 헛되이 소모하는 일이 없이 불충분한 여건에서나마 최대의 성과를 거둘 수 있도록 최선의 노력을 다해줄 것을 당부합니다.(법대신문, 1997. 3. 3.)

(4) 신입생 및 학부모 오리엔테이션 포인트

자제들이 본교에 합격한 기쁨을 만끽하시는 학부모 여러분!

우선 자제들의 입학을 충심으로 축하드립니다.

온갖 정성과 지극하신 자애로서 훌륭한 자제들을 저희 학교에 보내주신 학부모님께 감사드리고, 저희가 이 젊은 인재들을 잘 길러내야 할 책무가 무거움을 새삼 느끼게 됩니다.

정의로우나 겸손하고, 명석하되 원만하며, 세상물정에 밝지만 얄팍하거나 자기도취에 빠지지 않는, 먼 훗날 총리나 대통령감이 될만한 젊은이를 선발하여 교육하는 곳이 서울법대라고 생각합니다(Rhodes Scholar의 예).

1) 대학생활 일반

① 왕자병과 공주병을 버려라. 왕비병과 제왕병을 버려라(총장에게 전화하고 따지는 학부모의 예).

선택된 자의 오만으로 배회, 방황, 탕진, 퇴영, 안일, 나태를 경계하라. 적당히 메꿀 수 있는 강의, 상당한 수입을 보장하는 과외, 소비와 향락에 길들여지기 쉬운 문화, 대학생이라는 선택된 자의 특권의식은 대학사회에서 없어져야 할 요소들이다.

② 공동사회의 기본이나 공동생활의 기본질서는 꼭 지켜라.

교수에게 정중하게 인사하고, 강의실에서 나온 다음에 들어가고, 칠판을 좀 닦아 놓아라. 담배꽁초, 종이컵, 기타 봉지나 종이 등 쓰레기를 깨끗이 처리하라. 학교의 공공시설이나 기물을 조심스럽게 다루고 아껴써라. 화장실을 깨끗이

써라.

③ 다양한 경험을 쌓고 책을 많이 읽어 지식기반을 강화할 절호의 기회이다.

대학생활은 진취적 기상과 움직이는 패기를 기르고 내면적 성장을 위한 절호의 기회이니만큼 그저 강의와 사교, 미팅 그리고 적당한 정도의 취미활동을 제외하고는 할 일이 없어서는 안된다. 근로현장체험도 좋고 테마여행도 좋다. 독서는 일생동안 할 일인데 하필 이시점에서 진부하게 언급하는가 의문이 있을 수 있다. 그런데 여러분들은 그동안 입시위주로 공부를 했기에 지식기반은 취약한 채 머리가 텅 비어있거나 아니면 편식상태에 있다. 지금부터 1, 2년 사이에 이를 고치고 강화해서 지성인으로서의 지식기반을 확립해야 하는 중요한 시점에 와 있다. 요즈음 신문 등에서 베스트셀러라고 소개하는 책들은 저자의 독특한 신변잡화이거나 얼토당토 아니한 시시한 내용의 소설이거나 외국서적의 질낮은 급조번역인 경우가 많다. 그러면 무엇을 어떻게 읽을 것인가? 독서의 원칙은 고전으로 돌아가라. 동서양의 고전을 한편이라도 똑똑히 읽는 것이다. 그런 책들은 그것이 인류역사상 시대와 장소를 초월한 고전으로 자리매김이 된 충분한 이유가 있기 때문이다.

2) 학교공부일반

④ 대학교 1학년 때 어떤 공부를 하면 좋을까?

법대 신입생들 가운데서 일부는 대학 1학년 때부터 고시 준비를 한다고 한다. 이는 너무 성급하고 무모하고 이기적이고 자살골 차는 격이다. 반드시 실패한다. 인간의 성장과정은 단계가 있으니 어린이가 청년단계도 안거치고 장년이 되는가. 사실 법대생에게는 人文 및 사회과학에 대한 공부도 아주 필요한데 이를 공부할 수 있는 기간은 '신입생'때가 법대 4년 동안 거의 대부분일 듯하다. 그런데 다른 학과와 달리 법대생들은 4년동안 '우리말'로 된 법률책만을 본다. 인문사회과학에 관한 책을 읽고, 경제공부를 하며, 외국어를 연마하라.

⑤ 부모님들이 대학에 가서 '데모'하지 말라고 하시던데 각종 동아리 활동이나 학회 활동이 그렇게 '위험'한가?

옛날과 달리 데모는 별로 없고 문제가 안된다. 동아리활동이 위험하지도 않다. 건전한 동아리활동은 오히려 사교성, 지도력, 남과 더불어사는 지혜 등을 가르쳐준다. 법대생들은 남을 돕는 일에 인색하고 익숙치 못하므로 동아리를 통하여 남을 돕고 사회봉사를 할 수 있다면 금상첨화다. 다만 너무 지나치게 빠지지 말라. 특히 한가지 덧붙일 것은 많은 학생지도자들의 이념적 편향이 문제라고 본다. 아까 말씀드린 것처럼 입시공부하느라고 머리가 교양의 측면에서 비어 있거나 영양불량 또는 편식상태에 있는데 갑자기 어느 한편의 사상이나 이념만 주입시키면 백지에 붉은 물을 드리듯이 그야말로 편식과 편향이 불가피하고 그렇게 되면 일생동안 모든 사회현상을 균형된 안목으로 보지 못하고 만다. 학생회 필독도서 리스트는 좌경한 이념서적이나 소설도 계급투쟁적인 것이 그득하다.

⑥ 대학교에서 수업 방식은 고등학교와 차이가 없나?

학생들은 대개 'paper chase' 등을 통해 우리 대학도 활발한 질의응답식, 사례중심의 강의방식을 사용하는 줄 알고 왔다가 법학개론을 듣고 크게 실망하면서 대학생활을 시작한다. 수업방식이나 내용이 마음에 안들어도 선생님과의 교유를 통하여 학문과 인품을 배우라. 고교선생님들과는 달리 교수들은 자기분야에서는 우리나라 최고의 지성이요 대표적 학자이기 때문이다. 입학하면 일찍부터 교수 한 분을 아주 가깝게 사귀어 일생동안의 관계로 발전시키도록 노력하라.

⑦ 대학교에서도 고등학교에서처럼 성적 즉 학점이 중요한가?

고시준비를 위해서는 학점은 별로 중요하지 않다는 말이 있다. 왜 학점이 중요한지 즉 법대교육의 實效性(선의의 경쟁)과 유학, 장학금 등에도 학점이 중요한 기준이 됨을 흔히 망각하고 대학4년을 다닌다.

⑧ 대학 친구는 졸업하면 그만이라고 하는데 교우관계는 중요하지 않나?

4년동안 考試 迷兒들이 양산되므로 교우관계가 뒤죽박죽이 되는 경우가 많다. 그러나 힘써 좋은 친구와 사귀는 일은 대단히 중요하다. 고시준비 때 스터디 그룹을 구성하는 유능한 동료친구가 필요하다. 선배는 선배대로 장단점이 있을 수 있다.

⑨ 사법시험 준비는 어떻게 해야 하나?

신입생들은 대개 법대를 고시학원 정도로 알고 있다(아울러 꼭 사법시험만을 준비해야 하는가 하는 의문도 있을 수 있겠다.). 미리 국제변호사 운운하며 성급함을 보인다. 법조인 자제는 이중적 압력을 부담한다. 세계화시대에 발상전환이 필요하고 사법부 이외의 분야에 진출하는 등 다양한 사회 진출의 필요성은 아무리 강조해도 부족하다.(1997. 3. 3.)

(5) 제51회 서울법대 후기 졸업식 학장 식사

이 자리를 빛내주신 학부모님과 교수 및 직원 여러분!

오늘 학문의 제 1 요람인 관악 캠퍼스에 여러분을 모시고 서울대학교 법과대학 제51회 후기졸업식을 거행하게 되었음을 대단히 기쁘게 생각합니다.

오늘 영예로운 학위를 받는 51명의 학사, 8명의 석사 그리고 8명의 박사 여러분!

그동안 한 마음으로 매진하여 학문을 닦아온 여러분이 교문을 나서게 되는 이 엄숙하고 영광스러운 자리에서 여러분을 가르치고 아껴온 모든 분들과 함께 여러분의 기쁨과 성취를 같이 나눌 수 있게 되었으니 이보다 더 축하할만한 일이 또 어디 있겠습니까. 진심으로 축하해 마지않습니다. 아울러 여러분의 오늘이 있기까지 지극한 자애와 정성으로 보살펴오신 학부모님들과 여러분이 학문을 익히고 인격을 키우는데 헌신적 지도를 다해주신 교수 및 직원 여러분들께 아낌없는 찬사와 함께 심심한 경의를 표합니다.

우리의 자랑인 졸업생 여러분!

회고해보면 모교에서 면학의 결실을 거두기까지 여러분은 결코 평탄한 길만을 걸어온 것은 아니었다고 생각합니다. 우리나라 전체가 겪어온 발전과 위기의 소용돌이 속에서 우리 학교도 간단없이 다가오는 시련과 도전을 회피할 수 없었기 때문입니다. 그러나 이러한 도전을 극복하는 동안 우리 학교는 끊임없이 성장하고 내실을 다져왔다고 생각합니다만 이제 여러분을 외부세계로 내보내는 이 시점에서 우리 서울대학교 법과대학의 장래와 여러분의 사회적 역할을 곰곰 생각해보고자 합니다.

사랑하는 졸업생 여러분!

지금 여러분들은 인생의 거대한 새 걸음을 내딛는 출발점에 서 있습니다. 이제부터 개개인이 하나의 독립된 인격자로서 국가사회가 요구하는 모든 권리와 의무, 자유와 책임을 짊어진 채 인생의 새로운 과정을 시작하는 순간입니다. 따라서 여러분들도 새로운 시작에 대한 설레임도 있겠고 국가사회가 여러분에 대하여 갖는 기대도 참으로 큽니다. 여러분이 직면하게 될 국가·사회환경은 민주화와 세계화의 두 가지로 그 변화의 특징을 요약할 수 있다고 봅니다. 이 같은 변화의 소용돌이 속에서 오늘 새출발을 하는 여러분은 참으로 할 일이 많습니다. 첫째로 수십 년간 쌓여온 독재와 탄압의 잔재를 말끔하게 청산하고 국민의식을 개혁함과 동시에 진정한 민주주의의 틀과 제도를 하루 빨리 구축하는 역군이 되어야 합니다. 그리하여 국가사회의 각 부문이 폭력과 독선과 야합에 의해서가 아니라 인내심을 동반한 대화와 타협에 의한 전국민적 합의에 따라 운영되도록 여러분이 기획하고 참여하고 감시하여야 합니다. 둘째로 세계화란 바로 法治, 즉 법의 지배를 의미합니다. 바야흐로 세계는 체제도 무너지고 국경도 점차 없어져 가면서 시장경제체제에 입각한 경쟁 한마당을 이루고 있습니다. 이처럼 단일화된 지구촌의 활동무대에서 무한경쟁을 벌여야만 하는 세계화 과정에서 가장 절실하게 요구되는 것은 공정한 경기규칙의 확립일진대, 여러분은 이 경기규칙을 마련하고 지키고 이끌어 가야할 법치주의의 기수가 되어야 합니다.

희망에 찬 졸업생 여러분!

민주화를 위한 국내환경과 세계화로 가는 국제환경 모두가 여러분에게 과거 어느 때보다도 배전의 헌신과 지혜를 요구하는 시점이므로, 용기와 신념을 가지고 새로운 개혁의 길로 정진해줄 것을 다시한번 당부합니다. 이처럼 변화해가는 사회환경에 부응하여 여러분의 모교도 대학교육의 개혁을 추구함으로써 건전하고 실력있고 진취적인 법조인력을 공급하여 민주화와 세계화를 선도하는 한편, 국가운영의 진정한 기반이 될 수 있는 법치주의를 정립해나가는데 혼신의 힘을 다할 것입니다.

존경하는 학부모님 그리고 내빈 여러분!

기성세대가 살아온 것보다 새로운 차원에서 더 막중한 일을 해내야 할 이 자랑스러운 인재들이 가는 길에 항상 더 큰 사랑과 격려를 베풀어주시기 바라면서 이상 졸업식사에 대하고자 합니다.(법대 주산기념홀, 1997. 8. 28. 11:00)

(6) 서울법대 송년모임 학장 인사

오늘은 서울법대 백년 역사에 가장 기쁜 날 중의 하나입니다. 모든 동문이 한마음으로 뜻을 모은지 3년만에 근대법학교육백주년기념관 준공이라는 숙원사업을 달성하였기 때문입니다. 이 기념관은 앞으로 우리나라의 미래의 법학교육의 터전으로서 큰 의미를 지닌다고 하겠습니다. 이 건물의 준공을 기념하는 만찬의 자리에서 저는 앞으로 법학교육의 수준을 한 차원 끌어올림과 동시에 이 건물이 세계화시대에 법의 지배를 달성하고 남북통일을 위한 전진기지의 역할을 훌륭히 해낼 수 있도록 노력할 것을 다짐하는 바입니다. 또한 기념관 앞에 우뚝 서있는 정의의 종은 새로운 상징물로서 세상이 혼란할 때 경종을 울리고 우리가 부단히 깨어 있도록 웅장한 소리를 낼 것입니다.

오늘 기념관 준공기념 만찬 겸 법대교수 송년모임을 마련하여주신 동창회 이석희 회장님에게 감사드리고, 연말의 바쁘신 일정을 제치시고 왕림해주신 총장님 내외분, 이수성 총리님, 현승종, 이홍구, 이회창 세분 전 총리님, 그리고 안우만 법무장관님과 정종택 환경부장관님께 깊은 감사의 말씀을 드립니다. 그리고 기념관의 계획에서부터 오늘의 준공기념행사에 이르기까지 헌신적으로 봉사해주신 이상혁 법대동창회 부회장님께 감사드리고 그 무한한 노고를 위로해 드리고 싶습니다.

오늘은 모처럼 선생님들과 사모님들께서 자리를 같이 하셨으니만큼 오래 적조하셨던 말씀도 나누시고 즐거운 저녁이 되시기를 바랍니다. 그리고 다가오는 신년에는 더욱 건강하시고 다복하시며 만사가 뜻대로 이루어지시기를 기원합니다.(힐튼호텔 그랜드볼룸, 1996. 12. 18. 오후 6:30)

(7) 서울법대 동창회 신년인사회 학장 인사

1월이 거의 다 간 시점이어서 다소 새삼스러운 감이 없지 않습니다만은 우선 먼저 신년인사말씀을 올리겠습니다. 서울법대 동문 여러분들께서 정축년 새해에도 무엇보다도 건강하시고 댁내 화목하신 가운데 연초에 계획하신 일들이 순조롭게 이루어지시기를 기원합니다. 다음으로는 오늘 이와 같은 성대한 행사를 마련하여 반가운 만남을 주선하여 주신 우리 동창회에 대하여 감사의 말씀을 드립니다.

잠깐 회고컨대 모교는 동문제위께서 다 아시는 바와 같이 1996년이 우리의 100년 역사상 퍽 기념할만한 한 해였다고 생각합니다. 오랜 숙원사업이던 100주년 기념관과 정의의 종을 완공하여 우리 모두 기쁨을 나누었고, 이는 이석희 동창회장님 이하 동문 여러분들의 헌신적 지원으로 인하여 가능했던 일이었기에 이 자리를 빌어 깊은 감사의 말씀을 올립니다. 저희들 모교의 교직원과 학생들은 이 같은 훌륭한 하드웨어를 잘 활용하고 이에 걸맞는 국제적 연구업적과 교육활동 등의 소프트웨어를 창출하여 모교의 발전에 기여하고자 다짐하는 바입니다.

금년에도 어김없이 입학시험을 치렀고 법대는 예년과 마찬가지로 우리나라 최고의 인재 270명을 선발하였습니다. 예년에 비하여 지원자 수가 절반 정도로 감소하였습니다마는 지원자들의 수능성적으로만 당락을 정한다고 가정했을 때 수능성적 331점을 받아도 불합격되는 정도로 고득점자의 총집결장이었습니다. 물론 논술시험 외에 사상 처음으로 면접을 점수화하였기에 실제 컷트라인은 다소 변동이 있습니다마는 금년에도 역시 천하의 인재들을 고루 선발하였사오니 이 기회를 빌어서 이들이 안심하고 공부할 수 있도록 좀더 넉넉한 장학금의 지원을 계속 부탁드립니다.

최근 제기되었던 법학교육제도는 물론 고시와 연수제도 등에 대한 개혁의 논의는 여러가지 면에서 법대에도 많은 영향을 줄 것으로 예측됩니다. 조만간 사법시험에서 1000명의 합격자를 배출하게 되지만 모교의 입학정원은 아직도 제가 학생 때의 300명보다도 작은 270명에 묶여 있습니다. 이제 이들이 전원 사법시험에 합격한다 한들 우리는 겨우 4분의 1선 정도밖에 점할 수 없습니다. 그러면 행정부나 금융계 및 실업계 등 다른 분야에의 고른 진출은 불가능해집니다. 따라서 모교의 입학정원을 대폭 늘리는 데에 여러 동문들께서 관심을 갖고 도와주시기 바랍니다.

앞으로도 저희는 동창회와 긴밀하게 협조하여 학교의 발전에 열과 성의를 다하겠습니다.(힐튼호텔, 1997. 1. 27.)

(8) 97년도 新年人事會

서울법대동창회 1997년도 신년인사회가 지난 1월 27일(월) 하오 6시부터 「힐튼호텔 그랜드볼룸(지하1층)」에서 李奭熙(法大9·대우재팬회장) 동창회장을 비롯한 동창회회장단 및 임원, 宋相現(法大17) 법대학장 및 모교교수 그리고 2백여 명의 동문들이 행사장을 가득 메운 가운데 성황리에 개최됐다.

희망의 정축년(丁丑年) 새해를 맞이하여 동창회와 모교의 발전을 기원하고 동문 상호간의 돈독한 우의를 다짐하면서 덕담(德談)으로 새해 첫만남을 시작하는 이날 법대인의 신년인사회는 국민의례, 축하패증정, 회장인사, 학장인사, 케이크커팅, 경품추첨 순으로 식이 진행됐다.

또한 이날 국무위원에 최근 취임한 宋宗義(法大17·법제처장) 동문과 安光岩(法大18, 당시 통상산업부장관) 동문이 모교와 동창회를 빛낸 법대인으로 축하패를 받아 참석동문들의 뜨거운 박수를 받았다.

이날 李奭熙 동창회장은 새해 인사말에서 「법대동창회는 그동안 발전하는 모교와 함께 꾸준히 성장하여 왔고 많은 동문들이 각계각층에서 국운융성을 위하여 중추적인 역할을 다하고 있음은 서울법대인의 커다란 긍지」라고 말하고 「무엇보다도 지난해 12월 18일 법대인의 숙원사업인 「근대법학교육100주년기념관」을 준공함으로써 법대인의 긍지는 더욱 높아졌다」고 말했다.

이어 李회장은 「앞으로 모교 100주년 기념사업의 성공적인 마무리를 위하여 최선을 다하고 여력을 모아 후진면학을 위한 장학사업과 동문 상호간의 우의증진을 위한 친목사업에도 혼신의 힘을 다하겠다」고 다짐했다.

끝으로 李회장은 「1997년은 법대인의 자존심을 한껏 높일 것 같은 뜻이 깊은 해」라고 말하고 「법대동문이 기필코 대성할 수 있도록 동문 모두가 중지를 하나로 모아 주기를 당부」했다.

이어 宋相現 모교학장은 인사말에서 「모교의 숙원사업인 백주년기념관과 정의의 종(正義의 鐘)의 완공으로 모교는 1996년이 법대역사상 가장 기념할만한 한해였다」고 회고하고 「헌신적인 지원을 아끼지 않은 李奭熙 동창회장을 비롯한 동창회 임원과 많은 동문들에게 깊은 감사의 말씀을 드린다」고 말하면서 「이같은 훌륭한 기념관을 잘 활용하고 여기에 걸맞는 국제적 수준의 연구업적과 교육을 창출하여 나가겠다」고 다짐했다.

이어 文鴻柱(城大12) 동문이 「모교와 동창회의 무궁한 발전과 동문들의 협력을 다짐하자」는 건배를 제의했고 동문들은 잔을 높이 들어 화답하면서 장내의 분위기는 화기애애 해졌고, 李奭熙 동창회장·宋相現 모교학장이 文鴻柱 동문, 金道昶(法大1) 동문, 金許男(法大6) 동문과 나란히 서서 축하케이크를 자르자 참석동문들은 박수로 「1997년도 서울법대 동창회 신년인사회」를 축하하면서 화기애애한 장내의 분위기는 더욱 고조됐다.

공식적인 식순이 끝나고 경품추첨에 들어가기 전에 참석동문들은 주류와 음식을 들면서 선·후배·동기·스승과 제자간에 새해 인사도 나누고 덕담(德談)도 건네면서 휴식의 시간을 가진 다음 많은 동문들이 자사제품(自社製品) 또는 성금(誠金)으로 협찬한 경품추첨(景品抽籤)에 들어갔다.

장내를 가득 메운 참석동문들의 호기심어린 시선과 긴장이 교차되는 가운데 하나하나 추첨번호를 호명하면서 경품에 당첨된 동문들은 두 손을 번쩍 들어 기쁨을 감추지 않았고 이를 축하하는 동문들의 환호와 박수소리는 깊어가는 겨울밤을 뜨겁게 달구었다.

이날 경품 중 그랑프리인 「무비카메라」는 金永錄(法大9) 동문이 차지했고 준(準)그랑프리에 해당하는 「TV세트」는 張明奉(法大21·국민대 법대교수) 동문에게 각각 돌아갔다.

긴장과 환호 그리고 뜨거운 열기 속에 이날 행사의 마지막 순서인 경품추첨이 끝나고 동창회에서 마련한 기념품까지 받은 동문들은 법대인의 긍지와 우정을 재확인하면서 1997년 새해 벽두를 열었다.(낙산회보, 1997. 4. 22.)

(9) 서울법대동창회 정기총회 학장 축사

신록이 무르익은 5월에 동창회 정기총회가 열리고 이곳에서 원로 선배님들을 비롯하여 많은 동문들을 건강하신 모습으로 다시 뵙게 되어 한편으로는 기쁘기 한량없고 다른 한편으로는 총회가 이처럼 성황을 이루게 해주신 것을 감사하게 생각합니다.

먼저 모교의 교수와 학생들을 대표하여 몇 마디 축하의 말씀을 드리고자 합니다. 첫째, 평소 걸어오신 분야에서 국가사회를 위하여 진력하시고 모교를 빛내 주신 세 분의 자랑스러운 서울법대인께 진심으로 축하와 감사의 말씀을 올립니다. 뿐만 아니라 새로 집권한 국민의 정부에서 분야별로 국가경영의 중책을 맡으신 동문 여러분께도 마음속에서 우러나오는 축하와 아낌없는 격려의 말씀을 드리고자 합니다. 그리고 새내기들이 신입회원으로 가입하신 것을 아낌없이 환영하는 동시에 앞으로 모교의 발전에 남다른 관심과 성원을 부탁드립니다. 또한 금년에 고희와 회갑을 맞이하시는 선배님들께도 축하의 말씀과 아울러 앞으로 더욱 건강하시어서 모교의 앞길을 비추어 주시기 바랍니다.

IMF위기의 도래를 포함하여 국내외적으로 격변하는 시대상황에서 모교도 21세기에 대비하는 준비가 필요할 뿐만 아니라 여러 가지 도전이 예상되고 있습니다. 짐작하시다시피 열악한 경제여건과 점차 형성되는 노학연대는 우리 모두를 걱정스럽게 합니다. 또한 특차전형제도의 채택을 비롯한 입시제도의 다양화문제, 대학의 구조조정과 법학교육제도의 개혁문제, 법을 통한 국내정치, 경제, 사회의 개혁과 법률가의 역할제고, 법을 통한 세계평화와 국제협조의 문제 등 여러가지 과제가 우리 법대인들의 지혜와 용기와 결단을 기다리고 있습니다. 모교가 선도적 리더쉽을 발휘하여 이러한 과제들을 성공적으로 풀어갈 수 있도록 선후배 동문들께서 변함없는 관심과 성원을 보내주실 것을 부탁드리고자 합니다. 또한 본교는 한정된 자원과 부족한 여건 하에서도 많은 해외의 법과대학과 법조계 인사들이 본교와의 협력과 교류를 열망하고 있음에 부응하여 학술교류협정의 체결, 국제합동학술행사의 개최, 해외유력인사의 초청, 또는 전통 있는 국제대회에 학생대표를 파견하여 성과를 올리는 등 국제적 변화의 물결에 뒤떨어지지 않도록 부단히 노력하고 있습니다.

끝으로 이석희 회장님을 비롯한 동창회 지도부께 모교의 발전을 위하여 종전과 다름없이 힘써 주실 것을 간곡히 부탁말씀 드리면서 저의 축사에 갈음하고자 합니다.(1998. 5. 14.)

(10) 서울법대 30회 졸업생 모교방문 환영사

친애하는 본교 30회 졸업생 여러분, 그리고 동반하신 가족여러분, 그리고 명예교수님들!

우선 두팔을 활짝 열어 여러분의 모교방문을 진심으로 환영하는 바입니다. 여러분들이 1년중 가장 좋은 계절에 더할 나위 없이 좋은 날을 택하여 이처럼 즐겁고 뜻깊은 행사를 가지시게 된 것을 축하하는 바입니다.

동숭동에서 입학하여 이 관악 캠퍼스에서 처음으로 졸업하신 동문 여러분! 여러분들은 대학합격의 기쁨이 채 사라지기도 전에 청천벽력같은 10월유신을 당하였고, 그 이후 긴급조치 등으로 인하여 학업중단과 학원탄압과 끊임없는 감시속에서 불행한 학창생활을 감수할 수밖에 없었음에도 불구하고 이를 꿋꿋이 극복하고 빛나는 역사를 창조한 세대입니다. 저도 젊었던 시절이었기에 여러분과 같이 분노하고 고뇌하던 기억을 잊을 수가 없습니다. 햇병아리 교수에 불과했던 제가 때로는 암담한 심정을 여러분과 같이 소주잔을 기울이며 달랬던 추억이 몇몇 그리운 얼굴과 함께 오버랩되기도 합니다. 불행했던 시대를 서로 걱정하며 살았던 때문인지 저는 개인적으로 여러분 학년에게 남다른 애정과 관심을 가지고 있으면서 여러분들의 행복하고 순탄한 장래를 축수하고 있습니다. 제가 여러분과 만난 것은 저에게는 참으로 행운이었습니다.

여러분 학년은 다른 학년보다도 훨씬 많은 수의 법조인을 배출하였고, 그 외에도 국회의원은 물론 행정각부에서, 실업계에서, 금융계에서, 그리고 학계에서 골고루 큰 리더쉽을 발휘하면서 이 나라를 이끌어가는 견인차의 역할을 톡톡히 해내고 계십니다. 해외에 진출하여 큰 몫을 하기도 하고 자기고장으로 돌아가서 지역사회 발전에 헌신하는 분도 계십니다. 그런데 이러한 다양함이 서울법대라는 공통분모를 매개로 하여 움직일 수 없는 일체성을 보이면서 모교의 큰 힘으로 작용을 하고 보니 학장으로서 자랑스럽고 든든한 마음을 금할 길 없습니다. 이것은 모두 왕대밭에서 왕대가 났기 때문이라고 생각합니다.

모교는 여러분이 졸업하던 20년 전에 비하면 훨씬 정돈되어 자리를 잡았고, 작년에는 1895년 한성법관양성소의 개설이래 근대법학 100주년을 기념하여 백주년 기념관을 완공하였습니다. 또한 작년과 금년에 걸쳐서 참신한 교수도 여러분 초빙하여 현원 34명이 되었습니다. 그러나 아직도 교육과 연구의 기본 여건은 외국과 견주어서 대단히 열악하여 세계화의 물결에 민첩하게 대응하기는 어려운 실정이라고 아니할 수 없습니다. 뿐만 아니라 모교의 정원이 여러분 시절에는 160명이었으므로 현재 270명이라고 하면 대단히 증원된 감을 가지실 것이나 원래 박대통령이 데모의 온상이라고 하여 정원을 거의 半減해버리는 일방적 조치를 하기 전에는 300명이었습니다. 그러나 앞으로 사법시험합격자를 계속 늘려가는 추세에서 뒤지지 아니하려면 우리의 현재 정원도 지금보다 훨씬 늘어야 할 것으로 생각됩니다.

우리의 기대를 한몸에 모으고 있는 30회 졸업생 여러분!

오늘의 모처럼 나들이가 아무쪼록 여러분 상호간의 유대는 물론 모교와의 협조체제를 다시금 강화하는 계기가 되기를 빌고, 이왕 오셨으니 오늘 하루가 즐겁고 의미있는 한 때가 되시기를 바라마지 않습니다. 끝으로 이번 행사를 준비하기 위하여 여러모로 애쓰신 서현 회장님을 비롯한 동문회 간부 여러분의 노고를 치하하고, 모처럼 참석하여 주신 명예교수님들 만수무강하시기를 바랍니다.(1997. 10. 11.)

(11) 사법학회 제29회 민사모의재판 학장 격려사

다른 동료 선생님들도 마찬가지이시겠지만 제가 모교에서 講壇에 선 지난 25년 동안, 교수로서 느낀 제일 큰 고민 중의 하나는 어떻게 하면 우리 제자들에게 단순한 틀에 박힌 법이 아닌 '살아있는 법'을 가르쳐 줄 수 있을까, 즉 條文의 文理的 해석에서 끝나지 않고 끊임없이 변화하는 社會現實의 맥락에서 法의 意義와 役割을 파악하는 공부를 하도록 할 수 있을까 하는 점이었습니다.

저 자신이 Harvard, Columbia, NYU, Melbourne 등 유수한 대학에서 강의하면서 느낀 바로는 그들 대학도 정도의 차이는 있지만 예외 없이 이런 법학교육의 문제점에 주목하고 있었으며, 학생들은 주로 moot court나 law journal을 통하여 스스로 이런 문제에 접근하여 현실적인 實務感覺과 이론적인 배경을 익히고 있었습니다. 우리에게도 물론 각종의 모의재판과 Fides와 같은 학술지가 있기는 하지만, 우리 대학의 현실에서는 기형적인 사시제도로 인한 중압감과 기타 여러 가지 여건의 부족으로 인해 이런 제도가 발달하기 어렵다는 사실에 늘 안타까운 마음을 가지고 있었습니다. 이런 어려운 와중에서, 한때 군사정권 하에서 강제로 중단 당하는 고난을 겪기도 하였지만, 학생들 스스로 꾸준히 모의재판의 전통을 지킨 나머지 가장 오랜 전통을 가진 사법학회의 경우 제29회 모의재판을 열기에 이르렀으니, 흐뭇한 마음을 감출 수 없습니다.

외국의 moot court가 진행되는 것을 보면 현직의 유명한 법관들이 직접 참여하여, 가장 젊고 패기 넘치는 학생들과 완숙한 경륜을 가진 선배 사이에 學問的으로는 물론 人格的인 교류를 이루어, 참으로 아름다운 모습을 보여주는데, 우리도 이제 그들만큼 하지 못할 이유가 없습니다. 특히 사법학회는 학회 출신의 선배판사들과 교류가 두텁다고 들었으며, 그 동안 모의재판을 담당했던 판사들이 학생들의 재기 넘치는 새로운 견해들로부터 오히려 배울 점이 많았다고 말하는 것을 보고, 우리 학생들의 영민함에 흐뭇하면서 스승으로서 보람을 가질 수 있었습니다. 이번 '국가배상법과 공무원 개인의 배상책임'은 행정법계와 헌법계의 학설이 극단적으로 대립하는 등 이론적으로 상당히 어려운 점이 많은데 우리 학생들의 멋진 재판을 기대해 봅니다.

무더운 날씨에도 불구하고 재판을 올리기 위해 방학을 희생시키며 법원과 학교를 오가며 땀 흘린 소송대리인 여러분과, 지도교수이신 최기원 선생님을 비롯한 민사법 교수님들, 출제교수인 김재형 교수, 그리고 김용덕, 권순일, 전현정 세 판사님들의 노고에 깊이 감사드리며 앞으로도 사법학회가 더 큰 발전을 이루기를 기원합니다.(서울대 문화관 소강당, 1996. 9. 2. 오후 2시 30분)

(12) 삶과 더불어 정의와 더불어 60년

제12회 선배들께서 회갑을 맞이하여 이를 기념하고자 발간하는 '기념문집'의 축사를 저에게 청하여주신 것은 저로서는 분에 넘치는 영광이라고 생각합니다. 제가 입학했을 때 선배님들께서는 이미 졸업을 하셨기에 학창시절을 같이 보낸 추억은 없지만 다행히도 모교 교수에는 이호정 선생님이 계시어 자주 학덕 높으신 말씀을 들을 수 있고, 동창회에 가면 이상혁 변호사님이 계시어 헌신적인 봉사와 지원을 아끼지 않으시므로 저는 이 분들을 통하여 다른 훌륭하신 12회 선배들을 뵙는 행운을 누리고 있습니다.

우선 회갑을 맞이하신 제12회 선배 여러분께서 더욱 건강하시고 가정에 축복이 가득하시며 앞으로도 더욱 모교와 국가사회의 발전에 큰 기여를 해주시기를 삼가 기원합니다.

돌이켜보면 제12회 선배들은 중학교에 입학하자 교정에서부터 좌우의 싸움이 벌어졌고, 고등학교시절에는 남북이 총뿌리를 들어 전쟁을 했으며 모교를 졸업하고, 사회에 진출하자 여야정당이 격돌을 일삼아 혁명과 정변을 거듭해왔던 그 어려운 위기의 시대를 겪으신 세대입니다. 그들은 겨우 휴전으로 숨을 돌린 1954년에 모교에 입학하시어 절대적 빈곤과 전쟁의 폐허 속에서도 강렬한 배움의 정신으로 형설의 공을 이루신 이래 각계로 진출하시어 젊은 시절을 모두 나라사랑과 선진국으로의 진입을 위하여 바치신 불사조들입니다. 한국의 현대사에서 중요한 드라마를 연출한 그들이 이제 이순(耳順)에 이르러서도 변질되지 않은 학창시절의 동류성과 모교와의 인연을 끈으로 삼아 '회갑문집'을 펴내시는 여유는 후배들의 부러움을 사고 존경을 받으실 것입니다. 참으로 비참했던 경제사정, 혼미했던 정치사회 환경, 그리고 빈약한 대학의 교육수준을 극복하고 국가발전의 원동력으로 바쁘게 살아오신 지난 세월은 이미 모교의 자랑스러운 전통의 일부가 되었고, 이제 후배들이 연면히 빛나는 미래로 이어갈 것이므로 외람되지만 감히 후배를 대표하여 頌功의 말씀을 올리는 바입니다.

어느 철학자가 말한 것처럼 앞으로도 눈에는 精氣를, 얼굴에는 和氣를, 몸에는 活氣를, 마음에는 義氣를, 그리고 생활에는 潤氣를 지니신 채 인생을 즐기시면서 지난 세월 동안 쌓아오신 귀중한 경험과 탁월한 경륜을 후배들에게 가르쳐 주시기를 바랍니다. 모교에서 후배들을 가르치는 교직원들은 천하제일 서울법대의 기상과 긍지에 어긋나지 않도록 부단한 노력을 할 것을 다짐하는 바입니다. 그리하여 앞으로 천년만년 다가오는 미래에 모교에 입학하는 그 누구에게나 자랑스러움을 안겨주는 동문이 되도록 더불어 다짐하십시다.(서울대 법대 87동창회원 회갑기념문집 축사, 삶과 꿈, 4면, 1996. 12.)

(13) 낙산회보 축쇄판 발간 학장 축사

바로 엊그제 고고의 소리를 낸 듯한 감이 있는 낙산회보가 벌써 창간된 지 20여 성상이 지났습니다. 그동안 우리 법과대학의 발자취와 역사를 그대로 비추어주고 법대인들을 대변해온 낙산회보가 모교 개교 100주년 기념사업의 일환으로 지금까지의 발간분을 모아 축쇄판으로 거듭나게 되었으니 이는 대단히 경사스러운 일로서 동문 여러분과 함께 진심으로 축하하고 기뻐하는 바입니다.

전세계로 뻗어나가고 국내 각계각층에서 두각을 나타내는 수많은 동문간의 연결고리이고 대화의 광장이기도 한 낙산회보가 축쇄판으로 모습을 드러내면 이는 파란만장한 우리나라의 현대사 바로 그 자체라고 할 수 있습니다. 또한 이 축쇄판은 모교의 발전의 모습은 물론 동문간의 애환과 사랑이 담뿍 담긴 우리 모두의 이야기이기도 합니다. 새롭게 탄생하는 축쇄판은 특히 모교가 동숭동에서 관악으로 이사한 이후 변화를 거듭하면서 서울대학교 내에서 중심적 위치를 잡아온 중요한 시대의 발자취를 증언하는 의미도 있을 뿐만 아니라 지난 20여 년간 국내에서 각계각층에서 영도력을 발휘하고 있는 훌륭한 개인동문들과 각 졸업회기별로 펼치는 의미있는 활동을 거울처럼 반영하고 있습니다. 또한 이러한 기록의 모음은 후배들에게는 자부심의 근원이 되고 졸업생들에게는 법대인의 위상과 역할의 중요성을 재삼 깨우쳐주는 가늠자가 될 것입니다. 축쇄판은 앞으로 모교의 중요한 사료의 가치를 지닐 것으로 생각되나 역사의 의미는 지난날의 사실을 아는데 그치지 아니하고 과거를 거울삼아 미래를 개척하는데 있으므로 축쇄판의 발간을 계기로 동문들은 모교와 함께 손을 마주잡고 더욱 영광스러운 기록을 남길 수 있으시기를 기원한 바입니다.

근대법학 백주년기념관의 준공에 이어 여러 가지 뜻깊은 개교 백주년 기념사업을 지속적으로 추진하시는 李爽熙 회장님을 비롯한 동창회 여러분께 심심한 감사의 말씀을 드립니다. 모교는 항상 동창회와 긴밀하게 협력하여 학교와 동문들의 大小事를 원만하게 처리하여 왔습니다마는 특히 근대법학 백주년을 기념하는 제반사업은 동창회측의 탁월한 아이디어와 헌신적인 봉사로서 한가지씩 매듭지어감을 볼 때마다 경의를 표하는 바입니다.(1997. 6. 30.)

(14) 서울법대 24회 동문회지 제 3 호 발간 학장 축사

작년에 입학 30주년 홈컴잉 행사를 모교에서 개최하셨을 때 반갑게 만났던 제24회 동문들께서 이번에는 글을 모아 會誌 제 3 호를 발간하신다 하니 우선 참으로 경하하여 마지않습니다.

제24회 동문들은 제가 졸업을 하고도 3년 후에 입학을 하셨기 때문에 모교 운동장에서 오손도손 함께 꿈을 키워갈 기회는 없었습니다마는 다행하게도 모교에는 崔鍾庫, 安京煥 두 동문이 교수로 계시면서 필명도 날리시고 또한 자주 학문적으로 깊이 있는 말씀에 접할 수 있는 행운이 있기에 저는 다른 어느 졸업생 회기보다도 많은 분을 알게 되었고 남다른 존경과 애정을 가지고 있습니다.

돌이켜보면 제24회 동문들은 정치적으로 어려웠던 시기에 법의 목적이 무엇인지 고뇌하면서 편치 아니한 학창시절을 보내셨습니다. 그럼에도 불구하고 강렬한 배움의 정신으로 형설의 공을 이루신 이래 각계로 진출하시어 젊은 시절을 모두 절대빈곤으로부터 탈출하고 국가의 기초를 공고히 하여 우리나라가 선진국으로 진입하는데 일로 매진하신 분들입니다. 뿐만 아니라 오늘을 사는 우리 한국의 현대사에서 이제 가장 중추적인 지위에 서서 뚜렷한 공헌을 하셨고 향후로도 당분간 이 나라의 앞날을 책임지고 계신 자랑스러운 동문들이십니다. 이제 知天命의 나이에 이르렀어도 변질되지 아니한 학창시절의 동질성과 모교와의 인연을 끈으로 삼아 회지를 펴내시는 낭만과 여유는 다른 동문들의 부러움을 사고 찬탄을 받으실 것입니다.

모교는 1996년말 백주년기념관을 준공하는 기쁨을 누렸으나 학생과 교직원의 공간수요를 모두 충족하였다고 보기 어렵고, 교수진에 탁월한 신진기예를 몇 분 초빙하였으나 열악한 보수와 함께 막중한 강의부담을 해소하여 연구활동의 활성화를 달성하기는 요원하며, 270명의 입학정원은 여러분이 졸업하실 때보다 증원된 것이긴 하나 옛날의 300명 정원에는 원상회복도 못한 숫자로서 앞으로 사법시험에서 매년 1,000명씩 합격시킨다는 방침에 비추어 볼 때 학생정원이 대폭 늘어야 된다고 생각합니다. 나라의 중견이신 24회 동문 여러분의 지속적 관심과 후원을 바라마지 않습니다.

이 기회를 빌어서 제24회 동문 여러분들께서 더욱 건강하시고 가정에 축복이 가득하시며 앞으로 더욱 모교는 물론 국가사회의 발전에 큰 기여를 해주시기를 삼가 기원합니다. 또한 나라의 전도를 이끌어 나가시면서도 지난 세월 동안 쌓아오신 귀중한 경험과 탁월한 경륜을 후배들에게 가르쳐 주시기 바랍니다. 이렇게 함으로써 동문 여러분과 모교도 역시 앞으로도 변함없이 너와 나를 묶어서 더 큰 하나를 이루어갈 것을 믿어 의심치 않습니다.

모교에서 후배들을 가르치는 저희 교수들도 천하제일 서울법대의 기상과 긍지와 전통에 어긋나지 않도록 부단한 노력을 할 것을 다짐하는 바입니다. 그리하여 앞으로 다가오는 미래에 모교에 입학하는 그 누구에게나 자랑스러움을 안겨주는 동문이 되도록 더불어 다짐하십시다.(1997)

(15) [로스쿨을 향해 뛰는 대학들] 서울대－폭넓은 교수진… 다양한 커리큘럼 운용

영어 · 독어 등 외국법 필수강좌로 '법학교육의 세계화' 추진

일찍부터 재조출신 교수 영입… 이론 · 실무 겸한 교육실시

오는 4월 로스쿨법안의 국회 통과를 앞두고 전국의 법과대학들이 로스쿨 인가를 받기위해 사활을 걸고 있다. 대학들은 이미 오래전부터 현직 법조인과 외국 변호사, 변리사 등 각 분야의 전문가들을 교수로 영입하거나 법대시설을 확충하는 등 로스쿨인가를 받기 위해 전력을 투구하고 있다. 대학들은 특히 로스쿨 인가를 받지 못하면 살아남기 힘들다는 각오로 인가기준에 맞춘 시설 확충에 엄청난 재원을 투자하고 있다.

본지는 로스쿨 인가를 받기위한 대학들의 준비 상황을 시리즈로 점검해 본다.

서울대 법대는 로스쿨 도입법안에 반대하고 있지만 사실상 법안이 정한 인가기준에 가장 가까운 것으로 인정받고 있다

서울대는 판사 등 재조출신 법조인들을 대거 교수로 임용하는 등 일찌감치 실무형 교수진을 구축해 왔다. 특히 올해에도 3명의 실무가형 교수를 임용할 예정이어서 국내 법과대학 중 전임교원 확보율 1위를 기록하고 있다. 따라서 서울대는 로스쿨 유치에 발벗고 나선 다른 대학들에 비해 비교적 느긋한 입장을 보이고 있다.

◇교육과정(커리큘럼)=서울대 법대의 가장 큰 장점은 다양한 교과과정이라 할 수 있다.

서울대는 지금도 정통 학자와 실무가들로 폭넓은 교수진을 구성, 학생들에게 다양한 수업을 하고 있다.

현재 학부과정의 경우 헌법 · 민법 · 형법 등 기본법 외에도 영미법, 독일법 등 모두 82개의 법 관련 교과가 개설돼 있다. 특히 영어 · 불어 · 독어 · 라틴어로 이루어진 외국법을 필수강좌로 개설, 실질적인 '법학교육의 국제화'와 '세계화'를 추신하고 있다.

서울대 법대는 국제경쟁력있는 법률전문가 양성을 목표로 하고 있다. 공정거래법, 금융거래법 등 전문법 과정과 신설이 예정된 LL.M 과정 등은 로스쿨 전환에 따른 실무과정과도 크게 다르지 않다. 해마다 사회적 이슈가 되는 사건들을 모의재판의 주제로 삼아 현직 판사와 학생들이 직접 민·형사 모의재판을

열고 있다. 지난해 '여성 종중원 인정 여부'에 대한 대법원의 판결전 모의재판을 통해 학생들이 대법원과 같은 결론을 이끌어 내 화제가 되기도 했다.

◇교수진=서울대 법대의 자랑은 화려한 교수진이다. 현재 41명의 전임교수가 있으며 올해 3명의 교수를 새로 임용하기로 했다.

서울대의 교수들은 대부분 J.D.(Juris Doctor)나 LL.M.(Master of Laws) J.S.D.(Doctor of the Science of the Law)과정을 거쳤으며 국내 변호사자격을 갖고 있는 교수들도 상당수 있다.

서울대는 다른 대학들과 달리 오래 전부터 실무가들을 전임교수로 임용해 학생들에게 실무경험을 토대로 이론과 실무가 접목된 교육을 받도록 하고 있다. 宋相現 · 성낙인 · 신동운 · 양창수 · 호문혁 · 권오승 교수 등 기라성 같은 교수들이 포진하고 있다.

영어와 일본어로 법학 원어 강의가 가능한 김건식 교수의 경우 로스쿨 전환시 외국교재 등을 참고해 우리 교육과정에 맞게 만들어야 하는 교재준비과정을 이끌만한 교수로 주목받고 있다.

법학의 국제화와 세계화, 전문화에는 정상조 교수와 김재형 교수 등이 두드러진 활동을 보이고 있다.

정 교수는 '서울대 기술과 법 센터' 센터장으로 활동하며 그동안 국내외 법학교육의 전문화에 앞장서 왔다. 판사출신으로 민법을 담당하고 있는 김재형 교수는 제1차 BK21 사업에서 주도적인 역할을 했으며 '한국법과 세계화'라는 주제를 이끌어 가고 있다. 2004년 구대환 교수(변리사)가 공대출신 실무가로는 처음으로 전임교수에 임용되어 화제가 되기도 했다.

국제형사재판소 재판관에 재선된 宋相現 교수(고등고시 사법과 16회)는 서울대 교수로 임용되기 전 뉴욕주 변호사로 근무했다. 서울민사지법(현 서울중앙지법) 판사로 근무하다 영입된 양창수 교수(사시 16회)는 최근 대법관 후보로 거론되기도 했다.

이 밖에 판사출신인 박정훈 교수(사시 25회)와 윤진수 교수(사시 18회), 장승화 교수(사시 26회), 조홍식 교수(사시 28회)등이 있으며 헌법재판소 연구관출신으로는 정종섭 교수(사시 24회)가 있다.

◇교육시설 및 장학제도=현재 서울대 법대에는 1천2백여 명의 학부생들이 법대 본관과 연구동, 법학도서관 및 근대법학교육 1백주년 기념관 등 모두 4개동을 사용하고 있다.

본관은 다양한 수업의 진행이 가능한 강의실과 첨단 세미나실로 구성돼 있으며 특히 실무교육을 위한 모의법정이 만들어질 예정이다. 6층 규모의 연구동은 교수들의 연구실과 세미나실이 만들어져 있으며 국제회의를 개최할 수 있는 첨단 세미나실이 마련되어 있다.

서울대 법대는 1980년에 건립한 국내 최초의 전문법학도서관을 갖고 있지만 9만여권에 불과한 장서량과 적은 인원을 수용하는 열람실 등 열악한 환경을 극복하기 위해 올해부터 4층 규모의 법학도서관을 증축할 계획이다.

서울대 법대는 단과대학중에서 장학금 수혜률이 가장 높다. 동문 장학재단이 활성화 되어있고 각종 사회단체 및 기업으로부터 장학금 기부가 많기 때문이다.

그러나 국립대학인 만큼 학교차원에서 확보한 재원을 법대에만 특별히 지원해 주기는 어려운 실정이다. 따라서 근대법학 1백년 기념관과 지난해 리모델링한 본관 등도 모두 법대동문 기금으로 이루어졌다.

성낙인 법대학장은 "사립대학은 대학차원에서 충분한 재원을 지원하고 있는 것으로 알고 있다"면서 "국립대학인 만큼 열악한 재정지원으로 다른 대학에 비해 로스쿨을 위한 건물 등 시설물 준비가 떨어지고 있다"고 걱정하고 있다.

◇배출법조인=서울대가 배출한 법조인은 국내 다른 대학과 비교가 되지 않는다.

현재까지 5천여 명 이상의 법조인을 배출한 서울대는 사법부 개혁을 진두지휘하고 있는 이용훈 대법원장(고등고시 15회)이 현직 법관으로서 대표적이다.

대부분의 대법관이 서울대 법대 출신이며 대한변호사협회의 천기흥 회장(사법시험 8회)을 비롯한 동문들이 서울대의 로스쿨 도입에 든든한 지원세력으로 간주되고 있다.(법률신문, 2006. 3. 10.) <오이석 기자>

(16) 노벨평화상 수상 에스끼벨 26일 방한

노벨평화상 수상자인 아돌프 뻬레스 에스끼벨(Adolfo Perez Esquivel · 69)씨가 서울대 법학21연구단(단장 송상현 · 宋相現 교수)과 한국인권재단(이사장 신용석 · 愼鏞碩) 초청으로 26일부터 30일까지 방한한다고 서울대가 22일 밝혔다.

에스끼벨씨는 아르헨티나 출신으로 교육자, 건축가, 조각가인 동시에 인권운동가로 활동하면서 남아메리카 여러나라의 인권유린에 맞서 1970년대 비폭력 저항운동을 조직하고 국제사회의 항의운동을 이끈 공로를 인정받아 80년 노벨평화상을 받았다.

방한 마지막 날인 30일에는 서울대에서 '평화와 인권 - 아르헨티나와 한국의 인권과 평화'를 주제로 강연한다.(한국일보 26면, 2000. 6. 23.). <김태훈 기자>

(17) 21세기 세계속의 한국법의 발전 교육단, 뉴스레터 단장 간행사

법학분야에서 세계 수준으로의 교육 및 연구를 위하여 서울대학교 법과대학 소속교수 24명이 조직한 '세계속의 한국법의 발전 교육연구단'은 '21세기 지식기반사회를 위한 고등인력양성사업'(Brain Korea 21 사업)의 인문사회분야로서 선정되어 1999년 9월부터 연구활동을 하고 있습니다.

우리 연구단은 21세기 한국법의 과제를 선진화와 국제경쟁력의 제고, 복지화와 인권, 한국법의 정체성으로 설정하고, 법치주의 실현을 위한 기반을 조성하려는 학문적인 노력을 계속하고 있습니다.

효율적이고 원활한 연구활동을 위해 '법과 경제연구센터,' '공익 · 인권법연구센터,' '한국법연구센터,' '법제도비교연구센터' 등 4개의 연구센터를 설립하였으며, 매주 열리는 운영위원회를 통해 연구활동의 지원을 모색하고 있습니다. 또한 각 연구센터를 중심으로 하여 교수, 신진연구인력, 대학원생들이 팀을 이루어 연구과제를 수행하고 있으며, 그 연구결과를 토대로 그간 수차례 학술세미나를 개최하였습니다.

연구단 전체의 차원에서는 국제학술교류 활성화를 위해 저명한 외국 학자들을 초청하여 강연회를 계속 열어오고 있습니다. 또한 대학원생 세미나, 박사후연구원 세미나 등을 통해 젊은 연구자들이 새로운 관점의 연구성과를 발표하고 토론하는 기회를 갖고 있습니다.

이러한 연구활동의 결과를 기록하고 또한 법학발전에 관심을 가지신 분들에게 널리 알리고자 금번에 뉴스레터를 창간하게 되었고, 앞으로도 매년 2회 발행하려 합니다.

연구단 사업이 시작된 지 1년 반이 지나도록 뉴스레터 발행이 늦어져 만시지탄의 감마저 생깁니다. 뉴스레터에는 간략히 소식만 전하는 것에 그치지 않고 학술세미나에서 발표된 내용을 요약하여 수록하고 있기 때문에 자료집으로서의 역할도 하리라 기대됩니다.

이번 뉴스레터에는 수록하지 못했지만, 우리 연구단에서는 법학 영문저널의 발간을 기획하여 진행 중에 있으며 곧 창간될 예정입니다.

아직은 연구사업이 초창기여서 연구활동을 하면서도 한편으로는 연구의 기반을 정비해야 하는 여러 가지 어려움도 적지 않습니다. 앞으로도 법학 발전에 관심을 가지신 여러분들의 많은 지도와 편달이 우리 연구단의 발전에 큰 도움이 될 것입니다.(宋相現 단장 2001 상반기 Vol.1, No.1, 3면)

(18) 두뇌한국21 법학연구단 첫 영문저널 출간

'우물안 개구리'에서 벗어나다

우리 학교 법과대학의 '21세기 세계속의 한국법의 발전교육연구단(법학21연구단, 단장: 宋相現교수)'은 16일(수), 국내 대학 최초로 한국법학계의 현황을 영문으로 소개하는 「Journal of Korean Law」(편집위원장: 김건식교수)를 창간했다. 이 저널은 「법학21연구단」이 두뇌한국21 프로그램의 지원을 받아 발간한 것이다. 宋교수는 "그동안 우리 법학계의 논의가 영어로 번역된 것은 거의 전무했다"며 "우리 법을 해외에 정확히 알리는 것이 주요 목적"이라고 창간취지를 설명했다. 이를 위해 총 1천8백부 중 3백부가 미국과 유럽의 주요 법과대학과 비교법센터에 배포됐다.

4편의 논문과 판례, 서평이 실린 창간호에는 '삼성전자의 전환사채발행에 관해 고등법원이 내린 판결문'의 영어번역본을 싣는 등 해외에 우리법과 판례의 1차 자료를 제공하려는 노력이 엿보인다. 또 「Journal of Korean Law」에 실리는 논문들은 앞으로 세계 사회과학 연구자들의 연구동향을 소개하는 권위있는 사이트인 SSRN(Social Science Research Network, http://www.ssrn.com)에 제공돼 국내 법학계의 최신 동향을 전하게 될 예정이다. 창간호에 김화진 변호사(법무법인 율촌)가 쓴 '기업지배구조의 세계적인 수렴현상에 있어서 국제 소프트법의 역할'이 SSRN에 올려져 법 분과 내에서 조회수 상위 10위에 들 정도로 주목을 받고 있다.

한편 이번 저널 편찬 과정에서는 법학 논의 못지않게 '영어논문 작성 및 번역'이 중요한 논의점으로 떠올랐다. 실제로 편집위원장 김건식교수는 "국내에서 활발히 이뤄지고 있는 여러 법적 쟁점에 관한 최고 수준의 논의를 영어논문으로 발표할 수 있는 연구자가 적어 저자위촉에 어려움을 겪었다"며 "국내 법률용어의 정확한 번역과 각주법 등 아주 기초적인 부문에서 영어논문 작성법에 관한 통일안이 시급히 마련돼야 할 필요성을 절감했다"고 말했다.

「Journal of Korean Law」는 연 2회, 3월과 9월에 발간되며 저널구독 및 원고제출에 관한 사항은 법학21연구단」사무국에 문의하면 된다.(전화: 880-6867,

E-mail:bk21law@snu.ac.kr)(대학신문 13면, 2001. 5. 21.) <강서연 기자>

(19) 서울대학교 법학연구소 전문분야연구과정 제1기 공정거래법 코스 수료식 학장 축사

선우중호 총장님, 김인호 공정거래위원회 위원장님, 이호정 법학연구소 소장님, 그리고 내외 귀빈 여러분,

오늘 이 뜻깊은 자리, 서울대학교 법학연구소 전문분야 법학 연구과정 제1기, 공정거래법 코스 수료식에서, 여러분의 새로운 성취를 축하드리게 되어 무한한 영광으로 생각합니다. 다 아시는 바와 같이, 지금 우리 법조계는 대외적으로는 자유무역질서를 앞세운 거센 개방 압력과 대내적으로는 민주화와 법률 서비스 개선의 요구가 맞물린 시점에 서서, 매우 절박한 자기개혁의 好機를 맞고 있습니다. 이런 상황에서 기존의 법률 교육이 커버하지 못하는 전문적인 분야에 대해, 이미 상당한 소양을 갖추신 여러분과 같은 전문가가 모여서 더욱 수준 높은 공부를 하신다는 것은, 그 자체로 우리 법조계를 질적으로 향상시켜 경쟁력을 높이는 일이며, 그만큼 우리 국민에게 양질의 서비스를 제공할 수 있게 되는 뜻 깊은 일이라 아니 할 수 없습니다.

더욱이 그 첫 과정이 독점금지법이었다는 것은 매우 시의적절하다 할 수 있습니다. 다 아시다시피 시장경제체제가 정상적으로 기능을 발휘하기 위해서는 모든 부당한 경쟁 제한적 행위를 철폐하고 금지해야만 하며, 공정한 경쟁의 장을 마련해 주어야 합니다. 이는 비단 경제학적 관점에서 이론적 기초의 문제에 불과한 것이 아니며, 보다 근본적으로 사회가 가져야 할 최소한도의 합리성과 민주화라는 함의를 가진 이념의 문제이기도 한 것입니다. 이러한 목적을 달성하는 데 있어 가장 중요한 법적 수단으로서의 독점금지법의 중요성은 우리 경제가 발전함에 따라 날마다 커지고 있으며, 이는 아무리 강조해도 지나치지 않습니다. 특히 우리나라와 같이 내부적으로는 재벌중심의 경제구조를 가지고 있으면서도 세계화의 물결에 거세게 휩쓸려, 세계 속에서 생존의 장을 찾아야 하는 경우에는, 이런 자유경쟁이라는 법칙은 피할 수 없는 운명과도 같은 것입니다.

서울대학교 법학연구소는 이러한 우리나라의 필요성을 인식하여 아주 시의적절하게 공정거래법 연구과정을 마련하여 운영한 끝에, 마침내 오늘 이처럼 결실의 날을 맞이하게 되었으니, 그 동안 이호정 소장님과 직원들, 그리고 권오

승 교수와 바쁘신 중에서도 강의를 맡아 주신 강사님들 등 여러분의 노고에 진심으로 경의를 표하는 바입니다.

이제 오늘의 수료생 여러분들은 독점금지법 분야의 최고의 전문가들로서, 이곳에서 배운 지식을 바탕으로 사회 각계에서 공정한 거래질서 확립에 크게 기여 해 주실 것을 기대해 마지않습니다. 아울러 오늘의 성취에 만족하지 마시고 앞으로도 더욱 더 정진하시어, 우리 법조계를 세계적인 수준으로 이끌어 가는데 일익을 담당해 주시기를 감히 부탁드리면서, 이상으로 축하의 말씀에 갈음하고자 합니다. 감사합니다.(호암교수회관 컨벤션센터, 1996. 7. 6.)

(20) 서울대학교 법학연구소 전문분야연구과정 제2기 지적재산권법 코스 입학식 학장 축사

이호정 법학연구소 소장님, 정해주 특허청장님, 그리고 내외 귀빈 여러분, 오늘 이 뜻깊은 자리, 서울대학교 법학연구소 전문분야 법학 연구과정 제2기, 지적재산권법 코스 입학식에서, 여러분의 새로운 도전을 축하드리게 되어 무척 기쁘게 생각합니다.

다 아시는 바와 같이, 지금 우리는 대내외적인 급격한 변혁을 겪으며 매우 절박한 자기 개혁의 好機를 맞고 있습니다. 이런 상황에서 기존의 법률 교육이 커버하지 못하는 전문적인 분야에 대해, 이미 상당한 소양을 갖추신 여러분과 같은 전문가가 모여서 더욱 수준 높은 공부를 하신다는 것은, 그 자체로 우리 법학을 질적으로 향상시켜 경쟁력을 높이는 일이며, 그만큼 우리 국민에게 양질의 서비스를 제공할 수 있게 되는 뜻깊은 일이라 아니 할 수 없습니다.

더욱이 근래에 들어 '文化産業'이라는 용어가 쓰이면서 일반 국민들에게조차 비상한 관심의 대상이 되고 있다는 점에서 지적재산권법이 개설된 것은 매우 시의적절한 것으로 생각됩니다. 우리 시장은 이제 세계 10대 교역국 가운데 하나로 성장했으며, 그에 상응하는 문화적인 소비력을 갖추었지만 문화적인 생산력은 아직 부족한 상태에서, 미국을 위시한 문화산업의 선진국으로부터 개방 압력에 시달리고 있습니다. 이에 효과적으로 대처하여 우리 문화산업을 발전시키기 위해서는 지적재산권법이라는 표준적인 틀이 꼭 필요합니다. 지적재산권이라는 개념은 원래 대중이 향유(Public domain)해야 할 것을 개인의 재산(Property)으로 한다는 점에서 일종의 독점의 성격을 띤 것이지만, 그러기에 오히려 공정경쟁을 해하지 않고 이와 조화되는 방향으로 연구될 수 있기 때문입니다.

또한 1990년대에 들어 세계경제는 情報革命이라는 새로운 차원의 경쟁에 진입하게 되었습니다. 이제 종전의 1차산업, 2차산업, 3차산업의 개념과 같은 전통적인 경제학이론은 무의미해질 것이고, 이 정보혁명에 어떻게 대응하느냐에 따라 새로운 경제이론이 등장하고 21세기의 국가 서열이 재편성되리라는 점에 많은 사람들이 동의하고 있습니다. 우리나라와 같이 자연자원이 부족하고 인적자원이 풍부한 나라에게 정보혁명은 오히려 도약의 적기이며, 법학 분야에서는 지적재산권법이 정보혁명과 관련해 가장 큰 역할을 수행할 것입니다.

또한, 우리가 늘 주목해야 할 과학기술의 측면에서 기술의 개발에 못지않게, 그것의 적극적인 활용과 정당한 보호가 조화를 이루는 풍토를 조성하는 일이 중요한 것인데, 이야말로 지적재산권법의 소임이라 할 것입니다.

이제 오늘의 입학생 여러분들은 이런 시대적 과제에 부합하도록, 지적재산권법 분야의 국내 최고 수준의 강의가 될 본 과정으로부터 많은 것을 배우고 서로의 경험을 주고받으면서 모쪼록 소기의 성과를 이루시기를 기원하면서, 이상으로 축하의 말씀에 갈음하고자 합니다. 감사합니다.(호암교수회관 컨벤션센타, 1996. 8. 26.)

(21) 서울대학교 법학연구소 전문분야연구과정 제2기 지적재산권법 코스 수료식 학장 축사

李好珽 법학연구소 소장님, 鄭海溎 특허청장님, 그리고 내외 귀빈 여러분, 오늘 이 뜻깊은 서울대학교 법학연구소 전문분야 법학 연구과정 제2기 지적재산권법 코스 수료식에서 여러분의 새로운 성취를 축하드리게 되어 대단히 기쁘게 생각합니다.

모두 아시는 바와 같이, 지금 우리는 세계화에 따른 대내외적인 급격한 변혁 속에서 무한경쟁을 하고 이를 이겨내야 할 도전에 직면해 있습니다. 세계적인 경쟁에서 필승하기 위해서는 각자 자기분야에서 실력을 기르는 것이 급선무입니다. 여러분께서는 이미 상당한 전문지식을 가지고 계심에도 불구하고 이러한 세계화의 물결속에서는 실력이 곧 무기라는 정확한 인식하에 주경야독의 어려움을 무릅쓰고 서로 모여서 기존의 법률교육이 커버하지 못하는 전문적인 분야에 대해 더욱 수준 높은 연구를 하셨다는 것은 참으로 뜻깊고 장한 일이라고 생각합니다. 여러분들은 지적재산권과정에서 연구하신 것을 토대로 앞서 말씀드린 국내외의 도전을 오히려 기회로 삼아 이 나라의 낙후된 지적 재산권분야의 선도자가 되실 것을 믿어 의심치 않습니다.

저는 4개월 전 이 자리에서 미래는 과학기술로 승부하는 시대가 됨은 물론 소위 각종 文化産業이 각광받는 시대가 도래할 것이므로 이에 대비하는 우리 모두의 노력을 촉구한 바 있습니다. 또한 문화적인 생산력이 부족한 우리의 현실에서 미국을 위시한 문화산업의 선진국으로부터 밀어닥치는 개방 압력에 대한 대처, 情報革命으로부터 야기되는 새로운 차원의 경쟁, 그리고 과학기술의 적극적인 활용과 정당한 보호가 조화를 이루는 풍토 조성이라는 세 가지 시대적 과제하에서 지적재산권이 얼마나 중요한 분야인가를 말씀드린 적이 있습니다. 서울대학교 법학연구소가 이러한 시대적 사명을 인식하여 지적재산권법 연구 과정을 개설한 것이 엊그제 같은 데, 마침내 오늘 이처럼 제 2 기 수료식을 갖게 되었으니 이 같은 결실을 어찌 기뻐하고 축하하지 아니할 수 있겠습니까. 그 동안 이호정 소장님과 丁相朝 교수님을 비롯한 연구소 직원들, 그리고 바쁘신 중에서도 강의를 맡아 주신 강사님들의 노고에 진심으로 경의를 표하는 바입니다.

더욱이 여러분의 수료식이 근대법학교육 백주년기념관이라고 하는 우리나라 법학교육의 상징적인 조형물의 개관식에 때를 맞추고 있어 저로서는 더욱 감회가 새롭습니다. 이 백주년기념관은 학교와 동문이 손잡고 이룩한 훌륭한 하드웨어일 뿐만 아니라 기존의 법학강의동, 법학연구동, 그리고 법률도서관과 함께 관악캠퍼스 내 Law Town을 완결짓는 의미가 있습니다. 이곳은 법과대학과 법학연구소가 손잡고 앞으로 우리나라 법학발전을 선도할 터전이 될 것이므로 여러분들께서는 전문분야 연구과정을 수료하신 후에도 항상 전폭적인 관심과 지원을 해주실 것을 부탁드리고자 합니다.

끝으로 비록 오늘 수료하셨다고 하더라도 오늘의 성취에 만족하지 마시고 앞으로도 더욱 정진하시어서 과학기술진흥과 문예학술창달에 큰 공헌을 하시고 우리 법조계를 세계적인 수준으로 이끌어 가는데 일익을 담당해 주시기를 감히 부탁드리면서 이상으로 축하의 말씀에 갈음하고자 합니다. 감사합니다.(호암교수회관 컨벤션센터, 1996. 12. 21.)

2. 뉴욕대 석좌교수

(1) 한국인, 오늘의 초상－송상현 뉴욕대 석좌교수

"우리 法 이해시키는 게 일회성 로비보다 효과적"

지난 2월 12일 저녁 8시쯤 미국 뉴욕시 뉴욕대 캠퍼스 한켠에 자리잡고 있는 스노우 다이닝룸. 화려한 샹들리에 불빛의 80여 평 만찬장에는 존 섹스톤 법대 학장, 이 학교 부총장, 뉴욕시 판·검사, 변호사 등 내외빈 1백여 명이 자리를 함께 했다. 이날 모임의 목적은 이 학교가 올해 처음 제정한 「세계 최고 저명 법학자 25명」(The 25 Most Distinguished Professors of Law in the World) 가운데 첫 수상자를 선정하는 것.

이 행사는 하이테크 전자부품 생산업체인 레너트사 회장 레너트씨가 이 대학에 1백50만 달러를 기증해 설립한 「잉게 레너트 석좌교수」직을 뽑는 자리이기도 했다. 총 2백50만 달러(95년에 1백만 달러 추가) 규모로 운영되는 이 석좌교수직은 선정된 학자에게 아무 조건없이 자신이 원하는 법학 연구를 평생토록 할 수 있도록 지원하는 파격적인 혜택을 부여, 교수라면 누구나 자신의 학문적 업적을 걸고 탐내는 자리였다.

이날의 영광은 키 1백80㎝, 몸무게 75㎏의 후리후리한 체구의 동양인 몫이었다. 주인공은 한국의 宋相現교수(53). 지난 72년부터 서울대 법대 교수로 재직하고 있는 그가 한국인으로선 드물게 외국 유명대학이 마련한 석좌교수직에 오른 것이다. 한국학계에서는 불모지나 다름없었던 세계 「학문 올림픽」 그것도 법학 올림픽에서 그는 당당히 「금메달」을 따낸 셈이다. 이번 선정은 무엇보다 전 세계 70여개국 3천여 명의 저명 법학 교수들 가운데 선두를 차지했다는 점에서 법학계와 국내 학계 전체에 일대 경사로 받아들여지고 있다.

학교측이 밝힌 구체적인 선정 경위를 보면 송교수 선정에는 몇 배 이상의 의미가 담겨 있는 것임을 알 수 있다. 로버트 제닝스 국제사법재판소(ICJ)소장, 부트로스 갈리 전 UN사무총장, 드워킨 옥스퍼드대 법학교수 같은 세계적 법학 권위자 7명이 후보자들의 학문적 업적, 해당국의 법학 수준 등 심사를 맡아 최대한 객관성을 갖췄다. 또 송교수에 이어 2, 3번으로 뽑힌 학자들도 일본 교토대 다니구치(60·谷口·민사소송)교수, 대만 국학연구소 張偉人교수(중국 법제사), 이스라엘 매너킴 전대법원장 등 해당 분야에 관한 한 세계적 권위자들이라는 점이 이를 뒷받침한다.

최근 미국에서 귀국한 송교수는 「같은 아시아권 대국인 중국, 인도네시아 등에는 학문 수준이 미달이라는 이유로 한 명도 선정되지 않았는데 비해 한국인으로서 본인이 영예를 안은 것은 한국 법학이 세계적으로 인정받았음을 뜻한다」고 말했다. 그는 또 「굳이 본인이 선정된 이유를 따져 본다면 그동안 한국법의 국제화 활동 노력이 반영된 것 같다」고 덧붙였다.

뉴욕타임스, 유에스 뉴스 앤드 월드 리포트지 같은 미국 현지 언론매체로부터 석좌교수 선정과 관련, 집중취재를 받기도 했다는 송교수는 한국법의 국제화에 관해 누구에게도 뒤지지 않는 확고한 신념을 갖고 있다. 그의 소신은 한국법의 미국 진출을 강조하는 데서 특히 두드러진다.

「미국은 80만 명을 훨씬 넘는 법률가가 있고 매년 수만 명이 새로 변호사가 되는 「法治(Rule of Law)」의 나라입니다. 정치, 외교, 경제를 장악하고 있는 것도 사실은 이들 법률가들이지요. 따라서 이 나라의 여론 주도계층을 우리에게 유리한 방향으로 이끌려면 일회적인 로비스트나 막연한 한국학 지원보다는 유능한 법률가의 양성과 지원이 긴요합니다.」

예컨대 미국내 일류대학 법대에 한국법 강좌를 개설해 교육시키고 관리한다면 한국법을 공부한 이들 우수한 학생들이 미국 사회 중심부에 진출, 자연스레 친한국그룹을 형성해 상호 이해관계 조정 등이 한결 부드러워진다는 것이다. 그는 「일본이 미국과 숱한 무역마찰을 벌이면서도 통상제재를 거의 받지 않고 있는 것은 70년 하버드대에 미쓰비시그룹의 일본법 석좌교수(1백만달러)제를 시작으로 컬럼비아, 조지타운대 같은 명문대에 10여 개 정도 법학석좌교수제를 운영, 친일본계 법률가를 양성하는 우회전략이 성공했기 때문」이라고 분석했다.

사활적인 이해가 걸려 있는 미국을 공략하거나 우리의 생존책을 적극 도모하기 위해서는 미국 일류법대에 한국법 관련 석좌교수제를 마련하는 식의 과감한 「국제화」 추진이 첩경이라는 얘기다. 그러나 송교수를 「말」만 앞세우는 평범한 학자쯤으로 생각한다면 잘못이다. 그는 지난 83년 1천2백쪽 분량의 「한국법제도입문(Introduction to the law & legal system of Korea)」이란 책을 냈다. 78년 미국 하버드 법대 방문 연구원 자격으로 있을 때 당시 영어로 된 한국법 교재가 전무한 데 충격을 받아 귀국 후 4년간 심혈을 기울여 만든 이 책은 현재까지 국내외를 통틀어 유일한 한국법 소개 영문 서적이다.

이 뿐이 아니다. 그는 지난 91년 한국 교수로는 처음 하버드대 법대에서 한 학기간 한국법을 정식 강의했으며, 그 이후 홀수 해마다 하버드에서 강의를 맡고 있다. 90년부터 짝수 해에는 호주 멜버른대학 법대에서 한국법 강좌를 열고 있으며 올해 들어서는 뉴욕대와 뉴질랜드 웰링턴대학으로 개설강좌를 늘렸다. 한국과 학기제가 다른 점에 착안, 국내의 여름 또는 겨울방학 기간만을 이용하기 때문에 학교 강의에는 절대 지장이 없도록 신경쓰고 있다고 한다.

「뉴욕대에서의 69명을 비롯해 하버드대, 멜버른대에서 수강생이 25-70명에 이르는 등 의외로 강좌에 대한 반응은 상당히 좋습니다. 아마도 경제성장과 민주화를 동시에 이룬 나라로서 한국의 잠재력을 높이 평가하는 데서 오는 결과가 아닌가 생각합니다.」

송교수는 「최근 미국 컬럼비아대, 조지타운대, 워싱턴대학에서도 강의요청이 왔었다」고 했다. 그는 한때 인도네시아(85년), 파키스탄(86년) 정부 법률고문으로 컴퓨터소프트웨어 보호법률안과 외국 기술특허도입법을 자문해 국제적 명성을 떨치기도 했다. 한마디로 그는 국내에서보다 해외에서 더 명성과 실력을 인정받고 있는 사람이다.

그는 이번 석좌교수 임명과 관련해서도 「뉴욕대가 대학 전체 차원에서 「글로벌 로스쿨(Global Law School)」을 지향해 만든 제도인만큼 법제사, 친족·상속법 같은 한국 고유의 법학이론과 전통을 미국에 적극 소개할 계획」이라고 말했다.

1941년 서울 출신인 그는 해방 직후 한민당 초대 당수를 지낸 古下 宋鎭禹선생의 외동 손자이다. 독립운동가 집안 특유의 절제되고 엄한 분위기 속에서 어린 시절을 보낸 그는 59년 경기고를 거쳐 서울대 법대에 차석으로 입학하면서부터 두각을 나타내기 시작했다. 대학 2학년 4·19 때는 경무대까지 가는 가두시위에 뛰어들기도 했다. 그러다 그는 대학 4학년 때 고등고시 사법(16회), 행정(14회) 양과를 단숨에 통과했다.

「꼭 판·검사를 하겠다고 생각해서가 아니었지요. 일제때 고등문관시험에 합격한 사람들이 동포들에게 군림하는 것이 못마땅해 시험에는 부정적이었지만, 5·16 이후 학교가 휴교하는 바람에 대학생활을 허송세월하지 않을까 하는 노파심에 시작했지요.」

그는 군법무관 근무를 마친 다음 당시로선 드물게 출세길이 보장된 행정부 사법부 근무를 마다하고 미국 유학길에 올랐다. 「국제해상법」 관련 논문으로 3년만인 70년 코넬대학에서 법학박사 학위를 딴 그는 4백여 명 규모의 뉴욕 월스트리트 소재 대형합동법률사무소에서 2년간 변호사 생활을 하기도 했다. 그는 이 기간에 대해 「총각으로서 원없이 공부했고, 원없이 선진국 문물과 법률세계를 경험한 값진 시절이었다」고 말했다.

72년 귀국한 그는 곧바로 학자의 길을 선택, 모교 조교수로 부임했다. 「자유롭게 사색하고 창의적인 교수직이 더 나을 것」이라는 장인의 충고가 큰 힘이 됐다고 한다. 겉으로는 평범한 교수 신분이지만 그는 여러 가지 측면에서 여느 교수들과는 다른 점이 많다. 단적인 예로 그는 십수년째 새벽 5시 30분쯤 일어나 밤 12시 취침하는 팽팽한 일과를 보낸다. 학교 강의, 연구, 세미나 참석, 학생지도 이외에도 그를 필요로 하는 곳이 너무도 많기 때문이다.

한국지적소유권학회, 국제거래법학회, 민사판례연구회, 한국대학골프연맹, 한국골프학회, 코넬대학 동창회 등 그가 「수장」(首長)으로 있는 단체만도 7, 8개가 된다. 또 세계은행 투자분쟁중재센터 중재인, 한국증권거래소, 한국법제연구원, 해운사업연구원, 한국골프협회(이상 이사급), 유니세프 법률가클럽 부회장, 대한상사중재원 중재위원 등 10여 개 단체에도 여러 가지 자격으로 관여하고 있다.

「모든 단체에 다 열심히 참여하지는 못합니다. 조용한 연구시간을 확보하기 위해 한 개라도 더 감투 굴레에서 벗어나려고 발버둥치고 있지만, 주위에서 놓아주지 않고 있습니다. 중립적인 교수직이 만만하기도 하고, 제가 사적인 욕심을 내지 않는 것도 작용하는 것 같아요.」

자신의 희망과 상관없이 외부에서 그만큼 감투주문이 많다는 것은 역설적으로 송교수가 강단에서 뿐 아니라 관리자, 조언자로서도 출중한 능력을 지니고 있음을 보여주는 대목이다. 그는 대외활동으로 인한 시간 손실을 보충하기 위해 지독할 정도로 철저하게 자신을 관리하고 있다. 89년부터 미국 컴팩사의 386급 노트북 PC를 들고 다니고 있으며, 강의안 · 저술 준비 · 학술정보 데이터베이스 축적 등을 위해 자택에 컴퓨터 3대를 설치해 두고 있을 정도다.

그는 「아이디어가 떠오르면 승용차 안에서는 물론 잠을 자다가도 일어나 컴퓨터에 입력시키곤 한다」며 「집에서 조금이라도 더 연구하기 위해 TV는 일체 보지 않는다」고 했다. 작년부터 주 3일 법대 강의를 매일 오전 8시 30분부터 11시까지 1백50분 연속강의로 하며 신문, 잡지 등에 기고를 최대한 삼가는 것도 같은 이유에서다.

판례 민사소송법(76년), 지적소유권법전(89년) 같은 굵직굵직한 저서 6권을 갖고 있는 그는 요즘 3천쪽 분량의 한국법 관련 영문서적 개정판 출간 마무리

작업을 서두르고 있다. 송교수는 여러 단체 가운데 자신이 86년 창립, 회원 3백 명으로 출발해 현재 1천 명 규모로 성장한 한국지적소유권학회에 가장 애착이 간다고 했다.

「21세기는 지식, 서비스 등 무형재산을 놓고 국가간, 집단간 치열한 경쟁이 펼쳐지는 知力전쟁 시대가 될 것입니다. 독창적인 국내외 지적재산권을 정당하고 합리적으로 보호하기 위한 세부적인 법개념 마련을 서둘러야 할 것입니다.」

송교수는 金相浹 전 국무총리의 맏사위. 그는 71년 김 전총리의 장녀인 金明信여사(48)와 결혼, 현재 在爀(서울대 국제경제학과 4년), 有鎭(이화여대 사회학과 2년) 등 1남 1녀를 두고 있다. 그는 「법대 진학, 미국 유학 후 진로 결정과정에서나 학자로서의 생활 태도 등 인생 전반에 걸쳐 장인으로부터 배우는 바가 많다」고 했다. 그는 또 「祖父 때부터 내려온 「돈과 여자문제에 깨끗하라, 남을 칭찬하라」는 가훈이 어린 시절 가치관 형성과 이후 생활의 정신적 지주가 되고 있다」고 밝혔다.

경기고(55회), 서울대 법대, 고시 양과 합격을 거치면서 그의 주변에 자연스럽게 포진한 「황금 인맥」도 관심을 끈다. 고교 동기인 金喆壽 상공장관, 吳隣煥 공보처장관, 金斗喜 법무장관, 玄鴻柱 전 주미대사, 具昌林 민자당 의원, 朴容晟 두산그룹 부회장, 郭秀一 서울대 교수, 金有厚 전 청와대 사정수석을 비롯, 그는 政·財·法曹·학계 등 한국사회의 파워엘리트들과 직간접으로 연결돼 있다.

그는 이 같은 안팎의 화려함과는 대조적으로 실상은 겸손함과 소탈함 그 자체이다. 사회과학 분야 교수들에게 흔히 있을 법한 정·관계 등 다른 분야로의 「外道」에 대해서도 그는 생각한 적도 없고 일고의 가치도 없는 것이라고 잘라 말했다. 그는 구속받지 않고 자유롭게 창의성을 살릴 수 있으며 천하 영재를 가르치고 교육시킨다는 즐거움이 있고, 전문지식을 갖고 다방면에서 국가 사회에 봉사할 수 있다는 세 가지 이유에서 교수직이야말로 최고 직업이라고 강조했다.

「앞으로 세계적으로 길이 남을만한 명저를 남기는 데 진력할 작정입니다. 한국법학의 세계화와 국제경제 관련 법 연구에 관심을 집중, 그 성과로 다시한번 평가받고 싶을 따름입니다.」

지난 정초에는 5백여 명의 후학·제자들이 자택에 몰려올 만큼 후덕한 것으로 소문난 송교수지만 안경 너머로 상대방을 바라보는 눈매만큼은 보통사람보다 한결 매섭게 느껴졌다.(주간조선 제1297호, 조선일보사, 74-76면, 1994. 3.)

(2) 서울대 동창회보 기사-송상현 뉴욕대 석좌교수

법대 사법학과 宋相現 교수(1963년 법대졸)는 미국 뉴욕법대가 선정한 '세계에서 가장 뛰어난 법학자 25인' 중의 한사람에 선정되었으며, 1994. 2. 12. 뉴욕대로부터 Inge Rennert Distinguished Professor of Law 라는 명칭의 석좌교수로 추대되었다. 송교수는 이후 일생동안 아무 조건없이 전세계적으로 한국법학의 진흥을 위한 연구와 강의 및 자문을 하게 된다.

뉴욕대 법대는 자신을 세계 초일류대학으로 육성하기 위한 계획의 하나로서 전세계적으로 가장 우수한 법학교수 25인을 선정하여 이들을 자기네 대학에 임명하는 계획을 추진하여왔다. 선정방식은 세계적으로 지도적 위치에 있는 학자와 실무가들, 예컨대 국제사법재판소장, 유엔 사무총장, 세계은행 총재, 옥스포드대의 Ronald Dworkin교수 등으로서 선발심사위원회를 구성하였고, 심사기준은 본인의 학문적 업적을 심사하되, 출신국가의 중요성과 국내법체계(영미법계, 독법계, 불법계, 사회주의 법계, 유태법계, 이슬람법계 등)를 고려하기로 하였으며, 출신국가의 비중이 큰 경우라고 하더라도 그 나라의 법학의 학문수준이 미흡하면 과감하게 보류하기로 하였다. 개인적 신청을 접수하지 아니하고 심사위원회가 뉴욕대학의 도움을 얻어 확보한 전세계 70여 개국의 3천여 명의 자료를 검토한 결과 가장 먼저 선정된 학자가 송상현 교수였고, 25명의 선발작업은 금년말까지 완료할 계획이라고 한다.

뉴욕대법대는 이처럼 선발된 25인의 학자를 모두 궁극적으로 석좌교수에 추대할 계획인데, 가장 먼저 기부를 받아 창설된 Inge Rennert Distinguished Professor of Law에 추대된 것이다. Rennert 씨는 뉴욕시내 브룩클린 에서 출생하여 그곳에서 대학을 졸업하고, RennCo.라는 설립하여 제조업 및 도매업을 하는 약 20억 달러의 자산가로서 법을 통한 세계평화라는 취지에 공감하고 자본주의 사회의 시장경제체제하에서 법이 부여하는 안정성과 예측가능성의 중요성을 깊이 인식한 나머지 석좌교수창설기금을 기부하게 되었다고 석좌교수 수여기념만찬에서 말한 바 있다. 그리고 석좌교수의 명칭에 자기자신보다 부인의 이름을 붙이게 된 것은 독일출신 부인이 자신에게 세계적 감각과 다양한 민족간의 평화적 삶의 중요성에 대한 안목을 갖게 해준 것을 감사하는 뜻이라고 하였다.

Rennert부인은 아무도 당해본 사람이 아니면 분단국가의 고통과 슬픔과 분노를 제대로 이해할 수 없는데 마침 자기 이름이 붙은 석좌교수가 지구상 하나 남은 분단국가에서 온 저명한 법학자에게 수여되어 이중으로 뜻깊게 생각한다고 하였다.

본인의 소감으로서는 우선 한국인으로서 국제적으로 처음 받은 이 영예를 한국법학의 수준이 세계적으로 인정받았다는 뜻으로 받아들이고 싶다. 왜냐하면 심사 중 아시아의 대국인 중국, 인도네시아, 베트남 등은 학문수준이 아직 미달이라고 하여 선정이 보류되었기 때문이다. 그리고 UR타결 이후 급속한 세계화가 진행되는 과정에서 법학의 이론이나 실무도 국경을 넘어서 범세계적으로 활용됨으로써 궁극적으로 국제사회에서의 법의 지배를 달성하는데 미력이나마 기여를 해야 한다는 각오를 가지고 있다.(1994)

(3) 뉴욕대 법대 석좌교수추대 축하연 答辭

지난 2월 중에 변변치 못한 제가 미국 뉴욕대학에서 주관하여 선정한 "세계에서 가장 뛰어난 法學者 25人" 중의 하나로 선정되었고 이를 계기로 그 대학으로부터 "Inge Rennert Distinguished Professor of Law"라는 명칭의 碩座教授로 추대된 데에 대하여 오늘 공사다망하신 중에도 이처럼 오셔서 축하해주시고 과분한 후의를 베풀어주신 동문, 후배, 그리고 졸업생 여러분께 머리숙여 감사의 말씀을 드립니다.

사실 저는 이번 봄 학기에 맞추어 귀국한 후에도 이번 일이 저자신의 개인 신상에 관한 일이고 우리나라에서 석좌교수의 개념도 잘 알려져 있지 아니하므로 일체 말하지 아니하였습니다. 그러나 제가 봉직하고 있는 직장의 상사께는 보고를 드리는 것이 제 도리일 것으로 생각되어 서울대 총장님께 사전에 말씀을 드린 바 있습니다. 그 자리에서 김종운 총장님께서 이 사실을 "서울대 소식"이라고 하는 교직원용 격주간 뉴스레터에 게재하도록 담당직원에게 지시하셨습니다. 이 조그마한 기사가 빌미가 되어 도하 각 신문 방송사들이 다투어 보도를 한 것입니다. 그 과정에서 문화일보와 한국일보, 그리고 주간조선을 제외한 다른 언론사들은 저와 인터뷰한 바가 없이 보도를 한 관계로 그 내용이 정확하지 못하고 구구하여 퍽 송구스럽습니다. 더군다나 저와 사제관계에 있는 몇분이 축하연을 준비하겠다고 연락이 왔을 때 제가 극력 만류하였음에도 불구하고 저와는 상의없이 이처럼 좋은 장소에서 이처럼 성대한 잔치를 베풀어주시고 바쁘신 가운데에서도 이처럼 모두 오셔서 축하해주시니 저로서는 분에 넘치는 영광이지만 몸둘 바를 모르겠습니다.

저로서는 이번의 경우가 저 자신에 대한 영예라기보다는 한국의 법학수준이 국제적으로 인정받았다는 뜻으로 받아들이면서 앞으로 더욱 우리나라의 법학의 발전과 법률문화의 창달, 그리고 국제화시대에 우리나라의 위상을 높이는 데에 힘쓸 것을 이 자리를 빌어 다짐하겠습니다.

저에게 더욱 정진하도록 격려해주신 데 대하여 거듭 감사드리며 여러분 모두가 건강하시고 하시고자 하는 일이 모두 성취되시기를 바랍니다.(신라호텔 영빈관, 1994. 4. 14.)

(4) 北, 98년부터 자본주의法 공부

뉴욕대교수 북경초빙 관료·교수들 교육시켜

북한의 통상담당 관리들과 대학 교수, 협동농장 간부 등이 98년부터 상법과 증권거래법 외자도입법 등 자본주의법제(法制)를 공부하고 있는 것으로 밝혀졌다.

이는 북한이 이미 오래전부터 대외개방과 교류에 대비해 왔다는 사실을 보여주는 것이어서 주목된다.

18일 미국 뉴욕대(NYU) 법과대학원(로스쿨) 석좌교수인 서울대 법대 송상현(宋相現) 교수에 따르면 북한은 98년부터 중국 베이징(北京)대에 자본주의 법제 강좌를 마련해놓고 뉴욕대 로스쿨의 코헨교수를 초빙, 관료들과 대학 교수 등에게 학습을 시켜왔다는 것이다.

송교수는 "코헨교수는 98년 12월과 지난해 12월 두 차례에 걸쳐 한달간씩 중국에 가서 북한 관리 등을 상대로 자본주의 통상법과 외자도입 관련 법률 등을 강의했다"고 밝히고 "올해에도 강의가 계속될 것"이라고 전했다.

코헨교수의 강의를 듣는 북한측 수강생은 대외통상 업무부서에 근무하는 관리들과 김일성대학 교수 및 학생, 협동농장 간부, 남한의 산업자원부와 특허청 무역투자진흥공사에 해당하는 관청의 실무직원 등 30여 명이라고 송교수는 전했다.

송교수는 "이 강좌는 98년 북한의 유엔대표부 이근 차석대사가 코헨교수에게 요청해 이뤄졌으며 코헨교수는 자신의 제자인 뉴욕대 로스쿨 출신의 유모씨와 하버드대 로스쿨 출신의 이모박사 등과 함께 강의를 진행해 왔다"고 말했다.

북한측은 특히 코헨교수에게 남한의 회사법과 증권거래법 등에 대해서도 강의해 줄 것을 요청했다고 송교수는 전했다.

코헨교수는 곧 송교수를 이 차석대사에게 소개시켜주면서 송교수의 강의를 주선했으나 이차석대사는 당시 "남북한간에 본격적인 교류가 이뤄지지 않는 상태에서 남한 국립대학 교수로부터 강의를 듣는 것은 시기상조"라며 정중히 사양했다고 한다.

송교수는 "이 같은 사실을 지난달 1일 법의 날 기념식 행사 후 청와대측에 알려줬다"고 말했다.(동아일보 A25면, 2000. 6. 19) <이수형 기자>

3. 상훈관계

(1) 제34회 법의 날 기념식

제34회 법의 날 기념식이 1일 서울 서초동 사법연수원 대강당에서 윤관(尹錧) 대법원장, 김용준(金容俊) 헌법재판소장, 최상엽(崔相曄) 법무부장관, 김기수(金起秀) 검찰총장, 함정호(咸正鎬) 대한변협회장 등 법조계 관계자 600여 명이 참석한 가운데 열렸다.

기념식에서는 13명이 정부 훈·포장을 받는 등 모두 44명이 포상을 받았다.

◇훈장: 국민훈장 무궁화장 李宅珪변호사, 국민훈장 모란장 宋相現 서울대법대학장, 국민훈장 동백장 金榮冀 인천지방법무사회장, 국민훈장 목련장 安正熙 한국가정법률상담소 부소장, 국민훈장 석류장 李相澤 안양교도소 교화위원, 황조근정훈장 崔桓 대검총무부장, 홍조근정훈장 李東根 대구지검 경주지청장,

◇대통령표창: 李尙珍 한국갱생보호공단 부산지부장, 徐建雄 창원지검 밀양지청 사무과장, 李鍾明 국회법제사법위원회 부이사관

◇국무총리표창: 鄭沃均 법무사, 李星雨 안양교도소 교위, 金千壽 부산소년원 보도주사.(경향신문 15면, 1997. 5. 2.) <최재영 기자>

(2) 30회 한국법률문화상 수상 서울대 법대 송상현 교수

법조인도 세계화해야 경제난 극복에 도움

"경제난 극복을 위해서는 법조인들도 국제적인 안목으로 더 많은 노력을

기울여야 합니다."

대한변협(회장 함정호·咸正鎬)이 3일 제30회 한국법률문화상 수상자로 선정한 서울대 법대 송상현(宋相現·57) 교수는 한국의 경제난 극복에 대한 법조인들의 역할과 법조계의 세계화를 강조했다. 송교수는 "외국인들은 외국에 투자할 때 그 나라의 법률서비스 수준과 법치주의 확립여부, 사법부의 윤리성도 중요한 기준으로 삼는다"고 소개했다. 법조계의 세계화를 위해서는 법학교육을 개혁하고 젊은 법조인들을 외국에 내보내 전문가로 훈련하고 육성하는 일이 시급하다는 것이 그의 지론. 이번에 변협에서 상을 받게 된 것도 '한국 법학의 세계화'에 힘쓴 공로가 인정됐기 때문이다. 그는 유학을 마치고 모교 교수로 재직중이던 78년부터 겨울방학을 이용, 미국 하버드대를 비롯해 영국, 미국, 일본 등지의 10여 개 대학에서 한국법 관련 강의를 해왔다. 그는 "한국경제가 번창했을 때 외국학생들의 관심은 한국의 법이 민주주의와 경제발전에 미친 역할이 무엇이었느냐는 것이었다"며 "이제는 어떠한 법률개혁으로 지금의 위기를 극복하겠느냐는 것이므로 결국 법치의 확립으로 풀어가야 한다"고 강조했다.(동아일보 사람들 A8면, 1998. 8. 4) <신석호 기자>

(3) '한국법률문화상' 수상 송상현 서울대 법대 교수

한국법학의 세계전파 '기수'

지난 10일 대한변호사협회가 제정한 제30회 한국법률문화상을 수상한 서울대 법대 송상현(宋相現·56) 교수는 우리 법학계에서 '한국법학의 세계화'에 가장 큰 공헌을 한 학자로 통한다.

송교수는 지난 70년대 말부터 미국의 하버드, 컬럼비아와 일본 교토 등 외국의 명문 대학에서 '한국법' 강의를 개설해 한국법학을 전파하는데 앞장서 왔다. 초기에는 한국의 법제도를 영문으로 소개한 책자나 논문이 한 편도 없어서 강의교재를 만들기 위해 법학 관련 서적을 일일이 영어로 번역해야 했다.

"외국 학생들이 한국의 경제성장과 법의 연관성에 대해 무척 관심이 많았습니다. 그래서 강의를 개설할 때마다 많은 학생들이 몰려들었지요"

그는 최근 사회적 물의를 일으키고 있는 법조비리와 관련, "미국처럼 법조인들이 스스로 명예를 지키려는 풍토가 자리잡아야 법조비리가 없어진다"며 법조인의 자정의지를 강조했다.

송교수는 한국의 법무법인에서 근무하고 있는 미국 변호사들을 만나면 "변호사와 판사가 술자리를 함께하고 골프를 즐기는 등 개인적으로 너무 친하게 지내는 것에 대해 이해할 수 없다"는 말을 자주 듣게 된다며 "미국 판사들은 대학동창인 변호사와도 개인적인 접촉을 거의 하지 않는다"고 말했다.

그는 또 "잘못된 법조계 관행이 걱정이고 권력과 부(富)가 보장된다는 그릇된 전제하에 판사, 검사, 변호사가 되기 위해 법학도들이 너도나도 고시에만 몰린다면 이는 매우 가슴아픈 일"이라며 "법의 이론적 토대를 튼튼히 쌓는 작업에 유능한 인재들이 관심을 가져야 한다"고 말했다.

그는 건국 50주년을 맞아 오는 10월 열릴 예정인 '헌법제정 50주년기념 법학자대회' 준비위원장을 맡아 요즘 행사준비에 여념이 없다. 상법 및 민사소송법을 전공했으며 한국증권거래소 이사, 국제거래법학회 회장, 서울대 법학대학장 등을 역임했다.(국민일보 People-오늘의 얼굴, 1998. 8. 12.) <이춘재 기자>

(4) 대한변호사협회 제30회 한국법률문화상 수상자 인사말

존경하는 대한변호사협회 함정호 협회장님, 최경원 법무부차관님, 한국법률문화상 운영위원장 문인구 박사님, 한상범 한국법학교수회장님 그리고 대한변호사협회 회원과 이자리를 빛내주신 귀빈 여러분!

저는 오늘 이 자리에서 大韓辯護士協會가 제정하여 시행하는 제30회 韓國法律文化賞을 받게 된 것을 크나큰 영광으로 생각합니다. 우리나라 법조계에 큰 업적을 이룩하신 분이 많이 계심에도 불구하고, 개인적으로 연구가 부족하고 우리나라의 법률문화향상에 별로 기여한 바 없는 저에게 이처럼 유서깊고 의미있는 큰 상을 주시니 참으로 과분하다는 심정뿐입니다. 또한 제가 만일 법조인에게 최대의 영광인 이 상을 받을 만한 일을 했다면 이는 오로지 우리나라 법조계와 학계의 튼튼한 온축과 너그러운 가르침에 힘입은 것이라고 말씀드릴 수 있습니다.

우선 한국법률문화상을 저에게 시상해주신 대한변호사협회와 함정호 회장님, 심사의 노고를 아끼지 않으신 문인구 운영위원장님과 심사위원 여러분, 그리고 축사를 해주신 한국법학교수회장 한상범 교수님께 진심으로 감사의 말씀을 드립니다.

이 귀한 기회를 빌어서 제가 부족하나마 지금까지 근 30년간 서울대학에서 법학을 가르치고 동시에 미국을 비롯한 세계 주요국가에 한국법을 전파하면서 느낀 점을 대략 세 가지로 요약하여 감히 말씀드려볼까 합니다.

첫째, 근대 서양법의 계수이후 백년 남짓한 기간 동안을 잠시 회고해보면 초기에는 우리에게 서양법을 도입해준 일본의 법제도와 교육을 모방하면서 그야말로 日本法學의 精神的 外販員 노릇을 하였다 할 것입니다. 법학의 창의적 연구는 거의 이루어지지 아니한 채, 일본법률을 의용하고 일본판례에 따라서 재판을 하며 일본 학자들이 주장하는 견해를 경쟁적으로 소개하고 가담하는 형편이었습니다. 그나마 해방이 되자 일제가 물러가면서 남겨놓은 공백은 너무나도 컸고 오래 지속되었습니다. 그당시 저의 은사들께서 그 열악한 환경 속에서도 시대적 학문적 공백을 어렵게 메꾸어 가시면서 저희들을 열심히 가르치신 것은 참으로 눈물겨운 일이었습니다. 그분들은 나아가 繼受法의 原典인 독일법과 미군정 이후 특히 우리의 관심을 끌기 시작한 영미법의 원류를 탐구하기 시작하였으나 역시 일본법 의존과 일본문헌을 통한 서양법 연구를 크게 벗어나지 못하였습니다. 그후 본고장으로 유학하여 서양법학을 직접 본격적으로 배우고 연구한 세대가 등장하면서 상황은 변화하기 시작하였습니다. 그러한 세대에 속한다고 할 수 있는 저로서는 그때까지의 日本法에 대한 中毒을 끊고 서양법학을 직접 본고장에서 직수입하여 정확하게 전달하는 작업은 우선 할 수 있다고 생각했습니다. 그리고 비록 직수입법학을 가르치면서도 끊임없이 이를 한국실정에 맞게 응용하고 개선하는 일이 저같은 법학자의 時代的 使命이라고도 생각했었습니다. 현재 우리 법학의 현황은 총량면에서 풍부해졌으나 학문연구의 도구인 어학실력과 선진국의 문화적 배경에 대한 이해부족 및 법학인접 학문분야에 대한 지식기반의 취약함으로 인하여 질과 체계와 온축에 있어서는 양적 증가에 상응하는 발전을 했다고 보기 어렵지 않은가 생각됩니다. 그러나 저는 우리의 후속세대가 우리의 독자적인 법학체계를 완성하여 꽃피우는 날이 올 것을 믿어 의심치 않습니다.

둘째, 法의 支配가 국가통치와 기업경영의 근본이 되고 국민생활의 구석까지 확산되어야만 부패를 막고 절차적, 배분적 정의를 구현할 수 있으며 인권이 고루 보호될 수 있음은 다 아시는 바와 같습니다. 더 나아가서 한 국가내에서의 法治의 確立程度와 아울러 司法府의 獨立性과 健全性 여부는 이제는 국제적으로도 그 나라가 경제위기에 처했을 때 구제금융을 베푸는 기준이 되고 새로운 투자를 위한 가장 중요한 결정요인으로 떠올랐습니다. 왜냐 하면 법의 지배가 확립되어있는 나라이어야 매사가 예측가능하고 사법부가 윤리적으로 건전하고 독립적 기능을 발휘해야만 잘못의 신속한 시정과 정당한 보호를 기대할 수 있기 때문입니다. 따라서 상품과 사람과 자본의 이동을 수반하는 국제거래, 인권신장, 절차적 정의, 부패방지, 환경보호 등 제반 문제를 다룸에 있어서 汎法曹界의 健全性과 司法權의 獨立이 새삼 요구되고 있습니다. 이러한 과제는 우리 법조 가족 모두의 의식전환을 토대로 한 개혁과 상호 편달을 통하여서만 달성될 수 있고 국제사회의 기대를 충족할 수 있으리라고 생각합니다.

셋째, 世界化에 부응하는 법률가를 양성하기 위하여서는 법학교육의 內容上 多樣性과 專門性 및 創意性을 제고하여야 합니다. 국경을 초월하여 수행되는 각종 활동은 여러 상이한 법체계와 관련을 맺으면서 이루어지므로 세계화 시대의 법조인은 어느 한 나라의 법률가라기보다 국경을 초월하는 법률문제의 綜合的 解決士가 되는 것입니다. 마침내 법률가의 활동무대는 전세계로 옮겨졌고 국적과 관계없이 각국의 법률가들이 모두 경쟁적으로 나서서 문제해결에 임하고 보니 결국 각국 법률가들의 능력이 즉각 현장에서 비교 검증을 받게 됩니다. 이는 마치 미스 유니버스 선발대회와 같은 미인선발을 위한 경쟁이 세계무대에서 항상 계속되고 있는 것에 비유할 수 있을 것입니다. 우리는 세계법률무대를 이끌어갈 우수한 법률 유니버스를 다수 양성해야 하므로 법조계 모두의 중지를 모아 바로 法學敎育의 改革에 착수하여야 합니다.

법학교육은 어느 경우에나 국내법 각 분야에 대한 착실한 교육을 하면서도 시장경제에 맞는 전문적인 법체제의 개발을 게을리 하지 않으며, 빠르게 형성되어가고 있는 세계규범을 주목하고 대비해야 한다고 생각합니다. 세계규범은 유럽연합지침처럼 인위적 타협을 통하여 달성된 조화로운 결과일 수도 있고 또는 여러 법제의 경쟁을 통하여 승자를 중심으로 한 통합일 수도 있습니다. 지금 미국법이 전세계를 휩쓰는 기세로 보아 후자일 가능성도 배제할 수 없음을 직시해야 합니다. 또한 현재 고객이 소위 One Stop Shopping을 원한다고 하여 컨설팅 회사나 회계법인들이 법률가의 영역을 마구 침투해 들어오고 있습니다. 이러한 새로운 현상은 법률가들로 하여금 세계화 시대에 살아남기 위하여 필요한 專門性의 구비를 강요하는 뚜렷한 징후입니다. 따라서 법학교육은 법률가의 전문성을 강화하기 위한 교육체제로 시급히 전환하여야 합니다. 마지막으로 지금 정부는 규제혁파의 방향으로 나아가고 있습니다. 규제가 줄어들수록 민간의 주도로 그 공백을 메꾸어야 합니다. 창의적으로 주도하여 공백을 메꿀 민간부문은 바로 법률가들입니다. 따라서 앞으로 법률가를 양성하면서 創意性을 啓發하는 법학교육을 해야만 합니다. 미국 법률가는 자기네 사회에서 私益(Private

Interest)의 옹호자로서 적극적으로 활동하면서 그들의 창조적 아이디어를 종종 정책이나 계약에 반영합니다. 어느 변호사의 아이디어가 편리하고 유용함이 인정되면 그것이 관계, 경제계 또는 법조계의 실무에서 통용되다가 법원의 검증을 거쳐 하나의 제도로서 자리를 잡습니다. 미국의 정부계약법이나 국제금융법이나 회사법 분야의 제도들은 그와 같은 발전과정을 거쳐서 국제적으로도 널리 수용된 것이 많습니다. 물론 우리와 같은 대륙법계에서는 이미 성문법에 의한 틀이 짜여 있어서 여러가지 한계가 있습니다. 그럼에도 불구하고 왜 미국모델이 확산되고 있을까요? 제가 생각하기로는 그들은 법학교육을 개선하는 꾸준한 노력을 통하여 인간상호작용의 중시, 더많은 학제적 교육, 문화적으로 좀더 역동적이고 우수한 조정능력의 배양(복수관할에서의 훈련을 통하여), 법기능의 독립성을 지키면서도 정치와의 교감을 통하여 시대적 과제를 정확하게 인식하고 법률가의 행정, 사법 및 입법과정에서의 참여(프랭클린 루즈벨트 대통령 시절의 법률가의 참여가 좋은 예)를 권장하는 방향으로 법학교육을 이끌어왔기 때문입니다. 만일 우리가 미국이나 외국의 법을 모방하고 법제를 수입하여 참고하고자 하는 경우에는 그 문화적 근저와 倫理的 基準까지도 잘 살펴서 함께 다루면서 동시에 우리의 토양에 맞게 응용하여 접목하는 노력을 경주하여야 할 것입니다.

오늘 영예의 상을 주신데 대하여 다시한번 깊은 감사를 드리고, 저는 수상을 계기로 앞으로 법률문화발전에 미력이나마 더욱 힘쓸 것을 다짐하면서 인사의 말씀에 가름하고자 합니다.(인터콘티넨탈 호텔 2층 그랜드볼룸; 인권과 정의; 한국법학원보; 한국법학교수회보 게재, 1998. 8. 10. 17:30)

4. 회 갑 연

(1) 송상현 서울대 법대 교수 회갑기념 논문봉정식

법학 분야에서 세계적으로 권위를 인정받고 있는 서울대 법대 송상현(宋相現 · 왼쪽) 교수의 회갑기념 논문 봉정식이 13일 서울 신라호텔 다이너스티룸에서 법조계와 법학계 인사 등 500여 명이 참석한 가운데 열렸다.

고하 송진우(古下 宋鎭禹) 선생의 손자이기도 한 송 교수는 제16회 고등고시 사법과에 합격한 뒤 법조계로 나서지 않고 미국 코넬대에서 법학 박사학위를 받았으며 서울대 법대 학장과 서울대 '21세기 세계 속의 한국법의 발전' 교육연구단장, 세계지적소유권기구 중재위원회 자문위원을 지냈다. 송 교수는 특히 미국 하버드대와 플로리다대, 워싱턴대 법대, 호주 멜버른대, 뉴질랜드 웰링턴대, 컬럼비아대 등에서 한국법을 강의하는 등 한국법을 해외에 전파하였으며 그 공로를 인정받아 94년 3월 한국인으로는 처음으로 뉴욕대에서 석좌교수로 추대됐다. 한국백혈병어린이재단 이사장과 아름다운재단 이사, 유니세프 한국위원회 부회장으로 사회활동에도 열성적이다. 이날 봉정식을 위해 목영준(睦榮埈) 대구고법 부장판사를 비롯해 90여 명의 제자와 후배 학자들이 논문을 집필했으며 손지열(孫智烈) 대법관과 서울대 법대 김동희(金東熙) 학장 등이 행사에 참석했다. 손 대법관은 축사를 통해 "국내 법학계에서 가장 존경받는 대학자의 화갑을 축하하고 한국법학을 총정리하는 동시에 21세기의 민상사법의 미래를 조망하는 학문의 축제"라고 말했다.(동아일보, 2002. 1. 15.) <이수형 기자>

(2) 민사판례연구 제24집, 心堂 宋相現會長 華甲記念號

心堂 宋相現 先生님의 華甲紀念號에 붙여

올 한 해의 民事判例研究會의 研究業績을 收錄한 「民事判例研究」 第XXIV卷을 心堂 宋相現 선생님의 華甲紀念號로 發刊하게 되었음을 會員들과 더불어 매우 기쁘게 생각합니다.

선생님께서는 1962년 高等考試 行政科와 1963년 高等考試 司法科에 합격하신 후 코넬대학에서 법학박사 학위를 받으신 다음 후학 양성에 뜻을 두시어 1972년 서울대학교 법과대학 교수로 赴任하셨고, 이후 私法 전반에 걸쳐 珠玉같은 論文과 著書를 수없이 발표하시면서 學界와 實務界의 길잡이 역할을 하여 오셨습니다.

또한 선생님께서는 1991년에 郭潤直 初代 會長님의 뒤를 이어 民事判例研究會의 제 2 대 會長을 맡으셔서 지난 11년 동안 學問的 情熱과 高邁한 人品으로 民事判例研究會를 훌륭하게 이끌어 오셨습니다.

民事判例의 研究를 통한 法律文化의 向上을 위하여 設立된 民事判例研究會가 오늘날 우리나라의 私法學의 研究를 先導하고, 學界와 實務界가 함께 어우러지는 치열한 研究와 討論의 장으로 굳건히 자리매김하게 된 데에는, 선생님의 남다른 努力과 獻身이 있었음을 記憶하면서 깊은 感謝와 尊敬을 드립니다.

다시 한번 선생님의 華甲을 경하드리며 만수무강하시어 後進들에게 계속

指導와 鞭撻을 아끼지 않으시기를 바랍니다.

끝으로 2001년 한 해 동안에도 熱意를 가지고 硏究活動 및 討論에 참가해 주신 會員들과 책의 발간을 위하여 애써 주신 博英社 여러분에게도 감사를 드립니다.(2002. 1.)

2001년 12월
大法官 孫智烈

(3) 화갑논문 봉정식 답사

저는 오늘, 제가 살아온 한평생 동안 가장 분수에 넘치는 대접을 받는 자리에 서있다고 생각합니다. 우선 연초의 분주함 속에서도 친히 왕림하시어 자리를 빛내주신 교내외 여러 귀빈들께 깊은 감사의 말씀을 올립니다. 오래 전에 졸업생들 몇 분이 논문집 증정행사를 준비하고 있다는 말을 전해 듣고, 요즈음 회갑을 쇠는 사람도 없을 뿐만 아니라 제 스스로 돌아보아도 너무나 한 일이 없는 보잘 것 없는 존재이기에 이 행사를 여러 차례 사양했던 바가 있었습니다. 그런데 오늘 이처럼 과분한 자리에 서고 보니, 한편으로는 이 일을 기획하여 추진하고, 논문을 집필하는 등 정신적·물질적으로 성원을 해 준 제자들에게 무한한 감사의 마음을 금할 길 없고, 다른 한편으로는 그들에게 너무 송구하고 민망한 마음이 앞서기도 합니다.

이 자리를 빌어 한 두마디 소회를 말씀드리고자 지난 날을 회고해보니, 31년 전 제가 학문의 길로 들어선 후 오늘에 이르기까지 저를 앞에서 이끌어주시고 뒤에서 밀어주신 은사님, 선배님, 동료, 후배, 제자 등 수많은 고마운 얼굴들이 떠오릅니다. 제가, 무녀독남으로서 집안을 이끌어 갈 책임감에서, 국어학이나 국사학을 공부하겠다는 본래의 꿈을 접고 법학을 전공하였던 대학 시절, 저에게 따뜻한 가르침을 주신 여러 은사님들의 사랑을 잊을 수가 없습니다. 그 당시 세상은 학생의거와 군사쿠데타가 해마다 발생하는 등 혼란스럽기 그지없었고 우리의 생활수준은 참으로 어려웠지만, 기라성같은 교수님들로 구성된 서울법대는 실력과 낭만과 패기로 점철된 우리나라 법학발전의 중심처였습니다. 저는 동숭동 캠퍼스에서 은사님들의 학은을 흠뻑 받으면서 知的으로 성장하였고, 해외유학 후에는 참으로 운이 좋게도 모교 강단에 서게 되었습니다. 저를 가르쳐주셨던 은사님들과는 물론, 동기 및 후배교수들과 한 직장 내에서 생활하면서 학문적으로나 인간적으로 많은 깨우침과 도움을 받아 온 것은, 저에게 있어 과도한 행운과 축복이라고 믿어 마지않습니다. 이 기회를 빌어 제가 마음속에 깊이 간직하고 있었으나 평소에 표현하지 못했던 감사와 사랑의 마음을 은사님들과 학내외 여러 교수님들께 전하고자 합니다.

지난 30여 년간 저와 사제관계를 맺은 후 학계, 법조계, 정관계, 재계 및 각 민간부문으로 진출하여 두각을 나타내고 있는 졸업생들이 많이 계십니다. 또한 많은 후학들이 법학계와 법조실무계에 각각 종사하면서도 저와 함께 학회를 일으키고 서로 손잡아 산학협동과 국제협력에 힘을 보태고 계십니다. 이 분들은 나라의 힘이요, 학문발전의 원동력이자, 저의 가장 중요한 자산입니다. 저는 그분들과 학창시절부터 참으로 다양하게 뜻있고 보람된 인연을 맺어 왔고, 이러한 사제관계를 참으로 소중하고 자랑스럽게 간직하고 있습니다. 제자 여러분들의 한결같은 관심과 성원이 있었기에 제가 오늘의 이 자리에까지 올 수 있었습니다. 그 모든 분들에게 감사드리고, 특히 오늘의 귀한 자리를 마련하기 위하여 수준높은 글을 써주시고 온갖 수고를 감수하신 집필자 및 간행위원 여러분께 심심한 사의를 표합니다.

제가 30여년 전 학계에 입문하였을 때 우리의 학문풍토는 이루 말할 수 없을 정도로 척박하였습니다. 경제적인 어려움, 일제가 갑자기 물러간 후의 공백, 그리고 전쟁 후의 혼란 속에서 학문의 맥이 끊기지 않은 것이 신기할 정도였습니다. 놀랍게도 저의 은사들께서는, 독일이나 프랑스, 미국이나 영국의 원전에 직접 접해 볼 기회가 거의 없으셨으면서도 일제가 남긴 시대적·학문적 공백을 훌륭히 메꾸어 가고 계셨습니다. 그러나 저는 일본법학이 독일법 등 서양법학의 모방수준에 머물러 있음을 알게 되었고, 만일 우리가 일본법학을 계속 모방하는 방식으로 서양법학을 계수한다면 우리 법학은 숙명적으로 일본에 뒤떨어 질 수밖에 없다고 확신하게 되었습니다. 구미제국에 유학한 법학 제1세대로서 저는 오랫동안 이 점에 대하여 고민했습니다. 어떻게 하면 한국법학의 일본종속성을 벗어날 수 있을까? 내가 과연 학자로서 이런 종속성을 극복하고 한국법학을 한 단계 더 발전시키는데 의미있는 공헌을 할 수 있을까? 잠 못 이루는 밤도 많았고 학자적 양심에 가책되는 날도 없지 않았습니다. 그리하여 저는 우선, 우리 법학이 서구 선진국의 법학에 직접 접할 수 있는 길을 개척하여, 일본을 통한 이차적 계수의 악순환을 끊고, 일본과 동시에, 또는 그들보다 앞서서 본고장의 법학을 직수입하여 우리의 풍토에 알맞은 학문체계를 개발하고자 노력해 왔습니다. 그리고 여러 법학자들의 헌신적인 노력과 도움으로, 서구 선진국의 법학을 직접 경험할 수 있게 하자는 저의 소망은 어느 정도 결실을 맺었습니다. 이제 그 나머지 임무, 즉 우리의 독자적 법체계를 수립하는 중차대한 임무는 후학들에게 미루어야 할 것 같습니다.

한편 저는, 3면이 바다인 우리나라의 법학도로서 오래전부터, 바다를 무대로 전개되는 두 개의 다른 법체계를 아우르는 통일된 법체계를 구성하고 싶었습니다. 다시 말하면, 해상거래와 운송에 적용되는 해상법이라는 사법영역 및, 영해와 공해를 나누어 해저자원개발 등을 다루는 국제해양법이라는 공법영역을 모두 규율하는 바다에 관한 총체적인 법체계를 수립해 보자는 꿈을 품고 있었습니다. 그러나 이것 역시 앞으로 후배들과 힘을 합쳐서 꾸준히 추진해 나가야 할 장래의 숙제가 아닌가 생각합니다.

많은 귀빈들을 모신 자리에서 드리기 송구한 말씀입니다만, 이 자리를 빌어 저의 부모님과 가족들에게 고마운 뜻을 표하고자 합니다. 우선 저를 낳아서 길러 주신 부모님은 엄한 가정교육으로, 저로 하여금 외국유학을 마치고 서울대학의 강단에 서서 오늘에 이르기까지 건강한 몸과 바른 마음으로 부지런히 노력하고 최선을 다하도록 가르쳐 주셨습니다. 또한 제가 집안이 어떻게 돌아가는지도 모르고 연구실에 묻혀있을 때, 힘든 세월을 감내하면서 평안한 집안을 유지하고 희생과 격려를 아끼지 아니한 아내와 두 아이들에게 한없는 사랑과 감사의 뜻을 표하고 싶습니다. 그리고 제가 학자로서 뜻을 세운 초기부터 전공과 진로선택 등 모든 면에서 무한한 사랑으로 값진 가르침을 주신 장인·장모님께 깊은 감사를 드립니다. 오늘의 이 영광을 수년전 별세하신 아버님과 장인께 바치고 싶습니다.

우리 대학 국문과 교수인 오세영 시인은, 60을 바라보면 뜨거운 것도 오히려 서늘해지는 나이라고 했습니다. 오교수는, 인생은 땅에 묻힌 김칫독이라고 노래하면서 '맵고 짜고 쓰고 달고 신맛을 두루 거쳐 이제 한 60년 되었으니 제맛이 들었을까?' 라고 물음표를 던졌습니다. 이 시를 읽으면서 제가 그동안 얼마나 많은 은혜와 축복속에 살아왔는지, 제 삶의 근원에 대한 감사가 가슴깊이 느껴졌습니다. 저는 지금까지 분에 넘치게 은사님들의 은혜를 입었고, 학교동료, 동문선후배, 제자 여러분들의 격려와 지도와 지원을 받아 오늘에 이르렀습니다. 그동안에 제가 부족하고 불민하여 여러분들께 불편을 끼쳐드린 점이 많을 줄 압니다. 이 자리를 빌어 너그러이 받아주시고 용서하여 주시기 바랍니다. 이제부터는 저도 제가 받은 값진 사랑과 은혜를 저의 뒤를 따르는 후배와 제자 및 많은 후학들에게 아낌없이 베풀고자 합니다. 그럼으로써 연면하게 이어가는 우리의 아름다운 전통을 살리고, 우리 법학의 보다 나은 미래를 위하여 미력이나마 보탬이 되겠습니다.

여러분, 감사합니다.(신라호텔 2층 다이너스티홀, 2002. 1. 4.)

(4) The Weekly Economist (People), No. 622, p. 30.

회갑맞은 서울대 법대 송상현 교수(日 법학 그늘과 싸운 법학계의 30년 '독립투사')

얼마 전 회갑을 맞은 서울대 법대 송상현 교수는 한국 법학계의 상징적인 학자로 불린다. 대학 교수로서의 연구와 강의는 물론 법조 실무계와 어우러진 학회 활동과 외국 대학에서의 활약에 이르기까지 그가 우리 법학의 발전에 힘쓴 노력과 기여가 워낙 크고 비상하기 때문이다.

1972년 9월 서울대 법대 교수가 된 이후 30년간 그가 맡아 가르친 과목은 상법과 민사소송법 · 해상법 등 특히 민사법과 상사법 분야에 집중돼 있다. 79년에 발간된 「민사소송법」은 법학계와 법조 실무계의 지도적인 저서로 남아 있으며, 99년에 나온 「해상법원론」은 타의 추종을 불허하는 역저라는 평가를 받고 있다.

또 90년 8월 이후 12년째 회장을 연임하고 있는 민사판례연구회를 통한 연구 활동은 학계와 법관 등 실무계를 접목시킨 법학 연구의 새로운 전기가 되고 있다는 평가다. 99년 5월부터 한국법학교수회 회장을 맡아 학계의 발전을 또다른 방향에서 지원하고 있다. 이 외에도 한국지적소유권학회 · 국제거래법학회 · 한국디지털재산법학회 등 여러 학회가 그의 손을 거쳐 조직을 정비하고, 발전의 기틀을 마련하기도 했다. 외국의 법학자들은 이런 그를 가리켜 '르네상스맨'이라고도 하고, 조선시대 양반의 이상적인 모습이라고 우리의 전통에 견주어 평가하기도 한다. 그러나 그가 한국 법학 발전에 특히 기여한 점을 꼽으라면 일본 법학에의 종속성을 극복하려는, 평생에 걸친 노력에서 찾아야 할 것이다. 독립운동가이며 언론인이었던 고하 송진우 선생의 손자인 그는 "일본 법학을 계속 모방하는 방식으로 서양법학을 계수한다면 우리 법학은 숙명적으로 일본에 뒤떨어질 수밖에 없다는 생각에 숱한 밤을 잠못 이뤄가며 고민했다"고 학자로서의 고충을 토로한 적이 있다.

일제의 강압으로 일본법이 강제로 계수된 우리 법학계는 건국 이후 지금까지 이의 극복이 최대과제라고 할 수 있다. 그가 이를 위해 눈을 돌린 곳은 미·영·독 등 구미 여러 나라의 선진 법학. 재학중 고등고시 행정과와 사법과에 합격한 그는 서울대 사법대학원과 군복무를 마친 후 곧바로 유학길에 올라 미 튤레인대 법학석사·영 캠브리지대 디플로마(Diploma)를 거쳐 미 코넬대에서 법학박사 학위를 받았다.

스스로를 구미에 유학한 법학 1세대라고 부르는 그는 지난 14일 제자들로부터 화갑기념 논문집을 받는 자리에서 "서구 선진국의 법학에 직접 접할 수 있는 길을 개척하여, 일본을 통한 이차적 계수의 악순환을 끊고, 일본과 동시에, 또는 그들보다 앞서서 본고장의 법학을 직수입하여 우리의 풍토에 알맞는 학문체계를 개발하고자 노력해왔다"고 술회했다.

일본 법학의 그늘에서 벗어나도록 노력하는 한편 그는 한국법의 외국 소개에도 앞장섰다. 94년 12월 한국인으로는 처음으로 미 뉴욕대 법대 석좌교수가 됐으며, 미하버드대·콜롬비아대 등 외국의 유명 법대에서 강의를 맡아 우리 고유의 법체계와 제도를 전파하는데 힘썼다. 하버드 법대 등에 한국법에 관한 강좌가 개설된 것도 그의 활약에 힘입은 결과이다. 하버드 법대의 알포드(Alford) 교수는 그를 '세계 교수(Global Prodessor)'라고 부르며, "한국법을 외국에 알리는 데 그가 대사 이상의 역할을 해왔다"고 평가했다.

기념논문집을 받으면서 그는 후학들에게 "우리의 독자적인 법체계를 수립하라"고 당부했다. 또 "3면이 바다인 반도국가의 법학도로서 바다에 관한 총체적인 법체계를 함께 수립해 나가자"고 주문했다. 법학 교수와 판·검사, 변호사 등으로 활약하고 있는 제자들이 바친 두 권의 논문집 제목은 '21세기 韓國民事法學의 課題와 展望'과 '21세기 韓國商事法學의 課題와 展望'. 모두 77편의 논문이 수록돼 있다.(2002. 1. 29.) <김진원 중앙일보 기자>

(5) 서울법대 송상현 교수 회갑축의금 3000만 원 20여 학회·재단에 '아름다운 기부'

제자들이 보낸 회갑 축의금 전액을 자신이 몸담고 있는 학회와 재단 등에 기부한 한 대학교수가 있다.

서울대 법학과 송상현(宋相現) 교수가 주인공. 송 교수는 지난달 13일 회갑을 맞아 제자와 후배 100여 명이 마련한 축의금 3000여 만원을 자신이 회장이나 이사로 있는 학회와 후원회 등 20여 개 단체에 골고루 기부했다.

송 교수는 자신의 회갑을 기념해 제자들이 회갑기념 논문 봉정식을 마련하자 논문 출판과 저녁식사 비용 등 각종 경비를 자신이 대려고 했으나 제자들이 이를 미리 알고 축의금 형식으로 돈을 모은 것. 기념식에 참석하지 못한 일부 제자는 돈을 송금하기도 했다.

“이 돈으로 무얼 할까 곰곰이 생각하다 내가 일하는 단체들이 예산이 그리 넉넉지 않다는데 생각이 미쳤지요. 마침 지난달 말부터 이 단체들의 총회가 시작돼서 이들 단체에 기부하기로 마음먹었습니다. 제가 창립한 단체들도 있어서 애정이 더 가기도 했고요.”

현재 송 교수는 유엔아동기금(유니세프) 한국위원회 부회장과 한국백혈병어린이재단 이사장, 아름다운재단 이사, 한국법학교수회 회장 등 20여 개 단체에서 회장 또는 이사로 활동하고 있다.

송 교수의 성금 기부 행렬은 지난달 25일 한국백혈병어린이재단부터 시작돼 5일 현재 아름다운재단 하나만을 남기고 일단락됐다. 직접 성금을 전달하기도 했고 이사회 날짜가 겹치는 곳엔 온라인으로 송금하기도 했다.

송 교수는 “제자들의 성의를 보다 더 의미 있게 확산시킨 것 같아 흘가분하고, 받는 분들도 순수하게 받아들여주셔서 고맙다”고 말했다.(동아일보 A23면, 2002. 3. 6.) <민동용 기자>

心堂 法學論集Ⅲ

2007年 3月 1日 初版印刷
2007年 3月 5日 初版發行

著 者 宋 相 現
發行人 安 鍾 萬
發行處 (株)博英社
서울特別市 鍾路區 平洞 13-31番地
電話 (733)6771 FAX (736)4818
登錄 1959. 3. 11. 제300-1959-1호(倫)

저자와 협의하여 인지첩부를 생략함

www.pakyoungsa.co.kr e-mail: pys@pakyoungsa.co.kr

破本은 바꿔드립니다. 本書의 無斷複製行爲를 禁합니다.

定 價 40,000

ISBN 978-89-7189-764-5
ISBN 978-89-7189-761-4(세트)